21世纪经济管理精品教材·金融学系列

投资银行学

唐礼智　罗婧 等　编著

清华大学出版社
北京

内容简介

本书从理论和实践两个方面探索了现代投资银行学的内涵，详细阐述了投资银行的实质、主要业务及其功能，反映了我国投资银行业务发展的现状和未来趋势。本书适合作为有关金融机构从业人员、高年级本科生和研究生在投资银行业和金融市场方面的专业参考书。

图书在版编目(CIP)数据

投资银行学/唐礼智等编著. —北京：清华大学出版社，2014(2022.7 重印)
(21 世纪经济管理精品教材·金融学系列)
ISBN 978-7-302-34967-9

Ⅰ. ①投…　Ⅱ. ①唐…　Ⅲ. ①投资银行－银行理论－高等学校－教材　Ⅳ. ①F830.33

中国版本图书馆 CIP 数据核字(2013)第 314797 号

责任编辑：陆浥晨
封面设计：汉风唐韵
责任校对：宋玉莲
责任印制：朱雨萌

出版发行：清华大学出版社
网　　址：http://www.tup.com.cn，http://www.wqbook.com
地　　址：北京清华大学学研大厦 A 座　**邮　　编**：100084
社 总 机：010-83470000　**邮　　购**：010-62786544
投稿与读者服务：010-62776969，c-service@tup.tsinghua.edu.cn
质量反馈：010-62772015，zhiliang@tup.tsinghua.edu.cn
印 装 者：北京国马印刷厂
经　　销：全国新华书店
开　　本：185mm×260mm　**印　　张**：25.5　**字　　数**：589 千字
版　　次：2014 年 3 月第 1 版　**印　　次**：2022 年 7 月第 7 次印刷
定　　价：59.00 元

产品编号：056081-02

前言

投资银行(investment bank)是以资本市场业务作为其业务核心的专业性金融机构,是金融市场上最基本、最核心、最活跃的一支力量,在现代社会经济发展中发挥着媒介资金供求、构建证券市场、优化资源配置、促进产业集中等重要作用。经过一百多年的发展,现代投资银行已经突破了证券发行与承销、证券交易经纪、证券私募发行等传统业务框架,企业并购、项目融资、风险投资、公司理财、投资咨询、资产及基金管理、资产证券化、金融创新等都已成为投资银行的核心业务组成。而最近20年来,投资银行业更是致力于业务的国际化、多样化、专业化、电子化和大型化,不断开拓各种市场空间。这些变化不仅改变着投资银行的业务种类、经营模式、组织形式以及行业竞争格局,同时也为投资银行学课程教学体系的新发展提供了难得的、丰富的素材。另外,我国投资银行业是随着中国经济市场化的发展而出现和逐步发育起来的,目前已初步形成以专业证券公司为主体,由证券公司、信托投资公司、基金管理公司、财务公司、投资咨询公司等共同组成的投资银行体系,但是如果对照成熟经济体,中国仍然没有真正意义上的投资银行机构,其业务范围仅仅局限在传统的证券发行承销、交易代理等狭窄范围,兼并收购、资产管理、风险工具的创设和交易等标准的投资银行业务则很少开展。因此,为帮助广大学生和相关人士了解和掌握投资银行业务的基本理论、业务范畴和业务的具体操作要求,明确我国投资银行未来发展路径和制度设计,提升他们分析问题和解决问题的能力,有必要编写一本系统性、实用性、新颖性的投资银行学指导教材。

厦门大学经济学院统计系是国内最早涉足投资银行学教学和研究的学术机构之一。1994年,统计系设立投资经济专业,并于当年招收第一届本科生。1995年,原国民经济计划与管理硕士点改为投资经济硕士点招生。1999年,根据国务院学位办新颁发的研究生专业目录,又改为国民经济学硕士点招生。2000年起,根据教育部新颁发的本科专业目录,原投资经济本科专业改为统计学专业下的“投资决策分析方向”继续招生,从而建立起由本科-硕士-博士完整的投资决策研究人才培养体系,而投资银行学一直是课程体系建设中必不可少的主干课程之一。本书是厦门大学统计系、厦门大学中国投资决策研究中心研究团队历时一年努力的结果。全书的整体框架由唐礼智教授设计，具体的写作分工如下：前言（唐礼智）；第一章、第二章、第三章、第十三章（罗婧）；第四章、第五章（曹路萍、唐礼智）；第六章（唐礼智）；第七章、第十一章（张亚蕾、唐礼智）；第十章、第十二章（朱建锋、唐礼智）；第八章、第九章（黄志宇、唐礼智）。最后由唐礼智对全书进行修改、统稿。同时，也要特别感谢谢愚硕士（第一创业证券）、曹马妮硕士（天津股权交易所）、赵春阳硕士（中国邮政储蓄银行厦门市支行）、章志华博士生及清华大学出版社陆浥晨编辑在本书写作过程中给予的热心支持。另外，本书在写作过程中借鉴了许多学者的研究成果，主要参考文献已经在每章结尾列出，如有遗漏之处，在此也表示歉意。

本书力图体现以下三方面的特点：一是系统性。在内容设计上，全面涵盖投资银行的传统业务、创新业务和衍生业务；在实务操作上，详细阐述操作程序和关键节点；在概念阐述上，完整透彻解释其蕴含的表象和内在之意。二是实用性。每章在理论描述、实务操作的基础上大多配有一些案例和阅读材料，并且附有本章小结、思考题，期望通过丰富的案例及知识点的提炼巩固和加深读者对相关知识的理解，从而增强可读性和实用性。三是新颖性。“新”不仅表现在统计数据基本上更新到2013年下半年，有的甚至延伸到2013年12月份，而且表现在注重介绍投资银行的一些最新理论和实践进展，比如投资风险和资产管理的最新理论、场外交易市场的最新实践等，特别是对2013年发布的一些重大改革措施也进行了梳理。

本书的使用对象为全国投资、金融专业的本科生和硕士生，同时也可供非金融、投资类专业学生在学习投资银行知识时选用，另外对从事投资银行业务的相关人员也有一定的参考价值。由于编者学识有限，加之投资银行业务发展迅速，书中不当之处敬请专家、读者批评指正，期盼共同为中国投资银行学课程体系的建设和完善不断努力。

唐礼智

2013年12月30日于厦门大学

目录

第一章 投资银行概论

本章介绍了投资银行的概念、类型及特征，比较了投资银行与商业银行的异同，概述了投资银行的基本功能及主要业务。

第一节　投资银行的概念及特征

一、投资银行的定义

投资银行(investment bank)产生于西欧，发展于北美洲，全面兴起于亚洲、非洲和拉丁美洲，是现代金融市场的灵魂与核心，是国际资本市场的主角，在世界经济中发挥着不容忽视的积极作用。投资银行作为资本市场中最重要的中介，是市场经济体系的组织者和有机组成部分，也是现代大金融系统的一个要素。

由于不同国家和地区的投资银行产生的背景和业务侧重点不同，“投资银行”在世界各国有多种称谓。投资银行主要是美国和欧洲大陆的称谓，在美国又被称为华尔街金融公司(Wall Street firm)，英国称之为商人银行(merchant bank)，德国称之为私人承兑公司(acceptance of private company)，法国称之为实业银行(industrial bank)，而日本、韩国及我国等国称之为证券公司(securities company)。

由于投资银行业务与经济和金融环境的变化紧密相关，因此对投资银行的界定十分困难。《韦伯斯特词典》将投资银行定义为“一种向市场销售新发行的股票、债券等证券的公司，它常常与同类公司联手合作，将一宗发行的证券整体买下，然后再加价出售给投资者”。

《大不列颠百科全书》对投资银行的解释是：“投资银行是指发起、认购与分销公司、企业和政府机构新发行证券的商号。投资银行以某价格买进一公司全部新发行的证券，再以包括其推销费和利润的价格将小额新证券转售给投资大众。在认购和分销发行证券中，大多组织一个投资银行辛迪加。”

根据投资银行业务范围，美国日内瓦投资公司总裁、著名金融投资专家罗伯特·劳伦斯·库恩(Robert L. Kuhn)在其所著的《投资银行学》中，针对投资银行的发展状况和趋势，将投资银行定义为以下四个层次。

(1) 从最广义的角度，任何经营华尔街金融业务的银行都被称为投资银行。它既包括从事证券业务的金融机构，也包括保险公司和不动产经营公司，业务从国际集团承销到分支零售营销，再到其他金融服务，比如房地产和保险等所有内容。

(2) 较广义的投资银行是经营一部分或者全部资本市场业务的金融机构。这里说的资本市场是相对货币市场而言的,即期限在一年以及一年以上的中长期资金的市场。因此,其业务包括证券承销、公司理财、收购兼并、基金管理、风险资本运作、私募发行、咨询服务以及风险管理和风险工具的创新等,但证券零售、房地产经纪业务、抵押贷款业务、保险及其他类似业务不包括在内。

(3) 较狭义的投资银行业务只限于某些资本市场活动,主要包括证券承销与收购兼并,但不包括基金管理、风险资本运作、风险管理和风险控制工具的创新等。

(4) 最狭义的投资银行即传统意义上的投资银行,其业务限制在一级市场上的承销业务及二级市场的经纪和自营业务。这一定义排除了现实各国投资银行经营着的许多重要并具有创新性质的业务,因而已经不合时宜。

库恩认为第二种定义最符合目前美国投资银行的实际情况,即把投资银行业放在资金筹措和融通、资本运营的层面上。根据投资银行应该"为公司服务"的原则,他指出那些业务范围仅限于帮助客户在二级市场上出售或买进证券的金融机构不能称为投资银行,而只能叫做"证券公司"或者"证券经纪公司"(security firm of brokerage firm)。

结合库恩的观点,从现代投资银行的业务活动出发,我们认为,投资银行是立足于资本市场,以证券承销为本源业务,发挥直接融资中介功能并从事多种相关金融业务的非银行金融机构,主要从事证券发行、承销与交易代理,策划企业并购与资产重组,基金管理与投资以及为企业融资进行咨询顾问服务等业务。

二、投资银行的基本类型

当前世界的投资银行主要有四种类型。

1. 专业性投资银行

专业性投资银行(specialized firms)主要是依托自身竞争优势,专门从事某一或者某些重要领域的业务,例如仅经营和承销某些专业证券(某一产业股票)等。这类投资银行独立存在,通过自身子公司开展业务,具有很强的专业性和行业特性,在单个行业具有很强的竞争优势。它在全世界范围内广为存在,如美国的高盛公司、美林公司、所罗门兄弟公司、摩根士丹利公司、第一波士顿公司以及日本的野村证券、大和证券、日兴证券、山一证券;英国的华宝公司、宝源公司等。我国现有证券公司大都属于此种类型。

2. 商业银行拥有的投资银行(商人银行)

这种类型的投资银行主要是商业银行对现存的投资银行通过兼并、收购、参股或建立自己的附属公司形式从事商人银行及投资银行业务。有时也用自有资金购买证券。这种形式的投资银行在英、德等国非常典型,如巴克莱银行拥有 BZW,米兰拥有 Samenl Montagn;德意志银行全资收购英国摩根·格林费尔银行,英国储蓄银行收购 Hih Samnel 等。

3. 全能性银行直接经营投资银行业务

这种类型的投资银行主要在欧洲大陆,特别是德国的银行,不仅从事投资银行业务,也从事一般的商业银行业务;不仅在本国从事综合性业务,还在主要国际金融中心开展投资银行业务。

4. 大型跨国公司兴办的财务公司

一些大型的跨国公司经常设立一些财务公司为集团内的企业投资融资提供方便，而不对公司外的企业提供服务，如通用集团的金融公司。

三、投资银行的特征

（一）投资银行的基本特征

目前存在于资本市场的中介机构主要有会计事务所、法律事务所、评估事务所、商业银行与证券公司等，而同时作为中介机构的投资银行，则不同于这些中介机构，它有自身的一些特征，主要表现在以下几方面。

1. 角色多元性

一般的中介机构业务都比较单一，而投资银行在经营上最显著特征之一是角色的多元化。在服务方面，投资银行不但经营一般证券公司经营的代理发行证券业务、经销证券业务、经纪业务，同样为企业进行理财、融资及参与企业改组、并购的咨询、策划与组织；在投资方面，投资银行利用其机构的综合优势，不仅代理社会个人投资者、机构投资者进行理财和投资，而且本身也自营有价证券业务和对企业进行参股、控股，全面谋求自身的进一步发展。

2. 业务专业性

投资银行的专业性主要体现在两个方面：一是内部专业化。投资银行经营的业务多元化，使得它涉及的业务内容越来越多，分工也必须越来越细，对投资银行从业人员的素质要求也必然越来越高。二是外部专业化。随着各个投资银行经营业务的不断深入，一些投资银行在某些业务上所具有的优势逐步体现出来，从而使得有业务需求的企业越来越依赖于有相应业务特点的投资银行，并且这些需求又不断地促进这些投资银行以其优势获得更好的市场竞争地位。比如，美国的美林证券就擅长于组织项目融资、资产重组等，而摩根士丹利则擅长包销公司股票和债券。

3. 服务广泛性

投资银行业务不仅向多元化发展，而且随着业务的不断拓宽，其服务的范围也越来越广泛。从近几年西方国家一些有名的投资银行的发展来看，其触角开始由国内转向国外，由部分产业转向多种产业。如美国的美林证券公司，涉及的业务不仅有飞机制造、铁路等交通工程电信，而且涉及自然资源开发、能源等，其服务的内容不仅包括为这些企业承销证券，而且包括为这些企业进行项目融资，提供商品服务和宏观、微观经济咨询服务。

4. 产品创新性

随着金融业竞争的加剧，投资银行为了谋求更大的发展，利用自己所拥有的人才、技术、信息等优势以及良好的银企关系，通过不断创新来满足客户多元化需求。创新性已成为当前投资银行业的一种有效的竞争工具。投资银行的创新性主要体现在以下几个方面：一是融资形式不断创新。投资银行开发出不同期限的浮动利率债券、零息债券、抵押债券、发行认股权证和可转换债券，建立“绿鞋期权”(green shoes)承销方式等。20 世纪 90 年代，投资银行又创造出一种新型的融资方式——资产证券化，即以资产支撑的证券化融资。二是并购产品创新层出不穷。投资银行提供了桥式贷款、发行垃圾债券、创立各种票据交换技术、杠杆收购技术和种种反收购措施。三是基金新产品应有尽有。投资银行推出的基本新产品有套利基金、对冲基金、杠杆资金、雨伞基金、股息滚动投资、定期投资计划以及定期退股计划等。四是金融衍生品频繁出现。投资银行将期货、期权、商品价格债券、利率、汇率等各种要素结合起来,创造出一系列金融衍生产品,如可转换浮动利率债券、货币期权派生票据、互换期权、远期互换等。

阅读材料 1-1

绿鞋期权

"绿鞋期权"也称绿鞋机制。指根据中国证监会 2006 年颁布的《证券发行与承销管理办法》第 48 条规定:"首次公开发行股票数量在 4 亿股以上的,发行人及其主承销商可以在发行方案中采用超额配售选择权"。这其中的"超额配售选择权"就是俗称的绿鞋机制,指承销商在股票上市之日起 30 天内,可以择机按同一发行价格比预定规模多发 15%(一般不超过 15%)的股份。该机制可以稳定大盘股上市后的股价走势,防止股价大起大落。"绿鞋"由美国名为波士顿绿鞋制造公司 1963 年首次公开发行股票(initial public offering,IPO)时率先使用而得名。

5. 行为道德性

道德性是投资银行的基础,因为道德是产生信心的源泉,没有客户的信心,投资银行业就无法生存,因此投资银行的道德性已经成为该行业的一个重要特征。主要体现在以下几个方面:一是保守客户秘密。投资银行是以信息为服务内容的行业,信息是投资银行的生命线。在开展业务的过程中,要求投资银行遵循保守客户秘密,不泄露任何无须透露的信息。二是遵循诚信原则。投资银行是以诚信为基础的中介服务业,为此,投资银行的发展必须立足于诚信为客户提供优质服务。三是实施信息隔离和信息披露原则。信息隔离是指投资银行在开展业务时,要求有关部门人员不对本部门以外的人员或与本业务无关人员传播信息;信息披露则是指投资银行在开展业务时必须对客户做出合适的信息披露和主动将真实情况公布于众。四是避免利益冲突和内幕交易。道德性要求投资银行在涉及利益冲突时公正处事,不偏袒任何一方利益,力争实现各方利益协调一致。此外,投资银行应恰当运用自己掌握的信息,从事公开、公正交易,禁止内幕交易。五是合规和守法经营。投资银行在开展业务过程中必须严格遵循合规和守法经营,否则必将受到法律的制裁和道德的谴责。

(二)投资银行与商业银行

投资银行和商业银行是现代金融市场中两类最重要的中介机构,虽然在不同国家因为法律制度的不同,其业务范畴的划分有所不同,但很多金融机构已经表现出混业经营的特征。尤其是 2008 年 9 月,美联储宣布高盛集团和摩根士丹利获准向银行控股公司转型,该举措标志着美国传统的独立投行模式由此宣告终结。投资银行和商业银行的区分,主要是依据 1933 年的《格拉斯—斯蒂格尔法》所限定的框架范围,投资银行指的是以资本市场业务为其主要收入来源的专业性金融机构,其基本业务包括证券发行和承销、私募发行、公司并购重组、证券经纪和交易、基金管理、风险投资、财务咨询等。而商业银行则主要吸收公众存款、发放贷款，其本源业务是债务属性的存贷款业务。

1999年，美国颁布了《金融服务现代化法案》，此法案废除了《格拉斯—斯第格尔法》中禁止银行拥有证券关系企业的规定，并允许银行控股公司可以不受限制地从事证券承销、买卖以及共同基金业务、保险业务，打破了20世纪30年代以来美国银行、证券和保险业之间的法律壁垒，允许金融领域混业经营。在这样的背景之下，原先的投资银行的业务范围开始模糊，商业银行纷纷介入投资银行领域，从事发行承销、资产证券化、并购融资等传统投资银行业务。

1. 投资银行与商业银行的相同点

从本质上来讲，它们都是资金盈余者与资金短缺者之间的中介：一方面使资金供给者能够充分利用多余的资金以获取收益；另一方面又帮助资金需求者获得所需资金以求发展。从这个意义上来讲，两者的功能是相同的。

2. 投资银行与商业银行的区别

尽管在某些方面具有相似性，但在发挥金融中介作用的过程中，投资银行和商业银行还存在很多不同之处。

(1) 本源业务不同。商业银行是间接融资的金融机构，其业务主要包括负债业务、资产业务和派生出来的表外业务。负债业务是商业银行吸收外来资金的业务，包括存款业务和借款业务(金融债券)，其中最主要的是存款业务。资产业务是运用其所支配资产的业务，包括贷款和投资两部分，核心是贷款业务，一般占商业银行总资产的一半以上(在我国该比例约占70%)。资产业务和负债业务能够在资产负债表上反映出来，因此称为表内业务。表外业务是在表内业务的基础上，利用自身的资金、信息、人才、技术等优势发展起来的金融服务项目。可见，资金存贷业务是商业银行的本源业务，其他业务则是在此基础上的延伸和扩展。

投资银行是直接融资的金融机构，其业务范围十分广泛，一般包括证券发行与承销、证券经纪与交易、公司理财、兼并与收购、项目融资、基金管理、风险投资、咨询服务等业务，其中证券承销则是投资银行的一项核心业务，没有证券承销业务，证券的发行和交易就不能实现。投资银行是证券市场的主角和关键环节，而证券承销是投资银行业务的轴心。

(2) 运作方式不同。投资银行是直接融资的金融中介，而商业银行则是间接融资的金融中介。投资银行作为直接融资的中介，仅充当中介人的角色，它为筹资者寻找合适的融资机会，为投资者寻找合适的投资机会。但在一般情况下，投资银行并不介入投资者和筹资者之间的权利和义务之中，而只是收取佣金，投资者和筹资者直接拥有相应的权利和承担相应的义务，因此这种融资方式被称为"直接融资方式"。商业银行则不同，商业银行同时具有资金需求者和资金供给者的双重身份，对于存款人来说它是资金的需求方，存款人是资金的供给方；对于贷款人而言，银行是资金的供给方，贷款人是资金的需求方。在这种情况下，存款人与贷款人之间并不直接发生权利与义务关系，双方不存在直接的合同关系，而是通过商业银行间接发生关系，因此这种融资方式被称为"间接融资方式"。

(3) 利润来源和构成不同。商业银行的利润来源包括三个方面：存贷款利差、资金运营收入和表外业务收入。投资银行的利润来源也包括三个方面：佣金、资本运营收入和利息收入。佣金是投资银行主要的利润来源，包括一级市场上承销证券获取的佣金和二级市场上作为证券交易经纪人收取的佣金，以及金融工具创新中收取的佣金；资本营运收入是投资银行参与债券、股票、外汇以及衍生金融工具投资和资金对外融通而获取的收入，包括投资收益和其他收入；利息收入包括信用交易中的利息收入和客户存入保证金的存差利息收入。从收入结构来看，商业银行的核心收入是存贷款利差，在其收入中位居第一，尽管表外业务利润有逐渐增加的趋势，但其收入在商业银行总收入中仅居次要位置。而投资银行的核心收入是佣金，它是投资银行最主要的收入来源。就资金运营收入而言，商业银行资金运营收入主要来自于贷款业务和证券投资，其中证券投资的对象主要是风险较小、收益稳定的国债和基金；而投资银行的资金运营收入除了参与证券投资获取外，更多的是参与企业上市、并购而获得的收入。从利息收入来看，商业银行存款业务可分为活期、储蓄、定期三种类型，贷款业务也分为短期、中期、长期等多种方式，利息收入具有多样性。而投资银行的利息收入主要来源于保证金存款，类型单一，不能随意支配。因此，投资银行的利润表难以与商业银行利润表吻合，两者在会计科目上难以并表，从而在整个财务管理上、在资金营运的核算上难以走总账。

（4）经营方针不同。商业银行由于资金来源和运用的特殊性，其经营更加注重追求安全性、营利性和流动性的统一，坚持稳健经营原则。而投资银行由于是高智力型行业，其经营更加注重开拓和创新，因此，在风险控制的前提下，坚持稳健与开拓并重的原则。

（5）服务对象不同。商业银行侧重于短期资金市场的活动。因为商业银行本身必须保持资产具有一定的流动性，因而对贷款质量和期限往往有严格的要求。而投资银行侧重于长期资本市场的活动，发行股票和债券所获得的资金具有很强的长期性和稳定性。

投资银行与商业银行的区别如表 1-1 所示。

表 1-1　投资银行与商业银行区别

项目	投 资 银 行	商 业 银 行
本源业务	证券承销与交易	存贷款业务
融资手段	直接融资	间接融资
业务特征	无法用资产负债表反映	表内与表外业务
利润来源	佣金、资金运营收入、利息收入	存贷款利差、资金运营收入、表外业务收入
风险特征	一般情况下，投资人面临的风险较大，投资银行风险较小	一般情况下，存款人面临的风险较小，商业银行风险较大
经营方针	在控制风险的前提下，稳健与开拓并重	追求安全性、营利性和流动性的统一，坚持稳健原则
监管部门	证监会	银监会

四、投资银行的功能

投资银行的优势在于拥有大批高素质的专业人才、强大的资本运作能力及丰富广泛的信息资源。它在当代社会经济中有着举足轻重的地位和作用，是资本市场中最具影响力和最有效的金融中介机构。美国历史学家和金融专家罗伯特·索贝尔曾经说过：“投资银行是华尔街的心脏，确实也是华尔街之所以存在的最重要原因。”这句话形象地反映了投资银行在资本市场中的核心作用。

（一）发挥金融中介

在资本市场上，投资银行以其拥有的专业技能，提供能满足资本需求者和投资者双方需要的金融工具和服务，实现资本由资金盈余者流向资金短缺者，即发挥着金融中介的功能。投资银行是沟通资金富余者和资金短缺者的媒介，一方面通过帮助资本需求者发行证券，筹集所需资本以求发展，另一方面又使投资者充分利用多余资金来获取收益。企业资金来源有间接融资与直接融资两种方式，通过投资银行而进行的融资属于直接融资，而由商业银行借贷关系形成的融资为间接融资。与间接融资相比，直接融资由于筹资成本较低，投资者可以灵活地选择投资项目，从而实现营利性、流动性与安全性的最佳组合，更容易提供中长期资金。

（二）组织证券市场

证券市场是一国金融市场的基本组成部分之一，是一国经济的“晴雨表”，由证券发行者、证券投资者、管理组织者和投资银行四个主体构成。其中，投资银行联系不同的主体，为组织和活跃证券市场发挥了重要作用。

从一级市场来看，投资银行凭借其专业知识和经验，通过调查研究，为证券发行者建议发行证券种类、价格和时间并提供行业和市场分析资料，同时还为投资者提供投资咨询服务。在承销过程中，投资银行利用自身分支机构和销售网络，组织大量宣传活动，提供各种技术条件，向投资者出售其承销的证券。在证券私募发行中，投资银行利用其联系机构投资人的优势，为发行者和投资者提供中介服务，使证券发行得以顺利完成。

从二级市场来看，投资银行以做市商、经纪商和交易商的身份出现，对稳定证券市场、促进证券流通发挥着重要的作用。投资银行不仅是一个证券中介组织，而且是一个重要的研究机构、信息基地。投资银行是证券市场的推动者，主要表现为：作为做市商提供做市服务，作为经纪商和交易商参与二级市场交易活动。

从金融工具创新来看，投资银行开发新的金融衍生工具和风险管理工具，推动金融衍生市场的扩大。通过远期、期货、期权、互换等金融衍生工具，不仅控制了自身风险，保障了自身收益的稳定，客观上还使证券市场得以在衍生工具辅助下更加活跃。同时，投资银行作为资产证券化的发行人，引领和推动证券化市场的发展。

（三）优化资源配置

现代经济发展的日益专业化和社会化以及科学技术和产业创新速度的日益加快，使得资金所有者（投资者）不可能有足够的知识和经验来了解到底投资于何种产业或哪个企业才能保证资金的安全与增值；同时也使得资金需求者尤其是新兴产业的资金需求者（筹资者）也不可能有足够的声誉和能力来筹得所需的大量资金。投资银行作为投资者和筹资者的中间人，利用其信用、信息、业务技术和经验，可以快速地把投资者的资金转移到筹资者的手中，使资金余缺得到充分协调，形成社会资源的有效配置。

- 对产业而言，资金流向有发展前景的行业、产业和企业。投资银行有利地促进了产业的升级和经济结构的进步，也使投资人能获取更高收益。
- 对政府而言，投资银行促进国债的发行，使一国的财政职能得以充分发挥，推动了重点项目建设和公共产品生产。
- 对企业而言，弥补企业发展资金的不足，并购重组提高了社会资源的利用效率。同时，投资银行间接或直接地参与企业管理，有利于促进企业发展。
- 对投行而言，集中人力和信息优势管理基金，形成规模效应与分散风险。

（四）推动并购重组

企业并购是技术性很强的工作，只有投资银行才能胜任这项工作。投资银行凭借其专业优势、人才优势和实践优势，依赖其广泛的信息网络、深入的分析能力、高度的科学创新、精明的战略策划、熟练的财务技巧和对法律的精通，来完成对企业的前期调查、实务评估、方案设计、条件谈判、协议执行，以及配套的融资安排、重组规划等诸多高度专业化的工作。投资银行在资本市场上的运作促进了企业规模的扩大和产业集中，促使企业进一步增强实力，因而可以更加充分有效地参与竞争。近年来，投资银行在企业并购和柜台交易市场中十分活跃，促进了企业产权的合理流动，提高了市场效率。

美国学者诺贝尔经济学奖得主斯蒂格勒(1989)对美国500强公司进行深入研究后，得出这样的结论："没有一个美国大公司不是通过某种程度、某种方式的兼并而成长起来的，几乎没有一家大公司主要是靠内部扩张成长起来的。"

阅读材料 1-2

美国的五次并购浪潮

以美国为例，自19世纪末至今，先后经历了五次企业并购浪潮。第一次并购浪潮出现在1898—1902年之间，其特征是横向合并为主。合并结果出现了一批包括美国钢铁公司、美孚石油公司等在内的垄断企业。第二次并购浪潮出现在1920—1933年间，以纵向合并为特点，制造业、石油工业、冶金工业及食品加工业都完成了集中。1948—1964年的16年间美国发生了第三次并购浪潮，这次并购主要以混合并购为主，结果是在美国出现了一批竞争力强、兼营多种业务的企业集团。第四次并购浪潮发生在1974—1985年，其并购规模之大、合并资产之巨都是前三次所无法相比的，实现了杠杆收购。自20世纪90年代"冷战"结束后，美国发起了第五次并购浪潮，这次并购的特点是：数量多、力度大、巨额化、方式新、跨国化、垄断化。同时高度重视战略性并购，跨国并购频繁，使产业集中向着更深、更广的领域拓展。

第二节　投资银行的业务范围

经过最近100年的发展，现代投资银行已经突破了证券发行与承销、证券交易经纪、证券私募发行等传统业务框架，企业并购、项目融资、风险投资、公司理财、投资咨询、资产及基金管理、资产证券化、金融创新等都已成为投资银行的核心业务组成。

一、证券承销

证券承销是投资银行帮助证券发行人就发行证券进行策划，并将公开发行的证券出售给投资者以筹集所需资本的业务活动。证券承销是投资银行最本源、最基础的业务活动。投资银行承销的证券范围很广，包括该国中央政府、地方政府、政府机构发行的债券，企业发行的股票和债券，外国政府和公司在该国和世界发行的证券，国际金融机构发行的证券等。投资银行在承销过程中一般要按照承销金额及风险大小来权衡是否要组成承销辛迪加和选择合适的承销方式。按照发行风险的承担、所筹资金的划拨以及手续费的高低等因素划分，承销方式有以下几种。

第一种：全额包销。它指主承销商和它的辛迪加成员将发行人的证券按照协议全部购入，再向投资者发售，先前商定的价差就是它的利润。这时发行人不承担风险，风险转嫁到了投资银行的身上。

第二种：余额包销。它指承销商按照规定的发行额和发行条件，在约定的期限内向投资者发售证券，到销售截止日，如投资者实际认购总额低于预定发行总额，未售出的证券由承销商负责认购，并按约定时间向发行人支付全部证券款项的承销方式。

第三种：投标承购。它通常是在投资银行处于被动竞争较强的情况下进行的。采用这种发行方式的证券通常都是信用较高、颇受投资者欢迎的债券。

第四种：代销。投资银行只接受发行者的委托，代理其销售证券，如在规定的期限计划内发行的证券没有全部销售出去，则将剩余部分返回证券发行者，发行风险由发行者自己负担。这一般是由于投资银行认为该证券的信用等级较低、承销风险大而形成的。

第五种：赞助推销。当发行公司增资扩股时，其主要对象是现有股东，但又不能确保现有股东均认购其证券，为防止难以及时筹集到所需资金，甚至引起该公司股票价格下跌，发行公司一般都要委托投资银行办理对现有股东发行新股的工作，从而将风险转嫁给投资银行。

二、证券经纪交易

证券交易业务是投资银行的传统业务之一，也是投资银行重要的利润来源。投资银行在二级市场的证券交易业务中扮演着经纪商、自营商和做市商三重角色。

作为证券经纪商，投资银行以委托代理人的身份，按照客户发出的委托指令促成证券交易，但并不承担交易中的价格风险或利率风险，其佣金收入来自交易金额的一定比例。

作为自营商，投资银行用自有资金和账户从事证券买卖，为自营交易的每种证券确定买进和卖出的价格和数量。具体来讲，投资银行的自营业务有无风险套利、风险套利和投机等。

作为做市商，投资银行通过参与证券交易，为其所承销的证券或某些特定的证券建立一个流动性较强的二级市场，并维持其市场价格的平稳。

三、证券私募发行

证券的发行方式分为公募发行和私募发行两种，证券承销实际上是公募发行。私募(private placement)是指证券私下发行，即发行人向少数特定的投资者发售证券募集资金的行为。投资银行为发行人和潜在的投资者设计能满足双方需要的证券，制作交易协议并为证券定价，执行财务顾问功能，根据证券的发行条件和资金供给者的投资需求及风险偏好，对潜在的投资者进行分类和排队，帮助发行人寻找和确定适合的机构投资者，参加私募证券的助销交易。私募发行不受公开发行的规章限制，除能节约发行时间和发行成本外，还能比在公开市场上交易相同结构的证券给投资银行和投资者带来更高的收益率，所以，近年来私募发行的规模仍在扩大。但同时，私募发行也有流动性差、发行面窄、难以公开上市扩大企业知名度等缺点。

四、兼并与收购

企业兼并与收购已经成为现代投资银行除证券承销与经纪业务以外最重要的业务组成部分。合并(consolidation)是指新设合并，A＋B＋C＋…＝AA。兼并(merge)是指任何一项由两个或两个以上的企业实体形成一个新经济单位的交易，A＋B＝A。收购(acquisitions)指一家公司与另一家公司进行产权交易，由一家公司获得另一家公司的大部分或全部股权或资产以达到控制该公司的行为。从广义上来说，兼并和收购是相同的，即均指在市场机制作用下，企业通过产权交易获得其他企业(或目标企业)的产权并企图获得其控制权的行为。本书不加区别地将两者统称为并购。一般而言，计划进行并购的企业将求助于投资银行，并就价格、时机和策略等问题向投资银行家进行咨询。同样地，目标企业也将求助于投资银行以抵御“攻击者”。投资银行可以以多种方式参与企业的并购活动，例如以下几种方式。

- 评估公司发展规划和并购风险，寻找兼并收购的对象。
- 向猎手公司和猎物公司提供交易价格和非价格条件咨询，设计交易结构，安排谈判或者帮助制定反并购策略。
- 策划并购融资方案，帮助过桥贷款。
- 为并购后公司整合和战略调整提供咨询。

在并购活动中，投资银行收取的费用根据其参与的范围和业务的复杂程度而定。投资银行可能只简单地收取一些咨询费用或聘请费。但较为常见的是，投资银行根据销售价格以一定的比例收取费用。这种情况的费用结构可能是以下三种之一：

① 销售价高，比例下降；

② 不管价格如何，比例不变；

③ 如果高于规定价格，则在固定比例之外增加一笔鼓励费。

五、项目融资

项目融资是为对一个特定的经济单位或项目策划安排的一揽子融资，借款者可以利用该经济单位的未来现金流量和所获收益作为担保条件进行融资。投资银行在项目融资中起着非常关键的作用，它将与项目有关的政府机关、金融机构、投资者与项目发起人等紧密联系在一起，协调律师、会计师、工程师等一起进行项目可行性研究，进而通过发行债券、基金、股票或拆借、拍卖、抵押贷款等形式组织项目投资所需的资金融通。投资银行在项目融资中的主要工作是：项目评估、融资方案设计、有关法律文件的起草、有关的信用评级、证券价格确定和承销等。

近几十年来，国际上大型项目的建设日益流行项目融资方式。这种方式与一般传统融资方式相比有其独到的优点。而对一些特殊项目而言，又是唯一可行的选择。如英法海底隧道工程，投资额度大，任何一家公司的自由资产都不足以作为向银行抵押贷款的抵押品。只有项目融资才是唯一可行的方案。在国内，日照电厂通过以色列 UDI 公司获得 3.5 亿美元贷款，被国际金融界称为国内"唯一成功的项目融资"[①]。

六、风险投资

风险投资(venture investment)又称创业投资，是指对新兴公司在创业期和拓展期进行的资金融通，表现为风险大、收益高。新兴公司一般是指运用新技术或新发明、生产新产品、具有很大的市场潜力、可以获得远高于平均利润的利润，但却充满了极大风险的公司。由于高风险，普通投资者往往都不愿涉足，但这类公司又最需要资金的支持，因而为投资银行提供了广阔的市场空间。投资银行涉足风险投资有不同的层次：第一，采用私募的方式为这些公司筹集资本；第二，对于某些潜力巨大的公司有时也进行直接投资，成为其股东；第三，更多的投资银行是设立"风险基金"或"创业基金"向这些公司提供资金来源；第四，帮助创业企业发行股票(IPO)公开上市和通过二级市场交易，或是协助并购交易，实现风险资本退出。

七、资产管理

资产管理，通常是指投资银行作为受托人，根据与委托人(投资者)签订的资产委托管理协议，为委托人交给的资产提供理财服务，以期为委托人控制风险，获得较高投资收益或提高理财效用的活动或行为。

资产管理业务具有多种具体形式。投资银行既可以为单一客户进行量身定做，办理定向资产管理业务，也可以为众多客户办理集合资产管理业务，还可以为客户提供专项资产管理等。在范围广泛的资产管理业务中，受托基金投资管理是投资银行承办的一项最主要的资产管理业务。

八、基金管理

基金是一种重要的投资工具，它由基金发起人组织，吸收大量投资者的零散资金，聘请有专门知识和投资经验的专家进行投资并取得收益。投资银行的基金管理业务主要包括投资基金及保险基金、养老基金等金融机构的基金管理。投资银行在基金管理中发挥着重要作用。首先，投资银行可以作为基金的发起人，发起和建立基金；其次，投资银行可

---

① 包晓琳. 投资银行：概念、业务和前景[J]. 国际金融研究，1996(9)：58.

作为基金管理者管理基金；第三，投资银行可以作为基金的承销人，帮助基金发行人向投资者发售受益凭证。

管理基金的费用是按被管理资产的某个百分比收取的。在这个领域，投资银行面临多方面的竞争，包括独立的基金管理人公司，还有大的养老基金，它们除管理总局的基金外，也接受委托管理较小的基金。在国内，中国银行是参与基金业务最早的单位之一。目前，深沪交所积极推动场内基金市场的发展与创新，已形成包括 ETF、LOF、分级基金以及封闭式基金在内品种齐全的交易所基金市场。2009 年，深交所基金规模大幅度增长，现有 62 只基金上市交易，占深沪两市总量的 75%；上市基金资产约 1 100 亿元，比 2008 年年底增长 138%；2009 年上市基金成交金额约 3 761 亿元，比 2008 年增长 87%。

九、财务顾问与投资咨询

投资银行的财务顾问业务是投资银行所承担的对公司尤其是上市公司的一系列证券市场业务的策划和咨询业务的总称。主要是指投资银行就客户的投融资、理财、重组并购等经济活动提供专业性金融咨询、经济分析和财务意见。投资银行的投资咨询业务是连接一级和二级市场，沟通证券市场投资者、经营者和证券发行者的纽带和桥梁。

十、资产证券化

资产证券化是指将缺乏流动性但具有未来现金流的资产分类重组，并以这些资产为担保发行能在金融市场上公开买卖的证券的融资技术和过程。它是一种与传统债券筹资十分不同的新型融资方式。进行资产转化的公司称为资产证券发起人。发起人将持有的各种流动性较差的金融资产，如住房抵押贷款、信用卡应收款等，分类整理为一批资产组合，出售给特定的交易组织，即金融资产的买方（主要是投资银行），再由特定的交易组织以买下的金融资产为担保发行资产支持证券，用于收回购买资金。这一系列过程就称为资产证券化。资产证券化的证券即资产证券为各类债务性债券，主要有商业票据、中期债券、信托凭证、优先股票等形式。资产证券的购买者与持有人在证券到期时可获本金、利息的偿付。证券偿付资金来源于担保资产所创造的现金流量，即资产债务人偿还的到期本金与利息。如果担保资产违约拒付，资产证券的清偿也仅限于被证券化资产的数额，而金融资产的发起人或购买人无超过该资产限额的清偿义务。

投资银行资产证券化业务主要有以下几种。

- 帮助资产担保证券的发行人分析评估作为基础资产的现金流，设计证券交易结构。
- 策划证券化交易。
- 负责承销资产担保证券。
- 投资银行设立专司单一资产证券化业务的子公司，购买银行抵押贷款等适合于证券化的资产，创造资产担保证券。
- 作为证券化资产的受托管理人，以及为资产担保证券提供信用增级，自己参与资产担保证券的投资交易。

十一、金融创新

金融创新工具即衍生工具是金融理论发展和金融工具创新的产物，包括金融期货、期权、互换远期合约等，这些工具通常被用作套期保值、规避金融资产价格风险的技术手段和投机手段。使用衍生工具的策略有三种，即套利保值、增加回报和改进有价证券的投资管理。通过金融创新工具的设立与交易，投资银行进一步拓展了自己的业务空间和资本收益。投资银行参与设计、创造为客户和它们自己所需要的金融衍生工具，并在这些衍生工具的交易市场上扮演经纪人和交易商的角色，既帮助客户也帮助自己进行风险控制。首先，投资银行作为经纪商代理客户买卖这类金融工具并收取佣金；其次，投资银行也可以获得一定的价差收入，因为投资银行往往首先作为客户的对方进行衍生工具的买卖，然后寻找另一客户做相反的抵补交易；最后，这些金融创新工具还可以帮助投资银行进行风险控制，免受损失。金融创新也打破了原有机构中银行和非银行、商业银行和投资银行之间的界限和传统的市场划分，加剧了金融市场的竞争。

案例 1-1

高盛的增长奇迹

高盛集团(Goldman Sachs)是集投资银行、证券交易和投资管理等业务为一体的全世界历史最悠久及规模最大的投资银行之一。总部设在纽约，并在东京、伦敦和中国香港设有分部，在 23 个国家拥有 41 个办事处。截至 2007 年 11 月 30 日的财政年度，高盛的净收益为 116 亿美元，公司持有的资产达 1.1 万亿美元。

一、高盛的历史

高盛公司由 Marcus Goldman 先生于 1869 年在纽约创立。1896 年成为纽约证券交易所成员，1897 年开始外汇交易，1905 年开始承销服务，1933 年开始风险套利交易，并成立投资研究部门。市政债券部及并购部分别设立于 1934 年和 1963 年。1956 年开始投资银行业务。1981 年收购 J. Aron 公司，金融商品市场。1986 年成为伦敦及东京证券交易所的成员。1988 年，高盛资产管理公司(GSAM)正式成立。1996 年在日本开始共同基金业务。

在以合伙人制度经营了一个多世纪后，高盛于 1999 年 5 月在纽约证券交易所上市，更名为高盛集团。2008 年 9 月，高盛根据 1956 年美国银行控股公司法案成为一家银行控股公司，美国联邦储备委员会成为其主要的美国监管机构。自成立以来，高盛一直致力于建立最优秀的投资银行及证券专业队伍，被《财富》杂志连续多年评选为世界《财富》500 强企业之一。

二、高盛的主要业务

(一) 投资银行业务

高盛投资银行业务主要是为公司、金融机构、政府机构和高净值个人提供服务，包括对企业收购和反收购、兼并、剥离、重组等提出建议方案及承销公开发行股票、非公开发行股票、股权融资工具和债务工具。

（二）交易和直接投资业务

高盛集团自营并为客户提供买卖固定收益和股权产品、外汇、商品及上述产品衍生品的服务。此外，还在美国股票和期权市场通过场内和电子报价为全球客户提供主要股票、期权和期货交易的结算，并进行直接投资或通过所募集基金进行投资。

（三）资产管理和证券服务

为全球客户提供各类资产的投资策略、建议和计划，并面向共同基金、养老基金、对冲基金、基金会和高净值个人客户提供首要经济业务、融资服务和证券贷款服务。

三、高盛在中国

高盛公司长期以来视中国为重要市场，自 20 世纪 90 年代初开始就把中国作为全球业务发展的重点地区。高盛于 1984 年在中国香港设亚太地区总部后，又于 1994 年分别在北京和上海开设代表处，正式进驻中国内地市场。此后，高盛在中国逐步建立起强大的国际投资银行业务分支机构。高盛也是第一家获得上海证券交易所 B 股交易许可的外资投资银行，以及首批获得 QFII 资格的外资机构之一。

2004 年 12 月高盛获得中国证监会批准成立合资公司——高盛高华证券有限责任公司。高盛拥有合资公司 33%的股权，北京高华证券有限责任公司拥有 67%的股权。高盛从此可以在中国开展本土 A 股上市业务、人民币企业债券、可转换债券和提供国内金融顾问以及其他相关服务。高盛国际银行是高盛集团有限公司的全资子公司，其直接唯一股东是高盛集团控股公司。2008 年 5 月，高盛国际银行获准在北京设立代表处，以此在中国开展市场调研、客户联络和咨询服务。

中信证券的主要业务

中信证券股份有限公司是中国证监会核准的第一批综合类证券公司之一，前身是中信证券有限责任公司，于 1995 年 10 月 25 日在北京成立。截至 2012 年 12 月 31 日，公司总资产 1 685.08 亿元，净资产 864.65 亿元，净资本 404.72 亿元，是国内规模最大的证券公司。公司主营业务范围为：证券经纪（限山东省、河南省、浙江省、福建省、江西省以外区域）；证券投资咨询；与证券交易、证券投资活动有关的财务顾问；证券承销与保荐；证券自营；证券资产管理；融资融券；证券投资基金代销；为期货公司提供中间介绍业务；代销金融产品。

2012 年，公司各项主营业务排名继续位居中国证券行业前列。经纪业务合并市场份额 5.76%，保持市场第一。投行业务完成股票主承销项目 30 单，主承销金额人民币 506 亿元，市场份额 10.53%，排名市场第二；完成债券主承销项目 137 单，主承销金额人民币 2 153.55 亿元，市场份额 5.13%，排名同业第一；完成并购交易项目 19 单，其中境内 10 单，跨境 9 单。资产管理业务管理资产规模人民币 2 508.39 亿元，排名同业第一。固定收益业务债券做市交易量人民币 4.2 万亿元，全市场排名第四，同业排名第一。融资融券合并业务余额人民币 88.38 亿元，市场份额 9.87%，排名市场第一。QFII 客户增至 72 家，客户交易量排名市场第一。研究业务连续七年荣获新财富“本土最佳研究团队”第一名。

本章小结

1. 当前的投资银行主要有四种类型：专业性投资银行、商人银行、全能性银行直接经营投资银行业务和大型跨国公司兴办的财务公司。投资银行不同于一般的中介机构，具有角色多元性、业务专业性、服务广泛性、产品创新性和行为道德性五方面的特征。

2. 从本质上来讲，投资银行和商业银行都是现代金融市场中资金盈余者和资金短缺者之间的中介，功能是相同的。但是在发挥金融中介作用的过程中，两者存在很多不同。正确理解投资银行的本质属性及其与商业银行的区别，对于深入研究投资银行业务活动及其在整个经济金融体系中的地位和作用有着重要的现实意义。

3. 投资银行在资本市场中有着举足轻重的地位和作用，是一国金融市场的基本组成部分之一，不但发挥着金融中介的功能，而且组织和活跃证券市场、优化资源配置、推动兼并重组，有效提高了市场效率。

4. 现代投资银行已经突破了证券发行与承销、证券交易经纪、证券私募发行等传统业务框架，企业并购、项目融资、风险投资、公司理财、投资咨询、资产及基金管理、资产证券化、金融创新等已成为投资银行的核心业务。

思考题

1. 简述投资银行的定义、分类和功能。
2. 简述投资银行和商业银行的联系和区别。
3. 论述投资银行的主要业务。

参考文献

[1] [美]罗伯特·劳伦斯·库恩. 投资银行学[M]. 李申，等，译. 北京：北京师范大学出版社，1996.
[2] 王德全. 投资银行学[M]. 北京：北京邮电大学出版社，2008.
[3] 胡海峰. 现代投资银行学[M]. 北京：首都经济贸易大学出版社，2010.
[4] 李勇. 现代投资银行的投资银行业务[M]. 北京：中国金融出版社，2008.
[5] 包晓琳. 投资银行：概念、业务和前景[J]. 国际金融研究，1996(9)：58.
[6] 解植春. 投资银行发展与管理研究[M]. 北京：中国金融出版社，2005.
[7] 冯荣梅. 投资银行学[M]. 广州：中山大学出版社，2004.
[8] 刘金章，王晓炜. 现代投资银行综述[M]. 北京：中国金融出版社，2000.

第二章 投资银行的发展历程和趋势

本章概要

本章首先介绍了国外包括英国、美国、日本的投资银行的产生和发展，总结了国际投资银行的演进趋势，然后介绍了我国投资银行的发展历程、发展现状及存在的主要问题，最后提出解决我国投资银行发展中存在问题的建议，并展望未来发展趋势。

第一节 国外投资银行的产生和发展

投资银行的原始形态可以追溯到5000年以前在美索不达米亚平原上出现的金匠。此后，随着商品经济的日益发展和商品市场意识的不断提高，国际贸易兴盛起来。一些"先知"商人开始为需要开办资金的实业和"三角债务"缠身的工商业提供"有利可图"的融资业务。于是，原先的商人变成了商人银行或承兑所。基于承兑业务而起源的商人银行是现代投资银行的前身。现代投资银行经过漫长的业务发展和组织演化，已经发展成为市场经济体系中最重要的金融机构，并随着金融市场的发展而逐步走向成熟和完善。

一、英国

一般认为现代意义上的投资银行发端于英国的承兑所以及后来的商人银行。因此，英国称投资银行为商人银行(merchant banking)。商人银行冠以"商人"二字，是因为早期商人银行大多与商人直接相关，它们是由原来从事国际贸易的资历雄厚、信誉卓著的大商人开办的为其他商人尤其是从事国际贸易的商人服务的金融中介。商人银行被称为"银行"，则因为它们早期业务主要是为国际贸易提供汇票承兑与贸易贷款，这与一般商业银行业务并无本质区别。如今，为商人提供资金融通只是商人银行业务的一小部分。

16世纪中期，随着英国对外贸易和海外殖民扩张的开始，英国的各种贸易公司开始通过创建股份公司和发行股票的方式筹集大量资金，以分担海外贸易中的高风险。英国的商人银行也从为国际贸易提供承兑便利的业务中发展起来。此后，随着大量的股票、债券的发行和证券交易的日益活跃，英国的商人银行逐步壮大起来，一些实力雄厚的大银行，如巴林银行在证券市场和整个国民经济中都发挥着举足轻重的作用。

然而第一次世界大战以后，随着英国国际经济金融中心地位的不断下降，外汇控制以及海外银行卷入海外贸易市场竞争，英国的商人银行随之衰落。1929—1933年间西方世界的大萧条使得国际贸易削减，世界经济衰退。于是，英国的商人银行把业务重点转向国内，辅助公司证券发行、资本筹集和提供金融咨询，并发展了新的投资工具——共同基金。第二次世界大战结束后，英国的国际金融地位被削弱，英国的商人银行发展缓慢，进行了合并与重组，扩大了规模，业务主要集中在国内。

直到20世纪70年代，这一局面才有所改观，商人银行开始重振雄风。这一改观主要得益于70年代以后英国国民经济中发生的一系列重大变化，这些变化有以下四个：放松管制、民营化、企业并购浪潮和证券市场变革。

(1) 1971年5月，英格兰银行公布了《竞争和信贷控制法》等，实行利率自由化，取消了1946年《英格兰银行法》规定的英国各清算银行必须根据英格兰银行的利率来确定存贷款利率。1979年英国取消了外汇管制，1981年取消了最低准备资产比率，特别是1986年10月又取消了经纪人与证券商的区别和证券交易固定最低佣金制。英国这些放松金融管制的改革使投资银行业的竞争更加激烈，加快了投资银行金融创新的步伐。

(2) 20世纪70年代末80年代初英国政府掀起了"民营化"的浪潮。70年代的两次石油危机使英国陷入萧条，英国财政部为了充分利用市场机制来促进竞争和提高效率，开始进行国有企业的民营化改革。民营化采用公开上市、私募、出售国有资产、重组或分割、注入新的私人资本等形式进行。在民营化过程中，私人银行可以提供广泛的服务，包括帮助制订国有企业出售方案、为股票上市提供咨询服务或代理发行等。在英国铁路公司、国家货运公司、电信公司等诸多行业的民营化过程中，许多商人银行，如巴林、华宝、施罗德等都曾有过表现。民营化使商人银行和企业建立了密切的关系，为进一步扩展投资银行业务打下了基础。

(3) 20世纪80年代的兼并收购风潮推动商人银行业务进一步发展。许多商人银行利用自有资本或代为管理的共同基金积极参与企业的收购和合并。1987年，英国公司并购美国公司资产总值达317亿美元，基本上是依靠英国商人银行的协助与筹划才得以完成的。1994年年底对全球跨境并购业务的统计表明：英国商人银行在从并购风潮中获得丰厚利润的同时，在全球投资银行业中也占据了举足轻重的地位。

(4) 1986年英国证券市场的重大改革为商人银行的发展创造了新的契机。英国伦敦证券交易所在第一次世界大战之前是世界上最大的证券交易所。第二次世界大战以后，随着英国经济实力的下降，伦敦证券交易所先后落到纽约证券交易所和东京证券交易所之后，迫使其加强自身管理，拓展业务广度和深度，更重要的是市场的竞争压力，使英国感到自身以中小投资银行为主体的证券交易所难以与美、日以大投资银行为支柱的证券交易所和西欧大陆以大商业银行为主体的证券交易所相匹敌，因而进行了大刀阔斧的改革，并于1986年10月通过了《金融服务法案》，冲破了英国商人银行和商业银行严格的业务界限，允许英国的商业银行直接进入投资银行领域。此举标志着英国商人银行和商业银行混业经营的开始。一方面，这为商业银行开辟了新的投资途径；另一方面，在实力雄厚的商业银行取得了同等的竞争地位之后，商人银行面临生存威胁，进行了大规模的合并，剩下的商人银行规模增大，业务重心也从"全能战略"转向"主攻优势战略"，以便发挥各自的专长，主要致力于专业化的服务，如公司财务咨询和投资管理业务。1995年9月，允许交易商进行直接匿名交易的 Trade Point 的交易系统被创立，宣告各类金融机构都可以混业经营。1997年10月，伦敦证券交易所又进行了股票交易改革，建立了以市场为中心的股票交易自动报价系统，加快了英国证券市场的现代化和国际化发展。

在经历了放松管制、民营化、企业并购浪潮以及证券市场的变革以后，英国的商人银行逐步发展壮大起来，形成了与商业银行共同经营投资银行业务的格局，奠定了它在国际证券市场上的领先地位。

二、美国

各国投资银行的产生和发展与各国经济的发展密切相关，美国投资银行的发展历史可以说是美国几百年经济发展历程的一个真实写照。与英国相比，美国投资银行起步较晚，但发展很快，堪称现代投资银行的典范。美国的投资银行业起步于19世纪初，在南北战争期间迅速发展，从19世纪70年代到大危机以前，伴随着对西部的推进和开发，投资银行在美国经济中盛极一时，为铁路、桥梁等大型基础设施建设项目做出了重要贡献。1933年，美国国会通过了影响深远的《格拉斯—斯蒂格尔法》，推行银行业与证券业分离的金融体制，高筑防火墙(fire walls)，使投资银行的发展受到诸多制约。但进入20世纪80年代，美国投资银行重新在国内外急剧扩张，实力和规模大大增强。到1999年，美国参议院和众议院于1999年11月4日分别以压倒多数票通过了《金融服务现代化法案》，废除了1933年关于银行、证券和保险严格分业的规定，对美国金融机构的经营和监管做出了重要调整，为混业经营创造了法律前提。美国投资银行的发展历程可以分为以下五个阶段。

（一）起步阶段(19世纪20—60年代)

从19世纪20年代开始，美国经济中涌现出一大批规模空前的新兴铁路公司、保险公司和公用事业公司，美国证券市场因而迅速地扩容起来，有力地推动了美国投资银行的加速成长。在美国金融史上，第一家投资银行普莱姆-伍德-金公司成立于1826年。该公司首先从证券零售经纪业务中脱离出来，成为最早开展证券批发业务的机构。美国南北战争期间，南北双方的各级政府为了筹措战争经费发行了巨额政府债券，给年轻的美国投资银行带来了较多的业务机会和丰厚收入，从而为后者的起步发展提供了有利条件。在19世纪60年代，美国最大的投资银行家杰伊·库克就是利用这些有利条件而暴发起来的。库克原是一名银行家，在南北战争的第一年才进入投资银行业。他作为一个辛迪加牵头人成功地为宾夕法尼亚州包销了300万美元的债券。在随后几年，他又屡次牵头组建承销辛迪加，集结起一支2 500人的销售队伍，运用报纸广告等一切可以运用的推销手段，总共承销了3.6亿美元的政府债券和大量的国债。

（二）膨胀阶段(19世纪70年代至1929年)

南北战争为美国资本主义发展扫清了障碍。19世纪70年代以后，美国工业迅猛发展，只用30多年的时间就完成了工业化过程。与此同时，自由竞争资本主义在美国的发展达到顶峰，生产集中与资本集中在此基础上加速进行，以股份公司为主要形式的近代企业制度得到普遍推广。在这种背景下，美国投资银行迅速膨胀起来，并演变为美国金融资本的一翼。从19世纪70年代到大危机前，是美国投资银行发展的鼎盛时期。当时的一批投资银行首先在铁路公司股票的承销与投机活动中大获其利，有的甚至乘机谋取了重要铁路公司的实际控制权。此后，它们又将业务和影响拓展到新兴的产业部门，业务范围从证券承销、经纪到信托投资、企业创立与改组、企业兼并、培植新兴企业，乃至大额存放款、汇兑、外汇等几乎无所不包。美国国会在1913年发表的《货币托拉斯调查报告》中指出，摩根财团以当时最大的投资银行摩根公司为核心，控制着美国钢铁公司、通用电气公司等53家大公司，总资产达127亿美元，包括金融机构13家（资产30.4亿美元）、工矿业公司14家（资产24.6亿美元）、铁路公司19家（资产57.6亿美元）、公用事业公司7家（资产14.4亿美元）。摩根公司被时人喻为“单人联邦储备银行”（one-man FRB），投资银行家摩根被公认为比当时的美国总统更有影响力，而美国投资银行则被公认为比美国政府更有影响力。值得注意的是，这一时期其他金融机构如商业银行、人寿保险公司、信托公司等也通过设立证券子公司或投资银行部的方式承办投资银行业务。投资银行也大量涉足这些金融机构的业务领域，从而使彼此之间的业务界限模糊不清。这一状况一直持续到大危机前。

（三）金融管制下的投资银行（1929年至20世纪70年代中期）

对投资银行的管制是从1929年大危机后开始的。从美国开始的金融危机波及全球主要资本主义国家，为防止危机的再度爆发，美国对金融业进行了严格管制。1929—1933年大危机给美国经济造成了巨大的破坏，金融业受害尤重。1933年，作为罗斯福总统实施“新政”的一个重要步骤，美国国会通过了《格拉斯—斯蒂格尔法》，将美国投资银行与商业银行的界限明确地区分开来，该法规定商业银行仅限于从事政府证券业务以及公司证券经纪、结算业务，除此以外不得从事其他证券业务，亦不得与投资银行联营或设立投资银行子公司；投资银行也不准承办商业银行的主要业务如存贷款、支票等。其后，美国国会又先后通过了1934年《证券交易法》、1935年《公用事业控股公司法》、1938年《马罗尼法》、1939年《信托合同法》、1940年《投资顾问法》、1964年《〈证券法〉修正案》、1970年《证券投资保护法》等重要金融立法，并依法成立了有关联邦证券管理机构，如证券与交易委员会，从而在原来存在的各州《蓝天法》的基础上进一步加强对投资银行的政府监管。受其影响，投资银行在美国经济中的作用和地位有所削弱，发展势头受到影响并进入调整阶段。然而，第二次世界大战后特别是20世纪60年代以后，美国经济发生了一系列重要变化：首先，规模越来越大的美国企业纷纷大搞负债经营，外源性筹资比重显著上升，筹资方式与筹资工具日趋多样化。其次，市场利率的攀升促使了大量公众存款从商业银行“脱媒”，并转入证券市场投资来生息获利。再次，随着人均收入水平的提高，个人对金融资产的投资需求增强，并成为证券市场上的重要投资主体。最后，为实行扩张性财政政策，弥补财政赤字，联邦、州及地方各级政府发行的公债规模逐年扩大。这些新情况、新变化给投资银行带来了新的业务机会与收益，美国投资银行亦不失时机地调整了经营战略与管理制度，加紧推行金融创新，一些重要的创新金融工具如货币市场互助基金、现金管理账户等，均是由投资银行在20世纪70年代推出的。一度不振的美国投资银行又重新扩张起来。

（四）放松管制下的投资银行（20世纪70年代中期开始至20世纪末）

1975年，证券交易委员会（Securities and Exchange Commission，SEC）放弃了对股票交易手续费的限制，实行手续费的完全自由化，此项改革成为美国证券市场自由化的象征，对后来美国证券市场的发展产生了实质性影响。交易手续自由化使美国投资银行的收入结构发生了变化，自由化以前，股票交易的手续费收入占美国投资银行总收入的一半以上；而到了10年以后的1985年，手续费收入则不到总收入的20%。佣金收入的减少促使美国投资银行不得不为了寻求新的利润来源而重新调整发展战略，由此便产生了经营模式分化现象，形成了三大类型：第一类，注重固定收入的资产管理业务，围绕投资理财、投资咨询展开业务，美林就属于这一类型；第二类，以二级市场自营业务和收购兼并中分业务为主，偏向高风险与高收益业务，雷曼兄弟就属于这一类型；第三类，专业于经纪业务，以提供廉价交易服务为主，查尔斯·韦伯属于这一"折价经纪商"的典型代表。进入20世纪90年代，围绕价格的竞争愈演愈烈，产生了"网上经纪商"。

（五）从分业经营到混业经营（1999年至今）

投资银行与商业银行的分业与混业一直是美国在政策与立法中争论的主要问题之一。20世纪80年代以来，随着世界经济一体化的发展，分业型金融体制无法适应国际市场的需要，投资银行与商业银行分业限制了美国投资银行的发展。因此，要求混业经营的呼声越来越高。从20世纪80年代以来，美国逐步放宽了投资银行业务的限制。经过十几年的努力，美国参议院和众议院于1999年11月4日分别以压倒多数票通过了《金融服务现代化法案》的最后文本。该法案取消了20世纪30年代大萧条以来实行的限制商业银行、证券公司和保险公司混业经营的法律，从而使美国金融业迈入一个新的时代，是"具有里程碑意义的"法案。

《金融服务现代化法案》的核心内容就是废止1933年通过的《格拉斯—斯蒂格尔法》以及其他一些相关的法律中有关限制商业银行、证券公司和保险公司三者混业经营的条款，但仍然禁止非金融公司从事储蓄贷款业务。

三、日本

相对于英、美而言，日本投资银行的产生又有自己的特色。日本称投资银行为"证券公司"，因为它的产生与发展直接依赖于日本证券市场的产生与发展。日本的证券公司历史悠久，早在明治维新时期就出现了证券公司的雏形。然而，由于历史的原因，间接融资在日本的金融体系中始终占有极其重要的地位，大财阀雄厚的资金实力也为经济的发展提供了充足的物质基础，证券市场资金严重不足。因此，长期以来日本的证券市场始终处于发展非常缓慢的状态中。那时，大企业发行的股票往往由同一财团内部消化掉了，而企业债券承销业务又几乎为银行所垄断，因此证券公司的业务范围就十分有限，只是做一些证券买卖经纪业务。直到第二次世界大战以后，日本的证券市场才逐渐活跃起来，证券公司也随之发展起来。

第二次世界大战后，日本财阀解体，大量股票和公司债券被释放出来，间接的融资在日本金融体系中的中心地位逐步动摇，再加上战争期间国家经济遭受重创，仅仅通过银行融资根本不能满足经济发展的需要。证券交易有了实质性的变化，证券公司也随之面目一新，并开始经营包销业务。1947年，日本政府颁布了《证券交易法》，标志着投资银行和商业银行分业经营模式的确立和现代投资银行的诞生。银行不能经营国债、地方债、政府保证债券以外的其他证券中介业务，绝大部分证券业务规定由证券公司承担，证券公司在证券市场上起主导作用，这大大刺激了证券市场的繁荣，证券公司也因此得以迅速发展。

20世纪60年代，随着日本经济的腾飞，日本的证券公司也飞速发展起来，并在为国民经济发展筹集资金方面发挥了巨大的作用。与此同时，日本政府开始逐步开放资本市场，日本的证券公司也跨出国门，在国际资本市场中占据重要地位。

由于历史的原因，日本的投资银行业始终缺乏充分竞争的市场机制，垄断相当严重。20世纪60年代以后，行业集中加剧，形成了以野村、大和、日兴、山一证券公司为主，新日本、三洋证券公司次之，同时有其他小券商并存的格局，四大券商在很大程度上操纵和控制着日本证券市场。它们包揽了一级市场上80%的承销业务，二级市场上的大宗买卖也多由它们代理，外国公司在日本发行债券或股票上市的80%也由四大证券公司承担，再加上它们间接控制的一些中小证券公司，四大公司的垄断地位难以动摇。

日本投资银行业缺乏充分的竞争机制还表现在固定费率上，以手续费为主要收入。日本证券公司的证券零售代理和交易业务占全部业务的比重较大，这一点有别于美国超一流的投资银行。后者不像日本那样在全国各地开设众多的证券营业部，因此其盈利中只有极少部分来源于这些业务。日本证券公司一直实行固定费率制，即按照代理买卖交易量的一定比率收取手续费，缺乏灵活性。而美国等西方国家的投资银行早就在代理业务收费上引入了竞争机制，实行协议佣金制，手续费率制度给日本的证券公司带来了可观的收入，因而手续费在证券公司的收入中一直占有很大的比重。固定费率制减少了价格竞争的可能性，稳定了日本证券公司和其客户的长期关系。大企业和机构投资者多通过四大证券公司来从事证券交易，从而为它们带来了可观的手续费收入。基于互惠互利的原则，证券公司秉承“追随客户”的原则，倾其所能为大客户服务，从而使得证券公司不惜违反证券法规为其提供内幕消息，甚至动用自有资金来弥补企业经营上的损失。近年来，日本暴露的数起涉及四大证券公司的金融丑闻，与日本证券公司和大企业财团的这种微妙关系不无关系。

第二节　国际投资银行的演进趋势

近20年来，在国际经济全球化和市场竞争日益激烈的趋势下，投资银行业完全跳开了传统证券承销和证券经纪狭窄的业务框架，跻身于金融业务的国际化、多样化、专业化、电子化和大型化之中，努力开拓各种市场空间。这些变化不断改变着投资银行和投资银行业，对世界经济和金融体系产生了深远的影响，并已形成鲜明而强大的发展趋势。

一、多元化

20世纪70年代以来，西方发达国家开始逐渐放松了金融管制，允许不同的金融机构在业务上适当交叉，为投资银行业务的多样化发展创造了条件。到了80年代，随着市场竞争的日益激烈以及金融创新工具的不断发展完善，更进一步强化了这一趋势的形成。如今，投资银行已经完全跳出了传统证券承销与证券经纪狭窄的业务框架，形成了证券承销与经纪、私募发行、兼并收购、项目融资、公司理财、基金管理、投资咨询、资产证券化、风险投资等多元化的业务结构。综观当代美国十大券商的经营现状，可以发现它们的经营范围是非常广泛的。就证券业的经营项目而言，十大券商几乎没有不涉足的。从一级市场承销到二级市场的自营、经纪;从交易到结算;从投资咨询到各种投资基金;从"批发"(服务对象为机构投资者或大投资者)到"零售"(服务对象为个人投资者);从股票到各种债券,到各种证券衍生商品(证券的期货和期权等);从交易所市场到柜台市场,到第三市场(交易所上市股票在柜台市场交易)、第四市场(大机构投资者中间直接的大笔交易);从美国国内市场到国外市场(比如为美国公司和投资者进入国外证券市场服务,为外国公司和投资者进入美国证券市场服务);而且,这些大券商几乎都涉足一些不属于证券业的经营项目,比如 Merrill 和 Donaldson 涉足保险业;Goldman 和 Paine 涉足房地产业;Salomon 涉足石油业;Lehman 涉足外汇业;Morgan 涉足信用卡业;A. G. Edwards 涉足商业、保险业和房地产业。

阅读材料 2-1

美林证券

美林证券(Merrill Lynch)是一家经营投资银行业务的金融控股公司,也是一家实行多元化经营的综合性投资银行。美林证券下设美林国际、美林政府证券、美林经纪交易、美林资本服务和美林资产管理等众多子公司,分别经营各种不同的金融服务。美林证券通过出资 8.4 亿美元收购英国最大的经纪公司——兆富公司而使自己成为世界上最大的股票经纪公司。

20 世纪 70 年代中期以前,美林证券主要从事传统的证券发行与交易业务,佣金收入是最重要利润来源之一。1975 年,美国取消了证券交易的固定佣金制度,使交易的手续费逐年下降,从 1975 年每股平均 26 美分下降到 1980 年的每股 11.9 美分,1997 年则为平均每股 5 美分。这表明,以佣金收入为主要收入来源的传统证券公司受到极大冲击。如果不对业务结构做出调整,很有可能遭到市场的淘汰。在这种背景下,美林公司在金融服务方面加强了力量,超过 20%的员工在从事财务咨询等业务。

20 世纪 80 年代初,美林证券以传统业务为依托,把业务重心转移到资产管理和并购等收费的银行业务上来,成功地弥补了收益的不足。资产管理规模在此后的十几年获得了高速增长,到 1997 年管理的资产总额超过了 8 000 亿美元,在取得巨大营业利润的同时,有力地支持了其他业务的发展。

20 世纪 90 年代末期,随着网上银行业务在美国的迅速发展,美林证券的资产管理和经纪业务领导地位受到挑战。为保持在资产管理和经纪业务的领先优势,美林在 1996 年 6 月 1 日正式推出"综合性选择"(integrated choice)系列产品,向客户提供从完全自己管理到全权委托管理的各种服务产品。1999 年,美林证券推出了网上交易业务。2008 年受次贷危机影响亏损严重,被美国银行收购。

二、国际化

近几年来,资本的国际化使得投资银行业务不断国际化。投资银行的国际化是指投资银行的跨国经营,主要表现在投资银行业务的国际化和投资银行机构的国际化。金融自由化的举措和一体化的市场使得投资银行可以方便地开拓国际市场业务，发达国家的大型投资银行纷纷在国外设立分支机构，开展跨国业务活动。20世纪80年代新兴工业化国家经济崛起，80年代末计划经济国家向市场经济转轨，经济崛起和体制转型需要大量的资金支持，旺盛的融资需求为投资银行提供了巨大的市场机会；同时新兴工业化国家和转轨国家在发展过程中都面临的结构调整和产业整合问题，又为投资银行提供了许多参与并购和资产重组的机会。

借助于金融自由化、全球化提供的机会和网络技术进步提供的技术平台，投资银行在获利和规避风险等经济诱因的驱使下，迅速向海外拓展自己的业务。目前，各大投资银行都在全球范围内建立了自己的业务网络，在国际或区域金融中心设立了分支机构，各大投资银行的国际性业务收入占比都比较高。美国美林证券公司在全球55个国家设有办事处，业务遍布世界各地，业务不仅有组织飞机、铁路等交通工程项目融资，组织大型的工业工程、开发自然资源工程、能源工程、电信工程项目融资，而且还有进出口贸易融资业务；不仅提供商品服务，而且还为世界各大公司提供经济咨询和研究服务；不仅为各国政府和公司在世界各大资本市场上融资，而且还协助一些国家的中央银行管理外汇储备股票、债券及其他证券交易。2006年高盛、摩根士丹利、美林、JP摩根等投资银行的国际性业务收入占总收入比例依次为45.9%、37.7%、34.8%、26.2%，平均为36.2%。2007年前三季度中，高盛在EMEA（欧洲、中东和非洲地区）的IPO市场、亚洲资本市场占有率均位列第一。在全球并购战略咨询中，高盛、摩根士丹利和花旗占前三，市场份额分别为31.3%、29.3%和26.5%，总和高达87.1%之多[①]。日本证券公司不仅办理外国投资者向本国的投资，而且还办理日本对外发行外债的交易业务，并且在海外设立的营业点遍布五大洲。投资银行在开展跨国经营的同时，也通过自己的活动推动着金融全球化向纵深发展，使金融全球化成为不可逆转的趋势。

投资银行业务全球化有深刻的原因，其一，全球各国经济的发展水平、证券市场的发展速度快慢不一，资本的国际流动日益加强，使得投资银行纷纷以此作为新的竞争领域和利润增长点，这是投资银行向外扩张的内在要求。其二，国际金融环境和金融条件的改善，客观上为投资银行实现全球经营准备了条件。早在20世纪60年代以前，投资银行就采用与国外代理行合作的方式帮助该国公司在海外推销证券或作为投资者中介进入国外市场。到了70年代，为了更加有效地参与国际市场竞争，各大投资银行纷纷在海外建立自己的分支机构。80年代后，随着世界经济、资本市场的一体化和信息通信产业的飞速发展，昔日距离的限制再也不能成为金融机构的屏障，业务全球化已经成为投资银行能否在激烈的市场竞争中占领制高点的重要问题。

三、专业化

专业化分工协作是社会化大生产的必然要求，在整个金融体系多样化发展过程中，投资银行业务的专业化也成为必然。各大投资银行为提高自身竞争率和收益，在业务多样化、交叉化的同时，又充分利用自己的优势和所长向专业化方向发展，占据了很高的市场

---

① 程克群，栾敬东，曹彩龙.中国投资银行业务发展探析[J].江淮论坛，2013(3)：16.

份额，有较为稳定的收入来源渠道。例如，美国摩根士丹利公司擅长于包销大公司证券，2007年在全球并购市场排名第二，美国股权市场排名第一；美林曾是国际领先的债券和股权承销人，其在债务抵押和资产担保证券市场上分别居于世界第一和第二，在美国IPO市场位居第一，而且在产权交易、项目融资和个人投资经纪服务领域成绩卓越；高盛以研究能力及承销而闻名，精于融资、投资、收购、兼并、股票债券分析领域，其2007年在全球并购市场上高居第一；所罗门兄弟以商业票据发行和公司购并见长；第一波士顿则在组织辛迪加包销证券、安排私募和策划公司合并方面居于领先等。业务的竞争使各家投资银行按照自身具有的独特优势向各具所长的方向发展。

四、电子化

随着自动化的发展，证券市场电子化程度得到了进一步提升。辛辛那提股票交易所是美国最具代表性的全自动化交易所。现在，世界上已有一些交易所在证券经纪人办公室里建立交易商工作站，提供对交易商的远程访问，并最终取代传统的交易厅。此外，相对于场内交易的场外市场也由于电子化程度的提高而得到高度发展，因而场外市场也因其技术特征主要是电子通信技术而被称为“电子市场”。20世纪90年代，随着网络技术的发展，网上交易在美国出现后，即呈现出快速发展的态势。目前，美国网上交易的规模正以每季度30%～50%的速度增长。据调查，美国大约有160家经纪商提供网上交易服务，网上交易量每天超过50万笔，网上经纪的资产超过4 000亿美元，约有25%的散户交易量通过互联网完成。美国最大的网上券商嘉信公司(Charlc Schwab)1997年开始涉足互联网经纪业务，但到1998年年末，其每周互联网交易量就达到40亿美元，年交易量超过2 000亿美元，占其总交易量的一半以上，占全国互联网交易量的30%，从而跻身全美十大券商之列。而据美国国际证券业信息中心调查，1999年工业化国家至少有500家证券机构推出网上交易服务，入网者达2 000万户，资金达5 000亿美元。在韩国，60%的证券交易量是通过网上交易完成的。所以，从世界各国来看，网上交易是经纪业务发展的必然趋势。

嘉信理财公司

嘉信理财公司(Charles Schwab)是一家总部设在美国旧金山的实行专业化经营的投资银行，在证券网络经纪方面确立了明显的优势。

1997年以来，随着互联网业发展，在线股票交易异军突起，网上交易量激增。据统计，1993年全世界范围的网上股票账户只有150万个，到1999年则猛增到530万个，到2000年网上股票账户达到1 440万个，资产达到16 880亿美元。美国在线股票交易金额占交易总金额的比例已达到40%。互联网在线交易系统的特点是，充分个性化的细分服务平台是以低成本方式集成在一起，“品种齐全，价廉物美”，来提供给广大客户的。1994年以来，公司的每手在线交易佣金率按每年9%的幅度递减。

嘉信理财公司起初是一个微不足道的小经纪商。随着20世纪90年代中期互联网规模兴起，嘉信理财公司大胆地预见到，互联网将会成为对中小零散客户进行大规模收编集成的重要平台，于是，在业界率先对互联网在线交易系统进行重投资。20 世纪 90 年代中期，嘉信理财实现重大突破，推出基于万维网的在线理财服务。从此开始，嘉信理财公司把传统的经纪和基金等业务捆绑在高速前进的互联网列车上，整个公司的业绩突飞猛进，迅速成为美国最大的在线证券交易商。2001 年年底，公司的市值为 215 亿美元。目前，公司为 780 万名客户管理着 8 600 多亿美元的资产。嘉信理财公司的迅猛发展使一贯以来坚守传统交易方式的美林证券不得不改变立场，在 1999 年 5 月终于推出网上交易系统。可见，全新的在线经纪业，已对传统的股票交易方式形成了巨大冲击。

五、大型化

投资银行大型化是金融自由化后金融业兼并整合的结果。金融业管制放松后，金融机构跨业并购的制度障碍被清除，全球金融业混业经营、合并整固蔚然成风。20 世纪 90 年代以来，许多跨国公司面对信息经济和国际市场新格局，掀起了大规模的以"功能互补"为内容的资本重组和兼并浪潮。在这次并购浪潮中，投资银行为双方企业提供了多方面的金融服务，而这些金融服务本身对投资银行的自身实力也提出了更高的要求，反过来促使投资银行之间发生大规模的并购活动。据统计，20 世纪 90 年代全球金融企业之间的并购总值近 14 兆亿美元，几乎每周都会传出大型银行、基金公司或保险公司并购的消息。如 1998 年 4 月 6 日，美国旅行者集团和花旗银行合并；同年 4 月 13 日，美洲银行以 600 亿美元股票的价格收购国民银行，使其总资产达 5 700 亿美元；11 月 30 日，德意志银行以 101 亿美元的现金收购美国信事银行。2000 年，瑞士信贷银行出资 115 亿美元收购管理资产达 1 200 亿美元的美国大型投资银行——唐纳森；同年美国大通银行集团与 JP 摩根合并后，资产总值约为 6 600 亿美元。而德国安联保险公司在过去三年时间里，通过兼并收购等方式，已迅速发展成为一个集保险与金融投资服务于一体的综合性金融企业，其总资产超过 1 万亿欧元。历史上的并购主要是业内并购，目的是减少同业竞争对手，扩大市场份额。而金融自由化和管制的放松更使金融业的并购形式由过去的业内并购开始转向跨业并购。并购已不仅仅是为谋求节约成本和提高效率，更主要的是为了把自己锻造为能够从事保险、银行以及证券、基金等各种业务活动的全能型的金融超级"航母"。此轮并购不仅大大推进了国际金融业的一体化、综合化、网络化发展进程，而且促使金融企业开始向多功能金融百货公司的方向发展，出现了超大型化的发展趋势。在该轮并购过程中，有许多投资银行主动放弃独立地位，被有实力、规模大的商业银行收购，原因是证券行业虽然利润丰厚，但毕竟不稳定，而且与商业银行、保险公司相比，其规模还是太小，抗风险能力较差，与商业银行合并，可以提高自己的抗风险能力。当前，世界经济不景气尤其是美国经济的衰退，使投资银行业务大幅萎缩，主要投资银行的盈利水平均大幅下降（如美林公司 2001 年的盈利水平比 2000 年下降 40%）。虽然美林、高盛等公司在资本市场上曾经呼风唤雨，但与花旗、美国银行等的实力相比还相差甚远，此时正是商业银行兼并收购投资银行的好时机。可以预见，国际金融业一轮大范围的结构调整即将展开，国际金融业的合并整合还将继续。

第三节　我国投资银行的发展

我国投资银行体系是以证券公司为主体，由证券公司、信托投资公司、基金管理公司、财务公司、投资咨询公司等共同组成的。由于我国证券市场发展历史较短并且还很不成熟，我国投资银行机构发展仍处于初级阶段，资本市场上各种相关机构均不同程度地涉足部分投资银行的业务，并且是以投资银行的初级业务为主。

一、我国投资银行的发展历程

（一）证券公司的萌芽时期（1981—1990年）

1981—1990年是我国证券公司发展的萌芽时期，其主要特征是国家和企业开始试行以发行国债、企业债券和股票的方式从社会筹措资金，这种投融资方式的变化，便产生了现代中国的证券市场。随着证券市场的逐步形成与发展，一些机构从银行中分化出来专营证券业务，由此诞生了现代中国的证券公司。

我国自1979年实行改革开放政策以来，有中国特色的社会主义市场经济逐步发展起来，这就为中国证券市场的产生和发展提供了必要的前提，同时也为中国证券公司的产生和发展提供了现实基础。

1. 国债发行与交易市场的形成

为解决财政在时隔多年后出现的赤字，在向中央银行借款和透支的同时，1981年中央恢复了1959年停止的国债发行，当年财政部发行了10年期的国库券48.66亿元。据统计，1981—1990年我国发行国债1 027.88亿元。在一个较长的时期内，我国国库券的发行是采用行政派购方式进行的。1986年8月5日，经中国人民银行沈阳市分行批准，沈阳市信托投资公司首先开办了有价证券的转让业务，引起中外舆论的关注。1988年4月，国务院决定在全国范围内分期分批逐步开放国库券转让市场，首批试点在沈阳、上海、重庆、武汉、广州、哈尔滨和深圳七座城市进行。1988年6月又批准54个城市进行国库券转让试点。到1988年年底，国库券转让业务基本上在全国铺开，100多个城市办理了此项业务。1990年，我国的国债转让市场全面开放。据统计，截至1990年各种债券总成交额为1 614亿元。

2. 股票发行与交易市场的形成

企业向社会筹资的需求，必然导致股票这一信用工具的产生。1979年经济体制改革以来，一些地区和企业开始不完全依赖银行，直接通过发行股票、债券和其他社会集资方式向社会筹措资金，逐步突破了单一的银行信用体制。1984年9月北京成立了第一家股份有限公司——天桥百货股份有限公司，面向社会发行了定期三年的股票。同年11月，上海飞乐音响公司部分地公开向社会发行了不偿还股票，标志着上海股票发行市场初步形成。到1990年，上海共有11家企业进行了股份制试点，股本总金额达8.87亿元。深圳市于1986年开始进行股份制改革试点工作，并于1987年起向社会公开发行股票，形成了我国除上海之外的又一个股票市场。到1990年年底，已有共5家企业公开向社会发行了股票，股本总金额达27亿元，至1990年年底，我国各类企业股票发行金额累计达

45 亿元。

上海在初创股票发行市场后，即开始建立股票交易市场。1986 年 9 月，上海工行信托投资公司静安营业部（申银万国证券的前身）首创了全国首个柜台交易市场。1986 年 9 月至 1990 年 10 月底，上海已有交易柜台 16 个，代办点 40 多个，中国人民银行上海分行还颁布了《证券柜台交易暂行规定》，为上海股票交易市场的稳步健康发展奠定了基础。随着股票的公开发行，深圳的股票交易转让也开始陆续进行，股票交易量逐年扩大，1988 年为 400 万元，1989 年为 2 300 万元，1990 年达 17.6 亿元。1990 年下半年因股市涨势迅猛而一度备受海外人士瞩目。截至 1990 年年底，深沪两个市场股票上市品种达 13 种，全国股票交易额累计达 22 亿元。

3. 证券公司的产生

沈阳市信托投资公司是我国第一个经营证券转让业务的金融机构，该公司于 1986 年在沈阳市试办有价证券转让业务，从此揭开了我国证券业发展的序幕。1987 年 9 月，由深圳 12 家金融机构合资创办的我国第一家证券公司——深圳特区证券公司经中国人民银行总行批准试办，其主要业务是办理各种有价证券买卖和转让，为证券投资提供咨询服务。到 1988 年年底，全国共有证券公司 34 家，证券交易柜台一百多个，初步形成了证券专营和兼营机构共存的证券公司格局。到 1990 年年底，经中国人民银行总行批准在全国主要城市成立的专业证券公司有 34 家，兼营证券业务的信托投资公司有三百多家。

1990 年 11 月 26 日，经国务院批准，新中国第一家证券交易所——上海证券交易所正式宣告成立，并于 12 月 19 日正式营业。至此，我国证券公司的框架基本形成，即以证券公司为主、证券交易营业部为辅、证券交易代办点作为补充的证券公司体系。但这时的证券公司主要经营债券业务，只有少数证券公司开办股票业务。

（二）证券公司发展时期（1990—1996 年）

1990—1996 年是证券公司发展时期，这一时期沪深两个证券交易所正式成立，证券市场规模迅速扩大，证券公司得到快速发展。

1. 证券交易所的建立为证券业发展奠定了基础

1990 年 12 月上海证券交易所正式成立，与此同时深圳证券交易所也在 1990 年经过试营业后于 1991 年正式开业。沪、深两个交易所的诞生，是我国证券业在经过长期艰难的探索和实践后迈出的历史性的一步，是现代中国证券发展史上的一个里程碑，它标志着我国证券市场从此进入了有组织的证券交易市场阶段。①采用现代电子通信技术实现了无纸化发行和交易。②证券市场从场外柜台交易转向场内交易。③建立了全国性的集中统一市场。④促进证券交易符合公平、公正、公开原则。⑤证券市场规模迅速扩大。

2. 证券公司的特点

1991—1996 年，随着两大交易所的设立和证券市场的发展迅速扩大，业务范围也迅速扩张，开始全面承做投资银行业务。

(1) 数量增长与业务发展。截止到 1996 年年底，我国共有专业证券公司 96 家，比 1990 年增加 50 家，兼营证券的信托投资公司 321 家，比 1990 年增加 21 家，全部证券经营机构下设的证券交易营业部达 2 420 家，比 1990 年增加 370 家。1996 年沪、深两个交易所会员总数达 1 066 家，席位数达 4 632 个。

(2) 种类格局与地域分布。截至1996年年底,在我国的证券公司中,除了10家具有全国性影响外,大部分为地区性或兼营证券业务的信托投资公司。从证券行业发展状况看,我国证券公司形成了四个层次:第一层次有国泰、华夏、南方、申银万国等全国性证券公司,它们在资金规模、业务网络及人才储备上具有较大优势;第二层次是一些具有银行或金融财团背景的公司,如君文、海通、中信、光大、招银等,它们与第一类公司的竞争十分激烈;第三层次为地区性证券公司,它们与地方政府和企业有着渊源关系,与前两类证券公司在业务上具有一定的互补性;第四层次为兼并证券业务的信托投资公司,其数量最为庞大,实力参差不齐。这些公司构成了我国证券公司不同层次的券商群体。

(3) 资产规模与财务状况。据统计,1996年全国96家证券公司总资产达1 590.53亿元,较1995年的831.98亿元增加91.2%,实收资本168.9亿元,股民交易保证金391.2亿元,自营证券193.69亿元,全年代理证券交易18 965.2亿元,实现利润总额462亿元,扭转了1995年总体亏损5.85亿元的局面,从而大大增强了抵御风险的能力。

(4) 市场竞争与风险控制。由于一级市场的"同质性"和上市公司资源的"稀缺性",承销市场供需极不均衡,出现了严重的卖方市场,几乎每个承销项目都有几家甚至十几家证券公司到上市公司或拟上市公司争夺。在二级市场上,证券买卖代理业务则出于证券交易网点过多,形成了供大于求的中等程度的买方市场,在二级市场牛劲十足时,大多数证券营业部交投活跃,尚有盈利;而在熊市时,则交投清淡,度日艰难,所获手续费难以维持盈亏平衡。排名前20位的证券公司,在市场竞争中获得了80%以上的一级市场承销份额,二级市场的份额也达到50%以上,而且,其市场份额还有增大的趋势。不少中小证券公司业务单一,从未能够涉足一级市场业务,仅仅开展的二级市场业务量也十分有限。一些证券公司在一级市场挣不着、二级市场没得挣的情况下,只能铤而走险深入到高风险的期货市场中去寻条生路。1995年2月上海证券交易所国债期货"327"案件中,不少证券公司盲目炒作,导致亏损累累。

(三) 证券公司分业重组阶段(1996—1999年)

1995年颁布的《中华人民共和国商业银行法》(以下简称《商业银行法》)确立了我国金融分业经营制度,银证分业和信证分业导致证券公司之间的兼并和重组,并催生出一批较大的重量级证券公司。1996年7月,申银证券公司和万国证券公司合并成立申银万国证券公司,成为当时最大的证券公司。1998年,国泰证券与君安证券合并。2000年8月,华融、长城、东方、信达四大资产公司和中国人民保险公司五大信托公司所属证券业务部门合并重组成立了中国银河证券。虽然我国证券公司注册资本金规模的最高纪录不断被打破,但是证券公司的总体规模仍然较小。1997年年初,在全国94家证券公司中,资本金规模超过10亿元的证券公司仅有7家。

(四) 证券公司增资扩股阶段(1999年至今)

1998年,我国颁布的《中华人民共和国证券法》(以下简称《证券法》)第119条规定:"国家对证券公司实行分类管理,分为综合类证券公司和经纪类证券公司,并由国务院证券监督管理机构按照其分类颁发业务许可证。"综合类证券公司可以经营证券经纪业务、证券自营业务、证券承销业务以及经国务院证券监督管理机构核定的其他证券业务,但注册资本不得低于 5 亿元人民币，而经纪类证券公司注册资本只需 3 000 万元，但只能从事证券经纪业务。

《证券法》颁布之时，我国大部分证券公司属于中小证券公司，按照分类标准达不到综合类证券公司的要求，只能从事证券经纪业务。为了获取所谓的“全牌照”，2000 年以来在全国范围内掀起了一股证券公司增资扩股浪潮。表 2-1 描述了我国主要证券公司注册资本状况。

表 2-1 我国主要证券公司注册资本 单位：亿元

序号	公司名称	注册资本	序号	公司名称	注册资本
1	海通证券	87.34	7	湘财证券	25.1
2	银河证券	45	8	招商证券	24
3	申银万国	42.15	9	华泰证券	22
4	国泰君安	37.3	10	国通证券	22
5	南方证券	31.4	11	中信证券	21
6	光大证券	26	12	国信证券	20

* 资料来源：张东祥. 投资银行学[M]. 武汉：武汉大学出版社，2004.

截至 2008 年年底，我国共有 107 家证券公司，报表总资产 1.2 万亿元，净资产 3 585 亿元，净资本 2 887 亿元。客户交易结算资金 6 969 亿元，受托管资金本金规模 919 亿元。各类证券营业部 2 680 家，从业人员约 10 万人。另有二百四十多家信托投资公司和七十余家财务公司。

二、我国投资银行的发展现状及存在的主要问题

（一）我国投资银行的发展现状

中国投资银行业是以证券公司、信托投资公司、基金管理公司、财务公司、投资咨询公司、租赁公司等公司为格局的。它们并不是真正意义上和规范意义上的投资银行，只是扮演着部分投资银行的角色，我们有时也将这些并不标准的、并不规范的机构定义为“准投资银行”。但为了叙述方便，我们一并称为“中国投资银行”。中国投资银行业是伴随着资本市场的发育而发展的。投资银行业务最初是由商业银行来完成的，20 世纪 80 年代中后期，随着我国开放证券流通市场，原有商业银行的证券业务逐渐被分离出来，各地区先后成立了一大批证券公司。券商逐渐成为我国投资银行业的主体。除此之外，还有一大批业务广泛的信托投资公司、金融投资公司、产权交易与经纪机构、资产管理公司和财务咨询公司等也在从事投资银行的其他业务。实质上，20 世纪 90 年代以来，我国投资银行数量增长幅度并不大，详见表 2-2。

随着《证券法》的正式实施和证券市场向广度和深度的方向发展推进，中国证券公司由此步入了一个加快发展、公平竞争、规范运作的新时期。通过增资扩股，这批券商的资本实力大大增强，各项业务必将得到进一步的拓展。另外，出于资源整合和培育本地大券商的需要，不少地方正在积极酝酿组建大证券公司。新的大型证券公司的不断涌现改变

表 2-2 不同时期我国证券公司数量

年份	1987	1988	1989	1990	1991	1992
数量	1	34	44	44	66	87
年份	1993	1994	1995	1996	1997	1998
数量	91	91	97	94	90	90
年份	1999	2000	2001	2002	2003	2004
数量	90	101	109	124	122	129

*资料来源：中国证监会网站。

了几家传统的大证券公司垄断各项业务的格局，中国证券公司将在一个新的起点上展开一场更高层次的激烈竞争。但是，中国证券公司的现状不容乐观。中国的证券公司是伴随着中国资本市场建立和发展起来的，其规模和发展均受到中国现有经济发展水平和原有经济体制的制约。

（二）我国投资银行发展存在的问题

由于我国现代投资银行业从发展到现在只有短短十几年的时间，还处于初级阶段，因此仍存在着诸多问题。

1. 自有资本少，融资能力差

中国证券经营机构由于发展历史短，市场发育不成熟、融资渠道不畅等因素的影响，资产规模很小。一是注册资本规模小；二是净资产规模小；三是总资产规模小。截至2010年6月底，我国共有证券公司106家，大都资产规模小，盈利能力不足。由2010年中外投资银行盈利能力对比表可以看出，我国净利润排名前三的券商的总资产远不及美国排名靠前的投资银行(见表2-3)。资产规模过小难以承受投资银行业务的高风险，直接限制了证券公司向投资银行的发展。造成自有资本少的原因有多方面，分业经营是其中的最主要因素。我国目前实行证券业和银行业、信托业、保险业分业经营的政策，这虽然能分散风险，稳定金融市场，但不能有效地聚集资本，无法扩大各金融行业的规模。自有资本规模小使其难以承受投资银行业务的高风险，也直接限制了证券公司向标准的投资银行的发展。

表 2-3 2010年中外投资银行盈利能力对比 单位：亿元

公司	净利润	总资产	公司	净利润	总资产
JP摩根	1 152	140 401	中信证券	118	1 094
摩根士丹利	632	54 306	广发证券	48	910
高盛	553	60 333	国泰君安	37	936

*资料来源：美国各投资银行2010年报和中国证券业协会2010年证券公司排名。

2. 业务范围窄，收入来源过于集中

中国现行证券公司在资本市场主要承担三种角色，即一级市场的承销商、二级市场的经纪商和交易商。目前，我国大多数投资银行的业务还主要局限于一级市场的证券承销业务和二级市场的经纪及自营业务。其中，一级市场的承销商是证券公司利润的重要来源。如表 2-4 所示，2007 年我国证券公司经纪业务和自营业务收入就占到了总收入的 77%，而且自营业务收入来源仅局限在股票、债券的买卖差价上，与美国投资银行相比差距悬殊。能从事兼并收购顾问业务、金融创新等业务的更是凤毛麟角。而国外的投资银行的发展是以其大量经营企业并购业务为标志的，另外在资产管理和金融工程方面也都有优异的成绩。这种巨大差异是由于我国现在的证券承销还是一项只赚不赔的业务，券商的投入也相对较少，而像并购重组这些领域，它本身还不规范，成功率比较低，加上财务顾问费用又比较少，多则 30 万～50 万元人民币，少则 10 万～20 万元人民币，相比做发行的巨额佣金太少了。而券商做承销业务少则几百万元，多则上千万元。券商业务结构雷同，企业并购、资产证券化、财务顾问、创业基金等现代化投资银行业务还有待开拓；投资银行的传统业务发展已经受到证券市场的限制，而新型投资银行业务还没有发展起来(见表 2-4)。

表 2-4　中国历年证券公司收入构成百分比　　单位：%

年份	2005	2006	2007	2008
经纪业务	63.9	59.4	59.6	51.2
自营业务	0	14.7	27.2	30.5
承销业务	5.5	9.8	3.4	4.0
资产管理	0.6	0.5	1.9	2.2
其他	30.0	15.6	7.9	12.1

* 数据来源：各年按收入排名前五的证券公司年度报告。其中，收入构成百分比按各公司总收入加权平均所得。总收入中亏损项计为零，并不另外扣除。

3. 业务结构相似，专业化程度不高

各证券公司的业务结构明显相似，业务收入相互之间也具有高度可替代性，无核心竞争优势业务，差别化的竞争策略和业务品种并不广泛[①]。主要体现在以下两个方面。

第一，承销业务类似。在我国证监会和相关政府部门严格的审批制度下，我国证券市场基本上处于卖方市场占主导地位的状态。尽管在目前我国投资银行承销业务在一、二级市场上存在巨大的差价，但也是基于政府宏观调控的范围之内，只能成功不得失败，因而可以说承销业务几乎是一种无风险或低风险业务。

第二，经纪业务品种单一。我国目前证券市场上主要是股票、债券、基金和权证等屈指可数的证券交易品种，而 A 股交易又占据了绝大多数的市场份额。

各投资银行业务专业化程度不高，如承销业务方面，拥有成熟证券市场的西方国家具备承销业务资格的投资银行一般都不会超过 10 家，这样既有助于规范资本市场，又有助于开展有序的市场竞争，而我国“投资银行”呈现的“一窝蜂”发展趋势，使得拥有证券承销资格的投资银行数量众多，目前已经达到 34 家，且并未有明显的迹象表明有改制、兼并等

---

① 张学涛，刘喜华，李敏. 我国证券公司生产效率及效率持续性研究[J]. 华东经济管理，2011(12).

减少的趋势，这就势必造成承销市场的混乱，阻碍承销业务的发展。同时，它们盲目地拓展业务内容，没有集中力量发展好各自占有优势的领域，往往造成行业的恶性竞争，难以推动投资银行业务的创新和发展。

4. 法制不健全，操作不规范

证券法虽已出台，但是还比较笼统，还未涉及许多具体的投资银行业，投资银行法还没有出台。中国的证券公司还远远不是真正意义上的现代投资银行，其兼并重组策划业务还远远没有开展起来，主要因为：

① 中国大部分企业是国有企业，所有者是政府，政府参与、承担了大部分本应该由中介机构承担的工作；

② 企业从节约成本的角度，不希望聘请外部顾问；

③ 目前的政策导向和利益驱动有问题，政府没有规定佣金标准，使收费偏低；

④ 制度配套存在问题，如完善的社会保障制度等，投资银行的工作远远超出了市场行为，必须通过种种非市场谈判以求得职工和政府的双重认可。

目前在我国的投资银行业务中还存在着大量的违规行为。同时，我国目前的一些管理条例还很不完善。例如，《股票发行和交易管理暂行条例》中的一些规定与投资银行本身的业务相矛盾。它规定任何金融机构不得为股票交易提供贷款。而根据国际惯例，投资银行在从事并购时，可以为并购公司提供资金融通。不完善、不健全的法规体系将会助长投资银行的不规范操作。因此，要使投资者规范其行为，首先要有完善的法规体系和稳定的法律框架，方能有法可依。

三、我国投资银行发展的对策

我国投资银行发展的对策有以下几项。

（1）拓宽融资渠道，解决资金困难，扶植集团化发展。随着国内资本市场的开放，中国投资银行将会不可避免地要与高盛、摩根士丹利等国际性投资银行正面交锋。显然，当前规模小且分散经营格局下的国内投资银行是无法与这些大投行相抗衡的。借鉴国外投资银行业的融资经验，并结合我国不能混业经营的实际，我们可以选择以下方法进行融资：通过增资扩股、改造和兼并重组，优化结构，壮大规模，形成规范的公司治理结构。“强者恒强，弱者恒弱”的市场竞争法则，将使中国投资银行加速走向收购兼并、资产重组的道路，通过市场的优胜劣汰最终形成合理的行业结构和格局。

（2）扩展业务范围，找准市场定位，以特色业务为主，走多元化发展道路。在国外，从整个投资银行的结构来看，不同的投资银行有自己不同的市场定位，有的擅长股票的承销与并购，有的则把债券业务作为业务核心。另外，国外的大型投行都有细致的专业分工，如专门设有兼并与收购部门，而我国在此行业结构分散，业务也多集中于一级市场业务和少量二级市场业务，其他业务接近空白。在国外，现在主要有八项特定的产生收益的业务：证券承销、证券交易、证券私募、资产证券化、收购和兼并、商业银行业务、衍生工具的交易和创造、资金管理。有数据表明，从 20 世纪 70 年代到 90 年代的 20 年中，美国前 10 名的投资银行的传统业务量从 50%下降到 17%左右，投入传统业务的资本也由 45%下降到 6%左右。业务创新是投资银行活力的源泉，只有进行业务创新，投资银行才更具竞争力。中国的投资银行要发展成为现代投资银行，就要抓住有利时机，利用各种可以利用的资源，积极开拓企业的重组并购、项目融资、基金管理、公司理财和其他金融产品等业务，拓展市场，提高其自身抗风险能力和竞争力，满足来自企业等不同层面的需求。以特色业务为主，走多元化的发展道路。

(3) 培养人才，改善硬件。投资银行业是金融领域的高科技、高智慧型产业，从事投资银行业的人员不仅需要有扎实的理论基础、渊博的经济法律知识和丰富的实践经验，而且需要有敏锐的创造力和灵活的公关技巧，因此应加强投资银行从业人员各方面的素质培养，完善选拔、培训、任用和考评机制，大力培养精通财务金融实务、资产评估、法律、外语的投资专家和电脑、网络专业人员。通过与国外投资银行的合作，选送人员去投资银行业发达的国家学习深造，掌握投资银行业的最新发展动态，也可以聘请国外知名投资银行家来中国讲学，培育中国自己的投资银行家。另外，我们还需建立和完善一系列人才的开发使用机制。如建立人才的公开引进机制；创新用人机制，充分发挥市场机制在留住优秀人才方面的作用；建立投资家的生成、激励和约束机制等。由于美国等西方国家高科技产品存在歧视性政策，而我国自己的加密技术、密钥管理技术及数字签名技术相对落后于网络化发展需要，因此我国在网络化进程中遇到不少关系到金融安全的问题。因此，在推进金融网络化的进程中必须把确保我国金融系统的信息体系的安全放在十分重要的地位，增强计算机系统的关键技术和关键设备安全防御能力，使得从用户的电脑端开始，资料传送就受到层层保护。另外，我国网络数据传输带不够宽，网络数据传输速度慢，影响信息的传输，因此要加大投资力度，加快建设宽带网，以便网上的金融活动。

(4) 加强立法，规范投资银行的业务操作。针对我国法规不健全的现状，我国立法机关应借鉴西方投资银行业发展的成功经验，尽快出台一些规范本市场的具体的、可操作性强的法规，如《投资银行法》《投资银行管理条例》《投资顾问法》《企业兼并收购法》《风险投资法》《投资者保护法》等。

(5) 鼓励证券公司兼并重组。证券公司在我国充当投资银行的角色，投资银行业的发展水平与证券公司的规模密切相关。我国证券机构及其分支机构众多，实力相对薄弱，要参与国际竞争，必须打造投资银行业界的航空母舰。因而，应努力创造公平竞争环境，实现优胜劣汰，促进证券公司的兼并重组，对资产进行优化组合，实现规模经营，提高竞争力，并逐步形成严密、灵活、有效的经营管理和发展机制，更好地适应投资银行的发展态势。

四、我国投资银行的发展趋势展望

（一）资本集中日趋明显

发达国家投资银行的发展就是一部行业集中史。国际投资银行业的发展历程表明，为数不多的现代化大型投资银行占主导地位，成为行业龙头与支柱，是投资银行成熟的重要标志。我国目前从事投资银行业务的主体主要有专业的证券公司、兼营的信托投资公司和一些财务公司等。这些公司数量多、规模小、资本不足，抗风险能力和竞争能力差。因此，通过兼并重组扩大规模，加速产业集中应该成为我国投资银行业发展的当务之急。我国目前已经开始着手这方面的工作。已经成立的中国银河证券有限责任公司由中国华融信托投资公司、中国长城信托投资公司、中国东方信托投资公司、中国信达信托投资公司、中国人保信托投资公司五家公司所属的证券业务部门以及证券营业部门合并组建成立。该公司注册资金45亿元人民币，在全国56个城市设有174家证券营业部，是国内资本最大、拥有证券营业部数量最多的证券公司。银河证券的成立拉开了新一轮投资银行兼并重组的序幕。

（二）混业经营将是大势所趋

无论从世界潮流还是从我国内在发展要求看，混业经营都是历史发展的必然。我国改革初期是混业经营，五大国有银行都开办了证券、信托、租赁、房地产、投资等业务。但由于法律不健全、监管没经验、银行自身又缺乏应有的自律和风险约束机制，混业经营加速了风险的积聚，催化了证券市场、房地产市场"泡沫"的生成。因此，国务院于1993年12月25日做出了《金融体制改革的决定》，对金融业进行治理整顿并提出了分业经营的管理思路。1995年5月《商业银行法》正式从法律上确立了国有银行分业经营的制度，但分业经营也带来许多问题。

(1) 进一步加大金融风险。从商业银行来看，由于主要业务集中在存贷款方面，面对大批不良客户和日益加剧的竞争局面，商业银行的经营困难重重。证券类金融机构通常由于缺少必要的融资渠道和融资手段，而无力开拓新业务、经营缺乏灵活性。

(2) 完全割裂资本和货币市场。分业经营的制度变革基于防范系统性金融风险的需要，但在现实中却已成为我国金融业发展的严重障碍。短短几年的实践证明，在当今世界金融证券化、电子化、信息化和一体化发展趋势的格局下，完全割裂资本与货币两个市场，只会严重束缚我国金融业的发展，窒息我国年轻的保险业和证券业。

(3) 削弱国内金融企业竞争力。中国加入WTO之后，大批的外资银行、保险公司、证券公司将会以合资或独资的面孔出现在我们面前，而且这些公司大多是"全能型"企业，其业务领域涉及银行、保险、证券及信托投资等多个方面，可以说是无所不包，从而使我国金融业面临前所未有的挑战。

近年来，我国陆续推出了一系列以市场深化和放松管制为基调的改革措施，其中一些措施已突破了有关严格分业经营的限制。比如，保险资金（资产总额的5%）和三类企业可以间接或直接投资股市；证券公司可以从银行同业拆借市场按净资产的一定比例拆借资金，并且能进行股票质押贷款，还可以直接上市融资等。这些政策上的重大突破都预示着我国金融体制系统化市场变革即将到来。此外，光大集团入主中国老牌券商——申银万国公司，这也意味着我国严格实施多年的"分业经营，分业管理"的金融监管政策将进一步松动。中国金融业混业经营的时代离我们已不再遥远。

当然，混业经营也存在诸多风险：第一，从对证券市场的影响看，商业银行涉足证券后可凭借其雄厚的资金实力参与交易，容易引起证券行情的大起大落。第二，混业经营虽然在一定程度上维护了行业的稳定，但也失去了金融业内部专业化管理的灵活性。商业银行一旦陷入困境，营救工作将更加困难。第三，在混业经营的条件下，中央银行和证券交易委员会等金融监管机构在对金融机构的管理方面如何协调也成为一个新的课题。此外，如何对"全能银行"的资本充足率进行测度和规定，如何建立合理的风险管理系统等问题都有待解决。

总之，混业经营是大势所趋。当前的工作重点是不断加强监管、加大立法和执法力度、提高从业机构和从业人员的自律意识，积极创造有利于金融混业发展的经营环境和竞争环境。

（三）业务范围日趋多元化转变

国内投资银行业务主要集中于证券承销领域，生存空间小，竞争无序。如前所述，现代投资银行早已不是单一承销商的角色，除传统的证券承销、经纪和自营业务以外，投资银行还深入到并购重组、资产管理、投资咨询、项目融资、研究开发、风险投资和金融衍生工具等诸多领域，多种业务齐头并进，尤其是在并购领域，无论是在理论还是实践上，都具有重大现实意义。据联合国经济合作与发展组织(Organization for Economic Co-operation and Developent，OECD)报告显示，10 年来，跨境并购活动增加了五倍。1999 年，全球跨境并购活动激增五成，OECD29 个成员国共耗资 7 670 亿美元收购其他国家的公司，高于 1998 年的 5 150 亿美元；至于交易的规模，平均每宗约涉资 1.57 亿美元，比 1998 年增加 50%。2000 年上半年，国际市场的企业并购风潮再起，成交金额达 6 430 亿美元，比 1999 年同期增长 6 096 亿美元。与此同时，国内并购风也方兴未艾。国营企业通过并购进行资产重组、资金优化配置成为国企改革的重头戏。国内外形势的发展无不要求投资银行扩大业务领域、满足市场需求。

（四）国际化进程不断加快

国际经济一体化的浪潮冲击使得产业国际化成为不以人们主观意志为转移的客观规律。投资银行业同样也面临国际化问题。对我们而言，国际化不仅是扩大市场、增加盈利之举，而且是加强国际交流、获取国际信息，在国际竞争环境中锻炼打造自身、增强竞争能力的必然选择。国际化，通常是两重含义：一是在国内从事国际业务，二是在国外设立机构开展业务。目前，随着我国资本市场发展和范围扩大，对投资银行国际化的要求愈加迫切。

本章小结

1. 现代投资银行的前身是基于承兑业务而起源的商人银行，在第二次世界大战以后，特别是 20 世纪后半叶发展成为市场经济体系中最重要的金融机构。美国投资银行业是现代投资银行的典范，但英国、日本及其他国家的投资银行业发展也各有特点。进入 21 世纪，在国际经济全球化和市场竞争日益激烈的趋势下，投资银行呈现出业务多元化、国际化、专业化、电子化、集中化的发展趋势。

2. 我国投资银行体系是以证券公司为主体，由证券公司、信托投资公司、基金管理公司、财务公司、投资咨询公司等共同组成的。我国证券市场发展历史较短并且还很不成熟，投资银行机构发展仍处于初级阶段，其规模和发展均受到中国现有经济发展水平和原有经济体制的制约。及时发现我国投资银行业存在的不足，明确其改革方向和发展趋势具有重要意义。

思 考 题

1. 比较美国、日本、英国投资银行发展的差异性。
2. 论述现代投资银行的发展趋势。
3. 论述我国投资银行存在的不足与改革的方向。

参 考 文 献

[1] [美]罗伯特·劳伦斯·库恩.投资银行学[M].李申，等，译.北京：北京师范大学出版社，1996.
[2] 胡海峰.现代投资银行学[M].北京：首都经济贸易大学出版社，2010.
[3] 解植春.投资银行发展与管理研究[M].北京：中国金融出版社，2005.
[4] 冯荣梅.投资银行学[M].广州：中山大学出版社，2004.
[5] 程克群，栾敬东，曹彩龙.中国投资银行业务发展探析[J].江淮论坛，2013(3)：16.
[6] 张学涛，刘喜华，李敏.我国证券公司生产效率及效率持续性研究[J].华东经济管理，2011(12).

第三章 投资银行的组织架构与发展模式

本章首先介绍了投资银行的组织形式，其次分析了投资银行的内部框架和职能，最后探讨了投资银行分离型和综合型发展模式，并比较了两种发展模式的利弊所在。

第一节 投资银行的组织形式

投资银行作为市场体系中最重要的金融机构，在组织架构上与一般的企业相比既有相似性又有其独特性。由于企业组织架构服从于企业战略的需要，当企业的战略为了适应新环境变化而发生调整时，企业的组织架构也要相应地进行改进。因此，在投资银行漫长的历史发展过程中，其组织架构不断经历演化，从而得以创新和发展，以提高自身的效率并增强其市场竞争力。

一般来说，投资银行的组织架构包括投资银行的组织形式（即企业制度形式）和内部架构设置两个方面。投资银行组织形式是其经营管理的载体，从制度层面反映其组织行为特征，它主要是从整体上考察投资银行组织架构和特点，考虑的因素主要包括投资银行的产权结构、治理模式以及其内部权力的制约平衡关系。目前，投资银行的组织形式主要有合伙制、混合公司制、现代股份公司制和金融控股公司制。

一、合伙制

合伙制是指以合同关系为基础，两个或两个以上的合伙人（自然人或法人）共同拥有企业并分享公司利润的组织形式。合伙制可分为普通合伙制和有限合伙制。在普通合伙制中，所有合伙人均为普通合伙人，都在投资银行业务或管理的某个方面具有特别的才能，并对投资银行的债务承担无限连带责任。普通合伙制的优点是企业信誉较高，对税务安排有利，但由于其重大决策需要所有合伙人的同意，容易造成决策效率低下，人员流动困难。一旦投资银行发生经营风险，普通合伙人的连带清偿责任将会构成巨大的风险损失，特别是那些对企业没有控制权的合伙人。因此，投资银行的经营应当更加注意防范风险。

有限合伙制主要适用于风险投资，至少需要有一个普通合伙人和一个有限合伙人。一般来说，由具有良好投资意识的专业管理机构或个人作为普通合伙人，负责企业的经营管理，并承担对合伙制企业债务的无限连带责任。作为资金投入者的有限合伙人可享受合伙收益，但通常不参与项目的日常经营管理，以出资额为限对企业债务承担责任。有限合伙制既具备普通合伙制竞争激励的优点，又在一定程度上避免了普通合伙制的责任连带问题，从而能适应不同市场条件的需要，应用相当广泛。

合伙制将所有权和管理权合二为一，既可以充分调动管理者的经营积极性，又可以保持投资银行的稳定性和延续性，有效地缓解股东与管理层之间的对立。由于合伙制实际上是以信用为基础的联合企业，债权人可以向任何一个普通合伙人要求偿还全部债务，一旦投资银行出现资不抵债的情况，普通合伙人有责任以自己的私有财产来抵偿。这样一来，成为合伙制投资银行的合伙人需得经济实力雄厚，且他们之间的关系会变得十分密切，彼此有相当的了解和信任。在 20 世纪 70 年代以前，合伙制一度被认为是投资银行最理想的组织体制。

采取合伙制组织形式的投资银行普遍规模较小，这主要是由合伙制的特点决定的。资金来源狭窄导致规模扩张速度缓慢、缺乏内部制衡和持续补充管理精英的机制、金融衍生工具的交易加大风险等制约因素对合伙制投资银行的生存产生威胁，因此在第二次世界大战以后，许多家庭合伙制的投资银行以及有外部人参与的合伙制投资银行开始探索投资银行组织形式的革命，逐步转向现代公司制形态，并先后从资本市场获得融资从而成为上市公司。目前，大型投资银行基本上都是上市公司，有些已经成为金融控股公司。

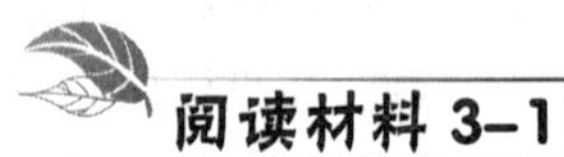

高盛的合伙制

在美国的大型投资银行中，高盛是为数不多的几个仍采用合伙人制的投资银行。高盛长期将全球合伙人数量控制在 200 名左右，由一个 10 人左右的管理委员会进行管理。高盛大多数中层职员以薪水方式取得报酬，年终奖金是其薪水的 23% 左右；而合伙人则以合伙利润方式从企业取得报酬，而且大多数利润被重新投资在公司，直到合伙人退休，这就给合伙人带来巨大的退休收入。

二、混合公司制

混合公司是指由本身互不关联的公司合并构成规模较大，同时涉足多个没有直接联系的业务领域的公司。混合公司制投资银行基本上是通过收购或联合兼并而形成的。

投资银行是一个动态竞争性和适应性合二为一的行业，同时也是一个周期性很强的行业。在经济增长时期，整个市场对投资银行的服务和产品需求旺盛，该行业迅速扩张发展；当经济衰退时，市场需求下降，行业面临大量的紧缩合并。此时，许多大型公司为实行多样化经营开始进行企业并购，被收购的投资银行成为其全资附属子公司或者一个业务部门，或通过分解、整合而融合到收购企业中去，从而形成混合公司。如 2007 年美国次级债务危机发生，使得雷曼兄弟、贝尔斯登公司破产，摩根士丹利、美林等著名投资银行被更大的金融集团并购，成为大型金融控股公司的附属子公司。

然而，也有一些非金融机构为了增强母公司的获利能力及业务多样化的目的，收购投资银行和相关经纪公司。例如，1981 年斯耶公司(Sears)收购了迪恩·怀特·雷诺兹公司(Dean Witter Reynolds)，1986 年，通用电气公司(General)接管了基德·皮博迪

(Kidder Peabody)公司。金融或非金融机构收购、合并或出售投资银行的行为表明投资银行业出现分化，引入行业外的竞争压力将促使投资银行努力完善自身经营水平，采取更为现代化的管理模式，许多私人合伙企业也由此销声匿迹。

三、现代股份公司制

投资银行转化为现代股份公司制是现代投资银行与传统投资银行的本质区别之一，也是当前投资银行组织形式的主流。从19世纪50年代开始，西方主要国家公司立法逐步兴起并日趋完善，使公司这种组织形式受到法律的承认和保护，从而为现代股份公司制投资银行的发展和壮大奠定了坚实的基础。经过一个多世纪长期的验证，股份公司制投资银行展现出前所未有的强大生命力。因此，这一制度被广泛应用于当今社会的投资银行领域。

现代股份公司制度赋予公司独立的人格，公司法人财产权的确定是其重要标志。公司法人财产权是指公司作为法人对包括投资和投资增值在内的全部公司财产所享有的权利，体现出具有典型意义的投资银行组织结构形式。与合伙制投资银行相比，现代股份公司制投资银行具有独特的功能和优越性，具体体现在以下几个方面。

（一）强大的筹资功能

股份公司是筹集资本的有效杠杆，一旦上市成功，能在短时间内聚集大量社会闲散资金形成积累资本，有利于投资银行的成长。股份公司制较合伙制更容易吸引公众投资，是因为投资者的风险分散，所持股权流动性高，财务状况也比较透明。20世纪70年代初以后，一些传统投资银行开始探索利用股份化和证券市场上市的方法实现规模扩张。1971年，美林证券成为第一家在纽约证券交易所挂牌上市的投资银行，之后所罗门兄弟、摩根士丹利、高盛等也纷纷采取了上市策略。通过股份化和上市，投资银行完成了资本的迅速扩张，增强了自身实力，并由此加速了投资银行间的并购和重组。

（二）完善的治理结构

现代投资银行多数采用股份公司的组织形式，确立了分权与民主化的决策机制。股东大会是股份有限公司的最高权力机构，制约决策者进行成本收益比较，有利于改善决策的科学化程度，从而降低成本和提高效率；监事会是与董事会平等的监察部门，独立地行使其监督权力并向股东大会报告，建立规范有效的内部监督制衡机制将大大提高投资银行监督约束的效率；董事会是股东大会的常设机构，负责投资银行的日常管理与经营决策，长期股权激励制度使得股东和经理层目标一致，从而努力实现股东利益或投资银行的利益最大化；总裁行使日常事物决策权、业务拓展权、重大事件报告权和各项工作管理权，实现管理活动的专业化和有效化。现代股份公司制投资银行要求有更完善的公司治理结构，包括组织管理制度和信息披露制度，其中缺乏竞争力的投资银行将会遭遇淘汰，从而促使投资银行优化配置资源和提高运作效率。

（三）独立的法人地位

投资银行采用公司法人制度，通过现代公司法明确投资银行独立的法人地位，保障一切财产归法人所有。法人财产权的客观存在，显示了法人团体的权利不再表现为个人的权利。投资银行法人对包括有形资产和无形资产在内的全部投资银行资产拥有占有权、使用权、收益权和处置权,并可以用来对抗和排除包括股东在内的其他个人和机构对投资银行业务经营的直接干预。投资银行法人对财产权利的行使具有永续性。

投资银行采用股份公司形式也要付出一定代价,比如其在财务报表和经营活动方面要比私营合伙企业更为公开透明,包括公布年报表、季度报表、召开股东年会等。当然,这样也会倒逼投资银行在提高利润、控制支出方面采取更加积极的措施。

四、金融控股公司制

金融控股公司制是在现代金融混业经营的趋势下,以控股形式构成的金融企业集团。它是金融业实现全能化的一种组织形式,根源于 20 世纪 80 年代后,发达国家经济进入"滞胀"时期,商业银行规避分业监管和打破专业化的要求,金融业由分业开始走向混业。1999 年 11 月 4 日,美国国会通过以金融混业经营为核心的《金融服务现代化法案》,取消分业经营禁令,使得商业银行、证券公司和保险公司跨界经营变成普遍现实,投资银行再次面临组织形式的创新,以提供全方位服务和金融百货为特征的金融控股制公司应运而生并得到迅速发展。以花旗集团为代表的美国金融控股公司作为一项制度创新,其成功得益于强强联合所带来的协同效应,不但冲击了独立发展模式的投资银行业务,也向欧洲传统的全能银行制度发起了挑战,为全球投资银行体制变革提供了有益的借鉴。

特别是 2008 年国际金融危机以来,各大投资银行相继被并购转型为银行控股公司。值得注意的是,在转变为金融控股公司后,各大投行接受美联储的监管,并获得与花旗、摩根大通等相同的待遇。但这并不意味着独立投行退出历史的舞台,以高盛和摩根士丹利为例,高盛和摩根士丹利本身就已经开展了一些商业银行的业务,业务的"趋同性"已经成为美国大型金融机构近年来发展的一个明显趋势。商业银行不断拓展其业务领域,开展投资银行、保险等各类业务;而投资银行也不断涉足贷款、信用卡等业务。转型为银行控股公司,使得高盛和摩士丹坦利可以申请美联储的各种贷款和资金支持;另外也可以更加名正言顺地开展各项商业银行业务。通过转型,它们可以将投资银行可用的三条融资渠道(商业票据、长期债务、担保融资)拓宽到包括吸收存款、美联储贷款工具、美联储贴现窗口在内的九种渠道,从而大大提高了在危机时紧急获取资金的能力。此外,高盛近期宣称已经对属下的商业银行业务相关机构进行整合,并计划择机收购银行业资产。可以预见,融资渠道的拓宽和商业银行业务的强化,将使得高盛和摩根士丹利获取新的竞争优势。此外,大型银行为主体的金融控股公司确实体现了更强的抗风险能力。除高盛、摩根士丹利和美林之外,花旗、摩根大通等综合化的金融集团也是投行市场上的重要竞争者。无论是高盛和花旗的转型、美林的被收购,还是花旗、汇丰、摩根大通的例子都充分表明,兼具商业银行和投资银行业务的金融机构,由于拥有稳定的资金来源和更广的融资渠道,在金融风暴中能够具有更强的抗风险能力;充分实现商业银行与投资银行业务互动的综合化金融集团,在未来的投行业务竞争中将更具优势。

金融控股公司制本质上仍然属于现代公司制的范畴,但作为多元化经营的金融企业集团,它具有以下特点。

（一）集团控股，联合经营

集团控股是指存在一个控股公司作为集团的母体，控股公司既可能是一个单纯的投资机构，也可能是以某一项金融业务为载体的经营机构，前者如纯粹的金融控股公司，后者如银行控股公司、保险控股公司等。控股公司的基本作用是形成同一集团在品牌、经营战略、营销网络以及信息共享等方面的协同优势从而降低集团整体的经营成本并从多元化经营中获取更多收益。从更一般意义上看，控股公司结构之所以适用金融集团的多元化经营，与金融业的资产特性密切相关。就金融业而言，不仅商业银行、投资银行、保险各业之间存在很强的关联性和互补性，而且由于其经营对象是货币资产而非实物资产，因此相互转换十分便利。比如，贷款可以证券化，开放式基金和银行存款十分近似，保险兼具投资和储蓄功能等。因此，金融资产的强关联性和弱专用性决定了其综合经营比其他行业更能形成规模经济和范围经济，而控股公司结构正是发挥这一优势的合适载体。金融控股公司的投资银行可以借助商业银行开发客户，而独立投资银行则无此优势。

（二）法人分业，规避风险

法人分业是金融控股集团的第二个重要特性，指各子公司具有独立的法人地位，不同金融业务分别由不同的法人经营。这样可防止不同金融业务风险的相互传递，并对内部交易起到遏制作用。例如花旗集团全资控股下属三大子公司分别开展三大业务：花旗银行有限公司（商业银行）、花旗集团环球金融公司（投资银行）、旅行者保险集团国际有限公司（保险）。三个全资子公司分业经营，独立开展商业银行、投资银行和保险业务。这种集团混业，经营分业的混业形式，继承了北美银行业一贯对内部风险控制的侧重。金融控股这种内部“防火墙”功能是欧洲全能银行所不具备的，在全能银行模式下，一种业务的风险必然对另一种业务造成冲击，从而对整个集团经营造成不利影响。

（三）财务合并，各负盈亏

根据国际通行的会计准则，被控股51%以上的子公司在会计核算时应与母公司合并财务报表，防止各子公司资本金以及财务损益的重复计算，避免过高的财务杠杆。在控股公司架构下，各子公司具有独立的法人地位，各负盈亏，控股公司对子公司的责任仅限于出资额。集团总部不从事子公司的经营业务，主要负责集团战略规划、收购、兼并、转让和子公司的股权结构变动，协调内部资源共享形成合力及新领域投资等，但收购兼并后的公司和新投资的公司是实行独立经营、独立核算的。子公司完全独立经营、独立核算。子公司完全是一级法人单位，独立开展各项业务，集团不干预其日常经营活动，只负责派往子公司的董事和提名的总经理等人事、财务、收益、重大投资和内审、风险监督等管理事项和政策业务指导工作。金融控股模式具有监管上的灵活性，促进业务发展、降低风险，有利于形成协同效应和资本运作等优势。

由于次贷危机的影响，2008年美国五大传统投资银行集体倒下。雷曼兄弟公司依美国《破产法》第11章所规定程序破产，美林公司以大约440亿美元的价格被美国银行收购，贝尔斯登与摩根大通达成收购协议，高盛和摩根士丹利分别发布公告称，已经美联储批准成为银行控股公司，转制为商业银行和投资银行的混合体，不仅可以吸收公众存款，还可以使用美联储银行贴现窗口进行融资，流动性危机大大减小。表3-1列示了次货危机中美国五大投资银行组织形态变化。

表 3-1 次贷危机中美国五大投资银行组织形态变化

时间	投资银行名称	事件	事件结构
2008.03.24	贝尔斯登	被收购	并入摩根大通
2008.09.15	美林	被收购	并入美国银行
2008.09.15	雷曼兄弟	破产	倒闭
2008.09.21	高盛	转型	成为银行控股公司
2008.09.21	摩根士丹利	转型	成为银行控股公司

第二节 投资银行的内部架构

投资银行的业务特点以及证券市场的高风险、高回报特征，决定了在缺乏有效公司法人治理结构的情况下，投资银行经营者容易利用自身熟悉证券市场行情的优势和代理客户资金的便利，挪用客户资金、操作市场、损害股东和广大投资者的利益。西方投资银行根据各自规模、业务要求和发展战略的不同而采取不同的内部架构形式，并随着技术进步和市场环境的发展变化对其加以调整，目前已形成股东会、董事会、监事会、经理层的制衡机制，从维护广大投资者利益的角度出发，防范经营风险，促进投资银行业的健康发展。

一、决策层

投资银行的决策机构包括股东大会、董事会、监事会、专门委员会和高级经理层五个层次。

股东大会是现代公司制投资银行的最高权力机构，由全体股东组成，根据所持股票数量的多少决定可行使的权力，采用多数原则对公司重大事项进行决策，有权选任和解除董事，并对公司的经营管理有着广泛的决定权。

董事会是股东大会的常设决策机构，负责投资银行的经营管理和战略决策，是投资银行的最高决策机构并向股东会负责。董事主要由股东代表组成并经由股东大会选举产生，另外包括一定比例的职工代表和独立董事。

监事会是投资银行的检查监督机构，通过定期召开会议、列席董事会、审阅投资银行上报的各类文件，听取管理层的工作报告、进行调研考察等方式，对投资银行进行检查和监督，对董事履行职责情况进行评价。监事会成员由股东大会选举产生，包括外部监事、股东监事和职工监事。

如今多数大型投资银行董事会都设有下列专门委员会：提名委员会、薪酬委员会、审计委员会、战略委员会以及执行委员会等，协助董事会的日常运作，负责各种专门职责。

高级经理层由董事会提名并任命，是投资银行最主要的管理执行者，主要负责日常业务管理和内部管理制度的制定，包括任免和奖励下属部门的工作人员；对日常经营活动进行决策、管理和控制；定期向董事会及下设的执行委员会提交经营状况和财务状况的报告；制定投资银行的年度预算。

二、职能部门

职能部门是投资银行必须具备的内部控制和核算中心，保证投资银行内部能按照规定的经营目标和工作流程进行正常运转。职能部门通过对各个部门人员和业务活动进行组织、协调和制约，从而控制投资银行内部在经营过程中潜在的非系统风险。

内部控制包括内部管理控制和内部会计控制两个方面，其主要任务是确定各个职能部门、各类工作人员以及各个岗位的职责和权限，确定公司各项业务的控制程序和岗位考核，完善内部管理制度和财务制度。

投资银行的职能部门主要包括财务部、人力资源部、法律部、信息技术部门以及综合事务办公室。

三、业务部门

由于现代投资银行战略定位和经营方针存在差异，监管环境和风险控制理念不同，投资银行的业务部门设置存在着诸多差异。但一般情况下，投资银行的主要业务部门包括资本市场部、研究发展部和消费咨询部，见表 3-2。

表 3-2　投资银行主要的业务部门及其业务范围

业务部门		业务范围
资本市场部	公司融资部	负责在证券一级市场上承销公司新上市和再发行的股票、债券和票据等各种证券
	项目融资部	专门为某些大型项目设计融资方案和安排融资事宜，筹措项目建设必要的资金
	企业并购部	帮助企业进行调研和相关信息收集，寻找目标企业，选取策略，评估定价、接管、杠杆收购和管理层收购，从而实现企业之间的兼并以及调整其资本结构
	私募证券部	向数量有限的机构投资者和富有的私人投资者推销不公开上市的证券，为企业募集资金
	证券交易部	从事二级市场的证券买卖业务，推销投资银行认购的各种证券，接受客户的委托，代理客户进行证券交易并收取一定的佣金，另外也包括证券自营业务和做市商业务
	资产管理部	分为内部资产管理部和外部资产管理部，是投资银行设立独立的机构用来为个人或机构管理资产与基金
	风险管理部	负责对投资银行总体风险进行全面监控，结合专门的风险防范技术和各种套期交易工具，为企业和投资银行财务管理开发出一整套套期交易方法
	国际业务部	协调投资银行的所有国际业务，为跨国公司提供管理服务
	资产证券化部	将缺乏流动性，但具有某种可预测现金流属性的资产或资产组合作为抵押品，在资本市场上出售变现
研究发展部		是投资银行可持续发展的必要保障，进行企业研究、行业研究、宏观经济研究，以及具体项目的可行性和项目评估等方面的研究，创新衍生工具
消费咨询部		主要进行各种证券的销售和分配，为消费者提供金融产品和基金的咨询意见和信息服务

案例 3-1

美林公司的组织结构

美林作为知名的投资银行，在全球范围为公司、政府机构以及个人投资者提供投资、融资、咨询及财务顾问等服务，是顶尖的债券和股票做市商之一。美林是世界上最大的金融资产管理者之一，客户资产达 1.8 万亿美元。美林拥有广泛的零售网络，是全世界最大的综合投资银行之一。美林公司于 2008 年 9 月并入美国银行。

美林的部门设置是按客户种类或者说是服务对象划分的，美林主要的业务部门是：私人客户小组、公司及机构客户小组及资产管理小组，如图 3-1 所示。美林的分支机构分布在 44 个国家之中，各项业务依托分布在全球各地的附属公司开展。虽然美林的部门划分看起来较为简单，但美林的每一部门的业务都非常复杂，因为每一类客户的需求都由一个部门来满足，而客户的需要是广泛的。

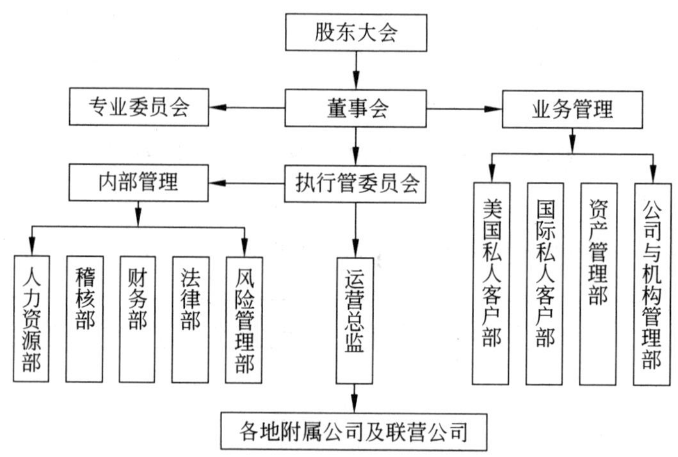

图 3-1 美林公司的组织结构

国泰君安的组织结构

国泰君安是目前国内规模最大、经营范围最宽、机构分布面最广的证券公司之一。国泰君安是 2000 年唯一一家在一、二级市场排名同时进入前三名的券商。其组织结构中部门的设置较为全面，并有一些其他券商并未普遍设立的部门。国泰君安下设研究所、信息技术部、清算部、经纪业务部、企业融资部、收购兼并部、固定收益部、国际业务部、证券投资部、资产委托管理部、资产保全部，国泰君安还设有若干分公司和海外子公司，其组织结构如图 3-2 所示。

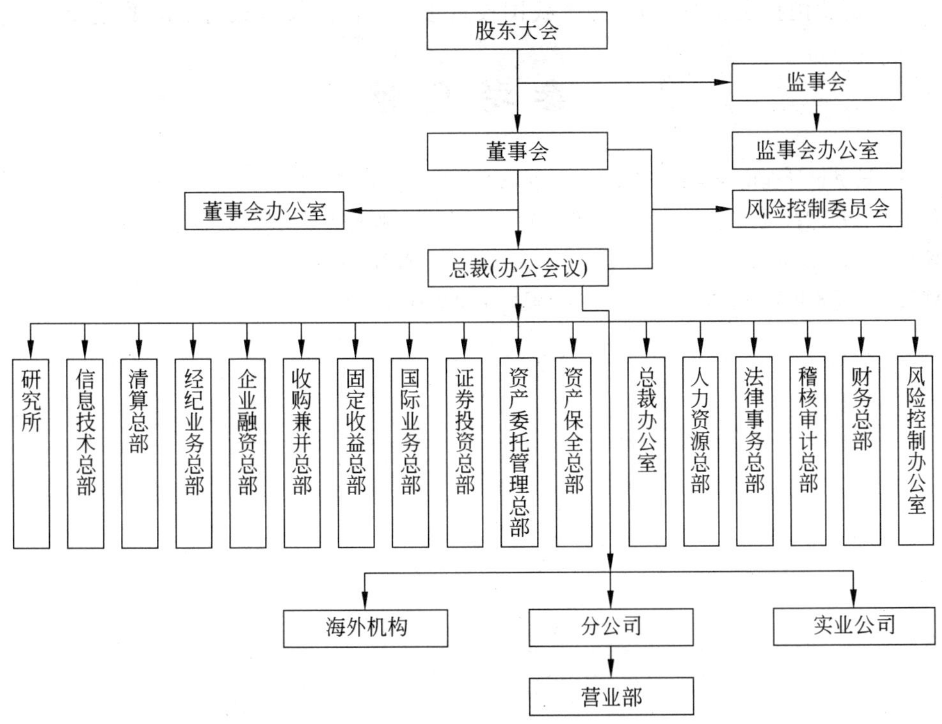

图 3-2　国泰君安的组织结构

本章小结

1. 投资银行的组织架构包括投资银行的组织形式(即企业制度形式)和内部架构设置两个方面。投资银行组织形式是其经营管理的载体,从制度层面反映其组织行为特征,考虑的因素主要包括投资银行的产权结构、治理模式以及其内部权力的制约平衡关系。目前,投资银行的组织形式主要有合伙制、混合公司制、现代股份公司制和金融控股公司制。

2. 投资银行的内部架构设置大致包括决策层、职能层和业务部门,各自的分工不同,职能不同。投资银行的决策机构包括股东大会、董事会、监事会三个层面。其中,股东大会是现代公司制投资银行的最高权力机构;职能部门是投资银行必须具备的内部控制和核算中心,业务部门是战略的完成者。

思考题

1. 合伙制投资银行有哪些优缺点?

2. 金融控股公司有什么优缺点?为何在国际金融危机后,世界领先的投资银行都选择转型为金融控股公司?

3. 分析我国投资银行现状，思考我国投资银行与国际投资银行之间的差异。

参考文献

[1] 栾华. 投资银行理论与实务[M]. 上海：立信会计出版社，2006.
[2] 何小锋，韩广智. 新编投资银行学教程[M]. 北京：北京师范大学出版社，2007.
[3] 郭红，孟昊. 投资银行学教程[M]. 北京：人民邮电出版社，2011.
[4] 韩复龄. 投资银行学[M]. 北京：对外经贸大学出版社，2009.

第四章

证券的发行与承销

本章讲述证券发行与承销的基础知识，主要包括股票和债券等有价证券的基本概念及相应证券的发行与承销。其中股票的发行包括IPO发行、上市公司发行新股和上市公司发行可转换债券；债券的发行包括政府债的发行、金融债的发行以及公司债与企业债的发行。

第一节　证券基础知识

证券是指各类记载并代表一定权利的法律凭证。各种有价证券进行发行与交易的场所被统称为证券市场，证券市场是经济发展到一定阶段的产物，可以解决资本供求矛盾和资金流动性等问题。股票和债券是证券市场中两个最基本和最主要的品种，其他证券包括基金证券、证券衍生品等，其中证券衍生品包括金融期货、可转换债券、权证等。

从世界范围来看，证券市场萌芽很早。在15世纪，西欧就有了早期的证券买卖。1602年，荷兰的阿姆斯特丹成立了世界上第一个股票交易所，是世界上最早进行股票买卖的市场。中国的证券市场起源于晚清政府洋务派兴办股份制企业，股票和公司债券应运而生。新中国成立以后，特别是改革开放以来，中国资本市场经历了从无到有，从小到大的不断发展过程。1990年12月19日，上海证券交易所成立。1991年7月3日，深圳证券交易所开始营业。1992年10月，国务院证券管理委员会和中国证监会成立。1998年12月，《中华人民共和国证券法》正式颁布，并在2005年进行了修订。这些都标志着中国证券市场正在逐步完善。

一、股票

股票是股份公司在筹集资本时向出资人公开或私下发行的、用以证明出资人的股本身份和权利，并根据持有人所持有的股份数享有权益和承担义务的凭证。股票是最常见的有价证券。下面简单介绍一些与股票相关的概念。①

（一）股票的性质

1. 有价证券

股票代表股票持有人可以依其要求股份公司按规定分配股息和红利，股票转移则股

① 中国证券业协会. 证券市场基础知识[M]. 北京：中国金融出版社，2011.

东权利转让。行使股票所代表的财产权，必须以持有股票为条件，股东权利的转让应与股票占有的转移同时进行，股票的转让就是股东权的转让。

2. 要式证券

股票必须具备《中华人民共和国公司法》(以下简称《公司法》)规定的有关内容，如果缺少规定的要件，股票无法律效力。

3. 证权证券

与设权证券相区别，股票代表的股东权利是本身存在的，股票只是把已存在的权利表现为证券的形式。证券可以分为设权证券和证权证券。设权证券表示证券所代表的权利本来不存在，随着证券的设立创造了本来不存在的权利。证权证券则是指证券仅代表权利物化的外在形式，它是权利的载体，权利是已经存在的。股票代表的是股东权利，它的发行以股份的存在为前提，股票只是把已经存在的股东权利表现为证券的形式，所以股票是证权证券。

4. 资本证券

发行股票是筹措资本的一种手段，股票是股份公司资本份额的证券化，因而是资本证券。并且股票独立于真实资本之外，在股票市场上进行着独立的价值运动，是一种虚拟的资本。

5. 综合权利证券

股票既不是物权证券，也不属于债权证券。股东权是一种综合权利，股东依法享有资产收益、重大决策、选择管理者等权利。

(二) 股票的特征

1. 收益性

这是股票最基本的特征。股票持有人获得收益的来源可分为两类：一是股份公司的股息、分红，取决于公司的经营状况和盈利水平；二是股票流通，即差价交易所获的资本利得。

2. 风险性

股票投资者能否获得预期的回报，首先取决于企业的盈利情况，利大多分，利小少分，公司破产时则可能血本无归；其次，股票作为交易对象，就如同商品一样，有着自己的价格。而股票的价格除了受制于企业的经营状况之外，还受经济的、政治的、社会的、甚至人为的等诸多因素的影响，处于不断变化的状态中，大起大落的现象也时有发生。因而股票投资具有很大的不确定性，这即是股票的“风险性”，且股票风险性较债券高。

3. 流动性

流动性是指股票可以通过依法转让而变现的特性，由于股票可以在股票市场上随时转让，进行买卖，也可以继承、赠与、抵押，但不能退股，因而股票具有较强的流动性。影响股票流动性的主要因素有以下三个方面：市场深度，以每个价位上报单的数量来衡量，每个价位上报单的数量越大，股票流动性越大，且不会对市场价格形成较大的冲击；报价紧密度，指买卖盘各价位之间的差价，若价差较小，则新的买卖发生时对市场价格的冲击也会比较小，股票流动性强；价差(市商双边报价)是衡量股票流动性最重要的指标。

4. 永久性

股票是一种无期限的法律凭证，股票的存续期与股份公司的存续期相联系，股票代表股东的永久性投资。股票一经买入，只要股票发行公司存在，任何股票持有者都不能退股，即不能向股票发行公司要求抽回本金。同样，股票持有者的股东身份和股东权益就不能改变，但可以通过股票交易市场将股票卖出，使股份转让给其他投资者，以收回自己原来的投资。

5. 参与性

股票持有人有权参与公司重大决策，其参与决策的权力大小通常取决于其持有股份数量的多少。持有股票的股东一般有参加公司股东大会的权利，具有投票权，在某种意义上也可看做是参与经营权；股东也有参与公司的盈利分配的权利，可称之为利益分配权。股东可凭其持有的股份向股份公司领取股息及要求索偿权和责任权。在公司解散或破产时，股东需向公司承担有限责任，股东要按其所持有的股份比例对债权人承担清偿债务的有限责任。在债权人的债务清偿后，优先股和普通股的股东对剩余资产也可按其所持有股份的比例向公司请求清偿(即索偿)，但优先股股东要优先于普通股股东，普通股只有在优先股索偿后如仍有剩余资产时，才具有追索清偿的权利。

(三) 股票类型

按照不同的分类方式，可以将股票分为以下几种不同的类型。

按股东享有权利的不同，可以将股票分为普通股和优先股；按是否记载股东姓名，可以将股票分为记名股票和无记名股票；按票面是否标记金额，可以将股票分为有面额股票和无面额股票等。

1. 普通股

普通股是标准的股票，其所筹集资金是公司注册资本的基础，其持有者是股份有限公司基本股东，依法享有公司资产收益权和剩余资产分配权、公司重大决策参与权、选择管理者、查阅(公司章程、股东名册、公司债券存根、股东大会会议记录、董事会会议决议、监事会会议决议、财务会计报告)质询权、股份依法转让权(公司发起人、董事、监事、高级管理人员的股份转让受限制)和按照实缴出资比例分配新股权(优先认股权和配股权)，公司发行普通股的目的是使普通股股东保持原有持股比例并保持普通股的利益和持股价值。普通股股东是否享有优先认购权取决于认购时间与股权登记日的关系，认股时间在股权登记日之前享有优先认股权，反之不能，前者称为附权股，后者称为除权股。普通股股利完全取决于公司盈利的高低，在公司盈利和剩余财产的分配顺序上在债权人和优先股股东之后，故其承担的风险也较高。

2. 优先股

优先股是相对于普通股而言的，主要是指在利润分红及剩余财产分配的权利方面优先于普通股。当股份有限公司为增加公司资本而决定增加发行新的股票时，原普通股股东享有按其持股比例，以低于市价的某一特定价格优先认购一定数量新发行股票的权利，其股东权利和义务中附加了某些特殊条件，股东权利受到一定限制。优先股股息率一般是固定的。

3. 记名股票

向发起人、法人发行股票应当为记名股票，记名股票记载事项为股东姓名、住址、持股份数、股票编号、取得日期。记名股票的特点包括：股东权(只)归属于记名股东；可一次或分次缴纳出资(首次出资额不得低于注册资本的20%，其余两年内缴足，发起人认购的股份不少于总股的35%)；转让相对复杂或受限制(以背书形式，股东名册变更)；便于挂失(请求人民法院宣布失效)，相对安全等。

4. 无记名股票

无记名股票也称不记名股票，是指在股票票面和股份公司股东名册上均不记载股东姓名的股票。无记名股票一般留有存根联，存根联一部分为股票主体、另一部分为股息票(用于进行股息结算和行使增资权利)，但公司需记载其股票数量、编号、发行日期。无记名股票的特点有：股东权利归属股票持有人、一次缴纳出资、易转让、安全性差等。无记名股票与记名股票相比，差别不在股东权利等方面，而是在股票记载方式上。

5. 有面额股票

有面额股票是指在股票票面上记载一定金额的股票。有面额股票明确了每一股所代表的股权比例，并为股票发行价格的确定提供依据(不得低于票面金额)。

6. 无面额股票

无面额股票是指股票票面不记载金额的股票，只注明股数和在总股本中所占的比例。无面额股票的优点是发行或转让价格较灵活、便于股利分割。无面额股票起源于美国纽约州，我国现在暂禁止发行。

(四) 其他重要股票的相关概念

1. 股利

股利是指股份公司按发行的股份分配给股东的利润。股利政策是指股份公司对于公司经营所获得的盈余公积和应付利润采取现金分红或派息、发放红股等方式回馈股东的制度和政策。通常来说，股份公司有以下几种分红派息的方式：一是派现，即发放现金股利，股份公司以现金分红的方式将盈余公积金和当期应付利润的部分或全部分发给股东，股东为此支付所得税。通常经营业绩好、现金股利支付稳定且水平较高的公司股票叫做“蓝筹股”。二是送股，即股份公司对原有股东无偿派发股票。送股实质上是留存收益的凝固化和资本化。三是资本公积金转增资本。这种方式是在股东权益内部，把公积金转到实收资本或股本账户，并按照投资者所持有的公司股份份额比例的大小分到各个投资者的账户中，为此增加每个投资者的投入资本。资本公积金转增股本会增加投资者持有股票的数量，但它不属于利润分配行为，投资者无须纳税。

股利政策中有四个重要日期：股利宣布日、股权登记日、除息除权日、派发日。

(1) 股利宣布日。即公司董事会将分红派息的消息公布于众的时间。

(2) 股权登记日。即统计和确认参加本期股利分配的股东的日期，在此日期持有公司股票的股东方能享受股利发放。

(3) 除息除权日。通常为股权登记日之后的1个工作日，本日之后买入的股票不再享有本期股利。从理论上说，除息日的股票价值应下降与每股现金股利相同的数额，除权日股票价格应按送股比例同步下降。

(4) 派发日。即股利正式发放给股东的日期。

2. 拆股与并股

拆股,即将一股股票均等地拆分为若干股;并股,即将若干股股票合并为一股。拆股和并股会增加或减少股东持有股票的数量,但是并不改变每位股东所持有公司股东权益的比重。

3. 增发、配股、转增股本、股份回购

(1) 增发,是指公司因业务发展需要增加资本额而发行新股的行为。上市公司可以向公众公开增发,也可以向少数特定机构或个人增发。增发之后,公司注册资本相应增加。增资之后,若会计期内增量资本未能产生相应效益,将导致每股收益下降,则称为稀释效应,它会促使股价下跌;从另一角度看,若增发价值高于增发前每股净资产,则增发后可能会导致公司每股净资产增厚,有利于股价上涨;再者,增发总体上增加了发行在外的股票总量,短期内增加了股票供给,若无相应的需求增长,股价可能下跌。

(2) 配股,是指面向原有股东,按持股数量的一定比例增发新股,原股东可以放弃配股权。现实中由于配股价通常低于市场价格,因而配股上市之后可能导致股价下跌。在实践中我们经常发现,对那些业绩优良、财务结构健全、具有发展潜力的公司而言,增发和配股意味着将增加公司经营实力,会给股东带来更多回报,股价不仅不会下跌,可能还会上涨。

(3) 转增股本,是将原本股东权益的资本公积转为实收资本,股东权益总量和每位股东占公司的股份比例均未发生任何变化,唯一的变动是发行在外的总股数增加了。

(4) 股份回购,是指上市公司利用自有资金,从公开市场上买回发行在外的股票,称为股份回购。我国《公司法》规定,公司不得收购本公司股份,但是有下列情形之一的除外:减少公司注册资本;与持有本公司股份的其他公司合并;将股份奖励给本公司职工;股东因对股东大会作出的公司合并、分立决议持异议,要求公司收购其股份的。

二、债券

债券是社会各类经济主体为筹集资金而向债券投资者出具的、承诺按照一定利率定期支付利息并到期偿还本金的债权债务凭证①。

(一) 债券的性质

(1) 债券属于有价证券。债券本身具有一定的面值,债券持有者可按期取得利息收入。债券同时代表一定的权利,债券转移的同时其代表的权利也会转移。

(2) 债券是一种虚拟资本。债券本质上是证明债权债务关系的凭证,债券的流动并不意味着实际资本的流动,债券独立于实际资本之外。

(3) 债券是债权的表现。与公司股东不同,债券持有人不拥有资产所有权,只拥有债权。

---

① 中国证券业协会. 证券市场基础知识[M]. 北京:中国金融出版社,2011:77.

（二）债券的特征

（1）偿还性。和股票相比，债券有规定的偿还期限，必须按期偿还本金和支付利息。股票则是所有权的凭证，是永久证券，没有偿还期限。

（2）安全性。债券的风险相对股票来说较小。债券一般具有一个固定的收益率，在公司破产清算时也比股票有更靠前的偿付权利。

（3）流动性。债券和股票一样都是筹措资金的手段，持有人可以按照需要和市场实际情况，进行证券转让。

（4）收益性。债券收益包括利息收入、资本损益和再投资收益三种形式。其中利息收入是指债权人根据约定利率所获的利息，资本损益是债券买卖带来的差价，再投资收益是投资债券所获的现金流量再投资的利息收入。

（三）债券的分类

债券可以按照多种标准分类。如按照募集方式可以分为公募债券和私募债券；按照付息方式可以分为贴现债券、附息债券和息票累积债券；按照担保性质可以分为有担保债券和无担保债券；按照债券形态可以分为实物债券、凭证式债券和记账式债券。最常用的分类方式是按照发行主体不同将债券分为政府债券、金融债券和公司债券。政府债券的发行主体是政府；金融债券的发行主体是银行或者非银行金融机构；公司债券则是公司按照法定程序发行、约定在一定期限内还本付息的有价证券。

1. 按发行主体分类

（1）国债：由中央政府发行的债券。它由一个国家政府的信用做担保，所以信用最好，被称为金边债券。

（2）地方政府债券：由地方政府发行的债券，又叫市政债券。它的信用、利率、流通性通常略低于国债。

（3）金融债券：由银行或非银行金融机构发行的债券。金融债券信用高、流动性好、较安全，利率高于国债。

（4）企业债券：由企业发行的债券，又称公司债券。企业债券风险高、利率也高。

（5）国际债券：国外各种机构发行的债券。

2. 按偿还期限分类

（1）短期债券：1年以内的债券，通常有3个月、6个月、9个月、12个月几种期限。

（2）中期债券：1～5年内的债券。

（3）长期债券：5年以上的债券。

3. 按偿还与付息方式分类

（1）定息债券：债券票面附有利息息票，通常半年或一年支付一次利息，利率是固定的。又叫附息债券。

（2）一次还本付息债券：到期一次性支付利息并偿还本金。

（3）贴现债券：发行价低于票面额，到期以票面额兑付。发行价与票面额之间的差是贴息。

(4) 浮动利率债券：债券利率随着市场利率变化。

(5) 累进利率债券：根据持有期限长短确定利率。持有时间越长，则利率越高。

(6) 可转换债券：内嵌可将债券转换成公司股票权利的债券。

4. 按担保性质分类

(1) 抵押债券：以不动产作为抵押发行。

(2) 担保信托债券：以动产或有价证券担保。

(3) 保证债券：由第三方作为还本付息的担保人。

(4) 信用债券：只凭发行者信用而发行，如政府债券。

5. 按债券形态分类

(1) 实物债券：具有标准格式实物券面的债券。

(2) 凭证式债券：是债权人认购债券的一种收款凭证，而不是债券发行人制定的标准格式的债券。

(3) 记账式债券：没有实物形态，利用证券账户通过计算机系统完成债券发行、交易及兑付全过程。

（四）其他重要的债券相关概念：债券评级

金融债券和公司债券的发行必须需要专业的机构进行信用评级，债券信用评级始于美国。目前国际上公认的最具权威性的信用评级机构主要有美国标准-普尔公司和穆迪投资服务公司。上述两家公司负责评级的债券很广泛，包括地方政府债券、公司债券、外国债券等。由于它们占有详尽的资料，采用先进科学的分析技术，又有丰富的实践经验和大量专门人才，因此它们所做出的信用评级具有很高的权威性。标准-普尔公司信用等级标准从高到低可划分为：AAA 级、AA 级、A 级、BBB 级、BB 级、B 级、CCC 级、CC 级、C 级和 D 级。穆迪投资服务公司信用等级标准从高到低可划分为：Aaa 级、Aa 级、A 级、Baa 级、Ba 级 B 级、Caa 级、Ca 级、C 级和 D 级。两家机构信用等级划分大同小异。前四个级别债券信誉高，风险小，是“投资级债券”；第五级开始的债券信誉低，是“投机级债券”、“垃圾债券”。

我国的资信评级行业属于刚起步阶段。现有的信用评级机构水平参差不齐，经营不规范，指标体系设置不完善。根据有关规定，凡是向社会公开发行公司债券，都要由指定的资信评级机构进行评级。我国现有的几家市场份额较大的证券评级机构主要是：中国诚信证券评估公司、中国诚信国际信用评级有限责任公司、上海远东评估公司、深圳鹏远资信评估公司等，但这些公司的业务规模和水平都与国际水平有相当差距。

第二节　发行与承销基础知识

证券市场可以分为证券发行市场和证券交易市场，也即“一级市场”和“二级市场”，或叫“初级市场”和“次级市场”。投资银行是在一级市场上协助证券首次发售的最重要的金融机构。发行与承销业务也是投资银行最基础和最本源的业务。

一、证券的发行

证券的发行是指政府、企业等机构或组织以募集资金为目的，依据相关法律法规，向投资者出售代表一定权利的有价证券的活动。

（一）证券发行的参与者

证券发行的参与者主要由以下四个部分构成，即证券发行人、证券投资者、证券中介机构和证券监督机构。

证券发行人主要是政府、企业、金融机构等资金需求者。证券投资者则是以取得利息、股息或者资本收益为目的而买入证券的机构或个人；证券发行市场上的投资者包括个人投资者和机构投资者，后者主要是证券公司、商业银行、保险公司、社保基金、证券投资基金、信托投资公司、企业和事业法人及社会团体等。证券中介机构则主要包括证券公司、证券登记结算机构、会计师事务所、律师事务所、资信评级机构、资产评估事务所等为证券发行与投资服务的中立机构。证券监督机构则是指依法对证券的发行和交易进行监督管理的机构，如中国证监会、美国的美国证券交易委员会等。

（二）证券发行的分类

按照不同的标准，可以将证券发行进行不同的分类。

(1) 按照发行对象分，可以将证券发行分为公募与私募两种。公募发行又称公开发行，是发行人向不特定的社会公众投资者发售证券的发行。私募发行又称私下发行、内部发行或不公开发行，是指以特定投资者为发行对象的发行。公募发行对于发行人有极高的信用要求，并且必须具备证券监管部门规定的一系列发行条件。私募发行信用要求不及公募高，但发行额度通常较小，投资者数量也有限。

(2) 按照有无发行中介分，可以将证券发行分为直接发行与间接发行。直接发行是指由发行人直接向投资者推销、出售证券，证券中介机构一般不参与或只是少部分参与的发行方式。直接发行具有简单方便、发行费用较低等优点，但是发行风险须由筹资者独立承担。间接发行是由证券公司等中介机构代理出售证券的发行，可以迅速募集大量资金，保证证券发行的顺利完成，但同时发行成本也相对较高。

(3) 按照发行价格和票面面额的关系分，可以将证券发行分为溢价发行、平价发行和折价发行三种形式。溢价发行是指发行人按高于面额的价格发行证券，可以使筹资机构以较少的代价获得较多的资金。平价发行是指以票面金额作为发行价格的发行方式，这样的发行方式在股票和债券的发行中都很常见，成本低、发行方便，但是都需要发行者有较高的信誉。折价发行是指证券以低于面额的价格进行发行的方式。在进行大量发行股票时，采用折价发行的方式可以吸引更多的投资者，在西方国家很常见。但在我国，《中华人民共和国公司法》第 128 条明确规定：“股票发行价格可以按票面金额，也可以超过票面金额，但不得低于票面金额。”即在我国不能采用折价发行的方式发行股票。

（三）证券发行的监督

由于经济、社会、文化等的不同，市场成熟度的差异，不同国家在证券发行管理制度上采取了不同的审核方式。目前，世界上的证券公开发行监管制度有以下两种。

1. 注册制

注册制指的是发行人在发行新证券之前首先必须按照有关法规向证券主管机关注册，要求发行人提供关于证券发行本身以及与证券发行有关的一切信息，并要求所提供的信息具有真实性、可靠性。在此制度下，发行人只要按照发行注册的一切手续提供所有情况和统计资料，并且所提供的信息完全属实，就可以公开发行证券。证券主管机关的权力在于保证发行公司的公开条款得到遵守，保证发行公司提供的各项文件中不存在任何不真实的陈述及事项。如果发行者未违反上述原则，证券主管机关不得以"不公正、不正义和不平等"等理由拒绝新证券的登记注册。

注册制并不禁止质量差、风险高的证券上市，由此可见，注册制实际上是一种发行公司的财务公开制度，它要求发行公司对其提供的关于证券发行本身以及与证券发行有关的一切信息的真实性、可靠性承担法律责任。注册制的实质就在于提供真实的信息，它遵循的是"公开原则"。注册制一方面为投资者创造了一个信息畅通的投资环境，引导和调节投资者的投资规模和方向；另一方面为筹资者提供了一个平等竞争的场所。目前，澳大利亚、巴西、加拿大、德国、法国、意大利、荷兰、菲律宾、新加坡、英国和美国等国家，在证券发行上均采取注册制。

2. 核准制

核准制又称特许制，是指发行者在公开发行股票之前，不仅必须公开有关真实情况，而且必须符合《公司法》中规定的若干实质条件，如发行者所处的行业和经营性质，管理人员的资格，资本金规模和结构，公开资料是否真实、准确、完整等。核准制遵循实质管理原则。它是在信息公开的基础上，再把一些不符合要求的低质量的证券拒之于证券市场门外。这种管理制度对于投资者素质不高、证券市场历史又不长的发展中国家较适用。美国部分州的"蓝天法"与欧洲大陆国家的公司法，是核准制的代表。

我国《证券法》第二章第十条明确规定：公开发行证券，必须符合法律、行政法规规定的条件，并依法报经国务院证券监督管理机构或者国务院授权的部门核准；未经依法核准，任何单位和个人不得公开发行证券。

我国的证券发行制度实际采取"发行上市核准＋发行上市保荐＋发行审核委员会"的制度。在我国，证券发行由证券发行人提出发行申请，保荐机构(主承销商)向中国证监会推荐，中国证监会进行合规性初审后，提交发行审核委员会审核，最终经中国证监会核准后发行。核准制不仅强调公司信息披露，同时还要求必须符合一定的实质性条件，如企业营利能力、公司治理水平等。核准制的核心是监管部门进行合规性审核，强化中介机构的责任，加大市场参与各方的行为约束，减少新股发行中的行政干预。

2013 年 11 月 30 日，我国证监会发布了《关于进一步推进新股发行体制改革的意见》(以下简称《意见》)，这是逐步推进股票发行从核准制向注册制过渡的重要步骤。根据《意见》，监管部门对新股发行的审核重在合规性审查，企业价值和风险由投资者和市场自主判断。经审核后，新股何时发、怎么发，将由市场自我约束、自主决定，发行价格将更加真实地反映供求关系。同时，未来将更加尊重中小投资者意愿，遏制股票上市后炒新行为，明确了发行人、保荐机构、律师事务所、资产评估师在发行过程中的主体地位，发行人行为给投资者造成损失的，将依法作出赔偿。此次新股发行体制改革意义深远，坚持市场化、法制化取向，突出以信息披露为中心的监管理念，加大信息公开力度，审核标准更加透明，审核进度同步公开。这将推进我国股票发行逐步过渡为注册制，促进上市公司、券商等进行新一轮改革，开启中国资本市场的大变革时代。

案例 4-1

中美证券发行审核制比较

美国的证券发行采取注册制。

具体审核程序如下(美国 1933 年颁布的《证券法》做出了明确规定)。

1. 注册申报书送达前阶段

在注册申报书送达证券交易管理委员会之前，发行者、承销商和自营商不得有任何推销证券的行为。不得组织承销集团，不得发表与此次发行有关的新闻或做其他市场布置。但是，发行人与承销商之间，承销商相互之间做技术性的初步谈判，研究发行数量，准备注册文件，商议费用分配，发行最高或最低价等事宜不受此限。

2. 等待阶段

等待阶段是指注册申报书送达，尚待确定生效与否阶段。注册申报书送达后 20 日不允许做成证券发行交易。因为，此时许多证券发行信息亦可能披露外界。等待阶段的作用是放慢审核程序，使证券自营商及潜在投资者与发行者接触。此期间可从事以下行为：做出口头要约；做简单广告(墓碑广告)，其内容包括发行人、证券种类、价格及何处取得公开说明书等；制定初步公开说明书，该文件是申报注册文件的一部分，包括发行价格、承销报酬以外的公开说明书的全部内容。

3. 生效阶段

证券交易管理委员会对注册申报书进行审查，如果没有发现问题，即给予注册。注册生效后，发行人可从事证券发行并订立合同，但必须按照法律规定的时间提交公开说明书。

从美国证券发行审核行政程序看，申报程序分为两个阶段。

1. 正式行政程序

证券发行注册申报书送交证管会审查，由证管会指明文件缺陷，并要求补正或正式拒绝，或阻止生效。依据 1933 年《证券法》第 8 条第 2 款规定：如注册申报书有重大缺陷，证管会应于注册生效前，发出“拒绝命令”，拒绝申报生效，直到注册申报书依此命令补正为止。同条第 4 款规定：注册内容有重大不实、遗漏或误导之处，证管会可随时发出“停止命令”，以阻止其生效。此行政程序仅适用于重大案件，且需给予注册人以申辩的机会，直到上诉有管辖权的联邦法院。

2. 非正式行政程序

由证管会的公司财务部的会计、律师或其他专家审核。审核方式包括以下几种。

(1) 不予评论。如注册申报书准备不充分或有其他严重问题，不再予以审核。通知申请人的律师，也不予评论，并且拒绝提前生效。若纵容其生效，注册人有随时接到拒绝命令或被采取其他司法或行政措施的危险。

(2) 初步审查。在注册申报书给予初步审查后，通知注册申请人的律师，不再给予口头或书面评论。如申请发行公司为第一次注册，应由公司行政负责人、审计及承销经理提出书面说明，以表示了解初步审查的性质和证券法人的责任。

(3) 详细审查。证管会财务部将审核发现的问题以"补正通知书"的方式通知其补正法定文件。20 日的等待期于补正书送达后重新起算。如果审查无法及时完毕或注册人于 20 日内无法提出补正书，可由注册申请人省略非重要内容，于 20 日内提出"延期补正书"。如果注册书已合乎要求，则于最后一次补正时，宣布于当日或次日生效，无须等待 20 日。

从上面可以看出，证券发行注册制的主要优点是充分发挥了市场经济的自由性和自主性，提升政府管理的规范性和效率性。在这样的制度下，任何发行人只要符合法律公开原则，就可以发行证券。政府管理机构不对发行的证券和其发行行为做出任何价值判断，大大提升了审核效率。

但是注册制也存在不足之处。首先是政府管理机构无权确认申请注册证券的实质要件，只要证券发行符合公开的要素，证券管理机构不得以发行证券价格、或其他非公平条件、或发行者提出的公司成功前景不尽合理等理由拒绝注册，因而不能成为投资者投资风险的保护伞。实际上，采取注册制发行证券是建立在信息公开原则基础上的，它假定投资者只要能够得到有关证券发行的一切信息，即可自主做出投资决定，并得以自我保护，证券管理机构无权阻止其交易。但事实上大多数投资者很难具备充分的证券投资知识与经验。况且，有许多投资者根本不可能或无机会获得该信息，加上发行人故意夸大证券价值或规避潜在的不利因素，都可使投资者受损。所以，从投资安全角度看，公开原则并不能完全保护投资者利益。

中国证券发行实行核准制。

中国的证券发行核准制的审核程序概括如下：即证券发行人首先提出发行申请，然后由保荐机构向中国证监会推荐，中国证监会进行合规性初审后，提交发行审核委员会审核，最终经中国证监会核准后发行。

中国证券发行的核心是监管部门的合规性审核[①]，并且强化中介机构的责任，与中国以往实施的审批制和通道制相比，加大了市场参与各方的行为约束，减少了新股发行中的行政干预。

中国证券发行核准制的一个重要特点就是证券发行上市保荐制度。保荐制度是指由保荐机构及其保荐代表人负责发行人证券的上市推荐和辅导，核实公司发行文件和上市文件的真实性、准确性和完整性，协助发行人建立严格的信息披露制度，并承担风险防范责任，并在公司上市后的规定时间内继续协助发行人建立规范的法人治理结构，督促公司遵守上市规定，完成招股计划书中的承诺，同时对上市公司的信息披露负有连带责任的制度。2003 年 12 月 28 日，中国证监会发布了《证券发行上市保荐制度暂行办法》，2004 年 2 月 1 日，证券发行上市保荐制度正式开始实施。

---

① 为了贯彻十八届三中全会决定中关于"推进股票发行注册制改革"的要求，证监会 2013 年 11 月 30 日发布《关于进一步推进新股发行改革体制意见》，推进我国股票发行从核准制向注册制过渡。

核准制的优点是有利于新兴市场的健康发展，适合于证券市场不完善，投资服务机构的道德水准、业务水平不高，投资人缺乏经验与业务水平、缺少对信息判断的能力的情形。缺点是行政干预度过高，股票发行的决定权没有掌握在发行人手中，而是掌握在证券监管机构的手中。

阅读材料 4-1

墓碑广告

墓碑广告(tombstone)是指承销团经常刊登的广告，内容包含将要发行的新证券的细节及承销团成员的名称。此种广告经常被框以黑色，因而得名。其目的在于宣布新证券的发行正在进行。

在墓碑公告的开头，通常需要这样一段声明："本公布既不是发行公告，也不是促销宣传。具体有关发行的事宜只能参照招股说明书。"

墓碑广告主要包括12类信息，如发行人的名称、发行数额、发行人简介、估计的发行价格、主承销商(managing underwriter)名称等内容，墓碑广告所包含的内容一般来说没有初步招股说明书的内容详尽。因为墓碑广告在发布时周围要罩上黑框，形似墓碑，所以被称为墓碑广告。罩上黑框的目的就在于提醒投资者该股票发行尚处于等待阶段，没有注册生效。

（四）证券发行的原则

证券发行要遵循公开、公平和公正原则。

1. 公开原则

公开原则，又称信息公开原则，是指发行人和主承销商按中国证监会对股票发行的有关精神和规定，公开本次股票的认购办法、认购地点、认购时间等，利用公共传播媒介进行宣传。其核心要求是实现市场信息的公开化，即要求市场具有充分的透明度。公开原则通常包括两个方面，股票信息的初期披露和持续披露。信息的初期披露，是指证券发行人在首次公开发行股票时，应完全披露有可能影响投资者做出是否购买股票决策的所有信息；信息的持续披露，是指在股票发行后，发行人应定期向社会公众提供财务及经营状况的报告以及不定期公告影响公司经营活动的重大事项等。信息公开原则要求信息披露应及时、完整、真实和准确。信息公开原则是公平、公正原则的前提。股票市场中的投资活动是一连串信息分析的结果。只有市场信息能够公开地发布和传播，投资者才能公平地做出自己的投资决策。只有如此，才能防止出现各种股票欺诈和舞弊行为，保证市场公正。

2. 公平原则

公平原则，是指发行人和主承销商给每一位投资者提供认购股票的机会。公平原则要求股票发行、交易活动中的所有参与者都有平等的法律地位，各自的合法权益能够得到公平的保护。公平是指机会均等，平等竞争，营造一个所有市场参与者进行公平竞争的环境。按照公平原则，发行人有公平的筹资机会，股票经营机构在股票市场上有公平的权利和责任，投资者享有公平的交易机会。对股票市场的所有参与者而言，不能因为其在市场中的职能差异、身份不同、经济实力大小而受到不公平的待遇，而要按照公平统一的市场规则进行各种活动。

3. 公正原则

公正原则，发行人和主承销商采取各种措施坚决杜绝各种营私舞弊行为。公正原则是针对股票监管机构的监管行为而言的，它要求股票监督管理部门在公开、公平原则的基础上，对一切被监管的对象给予公正待遇。公正原则是实现公开、公平原则的保障。根据公正原则，股票立法应当体现公平精神的法律、法规和政策，股票监管部门应当根据法律授予的权限公正履行监管职责。要在法律的基础上，对一切股票市场参与者给予公正的待遇。对股票违法行为的处罚、对股票纠纷事件和争议的处理等都应当公正进行。

"三公"原则是贯穿股票市场运行过程的基本原则。建立公开、公平、公正的市场环境，保证所有的市场参与者都能按照市场经济的原则，在相互尊重对方利益的基础上进行投融资活动，是股票市场规范化的一个基本要求，也是保障投资者合法利益的前提和基础。

二、证券的承销

（一）证券发行推销方式

证券发行的最终目的是要将证券推销给投资者。发行人推销证券的方法有两种：自销与承销。自销是指自行销售。承销则是指委托他人销售，一般我们最关注的是证券的承销方式。承销方式按照风险承担、所筹资金划拨以及手续费高低等的不同又可以分为包销和代销两种。

包销也可以分为两种方式：全额包销和余额包销。全额包销即是投资银行与发行人签订协议，由投资银行垫付资金，全额购入发行人证券，然后再向一般投资者发售的方式。余额包销则是投资银行和发行人签订协议，投资银行帮助发行人出售证券，在发行期结束时，如果证券仍有剩余，则由承销商购入余额，伺机卖出。在包销方式下，发行风险完全转嫁给承销商，所以承销商的收益率较高，能够获得发行价格与承销购入价格之间的差价；对发行人来说，包销能确保发行成功，筹集到所需资金，当然其所付出的筹资成本也是比较高的。

代销是指投资银行仅作为发行人的发行代理机构，帮助发行人尽力推销（best-efforts）证券，在发行期结束时，如果尚有证券没有发售完，则由发行人自行收回，投资银行不承担任何责任。在这种承销方式下，承销商不承担任何的发行风险，证券能否发售成功的风险全由发行人承担，故而发行人也仅仅付给承销商一定的手续费。

（二）承销程序

不同的证券有不同的承销程序，本书将在接下来的两节分别介绍股票和债券的承销程序。

第三节 股票的发行与承销

股票的发行包括首次公开发行(initial public offering,IPO)和上市之后的再次发行(secondary public offering)。首次公开发行是指企业第一次向社会公众发行股票,一般来说,企业要进入股票市场进行公开发行股票需要复杂的程序,图 4-1 和图 4-2 显示了中国证监会 2012 年正式公布的 IPO 审核流程。

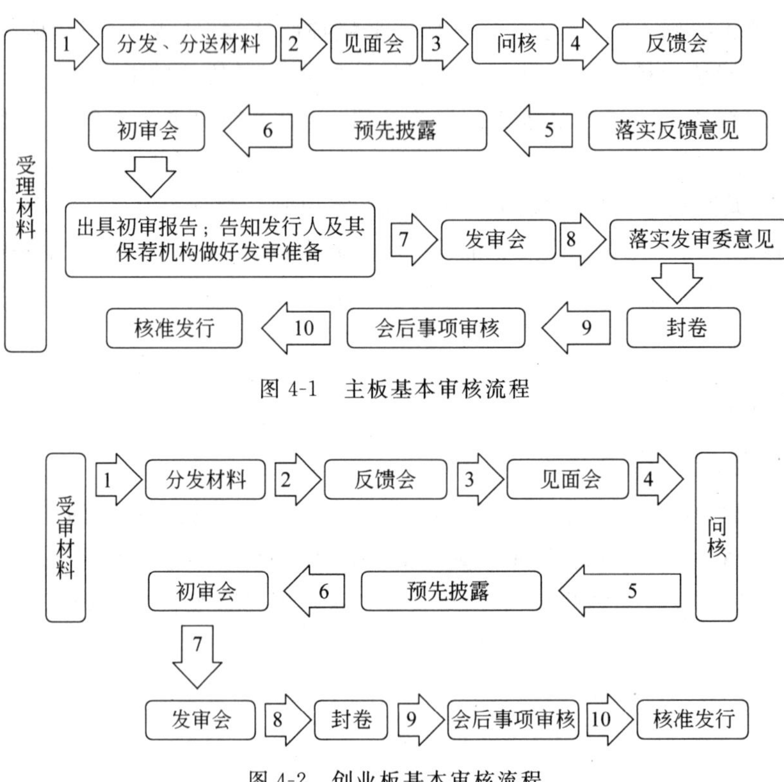

图 4-1 主板基本审核流程

图 4-2 创业板基本审核流程

一、首次公开发行

(一)企业选择发行股票融资的原因

公司通过发行股票在资本市场上融资,这种融资方式对公司来说是利弊皆有的。与其他融资方式相比,公司通过发行股票来融资具有以下优点。

1. 筹措永久性资本

发行股票所获资金属于公司的永久性资本,无到期日,不需偿还,除非公司破产清算,否则在公司经营期内能够自行安排使用。发行股票为公司筹措到安全稳定的长期资金,在一定程度上可以降低资金成本,对保证公司最低的资金需求有重要意义。

2. 没有固定的利息负担

股利的分配由公司的盈利状况和长远发展计划而定。当公司存在利润并认为适合分配时，可以向股东分配利润；当公司利润较少，或虽有利润但有其他投资计划时，可以少分甚至不分配股利，因此公司面临的风险也相对较小。

3. 有利于公司增强信誉，拓展业务

公司通过发行股票可以大大提高其知名度，形成强大的宣传效应，受到广大投资者的关注，而这些公众就有可能成为公司未来的客户，有利于公司扩大市场，拓展业务。

4. 建立健全公司的管理制度

公司上市有严格的条件限制，而且需要通过多层审批程序，公司被批准上市，这在客观上表明公司的经营和管理状况通过了公众的监督和检验。

尽管如此，发行股票融资也存在以下几方面的局限性。

1. 资金成本较高

对公司而言，发行股票过程中要经过准备文件、申报、审批、发行等程序，会发生诸如资产评估费、股票承销佣金、律师费、会计师费、材料印刷费、登记费等大量的成本。对投资者而言，股东的剩余财产清偿权列在其他债权人之后，承担的风险较高，相应所要求的投资报酬率也较高。

2. 不利于上市公司保护商业隐私

上市公司必须定期或不定期地公开其经营状况、投资计划及财务报表等重要资料，不利于公司保护商业隐私，容易被竞争对手了解其经营实力和市场策略。

3. 上市公司经营压力增大

上市公司的股价受到各方面因素的影响而波动，往往偏离公司的真实市场价值，而投资者据此做出的预期和行动会对公司管理人员的重要决策产生影响。公司管理人员可能迫于压力注重短期效益而忽视公司长远发展。

4. 不利于掌控公司控制权

公司上市之后管理层不可避免地会失去一部分公司的控制权，因而不利于对公司整体的控制。

综上来看，企业上市是一个经济、金融、管理等完全集合的过程，企业选择上市与否需要综合考虑多方面的因素。

（二）我国企业上市的过程及承销和保荐条件

我国企业上市可以细致地划分为五个阶段，即上市筹备阶段、聘请中介机构、企业股份制改组阶段、上会核准申报材料制作及申报阶段、股票发行上市阶段[①]。在此过程中，投资银行要担任的主要是承销和保荐任务，是股票发行人聘请的最为重要的中介机构。2006年修订的《证券法》里规定了我国投资银行进行承销和保荐业务的资格条件：进行单项证券承销和保荐业务的证券公司注册资本最低限额为人民币一亿元；若经营证券承销与保荐业务且经营证券自营、证券资产管理、其他证券业务中两项及两项以上的，注册资本最低限额为人民币五亿元。

---

① 隋平，张楠. 公司上市业务操作指引[M]. 北京：法律出版社，2012.

（三）股票发行核准程序

1. 准备和推荐核准

为适应中国发行 IPO 实行核准制的要求，自 2004 年 2 月 1 日起，对股份有限公司首次公开发行股票和上市公司发行新股、可转换公司债券采用证券发行上市保荐制度。

保荐是指保荐机构（相关证券公司）对股票上市施行上市保荐和持续督导。保荐制度最早产生于英国，为了防范和化解投资风险，增强投资者的投资信心，英国伦敦证券交易所的创业板实行终身保荐人制度。由于在创业板上保荐制度的成功运用，许多国家的主板市场也引入了保荐制度。我国也在 2004 年开始，在股票发行上实施“发行上市核准＋发行上市保荐＋发行审核委员会”的制度。

保荐人所要做的保荐工作包括尽职调查和对首次公开发行股票公司的辅导等。尽职调查是指保荐人对发行人进行全面的调查，充分了解发行人的经营情况和存在的问题，以充分保证发行人符合法律法规和中国证监会所规定的发行条件以及保证发行人申请文件和公开发行募集文件真实、准确和完整。[①] 对发行人的辅导是指保荐人及其保荐代表人遵循勤勉尽责、诚实守信的原则，认真履行审慎核查和辅导义务，对其所出具的发行保荐书的真实性、准确性、完整性负责。

2. 首次公开发行股票申请文件准备

申请主板和创业板首次公开发行股票的公司应该分别按照《公开发行证券的公司信息披露内容与格式准则第 9 号——首次公开发行股票并上市申请文件》和《公开发行证券的公司信息披露内容与格式准则第 29 号——首次公开发行股票并在创业板上市申请文件》的要求制作申请文件。

首次公开发行股票并上市申请文件目录包括：招股说明书与发行公告、发行人关于本次发行的申请及授权文件、保荐机构关于本次发行的文件、会计师关于本次发行的文件、发行人律师关于本次发行的文件、发行人的设立文件、关于本次发行募集资金运用的文件、与财务会计资料相关的其他文件、产权和特许经营证书、重要合同、相关承诺、定向募集公司还应提供的文件等。

（1）招股说明书。招股说明书是发行人向中国证监会申请公开发行申报材料的必备部分，必须对法律法规、规章上市规则要求的各项内容进行披露。招股说明书在保荐机构及其他中介机构的辅助下完成并由公司董事会表决通过。

（2）招股书明书摘要。招股书明书摘要是对招股说明书内容的概括，目的是为公众提供本次发行的简要情况。

（3）资产评估报告。资产评估报告是资产评估人员将评估机构对公司资产进行评估后的结果编制成的专业性报告。资产评估报告经由委托单位的主管部门签署意见后，报送国家国有资产管理部门审核验证和确认。

（4）审计报告。审计报告是注册会计师根据中国注册会计师审计准则的规定在实施审计的基础上对被审计单位财务报表发表审计意见的书面文件。审计报告是审计工作的

---

① 隋平，张楠. 公司上市业务操作指引[M]. 北京：法律出版社，2012.

最终结果。

(5) 盈利预测审计审核报告。该报告是发行人对未来会计期间经营成果的预计和测算。

(6) 法律意见书和律师工作报告。该意见书和报告是发行人向中国证监会申请公开发行证券的必备文件。

(7) 辅导报告。辅导报告是保荐机构对拟发证券的公司的辅导工作结束以后,就辅导情况、效果及意见向有关主管单位出具的书面报告。①

3. 保荐人推荐核准

首次公开发行股票的核准程序,包括在主板上市的核准程序和在创业板上市的核准程序。

(1) 在主板上市公司首次公开发行股票的核准程序

在主板上市公司首次公开发行股票的核准程序如下。

① 申报。发行人应当按照中国证监会的有关规定制作申请文件,由保荐人保荐并向中国证监会申报。特定行业的发行人应当提供管理部门的相关意见。

② 受理。中国证监会收到申请文件后,在5个工作日内作出是否受理的决定。

③ 初审。中国证监会受理申请文件后,由相关职能部门对发行人的申请文件进行初审。中国证监会在初审过程中,将征求发行人注册地省级人民政府是否同意发行人发行股票的意见,并就发行人的募集资金投资项目是否符合国家产业政策和投资管理的规定征求国家发改委的意见。

④ 预披露。根据《证券法》第21条的规定,发行人申请首次公开发行股票的,在提交申请文件后,应当按照国务院证券监督管理机构的规定预先披露有关申请文件。因此,发行人申请文件受理后、发审委审核前,发行人应当将招股说明书(申报稿)在中国证监会网站上预先披露。发行人可以将招股说明书(申报稿)刊登于其企业网站,但披露内容应当与中国证监会网站的内容完全一致,且不得早于在中国证监会网站的披露时间。

⑤ 发审委审核。相关职能部门对发行人的申请文件初审完成后,由发审委组织发审委会议进行审核。股票发行审核以信息披露为中心,发审委依法对发行申请文件和信息披露内容的合法合规性进行审核,不对发行人的营利能力和投资价值作判断。

⑥ 决定。中国证监会依照法定条件对发行人的发行申请做出予以核准或者不予核准的决定,并出具相关文件。发行人通过发审会并履行会后事项程序后,中国证监会即核准发行,新股发行时点中发行人自己选择。并放宽首次公开发行股票核准文件的有效期至12个月。

(2) 在创业板上市公司首次公开发行股票的核准程序

发行人董事会应当依法就首次公开发行股票并在创业板上市的具体方案、募集资金使用的可行性及其他必须明确的事项做出决议,并提请股东大会批准;决议至少应当包括下列事项:股票的种类和数量,发行对象,价格区间或者定价方式,募集资金用途,发行前滚存利润的分配方案,决议的有效期,对董事会办理本次发行具体事宜的授权,其他必须

① 中国证券业协会.证券的发行承销[M].北京:中国金融出版社,2011.

明确的事项。

发行人应当按照中国证监会有关规定制作申请文件，由保荐人保荐并向中国证监会申报。保荐人保荐发行人发行股票并在创业板上市，应当对发行人的成长性进行尽职调查和审慎判断并出具专项意见。发行人为自主创新企业的，还应当在专项意见中说明发行人的自主创新能力。

中国证监会收到申请文件后，在5个工作日内做出是否受理的决定。中国证监会受理申请文件后，由相关职能部门对发行人的申请文件进行初审，并由创业板发行审核委员会审核。中国证监会依法对发行人的发行申请做出予以核准或者不予核准的决定，并出具相关文件。

在发行人报送申请文件之后、股票未发行前更换保荐机构的，需要重新履行申报程序，并重新办理发行人申请文件的受理手续。更换后的保荐机构需要重新制作发行人的申请文件，并对申请文件进行质量控制。如要更换签字会计师或会计师事务所，应对发行人的审计报告出具新的专业报告；更换签字律师或律师事务所，应出具新的法律意见书和律师工作报告。同时保荐机构对更换后的其他中介机构出具的专业报告应重新履行核查义务。

（四）股票发行及上市

证监会对首次公开发行股票的申请审核通过之后，股票正式发行与上市。此时投资银行应该做好承销准备，并进行估值询价和公开推介。

1. 股票定价

根据《证券法》(2005)第34条规定：股票发行采取溢价发行的，其发行价格由发行人与承销的证券公司协商确定。根据中国证监会《证券发行与承销管理办法》的规定，首次公开发行股票，可以通过向网下投资者询价的方式确定股票价格，也可以通过发行人与主承销商自主协商直接定价等其他合法可行的方式确定股票价格。发行人和主承销商应当在招股志向书(或招投说明书)和发行公告中披露本次发行股票的定价方式。

通常情况下，首次公开发行股票采用询价方式确定价格。采用询价方式确定价格需要进行以下两个步骤。

首先是对股票进行估值。一般将股票估值方法分为两大类，即绝对估值法和相对估值法。相对估值法，也被称做“可比公司法”，即对股票进行估值时参考一些同类上市公司的重要数据指标，特别是业务及规模类似的上市公司，进而为新股发行进行估价。相对估值方法包括市盈率估价法(P/E)、市净率估价法(P/B)、市销率估价法(P/S)、企业估值倍数法(EV/EBITDA)等。绝对估值法又被称为“贴现法”，主要包括股利折现模型(DDM)和折现现金流模型(DCF)。折现现金流模型又被细分为股权自由现金流模型(FCFE)和公司自由现金流模型(FCFF)。相对估值法反映的是以市场供求关系决定的股票价格，当市场对股票的需求大于供给时，公司股票的发行价格会高；反之则低。绝对估值法体现的则是公司内在价值决定股票价格，根据企业的整体估值水平来确定每股价值。

股票估值定价是股票发行中一项非常重要也非常复杂的工作，本书只简单介绍几种常用的估值方法。

（1）市盈率估价法

市盈率是一家公司股票的每股市价与每股盈利的比率。计算公式为

$$市盈率=\frac{每股市场价格}{每股收益}$$

用市盈率估值时，首先计算发行人的每股收益；然后根据二级市场的平均市盈率、发行人的行业情况、发行人的经营状况及其成长性等拟订估值市盈率；最后根据估值市盈率与每股收益的乘积决定估值。

（2）市净率估价法

市净率指的是每股股价与每股净资产的比率。其计算公式为

$$市净率=\frac{每股市场价格}{每股净资产}$$

市净率估值时，首先根据审核后的净资产计算出发行人的每股净资产；其次根据二级市场的平均市净率、发行人的行业情况、发行人的经营状况及其净资产收益率等拟订估值市净率；最后依据估值市场市净率与每股净资产的乘积决定估值。

（3）市销率估价法

市销率是证券市场中出现的一个较新概念，是指普通股每股市价与每股销售收入的比率。其计算公式可表示为

$$市销率=\frac{每股市场价格}{每股销售额}$$

或可表示为

$$市销率=\frac{总市值}{主营业务收入}$$

市销率指标既有助于考察公司收益基础的稳定性和可靠性，又能有效把握其收益的质量水平，因而在股票估价时有一定的优势。但是不论采用哪种指标进行估价，单一指标都具有局限性，因而可采用几种指标结合的方式进行估价。

（4）贴现现金流量定价法

贴现现金流量定价法是通过预测公司未来的盈利能力，按照一定的折扣率计算公司的净现值，从而确定股票发行价格的一种方法。

运用贴现现金流量定价法的计算步骤如下：

- 预测公司未来的现金流量。预测的前提是本次发行成功地筹集到必要的现金，预测的未来期限是公司相对于行业已经成熟，现金流量的增长已经接近行业增长率。
- 预测公司的期望值。期望值是公司成熟时期的市场价值，通过选取公司的收入或者账面价值，运用长期的行业平均市盈率倍数或者市场价值对账面价值的比率来进行估算。
- 选择折扣率或者贴现率计算公司的净现值。选择贴现率要考虑行业或公司的风险。
- 计算发行价值。通过确认需要公募的资金、发行的股份来计算。

具体计算公式为

$$P_0 = \sum_{t=1}^{\infty} \frac{D_t}{(1+K)^t}$$

式中：P_0 为发行股票的价格，D_t 为第 t 期分红，K 为折扣率或者贴现率。

其次，对股票进行询价。首次公开发行股票采用询价方式定价的，符合条件的网下机构和个人投资者可以自主决定是否报价，主承销商无正当理由不得拒绝。网下投资者报价后，发行人和主承销商应当剔除拟申购总量中报价最高的部分，剔除部分不得低于所有网下投资者拟申购总量的10%，然后根据剩余报价及拟申购数量协商确定发行价格。发行人和主承销商应当合理确定剔除最高报价部分后的有效报价投资者数量。公开发行股票数量在4亿股(含)以下的，有效报价投资者的数量不少于10家，不多于20家；公开发行股票数量在4亿以上的，有效报价投资者的数量不少于20家，不多于40家；公开发行股票筹资总额数量巨大的，有效报价投资者数量可适当增加，但不得多于60家。剔除最高报价部分后有效报价者数量不足的，应当中止发行。

案例 4-2

"洛阳钼业事件"——中国的询价制度变革

案例回顾：2012年9月10日，洛阳栾川钼业集团股份有限公司获得证监会IPO发行不超过54 200万股人民币普通股(A股)的发行核准。主承销商提供的投资价值研究报告认为合理的价格区间是每股6.49～8.48元，市场询价对象也普遍作此预期，并根据这个价格和54 200万股的发行量，视洛阳钼业为当年第三大IPO项目。但21日，洛阳钼业《发行公告》根据初步询价情况确定该次发行价格为3.0元/股，发行数量为20 000万股，只募集6亿元，与公司申请时宣称的资金需求量36.46亿元相差甚大。这样的反常事件显然有其背后的原因。尽管洛阳钼业在接受采访时表示，此举主要为二级市场投资者充分预留投资空间，旨在维护广大投资者利益，而证监会对此也未做明确表态，但财经舆论一致认为这不是发行人有意或自愿的行为，并直指这是证监会在干预，洛阳钼业是受害人。

案例分析：中国的新股发行询价制度全面实施正式开始于2005年，借鉴美国的询价制度，充分发挥了市场投资主体的意志。此后，我国的询价制度还进行了一系列变革。2006年9月颁布的《证券发行与承销管理办法》，标志着我国新股发行询价制度基本确定。2009年6月证监会发布了《关于进一步改革和完善新股发行体制的指导意见》，此次改革的主要目的是淡化行政指导，形成进一步市场化的价格形成机制。2010年10月证监会发布了《关于深化新股发行体制改革的指导意见》，扩大询价对象范围，进一步完善报价申购和配售约束机制，合理设定每笔网下配售单位的配售量，以促进询价对象认真定价，并提出完善发行回拨机制和中止发行机制。2012年4月28日证监会发布《关于进一步深化新股发行体制改革的指导意见》，新股定价方式进行了更大改革，发行人及主承销商既可以选择询价发行，也可以自主协商定价，也即询价制度的非强制化改革。

我国新股发行一直存在明显的"三高"现象，即高发行价格、高市盈率和高超募资金。新股发行定价制度的改革，希望改善这个问题。洛阳钼业事件就是在2012年询价制度非强制化改革这样的背景之下发生的。洛阳钼业IPO大缩水，原因就在于其定价方式是发行人和主承销商根据初步询价结果直接定价，运用了证监会最新改革的自行定价的权利。但舆论的普遍观点是主承销商根据证监会的意愿而向发行人单方面施压，以达到证监会"维稳"等目的。

实际情形或许有待商榷，但是由本案例可以看出，中国询价制度变革在政策实施目的和实际达到的效果之间可能存在差异，需要进一步思考并完善。

IPO抑价

IPO抑价是指新股上市首日收益率显著为正的现象。新股抑价现象在世界所有的股票市场几乎都存在，大量相关研究发现，发达国家市场的抑价幅度普遍小于新兴市场国家，加拿大、法国市场的IPO抑价不到10%，而马来西亚却高达80%。但与中国市场相比，其抑价率就显得不那么突出了。从1991年我国A股市场诞生到2007年，1 576只新股平均抑价率高达187%。造成IPO抑价有多方面原因，一般认为，我国的IPO抑价属于制度性抑价，政府高度管制造成的发行与交易市场割裂、单边市、询价与有锁定期的发行制度、散户占优的市场结构、投资者的心理偏差等多种因素共同造成了IPO抑价率异常高的现实。因而，不断优化IPO价格形成机制，是降低IPO抑价率的关注重点。

2. 推介

发行人和主承销商在刊登首次公开发行股票招股意向书后向询价对象进行询价和推介，并通过互联网向公众投资者进行推介。

3. 配售和发售

首次公开发行股票可以采取向战略投资者配售、向参与网下配售的询价对象配售及向参与网上发行的投资者配售等方式发行。

2013年12月有3日中国证监会最新修订的《证券发行与承销管理办法》第9条规定："首次公开发行股票后总股本4亿股(含)以下的，网下初始发行比例不低于本次公开发行股票数量的60%；发行后总股本超过4亿股的，网上初始发行比例不低于本次公开发行股票数量的70%。其中，应安排不低于本次网下发行股票数量40%优先向通过公开募集方式设立的证券投资基金(以下简称公募基金)和由社保基金投资管理人管理的社会保障基金(以下简称社保基金)配售。公募基金和社保基金有效申购不足40%的，发行人和主承销商可以向其他符合条件的网下投资者配售。安排向战略投资者配售股票的，应当扣除向战略投资者配售部分后确定网下网上发行比例。"第13条规定："首次公开发行股票数量在4亿股以上的，可以向战略投资者配售股票。发行人应当与战略投资者事先签署配售协议。""战略投资者不参与网下询价，且应当承诺获得本次配售的股票持有期限不少于12个月有，持有期自本次公开发行的股票上市之日起计算。"

向参与网上发行的投资者配售方式是指通过证券交易所交易系统公开发行股票。投资者根据价格区间的上限进行申购，若最终价格低于价格区间上限，差价部分退还投资者。

4. 验资

主承销商聘请具有相关证券业务资格的会计师事务所对资金进行验证,并出具验资报告。并聘请律师事务所对向战略投资者、询价对象的询价配售行为是否符合法律、行政法规和相关管理办法进行鉴证并出具专项法律意见书。

5. 承销

投资银行依照《证券法》采取包销或代销的方式进行股票承销。《证券法》第 32 条规定:"向不特定对象发行的证券票面总值超过人民币五千万元的,应当由承销团承销。承销团应当由主承销和参与承销的证券公司组成。"

《证券发行与承销管理办法》第 48 条规定:"首次公开发行股票数量在 4 亿股以上的,发行人及其主承销商可以在发行方案中采用超额配售选择权。超额配售选择权的实施应当遵守中国证监会、证券交易所和证券登记结算机构的规定。"

二、上市公司公开发行新股

上市公司发行新股有公开和非公开两种形式,这里我们仅仅关注上市公司向社会公开发行新股。公开发行新股也有两种方式,一种是向原股东配售股票,称"配股";另一种是向全体社会公众发售股票,称"增发"。不同的融资方式在发行上也有很大的不同,以下试从发行的法定条件、注意事项和申请程序等方面加以比较。

(一)"配股"和"增发"发行的法定条件和注意事项

"配股"和"增发"发行的法定条件和注意事项,根据我国《证券法》《上市公司证券发行管理办法》等相关规定,具体如表 4-1 所示,世界范围内各国的规定存在差异,具体可参考各国的证券发行办法。

表 4-1 上市公司公开发行新股的条件和注意事项

项 目	法 律 法 规
1. 基本条件 《证券法》第十 13 条、第 15 条	• 具备健全且运行良好的组织结构。 • 具有持续盈利能力,财务状况良好。 • 公司最近三年内财务会计文件无虚假记载,无其他重大违法行为。 • 经国务院批准的国务院证券监督管理机构规定的其他条件。 • 公司对公开发行股票所募集的资金,必须按照招股说明书所列资金用途使用
2. 一般规定 2006 年 5 月 6 日证监会发布的《上市公司证券发行管理办法》	• 上市公司的组织机构健全,运行良好。 • 上市公司的盈利能力具有可持续性。 • 上市公司的财务状况良好。 • 上市公司最近 36 个月内财务会计文件无虚假记载,不存在违法行为。 • 募集的资金数额和使用符合相关规定。 • 不在法律规定的不得公开发行证券的情形之中。

续表

项　　目	法律法规
3. 配股的特别规定	• 一般规定。 • 额外规定： (1) 拟配股数量不超过本次配股前股本总额的30%。 (2) 控股股东应在股东大会召开前公开承诺认配股份的数量。 (3) 采用《证券法》规定的代销方式。 • 控股股东不履行认配股份的承诺，或者代销期限届满，原股东认购股票的数量未达到拟配售数量的70%，发行人应按照发行价并加算银行同期存款利息返还已经认购的股东
4. 公开增发的特别规定	• 一般规定。 • 额外规定： (1) 最近三个会计年度加权平均净资产收益率不低于6%。 (2) 除金融企业外，最近1期末不存在持有金额较大的交易性金融资产和可供出售的金融资产、借予他人款项、委托理财等财务性投资等情形。 (3) 发行价格应不低于公告招股意向书前20个交易日公司股票均价或前1个交易日的均价。

（二）新股发行的申请程序

我国新股发行的申请程序，可以概括为图4-3所示的流程图。

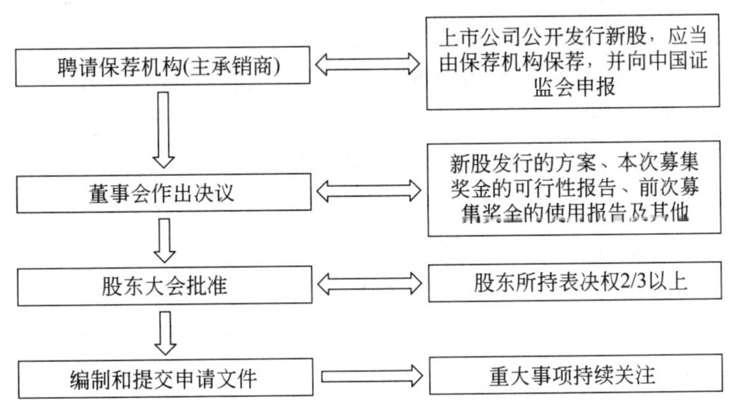

图4-3　新股发行的申请程序

三、上市公司发行可转换公司债券

在2006年证监会公布的《上市公司证券发行管理办法》中，上市公司可发行可转换公司债券，可转换公司债券是指发行公司依法发行、在一定期间内依据约定的条件可以转换成股份的公司债券。由于可转换公司债券具有的可以转换成普通股票的性质，因而将其发行放至本节进行说明。

（一）可转换公司债券基础知识

1. 概念和性质

可转换公司债券是可转换证券的一种。可转换证券主要包括可转换公司债券和可转换优先股。可转换公司债券，是一种公司债券，它赋予持有人在发债后一定时间内，可依据本身的自由意志，选择是否依约定的条件将持有的债券转换为发行公司的股票或者另外一家公司股票的权利。可转换公司债券的持有人可以选择持有债券至到期，要求公司还本付息；也可选择在约定的时间内转换成股票，享受股利分配或资本增值。可转换优先股，与可转换公司债券一样可以转换成普通股股票，但它与可转换公司债券有本质的不同，是一种股票。

虽然和一般公司债券一样，可转换公司债券拥有确定的债券期限和定期息率，因而有稳定的利息收入和还本保证。但可转换公司债券更重要的是其期权性质。可转换公司债券为投资者提供了转换成股票的权利，这种权利具有选择权的含义，也就是投资者既可以行使转换权，将可转换公司债券转换成股票，也可以放弃这种转换权，持有债券到期。可转换公司债券是股票期权的衍生，往往将其看做为期权类的二级金融衍生产品。

2. 发行优势

对于上市公司来说，发行可转换公司债券，最大的优势是可以在股票市场低迷时筹集到所需的资金，满足自身的资金需要。除此之外，发行可转换公司债券还可以减少外汇风险；通过债券与股票的转换，优化资本结构；甚至还可能获取转换的溢价收入等。

对投资者来说，投资者选择购买可转换公司债券，可以使手上的投资工具变得更加灵活，投资的选择余地也变得更加宽阔。投资者既可持有该债券，获取债息，也可在债市上转手；既可以在一定条件下换成股票，获取股息、红利，也可以在股市上买卖赚取差价。所以从投资灵活性上来看，可转换公司债券对投资者具有很大的吸引力。

3. 我国发行条件

根据 2006 年证监会公布的《上市公司证券发行管理办法》，公开发行可转换公司债券的公司，除应当符合上市公司公开发行证券的一般规定以外，还应当符合下列规定。

(1) 三个会计年度加权平均净资产收益率平均不低于 6%。

(2) 本次发行后累计公司债券余额不超过一期末净资产额的 40%。

(3) 三个会计年度实现的年均可分配利润不少于公司债券一年的利息。

（二）我国可转换公司债券的发行

我国的上市公司发行可转换公司债券主要有以下四个方面的内容。

1. 发行准备

根据《上市公司证券发行管理办法》，我国上市公司发行可转换公司债券要做以下准备。

(1) 发行人根据自身投资计划和财务状况确定发行规模。

(2) 规定发行期限，可转换公司债券的期限最短为一年，最长为六年。

(3) 规定转股期限或行权期限。可转换公司债券自发行结束之日起六个月后方可转换为公司股票，转股期限由公司根据可转换公司债券的存续期限及公司财务状况确定。

(4) 约定转股价格或行权价格。转股价格应不低于募集说明书公告日前 20 个交易日公司股票交易均价和前一个交易日的均价。

(5) 发行公司与主承销商确定债券面值和利率。可转换公司债券每张面值 100 元。

(6) 设置赎回、回售条款。

(7) 公开发行可转换公司债券需提供担保，且担保公司不能是证券公司或上市公司，上市商业银行除外。

(8) 委托具有资格的资信评级机构进行信用评级和跟踪评级。

(9) 约定保护债券持有人权利的办法以及债券持有人会议的权利、程序和决议生效条件。

2. 申报与核准

(1) 董事会决议并公告。上市公司申请发行可转换债券，应当在发行议案经董事会表决通过后，在两个工作日内报告证券交易所，公告召开股东大会的通知。

(2) 股东大会批准。申请发行可转换债券，应由发行人的股东大会作出决议。

(3) 申报文件编制。主承销商、注册会计师和律师等有关中介机构认真履行各自的义务和职责，按照中国证监会的有关规定制作申请文件，为发行人发行可转换债券提供服务，并承担相应的法律责任。

(4) 主承销商推荐和保荐机构保荐。上市公司发行可转换公司债券，应当由主承销商负责向中国证监会推荐，出具推荐意见，并负责报送发行申请文件；保荐机构和保荐代表人出具保荐文件。

(5) 提交可转换债券的发行申请文件。公司债券发行申请人应提出发行申请，即可转换债券的发行人按照《公开发行证券的公司信息披露内容与格式准则第 12 号——上市公司发行可转换公司债券申请文件》的要求向中国证监会提交发行申请文件。

(6) 受理申请文件。中国证监会收到申请文件后，在 5 个工作日内作出是否受理的决定。中国证监会受理申请文件后，对发行人申请文件的合法性进行初审，并在 30 日内将初审意见函告发行人及其主承销商、保荐机构。

(7) 发行审核委员会审核。中国证监会对按初审意见补充完善的申请文件进一步审核，并在受理申请文件后 60 日内，将初审报告和申请文件提交"发审委"审核。"发审委"以投票方式对发行申请进行表决，提出审核意见。

(8) 核准发行。中国证监会依据"发审委"的审核意见，对发行人的发行申请作出核准或不予核准的决定。予以核准的，中国证监会出具核准公开发行的文件；不予核准的，中国证监会出具书面意见，说明不予核准的理由。中国证监会自受理申请文件之日起到作出决定的期限为 3 个月。

(9) 复议。发行申请未被核准的公司，自接到中国证监会的书面决定之日起 60 日内，可提出复议申请。中国证监会收到复议申请后 60 日内，对复议申请做出决定。

(10) 公告募集说明书并公开发行可转换债券。发行申请被核准的可转换债券的发行人必须在发行日前 2～5 个交易日公布可转换债券募集说明书。

3. 发行与上市

可转换公司债券的发行方式由发行人和主承销商协商确定，经中国证监会核准后，可向上海证券交易所和深圳证券交易所申请上网发行。

可转换公司债券在发行人发行结束之后可向证券交易所申请上市，若符合上市条件，则自发行结束日至证券上市日不得超过 7 个交易日。证券交易所实行可转换公司债券上市保荐制度。

4. 信息披露

上市公司发行可转换公司债券信息披露要求与上市公司发行新股的要求基本一致。

阅读材料 4-3

分离交易的可转换公司债券

分离交易可转债的全称是“认股权和债券分离交易的可转换公司债券”，它是债券和股票的混合融资品种。分离交易可转债由两大部分组成，一是可转换债券；二是股票权证。

分离交易可转债与普通可转债的本质区别在于债券与期权可分离交易。也就是说，分离交易可转债的投资者在行使了认股权利后，其债权依然存在，仍可持有到期归还本金并获得利息；而普通可转债的投资者一旦行使了认股权利，则其债权就不复存在了。

案例 4-3

金森公司上市案例

——南方林业做大做强的一条道路选择

案例回顾：2012 年 2 月 29 日，福建金森林业股份有限公司（以下称金森公司）首次公开发行股票申请获得通过，于 5 月 23 日发行，发行 3 468 万股，发行价格为每股人民币 12 元，网上定价发行的中签率为 0.578%，超额认购倍数为 173 倍。发行后总股本 13 868 万股。股票代码为“002679”，6 月 5 日于深圳证券交易所上市。注册资本 10 400 万元，公司经营的森林资源面积为 2.946 万公顷（44.19 万亩），林木蓄积量 362.07 万立方米。该公司由三家原国有林业采育场合并而成，主营业务是南方杉和松林的培育与采伐利用，这在我国资本市场上是个创举。

案例分析：金森公司是首家专事培育森林资源和采伐利用的上市公司，其意义在于专营营林和采伐的企业可持续经营并为资本市场所接受，为林场开拓了通过资本市场做大做强的通道。因而金森公司上市这一案例有许多优秀的经验可以借鉴。

首先，社会投资人对林业知之甚少，招股书和公开披露材料是向投资人展示形象的主要渠道。在招股说明书中，金森公司不回避营林企业的林木生长期长、见经济效益慢的弱项，突出了其生态效益和政府支持。

其次，金森公司招股书写作技巧较高，突出金森较高的管理水平、较好的区位环境和资源优势、通过了 FSC 森林认证以及国有采育场政策等优势，吸引众多投资人。

最后，金森在发行时做得较为巧妙的地方还有以下两点，一是根据发行价 12 元计算，金森公司的相对市盈率约 43.8 倍。虽然按同行业可类比公司 2011 年的静态市盈率为

30.86 倍计算，其发行价超过 125%这道红线；但如果按 2012 年可类比的同行业动态市盈率 35.29 倍计算，其“红线”市盈率则为 44.11 倍，金森市盈率 43.8 倍并未超标。另一点在谈及市场份额时，招股书不以全国和全省为参照系，只讲县内份额，招股书表明金森公司的木材生产销售量位居将乐县首位，2009—2011 年木材产量分别占全县的产量的 28.24%、32.85%和 47.15%。考虑到木材是大运量的商品，这样说也不无理由，应该说非常巧妙。

金森公司的成功上市，对于我国南方林业的发展具有极强的示范意义，为商品林的做大做强提供了一条很好的道路选择。

第四节　债券的发行与承销

一、债券发行的目的

发行债券的主体有政府、企业和金融机构。发行债券的主体不同，目的也就不一样。

（一）政府发行债券的目的

无论是中央政府还是地方政府，发行债券的目的一般有以下几个。

1. 弥补财政赤字

政府债券发行的主要目的是弥补财政赤字，并且发行政府债券也是弥补财政赤字的基本方式。与增加税收、增发货币的财政赤字弥补方式相比，发行政府债券有着明显的优越性。政府发行债券，虽然也是国民收入再分配的一种方式，但这并不像税收和货币发行那样是一种强制的、无偿的再分配方式，而是一种自愿的、有偿的再分配方式。从政府债券发行方即政府方看，其得到了补充的收入来源，满足了支出的需要；从购买方看，其不但经过一定时期可以收回本金，而且还可以获得利息收入。由于发行政府债券只涉及资金使用权的让渡，而所有权不变，因此政府通过发行债券来筹集资金，较易被社会公众所接受。

2. 扩大政府公共投资

扩大政府公共投资也是政府发行债券的目的之一。政府所属的一些公共机构为了修建公路、铁路、机场、水坝，进行大江大河治理，支持能源建设等，可以发行一部分债券来筹集资金，促使这些项目得以如期建设。这些项目建成投产后，一般来说，能够获得一定的经营收入，虽然盈利不大，但偿还债券本金问题不大，只要财政给予适当的利息补贴，支付债券利息就有保证。这种于国于民有利的事情，通过发行政府债券来筹集资金予以解决是行之有效的方法之一。世界上很多国家为了兴建这类公共工程，每年都要发行一部分这种建设债券。

3. 解决临时资金需要

政府的开支在一年中是比较均匀的，但收入往往在后期才能取得，有时支出在前、收入在后，但一年内从总体上讲收支是平衡的。这就需要在一年中的前期发行国库券筹集资金，以应付临时性的资金不足局面。

（二）企业发行债券的目的

1. 筹集资金

筹集资金是企业发行债券的主要目的。当企业需要资金时，在向银行等金融机构借款或发行股票筹资渠道受到限制时，可以通过向社会发行债券来筹措资金。在西方国家，通过债券筹资已成为企业向外部筹资的重要方式之一，而且在一些国家已成为主要方式。

2. 灵活运用资金

企业发行债券筹资，主动权完全操纵在自己手中，企业自己可以灵活确定债券期限、数量，而贷款的期限、数量则需要谈判、协商才能确定，甚至有时不能完全达到初始目的。而发行股票涉及企业产权的分配、重组等实质问题，灵活性相对较差，企业可以使债券的期限与资金的作用时间一致，并可根据资金的需求量确定筹集量，避免出现过剩资金。即使以后出现意外情况，企业在债券到期时仍需继续占用资金，也可用发新债还旧债的办法予以解决。总之，企业可随时根据自己需要资金的时间、数量决定是否发行债券、数量多少、到期期限和发行额度，以及时满足资金需要。

3. 降低资金成本

企业债券的收益比较稳定，市场价格的波动幅度不大，到期又可收回本金，风险相对较小。而股票的收益则随企业盈利状况的变化而变化，价格变动比较剧烈，企业不需还本，风险较大。因而，虽然企业债券付息较低，但仍受到一些投资者，特别是部分机构投资者如养老基金、退休基金、保险公司的欢迎。就同一企业的债券和优先股来看，投资者一般比较偏爱债券的低收益，而不是优先股的收益。企业债券既受投资界的青睐，又只支付较低的利息，这就降低了企业的筹资成本。

4. 减少税收支出

在计算企业的收入时，债券的利息可以扣除，而股票的利息、红利则不能扣除。因此，企业发行债券可以减少纳税负担，又可使股东或其他债券投资者获得好处。

5. 增加企业收入

购买企业债券的投资者，只能获得按事先规定利率计算的利息收入。如果企业发行债券筹集的资金获得的收益高于债券利率，则高出的部分便成为企业的收入。当然，如果企业经营不善或出现经济萎缩，这笔债券利息会使企业背上沉重的包袱，并使企业的收益减少。然而，无论在何种经济环境下，敢于发债筹资的绝大多数企业对自身的经营能力和发展前景总是充满信心的。股东或经理们总是相信，他们企业的经营收益将高于债券利率。因此，发行债券对企业来说，既可筹集资金扩大生产，又可增加企业收入和股东的股息收入，是一种极有吸引力的筹资方式。

6. 维持对企业的控制权

企业债券不像股票那样拥有企业决策投票权（当然有投票权的债券例外），债券持有人与企业之间只存在债权债务关系。债权人不能参与企业决策，无权参加企业的经营管理，也没有参加企业利润分配的权利，被股东们戏称为“沉默的多数”。因而，以发行企业债券的形式来筹集企业资金，不会改变现有企业股东的结构和投票权的分配，从而不会影响现有股东对企业的控制权。

（三）金融机构发行债券的目的

金融机构是经营货币资金的特殊企业，通过对负债与资产进行科学管理，以使负债与资产实现最佳组合，从而达到资产的流动性、安全性和收益性三者统一的目的。发行金融债券是进行负债与资产管理的重要内容。一般来说，发行金融债券可达到以下三个目的。

1. 实现负债来源多样化，增强负债的稳定性

金融机构的负债有各种存款、同业往来、向中央银行借款、金融债券资金等。存款资金来源众多，此存彼取、互相交错、川流不息，稳定性差。一旦经济、金融形势骤变或谣言四起，容易发生挤提存款的现象，这时甚至有可能产生迫使金融机构破产的危险，虽然这不是由于金融机构经营不善造成的。同业往来与存款的性质相似，向中央银行借款，数量有限，非长久之计。金融债券在到期以前，债券持有人不能提前要求兑付，只能在证券市场转让，期限固定，稳定性强，金融机构无挤兑风险。从而，金融机构可以通过发行不同期限，包括短期、中期、长期在内的金融债券筹集资金，以增加负债来源，增强负债的稳定性。

2. 获得长期资金来源

金融机构的存款、同业往来等活性资金，在其运动中会形成一部分沉积资金，这部分沉积资金可以视为可用的长期性资金。当活性资金来源的种类、客户数量增加时，沉积部分占活性资金的比重会相应扩大；当活性资金总额增加时，沉积资金会随之增加。然而，这部分沉积资金毕竟是有限的，量比较少，吸收长期资金主要还得靠发行长期金融债券。

3. 扩大资产业务

当企业向金融机构要求贷款或金融机构想要进行直接投资而金融机构的资金又不足时，金融机构可以发行金融债券筹集资金予以解决，这样就扩大了资产业务。我国金融债券所筹资金都用于发放特种贷款，贷款主要用于经济效益较好的在建项目扫尾工程、竣工投产后的流动资金以及企业自有流动资金不足30%的部分。另外，也可发放少量的国家计划内基本建设和更新改造特种贷款，用于经济效益好、有还款能力的能源、原材料、交通基建项目和产品为社会所急需的计划内更新改造项目。

二、债券发行的条件

债券发行条件是指债券发行者在以债券形式筹集资金时所必须考虑的有关因素，包括发行金额、票面金额、期限、偿还方式、票面利率、付息方式、发行价格、收益率、税收效应、发行费用以及有无担保等内容。

（一）发行金额

债券的发行金额是根据发行人所需资金的数量、资金市场供给情况、发行人的偿债能力和信誉、债券的种类以及该种债券对市场的吸引力来决定的。如果发行金额定得过高，会影响其他发行条件，造成销售困难，对发行后债券的转让价格也会产生不良的影响。

（二）票面金额

票面金额是指印刷在债券票面的金额，代表发行人在到期日必须支付给债券持有人的金额。票面金额的大小不同，可以适应不同的投资对象，同时也会产生不同的发行成本。一般来说，票面金额定得较小，有利于小额投资者购买，持有者分布面广，但债券本身的印刷及发行工作量大，费用可能较高；票面金额定得较大，有利于少数大额投资者认购，印刷费用等也会相应减少，但小额投资者无法参与。因此债券的票面金额的确定需要根据债券的发行对象、市场资金供给情况及债券发行费用等因素综合考虑。

（三）期限

从债券的计息日起到偿还本息日止的时间称为债券的期限。债券期限是根据发行人的资金需求的性质、未来市场利率水平的发展趋势、流通市场的发达程度、物价的变动趋势、债券市场上其他债券的期限构成以及投资者的投资偏好等因素来确定的。一般来说，如果企业发行债券是用于长期投资建设，未来市场利率有上升趋势，流通市场也比较发达，物价平稳，则可以发行长期债券。

（四）偿还方式

债券的偿还方式会直接影响到债券的收益高低和风险大小。在偿还方式中，要规定偿还金额、偿还日期以及偿还形式等。债券按照偿还日期，可以分为期满偿还、期中偿还和延期偿还三种；按照偿还形式，可以分为货币偿还、债券偿还和股票偿还三种。所谓“货币偿还”，是指在偿还时用货币支付本金和利息；所谓“债券偿还”，是指用一种到期日更远的债券来替换即将到期的债券，一般是用新发债券兑换未到期或到期的旧债券；所谓“股票偿还”，是指举债公司用本公司的股票来交换债券持有人的可转换公司债券。

（五）票面利率

债券的票面利率是指发债人每年向投资者支付的利息占票面金额的比率。票面利率的高低直接影响到债券发行者的筹资成本和投资者的投资收益。在确定票面利率时，一般要考虑以下因素：债券期限的长短、市场利率水平的高低、债券的信用等级、利息支付方式以及证券管理当局对票面利率的管理和指导等。一般来说，债券期限长，利率则应该高；债券的信用等级高，利率则应该低；到期一次付息的利率应高于按年付息的票面利率；在收益率一定的情况下，按单利计算的票面利率应高于按复利计算的票面利率。

（六）付息方式

债券的付息方式是指发行者在债券的有效期内，一次或按一定的时间间隔分次向债券持有人支付利息的方式。发行者在选择债券付息方式时，应把降低筹资成本与增加债券对投资者的吸引力结合起来。债券的付息方式一般有一次性付息和分期付息两类，而一次性付息又可分为利随本清方式或利息预扣方式两种。

（七）发行价格

债券的发行价格是指债券投资者认购新发行的债券时实际支付的价格。债券的发行价格可以分为：平价发行，即债券的发行价格与面值相等；折价发行，即债券以低于面值的价格发行；溢价发行，即债券以高于面值的价格发行。在面值一定的情况下，调整债券的发行价格可以使投资者的实际收益率接近市场收益率的水平。

（八）收益率

债券的收益率是指投资者获得的收益占投资总额的比率。决定债券收益率的因素主要有利率、期限和购买价格。一般来说,收益率是投资者在购买债券时的首要考虑因素。

(九)税收效应

债券的税收效应主要是指对债券的收益是否征税。涉及债券收益的税收有利息预扣税和资本税。利息预扣税也叫收入所得税,是支付利息的人在向债券持有人支付利息时预先就扣除债券持有人应向政府缴纳的税款,并将这些税款集中上缴当地税务部门。一般来说,政府债券免征利息预扣税。资本税是指出售债券时对卖出价格(或持有到期时的偿还价格)与买入价之间的差额收益所征收的资本收益税。债券的税收效应直接影响债券的收益率,因此,投资者在购买债券时,要把纳税债券与不纳税债券的收益率进行适当的折算之后,才能够判断其收益率的高低。投资者关心的是债券投资所获得的收益在扣除税款后的净额,这个净额才是投资者的实际收益水平。

(十)发行费用

发行费用是指债券发行者支付给有关债券发行中介机构、服务机构的各种费用,包括最初费用和期中费用两种。最初费用包括承销商的手续费、登记费、印刷费、评级费、担保费、广告费、律师费、上市费等。期中费用包括支付利息手续费、每年的上市费、本金偿还支付手续费等。债券发行者应尽量减少其发行费用,以降低发行成本。

(十一)担保

有无担保是债券发行的重要条件之一。由信誉卓著的第三者担保或用发行者的财产做抵押担保,有助于增加债券的安全性,减少投资风险。一般来说,政府、大金融机构发行的债券大多是无担保债券。

三、债券发行的成本

债券发行的成本是指在发行债券的过程中,支出的与发行活动有关的费用,这些费用主要包括债券的印刷费、债券发行的手续费、广告宣传费、律师费、担保抵押费和评估费等。

(一)债券发行费用

1. 印刷费

债券作为一种书面权益凭证,必须标有其类别、名称、面额、发行数量、编号、公司法定代表人签名等内容以及其他一些注意事项。债券的印刷费包括债券的纸张、设计、制版、油墨、保密、运输等一系列费用。

2. 手续费

债券发行的手续费是债券发行公司按照发行债券金额的一定比例支付给债券发行机构的费用。影响债券发行手续费的因素主要有:发行总量、发行总金额、发行人的信誉、债券的种类以及债券的发行方式等。一般来说,发行总量越大,发行总金额越大,发行手续费越高;债券发行人信用越高,债券发行越迅速,发行手续费越低。包销的手续费高于代销的手续费。

3. 广告宣传费

债券发行人为了扩大自己的社会影响,让广大投资者了解债券发行公司,在投资者心目中树立良好的公司形象，保证公司完成发行筹资计划，必须要支付一定的广告宣传费。广告宣传费的多少因发行人的社会知名度和信誉、广告宣传的形式、债券发行额的大小、债券发行的范围和数量的不同而不同。

4. 律师费

债券的发行过程中会涉及一些法律问题，所以必须聘请律师并支付一定费用。律师费的高低与所聘律师的社会影响、知名度和能力有关，同时也与发行人的公司规模、社会影响以及发行债券的数额有关。

5. 担保抵押费

如果公司发行的债券为担保债券，此时需要有第三方以其自身的资产来为发行人提供担保。担保公司因为承担发行债券的公司到期不能还本付息的风险，所以按照规定或双方约定，发行债券的公司要根据担保的金额支付一定比例的担保抵押费。如果公司发行的债券为抵押债券，也需要有第三方代为保管抵押财产，因而也要支付一定费用。被担保或抵押的金额越大，担保抵押费越大。

6. 评估费

评估费包括信用评级费和资产评估费。信用评级费是公司在发行债券时，为满足债券发行管理机关的要求和促进债券的发行，向债券评级机构申请为其进行信用等级评定而支付的费用。资产评估费是为了确认发行债券的公司的实有资产数而支付给资产评估机构的费用。评估费的高低与评估的范围、种类、数量、业务量以及难易程度有关。

7. 其他发行费用

为了保证债券的顺利发行，公司在发行债券时往往要附加一些优惠条件，例如提供优惠价的商品、赠送纪念品、免费旅游和有奖销售等。另外，证券发行工作人员的工资、办公场所的场地费、水电费以及其他一些与债券发行的各项不计入债券发行成本的费用支出，实质上也是债券发行费用的一部分。

（二）债券发行成本的确定

债券的发行成本受许多因素的影响，包括票面利率、通货膨胀率、发行方式（折价、溢价或平价）、发行费用和企业所得税率等。

1. 票面利率对债券成本的影响

由于债券的票面利率是指债券发行者预计每一年向投资者支付的利息占票面金额的比率，因而票面利率的高低直接影响债券的发行成本。一般来说票面利率越高，企业进行债券发行的成本就越高。但票面利率不同于实际利率。

2. 通货膨胀对债券成本的影响

企业发行债券的实际成本与通货膨胀率成反比，通货膨胀率越高，则企业承担的实际成本越低。

$$K_1 = R - P$$

式中：K_1 为债券发行实际成本，R 为名义利率，P 为通货膨胀率。

3. 发行方式对债券成本的影响

按面值发行不会影响企业债券成本，溢价发行会降低债券成本，折价发行会增加企业债券成本。

$$K_2 = \frac{D \times K_1 + \frac{D-P}{N}}{P}$$

式中：K_2 为债券成本率，D 为债券单位面值，P 为发行价，N 为债券发行年限。

4. 发行费用对债券成本的影响

债券发行成本的多少直接影响债券整个筹资成本的高低。

$$K_3 = \frac{K_2}{1-F_b}$$

式中：K_3 为债券成本率，F_b 为债券筹资费用率。

5. 企业所得税对债券成本的影响

发行债券融资比发行股票的成本低，因为债券利息要计入成本，在税前扣除，所以它有“减免税收”的作用。其计算公式为

$$K_b = \frac{R_b(1-T)}{1-F_b} = K_3(1-T)$$

式中：K_b 为债券的筹资成本，R_b 为债券年利率，T 为企业所得税率，F_b 为债券筹资费用率。

上述计算长期债券成本的公式，没有考虑货币的时间价值。如果考虑货币的时间价值，长期债券成本的计算公式变为

$$B(1-F_b) = \sum_{t=1}^{n} \frac{I_b}{(1+K)^t} + \frac{P}{(1+K)^n}$$

$$K_b = K(1-T)$$

式中：B 为债券筹资额，I_b 为长期债券的年利息，P 为第 n 年年末应偿还的本金，K 为所得税前的债券成本，K_b 为所得税后的债券成本。

四、政府债券的发行和承销

（一）国债

国债是以国家信用为基础发行的债券，其最大的特点是收益稳定，几乎不存在违约风险。我国的国债分为记账式国债、凭证式国债和储蓄国债三种。其中储蓄国债是财政部2006年推出的新品种，是财政部在中华人民共和国境内发行，通过试点商业银行面向个人投资者销售的、以电子方式记录债权的不可流通的人民币债券。

在发行方式上，记账式国债发行完全采用公开招标的方式，储蓄国债发行可采用包销和代销的方式，凭证式国债发行则完全采用承购包销的方式。

记账式国债采用公开招标的方式，公开招标是通过投标人直接竞价来确定发行价格水平，发行人（财政部）将投标人的标价自高价向低价排列或者自低利率排到高利率，发行人从高价格或者低利率选起，直到达到需要的发行数额。我国国债市场有“美国式”、“荷兰式”和“混合式”三种招标方式。

记账式国债通过“财政部国债发行招标系统”进行，具有国债承购包销资格的成员通过此系统进行远程终端投标。投标结束后，中标机构填制“债权托管申请书”，对当期国债进行总债权登记和分账户债权托管。最后在规定的分销期内，中标成员可将国债分销给

其他投资者。

凭证式国债采用承购包销的方式，即由承销团按照一定条件向财政部包销国债，并负责在市场上发售债券，未售出的余额由承销商购入。中国财政部和中国人民银行一般一年确定一次凭证式国债承销团的资格，在中国目前只有商业银行和邮政储蓄银行具有申请加入凭证式国债承销团的资格，并一般由中国人民银行分配承销数额。

储蓄式国债除可以采用包销方式外，还可以采用代销的方式。即国债发行主体委托代销商代为向社会出售债券，在约定的日期内未销出的余额全部退还发行主体，代销商不承担发行风险。目前只有试点商业银行具有承代销资格。

（二）地方政府债券

地方政府债券是与国债相对，由地方政府或其代理机构发行的债券。美国、德国、日本等发达国家已经形成了较为完善的地方政府债券市场，是地方政府融资的重要途径。我国在 20 世纪 80 年代也曾允许地方政府自主发行债券，但是由于发行机制不完善、风险控制不当等原因导致发行混乱，于 1993 年明令禁止。但是自 2008 年国际金融危机以来，中央政府推出了 4 万亿元经济刺激计划。为了缓解地方政府在经济刺激计划中的资金瓶颈，中央政府开始实行地方政府直接融资。2011 年 10 月 20 日，国务院批准了上海、浙江、广东、深圳四地作为地方政府债券的发行试点。11 月 15 日，上海成功发行 3 年期和 5 年期地方债，发行总额 71 亿元。

五、金融债券的发行与承销

金融债券的发行主体一般是政策性银行、商业银行、企业集团财务公司及其他金融机构，如金融租赁公司和汽车金融公司等。发行方式是在全国银行间债券市场公开发行或者定向发行，采取一次足额发行或者限额内分期发行的方式。在担保要求上，商业银行发行金融债券没有强制担保要求；财务公司发行金融债券需要母公司或其他有担保能力的成员单位提供相应的担保。商业银行设立的金融租赁公司，资质良好但成立不满三年的，应由具有担保能力的担保人提供担保。金融债券发行应由具有债券评级能力的信用评级机构进行信用评级，并且在发行之后，评级机构还应该每年对该金融债券进行跟踪信用评级，及时根据重大事项进行调整。

鄞州银行发行专项金融债

2011 年 5 月，中国银行业监督管理委员会印发业界熟知的“银十条”。参照此，鄞州银行精心制定了《宁波鄞州农村合作银行关于公开发行专项用于小企业贷款金融债券的议案》，并于 2011 年 10 月 20 日召开三届十一次董事会，审议并通过了该项议案。

2011 年 10 月 24 日，“银十条”之后五个月，银监会再次发布《关于支持商业银行进一步改进小型微型企业金融服务的补充通知》，特别出台了《关于支持商业银行发行专项用于小型微型企业贷款的金融债的细则》，如小微企业专项金融债不设额度上限；小微企业贷款将按照75%优惠计算风险权重，以鼓励银行向小企业放贷等。12月2日，鄞州银行召开三届一次临时股东代表大会，审议并通过了经过适度修正后的前述《议案》，浙江和义律师事务所出具了关于宁波鄞州农村合作银行股东代表大会法律意见书。

2011年12月5日，鄞州银行向银监会提交了《关于公开发行金融债券的请示》，详细叙述了债券发行方案、自身能力分析、具体工作安排等。3月7日，鄞州银行又进一步补齐相关材料，提交《关于公开发行金融债券申请材料审核意见的整改报告》，详细报告了自身在风险管理体系、风控能力、案件治理措施成效以及信贷文化、"三个办法一个指引"的执行情况、信息披露能力、小微企业金融业务发展、公司治理结构等情况，并提交了本期债券承销协议及主承销商联系人名单、临时股东代表大会律师见证证明材料和宁波鄞州农村合作银行联系人名单等附件。

2012年4月，鄞州银行收到了《中国银监会关于宁波鄞州农村合作银行发行金融债券的批复》(银监复〔2012〕162号)。2012年4月18日，鄞州银行向中国人民银行提交了《关于公开发行2012年宁波鄞州农村合作银行金融债券的请示》，人民银行展开一系列审查工作后提出了一些完善意见。10月，鄞州银行发行小微企业金融债的报告获得央行核准，《中国人民银行准予行政许可决定书》(银市场许准予字〔2012〕59号)下发。

发行申请通过之后，鄞州银行立即启动了公开发行程序。2012年11月15日，中信证券股份有限公司作为簿记管理人，组织承销团成员以簿记建档方式，在银行间市场公开发行20亿元鄞州银行小微企业贷款专项金融债券，并在15日当天全部销售完毕。

鄞州银行此次获批的小微专项金融债期限为3年，发行利率为5%，所募集资金全部用于小微企业贷款。这是国内首家农村金融机构获准发行小微企业贷款专项金融债券。

阅读材料 4-4

次级债券和混合资本债券

根据中国银监会2003年发布的《关于将次级定期债务计入附属资本的通知》，次级债务(subordinated debt)是指由银行发布的，固定期限不低于5年(含)，除非银行倒闭或清算不用于弥补银行日常经营损失，且该项债务的索偿权排在存款和其他负债之后的商业银行长期债务。

次级债券(subordinated debentures)，是指偿还次序优于公司股本权益，但低于公司一般债务的一种债务形式。

混合资本债券属于混合证券(hybrid securities)，是指商业银行为补充附属资本发行的、清偿顺序位于股权资本之前但列在一般债务和次级债务之后、期限在15年以上、发行之日起10年内不可赎回的债券。混合资本债券是一种混合资本工具，它同时兼有一定的股本性质和债务性质，但比普通股票和债券更加复杂。

六、企业债券和公司债券的发行与承销

企业债券是指企业依照法定程序发行，约定在一定期限内还本付息的有价证券。企

业债的发行主体主要是由中央政府部门所属机构、国有独资企业或国有控股企业，因而其债券的发行须经由发改委审核，国务院和发改委审批之后，要求银行予以担保。发债数额不得低于10亿元，且发债资金用途与政府部门的审批项目直接有关。

公司债券是上市公司依照法定程序发行的、约定在一定期限还本付息的有价证券。它反映发行债券的公司和债券投资者之间的债权债务关系。投资银行参与公司债券的发行与承销，许多方面和股票的承销类似，投资银行与发行人相互调查，双向选择，并制订发行计划和签订承销协议；由证监会核准，并且要求有严格的信用评级和信息披露。但是，债券的承销价格和承销费用确定原则和股票承销有较大区别。股票价格的影响因素既有公司内部因素，也有外部因素，其中相当大一部分因素是难以控制和预测的。但是债券的不确定因素远远小于股票。

案例 4-5

企业债和公司债

1. 公司债

债券名称：兖州煤业股份有限公司 2012 年公司债券(第一期)(5 年期)。

债券简称：12 兖煤 01。

债券代码：122167。

发行规模：10 亿元。

债券期限：本期债券的期限为 5 年。

债券利率：票面年利率为 4.20%，在债券存续期内固定不变。

债券形式：实名制记账式。

起息日：2012 年 7 月 23 日。

利息登记日：2013 年至 2017 年起每年 7 月 23 日之前的第 1 个交易日为本期债券的利息登记日。在利息登记日当日收市后登记在册的本期债券持有人，均有权就所持本期债券获得该利息登记日所在计息年度的利息。

付息日：2013 年至 2017 年起每年的 7 月 23 日为上一个计息年度的付息日(如遇法定节假日或休息日，则顺延至其后的第 1 个交易日)。

上市时间和地点：本期债券于 2012 年 8 月 15 日在上海证券交易所上市交易。

登记、托管、委托债券派息、兑付机构：中国证券登记结算有限责任公司上海分公司。

2. 企业债

债券名称：2010 年北京住总集团有限责任公司公司债券。

债券简称：10 京住总债。

债券代码：1080145。

发行规模：8 亿元。

发行方式：通过承销团成员设置的发行网点公开发行。

债券期限：7 年。

发行票面利率：5.3%。

上市场所：银行间市场。

计息日：2010 年 11 月 23 日 12:00:00 AM。

到期日：2017 年 11 月 23 日 12:00:00 AM。

发行起始日：2010 年 11 月 19 日 12:00:00 AM。

发行截止日：2010 年 11 月 23 日 12:00:00 AM。

发行单位：北京住总集团有限责任公司。

还本付息方式：按年付息。

发行对象：中国境内机构投资者(国家法律、法规另有规定者除外)。

本章小结

1. 股票是股份公司在筹集资本时向出资人公开或私下发行的、用以证明出资人的股本身份和权利，并根据持有人所持有的股份数享有权益和承担义务的凭证。

2. 债券是社会各类经济主体为筹集资金而向债券投资者出具的、承诺按照一定利率定期支付利息并到期偿还本金的债权债务凭证。

3. 证券的发行是指政府、企业等机构或组织以募集资金为目的，依据相关法律法规，向投资者出售代表一定权利的有价证券的活动。

4. 股票的发行包括首次公开发行和上市之后的再次发行。首次公开发行是指企业第一次向社会公众发行股票。公开发行新股有两种方式，一种是向原股东配售股票的“配股”；另一种是向全体社会公众发售股票的“增发”。

5. 发行债券的主体有政府、企业和金融机构。政府债券分为国债和地方政府债券：国债是以国家信用为基础发行的债券，几乎不存在违约风险；地方政府债券是由地方政府或其代理机构发行的债券。金融债券一般是指由政策性银行、商业银行、企业集团财务公司及其他金融机构发行的债券。企业债券是指企业依照法定程序发行，约定在一定期限内还本付息的有价证券；公司债券则是上市公司依照法定程序发行的、约定在一定期限还本付息的有价证券。

思考题

1. 证券有哪些种类？不同证券有哪些不同点？
2. 搜集资料，了解中外证券市场发展的历程。
3. 根据次级债的特点，思考 2008 年国际金融危机的形成可能有哪些原因？
4. 搜集资料寻找一个 IPO 发行案例，理解 IPO 上市流程。

参考文献

[1] 张东祥. 投资银行学[M]. 武汉：武汉大学出版社，2004.

[2] 金德环. 投资银行学教程[M]. 上海：上海格致出版社，2009.

[3] 王长江.现代投资银行学[M].北京：科学出版社,2002.
[4] 韩复龄.投资银行学[M].北京：对外经济贸易大学出版社,2009.
[5] 中国证券业协会.证券发行与承销[M].北京：中国财政经济出版社,2011.
[6] 隋平,张楠.公司上市业务操作指引[M].北京：法律出版社,2012.
[7] 隋平,明阿龙.债券发行与承销业务指引[M]北京：法律出版社,2012.
[8] 俞姗.投资银行业务[M].北京：北京法学出版社,2013.
[9] 郭红,孟昊.投资银行学教程[M].北京：人民邮电出版社,2011.
[10] 耿建新,张驰.IPO定价及询价机制反思[J].证券市场导报,2013(3).
[11] 缪因知.从"洛阳钼业事件"看询价制度改革[J].法学,2013(2).
[12] 白玉琴.中美证券发行审核制度的比较及启示[J].河南大学学报(社会科学版),2008(4).
[13] 徐春培,刘学智."第一朵浪花"里的世界——宁波鄞州农村合作银行发行小微企业贷款专项金融债始末[J].中国农村金融,2013(1).
[14] 叶佩娣.市盈率估值法和市销率估值法在我国A股市场的应用分析[J].金融研究,2008(2).
[15] 张森林.南方商品型林场做大做强之路[J].中国人造板,2012(9).

第五章

证券的交易

本章主要讲述投资银行在证券交易市场上进行的各项业务，包括经纪业务、自营业务和做市商业务。本章首先简单总结了证券交易的基础知识，然后分别对投资银行的三种业务做了详细介绍，让读者可以在第四章的基础之上进一步掌握投资银行的传统盈利模式。

第一节　证券交易基础知识

证券交易是与证券发行密不可分、相辅相成的，证券发行为证券交易提供了对象，决定了交易的规模，是交易的前提；证券交易则使证券的流动性得到体现，保证证券发行的顺利进行。投资银行在证券发行市场上进行的主要是发行和承销业务，在证券交易市场上则主要进行经纪业务、做市商业务和自营业务。

一、我国证券交易市场的发展

早在近代洋务运动时期，中国已经出现了证券交易。1891 年，外商组织了中国境内最早的证券交易所——上海股份公所；1914 年，上海股票商业公会成立，主要交易政府债券、铁路债券和公司股票；1916 年，中国人自己开办的证券交易所——汉口证券交易所开业。此后，在上海、天津、宁波、重庆等地出现了多次股票买卖的高潮。

新中国成立以后，由于经济建设的需要，在 1950 年至 1958 年期间政府利用国债市场发行了人民胜利折实公债和国家经济建设公债，但是不能流通。在股票流通方面，1949 年 6 月 1 日天津证券交易所成立，1950 年 2 月 1 日北京证券交易所成立，但由于交易量少，在 1952 年两家交易所先后停业。

改革开放以后，中国的证券交易市场迅猛发展。1986 年 8 月，沈阳开始试办企业债券转让业务。9 月，上海开办了股票柜台买卖业务。这是新中国证券交易市场的开端。1990 年 12 月 19 日，上海证券交易所正式开业；1991 年 7 月 3 日，深圳证券交易所开业。这标志着新中国证券市场正式起步。2004 年 5 月，证监会批准深圳证交所在主板市场内设立中小企业板块，2009 年 10 月 30 日，创业板在深圳证交所开市。2010 年 3 月 31 日，上海证交所和深圳证交所开始接受融资融券交易申报。2010 年 4 月 16 日，股指期货开始上市交易。中国证券交易市场止在逐步完善发展。

二、证券交易市场的构成

证券交易市场是证券买卖、转让的市场，一般来说主要由交易所市场（或场内市场）和场外交易市场（柜台交易市场或店头市场）构成。

在证券交易市场,证券交易所是最主要的交易场所。证券交易所为证券集中交易提供场所和设施,组织和监督证券交易,并对证券交易实行自律管理。证券交易所本身不持有股票,也不进行证券买卖,当然更不能决定证券交易的价格。

证券交易所的组织形式有会员制和公司制两种。公司制的证券交易所是以股份有限公司的形式设立,以营利为目的的法人团体。会员制的证券交易所是由具有会员资格的券商组成,不以营利为目的,其组织机构是会员大会、理事会、监察委员会和其他专门委员会。

我国的上海证券交易所和深圳证券交易所均按会员制方式组成。证券交易所的设立和解散由国务院决定,进入证券交易所参与集中交易的必须是证券交易所的会员或会员派出代表。我国的证券交易所接纳的会员分为普通会员和特别会员。普通会员是经有关部门批准设立的具有法人地位的境内证券公司。特别会员是境外证券经营机构设立的驻华代表处经申请获得。

场外交易市场没有集中统一的交易制度和场所,一般将除了交易所市场以外的其他交易市场均统称为场外交易市场。场外市场的挂牌标准相对较低,信息披露要求和监管程度也相对宽松。在我国,场外交易市场主要有银行间债券市场和代办股份转让系统。

三、证券交易机制

证券交易机制是指有组织的证券交易场所为履行其基本职能而制定的与证券交易有关的运作规则,它的重要功能之一是使潜在的投资需求转化为实际交易,发现市场的出清价格。

证券交易机制的目标主要是保证证券市场的流动性、稳定性和有效性。按照不同的交易时间和交易价格可以将证券交易机制进行不同的划分。

1. 从交易时间的连续特点划分,有定期交易系统和连续交易系统

在定期交易系统中,成交的时点是不连续的。在某一段时间到达的投资者的委托订单并不是马上成交,而是要先存储起来,然后在某一约定的时刻加以匹配。在连续交易系统中,并非意味着交易一定是连续的,而是指在营业时间里订单匹配可以连续不断地进行。因此,两个投资者下达的买卖指令,只要符合成交条件就可以立即成交,而不必再等待一段时间定期成交。

这两种交易机制有着不同的特点。定期交易系统的特点有:第一,批量指令可以提供价格的稳定性;第二,指令执行和结算的成本相对比较低。连续交易系统的特点有:第一,市场为投资者提供了交易的即时性;第二,交易过程中可以反映更多的市场价格信息。

2. 从交易价格的决定特点划分,有指令驱动系统和报价驱动系统

指令驱动系统是一种竞价市场,也称为“订单驱动市场”。在竞价市场中,证券交易价格是由市场上的买方订单和卖方订单共同驱动的。如果采用经纪商制度,投资者在竞价市场中将自己的买卖指令报给自己的经纪商,然后经纪商持买卖订单进入市场,市场交易中心以买卖双向价格为基准进行撮合。报价驱动系统是一种连续交易商市场,或称“做市商市场”。在这一市场中，证券交易的买价和卖价都由做市商给出，做市商将根据市场的买卖力量和自身情况进行证券的双向报价。投资者之间并不直接成交，而是从做市商手中买进证券或向做市商卖出证券。做市商在其所报的价位上接受投资者的买卖要求，以其自有资金或证券与投资者交易。做市商的收入来源是买卖证券的差价。

这两种交易机制也有着不同的特点。指令驱动的特点是：第一，证券交易价格由买方和卖方的力量直接决定；第二，投资者买卖证券的对手是其他投资者。报价驱动的特点是：第一，证券成交价格的形成由做市商决定；第二，投资者买卖证券都以做市商为对手，与其他投资者不发生直接关系。

四、证券交易程序

在场外市场，证券交易一般经历交易双方讨价还价和成交两个环节即可完成交易。在交易所市场，证券交易的基本程序包括开户、委托、成交、结算和过户等环节。

(1) 开户。开户包括开立证券账户和资金账户两个方面。证券账户是记录客户所持有的证券种类、数量和相应变动情况的账户。而资金账户则反映投资者买卖证券的货币收付和结存数额。一般来说，客户进行证券交易开立这两个账户即可。根据不同的交易情况，另外还需要设置保证金账户、联合账户和授权账户等其他账户。

(2) 委托。委托是指在证券交易所市场，客户不能直接进交易所进行交易，必须通过证券交易所的会员即证券经纪商进行证券交易。这时，投资者就会对证券经纪商下达买进或卖出证券的指令，这个过程即称为委托。委托指令按照不同的依据可以有多种分类形式。根据委托订单数量可以分为整数委托和零数委托；根据买卖证券的方向可以分为买进委托和卖出委托；根据委托价格限制可以分为市价委托和限价委托；根据委托时效限制可以分为当日委托、当周委托、无限期委托、开市委托和收市委托等。证券经纪商接收到委托指令以后，首先要对投资者身份进行真实性和合法性审查。审查合格之后，经纪商将委托指令传送到交易所进行撮合，这一过程称为委托的执行，或称为申报、报盘。

(3) 成交。证券交易所交易系统接受申报后，根据订单成交规则进行撮合配对。符合成交条件的予以成交，不符合成交条件的继续等待成交，直至订单失效。订单匹配的原则主要有价格优先原则、时间优先原则、按比例分配原则、数量优先原则、客户优先原则、做市商优先原则和经纪商优先原则等。我国采用价格优先原则为第一优先原则，在相同价格下采用时间优先原则。

(4) 结算。证券交易成功后，首先需要对买方在资金方面的应付额和在证券方面的应收种类和数量进行计算，同时对卖方在资金方面的应收额和在证券方面的应付种类和数量进行计算，这一过程即清算。包括资金清算和证券清算。清算结束后，需要完成证券由卖方转移到买方和资金由买方转移到卖方，这一过程即交收。清算和交收两个过程合起来即为结算。

(5) 过户。过户是针对记名证券而言，在完成了清算和交收以后，需要对记名证券进行变更名称等手续，在完成过户以后，证券交易过程才真正宣告完成。

阅读材料 5-1

老　鼠　仓

老鼠仓(rat trading)是指庄家在用公有资金拉升股价之前,先用自己个人(机构负责人,操盘手及其亲属,关系户)的资金在低位建仓,待用公有资金拉升到高位后个人仓位率先卖出获利。老鼠仓是无良经纪商对客户不忠的"食价"做法,是一种违法行为。

2009 年,深圳证监局在现场检查中发现了基金经理韩刚、涂强、刘海涉嫌违法行为并进行立案稽查。后两者在韩刚案审结前已被处以行政处罚和市场禁入,韩刚则因情节严重被中国证监会移送公安机关侦办,这是中国首例基金经理"老鼠仓"入刑案。

第二节　经纪业务

证券市场中买卖双方的交易活动不能直接完成,需要通过中介来完成,投资银行的经纪业务就是充当这个中介,即充当证券经纪商的角色。所谓证券经纪商,就是指接受客户委托、代客户买卖证券并以此收取佣金的中间人。在证券市场中,证券经纪商的作用主要表现在两个方面:一是充当证券买卖的媒介,发挥着沟通双方并按一定要求迅速、准确地执行指令和代办手续的媒介作用,提高了证券市场的流动性和效率。二是提供信息服务。这些服务包括上市公司的详细资料、公司和行业的研究报告、经济前景的预测分析和展望研究、有关股票市场变动态势的商情报告等。

一、经纪业务的特点

经纪业务具有以下几个特点。

(1) 业务对象的广泛性。所有上市交易的股票和债券都是经纪业务的对象。

(2) 证券经纪商的中介性。证券经纪业务是一种代理活动,经纪商不以自己的资金进行证券买卖,也不承担交易中价格涨跌的风险,而是充当证券买方和卖方的代理人。

(3) 客户指令的权威性。在证券经纪业务中,客户是委托人,证券经纪商是受托人。证券经纪商必须严格按照委托人的要求办理委托事务,这也是证券经纪商对委托人的首要义务。委托人的指令具有权威性,受托人不得擅自更改顾客指定的证券种类、数量、价格和时间等。

(4) 客户资料的保密性。委托人的资料关系到其资产的安全和投资决策的实施,证券经纪商有义务为客户保密。

二、经纪关系的建立

要开展业务,首先必须建立起委托代理关系。在我国,投资者首先到中国结算公司上海分公司或者深圳分公司及其代理店开立证券账户。然后证券经纪商向客户讲解有关业务规则、协议内容和揭示风险,并请客户签署《风险揭示书》和《客户须知》;客户与经纪商签订《证券交易委托代理协议》，与指定的商业银行、证券经纪商签订《客户交易结算资金第三方存管协议》；客户在证券营业部开立证券交易资金账户。这样就正式建立起证券经纪关系。

经纪关系的建立只是确立了客户和证券经纪商之间的代理关系，并没有形成实质上的委托关系。只有办理了具体的委托手续，包括客户填写委托单或通过电话委托、磁卡委托或者网上委托及证券经纪商受理委托之后，客户和经纪商之间才确立起受法律约束和保护的委托关系。

第三方存管

“第三方存管”即“客户交易结算资金第三方存管”，是指证券公司将客户证券交易结算资金交由银行等独立第三方存管。实施客户证券交易结算资金第三方存管制度的证券公司，将不再接触客户证券交易结算资金，而由存管银行负责投资者交易清算与资金交收。

实施第三方存管的原因是由于在早期客户的证券交易结算资金是由证券公司负责管理，容易造成证券公司挪用客户保证金的问题，为了解决这样的问题，2007 年我国开始全面实施“客户交易结算资金第三方存管”制度。

三、委托人的权利和义务

客户作为委托人享有的权利有：

① 自由选择经纪商的权利。

② 要求经纪商忠实地为自己办理受托业务的权利。

③ 对自己购买的证券享有持有权和处置权。

④ 证券交易过程中具有知情权。

⑤ 寻求司法保护的权利。

⑥ 享受经纪商按规定提供其他服务的权利，如交割单的打印、证券的资金结余的查询等。

客户作为委托合同的委托人，必须承担的义务有：

① 必须认真阅读《风险揭示书》和《证券交易委托代理协议》，了解从事证券投资存在的风险，按要求签署有关协议和文件并严格遵守协议约定。

② 按要求如实提供有关证件、填写开户书，并接受证券经纪商的审核。如果开户登记的事项发生变化，委托人应该立即通知委托的证券经纪商予以更正。

③ 了解交易风险，明确买卖方式。在提出买卖委托之前，委托人应对自己准备买入或者卖出的证券价格变化情况有较充分的了解，正确选择委托买卖价格。

④ 按规定缴存交易结算资金。如果发生违规的委托人账户透支情况，委托人不仅有责任补足交易资金，而且必须接受罚款的处罚。

⑤ 确定委托手段。委托人采用柜台委托时，应当如实填写委托单；采用自助委托时，应当按照证券交易所及证券经纪商的规定程序操作。

⑥ 接受交易结果。委托指令一旦发出，在有效期内，不管市场行情如何变化，只要委托人是按照委托的内容代理买卖的，委托人就必须接受交易结果，不得反悔。若要更改或撤销委托，应尽快传达受托人。

⑦ 履行交割清算义务。委托人在受托人按其委托要求成交后，必须履行交割手续。

四、证券经纪商的权利和义务

证券经纪商作为受托人，享有的权利有：

① 有拒绝接受不符合规定的委托要求的权利；

② 有按规定收取服务费用的权利；

③ 对违约或损害经纪商自身权益的客户，经纪商有通过处置留置其资金、证券或司法途径要求其履约或赔偿的权利。

证券经纪商必须承担的义务有：

① 在客户办理开户手续时，应指定专人向客户讲解有关业务规则和合同内容，并以书面形式向其揭示投资风险，提醒客户了解并注意从事证券投资存在的风险。

② 按规定与客户签订载入中国证券业协会统一制定的必备条款的《证券交易委托代理协议》，并严格遵守协议约定。

③ 坚持客户适当性管理原则。认真了解客户的身份、财产收入状况、证券投资经验和风险偏好等；向客户推荐的产品或者服务与所了解的客户情况应相适应；对不符合法律规定的客户，不接受委托。

④ 必须重视办理受托业务。须按照委托人的指令，尽力以对客户最有利的价格成交。

⑤ 坚持为客户保密的制度。经纪商对委托人的一切委托事项负有保密的义务。

⑥ 如实记录客户的资金和证券的变化。证券经纪商对委托人的委托买卖内容及交易结算资金存取和证券库存的变化，必须有真实的凭证和翔实的记录。

⑦ 不接受全权委托。证券经纪商不得接受代替客户决定买卖证券数量、种类、价格及买入或卖出的全权委托，也不得将营业场所延伸到规定场所以外。同一证券公司在同时接受两个以上委托人就相同种类、相同数量的证券按照相同价格分别做委托买入和委托卖出时，不得自行对冲成交，必须分别进场申报竞价成交。

证券经纪商的这些义务体现了为委托人服务和公平买卖的原则。

五、证券经纪业务的流程

投资银行既可以对场内交易也可以对场外交易提供中介服务，一般以场内交易为模板来说明证券经纪业务的流程。

流程图可以表示如图 5-1 所示。

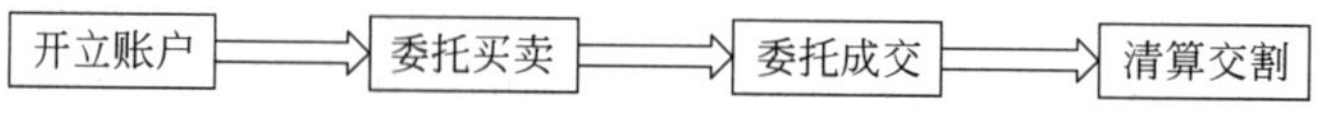

图 5-1　投资银行证券经纪业务的流程

（一）开立账户

投资者在进行委托交易之前，首先必须开立两种账户，即证券账户和资金账户。

证券账户是指证券登记结算机构为投资者设立的，用于准确记载投资者所持的证券种类、名称、数量及相应权益和变动情况的账册，是认定股东身份的重要凭证，具有证明股东身份的法律效力，同时也是投资者进行证券交易的先决条件。根据不同的品种和用途，证券账户可以分为股票账户、债券账户和基金账户。按照开户人性质不同，可以分为个人账户和机构账户。

资金账户则是用来记载和反映投资者买卖证券的货币收付和结存数额的账户。资金账户主要分为现金账户和保证金账户两种。现金账户是指客户通过证券商买入或卖出证券时，必须在清算日或清算日之前交清全部价款或将证券交割给证券商的资金账户。我国大部分个人和大额投资者，如保险公司、企业或政府的退休基金、互助基金等，开设的都是现金账户。保证金账户则是指客户按账户规定的保证金比例支付所购买证券的价款，余款由证券公司提供贷款垫支，贷款利息以证券公司的借款成本为基础折算的资金账户。在这种账户下，客户只需用少量的资金就可以买进大量的证券。

（二）委托买卖

投资者向投资银行下达买进或卖出证券的指令，就是委托。委托是经纪业务中的一个核心环节，是单次证券交易过程的真正开始。

现代社会委托有多种方式，客户在委托经纪人为其买卖证券时，可以采用当面委托、电脑自动委托、电话自动委托、远程终端委托等方式。根据不同的委托数量和不同的委托价格，委托也有不同的种类之分。按照不同的数量分，委托可以分为整数委托和零数委托。我国只有在卖出股票时才有零数委托。按照不同的价格特征分，委托可以分为市价委托和限价委托，以及一些常见的有条件执行指令如止损委托、触及市价委托等。

（三）委托成交

投资银行接到投资者的委托指令之后，将指令传达到交易所，交易所的交易员按照客户所委托的价格和数量，利用场内席位终端将委托输入撮合主机。交易所撮合主机先对委托的合法性进行检测，然后按照竞价原则，对同一种证券进行竞价，确定成交价格，自动撮合成交。投资者的申报价格分为集合竞价和连续竞价。竞价成功成交后，交易员立即通知经纪人，并由经纪人反馈给客户，准备清算交割。不能成交的委托按照“价格优先，时间优先”的原则排队，等候与其后进来的委托成交。

（四）清算交割

清算交割，可称为证券结算，是指在交易完成后对证券的数量和价款进行抵消，对证券和资金的应收或应付净额进行计算的过程。具体来说清算就是由证券交易所将各家投资银行买卖证券的金额和数量分别予以抵消，再通过交易所的清算中心交割净额证券与价款的过程。证券交易所一般以每一营业日为一个清算期。清算只是一种账面行为。证券交割具体分为证券商与委托人之间的交付和证券商之间的交付两个阶段。应付价款者将交割款项如数开具划账凭证到相应投资银行的账户，应收价款者凭划账凭证到投资银行办理划拨手续，价款的收付由交易所清算部担任中介并出具凭证。办理证券交割时，应付证券者将应付证券如数提交投资银行，通过交易所清算部付给应收证券者。采用计算机联网的证券交易市场，这一过程均由计算机自动处理，有关当事人只需在规定的期限内办理手续领取凭证即可。

当日交易结束后，交易所将各证券商代理买卖的证券和相应资金在其内部进行收支相抵，然后计算出各证券商对交易应收、应付的证券净额，然后进行交收。对于不记名证券来说，清算交割完成后，整个交易过程就算完成。记名证券商如果需在股东名册上变更股东的姓名、地址、所持有的股数及股票编号、股票发行日期等，这就是过户。对于股票和记名证券来说，通过过户确认完整的证券所有权，才是交易过程的最后一个环节，具有重要的法律意义。

六、证券交易佣金制度

证券经纪商代理委托买卖后所收取的手续费，就是佣金。由于各国证券市场文化习俗和成熟程度的不同，券商佣金制度也存在差异。

世界各国证券交易所实行的佣金制度大致分为以下几种：单一的固定佣金制、差别佣金制、按交易额的大小递减收费、浮动佣金制和完全自由化佣金制度。固定佣金制是指无论交易量的大小和投资者的投资品种的类型，佣金均按交易额的一定比例收取；而浮动佣金制是指投资银行根据市场状况、投资者情况和交易量大小自主决定所收取的佣金水平或者决定是否收取佣金的制度。我国现行的证券交易佣金制度所依据的是 2002 年 5 月 1 日起执行的由中国证券监督管理委员会、国家计委、国家税务总局共同发布的《关于调整证券交易佣金收取标准的通知》，该通知的第 1 条明确规定："A 股、B 股、证券投资基金的交易佣金实行最高上限向下浮动制度，证券公司向客户收取的佣金(包括代收的证券交易监管费和证券交易所手续费等)不得高于证券交易金额的 3‰，也不得低于代收的证券交易监管费和证券交易所手续费等。"依据该规定，我国目前所实行的是最高限额内向下浮动的佣金制度，而非完全的佣金自由化。

目前全球佣金制度一般有三个方面的变革：

① 佣金自由化趋势，即客户可与证券经纪商根据市场供求状况、交易量大小及各自的实际情况自由决定按照何种标准收取佣金或者是否收取。

② 佣金差别化趋势，即根据客户群的不同设置不同的佣金费。例如对机构投资者的佣金费率比较低，而对个人投资者的佣金费率相对比较高。

③ 佣金下降趋势，即对机构投资者的佣金率大大降低，对个人投资者的佣金率有时会略有提高，但是由于机构投资者占主导地位，佣金水平实际上是大大降低了。

自 2002 年我国开始实施浮动佣金制代替固定佣金制以来，券商之间的竞争加剧，引发了愈演愈烈的降佣大战。至 2011 年，部分券商的佣金水平已经降至成本线，甚至出现零佣金的现象，券商实际上是以收入来换取市场份额。证券行业经纪业务过度竞争现状说明我国迫切需要完善现有佣金制度。

阅读材料 5-3

印 花 税

印花税是对经济活动和经济交往中书立、领受具有法律效力的凭证的行为所征收的一种税,因采用在应税凭证上粘贴印花税票作为完税的标志而得名。国家税务局 2011 年公布显示印花税的纳税人包括在中国境内书立、领受规定的经济凭证的企业、行政单位、事业单位、军事单位、社会团体、其他单位、个体工商户和其他个人。并且根据应纳税凭证性质的不同,印花税的税率和定额也有区别。

在证券交易中,印花税的缴纳是由证券经营机构在同投资者交割中代为扣收,然后在证券经营机构同证券交易所或登记结算机构的清算交割中集中结算,最后由登记结算机构统一向征税机关缴纳。其收费标准是按 A 股成交金额的 1‰进行单项收取,基金、债券等均无此项费用。

案例分析 5-1

我国部分券商的经纪业务营销模式①

1. 大鹏证券经纪业务的营销模式

大鹏证券主要实行投资顾问(FC)制度和提出了全面向金融销售公司转型的目标。2001 年年初大鹏推出 FC 制度,其后又吸收了爱德华·琼斯模式的优点,发展成为"FC+技术服务站"的新模式。大鹏 FC 的目标客户是公司最有价值的客户群,具备一定的资产规模、需要专业性的投资顾问服务的非现场客户。2002 年年初,大鹏证券决策执行委员会研究决定,经纪业务总部实行公司化运作,改为金融销售公司,撤销地区总部,各地区总部业务并入该公司。投资银行总部实行公司化运作,改为融资服务公司。销售与客户服务部改名为资本市场部,隶属于融资服务公司。这个就是金融销售公司的初始框架,其经纪业务作为一个子公司来独立核算成本和营利。这一模式要求券商有很强的资源整合能力、FC 队伍、资本实力、公司品牌及技术支持,同时要有长远的战略投资眼光和证券市场大环境的一些配合。但在中国现实的证券市场上该公司却由于其自营盘和资产管理的操作失误、创新初期和国情有一定的差距而带来的业务萎缩和市场低迷等原因,已经被长江证券托管。

2. 富友证券经纪业务的营销模式

富友最早完整提出营销和运营分离的两大平台。在两者之中有服务与被服务的关系,包括财务、行政、技术、人力资源等在内的运营平台,以往仅仅被看做管理平台,但在富友证券的体制中,它又担负起为营销提供服务和支持的义务。营销平台以地域划分,由区域经理带领销售组织构成,每个小组就是一个营销单位,进行统一规范、自负盈亏。该模式相对比较贴近国情,其实就是注重不断地创新业务,使其在业内经常处于创新的领先者

① 王慧梅.证券经纪业务的营销模式研究[J].企业导报,2012.

地位，因此需要很强的市场意识和营销人才。但其在和销售组织的利润分成方面处于绝对的劣势，通常证券公司和小组的分成比例是 2∶8 或 3∶7，这使富友证券的利润上升空间不大，而且由于后来公司的收购者将其作为融资平台，脱离了经纪类券商的本质，也没有逃脱被托管的命运。

3. 西南证券经纪业务的营销模式

西南证券以摩根士丹利的模式为蓝本，不惜重金请麦肯锡为其量身定做了“三人客户小组”的经纪业务模式。其特点是以专业团队的方式最大程度地满足客户的投资需求。该模式将客户需求与前台团队（客户关系小组）的服务和后台团队（公司研发中心）的产品支撑结合起来。一个高级经理加两个各有所长的业务经理组成一个客户小组，打破原有交易、咨询、开发业务部门的界限，将原有业务人员分成若干小组，每组面对固定的客户群，提供全面服务。西南证券在利用麦肯锡的方法，研究、排序客户需求后，增加了服务产品种类，打破了以前单兵作战的模式，实行集成化 360 度的服务，建立起了客户经理制，每个营业部至少有三个客户关系小组，这些小组对重要目标客户提供实时的跟踪咨询。同时这些客户关系小组与研发中心的各行业研究员建立了通畅的反馈渠道，重要客户的需求能尽快得到满足。该模式主要弱化职能分工，实施新型客户关系管理，组建客户关系小组和交易服务小组，在细分市场的基础上根据不同类型客户的投资需求偏好推出个性化的全方位贴身服务，因此需要较强的客户服务人员和研究咨询人员，起步阶段最好有一定的客户资源积累，可以通过客户介绍客户的方式做大经纪业务资产。

4. 广发证券经纪业务的营销模式

广发证券主要推行了从“E 对一”到“一对一”为基础的业务模式。广发证券早在 2001 年就提出了“产品个性化、服务差别化”的服务转型指导思路。根据这一思路，广发先后推出了针对非现场客户的“E 对一服务”、针对核心客户的“客户经理一对一服务系统”以及针对 VIP 客户提供的“VIP 客户服务体系”。2001 年 4 月，广发提出了全面实施客户关系管理的战略构想，核心客户经理服务体系就是其中十分重要的组成部分，2001 年 10 月，广发在系统内开始进行客户经理制的试点，在 2002 年 3 月开始全面推广。客户经理服务的实质是整合公司研发、理财、投行、分析师队伍等业务资源，生产大量的高质量的资讯产品，再通过一个功能强大的 CRM 系统（客户关系管理系统），使遍布各营业部的客户经理在一个统一的平台上工作。研究发展中心、投资理财、博士后工作站等部门作为经纪业务的后台支持部门，将公司作为综合类券商的专业资源通过 CRM 系统向客户经理及时发布；而客户经理通过对客户持仓情况、交易情况等的分析，有针对性地将最适合客户需要的产品通过适当的途径传递到客户手中；另一方面，客户经理作为经纪业务的触角，积极收集核心客户的各种产品、信息方面的需求，利用营业部以及公司后台支持部门的资源满足客户个性化的需求。该模式的重点也是对客户进行细分后提供差别化的服务，因此需要很强的公司后台系统和客户经理业务平台的支持。其比较贴近客户的需求，是证券市场化方向，但在实际操作中成本太高，投入与产出难成比例。

5. 海通证券经纪业务的营销模式

海通证券划分区域市场，建立了区域营销中心的经营模式。该模式整体的客户服务体系建立是以美林证券为蓝本。该体系主要包括：一是建立全国十大区域销售经理制度；二是在区域中心的管理下，逐步建立和完善符合中国国情的经纪人制度；三是借鉴花旗集团经纪业务与研究联动的组织模式，建立了专业化、标准化的研究所—经纪业务总部—营业部—客户之间的服务流程；四是以前三条为基础，实施科学的差异化的服务与竞争策略等。这四条的目的就是要深化对客户专业化的增值服务。对高端客户，公司推出了"财富俱乐部"的组织形式。而在对中低端客户的服务上，公司一方面建立了网上投资顾问团，向客户提供个股点评、公司分析、疑难解答等在线服务；另一方面将研究所产品通过网络等通道及时传到营业部。此外，海通证券还强化对区域分支机构员工的业务和营销培训，收到了显著的效果。该营销模式的核心是深化对客户的服务，完善专业化的服务体系和服务流程，但是这种营销模式要求券商在一定区域范围内有多家营业部，可以进行区域的资源整合的方式，所以可能不适合中小型券商的发展。

第三节　自营业务

自营业务是投资银行在二级市场上开展的另一项重要业务，投资银行以自主支配的资金或者证券直接参与证券交易活动，并承担交易风险。投资银行在自营业务中主要由证券交易的差价和股利分红获得收益。

一、自营业务的特征

自营业务具有以下几项特征。

（1）决策自主。表现在交易行为、交易方式和交易品种方面的自主性，即投资银行可以自行决定是否购买某种证券，在何处、何时购买何种证券。

（2）风险自担。在证券经纪业务中，交易的风险由投资者承担，投资银行不承担购买风险。但在自营业务中，投资银行作为投资者，买卖证券所产生的收益和风险都由自身承担。

（3）收益不确定。与经纪业务中投资银行的收益来自合同约定的佣金不同，投资银行的自营业务的收益主要来源于买卖价差、股利、股息等投资收益，具有很大的不确定性。

二、证券自营业务的类型

1. 按照交易地点区分，自营业务可以分为场内自营交易和场外自营交易

场内自营交易又被称为交易所自营交易。投资银行以自己的名义和账户，通过竞价直接参与证券的买卖活动。投资银行自行买卖证券的手续较为简单，只需要填写证券买卖申请书，指定买入或卖出证券的名称及数量，委托本公司交易员参与竞价，成交后交付资金或交付股票即可。但由于投资银行在市场上不同于一般投资者的地位，其自营业务必须遵循严格的法律规范。证券公司从事自营业务，应当建立和完善内部监控机制，认真贯彻和执行国家有关政策和法规，严厉防范和制止各种内幕交易与操纵市场的行为。

场外自营交易又称柜台市场自营交易，是投资银行通过协议的方式而非竞价的方式进行的证券买卖，买卖对象是未上市的证券。根据交易对象的不同，场外自营交易又可分为三种：

① 与客户直接交易。客户当面或通过打电话、书信、电报等方式直接询价，进行议价买卖。

② 与其他经纪商交易。客户委托经纪商在市场上进行询价，投行作为自营商与经纪商进行交易活动。

③ 在自营商之间交易。自营商自己持有证券不足时，可以与其他自营商直接议价进行证券买卖以满足自己证券交易的需要。

操纵市场

操纵市场(market manipulation)是指以获取利益或减少损失为目的，利用资金、信息等优势或滥用职权，影响证券市场价格，制造证券市场假象，诱导投资者在不了解事实真相的情况下作出证券投资决定，扰乱证券市场秩序的行为。

根据最高人民检察院、公安部的相关规定，单独或者合谋，持有或者实际控制证券的流通股份数达到该证券的实际流通股份总量百分之三十以上，且在该证券连续二十个交易日内联合或者连续买卖股份数累计达到该证券同期总成交量百分之三十以上的；在自己实际控制的账户之间进行证券交易，且在该证券合约连续二十个交易日内成交量累计达到该证券或者期货合约同期总成交量百分之二十以上的；单独或者合谋，当日连续申报买入或者卖出同一证券合约并在成交前撤回申报，撤回申报量占当日该种股票总申报量或者该种期货合约总申报量百分之五十以上的等行为都将予以法律追诉。

2. 按照目标的不同，自营业务又可分为投机交易和套利交易

投机交易是指投资银行作为证券投机商，试图通过对价格水平的预期利用价差获取利益的证券买卖行为。投机交易的关键在于正确预测未来证券的价格走势。在一个完善的市场里，单个投机商的价格影响作用是微不足道的，但是多个投机者的交易行为和交易数量却会对证券市场的价格产生很大的影响。这意味着投机对于证券市场的三个积极作用：

① 有助于证券市场的价格发现和市场平衡；

② 有助于活跃证券市场，增强证券的流动性；

③ 承担市场风险。

套利交易是指投资银行同时买卖同一种或等值的证券、票据或商品，利用它在空间、时间上价格的差异进行头寸的买卖赚取利润。套利包括无风险套利和风险套利。

无风险套利分为跨市场套利、跨时间套利、信用利差套利和到期期限套利。跨市场套利是在不同的市场上同时进行同一种或同一组证券的交易，收益来源是不同市场的价格差异。在此条件下，无风险套利实际上不需要自有资金投入，也没有损失风险，因而是无风险套利。跨时间套利是指在买进(卖出)同一商品现货的同时，卖出(买入)该商品期货，利用现货价格和期货价格之间存在的不合理价差来获利的套利方式。信用利差套利是指利用资产与负债的不同信用等级所形成的信用利差来获利的方式。例如保险公司就会利用资产与负债的利差赚取利润。到期期限套利是指利用长短期资金成本的利差来进行套利。例如以短期融资取得长期资金投资长期债券来获利的套利操作行为就是到期期限套利的一种。[①]

风险套利是指套利者根据各类企业活动的预期结果买进或卖空公司证券的行为。一般来说,企业发生重大事项变动如兼并、收购或重组时,其证券价格会发生变化,如果企业重组或并购成功,则低价买进的公司证券就会获得高额利润,反之,如果重组或并购失败,套利者就可能会遭受严重损失,因而是风险套利行为。

案例分析 5-2

河北钢铁(000709.SZ)的重组套利

河北省是中国钢铁第一大省,钢、生铁、钢材产量一直居全国首位,为了推进钢铁企业改革,河北省启动了钢铁企业重组方案。2008 年 6 月 30 日河北钢铁集团正式挂牌成立。河北钢铁集团由唐钢集团和邯钢集团联合重组而成,2008 年,集团钢产量 3 300 万吨,规模居全国第二位、世界第四位,2009 年进入世界 500 强,排名第 375 位,2012 年财富世界 500 强排行榜排名第 269 位。

唐钢股份(000709)河北钢铁集团有限公司曾于 2008 年 12 月 28 日针对下属三家上市公司唐山钢铁股份有限公司、邯郸钢铁股份有限公司和承德新新钒钛股份有限公司换股吸收合并工作作出承诺:自本次换股吸收合并完成之日起三年内,河北钢铁集团将把现有竞争性业务以协商确定的合理价格依法出售给存续公司或者以其他合法的方式注入存续公司。2009 年 6 月 18 日,河北钢铁集团再作出了补充承诺,在该次换股吸收合并完成后一年内首先将舞阳钢铁和宣钢集团主业资产注入存续公司。2009 年 9 月 16 日接到证监会通知,并购重组委于 2009 年 9 月 21 日审核公司重大资产重组相关事宜,因而唐钢股份 17 日起停牌。华夏、嘉实、建信、中信证券等机构看中此次重组机会纷纷进行套利,尽管整合后的上市公司规模跃居行业翘楚,但复牌后股价却“跌跌”不休。除了华夏基金最早全身而退之外,部分机构在这次重组大戏收官后并没有落得好心情。2010 年 1 月 25 日,河北钢铁复牌大跌 12.41%,1 月 27 日更是创出 2009 年 5 月 4 日以来的最低收盘价。1 月 28 日该股微涨 0.35%收于 5.81 元,盘中最低价 5.67 元再创该股 2009 年 5 月以来新低。这也就意味着,在 2009 年 5 月 4 日之后进场,到当时还未出场的机构,悉数被套。

三、自营业务的风险控制

与经纪业务不同,投资银行进行自营业务需要承担多方面的风险。

(1) 合规风险。根据新巴塞尔协议的定义,“合规风险”指的是银行因未能遵循法律法规、监管要求、规则、自律性组织制定的有关准则,以及适用于银行自身业务活动的行为

① 赵洪江. 投资银行学[M]. 成都:西南财经大学出版社,2011.

准则，而可能遭受法律制裁或监管处罚、重大财务损失或声誉损失的风险。投资银行从事自营业务如果进行内幕交易、操纵市场等行为就会面临被制裁、被监管，造成财产损失或名誉损失的风险。

(2) 市场风险。市场风险是指不可预见和控制的因素导致市场波动，造成投资银行自营亏损的风险。这是投资银行进行自营业务面临的主要风险，可以分为系统风险和非系统风险。

(3) 经营风险。经营风险是指投资银行的决策人员和管理人员在经营管理中出现失误而导致的自营业务受到损失的风险。经营风险与投行管理人员的经营能力相关。

由于自营业务存在巨大风险，因而对投行的自营风险需要进行外部和内部的控制。

从外部来说，各国对于本国投行自营业务都有一系列的规定，就我国而言，《证券公司风险控制指标管理办法》第 21 条有以下规定。

证券公司经营证券自营业务的，必须符合下列规定。

(1) 自营股票规模不得超过净资本的 100%。

(2) 证券自营业务规模不得超过净资本的 200%。

(3) 持有一种非债券类证券的成本不得超过净资本的 30%。

(4) 持有一种证券的市值与该类证券总市值的比例不得超过 5%，但因包销导致的情形和中国证监会另有规定的除外。

(5) 违反规定超比例自营的，在整改完成前应当将超比例部分按投资成本的 100%计算风险准备。

前款所称自营股票规模，是指证券公司持有的股票投资按成本价计算的总金额；证券自营业务规模，是指证券公司持有的股票投资和证券投资基金(不包括货币市场基金)投资按成本价计算的总金额。

证券公司创设认购权证的，计算股票投资规模时，证券公司可以按股票投资成本减去出售认购权证净所得资金(不包括证券公司赎回认购权证所支出资金)后的金额计算。

从内部来说，投资银行应该建立一套完善的风险控制系统。

(1) 建立有效的证券自营风险控制制度。投资银行应该建立起系统的自营风险控制制度，包括资金管理制度、操作员管理制度、交易时机管理制度、投资决策管理制度等，同时还要健全重要的自营管理制约制度，如财务管理制度、电脑通信系统管理制度、稽查审计制度等。

(2) 借鉴国外经验，建立专门的风险管理部门。如设立风险管理委员会确保自营面临的各种风险能够及时地被识别、监视和处理。在自营、资产管理与经纪业务部门间建立有效的“防火墙”制度，做到人员、资金、账户分开操作和适当隔离。

(3) 采用先进的自营风险管理方法和风险管理工具。如运用 GARCH 模型、随机波动率模型、内含波动率模型、高频数据模型、压力测度、蒙特卡罗模拟等现代金融技术管理方法及手段来度量证券自营的风险；建立了包括信息技术人员、设备、软件、数据、机房安全、病毒防范、防黑客攻击、技术资料、操作安全、事故防范与处理、系统网络等在内的信息管理实时监控系统等。

(4) 加强对投行高层管理人员和重要岗位业务人员的资格审查和监督管理。投行应该建立起对高层管理人员的监督约束机制，这既可以避免出现导致合规风险的违反市场行为，也可以减少经营风险的出现。此外，还应该提高自营投资决策者、操作员等的风险控制意识，强化投资决策者、操作员等的道德规范和行为准则，提升执业素质。

第四节　做市商业务

投资银行的做市商业务是指投资银行担任做市商的一项业务。所谓做市商，就是指一些特定的证券交易商不断向公众交易者报出某些特定证券的买卖价格，并在所报价格上接受公众买卖要求，向投资者卖出和买入证券。

一、我国做市商制度的发展

做市商制度起源于20世纪60年代美国的柜台交易市场，经过不断探索，1971年2月全美证券交易商协会正式启用纳斯达克系统主机，纳斯达克市场正式成立。同时500多家证券经纪自营商登记为纳斯达克市场做市商，2 500只柜台交易市场交易最活跃的股票进纳斯达克市场自动报价系统，标志着做市商制度的初步形成。

在我国，证券市场起步之初就伴随着是否采用做市商制度的讨论。1991年和1993年成立的全国证券交易自动报价系统(securities trading automated quotations system，STAQ)和NET系统均采用做市商制度，由于多种原因，两系统于1999年停止运行。其后，虽然上海交易所和深圳交易所采取的是竞价交易制度，但是国内对于中国引入做市商制度一直在进行不断的探讨。2001年我国在银行间债券市场实施做市商制度。2007年，上海证券交易所运行固定收益证券综合电子平台，实行竞争性做市商制度和可执行的有效双边报价体系。2012年5月，上海证交所发布的《上海证券交易所交易型开放式指数基金流动性服务业务指引》明确了国内首批10家做市商为华泰柏瑞沪深300交易型开放式指数基金提供流动性服务。随后，在深交所上市交易的嘉实沪深300交易型开放式指数基金也有7家券商获准成为做市商。2013年2月，证监会出台《全国中小企业股份转让系统有限责任公司管理暂行办法》，做市商制度成为新三板市场的最大亮点。

二、做市商制度的两种形式

从国际证券市场来看，做市商制度存在两种形式，一种是竞争做市商制度，一种是垄断做市商制度。

(1) 竞争做市商制度，也可称多元做市商制度，以美国纳斯达克市场为代表，每只证券有多个做市商，且在一定程度上允许做市商自由进入或退出。就纳斯达克而言，通常每一种股票有10家以上的做市商，活跃的甚至有60家以上。多元做市商制度的优点是通过做市商之间的竞争，减少买卖价差，降低交易成本，也会使价格定位更准确。在价格相对稳定的前提下，竞争也会使市场比较活跃，交易量增加。但由于每只证券有几十个做市商，使各个做市商拥有的信息量相对分散，降低了市场预测的准确度，减少了交易利润，同时也降低了做市商承受风险的能力。

(2) 垄断做市商制度，也称为专家制度，以纽约证券交易所为代表，其主要特征是一只证券只能由一个做市商来负责做市，特约经纪人是该只证券唯一一个可以根据市场状况使用自己账户进行报价的交易商。这种类型的优点在于责任明确，便于交易所的监督考核，缺点是价格的竞争性较差，因此常实行做市商制度和竞价制度混合的方式。在纽约交易所，特许的交易商不是完全纯粹的做市商，其职责不仅有报价义务，还有保持价格连续性、保持市场活跃度、维护价格稳定性等义务。

三、做市商制度的功能和缺陷

（一）做市商制度的功能

做市商制度有以下几项功能。

1. 增强证券市场流动性

做市商是证券交易的流动性提供者，做市商最基本的功能就是提供流动性保障。做市商的持续确定性报价义务是最重要的义务，这使得投资者在日常的交易中不会面临流动性风险。在对中国是否引入做市商制度的研究中，其流动性功能一直是考虑的重点之一。中国的主板市场已经有很高程度的流动性，因而不需要引入做市商制度。主板市场之外的其他市场，如银行间债券市场、代办股份转让市场等普遍缺乏流动性，因而可以引入做市商制度来解决流动性不足问题。

2. 维护市场价格的稳定性和连续性

做市商有对其所负责的证券进行连续报价的义务，根据所做市的证券标的价值进行买进卖出的报价，能将证券的价格与价值控制在合理的幅度之内，从而能避免证券价格的大起大落，维护证券市场价格的稳定性。同时，做市商之间的竞争可以缓解信息不对称的问题，减少庄家暗中操纵市场的机会，从而维护市场的稳定性。

3. 提升大宗交易的效率

连续竞价市场，流动性是靠限价委托提供的，在既定的信息条件下，限价委托的价格分布和相应的数量决定了市场的流动性。如果投资者提交正常市场规模的委托，一般能够很快成交，而且对市场价格波动的影响很小。然而当投资者提交大额委托时，将会使市场买卖委托数量出现失衡，大额委托很难得到执行，或者使市场价格出现剧烈波动。此外，连续竞价市场要求所有的交易集中在场内进行，然而大宗交易往往需要交易双方在场外充分地协商沟通才能成交，因此竞价市场的大宗交易撮合效率较低。在做市商市场，交易必须通过做市商完成，做市商可以运用灵活的处理手段，有针对性地提高大宗交易的撮合效率。

4. 推介证券

证券市场是一个信息不对称的市场，信息不对称往往会影响证券的市场定价。投资者对某证券的了解程度越低，该证券的市场定价就越倾向于被低估。在做市商市场，由于做市商的做市收入取决于其做市证券交易的频率，为了增进投资者对做市商做市证券的了解，增强对交易该股票的兴趣，做市商普遍都有很强的动机向投资者推介自己做市的证券。特别是对于一些中小企业的证券，做市商的推介功能对于提高其证券的知名度，改善其证券定价低估的状况，具有十分重要的作用。

（二）做市商制度的缺陷

1. 做市商制度使用范围有限

一般来讲，做市商制度适用于那些交易相对比较清淡的证券和不为人所知的中小型上市公司证券，在这样的证券市场上，做市商制度可以发挥自身提高流动性、进行证券推介和辅助大宗交易的功能。证券本身的流动性和知名度都很高，市场的深度也能够容纳大宗委托，做市商制度所提供的功能就没有多少实际意义。相反，做市商收取的做市收入还会增加这类证券的交易成本，因而不适于采用做市商制度。

2. 做市商制度缺乏透明度

做市商制度下的买卖信息集中在做市商手中，投资者得到的信息会相对滞后。做市商为了自身的利益可能采取推迟甚至豁免大额交易信息发布，也可能在做市商之间进行合谋限制竞争，损害投资者的利益，继而导致市场缺乏效率。就合谋限制竞争而言，做市商可能采取最小报价档位限制、报价数量限制以及在报价、交易和成交报告等方面采取协同行为等方式，制造市场假象，损害投资者利益。

3. 投资者成本增加

由于投资银行进行做市商业务必须要聘请专业的人员、购买专业的设备，还需要不断地投入资金进行买卖证券的做市义务，承担交易风险，因而大大增加了成本。这些成本最终将会转嫁到投资者身上，增加投资者的负担。

4. 监管者和做市商之间存在利益冲突

做市商的目的是追逐利益，而证券监管者采取做市商制度是希望能达到增加市场流动性和维护市场稳定的功能。实际上，做市商制度的适用证券范围与做市商自身的利益取向是矛盾的，做市商制度适用于交易比较清淡、知名度不高的证券交易和辅助大宗交易，但是做市商为了追逐做市利润，则倾向于担任交易活跃证券的做市商，并且因为辅助大宗交易利润较低或者风险较大而更热衷于小额交易。因而，如何凸显做市商制度的功能优势，避免做市商制度的缺陷，调和两者之间的矛盾，一直是证券监督机构需要重视的地方。

四、投资银行进行做市商业务的原因

投行之所以要开展做市商业务，原因可以归结为以下几种。

1. 展开新的盈利模式

在投行原有业务的基础之上，开展做市商业务可以从买卖报价中赚取价差。从买卖报价中赚取价差，可以看做是市场对做市商发挥维持市场功能的报酬。在市场比较稳定时，提供买卖报价，应交易对手的请求成交，只要价格准确，符合市场供求关系，做市商就在市场上不断买卖证券，所持头寸就可保持相对稳定，并同时赚取买卖差价。如果做市商报价过高，高于市场均衡时的出清价，就会有更多的人愿意向他出售证券，致使做市商买进的股票数量就会超过卖出的数量，他的头寸，即股票存量就会上升，发出降低报价的信号；相反，其证券存货将减少，甚至可能为空头（负数）。作为做市商是不希望他所持有的股票大起大落的，所以他必须控制头寸并相应地调整他的价格。影响买卖价差的高低的因素一般取决于做市商选择的证券种类和竞争对手数量，若目标证券活跃，竞争者众多，则买卖价差会相应减少。

假设投资银行对某种证券进行双边报价，叫买价格为 P_1，买入数量为 n_1；叫卖价格为 P_2，卖出数量为 n_2，成本表示为 C，则投行开展做市商业务的利润可以简单表示为

$$\text{Profit} = (P_2 - P_1) \times n_2 - C \quad （假设 n_1 > n_2）$$

2. 发挥自身的定价技巧

投资银行在二级市场上积累了丰富的经验之后才能更好地开展一级市场业务。做市商业务可以使投资银行在二级市场上积累丰富的定价经验，获得娴熟的定价技巧，并培养一批拥有先进资产定价知识的人才，投资银行将这种定价技术运用到一级市场新股发行中，就能在承销和分销业务中为发行公司订立一个较优的发行价格，为发行公司尽可能募集到更多的资金而不必出售发行公司更多的股权和承担超常的风险。投资银行也可因此获得业界更多的认可，增强其在发行和承销业务中的竞争能力。

3. 便利更多承销业务

发行公司在新股发行后需要寻找一个金融机构来对其股票进行报价，使得市场上的投资者能够随时买卖该种证券，实现公司股票的流动性并保证较好的股票走势。如果投资银行能够提供这样的“做市”服务，就能够争取更多的发行承销业务。投资银行开展做市商业务，可以在承销业务完成后，为该证券创造一个流动性较强的二级市场，并维持价格的稳定。投资银行通过做市商业务，向市场展示其定价能力，定价能力强的投资银行自然能凭此招揽到更多的发行业务。

投资银行是否能担当做市商的角色，在很大程度上取决于其发行定价的合理性，而定价的合理性需要投资银行长期涉足于二级市场以提高其定价技术，所以，投资银行在二级市场上开展做市商业务，有很大的必要性。

五、做市商业务面临的风险

与自营业务相似，投资银行进行做市业务也要遭受风险。由于投资者的购买和出售股票的决定常常不能相配合，因此做市商必然主动或被动地保有一定的头寸，股票价格瞬息万变，这部分头寸必然要承担价格风险。

价格风险主要包括系统风险和非系统风险。由于价格水平变动基本上不受做市商控制，尤其是系统性风险和部分非系统性风险连单一做市商也难以预见，所以风险管理是做市商成功操作的一大要素。一般来说，系统性风险要比非系统性风险容易管理。对付系统性风险，做市商可以根据它预期会遭受风险的头寸数额购买相应数量的股票指数期货来防范，而一种股票的非系统性风险却难以防范。如果一家投资银行充当多种股票的做市商，且这些股票的结构同市场上的股票的构成结构相同或相近，那么这家投资银行的做市业务从理论上来说只遭受系统风险，而不会遭受非系统风险。但是，这种投资银行在现实中是极为少见的。

我国银行间债券市场的做市商制度

银行间债券市场建立初期，市场流动性较低，债券市场基准利率和科学合理的收益率曲线未能形成，同时，央行公开市场现券操作对缺乏深度的债券市场价格影响很大，这样

一系列问题催生了做市商交易制度在银行间债券市场的建立。2000 年 4 月 30 日，中国人民银行发布了《全国银行间债券市场债券交易管理办法》，标志着我国银行间债券市场开始实行做市商的运作模式。2001 年 3 月央行发布了《中国人民银行关于规范和支持银行间债券市场双边报价业务有关问题的通知》，对双边报价商的资格认定、业务规范及政策支持等做出了明确规定，7 月央行又正式批准 9 家商业银行成为首批双边报价商，并指定对 20 个券种报价，做市商制度进入实质性阶段。此后，央行又相继发布实施细则，银行间债券市场做市商交易的法律框架基本形成。2004 年 7 月央行发布通知改“双边报价商”为“做市商”，同时增加了做市商的数量和种类，做市商的数量进一步扩大至 15 家，范围由单一的商业银行扩展到证券公司。2007 年 1 月 9 日，央行公布了《全国银行间债券市场做市商管理规定》，完善了银行间债券市场做市商制度。2008 年交易商协会发布了《银行间债券市场做市商工作指引》，并于 2010 年 4 月进行了修订。目前我国银行间债券市场做市商队伍已达 25 家，机构类型包括中外资银行和证券公司。

本章小结

1. 投资银行在证券发行市场上进行的主要是发行和承销业务，在证券交易市场上则主要进行经纪业务、做市商业务和自营业务。

2. 证券经纪商的作用主要表现在两个方面：一是充当证券买卖的媒介，发挥着沟通双方并按一定要求迅速、准确地执行指令和代办手续的媒介作用，提高了证券市场的流动性和效率。二是提供信息服务。这些服务包括上市公司的详细资料、公司和行业的研究报告、经济前景的预测分析和展望研究、有关股票市场变动态势的商情报告等。

3. 投资银行的自营业务是投资银行以自主支配的资金或者证券直接参与证券交易活动，并承担交易风险，并由证券交易的差价和股利分红获得收益。

4. 投资银行的做市商业务是投资银行作为做市商不断向公众交易者报出某些特定证券的买卖价格，并在所报价格上接受公众买卖要求，向投资者卖出和买入证券，并从中获取差价收益。

思考题

1. 建立经纪关系需要经过哪些程序？

2. 投行如何进行自营业务的风险控制？

3. 搜集资料，总结投行进行做市商业务的目的和证券监管者实行做市商制度的目的有何不同和矛盾之处。

参考文献

[1] 李子白. 投资银行学[M]. 北京：清华大学出版社，2005.
[2] 任淮秀. 投资银行学[M]. 北京：中国人民大学出版社，2006.

[3] 张东祥.投资银行学[M].武汉：武汉大学出版社，2004.
[4] 韩复龄.投资银行学[M].北京：对外经济贸易大学出版社，2009.
[5] 中国证券业协会.证券交易[M].北京：中国财政经济出版社，2011.
[6] 金德环.投资银行学教程[M].上海：上海格致出版社，2009.
[7] 李光宇，陈琳.完善我国证券经纪业务佣金制度[J].税务与经济，2012(4).
[8] 冯巍.做市商制度研究[J].深圳证券交易所综合研究所，2001(1).
[9] 刘辉.银行间债券市场做市商交易制度的再完善[J]. 西南金融，2011(12).
[10] 王慧梅.证券经纪业务的营销模式研究[J]. 企业导报，2012(9).

第六章

场外交易市场

本章首先介绍了场外交易市场的定义、特点和功能，然后从分层特征、企业特征、交易特征和投资者特征等方面分析比较了美国、英国和我国台湾地区场外市场的发展经验，进而归纳总结了相关启示，最后，在详细剖析我国场外市场发展现状的基础上，对未来我国场外市场的发展路径和制度设计进行了探讨。

第一节　场外交易市场的内涵与功能

一、场外交易市场的定义

证券市场，除了交易所外，还有一些其他交易市场，这些市场因为没有集中的统一交易制度和场所，因而把它们统称为场外交易市场，又称柜台交易或店头交易市场。关于场外交易市场的定义有广义和狭义之分。

从广义上来说，场外交易市场是指在交易所外由证券买卖双方当面议价成交的市场，它没有固定的场所，其交易主要利用电话进行，交易的证券以不在交易所上市的证券为主，在某些情况下也对在证券交易所上市的证券进行场外交易。近年来，国外一些场外交易市场发生了很大变化，它们大量采用先进的电子化交易技术，使市场覆盖面更加广阔，市场效率有很大提高。在传统的柜台交易市场之外又形成其他形式的场外交易市场。比如非上市开放式基金的发行、在银行发行的非上市债券、金融机构的互换交易和信用衍生品交易等场外交易，以及商品证券和货币证券的交易等都属于场外交易市场业务。

从狭义上来说，场外交易市场多特指场外股权交易市场，即在主板、创业板市场之外进行高科技、高成长型中小企业股票、退市企业股票交易的市场。我国场外股权交易市场泛指在上海、深圳证券交易所之外进行非上市股票或股权交易的市场，主要包括全国中外企业股份转让系统、区域性股权交易市场和产权交易市场。

随着信息技术的发展，证券交易的方式逐渐演变为通过网络系统将订单汇集起来，再由电子交易系统处理，因此场内市场和场外市场的物理界限逐渐模糊。目前，场内市场和场外市场的概念演变为风险分层管理的概念，即不同层次市场按照上市品种的风险大小，通过对上市或挂牌条件、信息披露制度、交易结算制度、证券产品设计以及投资者约束条件等作出差异化安排，实现了资本市场交易产品的风险纵向分层。

二、场外交易市场的特点

(1) 交易场所是分散的无形市场。它没有固定的、集中的交易场所,而是由许多各自独立经营的证券经营机构分别进行交易,并且主要依靠电话、电报、传真和计算机网络联系成交。

(2) 组织方式采取做市商制。不同于证券交易所,场外交易市场不采取经纪制,通常在证券经营机构之间或是证券经营机构与投资者之间直接进行,投资者直接与证券商进行交易,不需要中介人。在场外证券交易中,证券经营机构往往先行垫入资金买进若干证券作为库存,然后开始挂牌对外进行交易。它们以较低的价格买进,再以略高的价格卖出,从中赚取差价,但其加价幅度一般受到限制。证券商既是交易的直接参加者,又是市场的组织者,他们制造出证券交易的机会并组织市场活动,因此被称为"做市商"(market maker)。这里的"做市商"是场外交易市场的做市商,与场内交易中的做市商不完全相同。

(3) 交易对象是未上市的证券。场外交易市场以未能在证券交易所批准上市的股票和债券为主,是一个拥有众多证券种类和证券经营机构的市场。由于证券种类繁多,每家证券经营机构只固定地经营若干种证券。

(4) 价格机制采取议价方式。在场外交易市场上,证券买卖采取一对一交易方式,对同一种证券的买卖不可能同时出现众多的买方和卖方,不存在公开的竞价机制,而是买卖双方协商议价。具体来说,就是证券公司对自己所经营的证券同时挂出买入价和卖出价,并无条件地按买入价买入证券和按卖出价卖出证券,最终的成交价是在牌价基础上经双方协商决定的不含佣金的净价。券商可根据市场情况随时调整所挂的牌价。

(5) 管理相对宽松。由于场外交易市场分散,缺乏统一的组织和章程,不易管理和监督,其交易效率也不及证券交易所。但是,美国的 NASDAQ 市场借助计算机将分散于全国的场外交易市场联成网络,在管理和效率上都有很大提高。表 6-1 对场外交易市场和场内交易市场的特点进行了详细比较。

表 6-1 场外交易市场与交易所场内市场对比

项　　目	场外交易市场	交易所场内市场
交易地点	场外、一对一交易	交易所场内、集中交易
合约标准化程度	非标准化、买卖双方自行协商确定合约条款	标准化、期货合约由交易所统一制定
灵活程度	灵活	不灵活
市场流动性	流动性差	流动性好
交割方式	由买卖双方自行议定标的物的交割方式、数量、品质、时间、地点	由交易所决定,并标准化标的物的交割方式、数量、品质、时间、地点
价格议定	由买卖双方一对一议价	在交易场内公开竞价
结算方式	由买卖双方直接结算	由交易所结算所或结算公司负责结算
信用基础	基于信用	保证金
交易的信用风险	由买卖双方自行承担违约风险	由交易所或结算所担保合同履行
风险程度	大	小

三、场外交易市场的功能

（一）构建多层次资本市场的必然要求

一个多层次的资本市场包括主板市场、二板市场和场外交易市场(包括全国性和区域性)。在这些市场之间,存在着明显的职能分工、功能区分,存在着对接贯通与递进或递退的关系。这些市场互相结合、互相联系,因此形成了一个有机的、统一的多层次的资本市场体系。构建与完善多层次资本市场体系,是我国政府积极追求的目标。场外交易市场是多层次资本市场的一个不可或缺的部分与层次。

（二）满足资本市场的融资需求

我国资本市场单一,主要就是沪深证券交易所。能够在沪深交易所挂牌上市的企业大多数是大型或者超大型企业。在沪深交易所挂牌交易的公司中,90%的公司注册资本超过 4 亿元。主板市场的准入标准极高,中小企业大多数难以符合沪深交易所的上市标准。相比之下,场外交易市场上市标准低,对企业规模要求低,适合中小企业直接融资,因此,发展场外交易市场有利于中小企业进行直接融资。

（三）适应资本市场的投资需求

在资本市场上,不同的投资者与融资者都有不同的规模大小与主体特征,存在着对资本市场金融服务的不同需求。投资者与融资者对投融资金融服务的多样化需求决定了资本市场应该是一个多层次的市场体系,这种多层次的资本市场能够对不同风险特征的筹资者和不同风险偏好的投资者进行分层分类管理,以满足不同性质的投资者与融资者的金融需求,并最大限度地提高市场效率与风险控制能力。一般来说,投资者偏好和构建我国多层次资本市场证券市场的匹配状态为:风险程度规避者喜好主板市场的基金等相对安全的投资品种,风险程度中立者喜好主板市场各种投资品种,风险程度高者喜好创业板市场、场外市场及区域性证券交易所的产品。有了场外交易市场,不仅可以吸纳更多的居民储蓄进入投资领域,从而扩大社会总需求,刺激经济增长,而且还能减少沪深两市的投机行为,促进我国证券市场的健康发展。

（四）完善上市公司的递进递退机制

作为证券市场的有机组成部分,场外交易市场和场内的证券交易所市场之间不是相互对立的关系,而是相互联系、相互补充、相得益彰的关系。在它们之间,完全可以形成良好运作的升降级的转板机制,从而打造出一个无缝隙的、多层次的资本市场体系。场外交易市场可以作为证券交易所的递进准备市场。交易所能直接从场外交易市场中选择符合标准的企业进入场内市场交易,从而丰富预备到场内交易所上市的公司的辅导制度。与此同时,场外市场可为连续亏损的交易所上市公司的退市提供一个递退的通道,这有利于完善交易所上市公司的淘汰机制。通过场外交易市场,退市的公司完全可以由场内的证券交易所转入场外市场进行交易,从而确保证券交易的连续性,有利于维护投资者的利益。

（五）拓展风险投资的退出机制

退出机制对于风险投资来说,是生命线,是最基本的前提。风险投资的退出机制有以下几种：上市交易、兼并收购、破产清算。各国风险投资经验表明，上市交易是风险投资退出的最便捷、最有效的形式。而风险投资的公司要上市交易，其资本、业绩等常常无法达到场内交易市场标准的，则只能通过场外交易市场进行流通。所以，场外交易市场的建立与完善一定会强有力地推动我国风险投资行业的发展。

（六）促进区域经济协调发展

在沪深两家证券交易所上市的大多是沿海地区公司，而中西部地区的公司为数相对较少，这就使得资金大都流向发达的地区，从而使地区间经济的发展更加不平衡。通过发展场外交易市场、建立多层次资本市场，能够使全社会资金的分布和流动更加均衡，从而极大地推动各地区的经济发展。这对于中西部地区而言，就能够在该地区形成区域性资金潮，在强有力的金融支持之下，我国的中西部发展战略的实现才会有物质保障，从而加速不发达地区的开发，使其与发达地区的差距缩小，实现我国经济的可持续发展。

第二节　海外场外交易市场的发展经验与启示

美国、英国和中国台湾的场外市场代表了三种不同的生成和发展路径：美国是自下而上、完全市场化的生成方式，涉及法律较为复杂、参与主体众多；英国场外市场则是在自律监管的模式下逐步发展起来的，并逐渐向高端市场延伸，涉及法律相对简洁统一、参与主体也较为明确；中国台湾则是自上而下、政府主导的交易所内部分层的方式，在某些制度设计上借鉴了美国的做法。鉴于美国、英国和中国台湾的场外市场在形成路径上具有较强的代表性，以下试从分层特征、企业特征、交易特征和投资者特征等方面进行比较分析。

一、美国的场外市场

美国的 OTC 市场总体上分为四个层次：NASDAQ 全国资本市场（NASDAQ national market，NNM）、NASDAQ 小型资本市场（NASDAQ small cap market，NSCM）、OTCBB 和粉单市场（pink sheets）。NASDAQ 全国资本市场就是通常所说的二板市场，OTCBB 和粉单市场属于通常所说的三板市场，有时三板市场也包括 NASDAQ 小型资本市场。因此，美国是一个二板市场和三板市场合一的国家，二板市场是 OTC 市场的重要组成部分。

（一）NASDAQ 市场

NASDAQ 是美国全国证券商协会（National Association of Securities Dealers，NASD）于 1971 年建立的“全国证券商协会自动报价系统”（national association of securities dealers automated quotations）的简称，是一个完全采用电子交易、为新兴产业提供竞争舞台、自我监管、面向全球的股票市场，同时也是全美和世界最大的股票电子交易市场。NASDAQ 成立的初衷只是为了解决同一证券在不同市场交易造成的市场分割问题。在成立之初，NASDAQ 系统从“粉单市场”精选 2 500 种股票进行报价，1975 年 NASDAQ 发布挂牌标准，其余不符合 NASDAQ 标准的股票到另外一个市场——即分值股票市场

(Penny Stock Market)交易。2006 年 1 月美国证券交易委员会(Securities and Exchange Commission,SEC)正式宣布 NASDAQ 注册成为全国性交易所。

在 NASDAQ 挂牌的股票大致可分为工业股、其他金融股、电脑股、银行股、通信股、生化股、保险股和运输股八大类。由于这八大类中有 80%的公司与新兴产业相关,因此 NASDAQ 指数往往成为世界新兴产业发展的风向性指标。NASDAQ 包括两个层次:第一层次是 NASDAQ 全国资本市场。作为纳斯达克最大而且交易最活跃的股票市场,挂牌交易的条件要求高,需满足严格的财务、资本额和共同管理等指标。第二层次是 NASDAQ 小型资本市场。NSCM 是专为成长期的公司提供的市场,财务指标要求没有 NNM 上市标准那样严格,但它们共同管理的标准是一样的。上市开盘价 4 美元以上必须维持 90 天,之后不得低于 1 美元,否则就要降级到 OTCBB,反之若公司营运良好且股价上升到 5 美元以上,则可申请到全国市场交易。

与纽约证券交易所(New York Stock Exchange,NYSE)等相比,NASDAQ 的独特之处在于:首先,NASDAQ 发达的计算机和通信网络系统形成了一个庞大的电子交易网络。NASDAQ 没有一个集中交易大厅,除了一个大型行情显示屏外,交易数据都是通过电脑系统同步传送到全世界上万台的电脑终端上。电脑撮合的速度,加上网络联系的不断发展,使投资者能够从四面八方迅速注入资金,也使 NASDAQ 的吸引力远远超过了像纽约证券交易所这样靠人工跑单的传统交易所。据统计,每天在美国市场上换手的股票中有超过半数的交易是在 NASDAQ 上进行的。其次,NASDAQ 另外一个令人瞩目之处是它的柜台交易板,因为这个交易板块由多位做市商操作,使市场为买卖随时做好准备,即便在市场上无人提出买卖时也是如此。而在像纽约证券交易所、多伦多证券交易所中,做市商只能作为买卖中间人。

(二) OTCBB 和 BBX

为了便于交易并加强 OTC 市场的透明度,NASDAQ 的管理者 NASD 于 1990 年开通了 OTCBB 电子报价系统。OTCBB 即场外柜台交易系统(over the counter bulletin board),是一套实时报价的场外电子交易系统。在 OTCBB 上面流通交易的股票,都是不能达到在 NASDAQ 全国市场或 NASDAQ 小资本市场上挂牌上市要求的公司的股票,因此属于"未上市股票市场"。一般来说,任何未在 NASDAQ 或其他全国性市场上市或登记的证券,包括在全国、地方、国外发行的股票、认股权证、证券组合、美国存托凭证(American depositary receipts)、直接参与计划(direct participation programs)等,都可以在 OTCBB 市场上报价交易。

OTCBB 与 NASDAQ 的区别在于:没有上市标准;不需要在 OTCBB 进行登记,但要在 SEC 登记经 NASD 核准挂牌;挂牌审批时间较短;上市费用非常低,无须交纳维持费;在股价、资产、利润等方面没有维持报价或挂牌的标准。所以,与 NASDAQ 相比,OTCBB 的门槛非常低,它对企业没有任何规模或盈利上的要求,只要经过 SEC 核准,有三名以上做市商愿为该证券做市,就可以向 NASD 申请挂牌。挂牌后企业按季度向 SEC 提交报表,就可以在 OTCBB 上市流通。

然而,OTCBB 的缺点也因其门槛甚低而显得十分突出。上市公司质量良莠不齐,使得 OTCBB 总体而言缺少投资价值,一些大的投资机构较少投资 OTCBB 的股票,青睐它的投资者多是一些到处寻找机会的小型投资基金或个人。所以，价格低、流通性差、风险大成为 OTCBB 股票的显著特征。从 2003 年开始，OTCBB 被逐步淘汰，而代之以一个更高级的市场——“公告板市场”(Bulletin Board Exchange，BBX)，进而构建“NASDAQ、BBX、粉单市场”的新层次、新格局，即 NASDAQ 上不合格的上市公司可能会被降至 BBX，而 BBX 上不合格的公司则被降至粉单市场。

BBX 本质上虽然还是“三板市场”，但它不再是“柜台交易市场”，而是正式的上市交易市场。除对最低收入、资产和股价没有要求外，BBX 的上市要求将与 NASDAQ 基本一致。同时，BBX 启用新的电子交易系统以实现自动竞价与成交，而此前 OTCBB 的交易者只能用电话来完成客户的要求。因此，相对于 OTCBB 而言，BBX 无论是从技术上还是从市场的品质上都是一个很大的提升。这必将增加 BBX 上股票的流通性和成交量，从而有利于企业融资。另外，由于 BBX 上的公司具有正式上市公司的身份，一些原来不能或不愿染指 OTCBB 市场的投资机构将会参与 BBX 市场，从而使 BBX 上的股票在流通性、成交量、股价稳定性等方面都得到显著改善，而投资机构的参与也会同时改善和提升 BBX 公司的私募环境。

（三）粉单市场

OTC 市场最底层的一级报价系统是粉单市场。粉单市场是由美国全国报价局(National Quotation Bureau，NQB)于 1903 年设立，在当时非电子化交易的条件下，通过提供粉红色册子的形式发布全美柜台交易行情。粉单市场与 OTCBB 的差异在于：前者由一家私人公司负责运营，不接受政府主管部门或行业协会的监管，而后者隶属于美国全国证券商协会管理。此外，OTCBB 的挂牌公司全部是在 SEC 登记注册的公众公司，履行与上市公司相同的持续信息披露义务，而“粉单市场”的挂牌公司不仅有公众公司，而且还有不按照《证券交易法》进行持续信息披露的非公众公司。

粉单市场内部有所分层。为了更好地服务投资者，粉单市场按照信息披露的程度和公司质量标准，将报价公司分为六个层次，分别是“可信任市场”(OTCQX)、“注册市场”(OTCQB)、“透明市场”(TRANSPARANT)、“问题市场”(DISTRESSED)、“灰色市场”(GREY)和“有毒市场”(TOXIC)。其中，OTCQX 是粉单市场中对报价公司要求级别最高的市场，主要为已上市的规模较大的外国公司或成长性高的本国公司提供挂牌交易，因此该市场本质上是一个上市证券的场外交易市场。OTCQB 的报价公司主要是向 SEC 履行持续信息披露要求的非上市公众公司。比较发现，OTCQB 挂牌公司数量比主板上市公司数量要多，这说明大量的公众公司虽然不符合主板市场的上市条件，但可以在场外交易。以高峰期的 2009 年数据为例，OTCQB 挂牌公司 3 775 家，高于 NASDAQ 的 2 852 家和 NYSE 的 2 327 家，但市值规模仅分别为 NASDAQ 和 NYSE 的 8%和 2%。同时，QTCQB 的换手率也远低于后两者。另外，统计数据也显示，每年约有 5%的 OTCQB 公司转板至交易所上市，但是基本上以低层次的市场如 NASDAQ 小型资本市场和纽交所的 ARCA 市场为主。按照信息披露的程度，“透明市场”“问题市场”“灰色市场”和“有毒市场”分别面向不同层面的非公众公司，其中“透明市场”的报价公司为按照 Pink Sheets 发布的《充分信息披露指引》披露信息的非公众公司，“问题市场”的报价公司为有限信息披露的非公众公司，“灰色市场”和“有毒市场”的报价公司均为不愿或无法披露信息的非公众公司。

粉单市场一直致力于报价系统的效率和透明度提升。1990 年前的粉单市场，其流动性比 OTCBB 更差，原因是粉单交易系统不是一个自动报价系统，而是经纪人通过电话询问至少三个做市商的报价之后，再与最佳报价的做市商成交。1990 年后，NQB 推出粉单电子版，每日更新，并通过市场数据零售终端发布。2000 年 6 月后，报价信息可在其站点上实时查询。2003 年，粉单公司启动电子报价系统。新系统启用后，证券经纪商和交易商之间实现电子化报价，而 OTCBB 仍然采用电话报价方式，促使做市商转向使用粉单公司开发的报价系统。由于越来越多的做市商借助粉单公司开发电子报价系统，提供证券报价，近年来 OTCBB 的做市商数量不断下降。根据 Pink Sheets 提供的数据，目前美国场外市场 80%的做市商使用粉单报价系统，20%的做市商使用 OTCBB 报价系统。

另外，除了上述四个层次的场外市场以外，美国还有“第三市场”和“私募证券转让市场”等不同层次的场外市场。“第三市场”产生于 20 世纪 60 年代，由于当时实行最低佣金限制，大宗交易费用很高，为降低交易成本，买卖上市证券的投资者开始寻找在场外市场经营的、非交易所会员的交易商，由此产生了交易上市证券的“第三市场”，新近出现的另类交易系统（alternate trading system）也属于第三市场的范畴。“私募证券转让市场”又包括“地方柜台市场”和“PORTAL 市场”（Private Offering Resale and Trade through Automated Linkages），其中，地方柜台市场主要交易小型发行人根据 Regulation D 进行州内小额发行的证券，而 PORTAL 则是限售期未满的私募证券的流通市场，该市场于 2007 年由 NASDAQ 专门为“合格机构投资者”（qualified institutional investor）之间转让私募证券所设。

二、英国的场外市场

英国资本市场大致可分为三个层次：第一层次为受欧盟金融工具市场法规（Markets in Financial Instruments Directive，MiFID）规范的市场，包括伦交所主板、LIFFE 等；第二层次为交易所规范的市场，包括伦敦证券交易所（London Stock Exchange，LSE）所属的 AIM、PMG（PLUS group market）运营的 PLUS-Quoted 等，挂牌对象为未上市公司股票，由所在交易所对其实行自律监管；第三层次为多边交易设施（multilateral trading facility，MTF），包括 PLUS-Traded、BATS 在伦敦的分支机构等，交易对象包括欧洲上市公司证券和 AIM 挂牌公司股票。基于上述分类，英国的场外市场主要是指 AIM 和 PLUS。

（一）AIM

1995 年 6 月，伦敦证券交易所成立另类投资市场（alternative investment market，AIM），这是继美国纳斯达克市场之后，欧洲成立的第一家二板市场。AIM 既是 LSE 的下属市场，也是 LSE 主板的预备市场。2002 年以来，AIM 股票交易日趋活跃，与主板市场的年换手率逐年缩小，股票活跃程度不断提高，指数体系不断完善，吸引了大量机构投资者参与。2005 年 5 月引入了富时 AIM 指数系列以满足投资者和基金业对高增长上市股票的兴趣。

与 LSE 主板市场相比，AIM 具有以下四个方面的显著特点。

(1) 面向各类企业、包容性强的市场定位。目前,AIM 上市公司的行业结构呈现出典型的多元化特征,包括 39 个行业板块,104 个分板块。从市值和上市公司数量来看,位于前列的既有采矿、能源等传统行业,也有金融服务、IT 等新兴行业。

(2) 适应中小企业融资特点的便捷上市程序。考虑到中小企业融资的时效性,AIM 设计了简便快捷的上市规则。AIM 不设最低挂牌标准,除对会计报表有规定外,没有规模、经营年限和公众持股量的要求。在审批上,主板企业上市需要英国金融监督管理局(UKLA)的审批,而 AIM 企业的上市审批权在伦交所,上市审批便捷。

(3) 满足中小企业需求的小额多次融资方式。在 AIM 市场上,公司单笔融资规模并不大。统计数据显示,从 1995 年到 2002 年,AIM 平均单笔融资额为 370 万英镑,与同期的欧洲大陆新市场和中国香港创业板市场相比都低。AIM 这种小额多次融资方式充分满足了中小企业的发展特征及融资的客观需求。

(4) 以"终身保荐人"为核心的监管制度。终身保荐人制度是指上市企业在任何时候都必须聘请一名符合法定资格的公司作为其保荐人,保荐人的职责是保证 AIM 的上市企业遵守 AIM 制定的规则。

(二) PLUS

不同于 AIM,PLUS 是在 LSE 外部生成和逐渐发展起来的,其创始人是 LSE 的一个做市商。PLUS 本身是一家在伦敦证券交易所 AIM 挂牌的企业,也是英国金融服务管理局(Financial Service Authority, FSA)认可的投资市场(Recognized Investment Exchange, RIE)。该市场从 2002 年起正式纳入 FSA 的监管范围之内,由 FSA 直接监管。

PLUS 内部存在分层,且各层次的定位、服务对象和规模不同。PLUS 可分为 PLUS-Listed、PLUS-Quoted 和 PLUS-Traded 三个市场,并由此形成了从挂牌到交易、从低端到高级的不同层次。其中 PLUS-Listed 是三层中监管最为严格、层次最高的受规范市场(Regulated Market),中小企业上市的招股书须获得 FSA 下属的 UKLA 的审批。PLUS-Traded 主要是为欧盟各国的上市公司和 AIM 挂牌公司股票提供交易的平台,是覆盖范围最广、交易效率最高的 MTF。PLUS-Quoted 则定位于未上市的规模较小的中小企业,如果公开募资,则需要提供 UKLA 批准的招股书;如果没有公开融资,则仅需挂牌公告,无需招股书。从历史沿革来看,PLUS 的前身为 OFEX,即未上市股票交易市场,迄今为止的收入也主要来自于未上市股票交易,即 PLUS-Quoted 的收入约占 PLUS 全部收入的 70%左右。

PLUS 的发展规模和发展态势一直远低于 AIM。在挂牌企业数量上,2006 年以来 PLUS-Quoted 的挂牌企业数量一直维持在 200 家左右,而同期 AIM 的企业超过 1 000 家;在市值方面,PLUS-Quoted 不到 AIM 的 5%;在融资能力上,PLUS-Quoted 企业的年均融资额则不到 AIM 的 0.5%;以年交易金额/当年平均市值来衡量的换手率来看,Plus-Quoted 也远低于 AIM;在交易模式上,PLUS-Quoted 虽然采用竞争性做市商制度,但该市场做市商数量较少(2009 年最多时也仅有 10 家),市场交易一直较为清淡。由于交易清淡,2012 年 5 月 PMG 宣布将于 6 个月后关闭 PLUS 市场。

三、中国台湾的场外市场

20 世纪 50 年代台湾地区股市完全是场外市场，交易分散，不易管理，弊端较多。针对这种情况，1960 年中国台湾证券管理委员会成立，1961 年中国台湾证券交易所有限公司成立，1962 年该交易所正式运营，集中发展场内交易所市场，场外交易市场曾萎缩并被禁止。一直到 1968 年台湾地区颁布实施“证券交易法”，场外交易才开始有了合法的生存空间。据此，台湾地区资本市场形成了以下从高到低的垂直分层体系：第一层次是集中交易市场，即公司制的中国台湾证券交易所。自 1962 年正式开业起到目前为止，它一直是台湾地区唯一的证券集中交易场所；第二层次是柜台买卖中心（Gre Tai Securities Market，GTSM），即财团法人制的中国台湾证券柜台买卖中心市场，也称“二板市场”，被称为台湾地区的“NASDAQ”；第三层次是兴柜市场，是未上市上柜公司股票的交易场所，由柜台买卖中心代管；第四层次是盘商市场，是既未上市也未上柜的股票交易市场，也是非公开的私人股权交易市场，以盘商（专门从事非上市股票交易经济业务的机构）为中介进行，无监管也无统计。以下分别介绍台湾地区合法的场外交易市场的两个主要层次——柜台买卖中心和兴柜市场。

（一）柜台买卖中心

柜台买卖中心于 1994 年 11 月 1 日正式成立，是一个独立、公益的财团法人，由中国台湾证券商业同业公会（CSA）、中国台湾证券交易所（TSE）和中国台湾证券集中保管公司（TSCD）共同出资设立。该中心以公益为主，属于非营利机构，管理方式倾向于市场化，但对重大规则的修改仍须报主管部门核准。

柜台买卖中心是台湾地区场外交易市场体系的高级形态，因长期承担辅助上柜股票转为上市股票的任务，被视为上市股票的“预备市场”。公司要在柜台买卖中心上柜，需要先经过推荐证券商辅导一年才能申请上柜。从提交上柜申请到上柜买卖一般需要 6 个月以上的时间，当中需要经过上柜审议委员会审核、柜台买卖中心董事会审核、上报证券期货管理委员会核准、券商自行认购、股票承销及托管，才能上柜交易。其中上柜审议委员会审核流程类似于大陆发审委工作流程。柜台交易的投资者主要为一般投资人，机构、券商、外资只占 10%左右，目前柜台买卖开户人数已经超过 800 万人，非常普及。

申请公司上柜的基本条件为：公司设立满三年（申请上市的须满 5 年）；实收资本金为 1 亿元（上市的为 6 亿元）以上；最近年度净资产税前收益率高于 4%且无累计亏损或最近二年收益率高于 2%且最近一年高于上一年（申请上市的要求为近两年收益率高于 6%或平均高于 6%且近一年好于上一年或最近 5 年平均达 3%以上），但科技公司不受此限；公开发行后经推荐证券商辅导满一年。

柜台买卖中心采取竞价为主，做市商为辅的交易方式。在 1989—1994 年中国台湾证券商业同业公会设立柜台买卖服务中心期间，上柜股票交易采取美国 NASDAQ 的做市商制度，由推荐证券商对上柜公司股票进行报价，投资者买卖都通过做市商议价交易。1994 年后柜台买卖中心采用了新的计算机交易系统，与原有的议价交易系统并存运行直到现在。上柜股票交易几乎都为计算机撮合成交。计算机交易制度采取价格优先、时间优先的竞价撮合成交方式，与沪深交易所 A 股交易系统的成交撮合方式相同（也与台湾地区集中交易系统相同)。开盘也采取集合竞价方式,取满足最大成交量的价格作为成交价,与大陆A股交易系统一样;收盘前5分钟暂停撮合,到收市时以集合竞价方式收盘(类同于集中交易市场)。上柜股票交易结算时间为T+2日,经纪商手续费率不高于0.142 5%,股票价格有7%涨跌幅限制。

(二) 兴柜市场

2001年台湾地区通过了"建立未上市柜股票买卖交易制度",将未上市或未上柜的股票交易管理及交易纳入证券管理体系。2002年1月2日兴柜股票市场正式在柜台买卖中心挂牌交易。兴柜市场属于台湾地区场外交易市场体系的低级形态,由柜台买卖中心代管。兴柜市场是台湾地区场外交易市场的创新,目的是取代以"盘商"为中介的未上市上柜股票的交易,将未上市上柜股票纳入制度化管理,为投资者提供一个合法、安全、透明的交易市场。

在发行方面,兴柜股票都为辅导期间准备上市或准备上柜的公司的股票,兴柜股票对公司规模、盈利能力、设立年限、股权分散、股份流通都没有具体规定,但要求有两家以上的推荐证券商。在推荐证券商方面,证券承销商、证券经纪商、证券自营商都具备推荐资格,推荐证券商自行认购股份总数的1%以上且不低于10万股,如果总数的1%超过50万股者,则至少不低于50万股。公司进入兴柜股票市场挂牌交易,须先向柜台买卖中心提出登录申请,并将公开说明书在指定网站公布,柜台中心三天内核准登录后,公司股票在基本资料公布5个交易日后便可开始报价交易。

交易制度采用做市商制度,投资者买卖兴柜股票必须自行选择证券商商议价格进行交易。一般有两种途径,一种为投资者买卖兴柜股票直接与推荐证券商议价交易;另一种为以限价方式委托证券经纪商与推荐证券商进行议价交易。直接与推荐证券商的交易证券商不得收取手续费,委托经纪商与推荐证券商的交易证券商可收取不高于0.5%的手续费(不低于50元)。兴柜股票不能进行信用交易,没有涨跌幅限制,结算时间为T+1日。

四、启示

尽管世界各国和地区都已先后建立和发展了本国和地区的证券交易所市场,但场外交易市场依然存在,并随着科技的进步不断发展和完善。总结并借鉴各国场外市场建设和发展的成功经验,将对我国场外交易市场的构建和发展提供有益的参考。

(一) 加强立法保障

纵观发达国家或地区,发展场外交易市场最首要的一条经验便是通过出台相应的法律法规来确保场外市场的健康发展。首先从国家赋予场外交易市场合法地位开始,如美国的《证券交易法》,我国台湾地区也出台过《证券交易法》承认场外交易市场的合法地位。其次是出台相应的法规,将场外交易市场的参与主体纳入法律调整的对象,尤其是以法律形式确立监管机构和监管范围,以实现监管的高效,保障市场的顺利运行,如美国通过《证券交易法》和《证券交易法修正案》设立了SEC和NASD两个监管主体。最后是将相关的市场制度、运作规则以法律、规章的形式固定下来,确保市场的公平、公正、公开,如美国要求做市商必须先按照《NASDAQ 市场规则》第 4600 条进行注册，英国则要求上市公司根据《AIM 公司标准法规》进行信息披露。而且随着市场的发展和运行，这些国家或地区都会及时增加、修改法律法规。

（二）创新交易制度和手段

低流动性风险一直是场外交易市场主要的技术性风险，由于做市商制度适合于流动性差的场外交易市场，因此至今仍被成熟的场外交易市场所采用。但是随着市场的发展以及各层次场外交易市场的特点不同，发达国家成熟的场外交易市场不断地采用新的交易机制以维护市场的稳定性。如美国的 NASDAQ 市场采取的是多元做市商为主、委托驱动为辅的混合交易制度，而 OTCBB 市场和粉红单市场采取的是做市商制度与实时报价服务系统；英国 AIM 股票交易主要采用计算机撮合成交，也包括做市商的报价系统，还采取了经纪人制度。除了交易机制的创新外，交易技术手段的不断更新和改进也大大增强了市场流动性。如美国的 NASDAQ 市场，采用了电子化的方式集中提供未挂牌证券的信息，并且允许不同的做市商进行竞争，这一改进大大降低了场外交易的交易成本，表现出显著的市场效率；英国 AIM 市场则建立了三个交易平台支持它的市场交易：SETS 平台是伦敦交易所最高级的电子交易服务平台，其特点是将计算机撮合成交与做市商报价两种交易方式相互整合，形成综合性的服务平台；SETSqx 是一种为做市商提供连续独立报价的交易平台；SEAQ 平台是伦敦交易所针对 AIM 中没有在 SETS 或 SETSqx 平台上市的证券提供的一种服务，是针对国际股票市场的电子实时屏幕报价系统。

（三）严格信息披露制度

场外交易市场最基本的一个特征就在于它的包容性，它几乎能接纳所有的企业在其市场挂牌交易，甚至包括在交易所上市的股份也可以在这个市场进行交易转让。宽松的市场准入标准难免导致上市企业质量的参差不齐，因此需要执行严格的信息披露等相关的监管制度，以保证信息的透明度、准确性，维护市场的公开、公平、公正。美国的 NASDAQ 市场要求上市企业充分披露财务信息、经营信息、审计信息、成交价格信息和交易量信息，OTCBB 市场则要求所有国内股票发行、加拿大和 ADRs 交易必须在 90 秒内通过 ACTSM 报告，而且还要定期报告财务信息；英国的 AIM 市场要求上市企业按时披露投资者所需要的有关该公司和其业务活动的相关信息，如财务信息、对业务进行的详细说明、所有董事的详细信息等。

（四）完善市场监管体系

国外成熟的场外交易市场根据多层次资本市场体系的特点，采取的是分层次、多主体的监管体系。如美国采取的是政府统一指导下的自律监管模式，即在 SEC 的统一指导下，实行由行业协会 NASD 自我监管的模式。对不同市场监管的对象和手段都不一样，对 NASDAQ 市场主要通过上市标准、做市商资格审查、信息披露、强制退市等手段监管做市商、上市公司以及市场的交易过程；在 OTCBB 和粉红单市场，主要是通过监管做市商来监管市场的整体运行状况。英国对资本市场的监管是一个包括政府、行业协会和交易所的三级监管体系，对于 AIM，主要强调其行业自律的作用，政府通过制定法律法规和采取非直接手段对市场进行宏观调控，基本不直接干预市场。监管的重点在保荐人，对保荐人的监管非常严格，因为 AIM 实行的是终身保荐人制度，保荐人是市场的核心。

第三节 我国场外交易市场发展路径与制度设计

一、我国场外交易市场的发展现状

自 2004 年国务院发布《关于推进资本市场改革开放和稳定发展的若干意见》以来，“建设多层次资本市场体系”的概念就被屡屡提及。但是，相对于场内交易市场（上海证券交易所、深圳证券交易所）而言，我国场外交易市场的发展可谓“一波三折”。2000 年以前，场外市场以地方性产权交易为主导，各地的产权交易所在当时的条件下，在一定程度上帮助解决国有企业改革中的产权转移平台问题，但是也因标准不一、监管不力而导致局部的风险集聚，促使监管者在亚洲金融风暴爆发时予以全面清理。1990 年建立起来的全国性法人股流通市场初具规模，为建立现代企业制度、发展地方经济做出了一定的贡献，却也因种种原因在阵痛中退出了历史舞台。直到 2001 年 6 月代办股份转让系统开通、2006 年 1 月中关村园区公司进入系统进行试点，我国的场外市场开始焕发新的青春。2013 年 8 月 8 日，国务院办公厅发布《关于金融支持小微企业发展的实施意见》（国办发〔2013〕87 号）。该意见提出，为解决小微企业融资难问题，在清理整顿各类交易场所的基础上，支持证券公司通过区域性股权转让市场为中小微企业提供挂牌公司推荐、股权代理买卖等服务。国内区域股权转让市场进入快速发展的阶段。

我国场外交易市场体系的建立应采取“条块结合”的模式，既要有集中统一的全国性场外交易市场，又要有区域性的股权、产权交易市场。第一，建立集中统一的全国性场外交易市场。充分借鉴发达国家经验，实现地区性联网运行，集中报价、分散成交、统一核算，从当前新三板扩容的实践来看是可行的。第二，规范地区性股权交易中心。我国先后在天津、浙江、广州、上海、重庆、武汉、沈阳、福州等 20 多个城市形成了将企业股权公开挂牌交易的地方性股权交易市场，但这些市场绝大多数是由地方政府批准成立的，容易受到地方行政力量的控制和切割，给金融监管增加难度，因此中央政府应将近年各地自发的地方性股权交易规范化、合法化，为我国中小企业的健康发展开辟一条新的融资渠道。第三，稳妥发展地方产权交易市场。从我国国情出发，地方性科技产权交易市场应该兼顾高技术、新技术和中度适应技术等企业的普遍需要，成为普遍适用的中小企业产权交易市场，在条件成熟的地方甚至可以建设成特殊柜台市场，从而为形成多层次资本市场体系结构奠定基础。

（一）全国中小企业股份转让系统

全国中小企业股份转让系统（national equities exchange and quotations，简称 NEEQ）是经国务院批准，依据《证券法》设立的全国性证券交易场所，2012 年 9 月正式注册成立，是继上海证券交易所、深圳证券交易所之后第三家全国性证券交易场所。

全国中小企业股份转让系统的历史可追溯到 2001 年。2001 年 7 月 16 日，为解决主板市场退市公司与两个停止交易的法人股市场公司 NET 和 STAQ 的股份转让问题，由中国证券业协会出面，协调部分证券公司开设了代办股份转让系统，被称之为“老三板”。

为了改变中国资本市场这种柜台交易过于落后的局面，同时也为更多的高科技成长型企业提供股份流动的机会，2006 年中国证监会出台了《证券公司代办股份转让系统中关村科技园区非上市股份有限公司股份报价转让试点办法》，中关村科技园区非上市股份有限公司也可以进行代办股份转让，被称为“新三板”。2012 年 8 月，“新三板”首批扩大试点，除北京中关村科技园区外，新增上海张江高新技术产业开发区、武汉东湖新技术产业开发区和天津滨海新区。2012 年 9 月 20 日，全国中小企业股份转让系统的运营管理机构——全国中小企业股份转让系统有限责任公司在国家工商总局注册成立，注册资本 30 亿元。2012 年 10 月 11 日中国证监会正式发布《非上市公众公司监督管理办法》，标志着非上市公众公司监管纳入法制轨道。2013 年 6 月 19 日召开的国务院常务会议确定了将“新三板”扩大至全国的目标。

在场所性质和法律定位上，全国中小企业股份转让系统与证券交易所是相同的，因此在国资、外资、税收政策原则上比照交易所市场及上市公司相关规定处理。全国中小企业股份转让系统与证券交易所的主要区别在于：一是服务对象不同，《国务院关于全国中小企业股份转让系统有关问题的决定》明确了全国中小企业股份转让系统的定位主要是为创新型、创业型、成长型中小微企业发展服务。这类企业普遍规模较小，尚未形成稳定的盈利模式。在准入条件上，不设财务门槛，申请挂牌的公司可以尚未盈利，只要股权结构清晰、经营合法规范、公司治理健全、业务明确并履行信息披露义务的股份公司均可以经主办券商推荐申请在全国股份转让系统挂牌；二是投资者群体不同，我国交易所市场的投资者结构以中小投资者为主，而全国中小企业股份转让系统实行了较为严格的投资者适当性制度，未来的发展方向将是一个以机构投资者为主的市场，这类投资者普遍具有较强的风险识别与承受能力；三是全国中小企业股份转让系统是中小微企业与产业资本的服务媒介，主要是为企业发展、资本投入与退出服务，不是以交易为主要目的。

2013 年 12 月 14 日，国务院发布了《关于全国中小企业股份转让系统有关问题的决定》(以下简称《决定》)，对全国中小企业股份转让系统的定位、市场体系建设、行政许可制度改革、投资者管理、投资者权益保护及监管协作等进行了原则性规定。《决定》为全国中小企业股份转让系统挂牌公司和市场监管奠定了法规基础，填补了《证券法》没有直接针对全国中小企业股份转让系统和挂牌公司规定的法律空白，提升了市场建设的法律层级，市场将步入更为规范的法制化运行轨道。与以往相比，《决定》在以下三方面有较大的突破：

一是挂牌公司不限于高新技术企业。凡是在境内注册的、符合挂牌条件的股份公司，均可以经主办券商推荐申请在全国中小企业股份转让系统挂牌公开转让。挂牌公司不再受高新园区的限制，不受所有制的限制，也不限于高新技术企业。

二是公司准入不设财务门槛。按照《决定》的精神，全国中小企业股份转让系统的挂牌公司可以直接转板至证券交易所上市，但转板上市的前提是挂牌公司必须符合《证券法》规定的股票上市条件，在股本总额、股权分散程度、公司规范经营、财务报告真实性等方面达到相应要求。另一方面，在区域性股权转让市场进行股权非公开转让的公司也可以申请在全国中小企业股份转让系统挂牌公开转让股份，但必须满足两个条件：一是区域性股权转让市场必须符合《国务院关于清理整顿各类交易场所切实防范金融风险的决定》的规定；二是股份公司必须符合全国中小企业股份转让系统的挂牌条件。

三是股东少于200人公司挂牌无需审核。按照《决定》的精神，对于股东人数不超过200人的股份公司申请在全国中小企业股份转让系统挂牌公开转让和挂牌公司向特定对象发行证券后持有人累计不超过200人两种涉众性相对较低的情形，证监会豁免核准，不再进行“事前”审核。对于豁免核准的挂牌公司，股东通过转让股份导致挂牌公司股东人数超过200人时，也不再需要重新向证监会申请核准。

为贯彻落实《决定》，证监会2013年12月月5日又发布了《关于修改〈非上市公众公司监督管理办法〉的决定》《股东人数超过200人的未上市股份有限公司申请行政许可有关问题的审核指引》《公开转让说明书》《公开转让股票申请文件》《定向发行说明书和发行情况报告书》《定向发行申请文件》以及证监会关于实施行政许可工作的公告等7项配套规划，这标志着全国中小企业股份转让系统试点扩大至全国工作正式启动。

值得注意的是，当前定向增发已成为全国中小企业股份转让系统最重要的融资方式。统计数据显示，截至2013年12月10日，全国中小企业股份转让系统已有88家挂牌企业完成了101次定向增资或定向发行，即在全部350家挂牌企业中有25.14%实现了定向增资。平均单次募集资金2 858.27万元，平均摊薄市盈率34.28倍。2013年通过定向增发募集资金量最大的企业为星昊医药，募集资金1.7亿元。此外，满足一定条件的个人投资者也参与定向增发。比如，2013年6月北方跃龙向自然人王彬生定向增发108万股，募集资金199.8万元。

（二）区域性股权交易市场

区域性股权交易市场(俗称“四板”或“地方OTC”)是为特定区域内的企业提供股权、债券的转让和融资服务的私募市场，是我国多层次资本市场的重要组成部分，也是中国多层次资本市场建设中必不可少的部分。对于促进企业特别是中小微企业的股权交易和融资，鼓励科技创新和激活民间资本，加强对实体经济薄弱环节的支持，具有不可替代的作用。

自从2008年9月22日天津率先成立区域股权交易市场——天津股权交易所以来，越来越多的区域股权交易市场如雨后春笋般不断涌现，重庆股权转让中心、湖南股权交易中心、武汉股权托管交易中心随后迅速成立。而西南证券以8 281.25万元增资重庆股权交易中心，不仅为券商“借道”区域股权交易首开先河，同时更是掀起券商在区域性股权市场跑马圈地的浪潮。仅仅在2012年7月，便有包括广发证券、华泰证券、山西证券以及兴业证券在内的上市券商相继宣告了在该领域的最新投资动向。区域股权交易市场方兴未艾，呈现出遍地开花的局面。根据China Venture投中集团的梳理，截至2013年6月底，全国已有10家区域性股权市场正式开业，挂牌企业全国累计达2 195家。

综观国内区域性股权交易市场的组建模式，主要有以下四种：一是产权交易机构主导模式。一般采用由产权交易机构联合区域内大型国有投融资平台、投资公司、金融机构等共同设立，如天津股权交易所是由天津产权交易中心主导成立，武汉股权托管交易中心是由武汉光谷联合产权交易所发起。二是地方政府主导的事业单位模式。此类区域股权市场由地方政府负责监管，由地方金融设立事业单位性质的区域股权交易机构，如齐鲁股权交易托管中心由原淄博齐鲁股权交易中心和淄博股权托管中心整合成立，是正县级事业单位，由山东省金融办管理。三是地方国企主导模式。部分区域股权交易市场基于原来产权交易机构的股权交易平台，通过向当地大型国有投资公司、券商等机构增资扩股，变成由地方国有企业控股的公司制平台，产权交易机构仅参与或完全退出，如上海股权托管交易中心源于上海联合产权交易所的股权托管中心，后通过增资扩股由上海国际集团控股。四是券商主导模式。目前有部分券商不仅是参与，而且计划自行主导区域股权市场。如前海股权交易中心前身是深圳联合产权交易所旗下深圳新产业技术产权交易所，后通过增资扩股，深圳联合产权交易所完全退出，中信证券、国信证券、安信证券共同成为前海股权交易中心主导者。

为推动区域性股权交易市场健康发展，引导证券公司规范参与区域性股权交易市场的相关业务，2012 年 8 月 23 日，中国证监会发布了《关于规范证券公司参与区域性股权交易市场的指导意见(试行)》，证券公司开始登上区域股权市场的舞台。根据该指导意见，证券公司参与的区域性市场应当符合下列条件。

(1) 区域性市场经所在地省级人民政府批准设立。使用“交易所”字样的区域性市场，省级人民政府批准前已征求联席会议意见。

(2) 区域性市场是为市场所在地省级行政区域内的企业特别是中小微企业提供股权、债券的转让和融资服务的私募市场，接受省级人民政府监管。区域性市场原则上不得跨区域设立营业性分支机构，不得接受跨区域公司挂牌。确有必要跨区域开展业务的，应当按照《国务院办公厅关于清理整顿各类交易场所的实施意见》(国办发〔2012〕37 号)要求分别经区域性市场所在地省级人民政府及拟跨区域的省级人民政府批准，并由市场所在地省级人民政府负责监管①。

(3) 区域性市场日常管理规范，已经建立健全的管理制度和业务规则，并已通过区域性市场经营场所和网站公示。区域性市场已经采取有效的投资者合法权益保护和风险管理措施，建立了风险防控和应急处理机制，发现风险隐患后能够及时处理并报告省级人民政府。

(4) 区域性市场已经建立规范的会员管理制度，明确会员的权利和义务，要求会员严格遵守市场规则，公示会员名单和相关资料，建立诚信档案，并采取有效措施防范会员损害投资者合法权益。

(5) 区域性市场已经建立投资者适当性管理制度，要求参与区域性市场的投资者为具备一定风险承受能力的合格投资者，明确合格的机构投资者和个人投资者的标准并予以公示。

总之，尽管国务院 37 号文、38 号文对交易所的运作进行了较多约束，但区域性股权交易市场依然显示出较强的创新活力，比如前海股权交易中心的“十无”模式、浙江股权交

---

① 目前，仅有天津股权交易所和上海股权托管交易中心存在异地挂牌企业，其中，天津股权交易所挂牌的企业分布于 26 个省市，上海股权托管交易中心挂牌企业来自 12 个省市。

易中心推出中小企业私募债、广州股权交易中心的知识产权交易板块等。场外交易市场建设不仅仅局限于未上市股份，中小企业私募债、信托产品、合格境内机构投资者（QDII）产品所持海外公司的股份，未来也有可能进入场外市场交易，因此目前以收取会员费、挂牌费为主的盈利模式也有望改变，深度参与企业投融资服务及产品设计发行将成为趋势。与此同时，证券公司的深度参与渐成潮流。目前，证券公司参股区域性股权交易市场已十分普遍，未来券商将进一步参与其运营管理，并将原有业务与股权交易市场业务进一步融合。长远来看，区域性股权交易市场将成为券商产业链的重要组成部分，而区域性股权交易市场本身也将具有更多的“投资银行”色彩。此外，区域性股权交易市场的区域扩张及竞争日益差异化。尽管证监会及地方政府并不支持区域性股权市场企业异地挂牌，但随着参与主体多元化以及企业融资需求多元化，政策性将逐渐让步于市场规律，区域性扩张将成为重要趋势。而区域扩张所带来的区域性股权交易市场竞争加剧，则将进一步推动其业务发展的差异化。

阅读材料 6-1

海峡股权交易中心

1. 基本情况

海峡股权交易中心是经福建省政府批准设立，作为福建省落实对台先行先试决策部署的重要举措之一，遵循证监会对多层次资本市场建设体系的统一要求，为福建区域内中小微企业和台资企业提供投融资服务的平台。海峡股权交易中心的发展目标是，建设成为政府监管、证券公司主导（开创地方政府与券商合作建设区域性股权交易中心之先河）、市场化运作、服务海西，并在全国有重要影响力、特色鲜明的投融资平台服务市场。海峡股权交易中心实行政府监管、券商主导模式，兴业证券为第一大股东，海峡股权交易中心的筹建也汇集了福州、平潭、漳州、龙岩、宁德、泉州等地政府的大力支持，而海峡富国基金的参股更是体现了对台先行先试的创新举措。海峡股权交易中心于 2013 年 7 月 18 日正式开业，首家分支机构泉州运营中心也于 7 月 31 日正式开业。

2. 功能定位

海峡股权交易中心旨在构建服务大陆台资企业和海西区域中小微企业融资和各类证券品种交易的市场平台，依托其注册地位于平潭综合实验区的特殊政策，“中心”将被打造成为大陆与台湾地区信息与资源共享、两岸资本市场业务合作的平台。

3. 各项业务介绍

(1) 企业挂牌

海交中心的企业板块包括挂牌交易板块和挂牌展示板块两部分，它能使原先不为人知的中小企业通过海交中心平台实现公开展示，对接全国金融机构，面向全国投资者，极大提高企业的认知度。截至 8 月 30 日，中心已经发展挂牌企业 55 家、会员机构 53 家。

挂牌交易与挂牌展示的比较见表 6-2。

表 6-2　挂牌交易与挂牌展示的比较

板块类别	板块功能	相对优势	中介机构	挂牌费用
挂牌交易	登记托管、交易、定向增资、股权质押、企业展示	完善治理结构、有效规范运营、合理估值、企业信息公信力强、融资效果好	推荐会员、会计师事务所、律师事务所、评估机构	合计 100 万元左右
挂牌展示	企业展示	程序便捷、无需成本	无需	无费用

(2) 企业改制规范

企业通过在海交中心的挂牌过程，经历了股份制改造和规范过程，实现了法人治理结构的优化，明晰了企业真实价值，使企业实际控制人和管理人员摸清企业家底，也通过资本市场认可的语言和平台信用向投资人展示企业价值，解决了企业内在管理和对外融资的基础问题。

(3) 定向增资

企业通过定向增资，以让渡股权的方式实现融资，同时完成企业估值，实现企业和战略资本的有效结合，能够推动企业快速成长。

(4) 私募债券

企业通过在海交中心发行私募债券，获得较低成本和较长期限的债务融资，锁定企业流动性风险。目前多家挂牌企业已经表达了发债意向，其中某挂牌企业已经由券商介入，开展发债前期的调查工作，并由一定资质的担保公司介入提供担保，有望近期发行 2 000 万元左右的私募债。

(5) 银行贷款对接

海交中心作为汇聚各金融要素的平台，将充分发挥银行战略会员众多的优势，为企业寻找最适合的贷款行，在企业提交融资需求后，将协助企业对接银行。

(6) 其他融资工具

海交中心还提供了券商基金公司资管计划、信托产品和各类金融工具，为企业和投资人提供个性化的投融资工具。

资料来源：根据海峡股权交易中心提供的相关材料整理，数据截止到 2013 年 8 月 30 日。

（三）产权交易市场

产权交易市场是指供产权交易双方进行产权交易的场所。狭义的产权交易市场是指各类企业作为独立的产权主体从事以产权有偿转让为内容的交易场所。包括现在的产权交易所(中心)、资产调剂市场、承包市场或租赁市场等。广义的产权交易市场是指交换产权的场所、领域和交换关系的总和。

产权交易市场是目前我国场外股权交易市场体系中存在时间最长、规模最大的市场之一，由全国 200 多家产权交易机构组成，遍布全国各地。近年来我国产权市场交易规模逐年增长，保持了良好的发展势头。随着经济的发展和市场规模的扩大，各个产权交易机构根据市场需求采用先进的计算机和互联网技术，不断进行业务创新，在区域联动、交易品种和交易方式上都得到了新的发展。概括来说，具有以下几个特点。

(1) 产权交易机构区域合作进一步加强。例如，2002 年由天津产权交易中心等 19 个省市区的 61 家产权交易机构组成的“北方产权交易共同市场”，2004 年由西部(陕西)产权交易所等 7 家产权交易机构发起成立的“西部产权交易共同市场”等。区域共同市场通过共同的信息平台披露共同市场内所有产权交易信息、实行统一的交易规则，促进了不同产权交易机构的信息共享，推动了产权在异地之间的流动。

(2) 中小企业服务不断增多。不少产权交易机构或设置专门分支机构或以新的方式开展非国有产权、股权的转让事宜，为中小企业资本的融资提供了极大的帮助。上海联合产权交易所浦东张江分所、天津产权交易中心股权托管交易市场、西安技术产权交易中心中联产权报价系统、河南省技术产权交易所股权交易市场等已开展代办托管股份报价转让业务，还有一些产权交易机构设置了专门为高新技术类企业提供股权融资的交易区，如浙江产权交易所的高新交易区、深圳高新技术产权交易中心的华南国际技术产权交易中心、江苏省产权交易所的成长型企业和创业投资服务平台等。这些平台的设置为成长型企业和高科技类中小企业的股权融资提供了通道，推动了成长型、高科技类中小企业的发展。

(3) 交易机制渐趋合理。产权市场交易方式主要有协议转让拍卖、招投标以及网络竞价等方式。随着非国有产权交易需求的增加，产权交易方式的结构也渐趋合理。其中协议议价成交项目占比逐年下降，而网络竞价成交项目占比逐年上升。如江西省产权交易所、黑龙江省产权交易中心、内蒙古产权交易中心、西部产权交易所、安徽产权交易所等相继开通电子竞价交易系统，越来越多的产权交易机构通过电子竞价交易系统实现了异地交易。不仅如此，各地产权交易机构还在竞价模式方面不断创新，引入“两轮竞价”“密封竞价”等竞价方式。

二、我国场外市场的发展路径

未来我国场外市场的发展应遵循“以高端场外市场建设为主，低端市场基础培育为辅，逐步推进多层次场外市场体系”的“顶端优先”发展路径。具体来说，首先，以全国中小企业股份转让系统为核心和基础建立我国场外交易市场全国性高端市场；其次，有序推进高端市场规模的扩张，同时制订长远规划发展低端场外交易市场；最后，根据高端及低端市场运行状态和市场需求的研究，适时推动市场的进一步层次化，建立中层市场。最终形成集中与分散相统一、全国性与区域性相协调、有形市场与网络系统相结合的场外交易市场体系。

具体来看，我们可以将我国场外交易市场体系的建立细分为两条并行的路径。

第一条路径：高端市场的建立和逐步成熟化。首先，即高端市场建设的准备阶段。在建设初期，招募到合格、优质的市场参与者，如中小企业作为融资主体，以及风险承担能力较强、投资行为理性、富有私募投资经验的机构投资者作为投资主体。其次，在较充分准备工作的基础上，实现股权和私募投资基金份额的流转。在股权流转方面，建立相应的交易标准、制度、规范，实现挂牌公司股权在公司原股东和私募投资者之间的转让，以及在私募投资者之间的转让；在私募投资基金份额流转方面，制定相应的交易制度，实现私募基金投资者的新进与推出。最后，在股权和基金份额充分流转的基础上，实现高端市场的融资功能。在实现融资功能后，高端市场即完成了由成长期向成熟期的质变，其后将在产品更新、制度完善、效率提高等方面不断深化发展。

第二条路径：低端市场的培育与建设。首先，是低端市场本身的培育。低端市场的培育工作将体现如下几个特点：市场分布的分散性、市场基础的广泛性、培育方式的多样性、市场标准的渐进趋同化。其次，转板制度的设计实施。可以在低端市场培育伊始，就着手设计、实施低端市场与高端市场之间的转板制度。实际上，双向的转板制度对高端市场中的挂牌公司也具有激励作用，可以进一步体现市场的"优胜劣汰"功能，是成熟高端市场制度的重要组成部分。

在高端市场和低端市场建成的基础上，进而依据"两极"市场发展的情况、宏观经济背景等，寻找适宜的时机和得当的方式，建立类似美国 OTCBB 的中层市场，最终形成我国的多层次场外交易市场体系。

三、我国场外市场的制度设计

因应上述发展路径的实施，我们需要从转板机制、交易制度和监管模式三个重要方面开展相关制度的具体设计。

（一）建立畅通的多层次转板机制

多层次的场外交易市场的各层次之间也必须实现对接，才能形成一个完整有效的场外交易市场。低层次市场上的企业经过一段时间的培育，达到高层次市场的企业上市标准，可以通过法定程序审批，进入高一层市场挂牌上市。反之则反是。比如在美国，如果企业想从 OTCBB 转到 NASDAQ 市场，只要该企业挂牌运营到一定程度、符合了相关条件之后便可以进行。与之相反，如果主板或 NASDAQ 的上市企业不符合要求或不愿意继续上市，也可以退到场外市场进行交易。然而，长期以来这一资本市场自由便利的转板制度在我国目前的监管体系下却难以实现。比如，一些企业希望通过从"新三板"转向创业板而不得，只能通过首次公开发行审批流程重新过会。包括佳讯飞鸿、紫光华宇等一些原本在"新三板"的企业虽然实现了在创业板或中小板上市，但并非通过直接转板方式实现，这无疑削弱了中小创业企业在场外市场交易挂牌的兴趣。可喜的是，2013 年 12 月 14 日证监会发布的《关于全国中小企业股份转让系统有关问题的决定》明确"新三板"挂牌公司可以直接转板主证券交易所，这大大促进了中小企业上"新三板"的积极性，同时也能为机构投资者提供一个比较通畅的退出机制。

（二）建立做市商与竞价相结合的交易制度

根据 2011 年 11 月 24 日正式发布的《国务院关于清理整顿各类交易场所切实防范金融风险的决定》（38 号文），除依法设立的证券交易所或国务院批准的从事金融产品交易的交易场所外，任何交易场所不得采取集中竞价、做市商等集中交易方式进行交易。除了天津股权交易所等少数市场引入做市商机制外，"新三板"和大部分场外市场都属于面向特定投资者进行股份转让和实施定向增资的非公开市场，通过协议转让等特定对象之间转让方式进行交易，而不采取集中竞价、做市商等集中交易方式。但考虑到目前地方 OTC 交易仍不够活跃的现状，业界对做市商机制有较高期待，未来也有望在政策上实现突破。从国外成熟的经验来看，未来的场外交易市场宜采取做市商与竞价相结合的复合交易制度。对于不同层次的场外市场，可以采取不同的复合交易制度。在低端市场，应更充分地发挥做市商的做市功能，竞价制度为辅；在高端市场，应以竞价制度为主，做市商为辅；在中层市场，则采取介于两者之间的复合交易制度。另外，对于不同层次市场上或同一层次市场中的不同证券，分别制定可否连续交易的规定，以在足够的市场流动性和适度的市场波动性之间进行权衡，维护市场的稳步高效运行。

（三）建立官方主导和多方参与结合的监管体制

"新三板"由中国证监会直接实施监督管理。而包括天津、重庆、上海在内的地方场外交易市场，监管职责则是由地方金融办来履行。如果中国证监会力图"建立统一监管的场外交易市场"，则必须从省市地方金融办手中收回地方性场外市场监管职责，这势必会引发有关场外交易市场权责的新一轮调整。加之，现有交易平台之间的关系还没有理顺，规则设计、门槛要求、交易方式也各不相同，整合必然需要时间，所以在短期内真正建立全国性统一监管的场外交易市场并不容易。为此，对我国场外市场的监管除了应纳入到资本市场监管范围外，还应该兼顾其多层次的特点，逐步构筑相对灵活的监管模式，即在构建和发展场外市场的具体实践过程中，要充分发挥出政府和市场两方面的作用。首先，需要以政府为主导建立一个多层次的场外市场；其次，在建成之后政府作为一个比较高位的监督力量对整个市场做出方向性和策略性的指导，并不参与场外市场的直接监管，而让证券业协会等行业性组织来对场外市场的运行进行直接监管，并让市场多方参与进来，构建一种行业自律性的监管模式；最终，立足于对不同企业层次给予不同强度的监管和执行不同的信息披露标准等，形成一种以官方为主导、多方参与的复合监管体制。

本章小结

1. 场外交易市场的定义有广义和狭义之分。广义上的场外交易市场是指在交易所外由证券买卖双方当面议价成交的市场；从狭义上来说，场外交易市场多特指场外股权交易市场。随着信息技术的发展，场内市场和场外市场的概念演变为风险分层管理的概念。发展场外交易市场的意义在于：构建多层次资本市场的必然要求、满足资本市场的融资需求、适应资本市场的投资需求、完善上市公司的递进递退机制、拓展风险投资的退出机制、促进区域经济协调发展。

2. 美国、英国和中国台湾的场外市场代表了三种不同的生成和发展路径：美国是自下而上、完全市场化的生成方式；英国场外市场则是在自律监管的模式下逐步发展起来的，并逐渐向高端市场延伸；中国台湾则是自上而下、政府主导的交易所内部分层的方式。成熟经济体的发展经验给我们的启示是：加强立法保障、创新交易制度和手段、严格信息披露制度、完善市场监管体系。

3. 我国场外交易市场体系的建立应采取"条块结合"的模式，既要有集中统一的全国性场外交易市场，又要有区域性的股权、产权交易市场。未来我国场外市场的发展应遵循"以高端场外市场建设为主，低端市场基础培育为辅，逐步推进多层次场外市场体系"的"顶端优先"发展路径，并且需要从转板机制、交易制度和监管模式三个重要方面开展相关制度的具体设计。

思 考 题

1. 从广义和狭义两个层面阐述场外市场的定义。

2. 从分层特征、企业特征、交易特征和投资者特征等方面分析比较美国、英国和中国台湾地区场外市场的发展特点。

3. 从交易对象、交易制度、融资方式三个方面分析比较我国新三板、区域性股权市场、产权交易市场的发展特点。

4. 论述未来我国场外市场的发展路径以及相关制度设计。

参 考 文 献

[1] 王一萱,王晓津,李园园.美英台场外市场对比[R].深圳证券交易所综合研究所,2012(5).

[2] 谈佳隆.三地博弈场外交易市场[J].中国经济周刊,2012(2).

[3] 刘喆,李学峰,张舰,等.中国场外交易市场发展路径研究[N].上海证券报,2011-05-16.

[4] 刘光超.直击新三板[M].北京:中信出版社,2010.

[5] 胡经生.证券场外交易市场发展研究[M].北京:中国财政经济出版社,2010.

[6] 高峦,钟冠华.中国场外交易市场发展报告(2012—2013)[R].北京:社会科学文献出版社,2013.

第七章 公司并购

本章概要

本章主要讲述公司并购，首先详细分析了公司并购的含义、类型以及投资银行等中介在公司并购中的作用，然后介绍了公司并购的一般流程，以及公司并购中比较特殊的杠杆收购、管理层收购。最后介绍了公司并购中主要的反收购方式和策略。

第一节 公司并购概述

一、公司并购的基本概念

公司并购(mergers & acquisitions)是一个复杂的企业行为，是企业扩展型重组的重要表现形式。

(一) 兼并与收购的概念

1. 兼并

兼并(mergers)是指公司之间的相互吸收或者融合，由两个或更多个公司实体形成一个新经济实体的交易。我国《公司法》规定，公司合并可采取吸收合并或者新设合并。吸收合并，是指两个或两个以上企业合并中，其中一家企业吸收了其他企业而成为了存续公司的合并形式，用公式表示是：A+B=A。通常主动吸收一方的价值要强于另一方，被吸收的企业的法人地位消失。新设合并是指两家公司或两家以上的企业结合后全部都不存在，在原来企业资产的基础上创建一家新企业，用公式表示：A+B=C。

2. 收购

收购(acquisitions)是指获取特定财产所有权的行为。通过该项行为，一方获得目标公司部分或全部资产，其目的是取得该企业的经营控制权。在理论上，A 公司要持有 B 公司 51%的股份，即取得绝对控股权，可以直接对 B 公司的经营活动行使决策权，而 B 公司的法人地位不消失。但是在股权分散的情况下，A 公司只需取得 30%或更少的股权便可以达到控股的目的。

(二) 兼并和收购的主要区别

(1) 收购完成后，通常被收购企业的法人实体依然存在；兼并后，被兼并企业的法人实体不复存在。

(2) 收购后，收购方成为目标公司新股东，以掌握的股份为限承担有限责任；兼并后，兼并方承担被兼并企业的全部资产和负债。

(3) 兼并是以现金购买、债务转移为交易条件的；而收购则是以所占有企业股份额达到控股为依据，进而实现对被收购企业的所有权占有。

二、公司并购的类型

公司并购的类型可以根据不同的标准进行划分，公司并购的分类框架如图 7-1 所示。

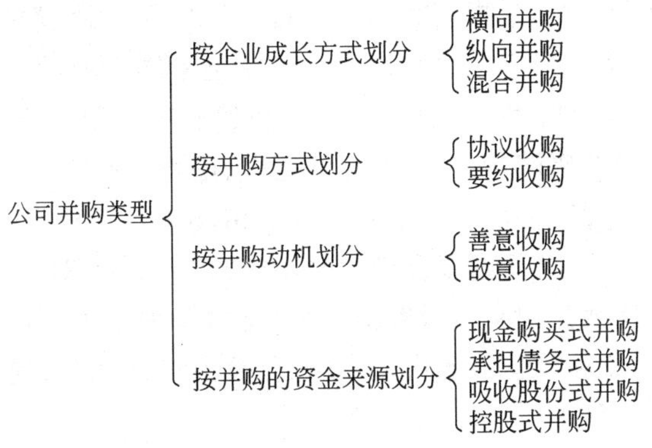

图 7-1　公司并购的分类框架

（一）按企业成长方式划分

1. 横向并购

横向并购，是指收购双方处于同一行业，生产和销售相同或相似产品的商业竞争对手之间的并购。例如两家钢铁公司合为一体，两家石油公司或者汽车公司组成一家公司。这种并购的目的在于扩大企业的生产规模，降低生产成本，实现规模经济；减少竞争对手，提高行业集中度。但是，横向并购也容易产生行业垄断，限制市场竞争，往往也受到反垄断法的限制，在市场结构完善的经济体中已经比较少见。

阅读材料 7-1

卡特尔协议

卡特尔(Cartel)是由一系列生产类似产品的独立企业所构成的组织，采用集体行动来提高该类产品价格或控制其产量。根据美国反托拉斯法，卡特尔属于非法组织。卡特尔是垄断组织的形式之一。生产或销售某一同类商品的企业，为垄断市场、获取高额利润，通过在商品价格、产量和销售等方面订立协定而形成同盟，将竞争对手从市场上排挤出去。参加这一同盟的成员在生产、商业和法律上仍然保持独立性。许多国家通过反垄断的法律，对于这种危害竞争的垄断行为进行限制。

2. 纵向收购

纵向收购，是指生产过程或经营环节相互连接、密切联系的上下游企业之间，具有纵向协作关系的专业化企业之间的并购。例如一家钢铁公司并购一家煤矿公司之类的能源供应商，再如一家汽车制造公司并购一家汽车零部件制造商。纵向并购的目的在于控制某行业、某部分的综合效益。同时，纵向并购还能避开横向收购中常遇到的反托拉斯法的限制，纵向并购往往能产生更高的质量和效率，避免产品和生产的重复。其缺点是合并后的企业生产和发展受到市场因素的影响较大，一旦出现亏损就会产生多米诺骨牌似的效应，无法有效地分散风险。

3. 混合收购

混合收购又称复合并购，是指收购双方之间既非竞争对手，又非现实的或潜在的供应商或客户的收购，即一家企业有意地并购另一家完全不同行业的企业行为。具体又分为三种并购方式：一是产品扩张型，是指一家企业以原有产品和市场为基础，通过并购其他企业进入相关产业的经营领域，达到扩大经营范围、增强企业实力的目的。二是市场扩张型并购，是指生产同种产品，但产品在不同地区的市场上销售的企业之间的并购，以此扩大市场，提高市场占有率。三是纯混合型并购，是指在生产和职能上没有任何联系的两家或多家企业的并购。这种并购又称为集团扩张，目的是进入更具增长潜力和利润率较高的领域，实现投资多元化和经营多元化，以多元化分散商业风险，通过先进的财务管理和集中化的行政管理来取得规模经济。

处于不同发展阶段的公司对于通过并购进行扩张的需求是不同的，处于成长期的企业，横向并购绩效最优，处于该阶段的企业继续发展壮大的关键就在于扩大市场份额和提高产品知名度，而横向并购能较好地实现企业的这一目标；处于成熟期的企业，纵向并购和混合并购的绩效总体优于横向并购，处于成熟阶段的企业利润空间已经开始逐渐减小，多数企业已经产生一定的市场影响力，可以从降低成本及价格上维持较强的竞争力，纵向并购使企业更好地对整个供应链进行控制，极大地降低交易成本，而混合并购则拓宽了企业的利润来源；处于衰退阶段的企业，混合并购的绩效最优，且这种优势需要数年的时间才能有明显表现，一方面，衰退阶段的企业在管理方面本身就存在一定问题；另一方面，并购其他企业后，在财务、人力及管理方面的整合都需要时间。另外，通过技术型并购进入新兴行业也是近年来比较流行的并购方式，目前在互联网领域的电商并购及移动互联网并购都是传统行业通过技术并购进入新市场的快捷途径。[①]

（二）按并购方式划分

按并购方式划分，公司并购可以为协议收购和要约收购。

1. 协议收购

协议收购，是指直接与目标公司股东取得联系，通过反复磋商，在征得董事会和管理层同意的情况下，达成协议，按照协议规定的条件、价格、收购期限以及其他约定事项收购目标公司股份的一种收购方式。协议收购一般是善意的收购行为，其过程短，法律手续简单，不易产生纠纷，并且多涉及股份的场外转让，交易成本较低。

根据我国《证券法》，采取协议方式收购上市公司的，收购人可以依照法律、行政法规的规定同被收购公司的股东协议转让股份。收购协议达成后，收购人必须在三日内将该收购协议向国务院证券监督管理机构及证券交易所做出书面报告，并予公告。在公告前不得履行收购协议。协议收购的双方可以临时委托证券登记结算机构保管协议转让的股

① 杜传忠，郭树龙. 企业并购对企业成长的影响及其机理分析[J]. 财经问题研究，2012(12).

票，并将资金存放于指定的银行。采取协议收购方式的，收购人收购或者通过协议、其他安排与他人共同收购一个上市公司已发行的股份达到30%时，继续进行收购的，应当向该上市公司所有股东发出收购上市公司全部或者部分股份的要约。但是，经国务院证券监督管理机构免除发出要约的除外。目前，在我国证券市场尚不成熟、不规范的情况下，协议收购是一种比较常见的并购方式。

2. 要约收购

要约收购是指通过证券交易所的买卖交易使收购者持有目标公司股份达到法定比例（我国《证券法》规定该比例为30%），若继续增持股份，必须依法向目标公司所有股东发出全面收购要约，按照规定的价格以货币或其他支付形式购买股票，以获取上市公司股权的一种收购形式。要约收购无须事先征求目标公司董事会及管理层的同意，多用于敌意收购中。

阅读材料 7-2

要约收购豁免

要约收购豁免，当进行协议收购上市公司时，持有目标公司股份超过30%的，继续增加持股，应当向该企业的所有股东发出收购其全部股份的要约。但是，符合某些情形的，可以向证监会申请要约收购豁免，例如，上市公司股份转让在受同一实际控制人的控制的不同主体之间；上市公司面临严重财务困难，收购人为挽救公司而收购，且提出切实可行的重组方案；公司发行新股，导致收购人持有超过30%；法院裁决；合法持有50%以上股东继续增持，增持后不超过75%；证券公司因承销业务；当事人因国有资产行政划拨，持股超30%；当事人合法继承等。

与协议收购相比，要约收购要经过较多的环节，操作程序比较繁杂，收购方的收购成本较高。但是一般情况下要约收购都是实质性资产重组，非市场化因素被尽可能淡化，有利于改善资产重组的整体质量，促进重组行为的规范化和市场化运作。要约收购是各国证券市场最主要的收购形式，在所有股东平等获取信息的基础上由股东自主选择，被视为完全市场化的规范收购模式。

（三）按并购动机划分

1. 善意收购

善意收购又称友好收购，是指收购方以较好的报价和条件与目标公司协商收购事宜，取得目标公司的理解与支持。在善意收购中，并购者也被形象地称为“白衣骑士”，善意收购的双方可以共同磋商购买条件、购买价格、支付方式和收购后企业的地位及被收购企业人员的安排等，并就上述内容签订收购要约。善意收购是在双方自愿、合作、公开的前提下进行的，一般都能获得成功。

2. 敌意收购

敌意收购，又称恶意收购，是指收购公司事先未经目标公司董事会允许，在不管对方是否同意的情况下，所进行的收购活动。在敌意收购下，并购方致函给目标企业的董事会，向他们表达并购的意愿，并且要求目标企业对并购报价迅速地做出决定。在敌意收购中，当事双方采用各种攻防策略完成收购行为，并希望取得控制性股权，成为大股东。

敌意并购的优点在于在某些情况下由于代理问题的存在，当企业的多数管理人员反对任何并购协议而大股东乐于接受合理价格的并购时，敌意并购者就可以利用管理层和股东之间的分歧，避开管理层的反对而实施收购。

（四）按并购的资金来源划分

1. 现金购买式并购

现金购买式并购一般是以现金购买为条件，将目标企业的整体产权买断。现金购买式并购需要并购方有相当雄厚的资金实力，目标公司一般属于前景堪忧，但是目前资产大于负债的企业。并购方在完成兼并的同时，要对其债务进行清偿。这种购买方式只计算目标企业的整体资产价值，依其价值而确定购买价格。目标公司的购买价格，实际上是其偿还债务以后的出价。

2. 承担债务式并购

承担债务式并购，即在目标企业的资产与负债等价的情况下，并购方以承担目标公司的全部债务为条件接受其资产。并购企业取得目标公司资产后，不得拒绝承担其债务。承担债务式并购不是以价格为交易标准，而是以债务和整体产权价值之比为交易标准，实际上是企业破产机制的替代。这种方式在我国实际工作中运用得最为广泛，但存在的问题也最多。

3. 吸收股份式并购

吸收股份式并购，即将被并购企业的净资产作为股金投入并购方，成为并购方的一个股东，双方相互持股。吸收股份式并购符合合并的各种法律特征，是典型的合并，合并各方的债务应由合并后的企业承担。在市场经济比较完善的国家，这种并购形式为数较多，其中主要包括资产入股、股票交换等。

4. 控股式并购

控股式并购，即一个企业通过购买其他企业的股票达到控股，实现并购。控股有两种含义：一是绝对控股，即掌握目标企业50%以上的股权；另一种是相对控股，在股权分散的情况下，只需掌握比例最大的股份即可对公司的经营决策实施决定作用。在控股式并购中，并购方作为被并购企业的新股东，对被并购企业原有债务不应负连带责任，其风险责任仅以控股出资的股金为限。因此，目标公司债务以其自身所有经营管理的资产为限清偿，日后破产照此处理，与并购企业无涉。这种并购方式操作灵活，在企业并购中采用得最为广泛。

三、参与公司并购的中介机构

并购是一项十分复杂且技术性很强的工作。通常，并购双方都需要选择某些中介机构作为顾问，保证企业的利益。在并购活动中主要涉及的中介机构有投资银行、会计师事务所和律师事务所。

（一）投资银行

投资银行在公司并购中的作用大概可以分为两大类。

（1）以财务顾问身份为收购方或目标公司提供服务。在这类业务中，投资银行并不是并购交易的主体，只是作为中介人为并购方或者目标企业提供相应的策划、融资等财务顾问服务。投资银行在资本市场中掌握有大量的产权交易信息，并且有较强的并购技术和经验，能够为企业提供并购策划或者反收购措施。例如，当委托方为收购人时，帮助收购方以适当的方式、最优惠的条件收购最合适的目标公司。当委托方为被收购人时，帮助被收购方以尽可能高的价格将股份出售给最适合的企业；在恶意收购的情况下，投资银行则协助被收购方以尽可能低的代价取得反收购的成功。投资银行作为并购方的财务顾问的同时，往往还作为其融资顾问，为并购方筹措资金，在杠杆收购中表现为安排过渡性资金、在长期债务资金筹措完成之前的临时短期筹措。

（2）投资商业务。这里的投资银行作为并购主体收购上市公司，然后通过重组整体转让或者分拆卖出，从中赚取买卖差价。

公司并购是投资银行中利润最为丰厚的业务。投资银行并购收入的酬金取决于该并购操作的复杂程度，比较常见的方式是投资银行收取交易售价的一个百分比作为酬金。例如 5-4-3-2-1 的雷曼公式，投资银行对第一个 100 万美元收取 5%，第二个 100 万美元收取 4%，第三个 100 万美元收取 2%，第四个 100 万美元收取 2%，之后超出的任何部分都收取 1%。此外，还有固定比例加奖金和固定比例佣金等酬金方式。总的来说，投资银行在并购业务中的一般交易价为 2%～3%。

（二）会计师事务所

会计师事务所在并购中参与收购谈判工作，向收购双方提供财务会计咨询；在收购意向协议书签订后，接受委托对目标公司的会计报表进行审计；在审计基础上，接受委托对目标公司的全部资产进行评估，为收购定价提供依据。

虽然与投资银行顾问业务有重复的部分，但是会计师事务所的重点在于收购审计和税务专案上。收购审计是指在买卖双方商定好收购条件，制定合并的准收购协议之后所进行的审计查账，包括公司的营业绩效、设备情况，万一审计的结果与事前协定价格有较大出入，则可以修改收购的金额。税务专案是会计师事务所为买方企业处理税负的问题，这直接影响企业的税金计算。

（三）律师事务所

律师事务所在公司并购中的主要工作是参与诉讼，尤其是在恶意收购的情况下，买卖双方都会各自提出诉讼。律师事务所在并购交易中的主要作用如下。

（1）对目标公司进行法律调查，汇整商业谈判的基础，使对交易双方的主体和内容从法律上予以确认。

（2）审查转让方是否合法持有目标公司股权，拟转让股权是否存在质押，转让方是否签署包含禁止或限制公司股权转让的合同、协议等；审查目标公司的贷款协议、企业债券等法律合同，查明是否存在当目标公司控制权发生变化，须提前履行支付义务，解除担保或终止使用权等相关权利的规定，并将上述调查结果反映于合同之中。

（3）对收购事项出具《法律意见书》：对股权转让的主体资格、转让标的、协议签订、授权和批准等是否合法发表意见；对申请豁免全面要约收购义务出具法律意见书（是否符合有关规定）；对本次收购是否已经履行法定程序、是否履行信息披露义务等发表意见。

阅读材料 7-3

我国企业并购发展历史

我国企业的并购历史最早可以追溯到新中国成立之前甚至更早，但以现代企业为主要组织形式的真正意义上的并购，最早出现于1984年，当时保定机械厂兼并了保定针织器械厂，成为改革开放后我国企业并购的第一案。随后，在武汉、南京、上海、北京等全国各大城市都发生了企业并购。到1994年，全国各地已经有20多个产权交易市场，企业可以通过产权交易市场进行实物形态为基本特征的财产权益的全部或部分交易。

20世纪90年代初，上海、深圳证券交易所设立，中国证券市场迅速成长起来，上市公司数量和交易量急剧增加，使公司并购由不自觉行为向自觉行为发展。股份制和证券市场的发展，为一家公司通过购买一定份额的另一家公司股票从而达到控股目的提供了可能。1993年9月，深圳宝安集团通过上海证券交易所大量买入上海延中实业股份有限公司的股票，开创了我国企业通过股票二级市场收购上市公司的先河。1998年3月辽宁盼盼集团公开向社会发出收购要约，开创了我国要约收购的先河。

由于我国并购市场发展过快，上市公司重组规模越来越大，形式越来越多样化，许多在成熟资本市场上的重组模式被简单移植到我国资本市场上，上市公司并购重组的法律规范和相关实施细则的颁布没有与时俱进，无法有效制约上市公司重组中出现的"暗箱操作"和信息披露不透明等问题，报表式重组甚至虚假重组现象突出，很多中小股东的利益被侵犯，重组效率极其低下。针对这些问题，我国政府自2001年以来加强了对并购市场的监管，颁布了一系列操作规则，严厉打击内幕交易。2001年12月10日，证监会发布《关于上市公司重大购买、出售、置换资产若干问题的通知》来对上市公司的并购行为进行规范。2002年10月8日，证监会发布了《上市公司收购管理办法》和《上市公司股东持股变动信息披露管理办法》，是迄今为止最为详尽规范我国上市公司并购重组行为的法律法规，再加上《证券法》和《公司法》的相关规定，我国初步构建了一个完整的上市公司并购重组的相关法律框架；同年11月，证监会、财政部和国家经贸委共同发布了《关于向外商转让上市公司国有股和法人股有关问题的通知》和《合格境外机构投资者境内证券投资管理暂行办法》，使境外投资者参与我国并购重组市场有了现实依据。至此，我国的并购重组市场开始与国际市场接轨。

资料来源：贺铟璇，王江石.我国公司并购的历史、现状及发展建议[J].沿海企业与科技，2011(1).

第二节　公司并购的动因与作用

一、公司并购的动因

在不同的时期和不同的市场条件下，企业并购的动因和依据是不同的。当代经济学家对于企业并购行为的种种解释，概括而言，就是为了通过取得目标公司的控制权而最终获取利润。具体来说，企业并购的动因可以分为以下几个方面。

（一）效率理论

1. 经营协同效应

所谓经营协同效应，是指通过企业并购使企业的生产效率得到提高。经营协同效应来源如下。

(1) 企业并购使企业达到规模经济。并购使几个中小企业合为一家较大的企业，能够分担企业的成本和研发费用。另外，随着规模的扩大，企业的市场占有率也会提升，其市场控制能力将会增强，对于企业的生存和发展较为有利。

(2) 实现优势互补，并购前各家企业的优势各不相同，如有的企业善于研发，有的企业擅长生产成本控制，有的擅长于发展销售渠道和客户维护。并购可以将各家企业的优势整合，提高企业的经营效率。

(3) 有些企业的并购可能获得某一领域的纵向一体化，大大降低交易费用。在企业经营活动中，寻求交易伙伴的成本、契约费、谈判的费用，这部分交易费用占成本的比重很大。纵向一体化的并购能够使处于产业链中的上、中、下游企业的交易活动内部化，涉及的交易费用则可以省去，降低了生产成本。同时，纵向一体化还可以提高企业管理集中度，建立新的组织结构和管理体系。

2. 财务协同效应

财务协同效应是指企业并购后，由于税法、会计处理和证券市场投资等方面的作用产生的一种纯账面的收益。财务协同效应主要表现在以下几个方面。

(1) 公司并购可以帮助企业合理避税。一是股息、利息和资本收益以及不同资产之间的税率不同，企业通过并购的会计处理，可以减少税收支出；二是在并购后的企业合并财务报表中，利用亏损递延条款合理避税；三是通过调整并购后企业内部的转移价格控制利润水平，从而少缴企业所得税。

(2) 降低融资成本。收购完成后，目标公司可以提高信用级别，进入原先不能进入的融资市场和降低贷款利率等。

(3) 预期效应。并购行为往往能影响人们对公司股票的价格评价。如果A公司的规模大而市盈率高，B公司市盈率低，则当A公司并购B公司之后，证券投资者一般会以A公司的市盈率来确定并购后新公司的市盈率，那么，A公司通过发行新股，以少换多取得B公司的股票，这样并购以后企业的证券价格就会不断上涨。

阅读材料 7-4

亏损递延条款

亏损递延条款是指如果企业在一年中出现了亏损，该企业不但可以免去当年的所得税，它的亏损还可以向后递延若干年，以抵消以后几年的盈余，企业根据抵消后的盈余缴纳所得税。通过亏损企业和盈利企业之间的并购，盈利企业的利润就可以在两个企业之间分享，这样就可以大量减少纳税义务。需要说明的是，“利益的连续性”要求被收购公司需满足两个条件才能享受损失递延的待遇：条件一，支付给目标公司的收购对价大部分是通过将其股票调换为收购公司的股票来进行收购的，这保证了投资者的连续性，即目标公司的股东在合并后的企业中同样拥有所有权；条件二，收购应出于合法的业务目的，当目标公司继续经营下去时这一要求便可以得到满足，这就相当于公司的连续性。

（二）公司发展战略理论

有些企业的并购行为是出于企业自身的战略发展考虑，是为了进行战略收缩、防御和扩张，而非单纯考虑企业的财务因素。进行战略性并购一般考虑以下两个因素。

一是并购行为有效降低了进入某些新行业的壁垒。某些企业有着进入其他行业的发展战略，企业可以选择投资新建的方式进入，也可以选择并购的方式。投资新建往往存在较高的进入障碍，如人员、生产技术、营销渠道等。此外，新增生产能力可能造成行业生产能力过剩，引起价格战。通过并购的方式进入新领域，则可以解决这些问题，节省企业进入行业的时间，降低了企业发展的风险和成本。而在善意并购情况下，还能减少现有企业的强烈反应，成功概率也较大。

二是企业通过收购实现产品转移和多元化经营，降低企业经营风险。混合并购遵循分散风险的原则，可以帮助企业避免或者减少非系统性风险，增强企业抵御突发性经营环境变化的能力，使企业获得较为稳定的发展。

（三）市场势力理论

市场势力是指企业对市场的控制能力。市场势力理论的核心观点是增大企业规模将会增强企业势力。在完全市场竞争中，当行业内存在较多数量的竞争者并势均力敌时，各企业只能保持最低的利润水平。但是，优势企业通过行业内的并购，可以有效地减少竞争对手的数量，增强企业对经营环境的控制，获得垄断利润。市场占有率越高，就越有可能垄断该商品市场，从而可以获得超额垄断利润。在横向并购中，并购方可以实现规模经济来提高行业集中度，以保持在同行业市场中的控制力。在纵向并购中，企业将关键性的投入—产出关系纳入企业控制范围，以提高企业对市场的控制能力。纵向并购还可通过对原料及销售渠道的控制来提高企业的讨价还价能力及对同行业市场的控制力。

（四）价值低估理论

价值低估理论认为目标公司的市场价值由于种种原因而未能反映出其真实价值或潜在价值时，则收购目标公司可以获得其潜在价值。目标公司市场价值不能反映其真实价值，具体表现为：①公司经营管理未能发挥应有潜力；②收购方拥有外部市场所没有的有关目标公司真实价值的内部信息；③Tobin's $Q<1$ 时，托宾 Q 理论是由美国经济学家、1981 年诺贝尔经济学奖获得者詹姆斯·托宾提出的。托宾的 Q 是指资产或一个企业现有资本市场价值同其重置成本相比的比值：

$$Q=\frac{\text{目标企业的资本市场价值}}{\text{目标企业的重置成本}}$$

显然，如果 $Q<1$，购并方案有利；反之，则倾向于新建企业。

（五）代理问题

代理成本是由于委托人和代理人之间的利益冲突，导致委托人、代理人在签订和执行合约过程中产生的成本，包括签约成本、监督成本以及违约造成的损失。在现代企业制度下，由于所有权与经营权分离，企业所有者为激励和监督经营者按照其目标行动而形成了一定的代理费用，构成了现代企业普遍存在的代理问题。股东和企业管理者的目标通常并非完全一致，股东追求的是股东财富最大化，而管理层追求的往往不是股东财富最大化而是谋求企业的快速扩张,这样可以给管理者自身带来更高的收入、地位和声誉,表现为有些公司管理层存在过高估计自身的管理能力,热衷于并购活动的现象。

并购活动显著地改变了收购公司与目标公司的资本结构,对公司治理模式产生了重大影响。如果把公司治理分为外部治理与内部治理,那么并购是公司外部治理的一种重要方式,并购对目标公司最本质的影响体现在股权的变动和高层管理人员的更换层面上。委托代理理论将并购作为一种重要的外部治理机制,解决公司经理人与股东之间的委托代理问题,认为并购机制可以降低代理成本,特别是当企业内部治理机制作用发挥不好时,并购作为一种惩戒机制,对内部治理失效的公司进行接管。在并购市场上,并购者往往在事前充分收集公司信息,识别目标公司效益不好的真实原因,当公司价值较低是因为公司治理环境恶劣时,收购者就会提出收购要约,有效地识别出不称职的经理人,起到规范经理行为和改善目标公司治理环境的作用。

二、公司并购的效应

公司并购在企业的发展中具有重要的战略意义。在企业层面上,企业可以通过并购实现自身的迅速扩张,特别是对于从事生产或者贸易的企业来说,单纯地依赖自身的拓展难以在短期内在规模上产生质和量的飞跃。在国家层面上,对于新兴产业部门,它们可以利用科技进步的后发优势,抢占市场竞争的最有利位置,通过并购集中全社会乃至全球范围内的生产要素,谋求规模经营,以获取最大可能的利润,同时推动了全社会存量资产和闲置资产的有序合理流动。对于夕阳产业的企业来说,进入新兴领域有许多障碍,借助并购的方法,可以将企业进行战略转移。同时,并购还可以促进国家产业结构的调整,提高资源的宏观配置效率。

当然,对企业并购引起的后果应做全面客观的分析。企业实施并购后,容易对市场进行肆意操纵乃至最终形成垄断。大型企业并购后很有可能形成垄断势力,制定垄断价格,破坏市场竞争秩序,制约其他企业的正常发展。因此,各国法律对于垄断行为的并购都有着严格的限制,以保证市场的合理竞争。对我国来说,跨国并购是一把双刃剑,它既能推动我国改革开放、社会主义建设,也会造成国有资产流失、民族品牌消亡等一系列问题。国有企业在并购过程中缺乏规范化的核定和评估,不能通过市场得到动态的评价,使国有资产被低估,并购交易中形成了国有资产的流失。在我国的外资并购中存在一种情况,即外资企业利用国内企业市场意识和品牌意识不强的弱点,低价收购国内品牌,之后逐步减少对中方品牌的投资来降低其品牌价值,最终以自己的品牌取代国产品牌的地位。在金融领域的大规模并购行为,则会使金融监管难度增加,合并后的金融机构将广泛涉足银行、证券、保险等各个金融领域,形成事实上的混业经营,影响金融市场的稳定。除此之外,并购行为往往有可能带来大规模的裁员,增加失业率,影响社会的稳定。

中国员工反对阿波罗收购固铂轮胎

2013 年 6 月,印度轮胎制造商阿波罗宣布以 25 亿美元价格收购美国的固铂轮胎,这也是轮胎业最大的收购案,合并后的集团将成为世界第七大轮胎橡胶公司。但此次收购遇到中美合资企业固铂成山(山东)轮胎有限公司工会及工人的强烈反对,5 000 名固铂成山员工在 30 天的时间里举行了两次罢工,固铂成山工厂陷于停产状态。业内预计该收购或将延期。固铂成山是固铂轮胎在中国唯一的合资企业,其中固铂轮胎持股 51%、成山集团持股 49%。固铂成山合资七年,前四年累计税前利润 7 724 万美元,后三年税前利润 21 773 万美元。

据了解,固铂成山工会及员工反对收购的理由有二:其一,因未收到固铂方面有关征询工会及员工意见的征询函,工会及员工认为美方无视中方员工的利益;其二,担心高杠杆收购后,将无法维持固铂成山的整体运营并保障员工的利益。阿波罗市值仅约 6 亿美元,却拿出 25 亿美元进行跨国收购。据阿波罗称,将全额举债并购固铂轮胎。其中,阿波罗向银行借款 4.5 亿美元,固铂轮胎通过自身发债和银行借款融资 21 亿美元。一旦交易完成,并购固铂轮胎将新增负债 19 亿美元,年融资成本在 1.5 亿～2 亿美元,但近五年来固铂轮胎年平均税前利润仅为 1 亿美元,未来将入不敷出。按照原定计划,阿波罗将于 2013 年下半年完成固铂轮胎的收购交割工作。但由于固铂成山员工的罢工,这项轮胎业最大的并购案可能会延期。

第三节　公司并购的基本流程

并购是公司实现迅速成长的一种发展战略,也是一种资本运营方式,涉及许多的金融交易行为。为了提高并购的成功率并取得预期的效益,需要细化并购的程序,谨慎评价并购过程中的每一个环节,评估可能产生的各种风险,在此基础上做出是否并购和如何并购的决策。并购企业通过与财务顾问合作,根据行业状况、自身资产、经营状况和发展战略确定自身的定位,形成并购战略。企业并购要经过自我分析阶段、发起阶段、订立阶段、评估阶段、订位阶段等复杂的操作确定一个合理有效可行的并购程序。企业一般在投资银行、会计师事务所等中介机构的帮助下完成其并购活动,企业并购的一般操作流程如图 7-2 所示。

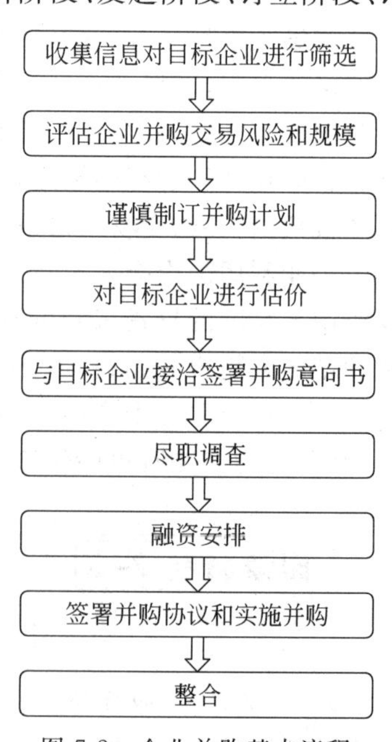

图 7-2　企业并购基本流程

一、收集信息对目标企业进行筛选

并购方的高管人员和董事会决定并购战略决策之后,就会通过各种方式收集潜在的目标企业信息。由于并购方企业一般并没有专门的并购经验,常用的方法是先聘请中介机构与之签订合作协议,然后中介机构根据并购方企业提出的目标企业要求进行搜索和筛选。

1. 收集潜在目标企业的信息

并购的复杂性和技术性,使得中介机构成为并购活动中必不可少的一个角色,在企业并购实际操作之前,并购方应与聘请的投资银行等中介结构就合作的事项签订一份协议,内容主要包括双方的权责、服务内容、费用安排、终止和保密等。

在接受并购方企业的委托之后，投资银行等中介机构便开始基于并购方提出的要求和条件开展市场调查，获取潜在目标企业的信息，主要包括潜在目标企业的经营方式、财务状况、经营业绩、管理水平、股票交易及税收法律方面的问题。信息资料的收集应该力求真实准确，因为这直接影响目标公司的确定和收购价格的估计。

2. 筛选目标企业

在收集完潜在目标企业的信息后，投资银行等中介机构开始协助收购企业对目标企业进行比较和初步评价，并根据预定的战略要求和筛选标准筛选出并购对象。

在筛选目标企业时，一般考虑目标企业是否符合公司战略规划的整体要求；对企业资源优势互补的可能性大小；投资运营环境好坏以及并购企业的人员、技术价值。

具体来说，包括目标企业的业务因素，例如目标公司的行业环境、国内外竞争情况、市场份额、公司实力大小、企业经营多元化程度；目标企业的财务因素，例如目标公司的销售额、现金流量、利润水平及前景、资产负债等因素；目标企业被并购可能存在的障碍，例如反并购条款、高管持股数量等。特别地，当并购方想利用金融杠杆融资收购时，需要考虑发行债券在市场上对投资者的吸引程度和市场活跃程度。

筛选出目标企业后，并购方企业掌握了目标企业的初步信息，下一阶段就是目标企业的评估阶段。

二、评估企业并购交易风险和规模

企业并购作为一种投资活动，必定伴随着一定的风险，投资银行作为财务顾问，需要帮助并购企业评估风险并选择合适的交易规模。

具体来说，并购企业需要考虑自身的经营风险，例如并购完成后业绩不如预期；财务风险，主要是企业将来的还债能力。风险评估完成后，并购方便可以确定交易规模，一般来说，交易规模的上限在并购方市值的40%左右。如果目标企业规模过大，则对于并购方来说，对其资金要求也会很高，会增加并购的风险与难度。但也有可能出现非常有利的机会，交易规模也可能大于并购方企业的市值，出现小鱼吃大鱼的情况。

三、谨慎制订并购计划

并购方在投资银行等财务顾问的帮助下，开始制订具体的并购方案。并购方案应包括：并购的理由分析及主要依据；并购的区域选择、规模效益、时间安排、人员配套、会计、法律、税收、支付方式及融资情况安排；并购标的，是购买目标企业股权还是其资产；财务模拟及效益分析。

四、对目标企业进行估价

确定并购交易的价格是企业并购的核心环节之一。投资银行需要从并购双方的角度考虑，制定一个并购双方都能接受的中间价格。需要说明的一点是，在与目标企业接洽谈判及进行深入的尽职调查之前，对目标企业的估价只是根据现有资料的初始估价而不是最终价值，也不能确定最终的并购报价。随着并购环节的不断深入，并购方将获得更多更详细的信息，对目标企业的估价也需要不断地调整与修正。对目标企业的估价方法有很多，每种方法各有利弊，没有一种统一适用的方法，下面介绍几种对企业估价的方法。

（1）现金流折现法。这种方法是预测目标企业未来的净现金流，然后计算分析调整后的加权平均资本成本，加总得到企业的价值。这种方法的困难在于目标企业未来现金流的估计和资本成本的估算都比较复杂，因为市场的不确定性会使预测企业未来现金流的可信度受到影响，一般在稳定的市场经济环境中才能更好地预测。现金流折现法在与其他估价方法结合使用时能发挥很好的作用，如果使用其他方法估算的价值和现金流折现估算的价值差距很大，则必须重新分析方法的合理性。

（2）市场行业比率倍数法。这种方法是将目标企业的某一方面财务数据乘以某一行业比率倍数来估算企业价值，这种方法尤其适用于私有企业或者上市公司的子公司。一般可以考虑的行业比率有市盈率，使用市盈率一般适合行业中处于稳定状态的企业。行业比率倍数法是基于财务前景做的综合分析预测，应用简单，易于为目标公司的股东理解和支持，但是由于市场比率倍数法是目标企业同类似企业比较取得，完美的类似企业是不存在的，不同企业的差异可能会影响估价的可靠性。

（3）市场价值法。根据公司的市场价值给出的价值评估。主要可分为：股票市场价值法，根据上市公司股票的市场价格对目标公司估价；并购市场价值法，根据类似目标企业之间的价格比较判断目标企业的市场价值，这方面的信息主要由投资银行提供，但是实际情况是并购市场会由于不可预料的情况发生变化，公司价格也会发生变动；账面价值法，根据目标企业财务报表上的净值来确定其价值，这种方法可作为所有企业价值评估的基础。

在估计完目标公司的价格后，还要确定谈判价格，这要根据目标企业的资产状况、经营情况、市场需求等各方面来修订，之后并购双方不断洽谈，并购方提出一个合适的价格。

五、与目标企业接洽签署并购意向书

在拟订并购方案和对目标企业初步估价后，并购方就可以直接或者委托投资银行与目标企业管理层接触，向对方提出并购建议。当双方经过初步洽谈，愿意在当前的条件满足下继续开展并购事宜，就可以签署并购意向书。并购意向书的内容包括并购的标的、并购的形式、尽职调查的范围、达成交易的先决条件以及其他特殊安排等。并购意向书虽然没有法律约束力，但是它能表达出双方的诚意，在以后的谈判中相互信任，为并购的进一步开展提供便利。但是并购意向书不宜太确切地允诺过多的条款，否则并购双方会花费大量的时间和金钱去解释这些条款，所以，并购意向书应该尽可能简短，对每一方总的意向予以肯定即可。与此同时，并购双方一般还需要签订保密协议书，并购方承诺保证对方提供的内部信息不用作并购以外的用途。

六、尽职调查

在并购双方签订并购意向书之后，并购方需要开展尽职调查。并购方通常指派财务顾问中的投资银行、会计师事务所、律师事务所组成一个独立专家团队对被收购目标公司的财务、商业和行政事务进行评价。并购方的律师应对目标公司进行特别调查，包括：目标公司的主体资格、资质证书及相关并购交易的批准和授权；目标公司章程是否对并购存在一些特别规定；目标公司的各项财产权利公证，如土地使用权、房产权、商标权利、专利等；目标公司的合同、债务文件的审查，是否存在限制性条款，特别是当目标公司控制权改变后合同是否依然有效，公司资产抵押、担保情况等；目标公司的未决诉讼等。尽职调查的目的是获得最全面、真实的信息，包括某些未曾预料到的负面事项，这将涉及收购价格和收购条件的修改。尽职调查结束后，并购双方的谈判小组开始进行谈判磋商，就有异议的问题提出可行的解决办法，在双方达成共识后，即可由中介机构拟订并购协议书。

七、融资安排

融资安排是指用什么金融工具作为并购支付工具的问题，可供选择的支付工具灵活多样，一般包括现金、普通股、优先股、可转债、认股权证，可以选择其中的一种，也可以选择多种组成综合支付组合。不同的支付工具有不同的特点。

现金支付交易快、手续简便，但是并购方企业一时难以筹措大量的资金，大笔的现金支出也会使企业今后的运营出现困难，并且使用现金支付时，目标公司的股东需要立即缴纳资本利得税，会降低其税后收益。

普通股支付即换股并购，不需要支付大量现金，不会造成企业的营运资金困难，但是普通股支付时间长、监管严格，会给目标公司以反收购的机会，同时，并购后也会造成股权的稀释。

优先股支付是实际应用中最为常见的形式，其同时具有固定收益债券的性质和普通股的特征，容易为目标企业股东所接受。

可转换债券对于目标企业股东具有很大的吸引力，尤其是对风险规避的股东，他们可以放弃股票的升值机会而取得每年的固定收益，同时持有赎回股票的权力。可转债可以降低并购成本，其利率低于普通的企业债券，同时可以推迟新股东的加入和股权的稀释，减少目标企业股东的资本利得税。但是可转换债券并不常见，因为可转换债券本质是推迟发行新股，会导致新老股东的收益都受到影响，并且可转债的利率要高于目标企业的股息，会造成并购企业的压力。

认股权证，是一种约定该证券的持有人可以在规定的某段期间内，有权利(而非义务)按约定价格向发行人购买标的股票的权利凭证。认股权证中的选择权属性对于调节并购交易双方的对价差异有重要意义。采用认股权证支付，对并购方而言，一方面可以延缓公司股权的稀释，延期支付股利，从而为公司提供了额外的股本基础；另一方面，还可通过设计如行权有效期等条款对支付对价进行调节。对目标公司股东而言，认股权证可提供杠杆式回报，保留了享有并购后公司股票升值的权利。

综合多种支付方式，可以避免单一支付方式的局限，但是也容易由于组合搭配不当而造成新的风险，因此，需要考虑到资本结构、公司控制、税收、法律等各方面的因素，选择合适的支付方式。

八、签署并购协议和实施并购

双方在投资银行等中介结构的帮助下准备并购协议书，这是并购交易中最基本和关键的文件。并购协议书中包含了陈述和担保、保证条款、结盘条件、赔偿条款等几个方面。在并购协议书签署之前，需要得到双方企业董事会成员的批准和政府部门的批准，在签署完毕之后，并购方虽然成为了目标公司的所有者，但是还有可能存在风险，为了保险起见，并购方还有可能投入足够的保险金来保护企业。在双方交换合同时，双方通常还会向外界发布声明并且召开一次高级经理会议，把需要的信息传达给整个公司。

九、整合

实施并购交易后，从法律意义上完成了企业产权的转移，形成了一个新的控制体系；但是，在经济意义上，并购的过程并没有完全结束。事实上，整合阶段在整个并购过程中才是最艰难、最关键的阶段。根据美国学者 Lajoux 的研究，在并购失败的已知原因中，整合不力占 50%，估价不当占 27.78%，战略失误占 16.66%，其他原因占 5.56%，由此可见，并购后的整合阶段是一个复杂而重要的阶段，直接关系到并购的成败。企业并购后的整合主要包括以下几个方面。

（一）组织制度整合

企业的组织制度整合包括召开临时股东大会，修订公司章程，对公司董事会、监事会进行改组，成立新的董事会，任命总经理等高管人员，建立与公司组织制度、战略、结构相配套的整合制度。所谓组织制度整合，就是指并购后的企业在组织机构和制度上进行必要的调整或重建，以实现企业的组织协同。具体来说，企业进行并购后，需要把两个企业的组织架构进行整合。企业组织制度如何进行整合，取决于被并购企业的组织制度的优劣。如果原有企业的组织制度运行良好，则应允许其继续保持不变，因为轻易改变企业的组织制度，往往会引起连锁反应，产生不必要的制度风险；对组织制度存在明显缺陷的企业实施并购后，组织制度的再造就显得特别重要，必须进行合理的整合，以降低并购后的风险。

（二）人员整合

人员整合，主要包括沟通并购后企业的人员，避免人才流失，保持人力资源的相对稳定性。企业高层、人力资源部等人员都要共同关注人员的心理反应，采取有效的沟通策略来缓解员工的心理压力。并购方要全力留住优秀人才，并用好被并购方企业的主管人员。企业并购后并购方对被并购方的控制，就是母子公司之间的控制，母公司虽然可通过各种报表了解子公司的运作情况，但是最直接而有效的控制方法则是派人担任被并购方的主管，但是应该注意只派少数核心人员，并依靠这些少数核心人员去团结被并购企业的管理者和员工，一起做好并购后的整合工作。尽量落实岗位分工，通过物质与精神激励，帮助员工控制和消除心理紧张情绪。在对被并购企业的人员进行深入详尽的了解之后，判断哪些员工是必不可少的有用之才，应该想尽办法留住那些富有才能的管理人员，并出台一些具有实质性激励作用的措施来稳住人才。对没有能力和特长的人员，应根据企业实际情况适当给予裁减，但要注意逐步推进，避免造成过大的影响。

（三）业务整合

业务整合，包括稳定与客户、供应商的关系，调整公司经营政策，重新确定公司经营重点，通过与债权人沟通，获得债务豁免、重新安排债务的偿还期限，增加长期负债来偿还短期债务等，降低债务成本、减轻偿债压力；公司战略的调整等各方面的整合。

案例分析 7-1

苏宁收购红孩子

2012 年 9 月 25 日，苏宁电器在南京宣布，拟出资 6 600 万美元或等值人民币收购母婴用品领域领先的企业红孩子公司，并承接“红孩子”及“缤购”两大品牌和红孩子公司的资产、业务。该消息一时间引发行业震动。对于并入苏宁，红孩子创始人徐沛欣表示，在苏宁易购平台上，红孩子母婴网和缤购网作为垂直专业分类品牌，将会与易购现有男性为主的用户群形成有效补充。此外，借助苏宁地面零售渠道，将红孩子母婴品牌线上、线下服务互动进一步铺开。

近年来，中国母婴用品市场发展迅速，已成为众多电商争夺的焦点。据艾瑞咨询数据显示，2012 年上半年中国母婴网络购物市场交易规模超过 200 亿元，预计全年将增长 86.0%，达到 610 亿元，约占中国网络购物整体市场的 4.3%，“并购红孩子无疑能加快苏宁易购电商版图的完成速度”。资料显示，成立于 2004 年的红孩子曾经有过相当辉煌的业绩。数据显示，2008 年红孩子的销售额约 10 亿元，2009 年、2010 年收入攀升至 15 亿元左右，增幅强劲。但从 2011 年开始，红孩子的业绩开始大幅下滑。2012 年更爆出套牢投资者、寻求出售等消息，红孩子副总裁刘颖接受媒体采访时称，红孩子 2011 年销售额为 15 亿元，2011 年处于亏损状态。

同时，6 600 万美元的收购金额再次将苏宁的资金压力摆在了众人面前。2012 年 8 月 14 日，苏宁电器公告称，董事会讨论通过《关于公开发行公司债券的议案》，公司债券规模不超过 80 亿元(含 80 亿元)，用于补充营运资金和调整公司债务结构。这也是苏宁继 7 月非公开增发再融资 47 亿元巨资后再度狮子开大口。前后相加近 130 亿元的融资意味着苏宁电器目前现金流情况不容乐观，“苏宁正面临业务转型，乐购仕和苏宁易购将成为公司新的业务发展重点，这需要庞大的资金支持”。

数据显示，苏宁电器自上市以来，融资额也是一次比一次大幅攀升。2006 年其首次非公开发行筹资 12 亿元，而到 2007 年融资金额为 24.3 亿元，2009 年第三次非公开发行时，最终募集资金金额 30.55 亿元，再到后来攀升到了 47 亿元和 80 亿元。苏宁将把筹集到的钱用于把现有 88 个租用仓储系统替换为 60 个自建物流基地，每个基地造价 2.5 亿元。此外，苏宁要在全国投建 12 个造价 4 亿元左右的全自动化分拣中心。在 IT 系统方面，苏宁则要出资 20 亿～30 亿元，在全国兴建八个云服务数据处理中心。由此推断，对资金的需求将总计达到 220 亿元以上。综上所述，苏宁目前的资金压力前所未有。知名家电行业专家刘步尘表示，“苏宁现在很需要钱，一方面要抵消线下业务利润下滑的影响；另一方面线上业务苏宁易购正处于烧钱时期，苏宁正面临前所未有的资金压力”。但任峻却一再强调苏宁电器的资金状况很正常，他指出，半年报公布的二季度末货币资金在 200 亿元左右，“今年年底货币资金在 300 亿元左右。我们目前资产负债率不到 55%，即使 80 亿元债务融资完成，资产负债率也低于 60%”。

苏宁电器副董事长孙为民则在 8 月底对外表示，苏宁需要得到资本市场的理解，“现阶段我们希望投资者给我们时间，未来几年苏宁不会拿利润的增长和增幅继续作为公司发展目标，而以转型战略的阶段性成果为考核公司发展成果的主要指标。”

第四节　杠杆收购与管理层收购

杠杆收购起源于美国，是 20 世纪 80 年代并购浪潮中出现的一种新的企业并购方式，杠杆收购是 80 年代美国投资银行业最引人注目的并购方式之一。管理层收购最早出现于 20 世纪 80 年代美国杠杆收购的浪潮中，是比较特殊的一种杠杆收购。

一、杠杆收购

杠杆收购(leveraged buy-out，LBO)是指公司或个体利用自己的资产作为融资担保，并通过收购成功后出售目标企业的资产或者以目标企业的未来收益来偿还债务。杠杆收购的突出特点是，收购方为了进行收购，大规模融资借贷去支付(大部分的)交易费用。

(一) 杠杆收购的特点

与一般的并购相比，杠杆收购的主要特点有以下几个。

(1) 高杠杆性。虽然某些并购行为也采用债务融资方式筹措资金，但是远不及杠杆收购的高杠杆性，杠杆收购中举债的规模通常为总购价的 70%以上甚至全部。因此，收购者只需投入少量的资金便可以利用贷款或者债务融资进行大规模的并购行为。

(2) 高风险性与高收益性。采用杠杆收购的方式完成并购后，企业的负债率往往很高，公司面临巨大的偿债压力，承担着很高的财务风险。当然，风险与收益是并存的，杠杆收购高风险的背后是相应的高收益，并购方可以通过改善目标企业的管理，使收益大幅增加；并购方也可以通过出售被低估的企业获取收益。

(3) 投资银行等中介机构的作用明显。投资银行等中介机构在杠杆收购中发挥着重要的作用。这些中介机构为并购方搜寻潜在的目标公司和筹集过渡性的资金，承担垃圾债券的发行，积极地促进并购交易的顺利进行。

(4) 杠杆收购要求以发达的资本市场为基础。发达的资本市场具有完善的市场环境和制度保障，市场的投资者也较为成熟，对杠杆收购的风险能较好地识别和评价，并购方能使用多种金融工具为并购进行融资。

(二) 杠杆收购的条件

杠杆收购作为一种高风险的并购活动，其条件也较为严格，一般来说包括以下几个方面。

(1) 目标公司经营比较稳定。企业具有比较明显的市场竞争优势，产品的市场占有率较高，能够抵御经济的周期性波动，受经济波动的影响小，企业未来收益可以比较准确地预测。否则，就无法保证并购后企业能够还本付息。

(2) 良好的管理团队。并购后，企业能保证有一个经验丰富的管理团队，管理层能力的高低直接影响企业的经营和还本付息。

(3) 企业财务状况比较良好。负债率较低，有比较充足的流动资金，并且有良好的流动性；企业现金流量比较稳健，预期有稳定的现金流入以偿还到期的债务。并购后企业负债率的高低将直接影响并购资金的筹集和并购后企业的资本结构，对杠杆收购的成败有直接影响。

(4) 有合理健全的企业长期发展计划。

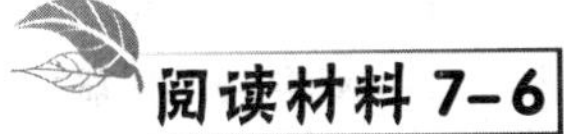

阅读材料 7-6

垃圾债券

垃圾债券，也称为高风险债券，是指评信级别在标准普尔公司 BB 级或穆迪公司 Ba 级以下的公司发行的债券。垃圾债券往往是由商业信用能力较低的中小企、新兴企业或是有坏账记录的公司所发行，其特点是商业风险高，收益也很高。

垃圾债券最早起源于美国，在 20 世纪二三十年代就已存在。20 世纪 70 年代以前，垃圾债券主要是一些小型公司为开拓业务筹集资金而发行的，由于这种债券的信用受到怀疑，问津者较少，70 年代初其流行量还不到 20 亿美元。20 世纪 70 年代末期以后，垃圾债券逐渐成为投资者狂热追求的投资工具，到 80 年代中期，垃圾债券市场急剧膨胀，迅速达到鼎盛时期。巨额的垃圾债券像被吹胀的大气泡，终有破灭的一天。由于债券质量日趋下降，以及 1987 年股灾后潜在熊市的压力，从 1988 年开始，发行公司无法偿付高额利息的情况屡有发生，垃圾债券逐步走向衰退。

垃圾债券在美国风行的 10 年虽然对美国经济产生过积极作用，筹集了数千亿美元游资，也使日本等国的资金大量流入，并使美国企业在强大外力压迫下刻意求新、改进管理等，但也遗留下了严重后果，包括储蓄信贷业的破产、杠杆收购的恶性发展、债券市场的严重混乱及金融犯罪增多等。

（三）杠杆收购的操作流程

在具体应用杠杆收购时，一般由收购方投入少量资金作为权益资本，组建一个收购主体公司，该公司只是一个空壳公司，作为并购行为中的法律实体，后续融资行为也是通过该公司进行，也有部分杠杆收购采用杠杆收购基金的方式直接进行并购。杠杆收购的流程包括以下几个步骤。

第一阶段，杠杆收购的设计准备阶段。主要是由发起人制订收购方案，与被收购方进行谈判，进行并购的融资安排。

第二阶段，融资阶段。杠杆收购的资金除了收购方投入的少量资本外，绝大部分是通过债务工具筹集的。收购方以准备收购的公司的资产为抵押，向银行借入过渡性贷款，这部分融资相当于整个收购价格的 50%～70%的资金，其余资金以债券的形式向风险投资者募集。

第三阶段，并购方以筹集到的资金购入达到控制被收购公司的股份。

第四阶段，对并购的目标企业进行整合。一般包括：对两个公司进行合并，将目标公司转化为非上市公司以降低财务成本，提高目标企业经营的灵活性和决策的效率；对合并后的公司进行整改，变卖部分非核心资产偿还一部分债务，改善公司的资本结构。

第五阶段，将公司上市或出售，实现收益。在经过第四阶段的整合后，公司的经营效率有了提高，公司的价值也获得增加，则收购方可以将公司上市或出售，实现杠杆收购带来的巨大收益。

二、管理层收购

管理层收购(management buy-outs，MBO)，是指公司的管理层在投资银行的帮助下，利用借贷融得资本或股权交易收购本公司的一种行为，从而引起公司所有权、控制权、剩余索取权、资产等变化，以改变公司所有制结构。在这种收购过程中，管理人员通常只需要出一部分资金，而其他资金则由投资银行设法筹措。管理人员通过收购使自己管理的公司由企业的经营者变成了企业的所有者。管理层收购实质上是一种特殊的杠杆收购，但也因为管理层是收购的主体这一特点而使管理层收购与一般意义的杠杆收购有很大的不同。管理层收购的主要特点如下。

(1) 管理层收购的主要投资者是目标公司的经理和管理人员，他们是公司全方位信息的拥有者，并有很强的经营管理能力。公司只有在具有良好的经济效益和经营潜力的情况下，才会成为管理层的收购目标。

(2) 通过管理层收购，管理层的身份由单一的经营者角色变为所有者与经营者合一的双重身份。

(3) 管理层收购主要通过发行债务来完成，因此，管理层收购的财务由优先债(先偿债务)、次级债(后偿债务)与股权三者构成。

(4) 通常发生在拥有稳定的现金流量的成熟行业，管理层收购有利于发挥管理人员对目标企业的熟悉优势，减少收购成本。

(5) 收购成功后，投资银行通常不干预企业的正常经营。

案例分析 7-2

新浪公司管理层收购

新浪，成立于1998年，是一家服务于中国及全球华人社群的领先在线媒体及增值资讯服务提供商。2009年9月，新浪宣布以CEO曹国伟为首的管理层，将以约1.8亿美元的价格，购入新浪约560万股普通股，成为新浪第一大股东。根据这项购股计划，新浪管理层将通过新浪投资控股有限公司进行此次管理层收购。新浪投资控股公司是一家英属维尔金群岛注册的公司，并由新浪公司总裁兼首席执行官曹国伟以及其他管理层成员控制。新浪向新浪投资控股增发约560万股普通股，全部收购总价约为1.8亿美元。增发结束后，新浪投资控股约占据新浪增资扩股后总股本的9.4%，成为新浪第一大股东。新浪向美国证券交易委员会(SEC)提交的文件也全面披露了1.8亿美元的资金来源：管理团队出资5 000万美元、三家私募基金出资7 500万美元，美林证券为“新浪投资控股公司”提供5 800万美元的保证金贷款。曹国伟表示，管理层成为新浪公司第一大股东，有利于进一步提升公司的治理结构，同时由长期负责公司运作的管理层成为公司大股东，有利于新浪的长期发展，以及公司发展战略的统一和稳定。

第五节　反收购的策略

企业间的兼并、收购，是对企业控制权的竞争。对于目标公司的大股东和管理层而言，这种控制权的转移可能会损害其既得利益，各种反收购策略便由此应运而生。在对目标企业的收购中，善意收购往往很少，而且很多善意收购还会因为双方谈判的失败而转变为恶意收购。因此，置身于兼并与收购冲击，并购与反并购的斗争异常激烈，目标企业通常都会进行防御，采取各种反并购策略，对于不友好并购坚决反击。反收购与并购一样也是一项复杂且技术性很强的活动，目标公司在确定实施反收购策略后，通常聘请投资银行作为财务顾问，帮助其增大收购难度和收购成本，尽可能以最小的代价实现反收购任务。

一、并购发生前的反收购策略——防御性策略

为了防止被并购，许多企业都在并购发生前就已经设计好了各种反并购的策略，一旦并购企业发动袭击，这些策略便会自动生效，给并购企业收购造成巨大的困难，使并购企业望而却步。具体策略有以下几种。

（一）毒丸计划

毒丸计划是指目标公司为避免被其他公司收购，在公司章程中预先制定一些对袭击者极为不利的规定，采取对自身造成严重伤害的行动（如发行毒丸证券），以降低自己的价值和吸引力。毒丸计划平时并不会发挥作用，当一定的触发事件发生时，如单一投资者持有目标公司股票累计至一定的比率或者面临全面要约收购的公告，毒丸计划便被触发，基本特征都是提高收购者的收购成本，削弱并购动机。具体可以划分为以下几类。

1. 优先股计划

优先股计划是指当目标公司被并购时，其事先发行的优先股可以转换为普通股，或规定目标公司可以以过去1年的最高价进行现金赎回。优先股计划可以稀释收购方的股权或增加收购成本，但同时也会造成收购后财务杠杆系数增加，从而增加经营风险。

2. 突然逆转毒丸计划

突然逆转毒丸计划是指目标公司发行买入期权，允诺期权持有人以远低于市场价格，通常为市场价格的一半的执行价买入目标公司股票的权利。如果并购后的存续公司是收购公司，持有人可以远低于市价的价格购买收购公司股份。如果并购后的存续公司是目标公司，持有人可以远低于市价的价格购买目标公司股份。这种毒丸计划可以使权证持有者既可以折扣购买目标公司的股票，也可以购买并购方公司的股权，但是，对于旨在取得目标公司控制权的要约收购，其效果较差。

3. 突然生效毒丸计划

该计划允许权证持有人在收购者积累的目标公司超过某一界限或触发点（25%～50%）时，以很大折扣购买目标公司股份，而收购者的认股权无效。这种毒丸计划使权证持有人只能购买目标公司股份，但是反收购能力更强。

4. 后期权利计划

收购者取得目标公司股份超过某一现额，收购者以外的股东有权以一份认股权和一

份股权换取现金或高级证券，其价值等于目标公司董事会确定的某种后期价格，一般为过去一年内公司股票的最高价格。

5. 兑换毒债计划

兑换毒债，即公司在发行债券或借贷时订立“毒药条款”。依据该条款，在公司遭到并购接收时，债权人有权要求提前赎回债券、清偿借贷或将债券转换成股票。这种毒药条款往往会增加债券的吸引力，令债权人从接收性出价中获得好处。

（二）董事轮换制

董事轮换制，是指公司章程规定每年只能改选 1/4 或 1/3 的董事。这意味着收购者即使收购到了足量的股权，也无法立即对董事会做出实质性改组，即无法很快地入主董事会控制公司。因为董事会的大部分董事还是原来的董事，他们仍掌握着多数表决权，仍然控制着公司，他们可以决定采取增资扩股或其他办法来稀释收购者的股票份额，也可以决定采取其他办法来达到反收购的目的。董事轮换制是一种有效的对股价影响较小的反收购对策。在国外，分期分级董事会制度常被采用，美国大公司中约有一半采取每年改选部分董事的章程条款。

（三）绝对多数条款

绝对多数条款是指在公司章程中规定，对于可能影响到控制权变化的重大事项决议，必须经过多数人表决权同意通过。特别地，如果要更改公司章程中的反收购条款，必须经过绝对多数股东或董事同意，这就增加了收购者接管、改组目标公司的难度和成本。比如章程中规定：须经全体股东 2/3 或 3/4 以上同意，才可允许公司与其他公司合并。这意味着收购者为了实现对目标公司的合并，需要购买 2/3 或 3/4 以上的股权或争取到更多的(2/3 或 3/4 以上)股东投票赞成己方的意见，这在一定程度上增加了收购的成本和收购难度。这种反收购对策对股价可能有一定的影响，但仍然被认为是一种温和的反收购对策。

（四）“牛卡”计划

“牛卡”计划也称做“不同表决权股份结构”，这种反收购策略是将公司股票按投票权划分为高级和低级两等，低级股票每股拥有一票的投票权，高级股票每一股拥有多票的投票权，但高级股票派发的股息较低，市场流动性较差；低级股票的股息较高，市场流动性较好。高级股票可以转换为低级股票。如果实行了“牛卡”计划，公司管理层掌握了足够的高级股票，公司的投票权就会发生转移。即使敌意收购者获得了大量的低级股票，也难以取得公司的控制权。与董事轮换制和绝对多数条款相比，采取“牛卡”计划这种反收购对策的公司较少。该对策对目标企业股价的影响较小。但是，我国《公司法》规定：股份的发行实行公开、公平、公正的原则，必须同股同权、同股同利。同次发行的股票，每股的发行条件和价格应当相同。任何单位或者个人所认购的股份，每股应当支付相同的价额。这表明，在我国，发行如上所述的特种股票或定向发行优惠股仍然没有法律基础。

（五）相互持股计划

相互持股或交叉持股是指关联公司或关系友好的公司之间相互持有对方股权。相互持股在日本和韩国家族企业中比较普遍，一般是通过关系企业中交叉持股的复杂网络来控制子公司。具体做法是，A 公司购买 B 公司 10%的股份，B 公司又购买 A 公司 10%的股份，一旦 A 公司被作为收购的目标，B 公司就会伸出援助之手，B 公司锁定 A 公司的股权，加大收购者吸纳“足量”筹码的难度，同时 B 公司在表态和有关投票表决时支持 A 公司的反收购。反之，B 公司受到收购威胁时，A 公司也这样，无论哪家受到购并威胁，双方都可相互照应、合力御敌。交叉持股除了能起到反收购效果外，它也有助于双方公司形成稳定、友好的交易关系。即通过持股关系，双方既是反收购争战中的盟友，又是商业合作上的伙伴。

在运用相互持股策略时，互控股份需要占用双方公司大量资金，影响流动资金的筹集和运用。有些国家法律规定当一家公司持有另一家公司一定量股份(比如 10%)时，后者不能持有前者的股份，即不能相互出资交叉持股。同时，在市场不景气的情况下，互控股份的双方公司反而可能互相拖累。交叉持股有可能让收购者的收购袭击达到一箭双雕的结果。如果 A、B 互控股权 20%，虽然这大大增加了收购 A 或 B 的难度及风险，但一旦收购了其中的一家，实际上也就间接收购了另一家。这种一箭双雕的效果往往引发收购者对交叉持股公司发动收购袭击。

（六）员工持股计划

一般地说，员工对公司有一种归属感，员工与公司有着紧密的利益关系，推行员工持股计划，将使员工与公司的利益关系更为密切，感情纽带更为牢固，员工对公司的归属感会更强。鉴于人类心理因素上天然的“自我本位”和排外倾向，公司员工往往视公司为“我们的”集体，从而排斥外侵、反对收购。尤其是在工会地位突出的西方国家，员工及其利益代表——工会往往是反收购的一支重要力量。美国公司是鼓励员工持有所服务的公司股份的。如果员工持股数额庞大，在敌意收购发生时，目标公司则可保安全。

二、要约收购发生后的反收购策略——交易策略

当并购企业向目标企业发出收购要约后，目标企业可以选择以下反收购策略。

（一）法律诉讼策略

法律诉讼是目标企业在并购防御中经常使用的一种对策。目标公司根据反垄断法、信息披露不充分、犯罪等理由提起诉讼，使收购方提高收购价。

目标公司提起诉讼的理由主要有三条：第一，反垄断，部分收购可能使收购方获得某一行业的垄断或接近垄断地位，目标公司可以此作为诉讼理由；第二，披露不充分，目标公司认定收购方未按有关法律规定向公众及时、充分或准确地披露信息等；第三，犯罪，除非有十分确凿的证据，否则目标公司难以以此为由提起诉讼。法律诉讼可以拖延收购，从而鼓励其他竞争者参与收购，并且可以通过法律诉讼迫使收购者提高其收购价格，或迫使收购者为了避免法律诉讼而放弃收购。

（二）帕克曼式防御

帕克曼式防御是目标公司先下手为强的反并购策略。当获悉收购方有意购并时，目标公司反守为攻，抢先向收购公司股东发出公开收购要约，使收购公司被迫转入防御。实施帕克曼式防御使目标公司处于可进可退的主动位置：进可使收购方反过来被防御方进

攻;退可使本公司拥有收购公司部分股权,即使后者收购成功,防御方也能分享部分利益。但是,帕克曼式防御要求目标公司本身具有较强的资金实力和外部融资能力;同时,收购公司也应具备被收购的条件,否则目标公司股东将不会同意发出公开收购要约。此种防御策略风险较大。

(三)"白马骑士"计划

"白马骑士"计划是指在敌意并购发生时,目标公司的友好人士或公司作为第三方出面来解救目标公司、驱逐敌意收购者。作为一种反收购策略,寻找"白马骑士"的基本精神是"宁给友邦,不予外贼"。显然,白马骑士的出价应该高于袭击者的初始出价才能得到目标公司股东的支持。目标公司常常愿意给予白马骑士较其他现实或潜在的收购者更为优惠的条件,如财产锁定。锁定有两种不同类型:股份锁定,即同意白马骑士购买目标公司库存股或已经授权但尚未发行的股份,或给予上述购买的选择权;财产锁定,即授予白马骑士购买目标公司主要财产的选择权,或签订一份当敌意收购发生时即由后者将主要资产售予前者的合同。

使用该种策略需要考虑一些因素:

① 袭击者初始出价的高低。如果袭击者的初始出价偏低,那么白马骑士在经济上合理的范围内抬价竞买的空间就大。如果袭击者的初始出价偏高,那么白马骑士抬价竞买的空间就小,白马骑士"救驾"的成本就会相对地高,目标公司被救的可能性也就相对降低。

② 尽管锁定选择权的运用使白马骑士在竞买过程中有了一定的优势,但竞买终归是实力的较量,所以充当白马骑士的公司必须具备相当的实力。

③ 在美国,一旦出价,仅有20天的开放期,所以白马骑士往往需要闪电决策、快速行动。为此很难有充裕的时间对目标公司做深入全面的调查。这就增大了白马骑士自身的收购风险,往往导致白马骑士临战怯场,这在经济衰退年份尤为明显。

(四)股票回购

股票回购是指通过大规模买回本公司发行在外的股份来改变资本结构的反并购策略。股份回购的基本形式有两种:一是目标公司将可用的现金或公积金分配给股东以换回后者手中所持的股票;二是公司通过发售债券,用募得的款项来购回它自己的股票。被公司购回的股票在会计上称为"库存股"。股票一旦大量被公司购回,其结果必然是在外流通的股份数量减少,假设回购不影响公司的收益,那么剩余股票的每股收益率会上升,使每股的市价也随之增加。目标公司如果提出以比收购者价格更高的出价来收购其股票,则收购者也不得不提高其收购价格,这样,收购计划就需要更多的资金来支持,从而使其难度增加。实施股份回购必须考虑当地公司法对回购的态度。美国许多州的公司法认为,仅为维持目前的企业管理层对企业的控制权而取得本企业股票是违法的;但如果是为了维护企业现行的经营方针而争夺控制权,实质上是为了维护公司利益,则回购又是可以允许的。根据我国《公司法》,禁止公司收购本公司的股票,但为减少公司资本而注销股份或者与持有本公司股票的其他公司合并时除外。

股票回购的另一种演变便是绿色邮件。绿色邮件,其策略是指贿赂外部收购者,以现金流换取管理层的稳定。其基本原理为目标公司以一定的溢价回购被外部敌意收购者先期持有的股票，以直接的经济利益赶走外部的收购者；同时，绿色邮件通常包含一个大宗股票持有人在一定期限（通常是10年）内不准持有目标公司股票的约定。绿色邮件策略通过给予外部攻击者一定的直接经济利益的方法换取并购大战的和平解决和目标公司管理层的稳定。但是由于这种政策直接以牺牲股东利益为代价来换取管理层的稳定，一般受到各国监管当局的严格禁止，基本上属于公司的私下行为。

（五）焦土策略

焦土策略是一种两败俱伤的策略。其常用做法主要有两种。

一是出售“冠珠”。公司可能将引起收购者兴趣的“皇冠上的珍珠”（crown jewels），即一个公司里闪光的部分出售或抵押出去。“冠珠”富于吸引力，诱发收购行动，是收购者收购该公司的真正用意所在，将冠珠出售或抵押出去，可以消除收购的诱因，使得收购者的意图无法实现。

二是“虚胖”战术。一个公司，如果财务状况好，资产质量高，业务结构又合理，那么就具有相当的吸引力，往往诱发收购行动。在这种情况下，一旦遭到收购袭击，它往往采用虚胖战术，作为反收购的策略。公司购置大量与经营无关或盈利能力差的资产，使公司资产质量下降；或者是做一些长时间才能见效的投资，使公司在短时间内资产收益率大减。通过采用这些手段，使公司从精干变得臃肿，收购之后，并购方将不堪重负。

（六）降落伞计划

目标企业一旦被收购，管理层很有可能遭到解职，普通员工也可能被解雇。为了解除管理人员及员工的这种后顾之忧，美国有许多公司采用“金降落伞”（golden parachutes）、“银降落伞”（sliver parachutes）和“锡降落伞”（tin parachutes）的做法。“金降落伞”是指目标公司董事会通过决议，由公司董事及高层管理者与目标公司签订合同规定：当目标公司被并购接管、其董事及高层管理者被解职的时候，可一次性领到巨额的解职费、股票选择权收入或额外津贴。该等收益就像一把降落伞让高层管理者从高高的职位上安全下来，故名“降落伞”计划；又因其收益丰厚如金，故名“金降落伞”。“金降落伞”策略出现后受到美国大公司经营者的普遍欢迎。

显然，“银降落伞”和“锡降落伞”的得名，其理与“金降落伞”的得名出于同辙。“银降落伞”是指规定目标公司一旦落入收购方手中，公司有义务向被解雇的中层管理人员支付较“金降落伞”略微逊色的保证金。“锡降落伞”是指目标公司的员工若在公司被收购后两年内被解雇的话，则可领取员工遣散费。

从反收购效果的角度来说，“金降落伞”“银降落伞”和“锡降落伞”策略，能够加大收购成本或增加目标公司现金支出，从而阻碍购并。“金降落伞”法可有助于防止管理者从自己的后顾之忧出发阻碍有利于公司和股东的合理并购，但也可能会使管理层由于巨额补偿的诱惑而低价出售企业，故“金降落伞”引起了许多争论和疑问。我国对并购后的目标公司人事安排和待遇无明文规定，特别是在国有企业引入降落伞计划，涉及国有资产的改制问题，可能导致变相瓜分公司资产或国资，损公肥私；也不利于鞭策企业管理层努力工作和勤勉尽职。

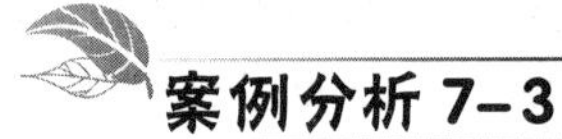

案例分析 7-3

戈德史密斯巧破毒丸术

戈德史密斯是华尔街著名的并购专家，成功主持并购多家大公司，其收购美国排名前400位的大企业克朗公司则是成功破解毒丸术的著名案例。克朗公司是一家大型造纸企业，戈氏看中它拥有的90万公顷的森林。克朗公司知道来者不善，火速请防卫专家制订了毒丸计划，若计划成功，恶意收购者即使得手也会财务崩溃。

克朗公司一切准备就绪，等了11个月也没见戈氏动静，克朗的董事长认为毒丸计划奏效了。谁料12月12日，戈德史密斯正式宣布将收购克朗公司，吓得刚做完手术的克朗公司董事长立即出院，从三个方面完善原有的毒丸计划，即，一是压低股息，让收购方无利可图；二是宣布新股东没有选举权，董事会每年最多更换1/3，任何重大决定须经董事会2/3票通过，让收购者无权控制公司；三是公司高级负责人离职时须支付其3年工资和全部退休金，总计1亿美元，公司骨干离职时须支付其半年工资，总计3 000万美元。该计划将在对手持股超过20%时自动生效。上述计划宣布后，戈氏连续4个月没有消息。董事长觉得不保险，又找了一家平时关系不错的梅德公司，约定其以每股50美元的价格全面收购克朗公司的股票(包括戈氏手中每股42美元的克朗股票)。1985年4月，戈氏表示以50美元价格买卖他将净赚1亿美元，因此同意放弃收购。

梅德公司本来没有做好收购克朗公司的准备，就在其与克朗公司签订协议前十几分钟，梅德公司主动取消了交易。克朗公司只好回头与戈氏谈判，由于戈氏坚持持有30%以上股权，谈判破裂了。克朗公司本以为戈德史密斯会加紧吸纳自己的股票，谁料戈氏第二天宣布收购计划！消息一宣布，毫无准备的投资者大肆抛售克朗公司股票，导致股价大跌。克朗公司的管理层还以为毒丸计划奏效，放松警惕。

此时戈德史密斯正趁克朗股价大跌之机而加紧收集筹码。5月13日，他已拥有克朗公司19.99%的股权，并给克郎发去最后通牒：不取消毒丸，5月13日后将增持股权至20%以上。克朗公司由于有毒丸计划，不屑一顾。谁知戈德史密斯暗地里去做各位大股东和董事的工作，说服他们把手中的股票卖给自己。这一招果然奏效，到7月10日他悄悄控制了公司20%股权，到7月15日已超过50%，其实已暗中控制了公司。7月25日，戈德史密斯召集了临时股东大会，他凭借控股地位成为克朗公司的新任董事长并宣布取消毒丸计划。原任董事长此时回天乏力了。

本章小结

1. 并购业务是投资银行业务的重要组成部分，根据不同的划分标准可以将并购业务分为不同的类别，常见的有横向并购、纵向并购、混合并购、协议收购、要约收购、善意收购等。

2. 公司并购是技术性很强的工作，需要有专业的中介机构予以支持，投资银行、会计师事务所、律师事务所以其各自领域的特长帮助企业完成并购,保障企业的利益。

3. 公司并购的动因一直是学术界讨论的热点之一,主要有效率理论、公司战略理论、市场势力理论、价值低估理论和代理问题,这些理论从不同的角度解释公司并购在企业的发展中的战略意义,企业可以通过并购实现自身的迅速扩张,在规模上产生质和量的飞跃。

4. 公司并购的一般流程包括收集信息对目标企业进行筛选,评估并购交易的风险和规模,谨慎制订并购计划,对目标企业的价值进行初步评估,与目标企业接洽签署并购意向书,安排尽职调查,确定交易价格和融资安排,签署并购协议和交易完成后的整合。

5. 杠杆收购和管理层收购是利用大量的债务融资工具筹措资本,对目标公司进行收购。管理层收购是杠杆收购中比较特殊的类型,管理层收购的特点在于发起收购的主体是公司的管理层。

6. 反收购策略多种多样,企业可以在并购发生前采取防御性策略或在要约收购发生后采取一系列的交易策略,其目的都是为了增大收购难度和收购成本,尽可能以最小的代价实现反收购任务。

思 考 题

1. 简述兼并与收购的区别。
2. 简述企业并购中的动因。
3. 了解国际近期发生的杠杆收购,思考杠杆收购一般应该具备哪些条件。
4. 简述反并购的主要措施。

参 考 文 献

[1] 栾华.投资银行理论与实务[M].上海:立信会计出版社,2006.

[2] 何小锋,韩广智.新编投资银行学教程[M].北京:北京师范大学出版社,2007.

[3] 陈共,周升业,吴晓求.公司并购原理与案例[M].北京:中国人民大学出版社,1998.

[4] 朱宝宪.公司并购与重组[M].北京:清华大学出版社,2006.

[5] 龙静,程德俊,王陵峰.企业并购情境下的威胁感知与员工创造力:工作负担和挑战性的调节效应[J].经济科学,2011(4).

[6] 祝文峰,左晓慧.公司并购过程中日标公司绩效问题研究[J].经济问题,2011(6).

[7] 姚益龙,赵慧,王亮.企业生命周期与并购类型关系的实证研究[J].中大管理研究,2009(4).

[8] 杜传忠,郭树龙.企业并购对企业成长的影响及其机理分析[J].财经问题研究,2012(12).

第八章 资产证券化

本章概要

本章首先介绍了资产证券化的含义、分类、发展历程以及作用，接着阐述了资产证券化的基本原理、关键环节、运作流程以及参与主体，最后结合实际分析了资产证券化与次贷危机之间的关系以及给我们的启示。

第一节　资产证券化概述

一、资产证券化的内涵

（一）资产和资产运营

资产，一般而言，是能够给其所有者带来可预期的未来经济收益的物质。按照资产价值形式上的不同，可以把资产分为：现金资产，就是以非消费目的存在的用于投资的现金，这是资本运作的起点和终点；实体资产，包括固定资产、流动资产和无形资产，主要以企业的财产形式存在；信贷资产，是通常意义上所说的债权资产，表现为债权债务关系，主要是指银行贷款和应收账款；证券资产，包括各种有价证券，如股票、债券、商业票据等各种收益凭证等。资产的不同形态并不是对立和排斥的，比如上市公司的厂房既以实体资产的形态存在，又同时表现为证券资产。

在现代企业经营中都十分注重资产运营，可以从狭义和广义两方面加以理解。狭义的资产运营强调产权经营，认为资产运营就是要通过产权经营来实现保值增值，并从此角度出发把并购重组视为资产运营最为重要的方式；广义的资产运营可以被理解为公司对可以支配的所有资源进行优化配置，以实现最大限度资产增值目标的过程。如果从整个经济资源增值的角度来定义，可以将资产运营简单理解为通过资产的不同价值形态及其相互之间的转换来实现价值增值的最大化。

因此，资产运营的一般模式（见图 8-1）就是前述资产的四种价值形态的自身表现和相互之间的转化，并且在每一个过程中都会与决策和管理资产的运营相匹配以实现增值最大化的目的。其中，资产证券化是最为常见、最为高级的资产运营形式，也即现金资产证券化、实体资产证券化、信贷资产证券化和证券资产证券化。其中，现金资产证券化就是将现金资产转化为证券资产，实质上是投资证券的过程，也即证券需求的创造过程；实体资产证券化就是以企业资产为基础发行证券并上市的过程；信贷资产证券化是本章所要讲述的狭义的资产证券化，是指把缺乏流动性但具有未来现金收入流的信贷资产经过重组形成资产池，并以此为基础发行证券，是近 30 年来国际金融市场上的一项重要创新；

证券资产证券化则是指证券资产再证券的过程，将证券或者证券组合作为基础资产，再以其产生的现金流或与现金流有关的变量为基础发行证券。

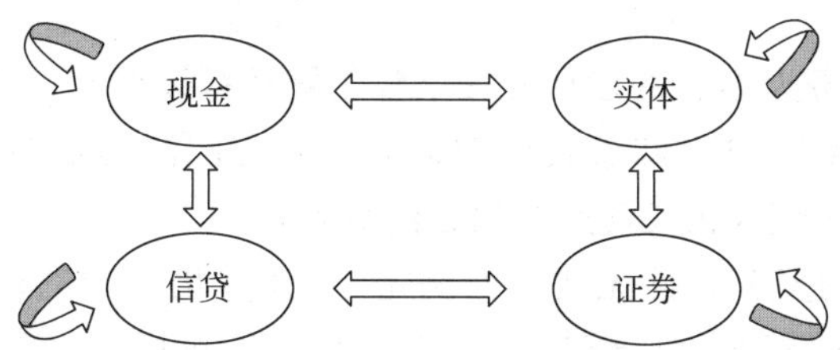

注：图中的箭头表示资产价值形态的转换，并包含资产的运营过程，并非现金流的方向。

图 8-1　资产运营的一般模式

（二）资产证券化的含义

从最广泛的意义上看，资产证券化包括了前面所讨论的四种资产证券化，是使融资者和投资者直接通过金融市场得以部分匹配或者全部匹配的一个过程，是沟通传统的直接融资和间接融资的一个渠道，是开放的市场信用取代由银行或金融机构提供的封闭市场信用的发展历程。当然在不断发展的过程中，资产证券化的范围、载体和方式也在日益呈现扩大化、多样化和复杂化的特点。

在实践中一般认为，资产证券化(asset-backed securitization)，也即所说的狭义概念，是指将缺乏流动性，但具有某种可预测稳定现金流收入的资产或者资产组合，通过一定的结构安排并辅以信用增级措施，转换为可以在资本市场上出售变现的证券的整个过程。简单地说就是将流动性不足的资产(贷款、应收账款等)通过金融工程技术包装成流动性强的资产(股票、债券、票据)的一种融资工具，以提供给各类投资者相应的风险、评级、支付期限及收益率的固定收益证券或票据。因此资产证券化实质上就是将金融资产的未来收益权进行交易，即把这种未来现金流的收益权转变为可以进入市场流动、信用等级高的证券。

（三）可进行资产证券化的基础资产

在现实金融活动中，并不是所有的资产都可以证券化，适合于证券化的理想资产应该具备以下几点属性。

① 具有明显的信用特征，能产生可靠的现金流收入，并且该种资产权益相对独立，可以同其所形成的现金流相分离，这是证券化的基本前提。

② 能产生稳定的、可预测的现金流收入，即可证券化的资产的历史统计资料应该较为完备，其现金流具有某种规律性，而资产的出售价格、证券品种的设计和发行规模都将取决于预期现金流的大小，这是从源头上控制资产质量的第一道防线。

③ 原始权益人已经持有该资产一段时间，并且信用记录良好。

④ 要有标准化、高质量的合约文件。

⑤ 平均偿还期限至少为一年，也即可证券化的资产的现金流收入至少是一年以后才可实现。因为资产证券化就是为了提高资产的流动性，只有一年以上的偿还期才有可能促使发起人进行证券化。

⑥ 资产抵押物易于变现，且变现价值高，可以降低投资者的风险。

⑦ 资产的历史记录良好，低违约率、低拖欠率，过高的违约率和拖欠率会提高资产证券化的成本。

⑧ 分期偿还，债务人本息的偿还分摊于整个资产存续期间。

⑨ 多样化的借款者，这意味着资产的债务人要有广泛的地域和人口统计分布，这就可以降低意外发生的概率，保证资产的现金流收入。

在现实中，以上的多个条件无法同时满足，但证券化资产的现金流必须满足三个原则：一为分散性，即地域和人口分布上的；二为规模性，可以有效降低操作成本；三是可预测性。一般对于现金流的分析主要包括两方面的内容，即资产的估价和资产的风险—收益分析。资产的估价又有三种不同的方法：

① 现金流贴现法，即一项资产的价值应该等于该资产预期在未来所产生的全部现金流的现值总和；

② 对比估价法，根据某一指标，比如现金流、账面价值或者销售额等，考察同类可比资产的价值以对新资产进行估价，这比较常见于实体资产的估价；

③ 期权估价法，利用期权定价模型来估计具有期权特性的资产的价值，很多衍生品的估价常使用此方法。一般要根据现金流的不同特性来选择合适的估价方法，因为现金流的价值就是该资产的价值，是构建资产池并满足投资者个性化需求的基础，并且以上三种方法的运用并非互相排斥，而是互相补充、相辅相成的。

从发起人的角度来看，一项资产是否适合于证券化还要取决于证券的成本与收益关系，只有收益大于成本，才有可能开展资产证券化。通常，证券化的成本包括了各类中介机构的佣金、法律费用、承销费用等，这最终都要由发起人和投资者来承担。如果资产证券化的规模过小导致了单位成本过高，或者证券价格过高、收益率过低而使得销售不畅，发起人就会无利可图。

实践中，随着金融市场的发展和金融创新的深化，资产证券化也在不断地推陈出新、与时俱进，可证券化的资产范围随之越来越广泛，那些具备大众熟悉、还款模式简明、未来现金收入流稳定、资产流动性好、违约率较低、原始债务人分布广泛、非系统风险低等特征的优良基础资产在证券化之后所衍生的资产支持证券也会具备同样的优良性质，因而很容易得到投资者的青睐：从居民住房抵押贷款、私人资产抵押贷款、学生贷款、汽车消费贷款、商业房地产贷款、信用卡应收款、转账款应收款、贸易应收款，到计算机、办公设备、汽车、飞机租赁，到人寿健康保险单、航空票收入、俱乐部会费收入、公共事业费收入，再到石油、天然气储备、矿藏储备、林地等，资产证券化的覆盖面越来越广泛，影响也越来越深远。

二、资产证券化的发展历程

（一）资产证券化的产生与发展

资产证券化作为一种独特新颖的融资机制已经有几十年的历史，从 20 世纪 70 年代初起源于美国的住宅抵押贷款市场，到现在在全世界范围众多领域的广泛应用，资产证券化与社会经济环境相辅相成，都有了很大程度的发展。

1. 美国资产证券化的发展概况

美国资产证券化的演进与其社会经济环境有着密切的关系，经济环境的变迁引发了经济上的需求，接着又促进了金融创新以满足社会需求。资产证券化首先出现在美国的住房抵押贷款市场并非偶然，主要是因为该市场是美国国内最大的债务市场，按借款方、贷款方或者地区标准进行划分与组合非常容易，其期限结构也可以很好地满足众多机构投资者的需求。

20 世纪 60 年代末开始，越南战争、石油危机等因素致使美国国内经济增速放缓，通货膨胀率不断攀升，金融机构利率不断提高，住房抵押贷款机构遭受了巨大的冲击：一方面受到 Q 条例对存款利率的限制，无法与自由市场的利率竞争，住房贷款抵押机构的存款吸引力逐渐下降，当商业银行推出了面向中小投资者的共同基金及货币市场账户等金融产品时，社会大众纷纷将存款取出，转投给相关金融产品，造成所谓的脱媒现象(disintermediation)，又称非中介化；另一方面，住宅抵押贷款发放机构的资金来源与运用期限不相匹配，利率的上升导致存款成本上升，利率风险不断积聚。但是储蓄机构所面临的困境对投资银行家来说却是极好的金融创新的机遇，他们发现了使资产富有流动性的新方法，即通过滚雪球的形式，将众多个人住宅抵押贷款汇集起来，形成巨大的资产池，再以该组合作为抵押，发行一种大面额的证券，即住房抵押贷款证券化。这种新形式出现之后，美国抵押公司和从事住宅抵押贷款的机构为了摆脱困境获取新的资金来源，纷纷将自己持有的住宅抵押贷款按照期限、利率等指标进行组合，再以该组合作为担保或者抵押，发行抵押证券。1968 年由美国政府国民抵押协会担保发行的第一批公开交易的住宅抵押贷款被视为资产证券化的先驱。随后证券化的金融品种不断创新、税收制度也进行了改革，资产证券化在美国成熟运作的制度安排日趋完善，住宅抵押贷款证券化取得了迅猛的发展，目前抵押债券已经在美国市场上占据了绝对优势，有近一半的住宅抵押贷款依靠发行抵押债券来提供。

随后，投资银行作为变革和创新的领跑者，不断使可证券化资产的范围扩大。首先汽车贷款证券化顺理成章地推行开来，其根本属性与住宅抵押贷款极为相似，具备证券化的一切条件，在美国成为了仅次于住宅抵押贷款的第二大金融资产。

20 世纪 80 年代中期，资产证券化实现第三次飞速发展，各种资产支持的证券化市场逐渐发展、成熟，证券化技术广泛运用于抵押债权以外的非抵押债权资产。信用卡贷款、学生贷款以及房屋权益贷款的创始人仿照类似模式将这些资产组合起来，发行了相应的资产支持证券；然后又进一步扩展到普通工商贷款、无担保消费贷款、公用事业贷款、应收账款等现金流量的应收债权领域。

进入 21 世纪，长期的低利率环境刺激了次级贷款的发放和次级贷款的证券化。2005 年年底，美国的住宅抵押贷款支持证券和资产支持证券流通在外的余额分别估计有 5.9 万亿美元和 2 万亿美元，市场规模远远超过美国公债、市政债券和公司债券，是美国最大的固定收益债券市场，并且已经从美国向全世界广泛扩展，从国内资金市场向国际资金市场大幅延伸。接着，随着可证券化基础资产的扩展和交易结构的推陈出新，美国的资产证券化发展更加迅速，截至 2008 年年底，资产证券化产品(包括抵押支持和资产支持证券)余额高达 11.6 万亿美元，约占美国债券市场全部余额的 34%，为债券市场名副其实的第一大产品。

美国的资产证券化在过去的40年中之所以实现了如此快速的发展和巨大的成功，是因为它适应了特定经济环境的需要，以创新的交易结构设计和技术处理赋予了资产充分的流动性，提高了资产运营的效率，在连接资本市场和信贷市场的过程中既满足了市场的巨大融资需求，又给各个参与方带来了不同的好处，形成了一个多赢的利益格局。

案例分析 8-1

住房抵押贷款支持证券

美国住房抵押贷款支持证券是最早出现也是最重要的产品，其产生的动因在于活跃抵押贷款二级市场。美国的抵押贷款一级市场一直依赖于储贷机构，20世纪60年代是美国经济的“黄金时代”，良好的经济环境、稳定的利率、优惠的经营条件、廉价的资金来源以及第二次世界大战后婴儿潮出生人群进入购房年龄，使得美国社会对住房抵押贷款的需求大幅上升，远远超出了当时储贷机构的放贷能力。为了给住房融资提供新的资金来源，在美国政府的推动下，三大政府信用机构将其持有的大量住房抵押贷款进行证券化，并出售给资本市场上的投资者，期限长达20～30年，使得流动性较弱的住房抵押贷款的流动性和对投资者的吸引力大大提高。资本市场投资者的参与，为住房抵押贷款市场提供了充裕的资金来源，有力地促进了美国住房抵押贷款市场的繁荣。

抵押贷款支持证券第一次大规模发展是在解决储贷危机过程中完成的。美国的储贷机构的一项主要业务就是通过吸收储蓄存款向购房者发放抵押贷款，形成一个“储蓄者—储贷机构—贷款人”的信贷链条。这里存在两个大的问题：首先是信贷链条过短，抗风险能力不足，储贷机构既是抵押贷款的发放者，又是抵押贷款的持有者，在长达20～30年的还款期内，任何与抵押贷款有关的风险，诸如利率风险、信用风险、流动性风险、提前还款风险等，都由储贷机构独自承担，储贷机构面临很大的压力；其次是抵押贷款业务中资金来源和资金运用“不匹配”的问题，从资金来源看，主要是短期存款，而发放的抵押贷款大都是长期的，这种“短存长贷”的资金结构，使储贷机构面临了极大的流动性风险。而20世纪70年代开始的金融自由化，使得金融市场竞争日益激烈、利率波动巨大，储贷机构的风险暴露在波动剧烈的市场之中，严重地影响到其生存。

20世纪80年代初，为解决储贷危机，三大政府信用机构收购了储贷机构持有的大量住房抵押贷款。利用出售住房抵押贷款获得的资金成为储贷机构发放贷款的资金来源，使其可以继续开展甚至是扩大发放抵押贷款的业务。一般情况下，储贷机构还充当了抵押贷款证券化过程中的服务人角色，提供本息收取、到期债权追索、贷款信息披露等服务，也可以获得一定的服务费收入，在不承担风险的条件下拓宽了其收入来源。同时，由于抵押贷款的出售，储贷机构持有的风险资产规模缩小，对资本金的要求也相应减少，有利于其更好地利用有限的资本金，更加主动地管理资产负债表。可以说，资产证券化的实施拯救了危机之中的美国储贷行业。

政府信用机构购得住房抵押贷款之后，根据期限、流动性、风险、收益等特性，将具有较高同质性的抵押贷款组成资产池，运用证券化技术对住房抵押贷款未来的现金流重新分割、组合，并以证券的形式到资本市场上出售，这些证券即是所谓的住房抵押贷款支持证券(Mortgage-Backed Security，MBS)。MBS的推出，为资本市场上的投资者提供了不同期限、不同流动性、不同风险收益率并且可分性强的金融产品和组合，增加了投资者的选择空间，满足了各种不同投资者的偏好和需求，受到了投资者的广泛欢迎。

由于证券化之后资产以证券形式存在，并可在资本市场上交易、转让，资产的流动性大大提高，促使了抵押贷款一级市场竞争的加剧，贷款利率趋于下降，这直接降低了借款人的借款成本，提高了借款人的借款能力，借款人可以在相同的条件下借入更多的贷款，同时一些原来没有能力借款的人也有机会获得贷款，借款人从中也受益无穷。反过来看，这又促进了更多贷款的发放、更多证券化基础资产的形成以及更多资产证券化产品的推出，竞争的加剧、市场效率的提高促使贷款利率进一步降低，形成一个正向的循环。

从整个金融体系的角度来看，资产证券化打破了金融市场之间的界限，促进了金融资源的自由流动，信贷市场长期积聚的风险被转移到了资本市场上，由市场上有能力和意愿承担风险的参与者主动承担相关风险、获得相应收益，从而在整体上有利于金融体系的稳定。此外，资产证券化通过改善相关资产的流动性，提高了整个社会的资产运营效率，同时还引起了新的金融机构的大量出现，模糊了传统商业银行和非银行金融机构之间的界限，增进了金融业的竞争，因此逐渐推动了市场化、自由化的金融交易制度的形成，而这种自由竞争的市场机制有利于改善资源分配状况，实现资源配置的最优化。

透过以上分析我们可以看到，资产证券化最本源的驱动因素还是来自于市场的需求，正是由于当时市场巨大融资需求以及传统融资方式不能满足这种需求，才促使人们寻求创新的融资方式，资产证券化便应运而生。而资产证券化之所以成功，也在于它通过创新，以一种几乎完美的方式满足了市场各参与方的需求。可以说，资产证券化是符合基本经济规律和社会需要的，我们应当在发展经济的过程中积极加以运用。①

2. 其他国家资产证券化的发展概况

欧洲是世界上仅次于美国的第二大资产证券化市场。其中，又以英国最为突出。英国因为在法律制度和文化环境上与美国最为接近，受美国的影响比较大，易于吸收美国的经验，因而在欧洲各国中资产证券化的发展最早、规模最大。在20世纪80年代住房制度改革之后资产证券化开始起步，1985年由美洲银行发行了第一笔MBS，在经历了90年代初的短暂调整之后从1996年开始进入了一个快速发展时期。其资产证券化的特色是产品设计复杂、对象广泛、创新性强，以及市场化程度高。

澳大利亚资产证券化市场的发展起始于20世纪80年代，最初是由非银行的住房信贷机构发起的住房抵押贷款的证券化，政府在其中起到了重要的导向作用。后来逐步扩展到了商业用房抵押贷款、购车贷款、应收贷款、设备租赁费、企业贷款、银行票据、基础设施项目等各类资产。按照品种结构可将澳大利亚的证券化产品分为住房抵押贷款支持证券、商业用房抵押贷款支持证券和资产支持证券三大类。

在新兴国家中，印度和新加坡的资产证券化发展也较为迅速。其中，印度资产证券化

① 梁继江.美国资产证券化市场的发展、经验与教训[J].财会研究，2011(1)：68-71.

的最初尝试是在1992年，但前期的发展极为缓慢，遭遇诸多不顺。2000年之后，印度资产证券化进入指数级增长的高速发展阶段。2002—2005年，其资产证券化市场急速扩大，累计增长率接近100%。资产支持证券占据了印度资产证券化市场的最大份额。印度通过民间和证券市场的金融证券化，使得其配置和调动资源、利用现有资产和财富发展经济的能力都得到较为显著的提高。

3. 资产证券化在我国的发展概况及现状

资产证券化是全球金融市场的重大创举，已经被发达国家广泛接受，可以算作是全球金融发展的一个潮流。但由于我国金融市场的发展进程相对而言比较缓慢，我国的资产证券化业务起步就比较晚，从20世纪90年代初开始了一些实践，但直到今天也只是进行了一些探索，尚未大规模地进行开发利用。

我国的资产证券化业务的发展可以大致分为两个时期，涉及基础设施、地产开发收入、应收账款、信贷资产和房地产抵押贷款等诸多方面，从“离岸操作”阶段到“准资产证券化”阶段再到“资产证券化试点”，取得了一定的发展和成绩。

(1) 自行探索期

1992年到2005年为我国资产证券化业务的自行探索期，主要以各个机构的自行探索为主，形式多样，没有形成市场和规模。其中较有影响的几个案例有：1992年，海南三亚发行了“地产投资券”，这是我国资产证券化业务探索的开端，走出了中国资产证券化的第一步；此后，珠海大道、中集集团和中远集团的资产证券化项目，均以应收账款为基础账款，成为按照国际化标准运作的离岸资产证券化实例；2000年，中国建设银行和中国工商银行成为住房贷款证券化试点单位，标志着政府对资产证券化的认可；2003年，中国工商银行和华融资产管理公司又在宁波尝试开展了首例不良债权证券化业务，这也是商业银行首次参与资产证券化。

(2) 规范发展期

从2005年至今是规范发展期。2005年由中国人民银行和银监会联合公布《信贷资产证券化试点工作管理办法》，我国资产证券化建立起指引。2005年2月，国务院正式批准在我国开展信贷资产证券化试点。同年12月，国家开发银行和中国建设银行分别发行了国内首笔企业贷款支持证券(以企业贷款为基础资产发行05开元41.78亿元)和住房抵押贷款支持证券(以个人住房抵押贷款为基础资产发行05建元29.27亿元)。随后，在监管部门的指导下，工商银行等主要商业银行都开展了证券化的尝试工作。这些证券的成功发行标志着我国信贷资产证券化业务已经迈出了实质性步伐，国内信贷资产证券化业务正式开展起来。

与此同时，从2005年下半年开始，中国证监会开展了企业资产证券化的试点工作，其中，中国联通作为发起人于2005年8月完成了首个企业资产管理计划交易，担任计划管理人的证券公司同股票设立专项资产管理计划“中国联通CDMA网络租赁费收益计划”，发行了不同系列的资产支持受益凭证，这是我国企业资产证券化的标志性产品。之后，多种同类产品被陆续推出，而资产证券化的基础资产也逐渐扩大，涵盖了高速公路收费、设备租赁、电力销售、基础设施建设和股权转让等各种应收账款或未来现金流。

但是，需要加以注意的是，我国资产证券化起步晚、制度不健全、缺乏实际经验，使得我国的资产证券化的发展存在重重障碍：基础法规制度建设远落后于市场发展步伐，没有有效的法律法规作后盾，从而很难规范市场主体行为，投资者合法权益难以得到真正保障；在资产证券化过程中，基于审慎监管的目的，申请处理时间较长，而相关资产池却会不断变化，导致申报材料难以反映最终交易的真实信息，需要不断调整，这又牵涉过多程序，增加了发行难度和成本，发起机构也错过了调整资产负债结构的好时机。

另一方面，我国信贷支持证券的投资者都集中在银行间债券市场，少量资金充裕的大行交互持有现象突出，并没有将信贷风险转移到银行系统之外，也就无法实现有效分散。同时，市场投资者结构不合理，投资者层次不完备，部分机构投资者被限制在合格投资者范围之外。如何吸引更大范围内的投资热情，逐步引入保险机构、社保基金等机构投资者，是资产证券化在后续发展中必须尽快解决的关键所在。

2008 年全球金融危机爆发之后，资产证券化业务一度受到较大争议，但是从目前的情况来看，资产证券化是大势所趋，既符合国际金融的发展要求，对于促进我国金融业的发展也有着不可替代的作用。从 2005 年 3 月开始正式启动中国信贷资产证券化试点直至 2008 年年底，中国共有 11 家境内金融机构在银行间债券市场发行了 667.83 亿元的信贷支持证券，信贷基础资产池中的基础资产涵盖了普通中长期贷款、个人住房抵押贷款、汽车抵押贷款、中小企业贷款和不良贷款五大类。金融危机爆发后，监管机构出于审慎原则和对资产证券化风险的担忧延缓了市场发行速度，并于 2008 年年底暂停了不良资产证券化试点。

2012 年 5 月，央行、银监会、财政部发布了《关于进一步扩大信贷资产证券化试点有关事项的通知》，以 500 亿元的信贷资产证券化额度正式重启我国资产证券化。2013 年 3 月，证监会公布了《证券公司资产证券化业务管理规定》(以下简称《规定》)，证券公司资产证券化业务启动。《规定》列明了可以证券化的基础资产具体形态，范围十分广泛。为了提高产品的流动性，《规定》允许资产支持证券可以在证券交易所、中国证券业协会机构间报价与转让系统、证券公司柜台交易市场以及中国证监会认可的其他交易场所进行转让，还允许证券公司为资产支持证券提供双边报价服务，即证券公司可以成为资产支持证券的做市商。2013 年 8 月 28 日，国务院常务会议提出，要在实行总量控制的前提下，进一步扩大信贷资产证券化试点规模。优质信贷资产证券化产品可以在交易所上市交易，在加快银行资金周转的同时，为投资者提供更多选择。

中集集团应收账款证券化

2000 年 3 月 28 日，中国国际海运集装箱集团股份有限公司(以下简称“中集集团”)与荷兰银行在深圳签署了总金额为 8 000 万美元的应收账款证券化项目协议，此次协议有效期限为三年。在三年内，中集集团发生的所有应收账款都可以出售给由荷兰银行管理的资产收购公司，由该公司在国际商业票据市场上多次公开发行商业票据，总发行金额不超过 8 000 万美元。在此期间，荷兰银行将发行票据所得资金支付给中集集团，中集集团的债务人则将应付款项交给约定的信托人，由该信托人履行收款人职责。而商业票据的投资者可以获得高出伦敦同业拆借市场利息率1%的利息。此次中集集团应收账款评级获得穆迪和标准普尔在国际短期资金市场上的最高评级。

中集集团资产证券化过程中有下列各方参与其中：原始权益人——中集集团、发起人及海外SPV——荷兰银行、专门服务机构——TAPCO公司、信用评级机构——标准普尔和穆迪，以及中国的政策机构——中国外汇管理局。

该项目的基本流程如下。

(1) 中集集团首先要把上亿美元的应收账款进行设计安排，结合荷兰银行提出的标准，挑选优良的应收账款组合成一个资金池，然后交给信用评级公司评级。

(2) 中集集团向所有客户说明ABCP融资方式的付款要求，令其应付款项在某一日付至海外SPV(特殊目的机构)账户。

(3) 中集集团仍然履行所有针对客户的义务和责任。

(4) SPV再将全部应收账款出售给TAPCO公司(TAPCO公司是国际票据市场上享有良好声誉的资产购买公司，其大资金池汇集的几千亿美元的资产更是经过严格评级的优良资产。由TAPCO公司在商业票据市场上向投资者发行CP，获得资金后，再间接付至中集集团的专用账户)。

(5) 由TAPCO公司在商业票据(CP)市场上向投资者发行CP。

(6) TAPCO从CP市场上获得资金并付给SPV，SPV又将资金付至中集集团设于经国家外管局批准的专用账户。

项目完成后，中集集团只需花两周时间，就可获得本应需138天才能收回的现金。作为服务方的荷兰银行可收取200多万美元的费用。由于该方式通过金融创新带来了一个中间层——SPV公司和TAPCO公司，将公司风险和国家风险与应收账款的风险隔离开来，实现了破产隔离，降低了投资者的风险，确保了融资的成功。

下面对该案例中的原始权益人中集集团从财务指标、融资成本和其他微观层面角度进行分析。

1. 财务指标分析

资产证券化通过对企业未来资产的提前套现，能有效地改善公司财务指标，从而增强企业的融资能力。由于应收账款的卖出可以直接从资产负债表上剔除，所以直接优化资产负债结构，降低负债率，若以1999年年底数据测算，在发行8 000万美元商业票据后，中集集团负债率可以直接从67.4%降至63.8%；另一方面，应收账款证券化项目完成后，中集集团只需14天时间就可收回原本需138天才可收回的现金，因而可以加速应收账款的回收。

2. 融资成本分析

中集集团1999年在国际资本市场续发的5 700万美元一年期商业票据的综合成本为LIBOR+91.22BPS，这是以整个集团作为信用评级的结果。如果将企业的应收账款作为资产出卖，其信用评级只需单独考量应收账款资产的状况。经过包装后，中集应收账款资产信用等级达到了国际资产证券化的最高评级，中集所获得三年期8 000万美元应收账款，付出的总成本为LIBOR+85BPS，比同期银团贷款低100多个BPS(LIBOR是伦敦金融同业拆借利率，BPS是衡量资金成本的单位)。

当然，证券化过程的成本还是相当高的，除了一定的发行票据折扣、一定的发行和结算费用、票据利息外，还有中介费用(作为服务方的荷兰银行可收取20多万美元的费用)。因此，证券化只有具有一定的规模才能有效降低资金成本，但其可以使企业获得较高的资信评级是确定的。

3. 其他微观层面的分析

(1) 相对于股权融资来说，中集集团通过资产证券化融资具有不分散股权和控制权的好处。

(2) 相对于发行企业债券的直接融资方式来说，通过资产证券化融资不会形成追索权，因而可以分散风险。中集在美国发行的一年期商业票据到1999年上半年到期时，正值亚洲金融危机，筹资有困难，在这种情况下，利用应收账款证券化融资的方式是合适的。因为基础资产均来自国际知名的船运公司和租赁公司，经过破产隔离，资产的优良性不受中集集团本身风险的影响。

(3) 由于可以将应收账款进行抵押发行票据，中集集团就敢于进行大胆销售，甚至采取赊销，这可大大加快生产和销售，也会使应收账款和流动资产大大增加，从而提高流动比率。1999年年末的流动资产为38.4万亿元，流动负债为33.6亿元，流动比率为1.14；2000年中期的流动资产为49.3亿元，流动负债为37.5亿元，流动比率为1.31。[①]

(二) 资产证券化的内在动因

资产证券化，作为一种世界性的趋势已经在国际金融市场上得到了广泛而深远的发展。我们可以从微观和宏观两个角度分析资产证券化趋势的出现和盛行。

1. 资产证券化发展的微观动因

从微观层次上看，来自证券化参与各方的利益驱动以及政府的金融监管和推动大大促进了资产证券化的产生和发展。

从投融资双方来看，资产证券化过程实质上是对被证券化资产的期限、流动性、收益和风险等特性进行重新分解和组合的过程，也是金融工具由初级向高级进行深加工的过程。各种资产通过采用证券资产的价值形态使深加工的过程变得更为容易。通过资产证券化，一方面，市场为筹资者和投资者提供了众多期限不同、流动性不同、收益率不同并且可分性强的金融产品和组合，进而满足了各种不同市场主体的偏好和需求；另一方面，从资产的选择可行集角度看，原本不可能或者很难进行的资产-风险收益空间的细分成为可能，原本间断的收益-风险分布逐渐连续起来。因此，筹资者和投资者在投资空间中所能选择的资产组合点或者集合大大增加，从而大大提高了投融资双方的效用。

从金融中介机构的角度看，要想在日益激化的市场竞争中取胜，获得更多的金融资源与更好地满足融资者和投资者不断变化的金融服务需求成了关键，因而资产证券化作为一种高效的融资渠道和专业的金融服务手段更加成为金融中介机构之间竞争的焦点，在创新意识和创新技术的相互碰撞过程中，证券化的深度和广度不断得到推进。

从政府监管的角度看，证券化各方的利益驱动是推动证券化进程乃至整个金融市场

① 何小锋.深圳中集集团的资产证券化案例剖析[J].新经济杂志，2005(10)：40-45.

发展的重要力量，但是各方的利益膨胀又会导致金融秩序的混乱，引起社会经济效率的损失。因此，各国政府都会通过严格监管的方式，积极推动有利于经济发展的资产证券化，协调各方的利益驱动，以使其有效发挥对金融市场发展的推动作用。此举虽然减少了金融体系的风险，使得经济可以平稳运行，但监管又会增加市场上融资者融资的难度以及金融机构开展传统金融业务的成本。进一步地，证券化各方在监管压力下为了规避管制、突破传统束缚，会寻求新的证券化方式，突破制度和法律上的约束，促进了证券化的发展。

2. 资产证券化发展的宏观动因

从宏观层面上看，资产证券化的迅速发展主要是由于它提高了经济中资产运营的分配效率和操作效率，从而具有优化整个经济资源配置的优势，这一优势不断推动了资产证券化的发展。

(1) 改善资产运营的分配效率

所谓资产运营的分配效率，是指通过价格调节对资源进行有效配置的能力，能否对各种金融工具或产品做出基于潜在风险和收益基础上的准确定价，从而引导资金向经风险调整后收益最高的项目或部门流动，是评判资产运营是否具有分配效率的关键。

具体说来，资产证券化在以下四个方面改善了资产运营的分配效率：

① 资产证券化提供了一种可以有效识别、细分资产的收益和风险的机制，在此基础上，资产定价更趋准确，进而更有效地引导资源向高收益的部门流动。

② 资产证券化为资产运营主体根据多样性的需求实现风险的分散和有效转移提供了便利条件。

③ 资产证券化一方面扩大了投资者的资产选择集，加快了储蓄向投资转化的速度、降低了成本，另一方面，又可以适应融资者日益多样、复杂的融资需要，这就改善了投融资双方的交易地位，交易者的满足程度和福利水平都得以提高。

④ 资产证券化通过对政府监管的规避，打破了金融市场之间的界限，促进了金融资源的自由流动，同时促进了大量新型金融机构的出现，模糊了传统商业银行和非银行金融机构之间的界限，增进了金融业的竞争，这就逐渐推动了市场化、自由化的金融交易制度的形成，而这种自由竞争的市场机制也将有利于改善资源分配状况，实现资源配置的最优。

(2) 提升资产运营的操作效率

资产运营的操作效率是指资产运营能通过最小成本达到资产配置的最优状态。从整个社会的角度来看，资产运营的成本就是金融中介运作成本。资产证券化降低了金融中介的运作成本，使得利用资产的中间耗费降低，资产运营的效率因此大大提高。从整个金融体系的视角出发，资产证券化打破了金融市场之间的界限，将积聚在信贷市场的长期风险转移到了资本市场中，由市场中有能力且有意愿承担风险的参与者主动承担风险、获取相应利润，这就从整体上维护了金融系统的稳定性。

总之，资产证券化的出现最根本还是源于市场的需求，且它以极大的创新和突破几乎完美地满足了参与各方的需求，从而获得了极大的发展和成功。因而，资产证券化确实是符合经济社会发展需求和规律的，应当在充分考虑我国国情和实际的前提下加以有效改善和充分利用。

三、资产证券化的分类

资产证券化在全世界范围内的迅猛发展的表现之一就是被证券化的金融资产的种类越来越多，证券化交易的组织结构也越来越复杂。按照不同的分类标准，可以将资产证券化划分为不同的类型。

（一）按照基础资产分类

基础资产是资产证券化交易的基础，这种基础作用不仅表现为资产支持证券的现金流完全由基础资产产生，而且基础资产的构成及其特征（尤其是早偿和违约特征）还直接影响着资产证券化交易的架构和现金流特征。因此，基础资产的区别是不同资产证券化类型的主要差别之一。根据基础资产的不同，可以将资产证券化分为住房抵押贷款证券化（mortgage-backed securitization，MBS）和资产支持证券（asset-backed securitization，ABS）两大类。其区别就在于MBS的基础资产是住房抵押贷款，ABS的基础资产是除了住房抵押贷款以外的其他资产。

1. 住房抵押贷款证券化（MBS）

MBS是资产证券化发展史上最早出现的证券化类型。它是以住房抵押贷款为基础资产，以借款人分期偿还贷款所形成的稳定现金流作为支撑，通过金融市场发行债券的融资安排。

2. 资产支持证券（ABS）

ABS是指以住宅抵押贷款以外的其他金融资产作为基础资产的证券化形式，其实质上是MBS技术在其他资产上的推广和应用。资产证券化的基本条件是基础资产能够产生可预期的、稳定的现金流，除了住房抵押贷款以外，一些其他资产也具有稳定、易预测的特性，因而也可以被证券化。随着资产支持证券技术的不断发展和资产证券化市场的不断扩大，ABS的种类也日趋繁多、日益丰富，可以细分为以下品种，见表8-1。

表8-1 资产支持证券种类

资产类别	细分类型
贷款类资产	汽车消费贷款证券化
	商用房地产抵押贷款证券化（CMBS）
	学生贷款证券化
	中小企业贷款支持证券化
	住房权益贷款证券化
应收款类资产	信用卡应收款证券化
	贸易应收款证券化
	设备租赁费证券化

续表

资产类别	细分类型
收费类证券化	基础设施收费证券化
	门票收入证券化
	俱乐部会费收入证券化
	保费收入证券化
其他资产	知识产权证券化

现对其中几类较为重要的类型加以介绍。

(1) 汽车贷款支持证券

首例以汽车贷款为基础资产的 ABS 是 1985 年 5 月由美国 Marine Midland 发行的名为汽车应收款凭证(certificates for automobile receivables,CARs)的证券,此后发行的汽车贷款支持证券就一直沿用 CARs 的名称。

商业银行和财务公司是发放汽车贷款的主要金融机构,它们手中沉积着大量汽车贷款资产,需要证券化安排以增强流动性,因此成为汽车贷款资产证券的发起人。汽车贷款的贷款期限比较标准,一般为五年,采取等额分期偿还方式,因而可以形成比较稳定的可预期的现金流,易于证券化。与汽车贷款的特点相适应,目前大多数的 CARs 期限也为五年,采用固定利率,平均等额偿付。

(2) 信用卡应收账款支持证券

其基础资产是一组特定账户的信用卡应收账款。该账户的现金流收入来自持卡人向发卡人偿还的应还本息和,就整个账户而言,持卡人每月的偿付率比较稳定,从而可产生相对稳定的现金流收入,这就为证券化打下了基础。进一步地,可以利用该账户的现金收入流等额分期偿还支持证券的本金和利息。

需要注意的是,信用卡应收账款支持证券的运行特点与 MBS 和 CARs 有一定的差别。第一,信用卡应收账款支持证券的期限分为周转期和摊销期,周转期是一个特定时期,在此期间不承担本金摊销的义务,只负责向投资者支付利息,对应于证券本金部分的资金将被发行人保留并用于购买额外的应收款;周转期结束后便会进入摊销期,在此期间需要向投资者按月等额分期偿付本金和利息。第二,发卡人在将应收账款出售给特殊目的公司之后,并不会通知投资者,而是继续负责向持卡人催收应收款项,并保证所收款项直接进入特殊目的公司的账户,而发卡人则可以向特殊目的公司收取服务费。

(3) 工商企业应收账款支持证券

工商企业应收账款主要是指贸易应收款和租赁应收款。贸易应收款一般不付利息,租赁应收款可能有利息收入,但通常期限会很长。随着销售额的提高,应收账款数量会迅速增加,对公司资本会产生巨大压力,进行证券化处理之后可有效解决资金流动性不足的问题。工商企业应收账款支持证券是以企业应收账款作为基础证券,特殊目的公司购买特定的应收账款组合后会发行相应债券,并向应收款项的债务人收取款项,用以偿还证券的本金和利息。

（二）按照现金流支付方式分类

1. 过手证券

过手证券(pass-through securities)是资产证券化中最基本的类型。它是以组合资产池为支撑发行的权益类证券，代表了对具有相似的到期日、相似的利率和特点的组合资产的直接所有权。基础资产池中的典型资产是住宅抵押贷款和消费者的应收款(如汽车贷款和信用卡应收款)。

其运作方式是：发起人将基础资产出售给特殊目的机构，这些资产从贷款发起人的资产负债表中剥离，发起人对资产的各种权利，如资产所有权、利息收取的权利就都转让给了特殊目的机构。债权管理服务商负责收取基础资产所产生的各种收入，并将全部现金流存入以受托机构名义开设的独立账户，在扣除向各个中介机构支付的服务费后，证券投资者就可以按比例获得该账户的现金余额。

过手证券基本上不对资产所产生的现金流进行特别处理，从而与基础资产具有基本相同的现金流，它的实际期限、利率与基础资产组合的期限和收益也基本一致。因此，过手证券具有简单、可操作性强的特点。但是，从另一个角度看，证券投资者也要自行承担基础资产的提前偿付风险；而且每个投资者都面临着相同的风险和同比例的利息支付，这种风险和收益的同质性不利于吸引具有不同偏好的投资者。

2. 转付证券

转付证券(pay-through securities)是与过手证券相对应的另一种证券化类型。其特点是：特殊目的公司不是将基础资产组合产生的现金流直接“过手”移交给投资者，而是根据投资者对风险、收益、期限等的不同偏好来安排不同的本金与利息的偿付机制，重新安排和分配了基础资产组合产生的现金流。另外，转付证券仍然是发行人的债务，会作为负债保留在发行人的资产负债表中。

实践中，转付债券包含很多种类，其中广泛使用的有抵押担保支持债券(collateralized mortgage obligation，CMO)、仅付本金债券(principal-only, PO)和仅付利息债券(interest-only，IO)。

(1) CMO由若干类别的债券组成，通常会包含两个类别，一种付息债券和一种零息债券，每一种类别被称为不同的档(tranches)，具有不同的预期期限和偿本付息安排。每一个档的付息债券都可按期收到利息支付，但每一个档的债券会依次接受本金偿付，且每一次只有一个档的债券得到本金偿付，即资产池的现金流首先偿付第一档债券的本金，全部清偿之后进行第二档债券的偿付，以此类推，直至所有债券清偿完毕。

与简单的过手证券相比，CMO改变了现金流的支付方式，利用长期的、每月支付的资产池现金流去创造短、中、长期不同级别的证券，从而可以满足投资者对不同投资期限的不同偏好。CMO虽然没有消除提前偿付风险和利率风险，但却在不同级别债券上进行了不同程度的分布，这就满足了投资者对不同风险程度的偏好。

(2) 剥离式抵押债券(stripped mortgage-backed security)是在CMO基础上进一步创新的金融工具，其基本做法是将抵押贷款组合中的收入流进行最大程度的拆分，分别对应于不同类别的债券，PO和IO是其中的两个极端。

PO是一种按贴现方式发行的零息债券，投资者以一定价格购买PO债券，特殊目的机构将原始借款人偿还贷款本金所产生的收入支付给 PO 债券持有者。PO 债券的特点是投资者的实际收益取决于提前偿付的速度,提前偿付越快,本金就比预期越快地回到投资者手中,投资者的实际收益率就越高。

IO 债券也是一种按贴现方式发行的零息债券,投资者以一定的价格购买 IO 债券,特殊目的机构将原始借款人偿还贷款利息所产生的收入支付给 IO 债券持有人。与 PO 债券不同,IO 债券投资者获得收入的数额和时间都会随提前偿付的速度而变化。IO 债券投资者只能按未清偿的本金余额取得应付利息收入,如果提前偿付加快,未清偿本金余额就会加快减少,利息收入自然也就减少;如果提前偿付速度过快,IO 债券的投资者预期的现金流就无法成为现实,这一时期投资者的净现值有可能为负值,即最初的投资大于所得到的现金流折现后的现值。

PO 债券和 IO 债券的市场价格等于其未来现金流的贴现值,取决于市场利率和各自的预期收入流,但由于提前偿付风险的存在,市场利率变化对它们的价格却会产生相反的影响。因而投资者可以根据自己的需求和偏好选取两者恰当比例的组合以降低提前偿付风险。

总的来说,与 CMO 证券相比,剥离式抵押证券将利率风险、提前偿付风险在不同债券上进行分割,有利于吸引具有不同利率预期和不同风险偏好的投资者。

在资产证券化的实践中,采用过手型或者转付型证券主要出于以下四方面的考虑:

① 资产的现金流量特征(基础资产期限较长且较为稳定的情况两种类型都可以选择,而期限较短或者很不稳定的基础资产就多采用转付型结构);

② 资产的风险性(资产的风险性很高时,需要通过现金流量的重新安排来创造较佳评级的证券等级,也即采用转付型);

③ 税负条件与会计处理规定;

④ 具体的市场需求情况(发行人是否以转付结构发行多种类型的证券主要取决于投资者对于投资期限较为确定的长、短期证券是否具有明确、强烈的需求)。

按照现金流处理方式的特性,资产证券化里还有一类比较具有代表性的,称为资产支持债券,是发行人以贷款组合或者过手证券为抵押而发行的债务证券。基本做法是资产支持债券的发行人对一部分资产进行组合,再将这部分资产作为抵押交给受托管理人,从而形成对它所发行的债券的担保。与过手证券不同,资产支持债券是发行人的债务,因此作为抵押的基础资产组合和资产支持债券仍会保留在发行人的资产负债表中,分别记入资产方和负债方;而且由抵押资产所产生的现金流不一定用于支付资产支持债券的本金和利息,发行人可以用其他来源的资金去偿还债券的本息,通常半年支付一次利息,而本金到期才会支付。

(三) 按照结构性重组分类

根据在资产证券化的基本步骤中,对所选定的资产或资产组合进行结构性重组时所成立的特殊目的机构(special purpose vehicle,SPV)的不同性质,又可以将资产证券化分为信托型 SPT 和公司型 SPC。此部分的详细内容待到下一节介绍资产证券化的参与方时再加以描述和区分。

四、资产证券化的意义、特征和风险

（一）资产证券化的意义

资产证券化作为一项新兴的金融工具和技术，近三十年得到了长足的发展，已经成为全球范围内规模最大和发展最快的金融创新和金融工具。它在很大程度上改变了传统的融资方式和概念，大大提升了直接融资在资本市场中的作用，与间接融资形成了有效的互补，大大促进了社会经济的整体发展。它之所以会被参与各方迅速接受、广泛使用，根本原因还是在于资产证券化可以为参与各方都带来好处。

从微观层面上看，主要有以下几点。

(1) 从发起人的角度来看，资产证券化可以：

① 增强资产的流动性，提高资本的使用效率，使得银行内生性的资金来源短期性与资金运用长期性的结构性风险大大降低。

② 提升发起人的资产负债管理能力，优化财务状况，因为被证券化的资产必须采用真实出售的方式，出售后就可以从资产负债表中剔除，使得资本充足率得以提升、资产负债比率得以改善，从而更好地满足金融监管的要求。

③ 可以实现低成本融资，同时拓宽了融资渠道。与传统融资方式中要以融资方整体的信用为支持不同，资产证券化是一种以资产为支持的融资，只需要考虑融资的基础资产的质量。通过真实出售和破产隔离机制的设计，再辅以信用增级等手段，就可以使所发行的证券的信用级别独立于融资方，大大提高了证券的信用级别，这可以降低投资者所要求的投资回报率，进而减少融资成本。同时由于发行证券的级别是可以高于发起人整体的信用级别的，所以原来那些因为信用级别不够而无法融资的融资方也可以获得融资机会，拓宽了原先的融资渠道。

④ 收入来源多样化。资产证券化中的服务商一般都会由发起人担任，通过付款服务的途径收取相应报酬，进一步拓宽了发起人的收入来源；同时信用增级还可以产生一个差额收益，一般也是由发起人获得。

(2) 从投资者的角度看，资产证券化可以：

① 提供多样化的投资品种，通过对基础资产现金流的重组，使得证券本金和利息的偿付机制发生变化，可以有效满足不同投资者对于收益、风险和期限的多样化需求；同时，对于某些特定的投资领域，产品的标准化设计也为投资者提供了进入原本不可能进入的投资领域的可能性。

② 提供更多的优质投资选择，而且在多重担保、债务人广泛分布的前提下，使得投资风险大幅降低。

③ 证券化产品的低权重要求降低了对投资者的资本要求，便于扩大投资规模；中介交易层次和费用的减少也有利于投资者收益的提高。

(3) 从风险担保者的角度看，通过提供信用担保，有关商业银行及专业保险公司可以收取一定的服务费用增加收入来源，一般为担保金额的 0.5%；同时通过提供担保服务，这些机构也便于发展新的业务或者扩展现有的商业关系和脉络。

(4) 从投资银行的角度看，在由基础资产转化为证券的过程中，投资银行可以得到大量的转换利润、发行证券的承销费以及交易证券的交易利润；而且资产证券化有利于投资银行加强与上游客户和下游客户之间的联系，更加有利于其专业特长的充分发挥，进而促进投资银行产业的大力发展，奠定了投资银行在一国经济格局中的重要地位。

从宏观角度来看，资产证券化可以让整个金融市场乃至整个经济体的资本实现更高效、更优化的配置。作为一种直接融资方式，资产证券化可以大大提高资产运营的分配效率和操作效率，不仅提供了新的投融资途径，大大提高了资本配置的有效性、资金的利用效率和流动性，还促使金融市场的各个参与主体实现了高效的专业化分工，在将积压在银行体系的房地产贷款、不良资产等的风险合理配置给各个层次的投资者的过程中也提高了金融系统的安全性。

（二）资产证券化的特征

资产证券化的实质是将一组资产的未来现金流收益权以债券的方式出售给投资者，为资产的原始权益人融入所需资金。作为一种创新和突破，资产证券化自然与传统的融资方式不同，具有以下几个显著特征。

1. 结构型融资

资产证券化改变了传统融资方式中资金的供给者和需求者同时面临相同风险、承担共同损失的局面，可以通过一种严谨有效的交易结构来实现破产隔离。所谓破产隔离，是风险隔离的一种较强表现形式，是证券化交易的重要特征之一，也决定着交易能否取得成功。其含义是指通过基础资产由发起人向特殊目的机构的真实出售，原始权益人的破产风险就会与证券化交易隔离开来，资产的偿付能力与原始权益人的资信分割开，保证了证券化交易不会受到原始权益人破产风险的影响。同时，资产证券化所发行的债券也仅以基础资产做支撑，基础资产未来的现金流收入是偿还债券投资者本息和的唯一来源，不会对原始权益人的其他资产形成追索权。

2. 表外融资方式

所谓表外融资方式，即证券化的资产不显示在融资人的资产负债表中或仅以某种说明书的形式出现。因为通过真实出售，证券化资产就从原始权益人的资产负债表中剔除了，原始权益人放弃了对此资产的控制权以及相关的收益和风险。因此，资产证券化可以帮助原始权益人调整资产负债结构，有效提高公司的财务指标，改善财务结构。

3. 收入导向型

传统的融资方式中资金需求者要以其本身的综合信用或者资信能力为担保进行融资，而资产证券化是一种收入导向型的融资方式，其基础资产的未来现金流收入是其偿还证券投资者本息和的唯一来源。因而投资者更加关注的是基础资产的质量问题，比如未来是否具有稳定的、可预测的现金流收入以及良好的历史信用记录。通过特定资产的真实出售和破产隔离的证券化机构设计，再辅以必要的信用增级，发起人所要发行的证券信用级别就会大大提高，在降低融资成本的同时也增强了证券对于投资者的吸引力。这对于拥有优质资产的中小企业来说无疑是开辟了一条融资的新途径。

（三）资产证券化的风险

任何经济、金融活动都存在各式各样的潜在风险，资产证券化也不例外。资产证券化的风险主要是指在资产证券化的过程中各种不确定因素给各个参与方带来损失的可能性，主要包括交易结构风险、信用风险、提前偿付风险和利率风险等。

1. 交易结构风险

资产证券化从本质上说是一种结构融资方式，交易结构直接关系到融资的成功与否及其效率大小。如果各个参与方都可以遵守所确立的专业性合约，资产证券化将是一种完善的风险分担的融资方式。但在实践中，不同国家对资产出售有不同的法律和会计处理规定，这就使得资产证券化存在交易结构风险：如果发起人的资产出售不能被判定为真实出售，就会使资产证券化的交易结构存在根本缺陷。一旦发起人破产，其他债权人仍享有对证券化资产的追索权，其所产生的现金流需要转给发起人的其他债权人，资产证券的投资者就会面临本息损失的风险。

2. 信用风险

信用风险也称为违约风险，是指基础资产的原始债务人无法或者不愿履行债务责任的风险。由于资产证券化是以基础资产的现金流为根本支撑的，原始债务人破产或者拒绝偿还债务必然导致证券化资产缺乏偿还证券本息的现金流收入，违约风险将直接蔓延至证券投资者，甚至需要投资者承担。

3. 提前偿付风险

提前偿付风险是指原始债务人提前偿还其债务的行为给资产支持证券价值带来的影响。以房地产抵押贷款证券化为例说明，房地产抵押贷款证券化通常采取固定利率形式，如果市场利率不发生变化，原始借款人就会按期偿还贷款本息，产生稳定的现金流以支付证券投资者应得的本息和。然而，一旦市场利率下降，原始借款人就会以较低利率借取新债，提前偿还贷款以降低自身的利息负担。这种提前偿付行为就改变了基础资产正常的现金流收入，由于贷款本金的提前收回而减少了未来的利息收入；同时在市场利率下降的情况下，这些提前偿付的资金也无法通过重新投资而保证原有的高利率。总的来说，证券化资产的总体现金流收入将会减少，相应用于支付资产支持证券的现金流收入也会随之减少。

提前偿付行为给资产支持证券的未来现金流带来了不确定性，进而给证券定价及证券投资者的决策带来了难题，所以需要对其进行估计和预测。一般用于描述提前偿付行为的指标为年固定提前偿付率(constant prepayment rate，CPR)，是指借款人在某一年度提前偿还全部贷款余额的概率。该指标也可以转换为月提前偿付率(single-monthly mortality，SMM)，它与CPR的关系可以表示为

$$\mathrm{SMM}=1-(1-\mathrm{CPR})^{1/12}$$

4. 利率风险

利率风险也称为市场风险，是指市场利率变化对资产支持证券价格变化的直接影响。资产支持证券本身是一种固定收益证券，其市场价格与市场利率水平也是呈反向变动。如果其票据利率固定，市场利率上升(下降)时，资产支持证券的价格就会下跌(上涨)，从而给投资者带来资本损失(资本利得)。而在其他条件相同的情况下，资产支持证券的票面利率越高、期限越长，其价格对市场利率的变化就越敏感。

第二节 资产证券化的机制及流程

在资产证券化不断发展的三十多年里，在实际业务操作中，基础资产、税收政策、法律环境、发起人组合的资产池质量等，任何一个组成要素的差别都可能导致资产证券化的具体操作的不同，呈现出多样化、个性化特征。但从综合角度来看，在必须遵循的一些原则，主要的参与方及其分别承担的责任、起到的作用、基本的业务流程等方面，还是存在诸多的共性，需要进行深入探讨，从而为寻求一种最为恰当的、在我国顺利开展和大力发展的资产证券化业务提供思路和启示。

一、资产证券化的参与主体

在资产证券化的过程中主要涉及以下主体：发起人(原始权益人，通常是商业银行等金融机构)、特殊目的机构(SPV)、投资者(证券持有人)、受托人、信用增级机构、信用评级机构以及服务商、承销商等其他中介机构。

1. 发起人

发起人(originator)是资产证券化的起点，是基础资产的原始权益人，拥有对基础资产的支配权力，也是基础资产的卖方。通常会由商业银行、财务公司、信用卡发行公司、证券公司等实体担任，在证券化中所起的基本作用有：首先是发起贷款、应收款等基础资产，这是证券化的基础和来源；然后组建资产池，将其转移给 SPV 实现破产隔离。

2. 特殊目的机构

特殊目的机构(special purpose vehicle，SPV)是以资产证券化为目的而特别组建的独立法律主体，是证券化过程中连接发起人和投资者的桥梁，也是证券的真正发行人。它充当着资产变换的金融中介，是整个交易结构的中心。

SPV 在资产证券化过程中所起的作用主要有：按照真实出售标准从发起人处购买基础资产；通过优次分级、超额担保、信用证等形式对基础资产进行加工处理，实现信用增级；聘请专业评级机构对信用增级后的资产进行信用评级；选择承销商发行资产支持证券；选择服务商、受托人等为交易提供服务的中介机构；委托服务商从原始债务人处收取借款人的偿付本息，委托受托机构向证券持有人按约定进行本息偿付。

SPV 是整个资产证券化的核心，几乎每一环节都与其有着直接关联，是资产证券化能够顺利进行的保证。组建 SPV 的目的就是要最大限度地降低发起人的破产风险对证券化的影响，实现证券化资产与发起人其他资产的有效隔离，从而保证资产证券化的顺利进行。

在实践中，SPV 的形态由设立主体根据自己的偏好和要求来选择，既可以是一个空壳公司，只拥有名义上的资产和权益，实际的管理工作委托其他机构完成，也可以是一个投资公司、投资信托或者其他类型的实体公司。通常有以下两种表现形式。

1) SPC 形式

在 SPC 形式下，专门设立作为资产证券化 SPV 的公司——SPC(special purpose corporate)。发起人将基础资产以真实出售方式转移给 SPC，SPC 以基础资产为支持向投资者发行证券,并向发起人支付约定对价。在此方式下又可以细分为独立公司模式和子公司模式两个类型。

在独立公司模式下,发起人的破产风险对证券化不会产生任何影响,从而有效地实现了证券化的资产与发起人其他资产的风险隔离。其组建要求一般包括:债务限制,避免发生其他债务;董事会设立独立董事,以维护投资者利益;不得重组或合并,确保证券未到期时破产风险的隔离性不会变化;确保分立性,即资产分立、财务报表分立,只得以自己的名义从事业务,不能用自己的资产为其他机构提供抵押;其他禁止性要求。

在子公司模式下,发起人成立全资或者控股子公司作为 SPC,再将资产出售给 SPC。SPC 不仅购买母公司的资产,也有权购买第三方资产,共同组建资产池并以此为支持发行证券。子公司的利润要上缴给母公司,且报表也要并入母公司的资产负债表,因而子公司的资产负债最终会体现在母公司的资产负债表上。但由于母公司与子公司是两个法人,母公司的破产不会直接导致子公司的破产,因而也实现了破产隔离。

2) SPT 形式

在 SPT 即特殊目的信托(special purpose trust)方式下,资产转移是通过信托来实现的。发起人将基础资产信托给作为受托人的 SPT,成立了信托关系,再由 SPT 作为资产支持证券的发行人发行代表对基础资产享有权利的信托受益凭证。在此种信托关系中,委托人为发起人,作为受托人的 SPT 是法律规定的有资格经营信托业务的营业受托人,基础资产充当信托财产,受益人则是信托受益凭证的持有者——投资者。根据信托财产独立性原则,信托财产将独立于委托人,发起人将基础资产信托给 SPT 之后,发起人的其他债权人就无法行使对基础资产的主张权利,从而实现了破产隔离。

需要指出的是,SPV 的资产负债表有着简单明晰的特点。SPV 的资产主要是从发起人处购买的用于支持证券发行的基础资产以及在信用增级中精心设计的各类担保合约中的权利;SPV 的主要负债就是其所发行的资产支持证券以及对第三方的负债和从属性负债。其中,对第三方的负债是指应支付给服务商、托管人、担保机构等中介机构的费用,一般情况下,这部分负债偿还的优先等级比较高;从属性负债也称为次级证券,是发起人或者 SPV 的其他设立人向 SPV 提供的一种特殊形式的启动资金,其偿还的优先序列低于其他负债但高于权益类资产,也即性质介于负债和权益之间,实质上起到了提升信用的作用。通常情况下,由发起人注入的权益资本的规模都比较小,这样才符合发起人融资的根本目的。SPV 的资产负债表一般如表 8-2 所示。

表 8-2 SPV 的资产负债表

资　　产	负债与所有者权益
支持证券发行的资产组合 各种担保合约权利	资产支持证券 对第三方的负债 从属性负债 权益资本

需要注意的是,SPV 除了上述规定的负债之外,不能承担其他债务或者提供其他担

保，以确保SPV本身不易破产。

3. 投资者

投资者（investor）是指购买SPV所发行证券的一方，又可以分为机构投资者和个人投资者。所谓投资者，也就是资产支持证券或者抵押贷款证券的持有者。

4. 受托人

受托人（trustee）负责托管基础资产以及与之相关的一切权利，受SPV委托进行资产证券化专门的实际运作。通常他们代表投资者行使以下职能：把服务商存入SPV账户中的现金流转付给投资者；对没有立即转付的款项进行再投资；监督证券化交易中各方的行为，定期审查有关资产组合情况的信息，确认服务商提供的各种报告的真实性，并负责向投资者披露；公布违约事宜，并采取保护投资者利益的法律行为；当服务商无法履行其职责时，代替服务商担当其职责。此外，他们还可以代表发行人向发起人购买基础资产，代表发行人向投资者发行证券。

5. 信用增级机构（credit enhancer）

为使贷款、应收账款等资产及其组合能够获得较高的信用评级，以便更好地开展资产证券化，吸引投资者以及降低融资成本，进行信用增级是关键的环节。信用增级一般分为内部增级和外部增级两种方式。内部增级的机构通常是发起人本身，是指利用由基础资产产生的部分现金流来实现自我担保；外部增级是由第三方提供的信用增级工具。第三方机构常包括有政府机构、金融担保公司、保险公司、大型企业的财务公司等，提供包括专业金融机构提供的担保、专业保险公司提供的保险等形式的外部信用增级。第三方机构为了自身利益，会对证券化交易进行严格监督，客观上有利于证券化产品的安全性。

6. 信用评级机构

信用评级机构（credit rating agencies）在证券化交易中起着至关重要的作用，不仅可以帮助发行人确定信用增级的方式和规模，而且还为投资者建立了一个明确、可靠以及易于理解的信用标准。它是市场中存在的一个独立权威单位。

对于投资者而言，评级机构评价的主要内容是信用风险，即债务人还款能力的大小以及违约可能性等，其明确的信用标准、严格的评级程序为投资者提供了可靠的保护。一旦投资者理解并接受了信用评级机构做出的评级，就可以把投资决策的重点转移到对市场风险和证券持续期的考虑方面。从发行人角度来看，通过评级机构的评级，投资者认可该证券后对投资收益的要求就会降低，证券的流动性会增强，同时需要支付的利息成本会减少，这样在增强投资者信心、保证证券化顺利开展的同时也可以节约融资成本、提高融资效率。

阅读材料 8-1

信用评级机构

信用评级机构是依法设立的从事信用评级业务的社会中介机构，是金融市场上一个重要的服务性中介机构，是由专门的经济、法律、财务专家组成的对证券发行人和证券信用进行等级评定的组织。国际上公认的最具权威性的信用评级机构有三家，分别为标准·普尔(Standard & Pool)、穆迪(Moody)和惠誉(Fitch-MIBA)。1975 年美国证券交易委员会 SEC 认可穆迪公司、标准普尔、惠誉国际为全国认定的评级组织 NRSRO(Nationally Recognized Statistical Rating Organization)。

标准普尔为投资者提供信用评级、独立分析研究、投资咨询等服务,其中包括反映全球股市表现的标准普尔全球 1200 指数和为美国投资组合指数的基准的标准普尔 500 指数等一系列指数。作为一个世界级的资讯品牌与权威的国际分析机构,标准普尔的实力在于创建独立的基准,以客观分析和独到见解真实反映政府、公司及其他机构的偿债能力和偿债意愿,因此获得了全球投资者的广泛关注和普遍认可。

穆迪公司总部位于纽约的曼哈顿,于 2001 年 7 月在北京设立代表办事处,开拓中国业务。现已在 12 个国家开设了 15 个分支机构,投资信用评估对象遍布全球。穆迪公司已先后对 100 多个国家的政府和企业所发行的 10 万余种证券进行了信用分析与评估。目前,阅读和使用穆迪所发布的各类信息的客户已达 1.5 万余家,其中有 3 000 多家客户属于机构投资者,它们管理着全球 80%的资本市场。高级雇员总数达 1 500 人,其中有 680 人为专业评估分析师。

惠誉国际是全球三大国际评级机构中唯一的欧资国际评级机构,总部设在纽约和伦敦,2000 年正式进入中国市场。惠誉的评级类型主要包括企业、金融机构、结构融资和地方政府、国家主权等,其评级结果得到各国监管机构和债券投资者的认可,尤其在新兴市场上,惠誉的敏感度较高、视野比较国际化。

信用评级机构不仅需要对发行证券进行初始评级,在整个证券的存续期间内还要对其业绩进行追踪监督,及时发现新的风险因素,根据实际情况给出实时、有效的信用评级修正,以切实保护投资者利益。通常情况下,SPV 会同时选择两家评级机构来评级,以更好地增强投资者信心。

7. 服务商

服务商(servicer)是专门管理和维护证券化资产,并向原始债务人收取到期本息和再予以转交的中介机构。一般由发起人或其子公司来担任,以充分利用发起人对基础资产的熟悉了解以及其丰富的资产管理经验。但需要特别注意的是,要做到基础资产与发起人其他资产的严格区分,以确保真实出售的实现,否则风险隔离难以实现,投资者就会处于不利境地。

服务商在资产证券化中一般有如下作用:收取资产原始债务人按期偿还的本息和,将其存入受托人设立的特定账户;对每个借款人履行贷款协议的情况进行监督,催收过期欠账借款人,确保资金及时、足额到位;定期向受托管理人和投资者提供有特定资产组合的财务报告,管理相关的税务和保险事宜等。服务商要根据一定的标准对所提供的服务收取服务费,这是同时担任服务商的发起人增加收入来源的一个有效途径。

8. 承销商

承销商(underwriter)采用促销方式发行证券,确保证券的顺利发行。一般来说,承销商都是由投资银行来担任,但投资银行在资产证券化中所起的作用当然远不止于此。

二、资产证券化的基本机制

资产证券化在实际的操作中存在着特性和差异，但都包含和体现着一个核心内容和三个关键环节，这也就是资产证券化的主要机制和内在逻辑。

（一）一个核心内容

基础资产能够产生可预期的未来现金流是资产证券化得以展开的一个先决条件。表面上看，证券化要以基础资产为支撑，但实质上却是以资产未来所产生的现金流为基础，这是资产证券化的本质和精髓。也就是说，资产证券化所证券化的并不是基础资产本身，而是资产所能够产生的未来现金流。因此，基础资产可产生的未来现金流是资产证券化的核心所在，而相应的现金流分析就是资产证券化的核心内容。

（二）三个关键环节

资产证券化的三大环节为资产重组、风险隔离和信用增级环节，它们是对基础资产现金流的进一步分析，是资产证券化核心内容的深化。见图 8-2。

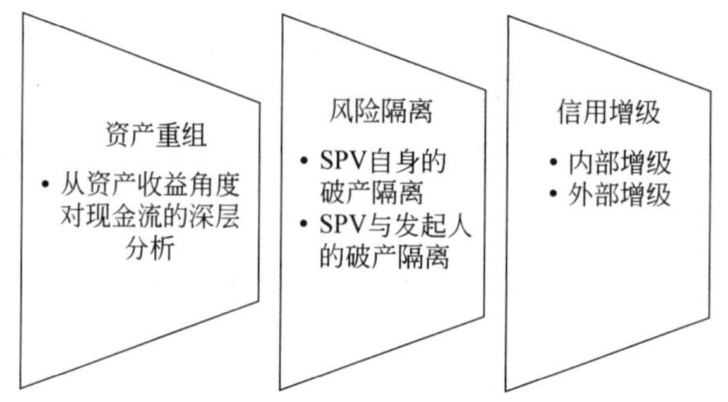

图 8-2　资产证券化的三个关键环节

1. 资产重组环节

资产重组就是资产的所有者或者支配者为实现证券发行的目标，根据资产重组的机理，运用一定的方式和手段，对其资产进行重新配置与组合的行为。资产重组环节的侧重点在于从资产收益的角度进一步对现金流加以分析。

资产重组环节的关键在于对资产中的风险和收益要素进行分离和重组，使其定价和重新配置更为有效，从而使参与各方均可从中收益。其操作原则一般包括以下几项。

① 最佳化原则。通过资产重组使得基础资产的收益可以达到最佳水平，进而使得以该资产为基础发行的证券价值达到最佳化。

② 均衡原则。要协调好资产的原始所有人、策略投资者、将来的证券持有人等各个参与方的利益与需求，以确保证券的顺利发行和未来的良好表现。

③ 成本最低原则。如何有效降低资产重组的成本也是需要考虑的重要问题。

④ 优化配置原则。在资产重组过程中，当各种资产的任何形式的相互转换或组合都无法进一步降低成本时，才可说明资产重组达到了最优的资产组合状态。资产重组的目的不仅仅是要一般地提高资产的利用效率，更关键的是要通过不断调整与重新组合来实现社会资源的配置最优化。

2. 风险隔离环节

风险隔离环节是以资产的风险为出发点来考察资产证券化业务，即着重从风险的角度来进一步分析现金流，对资产风险进行重新分割和组合。正是因为风险隔离机制，资产证券化才得以成为一种只依赖于证券化的基础资产信用的结构融资方式，打破了传统融资方式下需要依靠发起人整体信用的束缚。

所谓风险隔离，就是在资产证券化过程中通过基础资产的风险与其他资产（主要是基础资产原始所有人的其他资产）风险的隔离来提高资产运营的效率，从而最大化资产证券化各参与方的收益。当拟证券化的基础资产可以远离发起人及证券化交易相关主体的财务及破产风险时，该笔基础资产就获得了某种程度的独立性，从而保证和提升了基础资产的信用等级，以顺利实现融资目的。从风险隔离的本质来看，它就是一种破产隔离机制，而资产证券化实质上是围绕着实现破产隔离而展开的金融活动。正是为了实现破产隔离而对资产证券化进行的设计和架构使其表现出前文所述的几大特征；正是因为通过破产隔离实现了风险和收益的重组，资产证券化才得以给参与各方都带来一定好处。

资产证券化的破产隔离包括两个方面：一是 SPV 自身的破产隔离——主要通过一些法律规范来实现，例如规定特殊目的机构的具体职能范围、治理机构的设定、法律上的独立性等。二是 SPV 与发起人的破产隔离，这就要通过资产的原始权益人将证券化的资产从整体资产中剥离出来以真实出售的方式售给 SPV 来实现。

所谓真实出售，是指资产从发起人向特殊目的机构的转移必须以双方签订的金融资产书面担保协议为依据，必须满足法院对真实出售的判定。对真实出售的判断又可以分为资产转移时和资产转移后两个方面。

（1）资产转移时真实出售的判断

需要满足的条件有：发起人在资产转移合同中表明真实出售资产的意图且要符合证券化目的；发起人的资产负债表已进行资产出售的预处理；资产要以公平的市场价格以确定的方式出售给 SPV；资产转移的完成就意味着有关资产的一切权利及利益都转移给了 SPV，基础资产必须从发起人的资产负债表上剔除。

（2）资产转移后真实出售的判断

这是前一阶段判断的延伸，也是资产转移是否为真实出售的另一个关键，主要包括以下几方面。

① 对发起人的追索权问题。在其他条件满足的前提下，不带有对发起人追索权的资产转移必然可以判断为真实出售。此外，如果对发起人的追索权没有高于以资产的历史记录为基础、进行合理预期所得到的资产违约率也可认为是真实出售。

② 基础资产剩余利润的分配问题。SPV 在资产转移之后享有资产收益、承担资产损失。发起人既没有承担弥补资产损失的义务，也没有权利获取资产在偿还投资者权益后的剩余，否则就被认为 SPV 对发起人有追索权，发起人并没有放弃对资产的控制，真实出售并未真正实现。

③ 发起人担任服务商的问题。由于发起人比较熟悉基础资产的情况，一般会由其担任服务商，行使监督管理和保管基础资产及其所产生的现金流的职责。但这就存在着基础资产与发起人其他资产相混合的风险，严重的还会被认为发起人没有放弃对基础资产

的控制权，使得破产隔离的目的落空。为了有效解决这一问题，就必须保证 SPV 对资产的收款账户享有控制权，同时可以控制服务商收款的相关活动并可自主随时更换服务商；充当服务商的发起人也必须像其他任何可能的服务商一样按约定的标准行事，收取正常费用，接受 SPV 更换服务商的命令。

④ 各种期权的影响问题。在资产证券化中会存在一些可能影响到对真实出售判断的期权问题。如果存在发起人的回购期权或者特殊目的机构的出售期权，这样的资产转移就被认为并未实现真实出售。

在资产证券化的实际操作中经常会采用的真实出售的形式有三种。

① 债务更新(novation)。即发起人与原始债务人先解除原来的债务合约，然后由 SPV 与债务人重新签订新合约以代替旧合约，从而把发起人与资产债务人之间的债权债务关系转换为了 SPV 与债务人之间的债权债务关系。但此种方法手续繁杂、成本较高，适用于只存在少量债务人的情况。

② 债务转让(assignment)。即发起人通过一定的法律手续将可转让资产的债权转让给中介机构，并以书面形式通知债务人。需要注意的是，作为转让对象的资产要具备相关法律认可的可转让性质，债务人也享有终止债务支付的法定权利。

③ 从属参与(sub-paticipant)。即发起人与债务人之间的原始债务合同继续保持有效，资产并不是转让给 SPV，由 SPV 发行证券所融得的资金会再转贷给发起人，转贷金额就等于证券化资产组合的金额。这种参与关系实质上并不是转移资产，而是转移现金流和风险的契约。

实现风险隔离之后，基础资产的收益和风险就进行了重新的分割和组合，既保证了证券化资产及其现金流的安全性，又使资产池具有的风险和预期收益组合更富吸引力，这保证了资产证券化的顺利开展。

3. 信用增级环节

信用增级是资产证券化的一个重要环节，是从信用的角度考察现金流，即如何通过各种手段来保证和提高整个证券化资产的信用级别，以吸引投资者并且降低发行成本，同时切实保护资产证券化投资者的利益。证券化能否顺利进行、证券投资者的利益能否得到有效保护和实现，在很大程度上取决于证券化资产的信用质量。通过信用增级，发行人与投资者需求之间的差距将会缩小，这也是资产证券化区别于其他融资技术的一个重要特点。

资产债务人的违约、拖欠或债务偿付期与 SPV 安排的资产证券偿付期不相匹配等因素都会给投资者带来损失。通过信用增级的方式提高资产证券的信用级别，是吸引投资、改善发行条件、顺利实现证券化的必要条件。一般而言，信用增级会有两种途径，即外部信用增级和内部信用增级。

(1) 外部信用增级

外部信用增级是指由第三方为资产证券化提供担保，通常是一家银行开立的信用证或者一家保险公司的保单。第三方担保人的信用等级至少要与资产证券化所追求的信用等级一样高，这样，资产证券业才可能获得与第三方信用提供者的等级相同的评级。

① 保险公司保险。这是最简单的一种外部增级方式，保险公司必须为每笔投保的交

易保留一定的资本以保护投资者。专业保险公司可以担保投资者及时得到抵押资产的本金和利息支付，确保投资者的利益，但只有投资级之上的交易才能获得专业保险公司的担保。

② 银行信用证。信用证是由银行发放的保险单，被广泛运用于消费者贷款证券化的信用提升中。在信用证的保护下，当损失发生时，发证机构必须提供某一指定金额的补偿。通常情况下，发证机构都要求对贷款的出售者保持追索权，以保证信用证所承诺的支付金额。但如果贷款出售者本身就是一家银行或者金融机构，这种追索权就会因为会计和资本处理方面的原因使得资产出售者享受不到应有的待遇。此外，一旦贷款出售者丧失还款能力，投资者就会面临风险。由于其代价较高，信用证一直没有成为抵押贷款证券的信用增级的主要手段，即便在那些已经采用的交易中，往往也只是作为一种最后采用的手段。

③ 企业担保。企业担保是指第三方企业以自身信用为保证，保证投资者可以及时得到证券的本金和利息。此类担保既可以是针对整个交易，也可以是针对交易中的某个档次。发行人自身常常会为某些信用等级较低的档提供担保。此外，与专业保险公司不同，投资级以下的担保也可以获得企业担保。

但是外部信用增级普遍存在着一个缺点，即会受信用提供者信用水平下降的风险影响；此外，对于分期偿还的贷款而言，随着未付余额的减少，信用增级的强度会逐步减弱。因此，外部信用增级需要与内部信用增级密切配合。

（2）内部信用增级

内部信用增级是指发起人自身为资产证券提供的担保，由发起人利用基础资产产生的部分现金流实现自我保护。

在外部信用增级中，第三方担保机构要求的保险费或者其他费用是建立在非常保守的风险估计基础之上，因而，抵押贷款的出售者即发起人就可能要承担超过真实损失。若是通过一种内部信用提升或者自我保险的形式，发起人就只需承担该资产固有的实际损失风险，同时还能从该资产组合的剩余中得到收益。一般的内部信用增级有四种主要形式。

① 发起人直接追索。即 SPV 对已购买的金融资产的违约拒付进行直接追索的权利，通常采取偿付担保或者由卖方承担回购违约自偿的方式。对于一个拥有 AA 级或者更高等级的出售方式来说，由自身对资产证券总额的一定比例进行担保应该是最简单而且最为节省成本的信用提升方法。

② 优先/从属结构。在此类结构中会将资产支持证券分为不同档次信用等级的证券，即优先类证券和从属类证券。优先类证券在获取来自抵押资产现金流方面享有优先权，因而从属类证券承受了较大的信用风险，从属类证券的金额越大，为优先类证券提供的保护程度就越高。一般而言，从属类证券会由基础资产的原始权益人自己认购或者私募发行给愿意承担较高风险的投资者。一旦基础资产的违约率达到一定上限，也只会减少持有从属类证券的投资者的支付，而持有优先类证券的投资者会受到有效保护。可以看出，如果从属类证券是由第三方投资者购买，就相当于为资产证券化提供了一种有效的外部信用担保。

③ 超额抵押账户。超额抵押账户是指所建立的资产池中的资产实际价值要高于证券的发行价值，多余的现金流就作为一个储备账户，在出现违约情况或者现金流不足时用以弥补损失。储备账户通常是交给一个托管机构托管。超额担保主要用于发行负债而不是出售基础资产所有权的资产证券，在负债期间，一旦抵押物的价值下降到预先设定的某一金额以下，发行人就必须增加抵押物以确保储备账户可以正常履行职责。

建立超额抵押担保主要是为了避免由于违约拖欠、提前偿付或者抵押物市价下降而造成的证券价值下降给投资者造成的损失。它虽然是信用增级的一种最简单的方式，但却由于其较高的成本以及在资本利用方面的低效率而很少被采用。若是作为其他方法的一个补充，可能会在某些类型的资产结构中起到重要作用。

④ 利差账户。利差账户利差的来源是原始债务人对原始权益人支付的利息与原始权益人向投资者支付的利息之差。此方法广泛应用于信用卡应收款领域，账户也是要交给一个托管机构托管。其与超额抵押所形成的储备账户相比存在一个根本性区别：产生的利差以现金形式在利差账户中不断积累，并且会以某些短期的合规的形式对一些流动性更强、支付利息更低的证券进行再投资。

三、资产证券化的基本流程

实践中，资产证券化的每次运作都会不同，尤其是在社会经济环境不同的国家或地区，差异会表现得更加明显，因而一个具体的证券化过程的设计和运作必须要以既存的社会经济环境为基础，且充分考虑资产本身的特性以及发起人的自身情况。但是，一般而言，一个完整的资产证券化过程要包括以下几个基本步骤，见图 8-3。

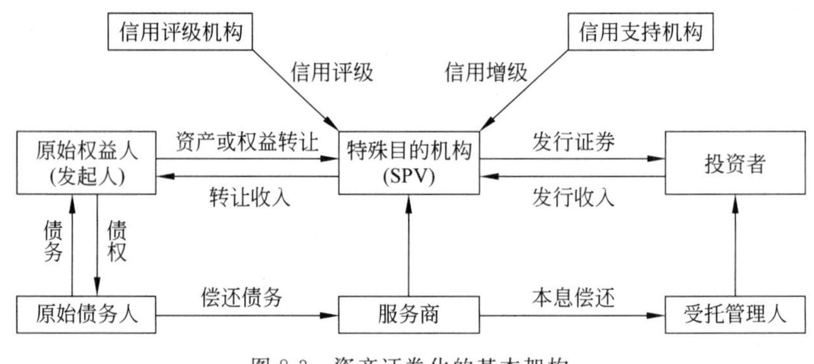

图 8-3　资产证券化的基本架构

（一）确定基础资产并组建资产池

资产证券化的发起人即基础资产的原始权益人在分析自身融资需求的基础之上，从具备可证券化性质的资产中依据发起程序挑选并确定需要进行证券化的资产，然后利用资产重组机制以及一系列技术手段组成一定规模的资产池，以实现降低风险、通过规模效应减少融资成本的双重目的。

（二）组建特殊目的机构

SPV 是专门为了证券化交易而设立的一个特别法律实体，是证券化过程的核心和关键之所在。SPV 所起的重要作用以及可以采取的形式在前文已做详细介绍。从已有的证券化实践来看，为了避免法律制度的约束，很多 SPV 都选择注册于有避税天堂之称的百慕大群岛、开曼群岛等地。

（三）资产转移

基础资产从发起人向 SPV 的转移是证券化中的一个关键环节，是实现风险隔离的根本措施，涉及诸多法律、会计和税收问题。根据不同的资产证券化模式，可以选择真实出售和担保融资的方式，分别代表了表外融资和表内融资两种截然不同的融资方式。

在表外融资业务中，资产转移要实现对资产的真实出售，即在资产转移过程中，卖方将资产的所有权利与风险都转让给买方，卖方不再享有权利、不需承担义务，而是由买方作为新的资产所有人，独立享有权利承担义务。真实出售的资产转移必须实现以下两点：第一，基础资产必须完全转移到 SPV 手中，既保证了发起人的其他债权人对已转移的基础资产没有追索权，也保证了 SPV 的债权人对发起人的其他资产没有追索权，从而实现真正意义上的破产隔离或者说风险隔离；第二，与该资产有关的所有权利和义务都已经由发起人转给了 SPV，因此应当将这些资产从发起人的资产负债表中剔除，确保资产证券化确实是一种表外融资方式，从而有效地改善发起人的财务状况。而在复杂的现实中，往往需要依据会计确认来判断是否实现了真实出售，从资产转让的真实销售意图、对发起人的追索权安排、发起人的赎回权和控制权问题、资产账户控制权属等多个角度加以综合分析判断。

（四）证券的形成

在信用增级机构、信用评级机构和承销商三大中介机构的作用下，依次经过信用增级、信用评级和证券设计三个环节达到证券的最终实现化。

1. 信用增级

在信用增级前 SPV 一般会聘请专门评级机构对拟证券化的资产进行信用评级，然后确定要达到发行人要求的信用等级所需要进行的信用增级方式。信用增级可以分为内部增级和外部增级两种形式，经常使用的具体方式已在前文中加以介绍。在实际的设计过程中，一般会根据具体需要合理搭配、组合几种信用增级方式以更好地达到需要的信用等级。通过信用增级可以使证券在信用质量、偿付的时间性和确定性等方面更好地满足投资者需要，同时满足发行人在会计、监管和融资目标方面的需求，从而更好地吸引投资者、降低融资成本，确保资产证券化的顺利进行。

2. 信用评级

信用评级就是专门的评级机构通过一系列完整的评判步骤向投资者客观而且直接地展现证券按照合同偿付本息的可靠程度。

在信用增级结束之后，SPV 会请专业评级机构对增级之后的要证券化的资产进行正式的发行评估，评级机构通过审查各种合同和文件的合法性及有效性，给出评级结果，并将最终评级结果公布给投资者。信用等级越高，证券风险越小，从而发行证券的成本越低。

3. 证券设计

通常情况下，SPV 会将证券的设计工作委托给投资银行进行。投资银行作为有着丰富融资经验和专业知识技术的承销商，在对需要进行证券化的资产进行充分了解之后，会根据实际情况和具体要求对现金流进行重组，在最为合理的方式和结构下形成流通市场的证券。

（五）证券发行和交易

SPV 作为发行人向证券监管机构注册或经其核准之后，与投资银行或其他类型的证券承销商签订承销协议，由其负责资产支持证券的发行，可以采取公开发行和私募的方式。由于该类证券一般具有高收益和低风险特征，因而主要由保险公司、投资基金和银行等机构投资者购买。发行后的证券可以在资本市场上流通，证券持有者可以按期获得证券收益，也享有随时在市场上出售证券提现的权利。

（六）支付对价

SPV 从承销商处获得了发行证券的现金收入之后，要按照事先约定的价格向发起人支付购买基础资产的价款，同时支付评级机构、投资银行等专业机构提供服务的费用。

（七）管理资产池

SPV 一般会聘请专门的服务商负责资产池的管理，收取、记录由资产池产生的现金收入，并对形成的积累基金进行管理，在证券偿付的规定时间内存入由受托人设立、保管的托收账户。

通常情况下，服务商会由发起人担任，因为发起人比较熟悉基础资产的情况，也与原始债务人有一定的联系，而且发起人一般都有管理基础资产的专门技术和充足人力。当然，服务商也可以是独立于发起人的第三方，这就要求发起人必须将与基础资产相关的全部文件移交给服务商，以便服务商可以全面掌握资产池的全部情况。

（八）清偿证券

按照证券发行说明书的约定，在证券偿付日，SPV 会委托托管人按时、足额地向证券投资者支付本息。一般利息都是定期支付的，而本金的偿还日期及顺序会因为基础资产和所发行证券的具体偿还安排不同而存在差异。当证券的全部偿还工作完成之后，若资产池中仍有剩余现金流，则需将该部分现金流返给证券化交易的发起人。整个资产证券化的交易过程随之全部结束。

四、投资银行在资产证券化中的作用

从前面的介绍中可以发现，不管是资产证券化的机制、流程，还是资产证券化的参与主体，都会涉及投资银行。在实际中，投资银行也确实在整个资产证券化过程中扮演了不同角色、发挥着重大作用。

投资银行的资产证券化业务是指投资银行作为受托人或者发行人将拟证券化的资产转化为抵押担保证券或者资产支持证券并向投资者出售的业务。因而根据投资银行扮演的不同角色可以细分为以下几类。

（一）投资银行作为发行人参与资产证券化交易

其运作方式是商业银行等放贷机构作为发起人将拟证券化的资产以真实出售的方式

出售给投资银行，同时转让与证券化资产相关的所有权利和义务，因而这部分资产就从发起人的资产负债表上移出。投资银行自己作为发行人对购入的资产进行重组，再以重组后的资产或者资产组合作为抵押或担保向投资者，主要是机构投资者出售相应的受益凭证，该受益凭证就代表了投资者对被证券化的资产持有一定比例的所有权和收益权。一般由发起人担任服务商负责向原始借款人收取被证券化资产的本息和，并将该现金流存入由投资银行保管的存款账户，在投资银行按规定向投资者支付受益凭证的本息后，剩余部分作为服务商的服务费支付给发起人。

投资银行此种方式的参与的最大优点是可以将商业银行的风险资产或者呆滞资产进行有效转移，对银行的债券重组产生了积极影响：

① 将中长期贷款短期化，增强银行资产的流动性和安全性；

② 加速银行贷款的周转，在保持一定贷款规模的同时，减少对存款的依赖，从而减少了存款准备金以及支付利息数额，降低了融资成本；

③ 拓宽了商业银行的业务范围，扩大了收入来源，提高银行的资产利润率；

④ 风险资产的转移有效提高了银行资本的充足率和流动率。因而这种结构对于我国商业银行在债权重组、风险规避方面有巨大的借鉴意义。

当然，在整个资产证券化的过程中，投资银行需要与发起人一起使得证券发行符合法律法规要求，并且组建 SPV，充分发挥领导和核心作用，在承担一定风险的同时也实现了相应的收益，其来源是销售证券收入与购买资产成本的差额。这既扩大了投资银行的业务范围、加强了与其他金融机构的联系与合作、增强了投资银行的竞争力，也充分实现了所追求的利润目标。

（二）投资银行作为受托人参加抵押支持债券(CMO)形式的资产证券化交易

在此种运作方式中，商业银行自己作为发行人将拟证券化的贷款债券等资产及其相关凭证作为担保品抵押给投资银行，投资银行以受托人身份对抵押债权进行重组，再以重组后的资产为基础发行 CMO。抵押贷款债权的价值必须要大于所发行的债券的价值，超出的部分则作为超额抵押，同时发行人还要通过银行信用证、保险单的形式向第三方寻求信用担保。CMO 仍然是发行人即商业银行的负债，被证券化的资产仍属于商业银行，两者都会在其资产负债表中加以反映。此时，投资银行并不承担 CMO 的发行责任，只需充当受托人保管抵押资产并负责向投资者支付本息。一旦 CMO 到期，发行人无法清偿债券本息时，由投资银行负责将抵押品转交给债权人或者拍卖后抵债。

（三）投资银行作为承销商参与资产证券化交易

由投资银行负责向公众或者特定投资者出售由其包销或者代销的资产证券，此时投资银行按照传统的承销业务标准收取一定比例的费用。

（四）投资银行作为融资顾问参与资产证券化交易

在证券设计阶段，投资银行扮演融资顾问角色，与 SPV 一起组织、策划证券化交易的整个过程，运用其经验和专业知识设计出一个既能在最大程度上保护发起人利益，又能为投资者所接受的融资方案。与发起人一起使得证券发行符合法律法规的要求，并且组建

SPV。在此情形下,投资银行从发起人处购买资产,将其证券化后出售,参与了资产证券化的完整过程并发挥着领导、核心作用,而投资银行的收益来源是销售证券收入与购买资产成本的差额。①

第三节 资产证券化与次贷危机

一、次贷危机的缘由

轰轰烈烈的资产证券化在发展了30余年,取得了超常发展和巨大成功之后,却也带来了美国2006年的次贷危机,进而在2008年引发了席卷全球的金融危机,对全球经济造成严重打击、引起灾难性后果。同时也将被看作导火线的资产证券化推到了饱受争议甚至指责的风口浪尖。我们有必要对次贷危机的发展、出现进行简要的回顾与总结。

2001年以后,为了应对IT泡沫破灭和"9·11"事件对经济的打击以及可能引起的经济衰退,美联储实行了极度宽松的货币政策,连续13次下调联邦基金利率,直至2003年6月25日利率达到1%的历史低点,而且持续了一年。持续的低利率环境推动了美国住房市场的繁荣发展,进而使得贷款机构过分放松贷款条件并加大贷款发放力度,只注重抵押品的价值而忽视借款人的信用和负债情况,贷款发放者多为信用记录较差、无法出具可靠收入证明的申请者,次级贷款的规模急速上升,积聚了巨大的风险。然而放贷机构却敢于向这些次级贷款者发放贷款,主要是因为在低利率的大环境下,作为抵押品的住宅价格一直在上涨,即便真的出现违约情况,银行也可以通过拍卖抵押品轻易化解违约风险。进一步地,抵押贷款机构又以巨大规模的次级贷款为基础资产,进行次级贷款证券化,持有证券化产品——住房抵押贷款支持债券RMBS的投资者在享有固定收益的同时也必须承担原始借款人的违约风险。其中,与一般固定收益证券不同的是,虽然对应的是由相同的大量的次级贷款组成的一个资产池,由SPV发行的RMBS却根据约定的现金分配原则构造了不同的等级,具有不同风险偏好和投资需求的投资者可以选择不同等级,从而享有不同收益、承担不同风险,因而通过RMBS就可以将次级贷款者的违约风险转移给证券化产品的投资者。

金融机构仍不满足于此,次贷的证券化过程并没有止于RMBS。金融机构再次通过金融创新手段以RMBS或者其他类型的证券化产品如ABS为基础资产创造新的证券化衍生产品,构造出债务抵押债券(collateralized debt obligation,CDO)。CDO利用同RMBS相类似的思想,根据对现金流分配的不同约定进行相应级别的划分、出售给具有不同投资需求的投资者。这一过程不断进行下去,资产证券化的技术的反复利用、金融创新的过度使用,使得风险在越来越大的范围下不断地转移和扩散,风险程度越来越大,涉及的承担者越来越多。

同时,另一种扮演重要角色的金融衍生产品为信用违约交换(credit default swap,CDS)。CDS相当于对债权人所拥有的某种风险资产的一种保险,其作用是将某种风险

---

① 陈敬东,姚贵州,沈燕.投资银行在资产证券化中的作用分析[J].商业研究,2003(6).

资产的违约风险从CDS合同买方(信用风险资产的投资者)转移到合同的卖方(信用风险保险提供者),而合同买方需要定期向卖方支付保费(premium)。一旦出现违约风险,合同卖方按照票面价格接收合同买方所持有的债券或者以现金补足买方所持债券的票面价格与收回现金的差额,使CDS买方可以有效规避违约风险,保证预期收益的实现;而若违约风险并未发生,合同卖方则可以净赚保费。作为一种保险工具的CDS逐渐发展成为规模庞大的场外金融衍生工具。但也正因为缺乏来自交易所和政府的有效监管和约束,缺乏相关法律法规的明确规范,CDS在投机者的利欲熏心之下逐渐演变为愈演愈烈的投机风暴,在"次级贷款→RMBS→CDO→CDO的平方→……→CDS"这样一条过长的产品链下,8 700亿美元的次级贷款演变为约62亿美元市场规模的CDS,可能经过多次证券化的CDS已经根本无从寻找它的基础资产,原来的金融创新已经沦落为纯粹的投机工具,这给次贷危机又埋下另一伏笔。

2003年开始,美国经济逐渐复苏,为了防止可能的通胀问题,美联储又连续17次上调联邦基准利率。不断上调的基准利率导致住房贷款利率的相应提高和住宅价格的不断走低,次级贷款人无法通过高价卖出住宅支付原始贷款的本息和,次贷的推迟偿还和违约率都大幅上升,各类机构投资者在巨大的违约风险面前也找不到合适、有效的风险转移和规避手段,对冲基金、保险公司、养老基金、共同基金等都遭受了极大的冲击和挑战。

同时,原本在资产证券化中发挥着重要作用的信用评级机构也根本没有履行自己的职责。危机爆发前,主要评级机构给予次级债券过高评级而误导了投资者,危机爆发后才后知后觉地调低信用评级,却又引起市场的恐慌和危机的加剧。

似乎在一夜之间出现的流动性紧缩问题只是次贷危机的第一阶段,在2007年8月、12月和2008年3月出现了三次高峰。美联储联合欧洲中央银行、日本中央银行针对不断上升的货币市场利率,抓紧注入大量流动性,在几次大规模干预之后,流动性紧缩问题得到了一定缓解。利率的降低、扩张性财政政策的实施使得2008年第二季度美国的金融市场出现了稳定的趋势。

然而,各类金融机构早些年间却为自己预留下了巨大的隐患。在经济状况良好、利率持续走低、资产价格不断上升的大环境下,各类机构纷纷选择较高甚至过高的杠杆比率,以期实现巨大利润。货币利率的上升、货币流动性的紧缩敲醒了金融机构的美梦,但金融机构却已经无法自救深陷泥潭的自己。各类金融机构试图补充自有资本金、降低杠杆比率,却使得银行可以提供给美国居民和企业的信贷额大幅减少。信贷紧缩作为次贷危机的第二阶段开始显现出严重后果,进一步导致了经济的衰退。

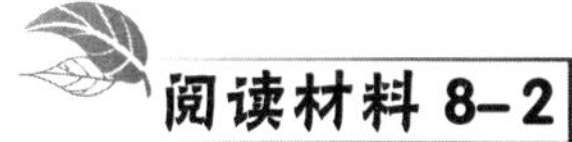

阅读材料8-2

杠 杆 率

所谓的杠杆率,就是金融机构的资产与其自有资本金的比率。高杠杆率是现代资本市场各类金融交易的显著特点,对于给定的自有资本金,杠杆比率越高,金融机构就可以拥有越多的资产,从而可能实现越多的收益,当然也就要承担越大的风险。

可怕的是，次贷危机仍然没有落下帷幕。各类金融机构，尤其是银行的信贷紧缩严重打击了实体经济。实体经济的大幅收缩成为继货币流动性紧缩、信贷紧缩之后次贷危机的第三阶段，使得住房价格以及与次贷有关的资产价格进一步下降。

来势汹汹的次贷危机将一大批规模庞大的金融机构拉下马，美国政府和美联储的一系列救市行动都无法阻挡其在全球蔓延开来的趋势，最终发展演变成为1929年之后最为严重的全球金融危机。

危机过后，更多学者着手从包括资产证券化业务在内的金融创新角度来阐述金融创新对金融稳定的影响。其中最有影响力的便是Shleifer和Vishny于2009年的著作《Unstable Banking》，通过构建一个三期模型来讨论银行参与资产证券化业务的动机，以及这种业务模式内在的不稳定性。S&P(2009)三期模型的主要内容如下。

1. 主要基础假设

第一，无风险利率。第二，可投资项目同质化，且全部用银行贷款进行投资。第三，银行资金只有三条出路：一是持有资金；二是购买证券；三是发放贷款。第四，银行的信贷资产有两条处理途径：一是在资产负债表内持有到期；二是将项目贷款证券化，获得现金流入而扩大贷款基础。第五，银行的资产证券化风险留存比例为d；第六，令P_t为银行贷款证券化产品在t时的价格，由于项目贷款是同质的，因此所有贷款证券化产品内含价值均相同，但由于市场主体的价值判断、信息处理能力和情绪存在差异，P_t可能偏离于内在价值。第七，当不存在存款融资时，银行可以用自身持有的证券化产品作抵押在金融市场上融入资金，进而提高杠杆倍数。用L_t表示银行在$t=1$、$t=2$时从金融市场上获得的短期资金量。融出机构要求银行抵押证券的市值V_t和银行融资规模L_t满足如$L_t=(1-h)V_t$。$(1-h)$可认为是抵押率，这里假设h是相对稳定的。

2. 主要结论

在无杠杆经营条件下，资产证券化在扩大银行信贷规模的同时可以增加银行利润，因而银行有内在的逐利动机去从事资产证券化业务：经济繁荣时，追求利润最大化的银行最大限度地通过证券化业务扩大贷款规模；经济衰退时，由于存在可预期的资本利得，银行将维持对证券化业务的风险敞口，而不是及时进行清算。

同时，当银行通过抵押融资的方式获得债务资金，提高经营的杠杆倍数并实施资产证券化时，其产生的影响将会呈现不同特点。经济繁荣时，高杠杆经营进一步促进了银行资产负债的扩张，并增加了银行投资和盈利的周期性，而当未来证券价格低于其内含价值时，杠杆倍数越高，银行所需处置的资产越多。在资产证券化业务中，包括影子银行在内的短借长贷的高杠杆经营模式是导致金融不稳定的重要原因，剧烈的资产价格波动会使得资本市场上投资人情绪(预期)的波动传导至实体经济中去。[①]

龚攀、王兵在2013年关于金融创新对金融稳定的影响机制研究中，在分析了S&P(2009)三期模型的基础上，对前述模型的不合理之处加以改进，重新修订一些假设条件之后构建出更完善的模型对相关内容进行了深刻的分析研究，得出的基本结论为：

① 资产证券化本身并不是风险的源头，此次美国次贷危机的风险源头在于商业银行

---

① Andrei Shleifer, Robert W Vishny. Unstable Banking[R]. March, 2009.

向本质上没有还款能力的借款人放贷，并将风险传递给资产证券化产品的投资者。

② 商业银行在经济周期上升阶段，往往倾向于采用资产证券化业务模式，从而保证商业银行在扩大信用规模、做大盈利基础的同时，不必追加额外的资本金（相对于传统商业银行业务而言，资产证券化模式下的商业银行可以将信贷资产转移出资产负债表，可以用小额的资本、通过表外融资的方式迅速扩大信用规模）。

③ 资产证券化业务通过两种作用促进金融体系的信用创造，一是资本累积效应即由于高盈利导致更高的资本积累；二是由于风险敞口留存比例较小而导致更高的杠杆效应。

④ 经济周期上行阶段，高杠杆效应可以促进信用规模的创造过程，而经济周期的下行阶段，高杠杆效应会进一步放大金融机构的损失，从而加剧去杠杆化的过程。

⑤ 杠杆效应是风险局部聚集、酝酿、扩散并最终演化为金融系统性风险的加速器。从而可以说，资产证券化是一把双刃剑，经济形势好的时候它可以放大银行体系的盈利，经济形势不好时又要使银行承担资产价格下跌的潜在损失和市场流动性风险。其次，资产证券化将传统的银行体系和影子银行体系紧密联系起来，即将资本市场、信贷市场和实体经济三者紧密联系起来，促使资本市场上投资者情绪（预期）的波动最终演变为实体经济的波动。最后，当资产价格急剧下跌时，银行出于尽量减少实际损失或者补充资本金的考虑而更愿意将注入资金（政府救助）用于回购价值被低估的证券，而不会对实体经济提供持续性的项目融资，这也是金融危机进一步演变为全面的经济危机、美联储救市措施效果不显著的重要原因之一。[①]

二、投资银行在次贷危机中的表现

现在将视线转到投资银行，投资银行在次贷危机中都做了些什么，又产生了怎样的影响呢？在金融市场上，在资产证券化交易中，投资银行以极度活跃的姿态扮演了众多重要角色。

1. 投资银行承担了次级贷款的证券化产品的发起、承销以及二级市场上做市的作用

正如在前文对投资银行作用的介绍所述，投资银行通过发起、承销各类资产证券化产品的业务赚取了丰厚的佣金收益。但为了在二级市场做市，投资银行持有了部分较低等级或较低档次的证券化产品，这为投资银行在次贷危机中遭受巨额损失埋下了伏笔。同时，投资银行受巨大利益的诱惑，将 MBS 或者 ABS 产品反复进行证券化，通过无限延续的 CDO 极度扩大了金融创新的范围，远远超出了市场的实际需求，为次贷危机埋下祸根。

2. 投资银行直接投资于各类次贷证券

次贷证券的巨额收益使投资银行也进行了大规模的直接投资，同时又通过较高的杠杆比率放大了投资规模。一般投资银行的杠杆比率高达 30：1，而雷曼兄弟甚至达到了 40：1。在大规模投资的同时，投资银行往往只是根据有限披露的市场信息，参考欠缺公正性的信用评级，利用内部的估值模型对次贷证券进行估值，因而存在很大缺陷。在违约

① 龚攀，王兵. 金融创新对金融稳定的影响机制研究——基于资产证券化的微观金融视角[J]. 理论研究，2013(2)：19-24.

率不断上升的情况下就要面对巨大风险。

3. 投资银行与保险公司、对冲基金进行CDS等次级证券交易

投资银行参与了大量的CDS交易，一方面大量卖出CDS合约以期获得保费收入，一旦违约率急剧上升就要面临巨额损失；另一方面又购买大量CDS合约以对冲次贷资产风险，但在次贷危机大范围出现、蔓延的大环境下，根本无法规避风险。

4. 投资银行为对冲基金等机构投资次贷证券提供担保

许多对冲基金以CDO为抵押向投资银行融资再进一步投资于CDO，以放大投资规模、实现更大利润。但当货币市场利率走高、住房市场疲软、违约率上升时，高杠杆比率操作的投资银行和对冲基金都必然要遭遇重创。

可以看到投资银行原本是金融市场的中介机构，却受利润蛊惑而盲目扩展了自己的业务。在承销、发行证券化产品赚取丰厚中介费的同时，大举买卖次贷证券试图赚取更多收益，似乎忘记了最基本的风险与收益的相生相伴的密切关系，从公正的赌场发牌人沦为盲目的赌徒，不仅使自己陷入泥潭不可自拔，而且也加剧了危机爆发的力度和负面影响。

三、次贷危机的启示以及资产证券化在我国未来的发展

次贷危机的爆发引发了全球经济的衰退，也将资产证券化推向了风口浪尖，但仔细回顾整个危机的进程，我们可以看到，虽然危机是通过资产证券化的方式进行传播，但资产证券化本身并非是罪魁祸首。资产证券化并非风险的源头，却造成如此可怕的后果，导火索是在房地产的持续繁荣下，贷款机构为了追逐利润而盲目放贷，投资银行为了追逐利润反复、过度使用证券化工具，各种专业中介机构为了利润没有履行应尽的职责；而最为根本的原因则在于美国居民的消费需求严重超过其相应收入，储蓄率不断下降，负债率却不断上升，风险的程度和范围只会越来越大、越来越广泛。各种金融衍生产品的出现只是转移风险，并不能降低风险，更无法消除风险。但随着风险在世界范围的传播和扩散，似乎风险稀释了、减轻了，过度资产证券化的风险即便暂时被掩盖，积聚到一定程度之后的集中爆发就造成了人们无法承受的可怕灾难。

而作为一种创新的工具和机制，资产证券化可以增强资产的流动性、丰富金融产品的种类，可以促进债券市场的发展和壮大，可以推动整个金融市场的发展。因而，我们应当充分认识资产证券化的作用，同时也要充分了解资产证券化的弊端，在我国稳步推进、有效利用。而在此之前，首先应当客观分析、了解清楚资产证券化在我国的现状和存在的不足。

由于我国尚处于资产证券化的初级阶段，近年来的运作基本上是借鉴美国的表外运作模式，与美国成熟的资产证券化市场相比存在着巨大的差异和不足。

(1) 我国资产化基础资产池产品的单一。从资产池结构来看，我国银行信贷资产证券化中企业贷款占绝大多数，而个人住房贷款比例较低，试点银行所选取资产质量都属于优质资产，这与银行通过资产证券化剥离不良资产的初衷相背离，将会导致信贷资产证券化长期运作难以为继。

(2) 信用评级体系不健全，信用溢价难以体现。虽然《关于进一步扩大信贷资产证券化试点有关事项的通知》将之前的单评级机构规定为双评级机构，且在实际操作中发行主

体会采用三评级机构，但评级机构的公信力、可信度无法与国外机构相比，信用评级的结果并不能受到广泛有效的认可。同时，在信用增强方面，我国较多采用内部增信，例如内部分层、储备账户等，但这样就会导致产品的信用溢价难以体现，从而导致资产证券化产品评级可以高于发行主体评级的特色难以体现。

(3) 流动性不足，投资主体单一。2005 年至今，资产证券化产品较多在银行间市场发行，主要投资者为银行，存在互持现象，这无助于将银行风险转移出银行体系。以 2012 年开元为例，其 87%的买家是银行，其余 13%为信托、基金、证券公司。虽然保监会原则上同意保险机构可以参与，但细则没有出台，导致固定收益的投资者单一。

(4) 部分资产证券化产品未实现风险隔离。目前发行的资产支持票据(ABN)产品并不具备风险隔离的特征，仅仅是类似于应收账款质押的信用债。再以 12 开元为例，由于存在强制赎回条款，本质上没有实现资产证券化的资产真实出售，也就无法将风险完全转移至表外。

(5) 法律环境仍需健全。我国尚处于资产证券化初级阶段，在信息披露、风险隔离规定、税收政策、信用评级、增信体系、合格投资者方面仍与国外成熟市场存在较大差异，需要进一步完善。①

另一方面，我国的资产证券化发展必须从次贷危机中吸取经验和教训，包括以下几点。

(1) 对于基础资产的选择必须保持谨慎态度，严格按照标准进行，绝不可以将资产证券化作为处置不良资产的主要手段。

(2) 要从一开始就严格防范对资产证券化等金融工具、金融创新的过度使用，使金融风险始终可以保持在可控范围内。

(3) 要加强对各类中介机构的引导和监管，保证其认真履行应尽职责、充分发挥应有作用。

(4) 加强政府对金融市场的审慎监管，通过政府对金融活动的充分介入和积极引导，确保市场在运行中稳健发展。

(5) 在难以严格区分投资与投机的基础之下，必须认识到与投机相伴而生的各种金融游戏都只是在浪费实物资源、降低资源配置效率，必须加以严格的控制，必要时给予严厉打击。

(6) 通过放宽机构投资者的准入资格，如允许保险基金、养老基金等进入市场，以有效刺激资产证券化产品的市场需求。

综上所述，针对我国资产证券化未来的标准化和常态化发展，还可以提出以下一些建议。

(1) 进一步扩大试点范围，扩大资产池种类，提升基础资产风险水平。2012 年人行、银监会和财政部联合下发的《关于进一步扩大信贷资产证券化试点有关事项的通知》不仅标志着资产证券化业务的重新启动，同时规定了首批资产证券化规模为 500 亿元，市场估计此次 500 亿元额度中将会有少量额度分配给城商行，未来应进一步扩大参与银行的数

① 刘元根. 中国资产证券化现状及发展探讨[J]. 经济研究导刊，2013(5)：73-74.

量。虽然在逆经济周期中,监管层可能会放松对银行资本监管的标准,但是其资产不良率依然存在上升的风险,特别是中小银行。而资产证券化这一金融创新工具的推出,可以提升银行的流动性,增加其信贷扩张能力。另外资产池种类也应由低风险资产向高风险资产推进,将小微企业贷款、涉农贷款、地方平台融资贷款等纳入资产池,以实现真正的风险资产剥离。同时在企业资产证券化方面应当鼓励不同类型的企业开展资产证券化业务。

(2) 丰富投资者结构,提升流动性,建立投资者保护机制。尽快出台保险投资资产证券化产品细则,并可借助交易所平台适时对个人投资者开放,实现风险分散,并提升市场流动性,也可降低产品发行流动性溢价,节约发行成本。另一方面,信息不对称是资产证券化市场面临的难题,不仅需要通过完善信息披露制度以部分解决这一难题,而且还需要参与者在证券化的设计中进一步进行创新,以防范道德风险,保护投资者利益。

(3) 完善法律环境,尽快出台资产证券化的专门法律。从日本和韩国的资产证券化发展历程看,其法律制度的完善对资产证券化的发展起到了很好的推进作用。因此在我国资产证券化试点推进的过程中,应当不断总结经验,尽快推出资产证券化的基本法律和与之配套的法规细则,方向性地把握市场原则,完善资产证券化的顶层设计,协调《证券法》《公司法》《中华人民共和国物权法》《中华人民共和国信托法》,结合次贷危机的教训和国际上的改革经验,建立适应于发行—分销业务模式下对市场参与主体的正向激励,以提高信披质量,提升评级的公信力,完善税收政策,规范运作流程,以促进我国资产证券化的发展。①

(4) 资产证券化监管改革。2010 年 7 月 21 日,美国总统奥巴马签署了长达两千多页的金融监管改革法案《多德—弗兰克法案》。该法案提出了多项资产证券化的监管改革措施,主要集中在信用风险留存和加强对投资者的信息披露两个方面。2009 年 7 月,巴塞尔委员会发布了《巴塞尔协议Ⅲ》的正式修订稿,提出资产证券化监管改革的要求主要是提高资产再证券化的风险暴露的风险权重,要求审慎使用信用评级,强调商业银行应对资产证券化的贷款组合进行尽职调查。在充分考虑我国资产证券化的现实特点的基础之上,借鉴美国资产证券化监管改革和《巴塞尔协议Ⅲ》的做法,我国的资产证券化监管改善应当从以下几个方面着手。

第一,严格限制证券化产品的复杂程度。相较于其他成熟国家,我国资产证券化的主要问题在于其金融创新不足、资产证券化的比例过低,需要充分吸取次贷危机的教训,降低证券化产品的复杂程度,严格限制再次资产证券化,禁止发行剥离性证券、CDO^2 和 CDO^3 等结构过于复杂的证券化产品,减少资产证券化的信息不对称,防范资产证券化的道德风险。

第二,强化信用评级机构的市场纪律。考虑到在次贷危机中,信用评级机构扮演的推波助澜的角色,以及我国债券市场评级普遍较高的现状,我国可以考虑禁止发行人自行指定信用评级机构的做法,鼓励投资人付费、双评级、再评级、主动评级的新模式,解决信用评级机构作为独立第三方和受托人的利益冲突,保证信用评级的独立性和公正性;同时,强化信用评级机构的市场监督机制,要求信用评级机构加强信息披露,提高市场透明度,

① 张鹏,李松良.重启资产证券化:国际经验与我国实践[J].金融理论与实践,2013(4):104-108.

强化市场纪律，降低投资者风险，从而可以正确评价信用评级机构的独立性、公正性以及信用评级的准确性，可以增强信用评级机构的公信力，进而构建起完善、有效的信用评价体系。①

本章小结

1. 资产运营是以价值为中心的导向机制，其一般模式是资产的现金、实体、信贷和证券四种价值形态的自身表现和相互之间的转化，通过资产的优化配置和资产结构的动态调整，实现资产的最大化增值，从而最终实现整个经济的资源最优配置。

2. 在实践中一般所指的资产证券化是其狭义概念，是指将缺乏流动性，但具有某种可预测稳定现金流收入的资产或者资产组合，通过一定的结构安排并辅以信用增加措施转换为可以在资本市场上出售变现的证券的整个过程。

3. 资产证券化最早起源于美国的住宅抵押贷款市场，经过几十年的发展现已成功运用到世界范围内的众多领域，它的快速发展和广泛应用存在着微观和宏观角度的内在动因。

4. 从不同的角度可以将资产证券化进行不同的划分，但都保有结构型融资、表外融资和收入导向型三大特征，在交易结构、信用、提前偿付和利率方面存在风险。

5. 资产证券化的主要机制包括一个核心内容和三个关键环节，一个核心内容是指基础资产的现金流分析，三个关键环节包括资产重组、风险隔离和信用增级。

6. 资产证券化涉及众多参与主体：发起人（原始权益人，通常是商业银行等金融机构）、特殊目的机构（SPV）、投资者（证券持有人）、受托人、信用增级机构、信用评级机构以及服务商、承销商等其他中介机构，它们履行不同职能，承担不同风险，享有不同收益，共同保证资产证券化的顺利运转。

7. 一般而言，资产证券化的流程包括以下步骤：确立基础资产并组建资产池、组建特殊目的机构、资产转移、证券的形成（信用增级、信用评级和证券设计）、证券发行和交易、支付对价、管理资产池和清偿证券。

8. 投资银行在资产证券化中可以扮演不同却重要的角色：作为发行人、作为受托人、作为承销商和作为融资顾问。

9. 次贷危机的爆发以及后续的金融危机给全世界带来了沉重的打击和灾难，应当了解其爆发的原因和机制，分析出存在的问题和不足，将资产证券化合理有效地应用到未来的经济建设和发展中。

思考题

1. 如何理解资产运营的一般模式？

2. 可以对资产证券化进行怎样的分类？

---

① 陈勇，刘燕，后金融危机时代资产证券化监管改革[J]. 金融与经济，2013(5)：48-52.

3. 如何有效实现资产证券化要求的风险隔离?
4. 具体的信用增级方式有哪些?
5. 怎么理解 SPV 发挥的作用和存在的意义?
6. 简要阐述资产证券化的基本流程以及投资银行在其中发挥的作用。
7. 请简单概述次贷危机爆发的经过,你是如何看待它爆发的最深层次原因的?

参考文献

[1] 李春好,曲九龙.项目融资[M].北京:科学出版社,2009.
[2] 田美玉,鲍静海.投资银行学[M].南京:东南大学出版社,2005.
[3] 杨德勇,石英剑.投资银行学[M].北京:中国人民大学出版社,2009.
[4] 赵志文,马晓军.投资银行学[M].北京:科学出版社,2008.
[5] 何小锋,黄嵩.投资银行学[M].北京:北京大学出版社,2008.
[6] 俞姗,张榕晖,谢八妹.投资银行业务[M].北京:北京大学出版社,2013.
[7] 梁继江.美国资产证券化市场的发展、经验与教训[J].财会研究,2011(1):68-71.
[8] 何小锋.深圳中集集团的资产证券化案例剖析[J].新经济杂志,2005(10):40-45.
[9] 陈敬东,姚贵州,沈燕.投资银行在资产证券化中的作用分析[J].商业研究,2003(6).
[10] Andrei Shleifer, Robert W Vishny. Unstable Banking[R]. March, 2009.
[11] 龚攀,王兵.金融创新对金融稳定的影响机制研究——基于资产证券化的微观金融视角[J].理论研究,2013(2):19-24.
[12] 刘元根.中国资产证券化现状及发展探讨[J].经济研究导刊,2013(5):73-74.
[13]张鹏,李松良.重启资产证券化:国际经验与我国实践[J].金融理论与实践,2013(4):104-108.
[14] 陈勇,刘燕.后金融危机时代资产证券化监管改革[J].金融与经济,2013(5):48-52.

第九章

项目融资

本章首先阐述了项目融资的含义、特点以及应用领域，介绍了众多参与者及其所发挥的作用，然后对项目融资的风险从定性和定量角度进行了全面分析，最后项目的投资结构、融资结构、资金结构和信用保障四大块内容构建起完整复杂的项目融资的结构体系。

第一节　项目融资概述

项目融资作为一种新型的项目资金筹集方式，早在20世纪五六十年代就已经出现，其最早形式可以追溯到20世纪50年代美国的一些银行利用产品贷款方式为石油天然气项目安排融资的活动；但以60年代中期在英国北海油田开发中所使用的有限追索项目贷款为标志，项目融资才开始受到人们的广泛关注，并被视为国际金融的一个独立分支，成为大型工程项目筹措资金的一种崭新形式。几十年来，各国不仅在实践中积累了丰富、宝贵的经验，而且在理论研究上也取得了显著的成绩。

我国从20世纪80年代开始在一些大型投资项目的资金筹措过程中引入项目融资方式，经过近三十年的实践，项目融资在我国基础设施建设过程中发挥了重要的作用。所以，对项目融资的内容、适用范围、优缺点、风险管理等问题进行系统、细致的研究，不仅可以取得理论层面上的成果，更有助于推动我国大型工程的建设。

一、项目融资的定义

项目融资虽已有了几十年的发展，但其作为一个金融术语，目前还没有一个准确、公认的定义。在国内外公开出版的书籍中对项目融资的定义各不相同，但归纳起来基本上可以分成两种观点，即广义的项目融资和狭义的项目融资。从广义上讲，是在欧洲比较流行的，把一切对具体项目所安排的融资都称为项目融资；而在北美洲，金融界习惯上只将无追索权或有限追索权的融资活动称为项目融资，也就是狭义的观点。

由于目前狭义的项目融资已为大多数国家所认可和采纳，而且对狭义项目融资的研究有助于推进我国经济的建设和发展，解决资金缺口问题，所以，下述的项目融资概念均指狭义的项目融资。引用 Neil Cuthbert 在 *Asset and Project Finance* 一书中的定义：“项目融资是以项目的资产、预期收益或权益作抵押的一种无追索权或有限追索权的融资或贷款。”

由其定义，根据项目融资在追索权方面的不同特点，可将其分为无追索权项目融资和有限追索权项目融资。无追索权项目融资是指贷款人对项目发起人（项目投资者）没有任何追索权,只能依靠项目所产生的收益作为偿还贷款本金和利息的唯一来源。由于此种形势下要对项目进行严格的论证并设计全面的项目担保结构,以利于项目贷款人接受项目风险,因此其融资成本高、效率低,目前在项目融资实务中已较少采用。

有限追索权项目融资是指项目发起人(项目投资者)只承担有限的债务责任和义务。这种有限性可以体现在时间、金额和对象三个方面:①时间上的有限性,即项目贷款人一般在项目建设开发阶段对项目发起人有完全追索权或较强追索权,而一旦项目达到、实现规定的商业完工标准,项目进入正常生产经营阶段之后,贷款将变为无追索权或者追索权会减弱。②金额上的有限性,即在项目建设期内贷款人享有对发起人的完全追索权,而项目进入生产经营阶段之后,贷款人就只能对应偿贷款的本利和与项目产生的现金流量的差额部分进行追索。③追索对象上的有限性,即在项目融资中,尤其是公司制的投资结构下,贷款人只能对项目资产及项目投资者或其他融资参与方为项目提供的担保进行追索。

二、项目融资的特点

由以上的定义可以直观看出项目融资与传统融资的一些区别。由于采取项目融资方式筹措资金的项目一般具有建设规模大、建设周期长、投资者众多、风险分配复杂的特点,项目融资也就在具体安排和实际运作方面有着自己的特点。

(一)项目导向性

项目导向性是指在项目融资中融资主要依赖于项目的现金流量和资产,而不是项目发起人或投资者的信誉与财力。这与传统融资方式中外部资金的注入与否主要取决于该借款人作为一个整体的资产负债、利润及现金流量的情况形成鲜明对比,从而成为项目融资最显著的特征。

(1)由于项目导向,贷款的风险程度取决于项目的经济强度,而与项目发起人的资信无关,这就实现了贷款风险与项目发起人的隔绝,因此,一些传统模式下投资者很难借到的资金可以利用项目融资来实现,或者一些不具备贷款条件的公司也可通过项目融资实现对具有可靠经济强度的项目的融资、投资、建设和经营。

(2)由于项目导向,如果项目的预期现金流量收入较高,采用项目融资就可以获得比传统融资方式高的贷款比例。根据项目的经济强度,一般可以获得60%～70%的资金需求量,在某些项目中甚至可以得到100%的融资。

(3)由于项目导向,项目融资的贷款期限就可以根据项目的具体需要和项目的生命周期安排设计,从而做到比一般的商业贷款期限长。

(二)无追索权或有限追索权

在一定程度上,贷款人对项目借款人的追索形式和程度是区别项目融资与传统融资的重要标志。在传统模式中,贷款人为借款人提供的是完全追索形式的贷款;而正如在项目融资的定义里所分析的一样,只有项目本身的现金流量和收益会作为偿还贷款的资金来源,项目贷款人除了对该项目资产、项目的现金流量以及借款人所承担的义务以外,无法追索到借款人其他任何形式的财产。项目贷款人只拥有对借款人有限的追索权甚至没有追索权(有限追索的特例)。

（三）非公司负债型融资

非公司负债型融资是指项目的债务不表现在项目投资者即实际借款人的公司资产负债表中的一种融资方式，又可称为表外融资。项目投资者通过对投资结构和融资结构的设计将融资安排成非公司负债型融资后，所融得的贷款就不会影响其自身的资产负债状况，可以使得投资者以有限的财力从事更多有价值的项目投资。

（四）风险分担

风险分担是项目融资的根本特征。与传统融资相比，采用项目融资方式筹集资金的项目多是投资额巨大、建设周期长的大型项目，其贷款银团一般都会有国外银行的介入，因此在投资风险的种类和影响上都要大于传统融资方式下的项目风险。这样巨大的风险是任何一个项目参与者都无法独自承担的。同时，也为了实现项目融资中的有限追索，对于与项目有关的各种风险要素，就需要通过协商和谈判再以法律合同的形式在项目投资者、贷款人及其他与项目有直接或间接利益关系的参与者之间进行合理分担，从而既实现项目风险与项目发起人一定程度的隔离，又提高各参与方关注项目进展的积极主动性。没有任何一方单独承担其全部债务的风险责任是评价一个项目融资结构是否成功的标准。

（五）担保结构多样化

项目融资由于参与方较多、风险分摊较为复杂，一般需要有结构严谨且完整的担保体系。这种担保体系要求与项目有利益关系的各个参与方对债务偿还可能发生的风险进行担保，将贷款的信用支持分配到与项目有关的各个关键方面，从而提高项目的债务承受能力，减少融资对投资者资信及其他资产的依赖程度，有效地保证项目的顺利完工与运营，并产生足够的现金流用以偿还贷款。传统的融资方式中一般只需要单一的担保结构，如抵押、质押或保证贷款等；而项目融资的担保结构呈现出多样化和灵活性的特点，不同的参与方可以灵活选择担保方式，担保方式也可以是单一方式的有效组合。

（六）融资成本高，所需时间长

项目融资涉及众多参与者，具有复杂的投资、融资和担保结构，需要做好详尽的有关风险分担、税收结构、资产抵押、项目评估等一系列技术性的准备工作，需要协调不同参与者的利益关系和责任，需要在项目执行过程中对技术、运营及贷款使用实施有效监控。因而，项目融资的融资成本会高于传统的融资成本，组织融资的时间也比较长。①

三、项目融资的适用范围和作用

项目融资最早应用于石油、矿业等资源开发领域。20 世纪 30 年代世界经济危机使美国大批企业资产状况恶化、信誉度降低，按照传统的以企业财务状况和资信等级为基础的公司融资方式难以获得银行贷款，企业面临山穷水尽的局面。这时美国得克萨斯州的石油开发项目另辟蹊径，采用项目融资方式获得了足够资金。项目开发商、投资者以及贷

---

① 张欣玉．浅议项目融资[J]．企业导报，2011(6)：139-140．

款银行约定以产品支付协议的方式归还贷款，即贷款银行不从石油产品的销售收入中获取贷款本息，而是从特定的石油矿区未来产出的全部或部分石油产品的收益权中获取本息。这种新型的贷款方式，相对于以借款人自身的资信和信用为担保的传统方式，将对贷款的风险评估对象从借款人转移到了现存的产品上。20 世纪 70 年代以后，项目融资开始应用于基础设施建设项目。面对日益增加的基础设施建设项目，单纯依靠财政预算、政府拨款的方式越加困难，此时项目融资为本来由政府投资兴建的基础设施项目开辟了新的融资渠道。政府将基础设施项目授予企业经营，获得特许权的企业负责项目的融资、建设和经营，承担项目的债务责任和投资风险，在特许权期满后将基础设施项目再交移给政府。

我国改革开放以来，项目融资也被引入和介绍到我国的企业界和金融界，并在一些大型投资项目中得到成功的运用。特别是进入 20 世纪 90 年代以后，BOT 方式得到广泛使用。如三亚凤凰机场、重庆地铁、深圳地铁、北京京通高速公路、广西来宾电厂等项目[①]。目前，项目融资在世界各地的运用更加普及，涉及项目遍布矿产资源的勘探和开采、基础产业和大型基础设施建设等领域，甚至在军事工程中也得到成功应用。在实践中，项目融资本身在融资结构、追索形式、贷款期限、风险管理等方面也在不断地创新和发展。[②] 总的来说，项目融资主要用于需要巨额资金、投资风险大、传统融资方式难以满足但现金流量稳定的工程项目，即一次性融资金额大、项目建设期和回收期长、不确定因素多，但具有良好的经济效益和社会效益的项目。具体说来可以分为以下几类。

（1）能源开发：电力、天然气、煤炭、石油等。

（2）矿产资源开采。

（3）基础设施建设：港口、交通、通信设施等。

（4）其他一些具有投资可行性、获利性，可以取得稳定可靠现金流且对贷款人有足够吸引力的大型工程项目。

项目融资的特点也使得它在很多情况下可以帮助投资者更加灵活地安排资金，满足传统融资方式下无法实现的一些特殊目的和要求，实现多方参与者的共赢。一般而言，项目融资可以解决以下一些问题，因而意义重大。

（1）利用项目本身的资产价值和现金流量安排有限追索贷款，使得为超过项目投资者自身筹资能力的大型项目提供资金成为可能。

（2）政府在面对预算限制、借债种类和金额规定的约束时，可通过项目融资方式使得一些具有良好经济效益和社会效益的基础设施、能源、交通项目得以开展。项目融资为国家和政府建设项目提供了形式灵活多样的融资，满足了政府在安排资金时的特殊需要。

（3）在项目融资方式下，国际性跨国公司投资于海外没有经营控股权的企业或者风险较高、环境陌生的国家时，由于所投资项目的风险与公司其他业务在一定程度上是分离的，就可以实现跨国公司限制项目风险或国家风险的目的。

（4）一个精心安排的项目融资可以将与项目有关的各个方面的利益有机结合起来，

---

① 姚璐.项目融资发展综述[J].科技情报开发与经济，2007(4)：139-141.

② 姜永铭，史闻东.项目融资在大型住宅房地产开发中的应用[J].技术经济与管理研究，2013(8)：74-79.

以提供直接担保和间接担保的方式，增强项目的经济强度，提高项目的融资能力，减少项目股本资金的投入，进而提高项目股本资金的投资收益率，使得项目更具投资价值，实现丰厚收益。

四、项目融资的参与者

在风险管理复杂、结构设计严谨的项目融资中，参与融资并发挥作用的利益主体也比传统融资方式的利益主体要多，它们承担不同的责任，分享各自的利益。没有任何一个项目融资的参与者是完全一样的，但一般说来，主要包括以下几类。

（一）项目的实际投资者

项目的实际投资者是项目的发起人、真正主办人以及项目融资的真正借款人。项目实际投资者是拥有项目开发权并启动和控制项目建设的经济实体，通常拥有特定项目的特许经营权。在融资过程中承担的主要职责有：提出项目，取得经营项目所必需的许可和协议；发起项目融资，负责前期组织工作，设计交易结构，将各参与方联系起来达成合作协议；提供适当的股本投资和适当担保；监控投资资金的使用和工程进展状况。

项目的实际投资者既可以是单独一家公司，也可以是由多家公司组成的投资财团；既可以是项目所在国境内的企业，也可以包括境外的投资者；既可以是私人公司，也可以是政府机构或者公私混合体。

从项目的实际投资者角度来看，其在参与融资项目的投资和融资活动之前往往会对以下几个问题给予特别关注：项目所在国的法律、法规是否对项目的产权或私人投资予以承认并进行保护；是否能够及时地从各级政府获取有关项目建设和运营所必需的各种许可文件；能否形成各类可实施的项目协议；是否存在着货币兑换或外汇流出限制；在必要时是否可以申请国际仲裁等。这些问题不仅关系到项目实际投资者的切身利益，而且对项目的成败有着重要影响。

（二）项目的直接主办人

项目的直接主办人是指直接参与项目投资和项目管理，直接承担债务责任和项目风险的法律实体。在项目融资中，直接主办人通常是一个专门为该项目成立的单一的项目公司，而不是由进行实际投资的母公司或控股公司即项目实际投资者来作为直接主办人。这样做会有一系列好处。

（1）由项目公司承担偿还贷款的直接责任，将项目融资的债务风险和经营风险大部分都限制在项目公司中，是实现项目风险与实际投资者一定程度隔离的有效方式。

（2）成立项目公司进行融资可以避免将有限追索的融资安排作为债务列入实际投资者的资产负债表中，从而可以实现非公司型负债。

（3）对于实际投资者众多且结构复杂的情况，组织项目公司有利于项目资产所有权的集中，便于进行管理，同时也有利于项目公司利用项目资产作为抵押向贷款银行进行融资。

采取项目公司的形式在实际操作中也有着较强的管理灵活性。项目公司可以是一个实体，即实际拥有项目管理所必须具备的生产技术、管理、人员条件；项目公司也可以只是一个法律上拥有项目资产的"空壳"公司，实际的项目运作则委托给具有丰富项目管理经验的项目管理公司。

（三）项目的贷款银行

商业银行、非银行金融机构（如租赁公司、财务公司、某种类型的投资基金等）和一些国家的出口信贷机构，是项目融资资金来源的主要提供者，在此统称为"贷款银行"。

一般说来，商业银行是项目资金的主要提供者，承担贷款责任的银行数目需要根据贷款规模、项目风险（尤其是项目所在国的国家风险）来具体决定，可以只是一两家银行，也可以是由十几家银行组成的国际银团。

作为项目的债务资金提供者，贷款银行往往会对有哪些可实施的抵押权益、是否有可靠的资信增级、是否有合法的干预权、必要时能否获得有效的仲裁等问题比较关心，因为这些问题直接关系到银行贷款决策的正确性和所承受的风险情况。

在项目融资中，出口信贷机构也可以为项目提供资金，其主要作用是通过发放优惠利率的出口信贷促进本国出口的稳定增长。在项目融资中，设备供应商经常会与出口信贷捆绑在一起操作。

阅读材料 9-1

出口信贷

出口信贷是一种国际信贷方式，是指一国政府为支持和扩大本国大型设备等产品的出口，增强国际竞争力，对出口产品给予利息补贴、提供出口信用保险及信贷担保，鼓励本国的银行或非银行金融机构对本国的出口商或外国的进口商（或其银行）提供利率较低的贷款，以解决本国出口商资金周转的困难，或满足国外进口商对本国出口商支付货款需要的一种国际信贷方式。其特点就在于利率较低，通常与信贷保险相结合，由专门的信贷出口机构进行管理。

此外，在项目融资中，多边金融机构也发挥着重要的信用担保作用，尤其是在政治风险的担保方面，多边金融机构起着重大作用。

（四）项目产品的购买者或项目设施的使用者

融资项目的产品一般很少向市场公开出售，而是通过事先与项目产品的购买者或项目设施的使用者签订长期协议加以确定，特别是具有"无论提货与否均需付款"和"提货与付款"性质的合同。这就保证了项目产品的市场和现金流量，为投资者获得项目的贷款提供了重要的信用保证。所以说，项目产品购买者或项目设施使用者的资信水平也是贷款人在考察项目风险时会认真考虑的一个重要因素。

项目产品购买者或项目设施使用者作为项目融资的参与者，可以直接参加融资谈判，确定项目产品的最小承购数量和价格公式。他们可以是项目发起人本身、对项目产品感兴趣的独立的第三方，或者有关的政府机构。

（五）项目建设的工程公司/承包公司

工程承包公司是指依据工程承包合同，负责以约定价格、约定期限和约定工程质量全面完成项目建设的工程公司。工程承包人通常以竞标方式确定，依其责任划分，可以分为负责项目管理和工程全面竣工的总承包商与接收分包的各分包商。

项目工程或者承包公司的资金实力、技术水平、工程建设能力以及经营历史记录会在很大程度上影响贷款银行对项目建设期风险的判断，成为能否取得贷款的重要影响因素；同时，项目工程或承包公司与项目直接主办人所签订的施工合同，以及工程或承包公司为项目提供的各种类型的完工担保是化解项目完工风险的有利手段；此外，项目工程或承包公司在同贷款银行、项目发起人和各级政府机构打交道方面往往富有经验，它们也会在项目融资过程中提出一些很有价值的建议。因此，项目建设的工程或承包公司是项目融资的重要参与方。

如果有信用卓越的工程公司承建项目，同时有着较为有利的合同安排，就可以锁定工程造价、完工期限以及工程质量标准，实现"交钥匙"目标、限定项目完工风险，从而帮助投资者减少在项目建设期间所承担的义务和责任，进而在建设期间就将项目融资安排成有限追索的形式。

（六）项目的设备、能源和原材料供应商

项目融资中的供应商是指根据项目设备和原材料供应合同，向拟投资项目定期或长期提供项目设备、能源或原材料的销售商。

供应商在项目中发挥着以下几项重要作用。

(1) 通过延期付款或者低息优惠出口信贷的安排，项目设备供应商可以为项目直接主办人提供资金融通。

(2) 能源及原材料供应商为了寻找长期稳定的市场，在一定条件下愿意以长期的优惠价格条件为项目提供能源和原材料，从而可以规避项目公司在项目建设期的风险，为项目投资者安排融资提供了便利条件。

(3) 设备、能源和原材料的长期、稳定供应在很大程度上就保证了项目工程的顺利、按时完工。

因此，各供应商的资信水平和经营作风以及供应合同的具体内容也成为贷款银行在考虑是否发放贷款时会考虑的重要因素。

（七）项目融资顾问

项目融资的结构、风险的分配都具有复杂性和多样性，投资者除了具备项目可行性研究和投资决策的知识和技术外，还需要掌握项目融资的原理，熟悉项目所在国的法律、政治和金融环境，能够进行项目相关各方的利益和风险均衡，同时还要具备丰富的谈判经验和技巧，而这些设计、组织和安排工作往往需要具有专业技能的人来完成，绝大多数的项目投资者缺乏相关经验，需要聘请专业融资顾问。融资顾问在项目融资中担当着极其重要的角色，在某种程度上甚至是项目融资能否成功的决定性力量。融资顾问通常聘请投资银行、财务公司或者商业银行中的项目融资部门来担任。

担任融资顾问自然需要一定的条件：能够准确了解项目投资者的目标和具体要求，熟悉项目所在国的政治经济结构、投资环境、法律和税务政策，对项目本身及项目所属行业的技术发展趋势、成本结构、投资费用等有较清楚的认识，掌握当前金融市场的变化动

向和各种新的融资手段，与主要银行和金融机构有良好的关系，具备丰富的谈判经验和技巧等。

项目融资顾问的主要任务包括：从项目的投资环境、投资收益分析等方面进行项目的可行性研究；帮助项目投资者全面分析、认识项目的风险，确定项目具体可以承受的债务规模和风险大小；设计项目融资的交易结构，包括项目的投资结构、融资结构、资金结构以及信用保证结构等，能够准确反映投资者的战略融资要求并且实现项目的投资目标收益率；代表项目发起人与各参与方沟通、磋商和谈判，综合考虑各类项目融资参与者的意见或建议；起草相关文件，约定各方参与者的责任和权益，协助发起人做出融资方案决策。融资顾问需要充分考虑各个与融资有关的利益主体的融资目标和要求，通过对融资方案的反复设计、分析、比较和谈判，最后形成一个既能在最大程度上保护项目投资者的利益，又能被贷款银行及其他利益相关方接受的融资方案。

投资银行作为融资顾问时根据其充当的角色不同，可以采取两种形式：一种是只担任项目投资者的顾问，为其安排融资结构、取得贷款，不参加贷款银团，立场独立，这样可以公正地代表投资者的利益；另一种则是在担任投资者融资顾问的同时，也参与贷款，作为贷款银团的成员和经理人，这就可以起到一种带头作用，有利于组织银团，特别是对于一些难度较大、资金需求较多的项目融资，如果融资顾问不承担一定的风险，就很难说服其他银行加入贷款银团的行列。

除了投资银行以外，项目发起人或贷款人还会聘请一些专业类顾问机构，其中最重要的是工程咨询顾问、财务税务顾问和法律顾问。工程咨询顾问通常负责协助贷款人或主办人进行项目可行性分析和项目风险预测；财务税务顾问除了财务审计工作之外，还将协助贷款人对拟投资项目进行财务税务分析和现金流量预测，利用项目投资所带来的税务亏损来降低资金的综合成本，或者将融资设计成非公司负债型的贷款结构等；法律顾问除了对拟投资项目和所处环境进行法律层面的专业分析外，主要协助项目贷款人和项目主办人确定项目融资结构，起草有关的法律文件，出具相关法律意见等。

融资顾问、法律顾问和税务顾问在融资准备阶段发挥着重要作用。项目投资者和其顾问在融资谈判之前的准备阶段所进行的工作，主要包括认真进行项目评价和项目风险分析、设计严谨的项目融资法律结构体系、尽量明确项目的主要资金来源等，这些都直接关系到项目融资的成败，需要慎重对待、认真进行。

对于投资银行的融资顾问角色，我们还可以从不同角度加以细化。

(1) 由投资银行牵头可以为超过投资者自身筹资能力的大型项目进行融资。

(2) 投资银行利用其在人才、资金、信息、技术等方面的优势，可以为贷款银行寻找合适的贷款对象，最大限度地保证贷款资金的安全性，增加收益来源。

(3) 通过设计灵活的融资方案，灵活地处理政府在预算规模、借债数额方面的约束和限制，满足政府在资金安排方面的特殊需要，使得一些具有良好经济效益和社会效益的项目得以顺利开展。

(4) 利用自己独具特色的项目风险评估模型，对项目风险的评估提供准确报告，提出具体有效的风险规避和应对策略，以帮助贷款银行和项目投资者科学合理地规避风险。

而在项目融资的整个过程中，投资银行又不仅仅扮演融资顾问的角色，它同时还会在以下几个方面发挥重要作用：项目的可行性分析与风险评价、项目投资结构设计、项目的融资结构模式设计、项目融资的资金选择、项目担保的安排。可以说，投资银行贯穿着融资过程的始终，起着决定性作用。

（八）项目管理公司

在大多数工程项目中，项目的直接主办人主要是在项目的发起、开发建设和融资阶段起主要作用，而项目进入经营阶段后则往往指定一家独立的公司代表项目直接主办人负责项目的日常经营管理事项，这一公司通常被称为项目管理公司。由于在项目融资中，贷款银行比较关心项目进入经营期后产生现金流量的能力，因此项目管理公司的经济背景、管理能力、资金实力和管理经验以及资信水平也就成为贷款银行所关心的问题，有时项目管理公司的素质甚至会影响项目融资的成败。项目管理公司的选择也较为灵活，可以是第三方经济实体，也可以是项目发起人之一。

（九）有关政府机构

在项目融资过程中，项目所在国政府及项目参与者的各方政府都有可能对项目融资有一定影响，当然其中对项目融资影响最大的还是项目所在国政府。

政府机构在项目融资的多个方面发挥着重要的作用：微观方面，有关政府机构可以为项目的开发提供土地、良好的基础设施、长期稳定的能源供应、某种形式的经营特许权，从而减少项目的建设风险和经营风险；政府部门可以为项目提供条件优惠的出口信贷和其他类型的贷款或贷款担保，促成项目融资关系的组建。宏观方面，有关政府机构可以为项目建设提供一种良好的投资环境。例如，利用批准特殊外汇政策或特殊税务结构等优惠政策降低项目的综合债务成本，提高项目的经济强度和可融资性。

对于基础设施建设项目以及其他对经济和社会发展有重要影响的重大项目，项目所在国政府往往会成为项目投资和融资活动的重要推动者。在这一过程中，项目所在国政府一般会对以下问题特别关注：项目服务的具体提供方式、持续性以及价格制的公平合理性；项目是否满足东道国使用的环境保护、健康安全及质量标准；项目对不同客户或用户的非歧视与公平对待；项目可否对运营活动进行适度的信息披露；项目对未来条件变化是否具有一定的适应性；项目能否适应现在或将来的市场结构等。

同时，政府可以通过创新政府投融资体制及服务方式，以推动项目融资能力建设，具体来说包括：第一，构建政府主导，各级政府合理分工、合理负担的公共财政投融资体制；第二，加大地方投融资平台的建设力度；第三，发挥财政资金导向功能和杠杆功能，拓宽融资渠道与范围，引导各类金融资金和社会资本积极投向经济发展和社会建设领域；第四，创新融资模式与手段，加大区域性金融中心建设力度。①

五、项目融资的程序

尽管各个项目在融资过程、融资模式等方面存在着诸多差别，很难找到两个完全一样的融资项目，但在融资过程中往往会存在一些共同的特征，需要遵循相似的运作程序。

---

① 马应超．创新政府投融资机制　推动项目融资能力建设[J]．财会研究，2013(6)：1.

项目融资的过程大致上可以分为以下五个阶段。

（一）投资决策分析阶段

从严格意义上说，投资决策分析不属于项目融资活动的一个阶段，但项目的投资决策分析却是项目融资的重要前提。投资者在决定投资一个项目之前往往需要进行宏观经济形势的判断、项目所处行业的发展前景以及项目在该行业的竞争性分析、项目的可行性研究等，以判断该项目是否有投资的必要。

其中项目的可行性研究主要是为了提供拟投资项目的资金、技术、结构、政府支持和市场等方面的资料，它是项目发起人在争取有限追索融资时必须提供的一个重要报告。通过这个报告对项目的详细说明，项目发起人就可吸引潜在的贷款人、政府机构和潜在的股本投资者参与该项目。

特别需要强调的是，这里的可行性研究暂时只包括项目的技术、经济、政策可行性研究。项目的技术、经济及政策可行性研究是从项目投资者的角度分析投资者在项目整个生命期内能否实现预期的经济收益。为了争取贷款银团的资金注入，项目投资者必须编制具有说服力和权威性的可行性研究报告，一般包括外部投资环境、项目生产要素和项目收益分析三大块内容，其中：

① 外部投资环境又可以分为政治性环境、金融性环境和工业性环境；

② 项目生产要素包括技术要素、原材料供应、设备管理及劳动力分析；

③ 投资收益分析则需要综合考虑项目投资成本、经营性收益分析以及资本性收益分析。

项目可行性研究是融资项目前期工作的重要内容，它以市场需求为起点，以资源投入为基础，得出的技术评价和经济评价结果，综合反映了一个融资项目建设的必要性、技术的可行性与先进性以及经济上的合理性。因此，可行性研究的意义和作用表现在以下几个方面：为融资项目发起人提供投资决策的依据；有利于求得政府部门的支持；便于开展融资活动、寻求融资伙伴；指导项目的具体建设。

若投资者决定要对项目进行投资，下一步就要确定项目的投资结构。项目的投资结构选择与将要选择的项目的融资结构和资金来源有密切关系，也与项目的可行性及所选择的具体融资方式联系在一起。

（二）融资决策阶段

这一阶段的主要任务是分析项目是否有融资的可行性和必要性以及决定项目融资的方式。

项目融资的可行性研究是在前面进行的技术、经济及政策可行性分析的基础之上，进一步分析银行对该项目的可接受程度。项目的可融资性即银行的可接受性，是银行向项目注入资金的先决条件。只有银行愿意参与该项目，项目融资才有可能成功。而满足了投资者的最低风险收益要求，并不一定意味着项目就一定能满足融资的要求。所以，在项目融资中，项目的技术、经济及政策分析不能等同于项目的可融资性分析，两者需要分阶段进行，但又是相辅相成的，共同发挥着重要的作用。

项目融资是否可行和必要，取决于投资者对债务责任的承担、贷款资金数量、时间、融资费用、债务会计处理等方面要求的综合评价。但项目的可融资性除了与自身的风险和现金流量状况有关以外，还取决于项目风险是如何分配和处理的。一般而言，银行不愿意承担不确定或不能控制的风险。

如果项目具有融资可行性，接下来就可以由项目投资者或项目投资者聘请的融资顾问对项目的融资能力及可能的融资方案做出分析和比较，在获得了一定的信息反馈之后，再做出项目的融资方案决策。

由于融资项目建设规模较大，往往会受到项目所在国的宏观环境的较大影响，因此在项目的投资分析和融资分析阶段，项目投资者和贷款银团还需要将宏观环境分析作为重要的分析内容。

(1) 项目所在国政治环境的考察。在影响项目融资的各种因素中，政治环境处于首要地位，政治的稳定性、连续性以及可预见性是成功的国际融资实践中的关键要素。

(2) 项目所在国法律和法规建设的考察。项目融资的成功还要依托一套完善的法律体系，包括适合项目融资的基本法律条款、及时领取许可证的规定、合同的法律效力规定以及公正而高效的纠纷处理规定等。

(3) 项目所在国经济条件的考察。主要包括项目所在国的价格水平、国内资本市场、国内信用等级和国内利率水平等，这些经济条件是支持项目融资成功的必不可少的要素。

(三) 融资结构分析阶段

这一阶段的主要任务是对项目风险进行分析和评估，设计出项目的融资结构和资金结构，并对项目的投资结构进行修正和完善。项目融资结构设计的关键在于由项目融资顾问和项目投资者一起对项目有关的风险因素进行全面的分析和判断，确定项目的债务承受能力和风险，设计出切实可行的融资方案。项目融资结构以及相应的资金结构的设计必须全面反映出投资者的融资战略要求和考虑，也要照顾到其他参与方的切身利益。

(四) 融资谈判阶段

在初步确定项目融资方案以后，融资顾问将有选择地向商业银行或其他一些金融机构发出参加项目融资的建议书，组织贷款银团，着手起草项目融资的有关文件。在与贷款银团的接触和相关融资文件的起草过程中，必须既能最大限度地保护投资者的利益，又能为贷款银团所接受，因此往往需要经过反复磋商和谈判，并对有关的法律文件进行必要的修改。在很多情况下，融资谈判阶段也会涉及融资结构的调整问题，有时甚至会对项目的投资结构及相应的法律文件做出修改。在这一阶段，融资顾问、法律顾问和税务顾问对于加强项目投资者的谈判地位、保护投资者的利益有重要的作用，在项目融资谈判陷入僵局时可以及时、灵活地找出适当的变通办法，绕过难点解决问题。

(五) 项目融资的执行阶段

在正式签署融资的法律文件之后，项目融资将进入执行阶段。在项目融资中，由于贷款银团在一定程度上承担了项目的风险，因此通常情况下会加大对项目执行过程的监管力度。贷款银团通过其经理人经常性地监督项目的进展，并根据融资文件的规定参与部分项目的决策程序、管理，控制项目的贷款资金投入以及部分现金流量。贷款银团对项目的参与往往在项目的建设期、试生产期和正常运行期表现出不同的内容和特点。此外，银团经理人也会帮助项目投资者加强对项目风险的控制和管理，以降低项目的金融风险和市场风险。

在项目融资中，一套科学合理的激励与约束机制能够保证所有的项目参与者在追求各自利益的同时保证项目的稳定运营和利益最大化。正是通过复杂、高效的投资结构、融资结构和信用担保结构等方面的设计，项目相关各方的利益得以紧密联系起来并有效地实现不同参与者的不同利益要求，同时项目风险也可在各参与方之间进行合理分摊，从而将在其他融资方式下难以筹资建设的大型项目变成可能。这是项目融资的魅力之所在。

第二节　项目融资的风险及风险管理

由于项目融资具有风险种类较多、风险规模较大和风险分配复杂的特点，因此在项目投资结构、融资模式、资本结构和信用保证结构的设计中，风险的处理和分配方式都是必须加以考虑的关键问题。对融资项目风险的分析与管理不仅直接关系到项目的投资可行性和可融资性，而且也会影响项目投融资设计的细节方面。一般而言，在项目融资活动中，对项目风险的识别和评估要先于各项融资活动展开，而项目风险的分配和处理则在各环节中都会有所体现。也是因为项目融资的跨度长、涉及面广、潜在风险大，对风险进行识别并进行有效管理和控制是项目融资过程中最重要的环节。①

一、项目融资的风险分析

为了使项目融资顺利开展和进行，在项目的技术和财务可行性研究的基础上，还必须对项目进行风险分析，对有关的风险因素作出评价。所谓的评价，就是根据一定的标准来判定项目的经济强度以及各种风险要素对项目经济强度的影响程度。对项目风险进行评价，说起来十分简单，但在实际操作中却极为复杂和困难，既包括定性刻画，又包括定量分析。

（一）风险识别——定性分析阶段

风险识别是项目融资风险管理的基础环节。在项目融资的完整过程中存在着各种各样的风险，为了能够更好地进行风险因素的识别和评估，进而对各种风险因素及其影响进行科学的定量分析，首先得从不同角度对项目风险进行分类，从而形成一套较为系统的划分体系。

1. 按照项目风险的阶段性划分

项目的建设和经营过程按照时间顺序可以分为三个阶段，即项目建设开发阶段、项目试生产阶段和项目生产经营阶段。项目各个阶段的风险在程度大小和表现形式上都存在差异。

(1) 项目建设开发阶段风险

在项目正式建设之前一般会有一个较长的预开发阶段，期间，项目带有很多未知的不

① 周平. 项目融资及其风险问题研究[J]. 河南科技，2011(13)：46-47.

确定因素，这一阶段的投资带有一定的风险投资的性质。因而，银行不会通过项目融资的形式为此阶段的项目提供债务资金，这一阶段的风险通常由项目投资者自己承担，所以不应当被包括在项目融资风险之中。

项目建设开发阶段的风险要从项目正式动工建设开始计算。项目动工建设之后，大量的资金投入购买工程用地、购买工程设备、支付工程施工费用当中，贷款的利息也会由于项目还没有产生任何收益而计入资本成本。从贷款银行的角度看，在这一阶段随着贷款资金的不断投入，项目的风险也在不断增加，在项目建设完工时项目风险会达到或者接近最高点。这时，如果因为任何不可控制或者不可预见的因素造成项目建设成本超支，或者不能按预定时间、设计的质量标准完工甚至项目无法完成，贷款银行也会遭受最为惨重的损失。因此，在这一阶段需要投资者提供强有力的信用支持来保证项目的顺利完成，同时贷款银行也拥有对投资者较高程度的追索权。而投资者可以利用不同形式的工程建设合同（例如固定价格固定工期从而由工程公司控制项目建设、承担建设期全部风险的“交钥匙”合同），实现对项目建设期风险的有效转移和合理分配。

交钥匙工程

交钥匙工程是指跨国公司为东道国建造工厂或其他工程项目，一旦设计与建造工程完成，包括设备安装、试车及初步操作顺利运转后，即将该工厂或项目所有权和管理权的“钥匙”依合同完整地“交”给对方，由对方开始经营。因而，交钥匙工程也可以看成是一种特殊形式的管理合同，是在发达国家的跨国公司向不够开放的发展中国家投资受阻后发展起来的一种非股权投资方式。

（2）项目试生产阶段风险

项目建成投产之后，若不能按照原定的成本计划生产出符合质量的产品或者提供预先设计的服务，就意味着对项目现金流量的分析和预测是不正确的，项目极有可能无法产生足够的现金流量来支付生产费用、偿还贷款本息。为应对这种风险，贷款银行一般不把项目的建设结束作为项目完工的标准。在项目融资中，存在一个“商业完工”的概念以判断项目是否进入正式的生产经营期。根据这一概念，融资文件中会具体规定项目产品的产量和质量、原材料、能源消耗额以及其他一些技术经济指标作为完工指标，并且将项目达到这些指标的时间下限也作为一项指标。只有项目在规定的时间范围内满足这些指标时，才被贷款银行接受为正式完工。这一阶段，贷款银行一般也会要求较高的追索权和较完善的融资信用保证体系。

（3）项目生产经营阶段风险

项目达到“商业完工”标准之后即进入项目的生产经营阶段。在这一阶段项目应当进入正常运转，如果项目可行性研究报告中的假设条件符合实际情况，项目则可以生产出足够的现金流量以支付生产经营费用、偿还债务，并为投资者提供理想的收益。从而贷款银行的项目风险会随着债务的逐步偿还而逐渐降低，银行一般会愿意放松对投资者的追索权限制，融资结构基本上依赖于项目自身的现金流量和项目资产，成为一种无追索的结构。这一阶段的风险则主要集中在生产、市场、金融和其他一些不可预见的因素方面。

2. 按照项目风险的表现形式划分

(1) 决策风险

项目的投资决策是建立在对项目的建设成本、未来市场需求情况、经营成本和收益的预测基础之上的。虽然会进行充分的项目可行性分析和可融资性分析，但由于事物本身的不确定性、随机性以及决策主体的认识能力限制，决策者做出的决策可能并不符合实际情况的发生和发展。这种由于决策主体主观认识能力的限制所带来的损失被称为决策风险。

在项目投资决策中，决策主体必须尽可能多地获取有价值的决策参考信息、使用科学的决策方法，同时聘请专业的顾问，以便在一定程度上降低决策风险。但决策风险无法从根本上消除。

(2) 设计风险

项目的设计是一项高技术含量的工作，它的质量直接关系到项目的成本、工期和质量情况，甚至关系到项目能否达到完工标准。特别是在一些受地质条件、水利、气象等客观条件直接影响的项目建设中，项目建设条件的调查与勘测、方案的设计与比较就有更大的难度，对设计单位也就提出了更高的要求。

在工程实践中，往往是通过严格的招标程序选择资质优秀的设计部门和勘探部门来承担勘探设计工作，但也无法避免实际工作中由于建设条件复杂性、技术水平有限、无法避免的测量及估计误差等原因造成的设计、勘探、论证等方面存在失误的可能。这种失误可能会导致勘探设计结果与实际情况偏离、设计变更和漏项等情况的发生并造成损失，从而造成设计风险。

(3) 建设设备风险

项目建设阶段的风险在很大程度上与项目施工方的资信、设备质量情况及设备供应商的资信有关。在实际工程实践中，项目投资者或主办人通常会通过严格的招投标程序来选择项目施工方以及设备供应商。然而，由于存在着信息的隐蔽性和不对称性、主观认识能力不足以及评标方法有缺陷等方面的弊端，可能造成因为项目施工方和设备供应方选择不当而使项目发生损失的可能，这种损失就被称为项目的建设设备风险。

(4) 信用风险

项目融资的有限追索或无追索特性依赖于一个有效的信用保证结构。组成信用保证结构的各个参与者是否有能力执行其职责，是否愿意并且能够按照法律文件的规定在需要时履行其所承担的对项目融资的信用保证责任就构成了项目融资的信用风险。

项目融资的信用风险贯穿于项目始终，涉及每一个参与方的可靠性、专业性以及信用水平，需要考虑各种因素以全方位多角度评价项目是否存在信用风险。

(5) 完工风险

项目的完工风险存在于项目建设阶段和试生产阶段，是项目融资的核心风险之一。其主要的表现形式有：项目建设延期；项目建设成本超支；由于各种原因项目无法达到设计规定的技术经济指标；在某些极端情况下，项目完全停工放弃。完工风险对于项目而言意味着项目建设成本增加、贷款利息负担加重、贷款偿还期限的延长以及市场机会的错失。

如前所述，在项目融资中，贷款银行会利用商业完工的标准来检验项目是否达到完工条件，商业完工标准包含着一系列经专家确定的技术经济指标，在不同的融资项目中，根据贷款银行对具体项目完工风险的不同看法，商业完工标准可以存在较大差异，但不变的原则是，完工风险的大小与项目投资者承担的商业完工责任成正比。

（6）生产风险

项目的生产风险是在项目试生产阶段和生产运行阶段存在的技术、资源储量、能源和原材料供应、生产经营、劳动力状况等风险因素的总称，是项目融资的另一个主要的核心风险。银行一般要求投资者、工程公司或第三方提供强有力的保证来分担完工风险，但对于生产风险，贷款银行愿意更多地依靠项目现金流量作为偿还债务的主要来源，也就是说，贷款银行一般会同意在项目风险分析的基础上与投资者共同承担一部分的生产风险。

项目生产风险的主要表现形式包括技术风险、资源风险、能源和原材料供应风险、经营管理风险等。

① 技术风险是指存在于项目的生产技术及生产过程中的一些问题，如技术工艺在项目建设期结束后是否依然保持先进，是否出现了新的替代技术，厂址选择与配套建设是否合理，技术人员的专业水平与职业道德能否达到要求等。

项目融资的贷款银行的原则是：只为采用经市场证实的成熟生产技术的项目安排有限追索性质的项目融资，对于任何采用了新技术的项目，如果不能获得投资者强有力的技术保证和资金支持，是不可能得到项目融资的。因为经市场证实的成熟技术所包含的可行性风险较小，但需要注意的是，在这种情况下就很难保证技术的先进性，也不利于新技术或工艺改进在项目中的应用。

② 资源风险是指对于那些依赖于某种自然资源的生产型项目（如石油、天然气、煤炭开采等）而言，在项目的生产阶段能否保证有足够的资源。

对于这类项目的融资，一个决定性因素是项目可供开采的已证实资源总储量与项目融资期间内计划采掘或消耗的资源量之比要保持在规定的警戒线之下。对资源风险评价的指标称为资源覆盖率，是可供开采资源总储量与项目融资期间计划开采资源量的比值。某一具体资源开采项目的最低资源覆盖率是根据项目的技术条件和贷款银行在这一行业的经验确定的，一般要求资源覆盖率要在2%以上。如果资源覆盖率小于1.5%，贷款银行就会认为项目的资源风险过高，进而要求投资者提供相应的最低资源储量担保，或者要求在安排融资之前做进一步的勘探工作以便落实实际的资源情况。

③ 能源和原材料供应风险：能源和原材料供应风险受两个要素的影响，即能源和原材料的价格以及供应的可靠性。一些重工业部门（例如电解铝厂和铜冶炼厂）和能源工业部门（例如石油工业）对能源和原材料的稳定供应有着很大的依赖性。能源和原材料成本在整个生产成本中占有很大比重，因而其价格波动和供应的可靠性就成了影响项目经济强度的一个重要因素。对于这类项目，只有在能源和原材料的合理、有效安排的前提下，项目融资才有可能实现。

降低能源和原材料供应风险的一种有效方法是签订长期的能源和原材料供应协议。

这种安排可以保证项目按照固定的价格稳定地取得项目所需的重要能源和原材料，在一些特殊情况下还有可能将供应协议设计成“供货或付款”类型的合同，使得项目的经济强度得到更强有力的支持。

在长期能源和原材料供应协议中，能源和原材料价格的确定是一个较复杂的问题。近年来，对于产品具有国际统一定价标准的大宗资源性商品的项目，在签订长期能源和原材料供应协议时，往往将能源和原材料的价格与项目产品的国际市场价格直接联系起来，即实行能源和原材料价格指数化。这种做法实际上对融资各方都有益处。对于项目投资者来说，价格指数化可以降低项目风险，提供了应对市场变化的灵活性，在国际市场不景气时降低项目的能源和原材料成本，而在产出品的国际市场价格上升时获得较大的利润。对于能源和原材料供应商来说，价格指数化保证了市场的稳定性，同时它们也可以享受到最终产品价格上涨的好处。对于贷款银行来说，价格指数化可以增强项目的经济强度，进而保证了项目的偿债能力。正因为能源和原材料价格指数化的以上优点，所以它广受项目融资参与者的欢迎。

④ 经营管理风险是指在项目经营和维护过程中，由于经营者自身的疏忽导致项目受损的重大经营问题，例如设备安装或使用不合理、产品质量不符合要求、能源和原材料供应中断以及管理秩序混乱等，它可能导致项目无法按计划正常运营，最终会影响项目的盈利能力。

贷款银行一般从三个方面综合评价项目的经营管理风险：第一，项目经理在同一领域的工作经验和资信水平；第二，项目经理是否是投资者之一；第三，除了直接投资之外，项目经理在项目中是否具有利润分成或者成本控制奖励等激励机制。其中第一条是贷款银行衡量项目经营管理风险的一项重要指标。

(7) 市场风险

项目最终产品的市场风险也包含价格和市场销售量两个要素。签订长期的产品销售协议是降低项目市场风险的主要方法。这种协议的合同买方可以是项目投资者本身，也可以是对项目产品有兴趣的具有一定资信的第三方。通过此种协议安排，合同买方对项目融资承担了一种间接的财务保证义务，从而在一定程度上增加了项目的融资强度。

(8) 金融风险

在项目融资中，项目发起人与贷款人必须对超出自己控制范围的金融市场上可能出现的各种变化加以认真的分析和预测，如汇率变动、利率波动、通货膨胀和国际贸易政策的趋向等，这些不可控因素所引发风险的就是金融风险。项目的金融风险主要表现在利率风险和汇率风险两个方面。

项目的利率风险是指项目在经营过程中由于利率变动直接或间接地造成项目价值降低或者收益受损。如果项目投资者采用浮动利率投资，一旦利率上升，项目的生产成本和还贷金额就会增加；如果项目投资者采用固定利率，市场利率的下降就会造成项目机会成本的提高。

项目的汇率风险又可进一步划分为三方面：东道国货币的自由兑换、经营收益的自由汇出以及汇率波动所造成的货币贬值问题。外汇风险是项目融资的各个参与方，尤其涉及多国参与方的项目，都十分关注的问题。

(9) 政治风险

任何国际性的项目融资中,参与方都可能承担一定的政治风险。项目的各个方面和各个阶段都可能涉及项目政治风险,可能的表现为:项目所在国的政治条件发生变化导致项目失败、项目信用结构改变、项目债务偿还能力改变等。

进而,项目的政治风险可以分为两大类:一种表现为国家风险,即项目所在国政府由于某种政治性因素或者外交政策原因,对项目实行征用或没收、对项目产品进行禁运或联合抵制、终止债务偿还的潜在可能性;另一种则表现为国家政治法律稳定性风险,即项目所在国的外汇管理、法律制度、税收制度、劳资关系、环境保护、资源主权等与项目有关的敏感性问题方面的立法是否健全,管理是否完善、是否经常变动。

(10) 环境保护风险

在经济发展、社会进步的大环境下,人们的生活水平不断提高,人类的环保意识也在逐渐加强。因而,世界上大多数国家对于工业项目的排放标准、废物处理、噪声、能源使用效率、自然植被破坏等有关环境保护方面的立法变得越来越严格。环保立法的这种趋势在短期内会使得项目投资者及经营者为适应环保要求被迫降低项目生产效率、增加项目生产成本,或者是增加新的资产投入以改善项目的生产环境,更严重的甚至会迫使项目无法继续生产下去。

对于项目融资的贷款银行而言,环境保护风险不仅表现在由于增加生产成本或资本投入而造成项目降低甚至丧失原有的经济强度,而且表现在一旦项目投资者无法偿还债务,贷款银行即便取得了项目的所有权和经营权之后也必须承担同样的环境保护的压力和责任,而且由于环境保护方面的问题,项目本身的价值已经降低了。

在项目融资中,环境保护风险通常被要求由项目投资者承担,因为投资者对项目的技术条件和生产条件的了解比贷款银行要充分;同时,贷款银行也会将环境保护问题列为对项目的经常性监督的一项重要内容。

3. 按照项目的投入要素划分

项目在开发和经营过程中需要投入的要素可以划分为五大类,即人员、时间、资金、技术和其他要素。因此从项目投入要素角度也可以对项目风险进行分类。

(1) 人员风险。人力资源来源的可靠性、技术熟练程度、流动性、生产效率、工业关系、劳动保护立法及实施、管理素质、技术水平、市场销售能力、质量控制、对市场信息的敏感性及反应灵活程度、公司内部政策、工作关系协调等因素都可能导致人员风险。

(2) 时间风险。生产计划及执行、决策程序及时间、原材料运输问题、原材料短缺的可能性、在建设期购买项目土地及设备延期的可能性、工程建设延期的可能性、达到设计生产水平的时间、单位生产效率等因素都可能造成时间风险。

(3) 资金风险。主要的影响因素有产品销售价格及变化、汇率变化、通货膨胀因素、项目产品购买者或项目设施使用者的信用、年度项目资本开支预算、现金流量、原材料及人工成本、融资成本及变化、税收及可利用的税务优惠、管理费用和项目生产运行成本、土地价值、项目破产以及与破产有关的法律规定等。

(4) 技术风险。可能导致技术风险的因素包括综合项目技术评价(选择成熟技术是减少项目融资风险的一个原则)、设备可靠性及生产效率、产品的设计或生产标准等。

(5) 其他风险。项目产品需求情况、产品替代可能性、市场竞争能力、投资环境(立法、外资政治环境、外汇管制)、环境保护立法、项目的法律结构和融资结构、知识产权、自然环境以及其他不可抗拒因素都可能造成项目融资的风险。

4. 按照项目风险的可控制性划分

从项目投资者是否能够直接控制的角度来看,项目风险可以分为项目的核心风险和项目的环境风险两类。

(1) 项目的核心风险

项目的核心风险也称为项目的可控制风险,是指与项目建设和生产经营管理直接有关的风险,包括完工风险、生产风险、技术风险和部分市场风险等。这类风险是项目投资者在项目建设或生产经营过程中无法避免且必须承担的风险,但同时也是投资者知道如何去管理、控制以及降低的风险。

(2) 项目的环境风险

项目的环境风险是指项目的生产经营由于受到企业控制范围以外的经济环境变化的影响而遭受到损失的风险。这类风险是投资者和经营者无法控制的,而且在很大程度上也是无法准确预测的。项目的环境风险包括项目的金融风险(利率风险和汇率风险)和部分市场风险,主要是指产品价格风险以及项目的政治风险。

项目的环境风险来源于项目的核心风险,但又有别于核心风险。作为项目融资的贷款银行,对不同性质的风险会采取不同的处理方式:对于项目的核心风险,贷款银行总是尽可能地以各种合同契约形式将其转移给项目的投资者或其他参与方;对于项目的环境风险,在一定程度上,贷款银行是可以接受的,并且愿意和项目投资者一起去管理和控制这类风险。

5. 按照项目风险的影响范围划分

(1) 项目的系统性风险

项目的系统性风险是指该项目的预期收益对整体资本市场要素变化的敏感程度。系统性风险不能通过增加不同类型的投资而得以消除,因为造成这种风险的要素会影响整体资本市场的运动。典型的系统性风险有政府经济政策的调整(例如税收、利率等)、经济衰退、世界性能源危机、中长期资本市场利率激增等。

(2) 项目的非系统性风险

项目的非系统性风险是指一个具体项目所特有的风险,如项目的关键技术人才的离职、项目所需的某种特殊原材料的供应问题等。非系统性风险一般可以通过多样化、分散化的投资战略加以避免或者减低。而对于此类风险,投资者只能进行定性判断而无法开展有效的定量分析。

(二) 风险评价——定量分析

正如前文所述,在项目融资中,对风险的划分已经形成了一套较为完整的体系。在风险分类的基础之上,投资者就可以根据项目自身和环境的特点,对项目风险的因素加以识别和评估。然而,到现在为止,对于如何认识、估量具体的风险因素对项目融资的可能影响仍然缺乏统一的标准,大量的工作仍然处于定性分析而不是定量分析阶段。贷款银行在进行分析时在很大程度上就会受该银行过去的经验特别是在项目所在行业经验的限制，同时也在很大程度上会受到当时、当地金融市场的影响。也正是由于缺乏对各种风险因素及其影响进行定量分析的科学方法，因此不熟悉项目融资的投资者就会很难预测银行对项目风险的分析手段及结果，也很难估计银行可能提出的对融资条件的各种限制与要求。这对于项目融资的顺利开展和风险应对十分不利。所以，急需在现阶段的实践工作中不断总结归纳有关经验并将其上升为科学系统有效的定量分析模型或方法。

一般而言，项目融资的风险分析是在项目的可行性研究基础之上进行的，因而在可行性分析中经常使用的现金流量模型也就成了项目风险评价的重要定量分析工具——根据项目融资的特点和要求，运用现金流量模型对影响项目经济强度的各种因素的风险变动作出准确的量化描述，从而为项目融资的方案提供重要的数据支持。其主要的思路就是，利用项目现金流量模型求出项目的净现值(NPV)，从而判断项目的投资能否满足最低风险收益的要求，然后进行敏感性分析，据此进行投资决策的风险评估。

净现值(NPV)是指把项目计算期内隔年的净现金流量用设定的折现率(基准收益率)折现到第0年(建设初期)的现值之和，是考察项目在计算期内盈利能力的主要动态指标。其计算公式为

$$\mathrm{NPV} = \sum_{t=1}^{n}(\mathrm{CI}-\mathrm{CO})_t(1+i_c)^{-t}$$

其中，$(\mathrm{CI}-\mathrm{CO})_t$——第 t 年的净现金流量；n——项目的生命周期；i_c——设定的折现率；$(1+i_c)^{-t}$——第 t 年的折现系数。

直观来说，当计算出的 NPV>0 时，项目可行；NPV=0 时，可以考虑接受项目；NPV<0 时，项目不具可行性。

还要注意到，为了计算项目的净现值就必须首先确定项目的风险贴现率，这通过资本资产定价模型(capital asset price model，CAPM)就可以很容易得到。它是项目融资中被广泛接受和使用的一种确定项目风险贴现率的方法。而在 CAPM 模型中，项目风险贴现率是指项目的资本成本在公认的低风险的投资收益率的基础之上，根据具体项目的风险因素加以调整的一种合理的项目投资收益率。基本公式如下：

$$R_{\mathrm{i}} = R_{\mathrm{f}} + \text{风险收益率} = R_{\mathrm{f}} + \beta_{\mathrm{i}}(R_{\mathrm{m}} - R_{\mathrm{f}})$$

其中，R_{i}——在给定的风险水平条件下项目 i 的合理预期投资收益率，也即项目 i 的带有风险校正系数的贴现率(风险校正贴现率)；

R_{f}——无风险投资收益率；

β_{i}——项目 i 的无风险校正系数，代表该项目对资本市场系统风险变化的敏感程度；

R_{m}——资本市场的平均投资收益率。

所计算出的风险校正贴现率 R_{i} 就是在计算 NPV 时需要确定的风险贴现率。

在得到项目净现值 NPV>0 且确定了项目的可投资性后，下一步就应当进行现金流量模型的敏感性分析。

前面已经论及，即使项目的投资收益可以满足投资者的最低风险收益要求，项目在风险分析的角度来看具有可行性，但也不一定意味着项目就一定能够满足融资的要求。为了设计出合理的融资结构，满足投资方和贷款方对各种风险的不同要求，就需要在现金流量模型的基础上，充分考虑项目的债务承受能力和投资者可以得到的投资收益率，从而进

一步建立起项目的融资结构模型。通常的做法是在一系列债务资金的假设条件下，通过调整现金流量模型中各变量之间的比例关系来验证预期的融资结构是否可行，具体而言就是遵循现实、合理且相对保守的原则下确定现金流量模型的假设条件，在充分考虑所有的风险因素对现金流量的影响之后建立起现金流量模型的基础方案，再进一步地建立相应的最佳方案和最差方案的比较分析，进行模型变量的敏感性分析，获取项目在各种可能的条件下的现金流量以及债务承受能力的一系列数据。

所谓的敏感性分析，就是分析并测定各个因素的变化对指标的影响程度，判断指标（相对于整个项目）对外部条件发生不利变化时的承受能力大小。一般而言，在项目融资中需要测度敏感性的主要变量因素有价格、利率、汇率、投资额、生产量、项目寿命周期、税收政策等。敏感性分析的基本步骤如下。

第一步，确定分析指标，项目融资风险分析中通常采用的就是 NPV 指标。

第二步，选择需要分析测度的变量要素。

第三步，计算各变量要素的变动对指标的影响程度。根据每次变化因素的数量，可以将项目敏感性分析分为单因素敏感分析和多因素敏感分析两种：①单因素敏感分析中每次只有一个因素变化而其他因素保持不变，有利于分析出这个因素的变化对指标的独立影响的大小。若一个因素的较大范围的变化只引起较小幅度的指标变化，则称其为非敏感性因素；而若某因素的很小范围变化就引起指标很大的变化，则称其为敏感性因素。②多因素敏感性分析是考察多个因素同时变化对项目的影响程度，从而对项目风险的大小进行估计，为投资决策提供依据。

第四步，确定敏感性因素，进一步研究该变量取值的准确性，或者收集众多的相关数据以减小预测中的误差，对项目的风险情况作出判断。

完成项目现金流量模型的敏感性分析，获得了有关项目经济强度的一系列数据之后，定量分析的风险评价阶段还未结束，接下来还需要选取项目的风险评价指标，运用这些指标对项目的债务承受能力进行可靠的评价。项目融资中最常使用的风险评价指标主要有项目债务覆盖率、资源收益覆盖率和项目债务承受比率。

完成以上繁杂的过程之后，项目风险分析的定量阶段才可以说是比较完整和有效的，从而为项目的投资可行性和融资可行性提供重要的依据和保证。

二、项目融资的风险管理

项目融资的风险管理是指有目的地通过计划、组织、协调和控制等管理活动来预防风险损失发生、减少风险发生的可能性以及削弱损失的大小和影响程度，同时采取多种方法促使有利结果的出现及其可能性的增加，以获取最大利益的过程。

如果项目的融资结构设计合理，项目风险在项目各参与方之间进行了适当的、可被接受的摊分，项目融资就很有可能成功。然而，由于项目融资历时较长，涉及面广，项目融资者完成融资谈判过程并成功取得融资之后，还需要在项目的建设和生产阶段结合项目的经营管理实际，分析研究如何降低和减少各种风险要素对项目经营的影响，最大限度地保证项目的成功和利润的实现。这不仅是投资者所关心的问题，而且也是贷款银行需要面对和解决的问题。

由于进行融资的项目一般投资规模都很大，项目的融资结构也极为复杂，而国内国际环境更是变化莫测，因此项目风险管理在项目融资中的作用和意义就越来越重大。

（一）项目风险管理的内容

若从项目风险管理对象的可控性角度来看，项目风险的管理可以分为项目的核心风险管理和项目的环境风险管理。

1. 项目的核心风险管理

项目的核心风险管理，即项目的完工风险、生产风险、技术风险等一系列与项目建设和生产经营有着直接关系的风险要素的管理，是项目投资者和经营者日常生产管理工作的一个重要组成部分。由于项目的核心风险大部分属于项目的投资者和经营者可以控制的，所以贷款银行一般不会承担这类风险。而在融资安排过程中这类风险多数也已经通过各种形式的协议和担保转移给了其他的利益相关者。在前面介绍项目融资风险的分类时已经谈及应对手段，现做简要概括。

（1）完工风险管理

项目公司可以采用不同形式的项目建设承包合同，如固定价格固定工期的交钥匙合同，来转移完工风险。贷款银行一般会与投资者签订完工担保合同且规定“商业完工”标准，同时聘请项目管理代表和项目监理监督项目的建设。

（2）生产风险管理

针对不同的生产风险，设计出不同的合同文件以应对：技术风险——贷款银行要求使用经过市场证实的成熟生产技术及先进的生产工艺；资源风险——规定最低资源覆盖比率、进行最低资源储量担保；能源和原材料供应风险——长期供应协议、能源和原材料价格指数化；生产管理风险——评价项目投资者是否熟悉融资项目及所属行业，是否具有良好的资信和经验，项目经理是否具有利润分成和成本控制奖励的激励等。

（3）部分市场风险管理

签订项目长期销售协议；产品定价充分反映通胀、利率及汇率的变化；尽量争取政府及项目所在地相关政府部门的支持等。

2. 项目的环境风险管理

项目的环境风险管理主要包括项目的政治风险管理、法律风险管理和金融风险管理。由于项目的环境风险一般难以准确预测和估计，也常会超出企业控制的范围，因此项目的环境风险管理的难度较大。这就要求投资者和银行要在识别、预测和估量环境风险之后，综合考虑对各种风险可以采取的对策，以及针对不同类型的环境风险及其可能的影响程度，按照一定标准选择最佳的应对措施及其组合，制订出具体的风险管理计划并付诸实施。一般而言，银行愿意与项目投资者一起承担这类风险。

（1）政治风险管理

当项目融资在很大程度上依赖于政府的特许经营权和特定的税收、外汇、货币政策作为重要的信用支持来安排融资结构时，政治风险的管理就显得尤为重要和敏感。

主要的措施有：①通过政治风险投保来降低风险可能带来的损失，包括纯商业性质的保险和政府机构的保险，后者多为几个主要的发达国家为保护本国投资者在海外投资的利益时使用；②安排融资时尽力争取项目所在国政府、中央银行、税务部门及其他相关部门的书面保证和支持；③与地区发展银行、世界银行或援助机构一同安排贷款，这种协调机制就可以减少项目所在国政府干预贷款人利益的风险；④同样地，在项目所在国或与其关系友好的国家寻找合作伙伴也可以降低项目融资中的政治风险。

(2) 法律风险管理

对项目发起人来说，在项目设计过程中就需要聘请法律顾问参与到具体的投资设计和融资设计中来，在系统、彻底地研究项目所在国的法律法规之后，在符合其法律要求的前提下进行项目的设计和融资。如果可能，最好得到项目所在国政府法律机构的认可。有时还需要针对可以预见的法律变动提前做足准备，以使项目顺利度过法律上的转变阶段。

项目的法律环境变化会给项目带来难以预料和估计的风险，为了有效避免此类风险，项目公司可以与项目所在国政府签署一系列的相互担保协议，双方在自己的权利范围内做成某种担保或者让步，以达到互惠互利的目的。这类协议就可以在一定程度上为项目公司和贷款银团提供法律上的保护。

在BOT融资模式中，项目公司更加需要与项目所在国政府签署开发协议，以保证项目公司在协议执行期间可以得到有效的服务、以合理的价格销售项目产品、享受一些特许权限，从而在更大程度上降低项目的法律风险。

此外，在项目融资中，项目投资者和有关参与方应该充分研究项目所在国的税法及相关法律，在法律允许的前提下充分利用项目的税务优惠、投资优惠，对具体项目的现金流量作出时间和税务上的不同安排，改善和增强项目的现金流量，从而在整体上改善项目的经济强度，降低项目融资风险。

(3) 金融风险管理

项目的金融风险主要是利率风险和汇率风险。根据项目所在国的货币是否为国际硬通货，利率和汇率的管理呈现出了不同的特点。

① 如果项目所在国的货币不是国际硬通货：对于利率风险的管理，投资者一般就只能采取一些经营管理手段和通过恰当有效的协议安排将风险分散给其他项目参与者共同承担。例如，投资者或者其融资顾问可以根据经济形势、政策，采用合适方法预测利率的变化，在此基础上通过对不同假设条件下项目现金流量的预测分析来确定项目的资金结构，利用提高股本资金在项目资金结构中的比例等方法来增加项目的抗风险能力，以避免在项目情况恶化时可能发生的风险。但此种方法是否有效就要取决于利率预测的准确性，但在复杂多变的现实中，想要准确预测利率走向往往非常困难，过高地估计风险因素、过多地增加股本资金投入可能会使项目投资者最终放弃项目的投资机会。

对于汇率风险的管理，其做法与利率风险管理大体一致，投资者也只能采取一些经营管理手段来降低汇率风险，其中最有效的方法就是从项目所在国的中央银行取得自由兑换硬通货的承诺协议。而一般情况下，各国对外商投资项目的货币兑换及收益汇出都有明确的法律规定，如在我国就有相关的法律保护外商合理收入的顺利汇出。

② 如果项目所在国的货币是国际硬通货：通过金融衍生工具就可以有效地对冲风险，可以细分为利率期权、利率掉期、利率期货、远期利率协议以及汇率期权和汇率掉期等。随着国际金融市场的发展，这些金融衍生工具也被逐步地引入项目产品和能源原材

料价格风险的管理中,为项目融资在不同类别项目中的广泛应用提供了便利条件。

在项目融资结构设计中,要根据项目的具体特点设计其融资的利率结构,充分利用利率管理工具可以有效降低利率风险。例如,对一些现金流量比较稳定、未来市场相对比较明确的 BOT 模式的融资项目,根据项目风险的预测状况可以采用利率互换、期权等工具将一般项目融资的浮动利率转换成固定利率,或者采用带有一系列逐步递增的利率上升的利率期权来降低项目融资的成本和风险;对于一些生产耐用消费品的项目和民用住宅开发项目,由于这些项目最终用户的消费能力与市场利率呈反方向变动,即利率上升会导致项目的销售收入下降进而引起融资成本的增加,同时利率上升也意味着收益减少,所以为避免在浮动利率贷款的融资安排下利率朝着不利方向发展时对项目现金流量产生的严重后果,就可以将利率期权和利率互换相结合,把项目的贷款结构设计成一种与项目收入呈反向变化的形式,即把普通的浮动利率贷款利息结构转变成一种特殊设计的浮动利率贷款利息结构,使融资成本与现金流量的运动保持一致,从而就可控制利率风险,加强对项目成本的预算和规划,降低项目风险,增加项目经济强度。

(二) 项目风险管理的过程

前文已经对项目融资存在的各种风险进行了系统的分类,并且分析了各种风险因素的变化对项目经济强度可能产生的影响,以及针对不同风险投资者和银行可以或者应该采用的应对方法和管理工具。单从项目投资和融资决策的角度来说,这样的风险识别、评价和管理就已经是完整的,但在现实环境中,针对某一具体项目,从项目的经营决策方面还必须进一步地考虑两方面的问题:一是如何在科学的基础上正确判断具体项目可能产生的风险并且预测风险在未来的发展趋势;二是在项目融资中,风险管理工具可以发挥怎样的作用以及如何发挥管理工具的最大作用。

根据这一思想,项目风险管理的完整而具体的步骤如下。

1. 正确地判断项目可能产生的风险

正确地判断项目可能产生的风险是项目风险管理决策的基础。项目的风险管理决策对于项目融资结构中的借贷双方都非常重要,直接关系到项目的成败与否。因而,作为项目风险管理决策的起点,判断项目可能产生的风险十分关键,其主要的步骤又可分为以下三步。

(1) 风险的识别和预测

风险的识别就是找出在项目融资活动中潜在的各种风险和可能发生的各种损失,风险的预测就是投资者对未来时间内最有可能发生的市场行为的判断。

现代经济活动的内容、范围和规模比以往任何时候都要丰富、广泛和宏大,国际、国内各种政治、经济和社会因素又是相互交织、相互影响的,在此大环境下,人们面对的风险种类、后果和影响要比过去繁杂很多。这就使得对于项目有关的风险变化趋势作出准确的判断及预测变得极为困难。但在项目融资管理中,对关键性风险要素进行预测分析又是项目融资可能成功的前提和基础,因此必须掌握科学有效的方法以解决该问题,一般包括以下三步:预测和掌握会影响某一风险要素的变化的多种相关要素;建立未来市场行为模型,即在不同的假设市场条件下尽量全面预测可能发生的情况;对预测结果进行主观判断和修正,参考可获得的最新资料和数据,使得预测结果可以比较准确地反映未来的市场变化趋势。

（2）风险的估量

风险的估量就是项目投资者对与项目有关的风险可能产生的有利和不利影响的程度和大小进行度量和评估。为此，项目投资者需要确定预测情况发生的概率大小以及其影响的严重程度。在此过程中需要注意的有几点：风险后果的相对性、风险后果的综合性和风险后果的时间性。

（3）风险预测误差的判断

任何一种风险管理工具的应用都是有成本的，这便要求投资者或其融资顾问对风险预测误差及其后果作出相应判断。投资者要充分认识到市场行为偏离预测结果会引起的风险及其带来的影响，并且判断自身是否准备或能够承受这种风险。此外，投资者也要将已经形成的风险预测与市场上同类别的风险预测加以对照比较，以验证自己预测的可靠程度。

2. 风险管理的实施

识别、预测和估量风险之后，需要综合分析各种风险应对手段，寻找和选择最优的风险应对方案，制订出具体详细的风险管理计划并付诸实施。风险管理的实施是风险管理过程的最后阶段，涉及面广且存在于项目融资的各个阶段，在项目融资中扮演着重要角色。

第三节　项目融资的基本结构

项目融资大体上是由四个基本模块组成的：项目的投资结构、项目的融资结构、项目的资金结构和项目的信用保障结构。

一、项目的投资结构

采用项目融资进行融资的一般都是资金需求量极大、风险程度高的项目，远超过单一投资者的投资、筹资和风险承受能力，因此该类项目的实际投资者一般都不止一个，这样就会产生项目的投资结构问题，而投资结构问题又是进行项目融资结构设计的一个重要方面和必要前提。项目融资中的项目的投资结构是指项目单位的组织结构，即项目实际投资者对项目资产权益的法律拥有形式和项目投资者之间的法律合作关系。项目投资结构对项目融资的组织和运行起着决定性作用，一个在法律上严谨、与项目特点高度契合的投资结构是项目融资得以实现的前提条件。

（一）项目投资结构设计

1. 概念

所谓投资结构设计，是指在项目所在国的法律、法规、会计、税务等外在客观因素的制约下，寻求一种能够最大限度地实现各个投资者目标的项目资产所有权结构。由于融资项目通常都会有两个以上的投资者，因此各方面的利益协调是进行投资结构设计时需要加以考虑的重要因素。而在项目融资的实践经验中，项目投资者在设计投资结构时所考虑的投资目标往往是一组复杂的综合目标集，既包括投资者对融资方式和资金来源等与融资直接有关的目标要求，又包括投资者对项目资产的拥有形式、对产品分配、项目现金流量控制、投资者本身公司资产负债比例控制等与融资间接有关的目标要求。

近年来，采用项目融资方式的项目结构出现的一个越发明显的趋势是项目由具有互利的目标、优势和资源的多个投资者组成的合资集团共同开发、拥有和控制。而投资者选择联合投资往往是从以下几点加以考虑的：共同投资从而共担风险；充分利用不同背景投资者之间具有的互补性效益；利用不同投资者的信誉等级吸引优惠的贷款条件；设计合理的投资结构，进而充分利用各合资国内的相关优惠政策。

2. 设计时所主要考虑的因素

项目结构设计是一个考虑多个目标、平衡各方得失的复杂过程，既要考虑不同投资者对项目风险隔离、现金流量控制等方面的要求，又要充分结合项目本身的特点及每个参与方的特点来进行，因此，往往需要经过反复的交流、修正、调整才可能形成为各参与方所接受的方案，使得项目投资结构的设计极为困难和复杂。项目融资结构设计的复杂性也决定了每一个融资项目的投资结构都有其特殊性，但还是有一些规律可循。通常在选择项目投资结构时要考虑以下一些主要的影响因素。

(1) 项目风险的分担和项目债务隔离程度的要求

实现融资的有限追索是采取项目融资的一个基本出发点，在项目投资结构设计时必须考虑如何根据项目各个参与方的特点和要求来实现项目风险的合理分配，同时要努力使项目的债务追索性质和强度符合项目投资者的要求。

例如，项目发起人如果只想承担间接的责任和风险，就会选择有限责任公司的投资结构；项目发起人如果愿意且有能力承担起更多的风险和责任以获得更大的投资回报的话，就很可能选择契约型的投资结构。

(2) 补充资本注入的灵活性要求

由于融资项目所需资金数额巨大、项目风险种类较多且风险程度高，同时融资项目的债务股本比例一般也较高，因此当项目遇到经营困难时，往往很难通过其他方式筹集资金，就只能通过补充资本的形式来满足资金需求，而融资项目要求注入补充资本金的可能性大小和数额多少往往取决于项目性质、项目投资等级以及项目经济强度等因素。实际中，如果项目要求注入补充资本的可能性较大，一般倾向于选择公司型投资结构；而若项目出现财务困难的概率较小，则就可能偏向选择契约型投资结构。

(3) 对税务优惠利用程度的要求

充分利用合理的项目税务结构来降低项目的投资成本和融资成本是国际投资活动的一个重要特点。不同的投资结构往往关系到投资者能否合理有效地利用融资项目的税务亏损进而提高投资的综合效益问题。因此，税务问题是在设计项目投资结构和融资结构时需要考虑的一个重要问题，同时它也是投资结构设计时所需考虑的最为复杂的问题之一。

例如，在有限责任公司投资结构中，项目公司是纳税主体，其应纳税收入或亏损以公司为单位计算，较难实现税务冲抵；而在契约性投资结构中，项目资产由不同投资者分别持有，项目的产品也由投资者直接拥有，销售收入直接归投资者所有，投资者可以自行决定其纳税收入问题，这就为冲抵税务亏损提供了可能性和灵活性。

(4) 财务处理方法的要求

项目的投资结构不同,财务处理方法往往也存在差异,主要体现在财务资料的公开程度和财务报表的账务处理方法两个方面。投资者要充分了解项目所在国的法律法规对不同投资结构的信息披露程度和账务处理方式的不同要求,充分协调各参与方的要求与意愿,选择合适的投资结构并且确定合理的投资比例。

(5) 产品分配形式和利润提取的难易程度

项目投资者参与项目的投资、开发、建设往往是以实现一定的经济目标为目的的,可能是直接的项目产品,也可能是分得的项目利润。项目特点和投资者自身的情况决定了项目产品的分配形式和利润提取方式。为满足不同投资者的要求,在投资结构设计时主要从下面两个方面加以考虑。

一是投资者不同背景的影响。不同的投资结构对利润的提取形式有不同的规定。在有限责任公司投资结构中,由项目公司统一对外销售、统一结算、统一纳税,在弥补项目经常性支出和资本性支出之后,将剩余利润在投资者之间分配;而在契约型结构中,项目产品直接分配给各投资者自己支配,投资者如果拥有较广泛的销售渠道和市场知名度,就很容易将产品变现从而顺利获得收入并赚取利润。所以从这个角度来说,大型跨国公司在参与项目融资时往往倾向于选择契约型结构,而中小型公司就会偏爱公司型投资结构。

二是投资项目的不同性质。例如,在资源开发项目中多数投资者愿意直接获得项目产品,因为这些产品往往是其后续工业的原材料,又或者是其特定客户或特定市场所必需的一些关键性资源,因而一般投资会以契约型投资结构从事项目的开发和建设;而在基础设施项目投资中,多数投资者只是为了开拓公司的业务活动领域,增加公司利润,对项目产品的直接拥有并不十分关注,因此通常以公司型投资结构为主要形式。

(6) 融资的便利性要求

项目投资结构不同意味着项目资产不同的法律拥有形式,投资者在进行融资时所需提供的抵押担保条件也会不同,因此投资结构将直接影响项目融资活动的便利性。一般而言,公司型投资结构可以以较为便利的条件融得所需资金。

(7) 资产转让的灵活性要求

投资者在一个项目中的投资权益能否转让、转让程度以及转让成本是评价一个投资结构有效性的一个重要因素,投资结构在这一方面的不同不仅会直接影响投资者的投资决策,也将对项目的融资安排产生非常重要的影响。而从贷款银行的角度来看,通常需要投资者提供抵押的资产或权益是可以方便转让的,这样即便借款人违约,贷款银行也可以通过出售抵押资产或权益的方式抵消贷款本息,减少贷款的违约风险。所以,从这个角度,公司型投资结构比契约型结构更受贷款银行的欢迎。公司型投资结构中一旦项目公司违约,贷款银行就可以很方便地在公开市场上抛售用作抵押的项目资产或股份以弥补贷款本息;而在契约型结构或者合伙制结构中,项目资产或权益的出售有经过所有投资者的一致同意等限制,不仅转让程序复杂,而且转让成本也很高,因此,贷款银行为契约型投资结构时会尤为谨慎。

(8) 项目管理的决策方式与程序

项目管理的决策方式与程序的关键是在充分保护少数投资者权益的基础之上建立一

个有效的决策机制。决策方式与程序问题需要确立不同投资者在投资结构的不同层次中拥有的管理权和决策权，以及这些权利的性质和实际参与管理的形式及程度。在生产管理方面，任何一种合资结构一般都会任命其中一个主要投资者（该投资者应具备项目管理的生产技术能力）或者一个独立的项目管理公司作为项目经理，负责项目日常生产经营工作，其他的投资者则只参与不同层次的管理委员会或者董事会，拥有对重大问题的决策权。在市场管理和财务管理方面，具体管理权的归属与投资结构有更直接的联系。例如，在非公司型合资结构中，财务管理和产品销售的控制权分别掌握在各个投资者手中，基本上不存在集中统一的决策问题；然而对于公司型投资结构而言，财务管理和产品销售的控制权都掌握在项目公司手中。

此外，不论采用何种投资结构，投资各方都需要通过合资协议，按照各种决策问题的重要程度序列将决策程序准确规定下来，以避免出现不必要的纠纷影响项目的正常建设和运营。

以上只是简单讨论了在设计项目投资结构时必须考虑的一些基本因素，而在现实中具体设计一个项目的投资结构时所需考虑的必然会远远超过以上的范围，而且会更加复杂，就会需要项目投资者及其融资顾问付出巨大的心血。

（二）项目投资结构的主要形式

1. 公司型合资结构

公司型合资结构的基础是有限责任公司，它是目前世界上最简单有效却又历史悠久、使用广泛的一种投资结构。此种投资结构是一个按照公司法成立的与投资者完全分离的独立法律实体，即公司法人。作为一个独立的法人，公司拥有一切公司资产以及处置资产的权利，公司股东既没有直接的法律权益，也没有直接的受益人权益——合作方共同组成有限责任公司，共同经营、共负盈亏、共担风险，并按照股份份额分配利润；公司承担一切有关的债权债务，在法律上具有起诉权也有被起诉的可能，并且除了公司被解散的情况之外，公司对这些资产和权益具有永久性继承权而不受其股东变化的影响；投资者通过持股拥有公司，并通过选举任命董事会成员对公司的日常运作进行管理。

（1）公司型合资结构的优点

① 公司股东承担有限责任。项目公司对偿还债务承担直接责任，而项目投资者除了为项目债务提供的担保外不承担任何债务责任，这意味着投资者有限追索融资的实现。

② 融资安排和投资转让都比较容易。公司型合资结构便于贷款银行取得项目资产的抵押权和担保权，也便于贷款银行对于项目现金流量的控制，可以降低违约风险所引起的损失；公司型合资结构易于被资本市场接受，条件成熟时可以直接进入资本市场通过股票上市或发行债券的方式筹集资金，也较为容易引进新的投资者。

③ 股东关系清晰明确。公司法中对股东之间的关系有明确的规定，其中最重要的一点是股东之间不存在任何的信托、担保和连带责任。

④ 便于安排成非公司负债型融资结构。

（2）公司型合资结构的缺点

① 投资者对项目的现金流量缺乏直接的控制。任何一个投资者都无法直接控制项目的现金流量，这对于希望利用项目现金流量来安排融资的投资者来说十分不利。

② 项目的税务灵活性差。项目公司是纳税主体，其应纳税收入或亏损以公司为单位计算，不能利用项目公司的亏损去冲抵投资者其他项目的利润，无法利用税务亏损增加项目的综合投资效益。

③ 可能存在双重纳税。项目公司有盈利时要缴纳公司所得税，项目投资者取得的股东红利可能还要缴纳公司所得税或者个人所得税。

(3) 公司型合资结构的变通

为了克服公司型合资结构的缺陷，国外许多公司在法律许可的范围内都尽量对其基本结构进行改造，创造出了多种复杂的公司结构，争取尽快尽早地利用项目的税务亏损或优惠提高项目的综合经济效益。其中一种典型的做法是在合资公司中做出某种安排，使得其中一个或几个投资者可以吸收项目投资前期的税务亏损或优惠，并将因为吸收税务亏损或优惠所获得的部分利润以某种形式与其他投资者分享。

2. 合伙制结构

合伙制结构是由两个以上合伙人以获取利润为目的共同从事某项投资活动而建立起来的一种法律关系。合伙制结构不是一个独立的法律实体，其合作人可以是自然人，也可以是法人。它只是通过合伙人之间的法律合约成立，没有法定的形式，一般也不需要在政府注册，这一点与成立一个公司有着本质的不同。当然，在很多国家都有完善的法律来规范合伙制结构的组成及其行为。在实际运作中，合伙制结构有两种基本形式：普通合伙制和有限合伙制。

(1) 普通合伙制

普通合伙制是所有的合伙人对于合伙制的经营、债务以及其他经济责任和民事责任负有连带的无限责任的一种合伙制。普通合伙制结构中的投资者被称为普通合伙人，以合伙的形式共同拥有资产，进行生产经营，并且以合伙制结构的名义共同安排融资。一般被用来组成一些专业化的工作组合，例如会计师事务所、律师事务所以及作为一些小型项目开发的投资结构，而很少会用于大型项目。

普通合伙制的优点突出表现在税务的灵活安排方面，因为合伙制结构不是纳税主体，合伙制结构中的收益或亏损可以与合伙人的其他收入进行税务合并，从而使得合伙人可以较为灵活地作出自己的税务安排。

但普通合伙制也存在一些明显的缺点：融资安排比较复杂，在安排融资时需要每一个合伙人都同意将项目中属于自己的一部分资产权益拿出来作为抵押，并共同承担融资安排中的责任和风险；每个合伙人都有约束合伙制的能力，为合伙制的管理带来诸多复杂的难题；合伙人承担无限责任，在合伙制解散时，合伙人给予合伙制的贷款要在所有外部债权人收回债务之后才能收回。

(2) 有限合伙制

有限合伙制结构是在普通合伙制结构基础之上发展起来的一种合伙制结构，包括至少一个普通合伙人和至少一个有限合伙人。普通合伙人负责合伙制项目的组织、经营和管理工作，并承担对合伙制结构债务的无限责任；而有限合伙人不能参与项目的日常经营管理，对合伙制结构的债务责任也被限制在已投入和承诺投入合伙制项目中的资本数量。

有限合伙制结构是通过普通合伙协议和有限合伙协议组织起来的，在两类合伙协议中分别对普通合伙人和有限合伙人的资本投入、项目管理、风险分担、利润及亏损的分配比例和原则等方面做出了具体规定。

有限合伙制具备普通合伙制在税务安排上的优点，一定程度上又避免了普通合伙制的责任连带问题，是项目融资中经常使用的一种投资结构。在使用有限合伙制作为投资结构的项目中，普通合伙人一般是在该项目领域具有技术管理特长并且准备利用这些特长从事项目开发的公司。由于资金、风险、投资成本等多种因素的考虑，普通合伙人愿意组织一个有限合伙制的投资结构，以吸引对项目的税务、现金流量和承担风险程度有不同要求的较广泛的投资者参加到项目中，共同分担项目的投资风险、分享项目的投资利润；有限合伙人可以利用项目前期亏损和投资优惠获得税务上的好处，并可以借助参与有限合伙制项目进入某个赢利前景较好而自身不具备技术和管理能力的投资领域。

现实中比较经常使用有限合伙制作为投资结构的项目有两大类型：一类是资本密集、回收期长但风险相对较低的公用设施和基础设施项目，如电站、公路等，在这类项目中，有限合伙人可以充分利用项目前期的税务亏损和投资优惠冲抵其他的收入，提前回收一部分投资资金；另一类则是投资风险大、税务优惠大，同时又具有良好勘探前景的资源类地质勘探项目，如石油、天然气和一些矿产资源的开发项目，此类项目通常由项目的主要发起人作为普通合伙人，邀请其他投资者作为有限合伙人为项目提供前期勘探的高风险资金，而普通合伙人则承担全部或者大部分项目建设开发的投资费用以及项目勘探、建设和生产阶段的管理工作。

总的来说，合伙制结构在法律上比公司型结构复杂，有关的法律在不同国家也有较大差距。在使用有限合伙制作为项目投资结构时，尤其要注意项目所在国对有限合伙制结构的税务规定和对有限合伙人的定义，防止由于结构设计考虑不周而可能出现的两种极端情况：一是如果结构安排不当，有限合伙制有可能被作为公司结构处理，失去了采用合伙制结构的意义；二是如果对“参与管理”的界定不够清楚，有限合伙人就可能被认为“参与管理”而变成普通合伙人，从而增加了有限合伙人在项目中的风险。

3. 非公司型合资结构

非公司型合资结构又称为契约型合资结构，是项目发起人为实现共同目的而根据合作经营协议结合在一起的一种投资结构，是一种大量使用并且被广泛接受的投资结构。其在项目融资中的应用领域主要集中在采矿、能源开发、初级矿产加工、石油化工、钢铁、有色金属等行业。从严格的法律意义上来说，这种投资结构不是一种法律实体，只是投资者之间建立起的一种契约性质的合作关系。

（1）非公司型合资结构的主要特征

① 以每一个投资者之间的合资协议为基础建立起来。

② 每一个投资者直接拥有全部项目资产的一个不可分割的部分。

③ 根据项目的投资计划，每一个投资者需要投入相应比例的资金，同时直接拥有并有权处置根据其投资比例确定的项目最终产品。

④ 投资者只承担与其投资比例相应的责任，不存在任何的连带责任或共同责任。

⑤ 由投资者代表组成的项目管理委员会是非公司型合资结构的最高决策机构，负责一切重大问题的决策。

⑥ 项目的日常管理由项目管理委员会选定的项目经理负责，项目经理可以由其中的一个投资者担任，也可以选择一个独立的项目管理公司。

⑦ 非公司型合资结构中的投资者之间是一种合作性质关系而不是合伙性质的关系，两者的区别体现在项目资产的拥有形式、项目的经营管理模式以及投资者目的等方面。

⑧ 项目经营所需的资金由各个投资者分别出资开立的一个共同账户所支持的"资金支付系统"机制来提供。

直观看来，非公司型合资结构与合伙制结构有一定的相似之处，但实质上，两者有着本质的区别：非公司型合资结构不是以获取利润为目的而建立起来的，合资协议规定每一个投资者从合资项目中获得的是相应份额的产品而不是相应份额的利润；非公司型合资结构中，投资者不是共同从事某一项商业活动，合资协议规定每一个投资者都有权独立做出其相应投资比例的项目投资、原材料供应、产品处置等重大商业决策。从财务角度观察，一个合资项目是合作生产产品还是合作生产收入是区分非公司型合资结构与其他投资结构的基本出发点。从这些方面可以看出，非公司型合资结构更加适合作为某些产品"可分割"的项目的投资结构。

(2) 非公司型合资结构的优点

非公司型合资结构具有以下几项优点。

① 投资者在合作结构中只承担有限责任，且在合资协议中已被明确规定，除特殊情况外，这些责任将被限制在投资者相应的投资比例之内，投资者之间没有任何的连带责任或共同责任。

② 税务安排灵活。合资结构不是法人实体，项目本身不必缴纳所得税，其经营业绩可以完全合并到各个投资者自身的财务报表中去，且其税务安排也是由每一个投资者独立完成，这就为经营业绩较好的投资者利用项目建设期的经营亏损冲抵公司所得税提供了可能，从而可以降低项目的综合投资成本。

③ 融资安排灵活。项目投资者在非公司型合资结构中直接拥有项目的资产、直接掌握项目的产品、直接控制项目的现金流量，并且可以独立设计项目的税务结构，这些特点为投资者提供了一个相对独立的融资活动空间，每一个投资者都可以按照自身的发展战略和财务状况安排项目的融资。

④ 投资结构设计灵活。截止至今，大多数国家还没有制定专门的法律法规来规范非公司型合资结构的组成和行为，这为投资者提供了较大的灵活空间，可以按照投资战略、财务、融资、产品分配和现金流量控制等方面的要求设计项目的投资结构和合资协议。

(3) 非公司型合资结构的缺点

① 结构设计存在一定的不确定性因素。非公司型合资结构在一些方面的特点同合伙制结构较为类似，因此在结构设计上要防止合资结构被认为是合伙制结构而不是非公司型合资结构。

② 投资转让程序复杂，交易成本较高。非公司型合资结构中的投资转让是投资者在项目中直接拥有的资产和合约权益的转让，与其他形式的资产相比，其程序比较复杂，与此相关联的费用也比较高，对直接拥有资产的精确定义也相对比较复杂。

③ 管理程序比较复杂。由于缺乏现成的法律规范非公司型合资结构的行为，参与该种结构的投资者的权益基本上依赖于合资协议加以保护，因而必须在合资协议中对所有的决策和管理程序按照问题的重要性清楚地加以规定。对于投资比例较小的投资者，更加要注意保护其在合资结构中的利益和权力，要保证这些投资者在重大问题上的发言权和决策权。

4. 信托基金结构

信托基金作为一种投资形式，在英美法等发达国家中的应用比较普遍，而在我国应用较少。严格地说来，信托基金结构是一种投资基金的管理结构，在投资方式中属于间接投资形式。

(1) 信托基金结构的基本构成

信托基金结构在形式上与公司型结构相似，是将信托基金划分为类似于公司股票的信托单位，通过发行信托单位来筹集资金。一个信托基金的建立和运作需要包括以下内容。

① 信托契约。信托契约与公司的股东协议类似，是规定和规范信托单位持有人、信托基金受托管理人和基金经理之间法律关系的基本协议。

② 信托单位持有人。信托单位持有人类似于公司股东，是信托基金资产和其经营活动的所有者。理论上，信托单位持有人不参加信托基金以及信托基金所投资项目的管理。

③ 信托基金受托管理人。信托基金受托管理人代表信托单位持有人持有信托基金结构的一切资产和权益，代表信托基金签署任何法律合同。受托管理人由信托单位持有人根据信托契约任命并对其负责，主要作用是保护信托单位持有人在信托基金中的资产和权益不受损害，并负责控制和管理信托单位的发行和注册，以及监督信托基金经理的工作。除非信托基金经理的工作与信托单位持有人的利益发生冲突，受托管理人一般不介入日常的基金管理。

④ 信托基金经理。信托基金经理由受托管理人任命，负责信托基金及其投资项目的日常经营管理，一些国家规定受托管理人和信托基金经理必须由两个完全独立的机构担任。

(2) 信托基金结构的特点

① 信托基金通过信托契约而建立起来，这与根据国家有关法律组建的有限责任公司是有区别的。组建信托基金必须要有信托资产，这种资产既可以是动产，也可以是不动产。

② 信托基金不能作为一个独立法人而在法律上具有起诉权和被起诉的责任，而是由受托管理人承担相应的权利和责任。

③ 信托基金的受托管理人作为信托基金的法定代表，其所代表的责任与其个人责任是不能分割的。

④ 信托基金结构中，受托管理人只是受信托单位持有人的委托持有资产，信托单位持有人对信托基金资产按比例拥有直接的法律和受益人权益，在任何时候，每一个信托单位的价值等于信托基金净资产除以信托单位总数。

(3) 信托基金结构的优缺点

在项目融资中，信托基金结构主要是作为一种被动的投资形式(即信托基金的持有者不作为项目的主要管理者)加以应用，或者是为了实现投资者的特殊融资要求而采用的一种措施。这种结构的一个显著特点是易于解散，在不需要的时候可以很容易地将信托基金中的一切资产变现返还给信托单位持有人，当投资者在开发或收购一个项目时，若不愿意将新项目的融资安排反映在公司的财务报表中，而且希望新项目的投资结构只是作为一种临时性的安排，信托基金结构就是一种能够达到双重目的的投资结构选择。同时，信托基金结构也是将大型复杂收购活动及融资安排与原有公司业务区分开的一种有效方法。

信托基金结构的优点：信托单位持有人只承担有限责任，受托管理人需要承担信托基金结构的全部债务责任且有权要求以信托基金的资产作为补偿；融资安排比较容易，信托基金结构可为贷款银行提供一个完整的项目资产权益来安排融资，且它易于被资本市场接受，在必要时可以通过信托单位上市等手段筹集资金；项目现金流量的控制相对比较容易。

信托基金结构的缺点：税务结构灵活性差；投资结构比较复杂，除了投资者即信托单位持有人和管理公司之外还有受托管理人，需要有专门的法律协议来规定各个方面在决策中的作用和对项目的控制方法，而且很多投资者都不熟悉这种结构。

以上对项目融资中的一些主要投资结构进行了简要介绍，但现实中的投资结构要复杂得多。能否选择恰当有效的投资结构往往直接关系到项目融资安排的成败，投资结构会对项目融资安排产生巨大影响。

一是对项目现金流量的控制。由于在项目融资中项目的现金流量是贷款偿还的主要来源，所以贷款银行要求对项目的资金使用在某种程度上加以控制，这种控制包括在融资期间贷款资金的使用需要得到银行的批准，项目的经营收入必须进入指定的专门银行账户，并且在融资协议中详细规定出该账户资金的用途、适用范围、使用手续以及使用的优先序列。

二是对项目决策程序的控制。在项目融资中贷款银行通常要求在一定程度上介入项目的管理，对投资者在项目中的决策加以控制。贷款银行关心的问题主要是涉及资金方面的决策，如年度资本预算和生产预算、项目建设规划、项目减产停产等，目的在于保证被融资项目不会做出任何有损于贷款银行利益的决定。

三是对项目资产处置权的控制。作为贷款银行，在项目融资中通常要求限制借款人处置项目资产的权力，防止出现任何未经贷款银行同意的资产处置。贷款银行的控制权一般表现为以单项资产金额作为衡量标准，任何超过金额标准的资产处置都必须经过贷款银行的批准。

二、项目的融资结构

在初步确定了项目的投资结构并在此基础上充分论证了项目的投资可行性和融资可行性之后，项目的直接投资者和主办人必须结合项目的特点以及对项目风险处理的要求，考虑项目债务资金的来源及可能取得债务资金的方式，即项目融资模式问题。

项目融资模式也就是项目法人取得债务资金的具体形式，它是项目融资整体结构组成的核心部分。项目融资模式的设计需要与项目投资结构的设计同步考虑，并在项目投资结构确定下来以后进一步细化、修正以完成融资模式的设计工作。

（一）融资模式设计的原则

项目在行业性质、投资结构等方面的差异以及投资者对项目的信用支持、融资战略等方面的不同考虑，使得从严格意义上看，国际上很少有两个项目的融资模式是完全一样的。但不论一个项目的融资模式如何复杂，也还是会包含一些共性的东西，这就是在设计项目融资模式时必须遵循的一些基本原则。

1. 争取适当条件下的有限追索融资

如何实现融资对项目投资者的有限追索往往是设计项目融资模式的一个最基本的原则，这主要是因为融资项目的投资额度和风险性都远远超过投资者的承受能力。一个项目债务资金的追索形式和程度一般取决于贷款银行对项目风险的评价以及项目融资结构的设计。

从投资者角度来看，由于融资项目风险较大，在设计融资模式时就会考虑尽量降低融资对项目投资者的追索责任。而通常情况下，贷款银行在确定对项目投资者的追索责任时又会从三个方面加以考虑：项目的经济强度在正常情况下是否足以支持融资的债务偿还；项目融资是否能够找到强有力的来自投资者以外的信用支持；对于融资结构的设计能否做出恰当的技术性处理，提供必要的担保等。

2. 合理分担项目风险

项目投资者往往无力承受融资项目的巨大风险，因而实现项目风险的合理分配是项目投资者选择项目融资的方式和进行项目投融资设计时必须要考虑的一个重要目标，而实现这一目标的关键是如何在投资者、贷款银行以及其他与项目利用有关的第三方之间有效地划分项目的风险。

正如前面所述，项目在不同阶段的风险有可能通过合理的融资结构设计加以分散。例如，项目建设期间和试生产期间的风险将由项目直接投资者和项目的工程承包公司全部承担；项目建成之后，项目直接投资者所要承担的责任就可以被限制在一定范围之内，除了和对项目产品有关的第三方一起承担项目的市场风险之外，贷款银行也会愿意承担一部分的经营风险，如可能出现的国际市场产品价格过低而导致的现金流量不足问题，以及项目产品购买者无力继续执行产品销售协议而引起的项目市场销售问题。

要注意的是，项目风险的分担在融资项目的投资结构设计和融资结构设计中都要加以考虑。例如，在投资结构确定为合资结构的项目中，主要投资者若能引入一些小股东以保证项目的产品市场，就可以很好地分散项目风险；而在融资结构设计中，项目主体的确定将直接关系到项目风险的承担主体以及所承担风险的大小，针对项目特点所设计的各类融资模式，其本身就是一种处理项目风险的方式。

以上两条原则是项目融资结构设计时需要考虑的最主要的原则，除此之外，投资者还会遇到一些需要解决的共性问题。

3. 最大限度地降低投资成本和融资成本

由于法律法规和贷款银行都会要求投资者注入一定比例的股本资金，因而如何使发起人以最少的资金投入获得对项目最大限度的控制和占有也是设计项目融资模式时必须加以考虑的问题。要在法律允许的范围内，在贷款银行同意的前提下，充分利用股本资金投入方式的灵活性以及税务亏损的结转问题，尽量减少实际的股本资金投入数额。

一般来说，项目融资所涉及的投资数额大、资本密集程度高、运作周期长，所以如何降低融资成本也成为在项目融资结构的设计和实施过程中需要考虑的一个重要问题。项目融资成本包括项目固定融资成本（资金筹集费用）和变动融资成本（资金占用费用），而在实际的融资结构设计时主要考虑的是如何选取恰当的融资模式以降低资金占用成本，如利息支付等。概括而言，可以从下面三个方面入手：完善项目投资结构设计，增强项目经济强度，降低项目风险尤其是贷款银行所需承受的风险从而降低债务资金成本；合理选择融资渠道，优化资金结构和融资渠道配置，降低项目的综合资本成本；充分利用各种税收优惠，如加速折旧、税务亏损结转、利息冲抵所得税、减免预提税、费用抵税等，从而降低融资成本或提高投资回报。甚至有的融资模式就是为了充分吸收税务亏损而设计的，如杠杆租赁融资模式。

4. 处理好融资与市场安排之间的关系

项目融资中的市场安排涉及投资者和贷款银行两方面的利益：长期的市场安排是实现有限追索项目融资的一个信用保证基础，而从投资项目中获取产品是很大一部分投资者从事投资活动的主要动机。这就造成了一种比较矛盾的局面，如果高于合理的市场价格，就意味着投资者全部或部分地失去了项目投资的意义；而低于合理市场价格的市场安排又会使贷款银行承受过大风险。自然地，能否确定和如何确定投资者获取项目产品的价格和支付方式就成了借贷双方谈判时的焦点问题。

在国家融资多年的发展中积累了大量处理融资与市场关系的经验，其中除了"无论提货与否均需付款"和"提货与付款"合同之外，"产品支付"等融资模式也是针对这一问题而设计出来的。

5. 争取实现资产负债表外融资

实现非公司负债型融资即资产负债表外融资，是一些投资者选用项目融资方式筹集资金的主要原因之一。通过项目投资结构的设计，在一定程度上可以做到不将所投资项目的资产负债与投资者本身的资产负债表合并，但通常情况下这种安排只对共同安排融资的合资项目中的某一个投资者而言有效。如果投资者单独安排融资，如何实现投资者的非公司负债型融资的要求就是在项目融资模式设计时需要考虑的问题。为实现这一目标，往往需要在项目所在国法律法规的约束之下，经过复杂的设计、反复的考量，选择较为灵活的变通方式才可以实现。

6. 实现融资结构最优化

所谓融资结构，是指融通资金的诸多组成要素，如资金来源、融资方式、融资期限、利率等的组合和构成。为优化融资结构，需要掌握的原则为：以融资需要的资金成本和筹资效率为标准，力求融资组成要素的合理化和多元化。具体说来，就是要实现融资方式和种类结构的优化、融资成本的优化以及融资期限结构的优化。在为项目筹集资金时不能过度依赖某一种筹资方式或某几个筹资渠道，而要尽可能地采取多元化、分散化的筹资方式，增强筹资转换能力、降低风险。

（二）项目融资模式的结构特征

虽然各个项目由于在建设时间、地理位置、项目性质、投资者状况及其目标要求等方面的诸多差异而带有自己鲜明的特点，但总的来说，融资模式在以下三个方面都存在着基本的结构特征。

1. 贷款提供方式

(1) 贷款方为借款方提供有限追索权或者无追索权的贷款，该贷款的偿还要依靠项目的现金流量。

(2) 通过"远期购买协议"或"产品支付协议"，由贷款方预先支付一定的资金来"购买"项目的产品或一定的资源储量(最终转化为销售收入)。项目融资中的贷款方一般都是选择以上两种方式中的一种来为项目提供资金。

2. 信用保证结构

不论采用何种融资模式，最重要的环节都是要建立起结构严谨的担保体系。担保体系的构造一般具有以下特征。

(1) 贷款银行要求对项目的资产(对于资源性项目，还要包括所有的资源储量或者开采权)拥有第一抵押权，对项目现金流量具有有效控制权。

(2) 一般要求项目投资者也即借款人将其与项目有关的一切契约性权益转让给贷款银行。

(3) 要求项目投资者成立一个单一业务的实体，即把项目的经营活动尽量与投资者的其他业务分隔开，除了项目融资安排外，还限制该实体筹措其他债务资金。

(4) 在项目的开发建设阶段，要求项目发起人或者项目工程公司提供完工担保以保证项目按商业标准完工。

(5) 在项目经营阶段，要求项目提供类似"无论提货与否均需付款"或者"提货付款"性质的市场销售安排，以保证项目可以产生稳定的现金流量。

3. 贷款发放方面

一般融资项目可以被分成两个明显的阶段：建设开发阶段和生产经营阶段，而贷款协议往往对这两个阶段的贷款发放和追索权做出不同的规定：在项目建设开发阶段，贷款多是完全追索性的，因为这一阶段中贷款银行承受的风险会随着项目的建设、资金的投入而不断增加，直至达到商业完工标准之后，项目正式进入生产经营阶段，开始有了现金流入才可以开始偿还贷款。在生产经营阶段中，贷款有可能被安排成有限追索或者无追索性质的，以项目产品销售收入和项目其他收入作为担保，而贷款本息的偿还速度通常也和项目的预期产量、销售收入和其他应收款成一定比例。

（三）几种典型的融资结构模型

1. 以融资主体划分的融资模式

在考虑项目取得项目资金的具体形式时，首先遇到的问题就是由谁作为融资主体去进行融资。融资主体的确定往往与项目投资结构的设计有着密切关系。无论投资结构如何，投资者都会在融资准备和融资谈判中发挥重要作用，但由于在不同的投资结构下项目实体是否具有法人资格存在差异，最后与贷款银行签订贷款协议的融资主体也就有所不同。

(1) 由投资者直接安排项目融资模式

由项目投资者直接安排项目的融资并且直接承担项目中相应的责任和义务，可以说是结构上最为简单的一种项目融资模式。它适用于投资者本身财务结构不是很复杂的情况，比较有利于投资者税务结构方面的安排，而且对于那些资信状况良好的投资者来说，直接安排融资意味着较低成本的贷款。但在这种模式中需要注意两个问题：一个是如何限制贷款银行对投资者的追索权利，因为由投资者直接安排并承担贷款的债务责任的情况在法律结构中比较难实现有限追索；另一个问题是项目贷款会很难安排成非公司负债型融资。

投资者直接安排项目融资的优点：投资者可以根据战略需要灵活安排融资结构，灵活选择融资结构及融资方式、灵活安排债务比例、灵活运用投资者在商业社会上的信誉；投资者可以直接拥有项目资产从而控制项目现金流量，可以充分利用项目的税务亏损降低融资成本；融资可在有限追索的基础上加以安排，在项目的不同阶段灵活安排追索的程度和范围。

投资者直接安排项目融资的缺点：有效追索较难实现；安排融资时需要划清投资者在项目中所承担的融资责任和其他业务之间的界限，而这点在操作上极为复杂；较难安排成非公司负债型融资。

(2) 投资者通过项目公司来安排项目投资模式

为减少投资者在项目中的直接风险，在非公司型合资结构、合伙制结构甚至公司型合资结构中，项目的投资者经常会建立一个单一目的项目公司作为投资载体，以该项目公司的名义与其他投资者组成合资结构以安排融资。其特点是项目公司将代表投资者承担项目中全部或者主要的项目责任，但是需要投资者提供一定的信用支持和担保。

优点：项目公司统一负责项目的建设、生产、市场，并且可以整体地使用项目资产和现金流量作为融资的抵押和信用保证，在概念上和融资结构上较易于被贷款银行接受，法律结构相对比较简单；项目投资者通过间接的信用保证行使支持项目的融资，投资者的债务在质和量的概念上都比直接融资模式的债务清楚，比较容易实现有限追索的项目融资和非公司负债型融资的目标和要求；充分利用大股东在管理、技术、市场和资信等方面的优势条件且可以有效避免投资者在融资方面的相互竞争；项目资产的所有权集中在项目公司，便于管理；管理方式的选择也比较灵活，项目公司可以直接运作项目，也可以只在法律上拥有项目，而将项目委托给专业的管理公司。

缺点：缺乏灵活性，很难满足不同投资者对融资的不同要求，主要表现为在税务安排和债务选择形式两个方面缺乏灵活性。因为项目的税务亏损或优惠只能保留在项目公司中应用以及投资者缺乏对现金流量的直接控制，各个投资者难以单独选择债务形式。

2. 以特殊协议为基础的项目融资模式

在项目融资中，最简单也是最经典的融资形式是在项目的现金流量分析和投资结构、资本结构、信用担保结构等方面的设计基础上，贷款银行对项目的现金流量和风险分配情况进行充分的论证并考虑是否为项目提供债务资金。一旦银行同意提供债务资金且已经通过谈判确立了融资关系，那么贷款银行按照协议向项目提供债务资金用以进行项目建设，待项目进入运营期后，以项目的现金流量来偿还银行贷款的本金和利息。然而，由于一些项目的特殊性，项目融资可能会在借贷行为方面出现一些不同之处或者某些特殊的合同安排会成为融资成功的关键。下面介绍几个以特殊信用或者特殊的借贷行为为基础的项目融资模式。

(1) 以"产品支付"为基础的项目融资

产品支付是项目融资的早期形式之一，起源于20世纪50年代美国的石油天然气项目的融资实践。以产品支付为基础组织起来的项目融资有自己的独特之处，主要表现在信用保证结构上。

"产品支付"法是在石油、天然气和矿产等项目融资中被证明和接受的无追索权或有限追索权的融资方法，它完全以产品和产品销售收益的所有权作为担保品而不是采用转让或者抵押方式进行融资。它的不同之处是针对贷款的还款方式而言的，借款方在项目投产之后不以项目产品的销售收入来偿还债务而是直接以项目产品来还本付息。在贷款得到偿还之前，贷款方拥有项目部分或者全部的所有权。但要注意的是，在绝大多数情况下，产品支付只是产权的一种转移，而非产品本身的转移。通常情况下，贷款方要求项目公司重新购回属于它们的产品或者充当代理人去销售这些产品，无论采用哪种方式，贷款方都不需要接受实际的项目产品。

大体上来说，产品支付融资适用于那些资源储量已经探明，并且项目生产的现金流量能够比较准确地计算出来的项目。

① 产品支付融资在具体操作上的特征可以概括如下。

- 独特的信用保证。这种融资方式建立在贷款银行购买某一特定矿产资源储量的全部或者部分未来销售收入的权益的基础之上，由这部分产量的收益作为项目融资的主要偿债资金来源，也即产品支付是通过直接拥有项目的产品而不是通过抵押或权益转让的方式来实现融资的信用保证。
- 贷款银行的融资容易被安排成为无追索权或有限追索的形式。产品支付融资可以融得的资金数量取决于产品支付所购买的那一部分资源储量的预期收益在一定利率条件下贴现得到的资产现值，因而贷款的偿还来源十分可靠，可以从融资的一开始就将其安排成无追索或有限追索的形式。
- 产品支付的融资期限一般短于项目预期的经济生产期，且贷款银行一般只为项目的建设和资本费用提供融资，并不会承担项目生产费用的融资，同时还会要求项目发起人提供最低生产量、最低产品质量等方面的担保。
- 在产品支付融资模式中，通常会成立一个融资中介机构，即所谓的专设公司，用以专门负责从项目公司中购买一定比例的项目生产量。这样做的原因在于：贷款人所在国家的法律禁止银行参与非银行性质的商业交易或者在由多家银行为项目提供贷款时，希望由一家专设公司负责统一管理。

② 产品支付融资模式的操作过程也可以归纳为以下几步。

- 由贷款银行或者项目投资者建立一个"融资中介机构"，从项目公司购买一定比例的项目资源的生产量，如天然气、石油、矿藏储量等，作为融资的基础和开始。这个中介机构一般是由信托基金结构组成。

- 贷款银行为融资中介机构安排用以购买这部分项目生产量的资金，融资中介机构再根据生产协议将资金注入项目公司作为项目的建设和资本投资资金；作为产品支付协议的一个组成部分，项目公司承诺按照一定的标准，如购买价格加利息，安排产品支付；同时还要以项目的固定组成抵押和完工担保作为项目融资的信用保证。
- 项目公司从专设公司获得的购货款成为项目的建设和资本投资资金，进行项目的开发建设。
- 在项目进入生产期后，根据销售协议，项目公司作为融资中介机构的代理销售产品，再将销售收入直接打入融资中介机构作为偿还债务的来源。

当然，在此种模式中也可以不专门设立融资中介机构而直接安排融资，但若如此，融资的信用保障结构就会变得比较复杂，不利于项目的正常开展。另一方面，利用中介机构还可以帮助贷款银行将一些由于直接拥有资源或者产品而引起的责任和义务，例如将环境保护方面的责任和义务，限制在中介机构里。

阅读材料 9-3

“产品支付”的另一种形式——生产贷款

产品支付项目融资的另一种可供选择的方式表现为生产贷款，其广泛应用领域是在矿产资源的资金安排中。在形式上，生产贷款与项目融资中使用的其他贷款没有很大的区别，因而有时可以更灵活地安排成提供给项目投资者的银行信用额度，投资者可以根据项目资金的实际需求在额度范围内安排提款和还款。生产贷款的资金数额是根据项目资源储量的价值计算出来的，通常表现为项目资源价值的一个预先确定的百分数，并以项目资源的开采收入作为偿还贷款的首要来源。

生产贷款的主要特点体现在两个方面：①债务偿还安排上的灵活性。生产贷款可以根据项目预期的生产水平来设计融资的还款计划以适应项目经营在现金流量上的要求，因而也可以认为生产贷款是一种根据项目在融资期间的债务偿还能力而设计的有限追索融资；②设计贷款协议上的灵活性。在生产贷款协议中，可以把债务偿还计划确定在一个具有上下限的范围内浮动，实际的债务偿还根据实际的生产情况在此范围内加以调整。

作为一种自我摊销的方式，产品支付通过购买一定的项目来源来安排融资，一个突出的特点是可能较少地受到常规的债务比例或租赁比例的限制，增强了融资的灵活性。而其主要限制因素来自于项目的资源储量和经济生产期，同时投资者和经营者的素质、资信、技术水平和生产管理能力也是产品支付融资中的重要考虑因素。

(2) 以设施使用协议为基础的项目融资模式

设施使用协议是指在某种工业设施或服务性设施的提供者和使用者之间达成的一种具有“无论提货与否均需付款”性质的协议。以此协议为基础安排融资的融资模式主要应用于一些带有服务性质的项目，例如天然气管道、发电设施、某种专门产品的运输系统，以及港口、铁路设施等。从 20 世纪 80 年代开始，以原材料生产为代表的一些工业项目因为国际原材料市场不景气而导致原材料价格与产量一直维持在较低水平，也开始尝试引入“设施使用协议”这一融资模式，并取得了良好的效果。

项目设施的使用者能否提供一个强有力的具有“无论提货与否均需付款”或者“无论使用与否均需付款”性质的承诺是利用“设施使用协议”安排项目融资成败的关键所在。这个承诺要求设施的使用者在融资期间定期向设施的提供者支付一定数量的预先确定下来的项目设施使用费，而这种承诺是无条件的，无论项目的使用者是否真正利用了项目设施所提供的服务。一般在项目融资中，这种无条件承诺的合约权益将被转让给贷款银行，从而与项目投资者的完工担保一起构成项目信用保证结构的主要组成部分。理论上而言，项目设施的使用费要能够支付融资期间产生的项目的生产经营成本和项目债务的还本付息。

在生产型工业项目中，“设施使用协议”被称为“委托加工协议”，项目产品的购买者提供或者组织生产所需要的原材料，通过项目的生产设施将其加工生产成最终产品，购买者在支付一定的加工费用后再将产品取走。围绕“委托加工协议”组织起来的项目融资在结构上与“设施使用协议”融资模式中的安排基本上是一致的。

UEC 项目融资模式

UEC 是 Using Equipment Contract 首字母的缩写，即使用设备协议模式，投资者事先同项目设施使用者签署“设施使用协议”并获付费承诺，然后组建项目公司，项目公司以使用协议为融资载体来安排融资。其信用保证主要来自于“设施使用协议”中使用者的无条件付费承诺，在具体的融资结构设计中往往把使用协议做成一个实际上的项目债务融资担保或信用增强途径。UEC 较适用于资本密集、收益较低但相对稳定的基础设施项目，如石油、天然气管道、港口设施等。

资料来源：张刚．项目融资模式研究文献综述[J]．现代商贸工业，2009(13)：118-119.

可以将以“设施使用协议”为基础的融资模式的特点概括如下。

① 投资结构的选择非常灵活，其主要依据是项目性质、项目投资者和设施使用者的类型以及在融资、税务等方面的要求。

② 投资者可以利用与项目利益有关的第三方也即项目设施使用者的资信来安排融资、分散风险，同时又节约了初始资金投入，因此非常适用于资本密集型、收益较低但相对稳定的基础设施类项目。

③ 具有“无论使用与否均需付款”性质的设施使用协议是此类融资模式下的项目融资必不可少的组成部分。其具体的使用费的确定至少要从以下三个方面加以考虑：生产运行成本和资本再投入费用；融资成本，包括项目的债务本金和利息；投资者的收益。在实际融资安排过程中，要根据投资者的股本资金的投入数量和方式作出不同的、恰当的安排。

④ 对待税务结构的处理问题要更加谨慎。

(3) 以“杠杆租赁”为基础的项目融资模式

现实中采用项目融资方式进行融资的多为基础设施类项目或者资源开发项目，而这些项目一般投资总额都很大，大型设备购置费所占的比重也很大。但项目所需的设备除了通过贷款筹集资金购置以外，也可以采用租赁的形式获得。

以杠杆租赁为基础组织起来的项目融资模式，是指在项目投资者的要求和安排下，由杠杆租赁结构中的资产出租人融资购买项目所需资产，再将其租赁给承租人（项目投资者）的一种融资结构。资产出租人和融资贷款银行的收入以及信用保证主要来自融资结构中的税务优惠、租赁费用、项目的资产以及对现金流量的控制。

① 杠杆租赁融资模式的优点

- 项目公司仍然拥有对项目的控制权，在大多数情况下，金融租赁项下的资产甚至被看作由项目发起人完全拥有而由银行融资的资产。
- 可以实现百分百的融资，因为在此模式中，进入租赁公司的部分股本资金加上银行贷款就可以解决项目所需的全部资金或设备，不需要项目发起人再进行任何股本投资。
- 较低的融资成本。因为在大多数国家，通过金融租赁，尤其是杠杆租赁方式获取的设备往往具有技术水平先进、资金占用量大的特点，一般能享受到政府提供的诸如投资减免、加速折旧、低息贷款等多种优惠待遇和强有力的信用保险及支持。
- 在金融租赁结构中，项目公司支付的租金可以当作费用支出，从而直接计入项目成本，不需要缴纳税收，这减少了项目公司的应纳税额，使其享受到税前偿租的好处。

② 杠杆租赁融资模式的复杂性

- 与其他融资模式相比，以“杠杆租赁”为基础的项目融资模式在结构上较为复杂。
- 进行融资结构设计时不仅需要以项目本身的经济强度特别是现金流量作为主要的参考依据，还要着重考虑项目的税务结构问题，因而此模式也常被称为结构性融资模式。
- 涉及众多参与者。
- 融资结构的运作包括项目投资组建、租赁、建设、经营和中止租赁协议五个阶段。

③ 杠杆租赁融资模式的特点

融资模式复杂；债务偿还灵活；应用范围广泛；融资项目的税务结构以及税务减免的数量和有效性是关键；一旦确定，不易重新安排融资模式。

阅读材料 9-5

特许经营项目融资模式

特许经营项目融资模式，是指一国政府通过特许权协议授权给投资方（外资、民营机构，在中国也包括国企、央企），从事相关法律许可的基础设施、公用设施或服务的开发、投资、建设；此后，投资方在上述协议规定的期限内通过特许经营权可以获取该项目的运作收益来回收项目的投资并取得利润的融资方式。

BOT 是一种涉及项目的建设、经营和移交的出现较早且相对比较简单的特许经营项目融资模式。

PPP 是公共私人合作制模式，具体指政府、私人企业基于某个项目而形成的相互间合作关系的一种特许经营项目融资模式。

资料来源：孟宪超. BOT 与 PPP 项目项目融资模式的实证分析[J]. 水电与新能源，2012(1)：70-73.

(4) BOT 项目融资模式

BOT 的概念由土耳其总理奥扎尔于 1984 年正式提出，是建设(build)、经营(operate)、转让(transfer)三个英文单词的第一个字母的缩写，代表着一个完整的项目融资过程，是指政府将基础设施项目的特许经营权授予特定的项目公司，项目公司依托项目进行融资、建设，在约定期限内以项目收益偿还贷款、获取回报，特许期满将项目无偿交给政府，这是一种以特许经营为基础进行项目融资的投资建设方式。BOT 既是一种融资方式，又是一种投资方式，项目融资只是其中的一个阶段。

① BOT 融资模式的基本思路

由项目所在国政府或所属机构对项目的建设和经营提供一种特许权协议作为项目融资的基础，由本国公司或外国公司作为项目的投资者和经营者安排融资、承担风险、开发建设项目，并在有限的时间内经营项目并获取商业利润，最后根据协议将该项目转让给相应的政府机构。

项目所在国政府是 BOT 项目实施过程的主导，政府只是让渡 BOT 项目经营权，但拥有终极所有权。政府并不干涉项目公司的正常经营，但会参与项目实施过程的组织协调，并对项目的服务质量和收费进行监督。项目所在国政府和项目公司是经济合同关系，在法律上是平等经济主体。BOT 以项目为融资主体，由项目公司承担债务责任，一般项目特许权会通过规范的竞争性招标来授予。

② BOT 融资模式的主要内容

- 项目公司同项目所在国政府签订特许权协议，由政府批准项目公司建设开发和经营项目，并给予使用土地、获取原材料等方面的便利条件，项目公司则以特许权协议作为项目建设、开发和安排融资的基础。
- 项目公司将特许权协议等权益转让给贷款银团作为抵押，同时提供其他信用担保，以安排融资。
- 工程承包商与项目公司签订承包合同进行项目建设，并提供完工担保。
- 项目公司在特许期内拥有、运营和维护该设施，并通过收取合理的使用费或者服务费来收回投资、获取利润，并偿还贷款本息。
- 特许期结束后将项目以固定价格或者无偿移交给政府。
- 运用 BOT 方式承建的工程一般都是大型资本、技术密集型项目，主要集中在市政、交通、水电、通信、环保等方面。

(5) BOT 融资模式的参与方及其主要目标

- 项目的最终所有者(项目发起人)——项目所在国政府、政府机构或政府指定的公司。采用 BOT 融资模式的主要吸引力在于此模式可以减少项目建设的初始投入，便于吸引外资，引进先进技术。可以将政府希望通过 BOT 融资模式建设项目的主要目标概括为：利用外资或民间资金建设公共基础设施；引进新技术，改善、提高项目的经营管理水平;获得巨大的直接的社会效益和间接的经济效益。

- 项目的直接投资者和经营者——组成投资财团,参与项目投标并获得政府的特许经营权,进行项目融资、建设并在特许期内拥有项目经营权的主体。项目经营者是 BOT 融资模式的主体,是项目筹资、建设和经营的主体,承担项目中的大部分风险并从经营中获取利润。项目投资者和经营者参与 BOT 融资模式的项目是为了找到新的商业机会,通过提供有竞争力的服务获得满意的利润;最大限度地降低风险,特别是不可控风险。
- 项目贷款银行。除了由商业银行组成的贷款银团外,政府的出口信贷机构和世界银行或地区性开发银行的政策性贷款也在 BOT 融资模式中扮演着重要角色。BOT 项目的贷款条件不仅取决于项目本身的经济强度、项目经营者的管理能力和资金状况,而且也在很大程度上依赖于项目发起人和所在国政府为项目提供的信用支持以及特许权协议的具体内容。

(6) BOT 模式的优缺点

BOT 融资模式通常被运用于社会性很强的基础设施建设项目,在其特许期内生产的产品或者提供的服务既有可能销售给国有单位,也有可能是直接向最终使用者收取费用。与传统的承包方式相比,BOT 融资模式具有较多优势,这也是它兴起和被政府广泛使用的原因所在:可以减少政府的直接财政负担,减轻其借款负债义务;有利于政府转移和降低风险,一般由私营机构通过严密的合同体系、担保体系来分配和处理各种风险;专业高效、能力卓越的私营机构的加入可以提高项目的运行效率;有效满足了社会和公众对基础设施的要求;在项目由外国公司承包的情况下可以为项目所在国引进国外先进技术,提高和改善管理水平;有利于开发国内资本市场、吸引外资。

然而,BOT 融资模式在给项目所在国政府和投资财团带去一些好处的同时,也引起了一些不容忽视的负面效应:BOT 融资模式实质上是基础设施暂时私有化的过程,当项目公司以外资企业出现时就可能因为对待外资的优惠政策而造成税收的流失;为了在特许期内尽快收回投资获取利润,项目公司可能对基础设施采取掠夺式经营的方式,使得期满转移项目资产时,设备已经老化,需要大量的维护和保养资金;可能导致政府失去对项目关键环节的控制,造成中标设计方案无法全面满足政府的各种需求,难以确保项目运营中公共利益的保护;项目的大部分风险都由私营机构承担,导致融资费用过高;BOT 项目的资金流特点可能引起外汇的大量流出而影响国家外汇平衡。

总的来说,BOT 融资模式迄今为止仍算是一种存在时间较短的新型项目融资模式,还不能证明它已经发展成为一种完善的成功模式。国际金融界达成的共识是 BOT 融资模式在项目融资中具有巨大的潜力,仍需要大量工作才可将它成功移植到不同的项目中加以应用。BOT 模式涉及面众多、结构复杂、项目融资前期成本高,对于不同国家的不同项目不存在固定的模式可循,实际加以广泛应用时还需应对很多复杂的现实性问题。

(7) BOT 融资模式的风险

BOT 项目融资的风险存在于其准备、实施和移交三个阶段中,也可按一般项目的标准划分为宏观环境风险和具体项目风险两类。

BOT 项目的宏观环境风险包括以下几类。

- 政治风险。BOT 项目的基础设施属性和特许权协议基础使得此类项目会受到更大可能的政治风险的影响。
- 金融风险。BOT 项目融资大多具有引进大量外资和国外先进技术、采购国际先进设备、进行国际化工程招标、在项目所在国国内建设和运营的特点，从而受汇率和利率变动的更大程度的影响，这些因素会直接影响到项目的建设和运营成本以及收益情况。
- 法律或者政策风险。项目所在国法律法规或者政府宏观经济政策的变化会增加项目建设成本，降低项目收益。
- 环境风险。项目所在国政府不仅在审批项目时会要求项目发起方提供环境分析报告，在项目特许经营期内，项目所在国的环保立法可能会更加严格。
- 不可抗力风险。主要是来自于地震、洪水、台风、海啸、火山爆发等自然风险。

具体项目风险往往是指由于来自项目参与方本身造成的影响或者仅对该项目有影响的外部因素变化的影响而使项目遭受损失的可能性，主要就是开发风险、工程建设风险、运营风险和违约风险。

(8) BOT 融资模式衍生

BT 模式是 BOT 模式的一种变换形式，发展时间较短。BT(build-transfer)意即建设-移交，是指一个项目的运作通过项目公司总承包、融资、建设验收合格后移交给业主，业主向投资方支付项目总投资加上合理回报的过程。BT 模式与 BOT 模式最根本的区别在于前者没有“特许经营权”，在项目建设完工后，必须按照双方事先约定的程序，将项目移交给业主，项目公司没有经营项目的权利，只是由项目业主在合同约定的期限内支付全部合同价款及利息。

TOT 模式(transfer-operate-transfer)，意即“移交—经营—移交”是指政府部门或国有企业将建设好的项目的一定期限的产权或经营权有偿转让给投资人，由其进行运营管理；投资人在约定的期限内通过经营收回全部投资并得到合理的回报，双方合约期满之后，投资人再将该项目交还政府部门或原企业的一种融资方式。TOT 融资模式是 BOT 融资方式的新发展，也是企业进行收购与兼并所采取的一种特殊形式。其流程大致是：首先，进行经营权转让，即把存量部分资产的经营权置换给投资者，双方约定一定的转让期限；其次，在此期限内，经营权受让方全权享有经营设施及资源所带来的收益；最后，期满后，再由经营权受让方移交给经营权转让方。

阅读材料 9-6

特许权协议

特许权协议作为 BOT 项目融资的关键文件是整个 BOT 融资的基础。在 BOT 项目的实践中，特许权是指东道国政府授予国内外项目的主办者在其境内或领土区域内从事某一 BOT 项目的建设、经营、维护和转让的权利。特许权协议是规定和规范 BOT 项目中东道国政府和项目私营机构之间相互的权利与义务的一种法律文件，是 BOT 项目所有协议的核心和依据。

BOT特许权协议的主要内容可以分成一般条款和权利义务条款两部分，其中的一般条款由以下几方面的内容组成：特许权的双方当事人、授权目的、授权方式、特许权范围、特许期限、特许权协议生效的条件。常见的特许权协议主要有三种形式可供选择：政府通过立法性文件确定授权关系；政府或者政府授权部门与项目主办人或项目公司签订特许权合同或者协议；以上两种方式的结合，即政府单方面先公布立法性文件，再由政府或其授权部门与项目主办人或项目公司签订特许权协议。

BOT特许权协议在整个项目融资中的关键作用也来源于它涵盖了项目方方面面的内容，涉及BOT项目的产品性能和质量、建设期、特许期、项目公司结构、备用资金、原料和燃料供应、项目收费和价格调整方式、最低收入担保、外汇安排、贷款人的权利、不可抗力因素的范围、项目建设规定、维修计划、移交条件、奖励及仲裁等。其基本条款主要包括特许经营权的范围、项目建设的规定、土地征收和使用的规定、项目融资及其方式、项目的经营和维护、能源物资供应、项目的成本计划、项目的移交、协议双方的一般义务、违约责任、协议的转让、争议解决和法律适用条款、不可抗力因素。

案例分析 9-1

我国第一个成功的BOT项目——深圳沙角B电厂[①]

该项目是我国第一个成功运作的BOT基础设施项目，也是第一个已经正式移交的BOT项目。它始于1984年，1986年完成融资安排并动工兴建，建设工期只用了22个月，比预计提早了一年，1988年建成投入使用，总投资42亿港币。1986年，该项目获得了英联邦土建大奖。项目中方为深圳电力开发公司，外方为香港合力电力(中国)有限公司。项目合作期为10年，合作期内，外资方负责安排项目全部的外汇资金，组织项目建设，并且负责经营。外资方的收益主要为项目收益扣除项目建设成本、煤炭成本和交给中方的管理费用之后的收益。10年期满后，外方将项目的资产所有权和控制权无偿移交给中方并退出项目。经过10年的运作，该项目取得了成功，在后续的运营中，B电厂的供电成本一直低于广东省国营电网。深圳沙角B电厂是在改革开放初期在法律环境及其他各种投资环境都不健全的情况下出现的，它的运作过程并不规范，合同内容较简单。尽管如此，深圳沙角B电厂仍被公认为是20世纪80年代世界上较成功的BOT项目。

深圳沙角B电厂之所以能够成功，主要原因在于：第一，B厂所有权明确，能够不断激励B厂提升管理水平和提高效率；第二，项目风险分担合理，由于发起人在B电厂建设运营过程中不获得收益，承包商为运营期内收益的拥有方，因此，承包商集中了项目建设的主要风险；第三，发起人收益补偿适度，在B电厂的案例中，发起人的回报率低于多数发展中国家的收益水平。

(9) PPP项目融资模式

PPP是public private partnership的缩写，即公共部门与私人企业合作模式，是指公

---

① 曹君丽.金融支持城镇化建设模式研究——基于公司合营(PPP/PFI)项目融资的视角[J].技术经济与管理研究，2013(1)：107-110.

共部门与私营部门基于某个项目达成一系列协议，在协议基础上双方发挥各自优势，分担项目风险，共享收益，为公众更好地提供公共产品和服务。这是一种以各参与方的共赢为合作理念的现代融资模式，由于其供给主体多样化、风险分担合理化、合作以特许权为前提等特点，应用较为广泛。PPP项目融资模式作为特许经营项目融资模式的一种，特许权协议自然也是PPP模式的基础。类似于BOT项目融资模式中的特许权协议，其是由政府或其代理机构与项目主办人签订的协议，规定了项目公司建设、运营和移交项目的责任。①

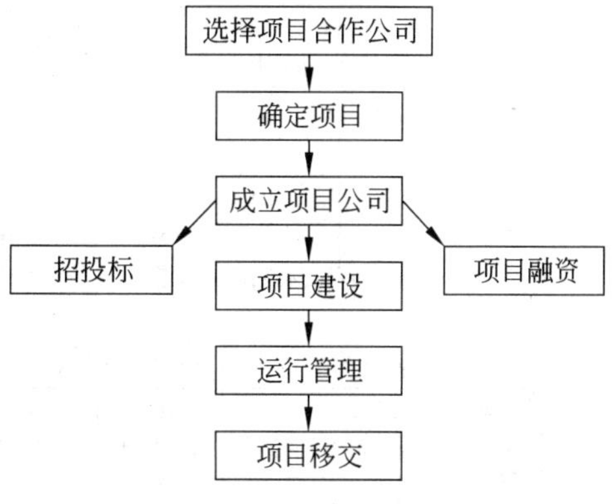

图 9-1 PPP项目融资模式运行程序

PPP项目运作程序如图9-1所示。

案例分析 9-2

我国首个采用PPP模式运作的城市基础设施项目——北京地铁4号线

该项目是我国首个采用PPP模式运作的城市基础设施项目，同时也是首个采用特许经营模式融资运作的轨道交通项目。该项目从公益西桥至安河桥北南北横贯了整个北京市区，全长约28.2 km。从该项目的线路规划设计来讲，北京地铁4号线占据了"地利"的先机，因而能保证其在运营期的充足的客流量，为采用PPP融资模式创造了非常好的预期收益条件。

2004开始，作为北京市政府代表的北京市基础设施投资有限公司（以下简称"京投公司"）编制招商文件，参与项目推介会，进行国际招商。经过历时两年多的合同谈判，2006年4月北京京港地铁有限公司（以下简称京港地铁公司）与北京市人民政府签订《北京地铁4号线项目特许协议》。

京投公司根据地铁4号线的初步设计，按照投资建设责任主体，将项目的建设内容划分为A、B两部分，总投资概算为153亿元人民币。A部分主要为土建工程即洞体、车站结构等的投资和建设，投资概算为107亿元，约合总投资的70%。该部分的投资和建设由政府出资的京投公司来负责实施；B部分主要为设备和信号系统及车辆、信号、自动售检票机等采购和施工，投资额约合46亿元，占总投资的30%。该部分的投资和建设由京港地铁公司来负责实施。京港地铁公司约2 /3的资金通过无追索权的银行贷款方式融资。根据所签署的特许协议，京港地铁公司的特许经营期限为30年。在4号线项目竣工验收完毕后的特许经营期内，政府将A部分的使用权租赁给京港地铁公司使用。京港地铁公司将负责4号线的运营管理、全部设施的维护和除去洞体外的资产的更新及站内的商业经营。其间，政府负责制定票价，并行使监督权力。

① 张勇，郝寿义.应用PPP融资模式促进城市基础建设发展[J].生产力研究，2004(11)：56-58.

该 PPP 项目的组织机构合同关系图如图 9-2 所示。

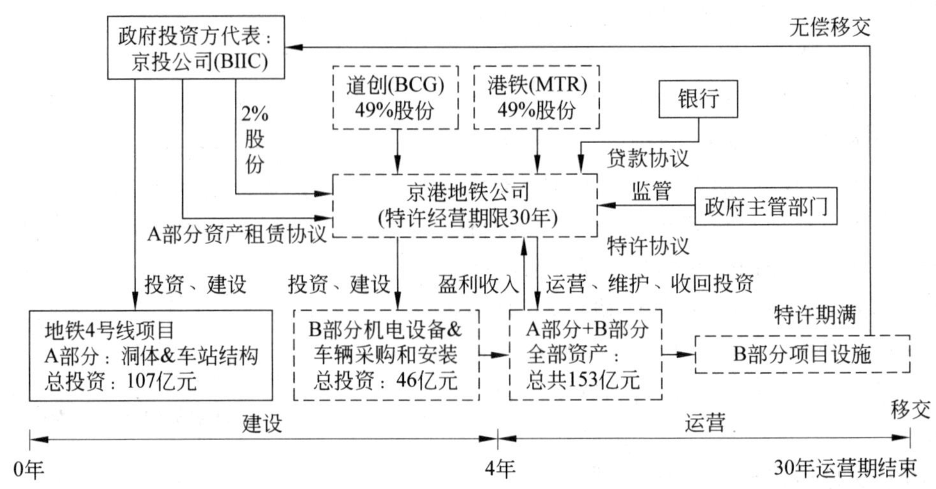

图 9-2　PPP 项目组织机构合同关系图

该 PPP 项目的实际实施及运营情况如下。

在项目的施工阶段，北京地铁 4 号线设备工程充分考虑了节能、环保、以人为本的先进理念，它是目前为止北京地铁中采用减震处理最多的地铁线路。因此，4 号线地铁可以顺利穿越旧城区及高科技园区，并通过运用特殊减震技术成功解决了震动、噪声对居民生活和沿线科研院校精密试验的影响。

在运营车辆采购时，经过优化设计和科学规划，港铁公司提出，在运行初期可以减少一部分备用车辆的购买，通过按时维修和检测，尽量减少使用备用车方法，实现现车运行，从而节省了投资费用，这在全世界来说，都是比较先进的地铁运营理念。

该项目于 2009 年年初如期竣工并顺利通过建设、规划、质监、消防、环保等部门组织的竣工验收，经过一段时间的空载试运行期后，"京港地铁"于 2009 年 9 月 28 日正式开通试运营。

从项目的运营状况来看，北京市发改委组织的《4 号线 PPP 模式实施效果评价报告》对 4 号线项目进行了全面评价，对该项目取得的成绩予以了充分肯定，指出北京地铁 4 号线项目是城市轨道交通领域引入社会投资进行 PPP 运作的标杆项目，为北京市引进了新的运营管理模式，与传统的建设和运营模式相比节省了政府大量财政资金。

通过该案例的实施和运营情况与 BOT 模式进行对比分析可以看到，从整体上看，PPP 模式比 BOT 模式更具优越性和合理性，正是两者侧重点的不同对项目的实施和运作产生了至关重要的影响。

组织机构中是否存在相互协调机制，导致两种模式中公私两部门的关系差别。最早产生的 BOT 模式由于缺少协调机制，参与各方均以各自利益最大化为目标，而且都希望把不可控的风险转嫁给对方，容易导致各方信息不对称，进而可能引发和加剧各方的利益冲突，这就必然造成对项目实施、运营过程的不利影响，因而，不可能产生最大化的社会效益。PPP 模式，顾名思义其显著特点就是重视公共部门或者其代理人与项目直接投资者和经营者间的贯穿整个项目生命期的相互协调、互惠互利的合作关系。双方以物超所值(value for money)作为PPP项目实施目标，通过合理分配项目风险给最擅长处理该风险的一方，并对项目收益设定灵活的分配机制，实现“风险分担，利益共享”的目标，最终形成帕累托最优局面，实现了社会效益最大化。

两种模式的区别还体现在政府着眼点的不同：BOT旨在政府对私人投资的公共设施的最终拥有；而PPP模式更注重非核心公共服务的私人部门提供，由此导致政府做项目决策时立足点以及其处理与私人部门关系时考虑问题的角度的不同。在BOT模式下，双方太过注重彼此的利益得失，而忽略了项目对公众利益的影响。PPP模式重视服务并根据服务的质量和数量提供支付，因而该模式下两部门都会重视公众利益的问题。从公众的利益出发，通过更专业、更高效的私人部门为公众提供“物超所值”的服务，也是PPP模式的优点。

通过对比可以看出PPP模式相较于BOT模式确实具有一定的优越性，随着经济的发展、法律和社会制度的完善、政府部门管理能力的提高，与时俱进地选择PPP模式将会更加有效地提高项目整体效果，更能促进公共部门和私人部门的双赢发展，同时实现社会效益的最大化。①②

PFI项目融资模式

PFI是Private Finance Initiative首字母的缩写，即民间主动融资模式，对于基础设施项目和公用事业项目，政府通过项目招标的方式确定民间投资主体，并授权后者负责项目的融资、建设与运行，作为对该民间投资主体的回报，政府在授权期限内每年以财政性资金向其支付一定的使用费或者租赁费，授权期结束时，民间投资主体将该项目无偿转让给政府。该模式主要适用于一些不向公众收费的项目，如免费的桥梁、隧道等。

(10) ABS融资模式

前面介绍的几种主要的融资模式都是针对具体项目的特殊性所设计的融资模式，但在所有的项目融资中，融资项目的资产和项目运营期的现金流量状况是项目参与方都会关注的问题。近年来，在一些发达国家出现了一种新的融资方式，以项目资产和未来的预期收入为基础，通过在资本市场上发行债券来融资，这种方式被称为ABS融资。

所谓的ABS，是英文asset-backed securitization的缩写，国内一般译为资产证券化。作为一项金融创新产品和高效的制度安排，它已经成为20世纪70年代以来最有生命力的创新产品之一。ABS经过了几十年的不断发展和完善，其定义也经历了不断变化的过程。而在项目融资中所考虑的资产证券化，是指以具体项目所拥有的资产为基础，以该项目资产的未来收益为保证，通过在国际资本市场上发行高档债券来筹集资金的一种项目证券融资方式。

---

① 孟宪超. BOT与PPP项目项目融资模式的实证分析[J]. 水电与新能源，2012(1)：70-73.

② 张刚. 项目融资模式研究文献综述[J]. 现代商贸工业，2009(13)：118-119.

ABS的本质是通过其特有的提高信用等级的方式，为原本信用等级较低的项目进入高级高档证券市场提供了有效途径，利用该市场信用等级高、债券安全性和流动性高、债券利率低的特点，大幅度降低发行债券筹集资金的成本。而ABS融资作为一种融资技术的创新，最早起源于美国，后来在西欧一些发达国家也得到了广泛应用。尽管ABS融资模式的发展历史还比较短，但它有着巨大的潜力和作用，它可以不受原始权益人自身条件的限制，绕过一些客观存在筹资壁垒，以较低成本筹得大量资金，这一点就特别符合我国国情。我国有很多技术密集型的中小企业由于信用级别比较低、放款风险比较高而很难找到有资信的担保人或足够价值的抵押品去获得数额巨大的贷款，而ABS这种模式正好解决了这一难题。在我国大力发展资本市场，鼓励外资融资的大环境下，ABS融资会是项目融资未来发展的一个重要趋势。

有关ABS的具体内容和运作见本书第八章资产证券化。

三、项目的资金结构

项目融资作为一种新型的融资方式，有别于传统的公司融资的一个特点就是其多元化的融资，不仅体现在融资渠道的多样性，也表现为可供选择的多个资金来源上。在项目融资的投资结构确定之后就要考虑资金来源和筹资方式的问题。灵活巧妙地安排项目的资金构成比例、选择恰当的资金形式，就可以达到既减少项目投资者自有资金的直接投入，又提高项目综合经济效益的双重目的。因此，项目的资金结构安排和资金来源选择在项目融资中扮演着重要角色，在某种意义上往往会影响到项目融资的成败及效果。

（一）确定项目的资金构成和来源

从项目资金的来源及其性质上看，项目融资的资金构成有三个组成部分：股本资金、准股本资金（从属性债务或初级债务资金）和债务资金（高级债务资金）。

确定项目的资金结构和资金形式时需要从以下三个主要方面加以考虑。

1. 债务和股本资金的比例

安排项目资金的一个重要原则是在不会因为借债过多而伤害项目的经济强度的前提下尽可能地降低项目的资金成本。

因为在考虑到税收的影响后，债务资金的成本一般会小于股本资金的成本，若选择高比例的债务资金，虽然可以降低融资成本，但项目的财务状况和抗风险能力就可能因为承受过高的债务而变得比较脆弱；反过来，若项目安排一个较高比例的股本资金，虽然项目会有一个非常稳定的财务基础，项目的抗风险能力也可以大大增强，但这又会大幅度增加资金使用的机会成本，使得综合资金成本过高。因而需要寻求一个恰当的、均衡的实际资金构成和比例。项目融资中并没有标准的“债务/股本资金比率”可供参考，确定具体项目的资金构成及比例的主要依据是项目的经济强度，而且这个比例也会因为所属行业、投资者资信、融资模式等因素的不同而变化，并且也可在一定程度上反映安排资金的当时当地借贷双方在谈判中的地位、金融市场上的资金供求关系和竞争状况以及贷款银行承受风险的能力。

项目融资的一个特点是可以获得较高的债务资金比例，但这并不意味着项目融资可以不需要或者很少需要股本资金。通过股本资金投入形式的多样化就可以最大限度地利用项目的信用强度来增强项目的经济强度。项目投资者和贷款银行必须根据项目特点、现实情况，在满足设定目标的前提下，谨慎地做出选择。

2. 项目资金的合理使用结构

站在全局角度综合性地考虑项目资金的合理使用结构，对项目投资者和贷款银行都有着重要的意义。除了债务和股本资金的比例之外，还需要从以下四个方面加以考虑。

(1) 项目的总资金需求量。准确地制订出项目的资金使用计划及总资金需求量是确定合理的资本结构及筹资规模的一个重要前提，也是一切项目融资工作的基础。在进行一个新建项目的资金预算时需要考虑：项目投资成本(包括土地、基础设施、厂房、机器设备、工程设计和建设费用等)、投资费用超支准备金、项目流动资金。做好项目总资金预算以及项目各阶段的资金需求量和现金流量预算工作，可以有效避免在项目运行中出现资金不足的现象而影响项目运行以及项目融资规模过大造成项目成本过高的不利局面的出现。

(2) 资金使用期限。项目的权益资本和债务资本的使用期限是不同的。理论上，项目资本中投资者投入的股本资金是项目中使用期限最长的资金，其回收一般只能依靠项目的投资收益。而项目的任何债务资金都是有固定的使用期限的。如果能够针对具体项目的现金流量特点，根据不同项目阶段的资金需求采用不同的融资手段、安排不同期限的贷款，就可以优化项目的债务结构、降低项目的债务风险。

(3) 资金构成和成本。投资者投入的股本资金成本是一种相对成本的概念，可以理解为机会成本，投资者获取该部分资金时的实际成本、当时当地的资本市场利率、可供选择的投资选择之间的比较利益及比较成本等客观因素再加上投资者的长期发展战略、一些潜在的相关利益投资，是在评价股本资金成本时需要考虑的重要因素。

然而，项目的债务资金成本是一种绝对成本，就是指项目贷款的利息成本，而且无论项目经营状况和现金流量情况如何，项目债务资金的利息必须按期偿还。因而，项目债务资金的利率风险就成了项目融资的主要金融风险之一。项目融资可以选择固定利率、浮动利率又或者是两者的结合，也可以采用利率封顶、限底等手段来降低利率风险，而具体的利率结构选择首先要考虑项目现金流量的性质。

(4) 混合结构融资。混合结构融资是指不同利率结构、不同贷款形式或者不同货币种类的贷款的结合。若能安排得当，就可以起到降低融资成本、减少项目风险的作用。

3. 税务安排对融资成本的影响

这主要是要考虑利息预提税可能带来的影响。预提税是一个主权国家对外国资金的一种管理方式，可以分为红利预提税和利息预提税两大类，其中以利息预提税的应用最为广泛。利息预提税率通常是贷款利息的10%～30%，是世界多数国家对非居民在其司法管辖地获取的利息收入进行征税的有效有段。一般是由借款人缴纳，其应付税款金额可以从向境外支付的利息总额中扣减，也可以是在应付利息总额之上的附加成本，取决于借贷双方的具体安排。项目贷款人所考虑的问题主要是如何保证所获取的利息收入不受到或者尽量少受到利息预提税的影响，从而使得利息预提税作为融资成本以不同的形式转嫁到借款人身上。

（二）股本资金与准股本资金

1. 股本资金

在项目融资中应用最普遍的股本资金形式即为认购项目公司的普通股和优先股。由于股本资金在收益分配和风险承担上的特殊性，项目的股本投入往往具有风险资本的性质，在债务资金的优先清偿权前提下，股本资金就被贷款银行看作是其所提供融资的安全保障。虽然股本资金的投入并不能改变或者提高项目的经济效益，但却可以有效增加项目的经济强度，提高项目的风险承受能力。因而，对于项目投资者而言，股本资金不仅可以承担风险，还会使得项目有更好的发展前景，从而为其带来相应的投资收益。

在项目融资中，股本资金的作用可以概括为以下三个方面：项目资金总额中股本资金所占比例直接影响着项目债务资金的风险程度；投资者在项目中投入资金的金额大小与其对项目运行管理和前景的关心程度成正比；投资者在项目中的股本资金代表着投资者对项目的承诺和对项目未来发展前景的信心，对项目融资的成功组织有着很好的心理鼓励作用。

2. 准股本资金

相对于股本资金的准股本资金是指项目投资者或者与项目利益有关的第三方所提供的一种从属性债务。准股本资金需要具备的性质如下。

(1) 债务本金的偿还要具有灵活性，不能规定在某一特定期间强制性地要求项目公司偿还从属性债务。

(2) 从属性债务在项目资金优先序列中的优先级要低于其他债务资金，但要高于股本资金。

(3) 项目公司破产时，在偿还所有的项目融资贷款和其他的高级债务之前，从属性债务不可被偿还。

(4) 准股本资金既可以以一种与股本资金和债务资金平行的形式进入项目，也可以被当作一种准备金，用以支付项目建设成本超支、生产费用超支以及其他贷款银行要求投资者承担的资金责任。

项目融资中的准股本资金最经常采用无担保贷款、可转换债券和零息债券三种形式。

从贷款银行角度来看，准股本资金一般被当作股本资金的一部分，从而在一定程度上增加项目的经济强度，降低了债务风险。而从项目投资者角度来看，为项目提供从属性债务比提供股本资金具有一定的优势：准股本资金相对于股本资金在安排上具有较高的灵活性，并且在资金序列上享有较为优先的地位；通过谈判可以减少对项目公司在获取从属性债务利息方面的限制；为投资者在法律结构上的设计提供了较大灵活性。

（三）债务资金安排

项目融资方式典型的作用在于为基础设施项目或者资源开发类项目筹集大量的债务资本，而通常情况下这类项目中的债务资本比例可以达到70%～80%甚至更高。因此项目债务资金的筹集和安排就是解决项目融资资金结构问题的核心。

对于项目投资者来说，其面对的债务资金市场可以分为本国资金市场和外国资金市场，其中外国资金市场又可以进一步划分为某个国家的金融市场、国际金融市场和外国政府出口信贷/世界银行/地区开发银行的政策性信贷。如何选择适合于具体项目融资需要的债务资金十分关键，其做法主要如下。

1. 根据融资要求确定债务资金的基本结构框架

(1) 债务期限

项目融资结构中的债务资金基本上是长期性的资金，即便是项目的流动资金，多数情况下也是在长期资金框架内的短期资金安排。有的资金形式，如商业银行贷款、辛迪加银团贷款、租赁融资等，可以根据项目需要灵活安排债务期限；而如果选择另一些短期资金形式，如欧洲期票、美国商业票据等作为项目融资的主要债务资金来源，如何解决债务的合理展期就会成为资金结构设计的一个重要问题。

(2) 债务偿还

长期债务需要根据一个事先确定下来的比较稳定的还款计划表来还本付息；而对于有限追索的项目融资，还款需要通过建立一个由贷款银团经理人控制的偿债基金方式来完成，尤其当资金是来自金融市场上公开发行的债券，偿债基金就会发挥更大的作用。

(3) 债务序列

项目融资中的债务安排可以根据其依赖于资产抵押的程度或者依赖于有关外部信用担保的程度而划分为由高到低不同等级的序列。在项目出现违约的情况下，项目资产和其他抵押、担保权益的分割将严格地按照债务序列进行，从属性债权人的位置排在有抵押权和担保权的高级债务人之后，只有这些债务获得清偿之后，从属性债权人才有权从项目资产和其他来源获得补偿。

项目融资中的银团贷款或者类似性质的债务资金是最高级的债务资金形式，贷款银团在项目融资中拥有最高的债权保证是源于项目融资的有限追索性质。而投资者在项目中的贷款或者其他类似性质的贷款是项目公司的从属性债务，而对于贷款银团而言则具有股本资金的性质。由此可以看出，已经安排了项目融资的项目基本上就不可能再以该模型资产为基础从其他渠道获得相似性质的融资了。

(4) 债券保证

项目融资中的债券保证在含义上十分广泛，除了以项目资产作为抵押之外，还包括对项目现金流量使用和分配权的控制、对项目银行往来账户的控制、对有关项目的一切重要商业合同权益的控制、对项目投资者给予项目的担保或来自第三方给予项目的担保及其权益转让的控制等。项目融资中的债券保证是项目信用保证结构需要重点解决的问题，也是债务提供者最为关心的一个问题。

(5) 违约风险

当项目失败时，由于项目融资的特殊性，贷款银行可能会发现自己的地位与股本投资者没有太大区别。项目融资出现借款人违约而使得债务无法获得偿还可能有三方面的原因：项目现金流量不足以支付债务的偿还；项目投资者或独立第三方无法执行所承担的具有债券保证性质的项目义务；项目公司违约时，项目资产的价值不足以偿还剩余的未偿还债务。

(6) 利率结构

项目融资中的债务资金利率主要分为浮动利率、固定利率以及两者的结合三种机制。

使用较为普遍的债务资金形式，如辛迪加银团贷款、欧洲期票、美国商业票据等，多采用浮动利率计算。选择采用固定利率机制可能出于以下两方面的原因：贷款银团所提供的资金本身就具有固定利率结构，如一些长期债权和财务租赁；在金融掉期市场上将浮动利率转换成了固定利率。

只有综合考虑了项目现金流量的特征、金融市场上利率的走向和借款人对控制融资风险的要求之后，才能在项目融资中确定恰当合适的利率结构。

(7) 货币结构与国家风险

项目融资债务资金的货币结构可以根据项目现金流量的货币结构对应地加以设计，以减少项目的外汇风险。此外，为了减少国家风险和其他不可预见因素的影响，国际上大型项目的融资安排既不会局限于某一个国家的金融市场，也不会局限于一种货币。实践证明，资金来源和货币种类的多样化是减少国家风险的一种有效措施。

2. 根据市场条件确定债务资金的基本形式

债务资金的形式多种多样，不可能详述所有的债务资金形式，下面介绍的是在项目融资中有着广泛应用的债务资金形式。

(1) 商业银行贷款

商业银行贷款是项目融资最简单和最基本的债务形式，可以由一家银行提供，也可以由几家银行联合提供。贷款形式可以根据借款人的要求设计成定期贷款、建设贷款和流动资金贷款等。

商业银行贷款的基本法律文件包括贷款协议和资产抵押(担保协议)两个部分。商业银行贷款的资产抵押(担保协议)是项目融资的一个重要法律文件，其形式和内容与各国的法律有直接关系，因而在不同国家和不同项目之间存在较大差别。

(2) 国际辛迪加银团贷款

国际辛迪加银团贷款(international syndicated loan)简称为国际银团贷款，是商业银行贷款概念在国际融资实践中的合理延伸。国际上大多数大型项目融资，因为其资金需求规模之大、结构之复杂，只有大型跨国银行和金融机构组织起来才有可能承担得起融资的任务。

在项目融资中采用辛迪加银团贷款的优势主要在于：提供了筹集数额大、成本低的资金的途径；贷款货币种类的选择和贷款银行的选择范围都比较大，借款人可以根据项目性质、现金流量的特点来组织最恰当的资金结构；参与该方式融资的银行通常是国际上具有一定声望和经验的，具有理解和参与复杂项目融资和承担其中信用风险的能力；提款方式和还款方式都比较灵活。

(3) 欧洲债券

欧洲债券为借款人提供了一种从欧洲货币市场为数众多的金融机构投资者和个人投资者手中获得相对成本较低的债务资金的有效形式，与一般国家发行的本国债券或外国债券(例如美国的扬基债券、日本的武士债券)不同，欧洲债券的发行和交易超出了国家的界限，不受任何一个国家在金融市场方面的法律法规的限制。

利用欧洲债券市场为项目筹集资金有几个明显的优点：筹资成本比较低、集资时间比较短、可以采用多种形式借款、有机会接触到范围十分广泛的投资者、在还款日期的安排上比较灵活、在一些国家还可以免去利息预提税。

当然其也存在明显的缺陷：欧洲债券市场上的投资者的组成非常分散，投资者很难完全了解一个复杂的项目融资结构，从而没有意愿去购买与之有关的债券；由于组织欧洲债券的发行有非常复杂的程序，因而只有具有一定发行金额的项目融资才能具备规模经济效益以获取可观收益。

(4) 美国商业票据

商业票据(commercial paper)是美国国内金融市场上主要的同时也是最古老的金融工具之一。美国商业票据为借款人提供了一种成本低、可靠性高而且可以通过不断展期来满足长期资金需求的债务资金形式。由于成本低、资金来源多元化以及资金使用灵活，美国商业票据自20世纪70年代起就逐渐成为非美国公司的一种重要的资金来源。

(5) 租赁融资

租赁融资已经逐渐被人们所认识和接受，我国也在改革开放进程中逐渐发展起租赁融资的相关业务。20世纪80年代，中国国际信托投资公司率先引入国际上通行的租赁融资概念，成功扶植了一批急需资金的企业。发展到现在，国内已经建立了一批专业化的租赁公司，许多专业银行也都开辟了租赁业务。

在西方工业国家，根据租赁协议中承租人和出租人双方所要承担的责任以及租赁期间资产的使用价值占该资产全部使用价值的比重，可以将租赁分为经营租赁和财务租赁两种基本类型，它们都在项目融资的债务安排中占据着重要地位。

经营租赁是指一般租赁期较短且在租赁期内承租人有权取消租约将租赁物退还给出租人的租赁协议。经营租赁经常典型地用于厂房、土地、轮船、飞机、卡车、建筑机械、铁路运输设备等通用性强或者易于移动的资产。在多数工业国家，经营租赁通常不被视为公司的一种债务责任，因而可以被安排成为非公司负债型融资，也由于这一点，它为其使用者提供了较大的灵活性。

与经营租赁相反，财务租赁是一种租赁期限相对较长、承租人不能随意提前终止的租赁协议。在财务租赁期内，资产的使用价值占有资产全部使用价值的较高比重，有时可以高达90%。

与其他的债务资金相比，租赁融资因为可以增加投资者在财务安排、税务安排以及经营安排三个方面的灵活性而受到人们的青睐。

(6) 双货币贷款和商品关联贷款

两者都是在辛迪加银团贷款的基础上形成的，以降低利率风险和价格风险为目标，以使用国际金融市场、国际商品交易市场上新兴的交易方式(如期权、掉期、远期等衍生工具)为手段的两种重要的融资工具。

双货币贷款是在单一货币的辛迪加银团贷款或债券的基础上发展起来的一种债务资金形式，实际上是指一种带有固定利息收入的贷款或债券，其利息的计算和支付采用一种货币，而本金的计算和支付又采用另一种货币。它将贷款问题中有关利率和汇率的难题连接在一起，在一定程度上减少了借款人的利息负担，同时也减少了项目资金的汇率风险。

商品关联贷款则是通过贷款人参与产品价格波动来实现降低融资成本的目的，它将贷款问题中的利率与产品价格结合起来，在一定的价格波动范围内有效地降低了贷款利率，增强了项目现金流量的可预测性和可计划性。能够安排商品关联贷款的项目一般要求其产品是国际流通性较强、具有国际统一质量标准和统一定价标准的商品，如石油、天然气、贵金属、有色金属等。

(7) 发展中国家的债务(资产)转换计划

通过债务(资产)转换计划，可以在某些发展中国家获取廉价的当地货币资金，这是在这些国家进行项目投资、组织项目融资不能忽视的一种有效的资金来源。它是在特定的历史条件和历史时期出现的一种为了寻求解决债务危机的有效途径由债务国和债权银行共同开发出来的计划。

虽然这种转换计划并没有给债务国引入任何新的外国资金，只是现有的外国债务被交易或者被交换，但给参与债务转换的各方都带来了一定好处。债权银行通过转换债务可以减价出售被锁住的贷款而减少其在该国的贷款额度；外国公司通过转换债务可以获得廉价的资金以在该国投资，提高了项目的综合经济效益；而债务国政府通过债务转换，就可以利用本国货币抵偿一部分外债，从而减少国家的外债总额，同时又促进了国内投资的发展、增强了国家潜在的生产能力。

四、项目的信用保障结构

银行和各项目参与方在进行项目风险的度量和分配时，往往需要从以下几个方面加以考虑：项目的现金流量状况是影响项目风险情况的最基本因素；项目各参与方之间形成的各种协议和合同将影响到项目风险在参与方之间的分配，也因为可以消除融资项目建设和运营中的各种不确定性因素而成为处理和分摊风险的重要手段；由项目投资者或者第三方所提供的担保或抵押构成了对还贷风险的额外保证，可以起到信用强化的作用。对于贷款银行和其他债权人而言，项目融资的安全性来自两个方面：项目自身的现金流量以及各种直接或者间接的担保。其中的担保可以由项目发起人提供，也可以由与项目利益有关的第三方提供，可以是直接的财务保证(例如完工担保、成本超支担保、不可预见费用担保等)，也可以是间接的或者非财务的担保(例如技术服务协议、能源长期供应协议、原材料长期供应协议、项目产品长期购买协议等)。项目的各种形式的担保的总和就构成了项目的信用保障结构。

(一) 项目融资担保的概念、分类与作用

项目融资担保是指借款人或者第三方以自己的信用或资产向贷款方或者租赁机构作出的偿还保证，具体可以分为物权担保和信用担保。

在项目融资结构中，物权担保是指以项目特定资产的价值或者某种权利的价值作为担保，如果债务人不履行义务，债权人可以行使其对担保物的权利来满足自己的债权。物权担保最主要的表现形式是对项目资产的抵押和控制，包括对项目的不动产和有形动产的抵押、对无形资产设置担保物权等几个方面。

而项目融资结构中的信用担保的基本表现形式是项目担保。项目担保是一种以法律协议形式作出的承诺，依据这种承诺担保人就向债权人承担了一定的义务。根据信用担保的法律地位，又可以将其划分为两类：当项目担保义务是第二位的法律承诺的情况下，在被担保人(主债务人)无法或者不愿意履行其对债权人也即担保受益人所承担义务的情

况下，也就是违约发生时，担保人就必须承担起被担保人的合约义务。这是一种附属和依存在债务人和债权人之间的债务关系上的担保义务。而项目担保也可以是第一位的法律承诺，就是即期担保的情况。即期担保承诺根据融资文件或者担保文件中的有关条款，在担保受益人的要求下，不管债务人是否真正违约，都要向担保受益人或者担保受益人指定的其他任何人立即支付规定数量的资金。与前一种情况也是相反的，即期担保相对独立于债权人与债务人之间的合约，项目的完工担保大多属于这一类型。

项目风险远超过投资者的承受能力范围并且贷款大多是有限追索性质，是项目融资的重要特征。也正因为如此，尽管在评价项目的可融资性时贷款银行已经对项目的现金流量以及项目参与者之间的合同进行了详细的评估和审核，但项目融资还是会存在大量无法控制并且不可能被完全消除的风险，因此贷款银行必须要求项目投资者或者与项目利益有关的第三方提供附加的债权担保。可以说，项目担保是项目融资结构中十分关键的环节，甚至在很多情况下是保障项目融资成功的首要条件。

具体来说，项目融资担保在项目融资中的主要作用可以从两个角度加以概括：一方面，项目投资者通过提供担保的形式就可以避免承担全部的和直接的项目债务责任，项目投资者的责任就被有效地限制在了有限的项目的开发阶段之内或者有限的金额之内，这是项目融资中可以安排有限融资结构的基础；另一方面，通过组织一些对项目发展有利但又由于经济原因或者政治原因不能、不愿直接参与项目投资和经营的机构为项目融资提供一定的担保，项目投资者就可以将一定的风险在一定条件下转移给第三方。总的来看，项目担保的主要任务就是将与项目利益有关的和对项目发展有需求的各个方面所能提供的担保及所能承担的责任结合起来，从而其中任何一方都不会因为财务负担过重或者项目风险过高而无法开发或经营项目。同时，通过利用各个方面所提供的担保组成一个强有力的信用保证结构，融资要求就会更加易于被贷款银行所接受，便于项目融资的顺利展开。

（二）项目融资担保人

项目融资担保人是指能够为项目融资债务责任的履行提供担保的主体。在项目融资中主要有三方扮演这种角色：项目投资者、与项目利益有关的第三方参与方以及商业担保人。

1. 项目投资者

项目的直接投资者和主办人是对项目的经营管理最有影响力的一方，因此由其作为担保人是项目融资结构中最常见也是最主要的一种形式。在多数项目融资结构中，项目投资者都会成立一个专门的项目公司来安排融资、经营项目，但由于项目公司在资金、资信和经验等各方面可能都不足以支持融资，贷款银行往往就会要求实际借款人提供来自项目公司之外的担保作为附加的债权保证。一般情况下，项目投资者自己都会提供一定的项目担保，这更有利于项目投资者对项目成败的加倍关注从而降低项目风险，这是贷款银行更加愿意接受的。

项目投资者为项目公司提供的担保可以是直接担保项目公司的一部分债务，也可以是以非直接的形式或者以预防不可预见风险因素的形式出现。有了项目投资者的担保，再加上一些其他方式的担保，就容易安排成为贷款银行能够接受的信用保证结构，这也是项目融资的主要优点之一。

2. 与项目利益有关的第三方参与方

利用第三方作为担保人是指在项目的直接投资者之外寻找其他与项目开发有直接或者间接利益关系的机构为项目的建设或者项目的生产经营提供担保。不同机构的不同形式的参与就在很大程度上分担了项目的风险，从而为项目融资设计出一个强有力的信用保证结构创造了有利条件，这对项目投资者有着巨大的吸引力。

能够提供第三方担保的机构大致可以分为以下几类。

(1) 政府机构。政府机构作为担保人出现在项目融资中是极为普遍的，也是十分重要的，尤其对于发展中国家的大型项目而言，政府的介入可以大大减少项目的政治风险和经济政策风险，增强投资者的信心，并且这类担保是采用其他形式无法实现的。

政府机构为项目提供担保大多是从发展本国或本地经济、增加就业和出口、发展基础设施建设、改善经济环境等目的出发，也是希望通过提供贷款担保或者以项目产品长期购买协议等担保形式间接参与项目，从而在避免政府直接股份参与项目的同时又达到参与项目投资、促进项目发展的目的。

(2) 与项目开发有直接利益关系的商业机构。这些商业机构作为项目担保人的直接目的就是要通过为项目融资提供担保来实现自己的长期商业利益。例如，获得项目的商业合同或项目设备的供应安装合同、保证自己产品的长期稳定市场或者自己可以获得长期稳定的原材料能源供应、保证自己对项目设施的长期使用权等。

再进一步又可以具体划分为三类。

① 工程公司。为了在激烈的竞争中获得大型项目的承包合同，通常情况下工程公司都愿意提供项目的完工担保，有时甚至愿意为项目投资者提供一定的财务安排。

② 项目设备或主要原材料供应商。卖方信贷、出口信贷以及项目设备质量(运营)担保是项目设备供应商通常会提供的担保形式；而原材料供应商则主要以长期、稳定、价格优惠的供应协议作为对项目的支持，这类协议往往带有"无论提货与否均需付款"类型的合同性质，一般以"供货或付款"的形式出现。

③ 项目产品购买者或项目设施使用者。他们是从保障项目产品的市场的角度为项目融资提供一定的担保或者财务支持，一般是以长期合同或者预付款的形式出现，在能源、原材料工业和基础设施项目中应用广泛。

(3) 世界银行、地区开发银行等国际性金融机构。这类机构虽然与项目的开发并不存在直接的利益关系，但为了促进发展中国家的经济建设，一些对国家建设、经济发展方面有重要意义的项目有时可以成功地寻求到这些机构的贷款担保，并且这些担保有着与政府担保相同的作用，可以减少项目的政治和商业风险，增强贷款银行对项目融资的信心。

世界银行

世界银行集团目前由国际复兴开发银行(IBRD)、国际开发协会(IDA)、国际金融公司、多边投资担保机构和解决投资争端国际中心五个成员机构组成。总部设在美国首都华盛顿。这五个机构分别侧重于不同的发展领域，但都运用其各自的比较优势，协力实现共同的最终目标——减轻贫困。实际中常说的“世界银行”仅指国际复兴开发银行(IBRD)和国际开发协会(IDA)，其资金主要来源于各成员国的股金、向国际金融市场的借款以及发行债券和收取贷款利息，主要目标则是向发展中国家提供长期贷款和技术协助来帮助这些国家实现它们的反贫穷政策。世界银行按股份公司的原则建立，2010 年世界银行发展委员会春季会议 4 月 25 日通过了发达国家向发展中国家转移投票权的改革方案，这次改革使中国在世行的投票权从 2.77%提高到 4.42%，成为世界银行第三大股东国，仅次于美国和日本。在此基础之上，世界银行将能更好地按照对中国的《国别伙伴战略》为中国提供以下援助：促进中国经济与世界经济的融合；减少贫困、不平等和社会排斥；应对资源短缺和环境挑战；深化金融中介作用；加强公共部门和市场制度。

3. 商业担保人

商业担保人将提供担保作为一种盈利的手段和方式，在承担项目风险的同时要收取一定的担保服务费，主要是通过分散化经营来降低自己承担的各种风险。一般的商业保险人都由银行、保险公司或者一些专营商业担保的金融机构来担当。

商业保险人提供的担保服务基本上可以分为两类：一种类型是，商业保险人担保的是项目投资者在项目中或者项目融资中所必须承担的义务，这类担保人一般为商业银行、投资公司和一些专业化的金融机构，担保的表现形式通常为银行信用证或银行担保；而另一种则是为了防止项目意外的发生，一般由各种类型的保险公司来充当担保人。项目保险也是项目融资文件中不可缺少的组成部分，包括广泛的内容，从项目资产风险到项目的政治风险，对项目融资信用保证结构的构建起着重要作用。

（三）项目融资担保的范围

在项目融资的完整过程中，存在太多类型不同、属性不同、影响不同的风险，而项目担保并不能解决全部的风险问题，只能针对贷款银行最为关心的部分有侧重地加以解决，主要包括商业风险、政治风险、金融风险和不可抗力风险等。

1. 商业风险

商业风险是项目融资的主要风险类型，包括项目完工风险、生产成本控制风险、产品市场安排等组成部分。商业保险大多属于项目的核心风险，属于可控制风险。作为项目融资的贷款银行，对于这类可控制的商业风险就会特别地关注和在意，一般都要求项目投资者或者与项目利益有关的第三方根据项目具体情况和特点提供不同程度、不同形式的担保。

2. 政治风险

政治风险是贷款银行在项目融资中会格外关注的另一类型，尤其是在政治环境不稳定的国家开展投资活动时，就更加需要政治风险担保才有可能成功组织有限追索的融资结构。而在通常情况下，项目投资者自己是很难解决项目的政治风险问题的，往往就要寻求第三方对项目政治风险提供担保。项目所在国政府或者中央银行一般被视为最理想的政治风险担保人，但对一些被认为存在较高政治风险的发展中国家而言，由世界银行、地区开发银行、一些发达国家的出口信贷机构或者海外保险公司提供的政治担保可能会更加有利于项目融资的组织。近年来的一个新趋势是,有越来越多的商业担保公司也在寻求为项目融资提供政治风险担保,在某种程度上也起到了项目担保的作用,增强了项目的信用保证力度。

3. 金融风险

项目的金融风险主要是指由于一些项目投资者不能控制的金融市场的可能变化,例如汇率波动、利率变化、国际市场产品价格波动(特别是原材料能源价格上升、项目产品价格在国际市场的下跌)、通货膨胀因素、国际贸易保护主义等,对项目产生的消极影响。而在项目融资中金融风险的防范和分担是非常敏感的问题,也是有高技术含量的工作。例如只有在东道国金融市场较为完善的情况下,对于汇率和利率风险才可以使用套期保值、掉期、期权等金融衍生工具加以预防和分散。

4. 不可抗力风险

由于地震、火灾、洪水以及其他一些不可预见的因素而导致项目失败的一类风险就被称为不可抗力风险,或者称为或有风险。这类风险主要采用商业保险的方法加以规避,从而减轻损失。

(四)项目融资担保的类型

第一部分已经谈及项目担保可以分为物权担保和信用担保。物权担保的常见方式就是担保人将动产或者不动产抵押给债权人;而信用担保是担保人以法律协议的形式作出的承诺,依据这种承诺向债权人承担一定的义务,又可以进一步分为直接担保、间接担保、或有担保和意向性担保。而无论采用哪种形式的项目担保,担保方承担的责任都是有限的,这也是项目融资和传统融资的一个重要区别。

1. 直接担保

直接担保是项目融资中最普通的担保方式,往往只承担有限责任,即对担保金额或者有效时间加以限制。典型的有现金额直接担保,有在项目融资中经常使用的资金缺额担保和第一损失担保,其主要特点是在完成融资结构时就已事先确定了最大的担保金额,因而在实际经营中无论出现什么意外情况,担保的最大经济责任都可以被限制在这个金额范围之内。而项目在建设期和试生产期的完工担保是最为典型的在时间上加以限制的有限责任直接担保,通过提供这种类型的担保,项目投资者就可以以有限时间内的无限责任担保来避免或者减少长期的直接项目担保。

2. 间接担保

项目融资中的间接担保是指担保人以商业合同或者政府特许权协议的形式为项目提供的财务支持,而不再以直接的财务担保形式出现。对于贷款银行而言,这同样可以构成一种确定性的无条件的财务保证。

最常见的间接担保是以“无论提货与否均需付款”概念为基础发展起来的一系列合同形式,包括“提货与付款”合同、“供货与付款”合同、“无论使用与否均需付款”合同等。这类合同为项目产品提供了稳定的市场,保证了项目的稳定收入,从而也保证了贷款银行的基本利益。而以政府特许权协议作为强有力的间接担保手段则是 BOT 融资模式的重要基础之一。

3. 或有担保

或有担保是针对一些对于项目投资者而言不可抗拒或者不可预测因素所造成项目损失的风险所提供的担保。从所担保的风险性质角度可以将或有风险分为三类：第一类主要针对由于不可抗拒因素造成的风险，如地震、火灾、洪水等，这类风险虽然不是项目正常生产建设时必须面对的问题，但一旦发生就会给项目带来不可估量的损失，通常由商业保险公司为这类风险提供担保；第二类主要针对政治风险，因为政治风险对于项目投资者来说一般也具有不可预见性；第三类主要是针对与项目融资结构有关而且可能导致项目经济强度发生重大变化的一些项目环境风险。例如，以税务结构为基础建立起来的杠杆租赁融资模式中，贷款银行的很大一部分收益来自项目的税务优惠，而一旦政府对税收政策做出了不利于杠杆租赁结构的调整，就会减少贷款银行的利益甚至可能损害到项目融资结构的基础。

4. 意向性担保

在严格的法律意义上，意向性担保并不是一种真正的担保，因为这种担保并不具备法律意义上的约束，仅仅表现出担保人有可能对项目提供一定支持的意愿。意向性担保不需要在担保人公司的财务报表中显示出来，因而受到担保人的偏爱，在项目融资中应用广泛。也正因为它的普遍使用，目前国家对意向性担保所要承担的法律责任的规定有着越来越严格的发展趋势。

意向性担保经常采用的一种形式是支持信，有时也称安慰函，通常由项目公司的控股公司或者项目所在地政府机构写给贷款银行，表达它对项目公司及项目融资的支持，以此作为对项目融资财务担保的替代。其最显著的特征是条款一般不具有法律约束力，只是一种道义上的约束。但由于这关系到担保人自身的资信，因而有实力的担保人一般不会违背自己在支持信中的诺言。它所起到的担保作用在本质上是由提供支持信的机构性贷款银行做出的一种承诺，保证会向项目公司施加影响以确保后者履行自己对贷款银行的债务责任。除了支持信之外，合资项目各方之间的相互制约和相互支持的关系也是贷款银行为项目融资寻求意向性担保的一种手段，例如在非公司型合资结构中，项目投资者之间的“交叉担保”责任对于贷款银行而言就构成了项目融资意向性担保的一项重要内容。

本章小结

1. 项目融资作为一种新型的项目资金筹集方式，是一种利用项目未来现金流量作为担保条件的无追索权或有限追索权的融资方式。与传统融资方式相比，其基本特点可以归纳如下：项目导向性、非公司负债型融资、无追索权或有限追索权、风险分担、担保结构多样化、融资成本较高。

2. 在风险管理复杂、结构设计严谨的项目融资中，参与融资并发挥作用的利益主体也比传统融资方式要多，主要参与者包括项目实际投资者、项目直接主办人、项目贷款银行、项目产品购买者或者项目设施的使用者、项目建设的工程公司/承包公司、项目的设备能源和原材料供应商、项目融资顾问、项目管理公司以及有关政府机构。

3. 一般来说,项目融资的过程大致可以分为五个阶段:投资决策分析阶段、融资决策阶段、融资结构分析阶段、融资谈判阶段和执行阶段。

4. 项目融资的风险分析包括风险识别——从不同角度进行风险划分后的定性分析,以及风险评价——利用净现值法和敏感性分析法进行的定量分析;项目融资的风险管理的内容包括核心风险管理和环境风险管理,步骤则为正确地判断可能产生的风险以及风险管理的实施。

5. 项目融资的投资结构设计是指在项目所在国的法律、法规、会计、税务等外在客观因素的制约下,寻求一种能够最大限度地实现各个投资者目标的项目资产所有权结构。目前,主要采用的投资结构形式有公司型合资结构、合伙制结构、非公司型合资结构以及信托基金结构。投资结构的不同设计会在对项目现金流量的控制、项目决策程序的控制以及项目资产处置权的控制等方面存在重大差异,这些差异会对项目融资的整体结构设计产生直接影响。

6. 融资结构是项目融资的核心部分,设计项目的融资结构也是作为融资顾问的投资银行的重点工作之一。目前,普遍采用的一些融资结构模式包括:由投资者直接安排项目融资模式、投资者通过项目公司来安排项目投资模式、以"产品支付"为基础的项目融资、以"设施使用协议"为基础的项目融资模式、以"杠杆租赁"为基础的项目融资模式、BOT 和 PPP 项目融资模式以及 ABS 融资模式等。

7. 项目融资区别于传统的公司融资的一个特点表现在融资渠道的多样性和资金来源的丰富性上。项目融资的资金选择主要是决定项目中股本资金、准股本资金以及债务资金的比例、形式及相应来源,设定合理的资金构成比例、选择恰当的资金形式,既可以减少项目投资者自有资金的直接投入,又可以提高项目的综合经济效益。

8. 除了项目本身的经济强度、现金流情况之外,来自项目之外的各种直接、间接、或有甚至意向性担保也是项目融资安全性的重要组成部分,因此信用保障结构的设计也是项目融资的重要组成部分。项目融资的担保可以由项目的投资者提供,也可以由与项目有直接或者间接利益关系的第三方以及商业担保人提供,担保范围主要包括贷款银行最为侧重的商业风险、政治风险、金融风险以及不可抗力风险。

思 考 题

1. 什么是项目融资?它有哪些特点?

2. 项目融资的参与者有哪些?各自发挥着怎样的作用?其中,投资银行主要扮演怎样的角色?

3. 项目融资会涉及哪些风险?又有什么样的应对、解决途径?

4. 比较四种普遍采用的投资结构的异同点。

5. 试述不同的项目融资结构模式的主要内容和特点。

6. 项目融资的资金结构设计主要是解决什么问题?

7. 项目融资的担保人包括哪些?可以提供哪些形式和类型的担保?

参考文献

[1] 李春好，曲九龙．项目融资[M]．北京：科学出版社，2009.

[2] 田美玉，鲍静海．投资银行学[M]．南京：东南大学出版社，2005.

[3] 杨德勇，石英剑．投资银行学[M]．北京：中国人民大学出版社，2009.

[4] 赵智文，马晓军．投资银行学[M]．北京：科学出版社，2008.

[5] 何小锋，黄嵩．投资银行学[M]．北京：北京大学出版社，2008.

[6] 张欣玉．浅议项目融资[J]．企业导报，2011(6)：139-140.

[7] 姚璐．项目融资发展综述[J]．科技情报开发与经济，2007(4)：139-141.

[8] 姜永铭，史闻东．项目融资在大型住宅房地产开发中的应用[J]．技术经济与管理研究，2013(8)：74-79.

[9] 马应超．创新政府投融资机制[J]．财会研究，2013(6)：1.

[10] 周平．项目融资及其风险问题研究[J]．河南科技，2011(13)：46-47.

[11] 张刚．项目融资模式研究文献综述[J]．现代商贸工业，2009(13)：118-119.

[12] 孟宪超．BOT 与 PPP 项目融资模式的实证分析[J]．水电与新能源，2012(1)：70-73.

[13] 曹君丽．金融支持城镇化建设模式研究——基于公司合营(PPP/PFI)项目融资的视角[J]．技术经济与管理研究，2013(1)：107-110.

[14] 张勇，郝寿义．应用 PPP 融资模式促进城市基础建设发展[J]．生产力研究，2004(11)：56-58.

第十章 风险投资

本章主要介绍了风险投资的基本概念、特点和组织形式，风险投资从投入到退出的运作流程，剖析了风险投资中的各种可能风险，阐述并讨论了投资银行在风险投资中的作用。

第一节 风险投资的基本概念

一、风险投资的发展历史

风险投资起源于美国的19世纪末期，当时美国一些私人银行通过对钢铁、石油和铁路等新兴行业进行投资获得了丰厚的回报。1946年，美国哈佛大学教授乔治·多威特(George·Doriot)和一批新英格兰地区的企业家成立了第一家具有现代意义的风险投资公司——美国研究发展公司，从而开创了现代风险投资业的先河。通过近70年的发展，美国已成为当今世界上风险投资最为发达、相关法律制度最为完备的国家。

风险投资在20世纪50年代以前的发展比较缓慢，真正兴起是从20世纪70年代后半期开始的。1973年伴随着大量小型合伙制风险投资公司的出现，全美风险投资协会宣告成立，为美国风险投资业的蓬勃发展注入了新的活力。同时，这一时期计算机、生命科学等高科技领域的快速发展引发了对风险投资的巨大需求，并且证券市场的持续繁荣也营造了有利于风险投资行业发展的有利环境。风险投资在经历了80年代短暂的低迷之后，进入90年代以来，由于信息网络、生物工程、医疗卫生等行业蓬勃发展，呈现出极大的活力，得到了持续的增长。特别是NASDAQ市场的引入，给风险投资的退出提供了良好的渠道。美国许多著名的高科技企业如微软、英特尔、苹果、雅虎、亚马逊等公司在发展的初期都有风险资本的扶持，风险投资为这些企业的超常规发展提供了巨大的推动力。

风险投资是将高新技术和资本融合在一起的金融创新，风险投资促进了科技创新体系的建立和完善、促进了产业结构和经济结构的调整、完善了企业融资体系和优化资本配置、提供了大量的就业机会并增加了国民财富。风险投资的重要作用，已经被人们所普遍认同。

二、风险投资和风险投资基金的含义

风险投资(venture capital)又称创业投资，广义的风险投资泛指一切具有高风险、高潜在收益的投资；狭义的风险投资是指以高新技术为基础，生产与经营技术密集型产品的

投资。根据美国全美风险投资协会 NVCA 的定义，风险投资是由职业金融家投入新兴的、迅速发展的、具有巨大发展潜力的企业中并为之提供专业化经营服务的一种权益性资本。风险投资的内涵不仅是创业资金的问题，本质上是对高新技术产业化的支持系统，是科研、创业和金融的有机结合。

风险投资根据组织程度的不同可以划分为三种形态：①个人分散性的风险投资，又称天使投资，此类投资由个人分散地将资金投资于创业企业，或者通过律师、会计师等非职业性投资中介将资金投资于创业企业，这类投资始于 19 世纪末。②非专业管理的机构性风险投资，一些控股公司、保险公司等非专门从事风险投资的机构，以其部分资本投资于创业企业，这类投资始于 20 世纪前叶。③专业化和结构化管理的风险投资，即所谓的风险投资基金，它与前两类创业投资的本质区别是，风险投资基金是由专业化的风险投资经营机构管理，基金规模大，可以开展多元化投资分散风险，提高了基金的运作效率。

值得注意的是，风险投资基金（VC）与私募投资基金（PE）虽然都是对上市前企业的投资，但是两者在投资阶段、投资规模、投资理念等方面有很大的不同。VC 一般投资于企业发展的早期阶段，但是并不排除中后期的投资，而 PE 的投资对象侧重于商业模式成熟的企业，主要为拟发行上市的公司；VC 强调高风险高收益，既可以进行长期股权投资并协助管理，也可以短期投资寻找机会出售，而 PE 一般是协助投资企业完成上市后套现退出。

风险投资基金作为风险投资的一种形式，投资银行作为经营管理风险投资的专业机构，投资银行参与风险投资基金有两种方式：其一，作为创业基金的中介服务机构，主要业务是为风险投资基金提供融资服务，负责出售风险投资基金，或者作为第三方监管风险投资基金的经营管理；其二，投资银行自行发起成立风险投资基金，直接参与风险投资业务。

阅读材料 10-1

天使投资人

天使投资人一词源于纽约百老汇，特指富人出资资助一些具有社会意义演出的公益行为。对于那些充满理想的演员来说，这些赞助者就像天使一样从天而降，使他们的美好理想变为现实。后来，天使投资被引申为一种对高风险、高收益的新兴企业的早期投资。相应地，这些进行投资的富人就被称为天使投资人。

三、风险投资的特点

风险投资是由资金、技术、管理、专业人才和市场风险等要素组成的高风险投资活动，风险投资主要具有以下特点。

(1) 多采取权益型投资方式，较少涉及债权投资。风险投资基金是一种私募的权益投资方式，主要通过非公开方式面向少数机构投资者或个人募集，这意味着风险投资基金是权益基金而不是借贷资金，其着眼点并不是投资对象短期的盈亏，而在于投资对象的发展前景和价值提升，以通过上市、并购和出售的方式获得高额回报。另外，私募的投资方式使销售和赎回都是基金管理人通过私下与投资者协商进行,在投资方式上也是以私募形式进行,绝少涉及公开市场操作,一般无须披露交易细节。

(2) 多关注新技术行业的创业型企业和研发型企业。当然,选择投资对象不仅基于企业的技术背景,而且还依靠创业者的管理能力。

(3) 投资期限相对较长。一般可达 3~5 年或更长,属于中长期投资。

(4) 风险投资的单项成功率低,单项回报率高。一般来说,风险投资每 10 项中,往往有 2 项是彻底失败的,损失全部投资;有 3 项是部分损失,有 3 项是不盈不亏的,只有 2 项是能够成功的。不过一旦成功,其投资收益将会非常丰厚。这也体现了风险投资的特点:高风险、高收益。

(5) 风险投资选择的是参与管理型的投资方式。风险投资不仅向投资对象提供资金,而且还以其经验、知识和信息,协助创业企业管理人员管理企业,在战略、财务、营销等方面提供增值服务。

正是由于风险投资是一种权益资本,不是借贷资金,因此,风险投资基金与一般融资有着很大的差别。详见表 10-1。

表 10-1 风险投资与一般金融投资的比较

	风险投资	一般金融投资
投资对象	新兴的、迅速发展的、具有巨大竞争潜力的企业,主要以中小企业为主	成熟的传统企业,主要以大中型企业为主
投资方式	通常采取股权式投资,所关注的是企业的发展前景	主要采取贷款方式,需要按时偿还本息,所关心的是安全性
投资审查	以技术实现的可能性为审查重点,对技术创新和市场前景的考察是关键	以财务分析和物质保证为审查重点,有无偿还能力是关键
投资管理	参与企业的经营管理和决策,投资管理严密,是合作开发关系	对企业的运营有参考咨询作用,一般不介入企业决策系统,是借贷关系
投资回报	风险共担,利润共享,企业若获得巨大发展,可转让股权收回投资	按贷款合同期限收回本息
投资风险	风险大,投资的大部分企业可能失败,但一旦成功,收益足以弥补全部亏损	风险较小,到期如收不回本息,除追究经营者责任外,所欠本息不能豁免
人员素质	懂技术、管理、金融和市场,能进行风险分析和控制,有较强的承受力	懂财务管理,不要求懂技术开发,可行性研究水平较低
市场重点	未来潜在市场,难以预测	现有成熟市场,易于预测

四、联合风险投资

联合风险投资,是指多个风险投资机构共同投资于某一风险企业,是一种风险投资公司间的战略联盟形态。目前,联合风险投资在业界具有一定的普遍性,在国外实践中,欧洲约有 30%、美国和加拿大约有 60%的风险投资案例采用的是联合投资方式[①]。这种投

① Casamatta C, Haritchabalet C. Experience, screening and syndication in venture capital investments[J]. Journal of Financial Intermediation, 2007,16(3): 368-398.

资形式的产生与发展对创投行业的发展有着重要意义，因为它可实现投资者之间在资金、人才、经验等方面的互补，解决单个投资者面临的资源不足问题。这种资源观的思想基础来自战略联盟理论中的资源基础理论，它以成员异质性为分析起点，将联合投资视为具有资源相互依赖性的风险投资公司间所实现的一种互补性联合，每家风险投资公司都会倾向于与那些具有自己所没有资源的伙伴进行合作，形成紧密的社会网络支持，分散投资者面临的投资风险。另外，联合投资还能够增强所投资股权的流动性，为退出项目提供便利；联合投资能使投资企业在短期内改善财务表现，以增强募资时的吸引力；联合创投还是一种合作策略下的博弈，可以缓解道德风险问题。

联合投资合作伙伴的选择受到合作伙伴财务状况、资源特征、投资风格、公司声誉等因素的影响，具体内容如表 10-2 所示。合作伙伴的选择作为建立联合风险投资利益共同体的第一步，是联合风险投资动态战略联盟建立的基础和关键环节。因此，慎重地选择合作对象将是这一特殊联盟顺利发展的前提条件，也是风险投资成功与否的关键因素。

表 10-2　联合风险投资合作伙伴选择的影响因素及其描述

影响因素	因素描述
财务特征	财务特征是指选择合作伙伴的时候，需要考虑对方的财务状况，即经济实力。只有达到相应的实力，才可能成为联合投资的候选对象，同时，由于实际运作中通常会分阶段对创业企业进行投资，选择资金实力雄厚的合作伙伴，有利于后续阶段的进一步投资，并减少重新寻找合作伙伴带来的成本
资源与互补性	诸如人力资源、社会网络、管理能力、技术支持等资源的获取是联合投资的主要动机。风险投资机构为了提高被投资企业的价值，需要根据拟投资企业的特点，联合那些具有互补性资源的风险投资机构共同投资，才能提高协同效率
声誉与信任	主导型投资者是联合投资中的关键性角色，它一边连接着创业企业，一边连接着跟随者型投资者，必然要求其在风险投资联盟中拥有强大的公司声誉，同时也要求跟随者需要有良好的公司声誉。良好的信任关系是双方合作的基础，也是决定合作成功的关键因素
投资风格	投资风格即不同的投资公司在投资阶段、投资方式、领域等方面的偏好。如果联盟间的投资风格差异较大，将起不到联合投资资源整合和价值创造的实际作用，有时反而会由于相互矛盾而降低效率
投资阶段	对处于不同阶段的创业企业进行联合投资时，风险投资机构对合作伙伴的要求也不同。对处于创业前期的企业投资时，投资者倾向于与声誉卓著的风险投资公司联合；在对成长后期的创业企业进行联合投资时，这种倾向性就会降低。这是因为在创业前期，对投资者的决策能力要求更高，与著名投资机构的联合能够更好地满足这种要求，在创业后期，这种要求就会降低

* 资料来源：王雷. 联合风险投资合作伙伴的选择[J]. 统计与决策，2011(7).

五、风险投资的功能

风险投资对高新技术产业的发展具有强大的支撑作用。风险投资机构汇集了各方面的专家，包括金融专家、技术专家、财务专家、企业管理专家和法律专家等，可以适应项目评估、企业咨询和参与企业管理的需要。此外，风险投资机构以减少和分散风险为取向，通过严格的项目选择和项目执行过程管理，辅之以强化的技术和市场预测，这些都有助于减少企业的技术风险、市场风险和经营管理风险，从而降低高新技术产业化过程的风险损失,具体表现如下。

(1) 风险投资机构可以采取各种各样的融资方式,大量吸纳社会余资,填补了高技术产业化环节中巨大的资金缺口,对高新技术成果转化有着较强的催化作用。

(2) 由于风险投资机构一般都拥有庞大的资金规模和丰富的投资经验,能够弥补多为技术专家出身的创业企业家在资本与管理方面的不足。

(3) 风险投资对于区域产业集群的形成和经济转型升级有着重要的推动作用。以美国硅谷为例,据保守估计,现在活跃在硅谷的风险资本大约在千亿美元左右。与此类似,英国剑桥高技术产业集群的形成,除剑桥地区拥有雄厚的教育和科研力量外,该地区比较成熟的风险投资机制也发挥了重要作用。剑桥高技术产业集群的风险投资主要有三种类型:风险资本投资、公司风险投资和天使投资。这三种类型的风险投资形成互相补充的风险资金供给格局,拥有多层次的投资体系,满足了剑桥地区不同阶段创业企业的资金需求及综合服务。

风险投资业在我国起步相对较晚,1985 年"中国新技术创业投资公司"的成立标志着中国风险投资业的开始。虽然经过近 30 年的发展已经取得了一些经验和成绩,并逐步为人们理解、被社会接受,但仍存在很多困难和问题。例如,风险投资真正对高新技术企业的支持并不多,主要投资对象是一些中小企业的"短、平、快"项目,项目技术层次较低,因此,它还不是典型意义上的风险投资;相对于高新技术产业化的巨大资金缺口而言,目前投资公司数量仍然较少,资金实力偏小,能够得到投资公司资助的项目不多,影响力有限。为使风险投资业真正成为扶植高新技术创业发展的金融杠杆,必须加快建立和完善中国的风险投资体制机制。包括完善我国的风险投资机制,需要制定完善的法律体系,规范行业发展;设立引导基金扶持中小企业发展,为初创期企业提供所需的人才、资本及管理上的增值服务;鼓励风险投资人才的培养及引进,能够大大缩短与国际风险投资经验上的差距。总之,一旦高新技术与风险投资进行有机结合,就能极大地加强我国企业的科技水平和国际竞争力,掌握国际竞争的主动权。

阅读材料 10-2

以色列风险投资的概况

以色列自 20 世纪 90 年代政府设立引导基金至今,风险投资行业得到了蓬勃发展,成为促进经济增长和推动科技创新的重要引擎。

以色列本土风险投资始于 20 世纪 80 年代,囿于以色列政府对经济干预较多、金融管制严格,风险投资发展缓慢。从 90 年代起,随着以色列政治和安全环境的改善,政府大力推动经济改革,并逐渐认识到发展风险投资的意义。

1992 年,政府投资 1 亿美元设立 YOZMA 风险投资基金,并建立国有独资的风险投资公司进行管理。为了发挥引导基金的作用,以色列政府引入国际知名的风险投资公司,采用有限合伙的形式设立了多个子基金。子基金规模为 2 000 万美元,其中以色列持股 40%,来自欧美的投资方持股 60%。以色列政府承诺不干预基金运作,并与投资方共担风险。如投资失败,政府承担损失;如投资获益,政府将所持股份按原始价格出让给投资方，实现资金撤出。

通过有效引导，最初设立的10只风险投资基金全部获益。政府也于1998年通过拍卖和转让股份的方式撤出全部国有资本，完成了YOZMA风险投资基金的私有化改革，政府则将重心转向政策支持和投资环境建设方面，建立了以色列风险投资市场开放竞争和法律保障的良性机制，逐渐形成了本土投资机构和境外投资机构“百花齐放”的局面。

进入21世纪以来，以色列的风险投资逐渐成为以色列经济发展的重要引擎，促进了科技成果日新月异、中小企业充满活力、金融资本市场健康发展的局面。虽然两次受到全球经济环境下滑带来的影响（分别是2000年全球高科技产业泡沫破裂和2008年以来的金融危机），以色列风险投资仍然保持了健康发展的态势，并形成了自己的特色。2003年到2012年10年间，以色列本土风险投资基金募资总规模达67.7亿美元。

第二节　风险投资基金的组织形式

一、风险投资的两种组织形式

风险投资的内在机制是影响其功能的主要因素之一。风险投资基金主要可以分为合伙制和公司制两种形式，每种形式都有其各自的特点。

（一）合伙制

1. 合伙人的构成

合伙制是指在有一个以上的合伙人承担无限责任的基础上，允许其他合伙人以出资额为限承担有限责任的经营组织形式。这是一种灵活的企业组织形式，既具有合伙经营上的独立性和灵活性，又具备有限责任公司的特点。有限合伙企业的最大特征就是通过构建一套有效的激励机制和约束机制来保护风险投资者的合法利益和对风险资本家进行激励。合伙制是欧美日风险投资的主要形式。

合伙制风险投资基金通常包括两类合伙人：有限合伙人（limited partner，LP）和普通合伙人（general partner，GP）。有限合伙人是风险投资基金的投资者，他们提供了投资基金总额的99%，但是一般只获得75%～85%的投资收益，同时承担的责任仅以其在基金中的出资额为限。有限合伙人主要是富有的个人、银行、保险公司、养老基金等。普通合伙人是风险投资家，他们既是风险投资基金的资本供给者，也是基金的管理人员，普通合伙人的出资额至少占基金总额的1%，他们主要的专长是专业知识、管理经验和风险投资能力。如果风险投资资不抵债，普通合伙人会承担无限责任，由于这个原因，普通合伙人的收益要远高于其出资比例。有限合伙人和普通合伙人的区别具体如表10-3所示。

表10-3　有限合伙人和普通合伙人的区别

	出资比例	管理权限	承担责任	风　险	分配比例
有限合伙人	99%左右	不参与	有限责任	小	80%左右
普通合伙人	至少1%	负责管理	无限责任	大	20%左右

2. 合伙制的经济理由

合伙制风险投资基金的普通合伙人数量少、结构简单、运作效率高、易于观测。有明确的报酬条款：管理费1.5%～3%，利润提成20%～30%，有助于筛选风险投资家。一般适用于法律规范、政府支持、金融市场发达的环境。

选择合伙制风险投资基金的经济理由有下列几项。

① 合伙制有效解决了投资者和管理者之间的委托代理问题。

② 合伙制能够提高决策效率。

③ 合伙制能够享受税收优惠。

④ 合伙制可以不必披露信息，减少了信息披露的风险和成本。

但是合伙制风险投资基金在具备优点的同时，也存在着缺陷：合伙制风险投资基金的稳定性差，有限合伙人可以随时撤资，并且资金募集对象的要求较高，筹集的资金有限。

3. 合伙制的约束

对于绝大多数风险基金的投资者来说，他们不具备像风险投资家那样的金融理论和投资经验，风险投资家在投资运作的过程中很可能会出现他们与投资者之间的信息不对称问题，容易引发道德风险，严重威胁投资人的利益，所以对其约束是必要的。有限合伙人可通过分期投入的预算约束机制、保留退出权机制、提前终止合伙关系或更换管理合伙人机制、规定信息披露制度和定期评估制度等对管理人进行有效约束和监督。具体包括有限合伙人对普通合伙人的限制性条款、风险投资基金向管理人支付的管理费和对管理人的激励约束。其中，限制性条款主要包括与基金的全面管理有关的限制性条款和与普通合伙人有关的限制性条款。

（1）与基金管理有关的约束条款

① 对单个创业企业投资总额的限制。因为业绩报酬作为一种类似于期权的激励机制很容易对普通合伙人产生负面影响，使其过度冒险不断追加投资挽救业绩较差的投资项目，但是一旦亏损，后果皆由有限合伙人承担。为解决这一问题，有限合伙协议往往规定普通合伙人对任何一个项目的投资金额不得超过基金资本总额的一定比例。

② 对基金负债水平的限制。就普通合伙人来讲，他们总是希望通过杠杆负债来提高基金的财务收益。举债虽然可能会提高基金的收益率，但往往也会增加有限合伙人的投资风险。因此，合伙协议常常规定基金对外举债不得超过基金资本的一定比例。

③ 对关联性投资的限制。当同一个普通合伙人管理两个或两个以上的基金时，普通合伙人就可能通过关联投资从事机会主义行为，从而损害其管理的其中一个基金投资者的利益。因此，该类投资必须经过大多数有限合伙人的审查或经过基金投资顾问委员会的批准。

④ 对投资收益进行再投资的限制。通常情况下普通合伙人应将已经实现的投资收益及时分配给投资人。但普通合伙人倾向于将已实现的投资收益进行再投资，这样做往往可以提高其固定管理费和业绩报酬，因此协议往往规定普通合伙人用已实现的投资收益进行再投资应经过大多数有限合伙人或基金投资顾问委员会的同意。

（2）对普通合伙人行为的限制

① 限制普通合伙人以个人资金对基金项目投资。当普通合伙人以个人资金投资于

某个项目时，他们就会很自然地对这些企业投入过多的精力，而当这些企业遇到困难时却舍不得及时撤出。

② 限制普通合伙人出售其在有限合伙中的权益。基金通常有较长的存续期，且通常约定普通合伙人只有在有限合伙人收回全部投资额及约定的收益后才能参与基金投资收益的分配，而普通合伙人一旦将其所持基金份额出售，其管理基金的动力将迅速弱化。因此，协议通常禁止普通合伙人出售其基金权益或约定须经过多数有限合伙人的同意才能出售。

③ 限制普通合伙人募集新的基金。募集新的基金会增加管理人管理费收入和业绩报酬收入，但会减少普通合伙人对原有基金的关注程度。

④ 限制普通合伙人投资以外的活动。过多的外部活动会减少普通合伙人对基金投资与所投资企业的关注。

⑤ 限制增加新的普通合伙人。通过吸引一些经验不够丰富的普通合伙人加入创业投资基金，普通合伙人的压力将会减轻，但基金的管理质量则可能会下降。

(3) 管理费和薪酬激励

风险投资基金的投资对象主要是未上市的创业企业，这些企业规模比较小，是否能运作成功具有较高的不确定性，而且创业企业家与投资者之间存在严重的信息不对称。风险投资成功与否在很大程度上依靠普通合伙人的专业知识、技能、经验及独特的眼光，也就是说，普通合伙人的人力资本在其中起了非常关键的作用。因此，对薪酬条款的设计和约定有着激励普通合伙人勤勉尽职的作用。

在有限合伙协议中通常规定普通合伙人的薪酬包括两部分：一部分是固定的管理费，其标准通常是普通合伙人实际管理资本总额的1.5%～3%，这部分费用通常用于普通合伙人管理基金的日常支出如房租、差旅费、工资等；另一部分是可变的业绩报酬，是普通合伙人分享的部分投资收益，其数额通常为基金投资收益的20%左右。普通合伙人只需投入相当于基金资本总额的1%就可以获得20%左右的基金投资收益，这种分配架构是一种长期的激励机制，使得普通合伙人全身心地投入工作，实现基金投资价值的最大化。

（二）公司制

公司制是以有限公司或者股份公司的形式成立的风险投资公司。公司制的风险投资基金承担有限责任，股权可以自由转让，具有法人资格。但是采用公司制的风险投资基金存在一些问题，如代理问题，经理人与投资人利益不能很好地协调；风险投资基金若上市则难以协调高风险经营与信息披露之间的矛盾等。正是由于这些原因，这种组织形式的创业投资在欧美已并不常见，不过，在我国大陆及台湾地区却较多，主要是因为大陆的风险投资法律体系尚未完善，而台湾地区则规定只有股份公司才能享受其给予的优惠政策。

二、我国风险投资的组织形式讨论

我国风险投资行业普遍存在的风险投资组织类型有国有独资公司、多元化投资主体的风险投资公司、信托投资公司和有限合伙制风险投资基金。下面具体阐述各种组织类型在我国的发展情况。

(1) 国有独资公司。国有独资公司在成立之初便设定了许多限制投资的条款，项目也多为领导指定，在领导指定的范围内筛选，所招聘的项目经理的收入没有与经营业绩挂钩，缺乏调动项目经理的积极性。由于缺乏相应的激励和约束机制，容易造成寻租现象。

(2) 多元化投资主体的风险投资公司。多元投资主体的方式汇集了政府资本、产业资本、金融资本以及民间资本。多元化投资主体的风险投资是我国风险投资业的一种探索。一般来说，如果对风险投资项目很有信心，则会以普通股投资；若对此项目不是很有信心，则以优先股投资。这类多元投资主体的形式，同样存在缺乏约束和激励的问题。

(3) 信托投资公司。信托投资公司并不直接投资，而是作为风险投资的中介赚取中介费用，组织民间投资人进行投资，这样就可能导致公司为了赚取大量的中介费用而选取了鱼目混珠的投资项目，但是这又会使公司的声誉受到影响、公司的管理陷入矛盾。

(4) 有限合伙制风险投资基金。在国内，有限合伙制风险投资基金尚无完善成熟的法规，有限合伙制能够鼓励创业精神，培育效率企业的成长，并且可以避免联营或者借贷产生的纠纷，规范风险投资的合法渠道。

根据我国的风险投资现状，应该进行一些理论和组织上的探索：机构投资者参与风险投资基金作为普通合伙人，可以解决风险投资家资产过少和信誉不足的问题；基金资产由银行托管，使基金管理人和基金托管人形成相互制约的关系，避免由于乱集资导致的投资欺诈问题。总之，从风险投资有限责任公司向有限合伙制的过渡是一个复杂的过程，需要国家法律的不断完善和风险投资行业自身的不断探索。

第三节　风险投资的运作流程

风险投资的运作过程中一般涉及风险资本投资者、风险投资家、风险企业以及退出市场四方，这四方之间的相互关系可以参见图 10-1。

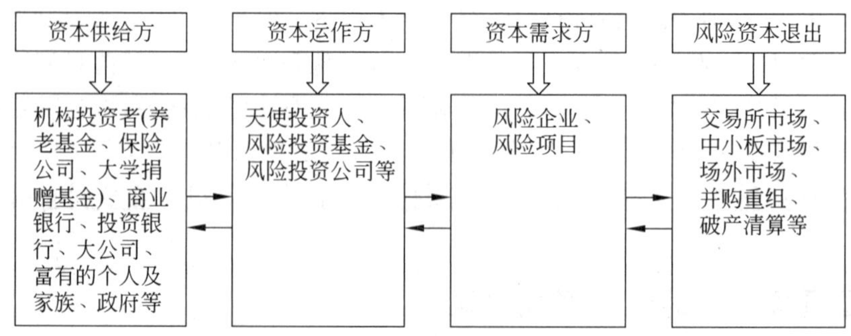

图 10-1　风险投资资本运作机理

风险投资的运作流程包括以下四个基本阶段：融资阶段、项目筛选阶段、管理阶段和退出阶段。具体的风险投资运作流程可以见图 10-2。

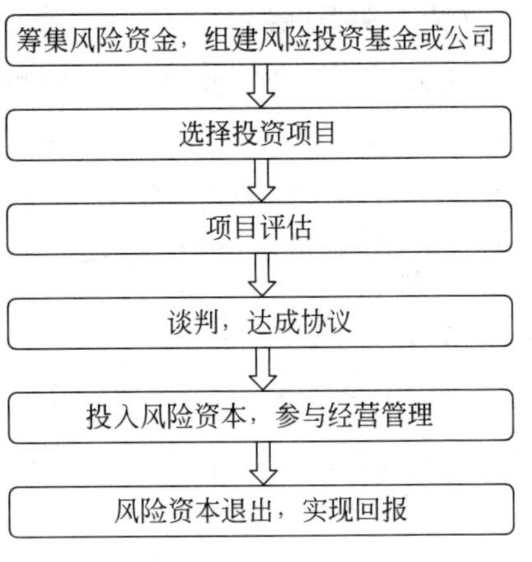

图 10-2 风险投资运作流程

一、融资阶段

这个阶段主要是解决钱从哪里来的问题。风险投资基金的出资人主要包括机构投资者(养老基金、保险公司、大学捐赠基金)、商业银行、投资银行、大公司、富有的个人及家族、政府等。

(一) 机构投资者

机构投资者资金实力雄厚，而且具有长期投资的意愿和动机，在国外一直是风险投资的主要提供者。

养老基金是发达国家风险投资基金最重要的来源，约占风险投资基金的一半左右。一般来说，养老基金的投资理念比较保守，一方面受养老基金经营者的低风险偏好的影响；另一方面受政府法规的约束，但是风险投资显现出的高获利能力还是吸引了投资者的注意，使养老基金成为风险投资基金的主要来源。但是风险投资基金在养老基金总额的比例还是很低的(通常为 5%以下)，体现了基金经营者保守的理念和法律的约束。

(二) 大型公司

大型公司的资金目前在美国的风险投资基金构成中占第二位。大型公司介入风险投资有许多优点：通过内部的风险投资可以获得技术窗口和并购的候选目标，并且风险企业还可以获得大型企业的营销、管理和技术等多方面的支持。大型公司参与风险投资主要是出于自身的战略目标考虑，为企业寻找新的增长点。

(三) 私人投资者：富有的家庭和个人

风险投资中的私人投资者一般对风险投资认识较为深刻，是对风险较为偏好的群体。他们中的有些人自身就是风险投资的经理；有些是以前的创业家，曾受到风险投资的支持而从自己的企业中获得了巨大的回报，由于他们在某一领域的强烈兴趣和了解，希望用自己的资金投入同行业或相关行业的其他风险企业。个人和家庭是发达国家第三位的风险投资基金来源。

(四) 银行

金融机构曾经是风险资本的重要来源，但是随着机构投资者进入风险投资市场，其重要性在逐渐下降。商业银行虽然是大量闲散资金的主要集中地，但是商业银行的谨慎特性使其不可能成为风险投资的主要提供者。

(五) 政府(国家资本)

出于产业政策、宏观经济的考虑，政府会给予风险投资一定的扶持，包括直接投资、财政担保、低息贷款等。对于风险投资事业处于发展阶段而且风险资本严重不足的发展中国家和地区而言，政府的支持是风险资本的重要组成。

（六）外国资本

从风险投资发展的伊始，风险投资就具有国际化的特点。发达国家在外资流入方面的优势，吸引了大量的外国投资参与风险投资。随着经济全球化的浪潮，发展中国家和地区正吸引着越来越多的外国资本，美国的一些著名的风险投资公司也纷纷在中国等新兴市场设立机构，抢占市场。

二、项目筛选阶段

在募集完风险资本后，开始进入风险投资的项目筛选阶段。这个阶段主要是解决钱到哪里去的问题。这个阶段主要进行风险投资项目的筛选、评价并做出投资决策。

选择投资项目是确保风险投资成功的最关键的步骤之一。因此，选择什么样的项目或公司进行投资是风险投资者最为关心的问题，同时也是衡量投资家眼光和素质的重要指标。风险投资项目的产生不是问题，最难的是怎样才能找到真正好的项目。找到好项目的重要方法是建立多渠道的项目源，形成充分的项目流。目前来说，风险投资可以通过发布项目指南或是风险投资网络的推荐等方式收集风险项目。

每家风险投资公司都有自己的一套项目筛选标准。一般来说，风险投资者在分析某个投资建议是否可行时，要对投资规模、投资行业、发展阶段、市场和管理这几个方面进行全面分析。

（一）投资规模

考虑到风险投资基金培育投资对象都需要花费一定的时间和成本，为此，风险投资基金一般不会大量投资小额的创业项目，同时，为了规避风险，一般也不会只投资于一两个创业企业。因此，风险投资基金一般都规定了对风险投资的最高和最低金额，其投资金额的大小取决于创业企业所处的行业和基金的规模。通常，风险投资基金把每个投资对象的投资规模控制在资本总额的10%，换句话说，平均每个基金投资于10个风险企业。对于超额而又值得投资的创业项目，风险投资基金会选择和其他基金一起进行联合投资。

（二）投资行业

风险投资基金的管理人员一般都是对某个行业有特殊的了解，有些管理人员原来就是该行业的技术人员。因此，风险投资基金一般选择投资其所熟悉的行业以确保投资的专业性和安全性。同时，很多风险投资基金的限制性条款也禁止基金管理人员投资他们陌生的行业。

（三）发展阶段

根据企业的发展周期理论，通常可以将创业企业分为五个阶段：种子期、创立期、成长期、扩张期和获利期。风险投资可以参与风险创业企业的不同阶段，并且每个阶段所需要的资金的性质和规模都不同。表10-4列出了风险企业在不同发展阶段的特征和对风险投资的需求。

表 10-4　风险企业在不同发展阶段的特征

阶　段	种子期	创立期	成长期	扩张期	获利期
风险企业状态	概念、计划	生产、运作	销售	赢利	增速放慢
风险大小	极高	很高	高	一般	低
风险资金用途	开发、试产	市场营销	扩产促销	增长利润	上市并购
投资年限	7～10 年	5～10 年	3～7 年	1～3 年	1～3 年
投资工具	自筹、天使	优先股	优先股、债权	普通股、债权	过渡性工具
预期收益率	60%以上	40%～60%	30%～50%	25%～40%	25%左右

1. 种子期

这一阶段，创业者尚未创建企业，创业者只有一个创意，这个创意可以是一项技术，也可以是一种崭新的营销模式。这个阶段创业者需要寻找投资渠道将研究成果或创意转换成产品。这一阶段的创业投资只需要少量金额，主要用于证明某种想法或点子是否值得进一步继续、是否存在商业价值。风险投资基金几乎不会投资于此阶段的创业企业，其创意投资一般由天使投资完成。这一阶段的风险主要包括：设计的产品无法生产或成本太高、产品开发延期、市场潜力不够或技术发展迅速使新产品淘汰快等。风险企业在种子期的失败率很高，但是一旦成功，则可以获得丰厚的回报。

2. 创立期

在此阶段，创业企业已经成立，但还只有一份粗略的商业计划，一个处于初级阶段的产品和一个并不完善的创业团队，创业企业不但没有收入，而且还有开销。这一阶段的风险投资主要用于完成产品的开发、产品原型测试和市场检验，另外创业企业还要进一步研究市场潜力、完善创业团队和修改商业计划。这一阶段创业企业面临的主要风险有：产品性能不佳、管理不完善无法吸引人才、资金消耗过度、销售量不够；潜在竞争者率先占领市场。

3. 成长期

在此阶段，创业企业的产品或服务已经开始销售，数量有限的顾客开始使用产品或服务，营业费用逐渐增加，但是尚未盈利。这一阶段风险投资主要是完成产品的定型，着手实施拓展计划，大量的资金被用于扩张市场、扩充设备。这一阶段应注意由于很多创业者是技术人员出身，创业者管理能力不够，对于制造成本和财务控制失当所带来的风险。

4. 扩张期

在此阶段，企业开始出售产品和提供服务，但是费用仍然大于收入，创业企业的生产、销售、服务已经成型，并且具备成功的基本条件，这一阶段的风险投资主要是组建创业企业的销售队伍，扩大生产线，增强研发后劲，进一步开拓市场。这一阶段的创业企业可能面临的风险有：管理不够规范、创业者无法适应扩大了的企业的规范运作、管理者流失、财务控制失当、预料之外的竞争者出现、市场增长率降低、公司上市受阻等。

5. 获利期

在此阶段，创业企业开始盈利，经营管理趋于完善，产品有了较大的市场份额。在这一阶段，风险投资往往会继续向创业企业投入一些资金，开始包装美化企业，为风险投资退出做准备。

（四）市场

任何一项高新技术或产品都需要市场做基础，市场是高新技术产业化的保证，也是创业企业利润的保证。高新技术满足先进性的同时还要满足实用性，这样才能符合市场的需要。

（五）管理

在选择创业投资对象时，创业者能力是一个主要的考虑因素，在一定意义上，创业者能力的重要性甚至超过了技术背景和市场前景。创业者的能力包括创业精神，能够全身心投入创业之中；开放、协作的团队精神；将创业成功看作是其生活的一部分而不仅仅是获得金钱的途径；独到的眼光，能捕捉到技术和市场的机会。“一流团队”加上“二流产品”会比“二流团队”加上“一流产品”更能吸引风险投资的兴趣。

三、尽职调查

经过上述条件筛选出的投资项目将会进入尽职调查过程，主要由专门的调查小组对商业计划、市场、财务等方面进行详细的分析，决定是否投资。有时调查小组还将与其他雇员、利益相关方、信用机构和行业协会进行接触。调查小组通过深入取证、详细分析并实地考察企业，根据调查的结论对风险企业进行估价，估价的方法有很多，主要结合风险、收益和现金流等方面进行计算。

四、风险投资工具的选择及合同设计

风险投资基金在做出投资决定后，便开展风险投资方案的构造工作，这时与创业企业协商签订一系列的协议，主要包括投资额、融资工具的类型（股票、债券、认股权证等）、管理层的保证和声明、肯定誓约等。

（一）投资工具的选择

风险投资工具一般包括债券、普通股和复合式证券等，不同的风险投资工具在创业企业的不同发展阶段有其各自的优缺点，应依据创业企业的类型、风险投资的资金来源以及控制权方面选择合适的投资工具。

1. 债券

普通债券是一种纯债务式的投资工具，体现一种借贷关系，是一种债券凭证而不是所有权凭证。对于风险投资基金而言，债券的优点是收益稳定，并且在创业企业进行破产清算时，有很高级别的求偿权，但是债券的流动性差。同时，债券不能保证风险投资基金对创业企业有足够的控制权，不能参与创业企业的管理监督。所以，一般来说，债券一般是在创业企业发展较为成熟时使用，这时创业企业已经开始盈利，并且在创业企业的管理层希望保持大部分股权的情况下，风险投资基金可以考虑采用债券的形式进行投资。

2. 普通股

普通股的优点在于能够享受企业市场价格上升的价值收益，有比较好的流动性，在创业企业发展的后期，尤其是当股市相当活跃时，创业企业上市的可能性比较大，风险投资家可以选用普通股来投资。但是普通股在企业资产中只有最低求偿权，资本保全的风险较大，缺少安全性。在缺乏保护条款和合理的治理结构安排的情况下，风险投资家一般会对普通股安排提出附加要求，例如要求创业者放弃更多的股权份额等，这些都会体现在最终的交易定价和股权结构安排上。

3. 优先股

优先股同时具备普通股和债券的特点，相对于普通股而言，优先股通常享有盈余分配优先、剩余财产分配优先等特权，并且可以享有如同债券一样的固定比例股息，因此，优先股投资的风险小于普通股。但是在享受这些权利的同时，优先股股东也需要受到一些限制，例如放弃表决权。但是，在风险投资的设计中，风险投资家往往要求其所持的优先股具有表决权或者对某些特定行为有表决权以满足对创业企业的控制。

4. 可转换债券

可转化债券是指其持有者可以按照事先约定的条款在一定时期内按一定比例或价格将之转换成一定数量的发行人的股票。债权人可以在转换期内行使转换权利，也可以放弃转换权利。当企业经营不景气时，可转债的价值损失要小于股票，但转换成本一般高于直接购股成本。企业经营理想时，风险投资可以选择以事先约定的条件转为普通股，还可能要求与普通股股东一样获得股息。

（二）风险投资的合同条款设计

在风险投资中，风险投资家与创业企业的合同应该是详细的并涵盖大量的事项，否则就可能导致将来的争端和误解。下面列出一些合同中的约定事项。

(1) 反稀释条款。该条款限制创业家出售股票的价格和受让方，规定新股售价必须大于或等于风险投资公司的优先股债券的转换价格。反稀释条款的目的在于确保风险投资公司的股权比例不因新投资而受到稀释。反稀释条款又分为荆轮型和加权型两种，前者规定债券或优先股转换为普通股的价格可以降至任何普通股的最低值，后者则是按所有发行在外的普通股的加权平均值来转换。

(2) 业绩没收条款。条款规定企业经营者如果不能达到预期的经营业绩，风险投资公司可以将其所持有的股权没收。没收股权将转让给新的经营者。此类条款的目的在于鞭策经营团队，并防止创业家过于乐观。

(3) 控制条款。要求风险企业每年聘请国家承认的会计师事务所审计财务报表；风险投资公司有权任命经理人员；依据所持股份，风险投资公司还可将其一个或几个代理人纳入董事会；尽管只持有小部分股权，但重要决策须经风险投资公司同意。此类条款的目的是使风险投资公司对风险企业保持有监督权。

(4) 同业竞争限制。限制创业者在未来若干年内从事相同行业。

(5) 股东协议。此类协议涉及股票出售和新发行股票的管理。它规定，股东出售股票时应先向企业及协议成员出售，企业新发行股票时应向当前股东按持股比例出售，以保证当前股东的股权不受稀释。

(6) 信息披露。在投入资金之前，风险投资公司要求风险企业披露财务状况及经营情况，提供证据证明企业状况佳、已纳税、遵守法律等。

(7) 雇佣合约。规定风险企业对创业者是一种雇佣关系。目的有：一是让风险投资公司在风险企业经营者的人选上保持一定的选择权，当发现企业成长、企业经营管理的要求变高，经营团体不能胜任时，解除雇佣关系，聘用新的经营人员；二是使企业保持稳定，不因经营者频繁变动而影响发展。

(8) 退出条件。风险投资家在投资时还会确定退出的时间、方式及价格等条件，以保证在企业经营不理想时及时抽身退出，在企业经营理想时获得高额回报，或者当企业有机会上市或者并购时可以优先退出。

五、管理阶段

风险投资或风险投资公司有别于传统金融机构的最重要特征之一是风险投资者具有在投资之后介入风险企业经营管理的意愿和能力。风险投资基金对被投资企业的监督是为了通过预测可能出现的问题并提供及时的决策信息来使自己的损失最小化和收益最大化。风险投资介入风险企业管理活动的分布情况可参见表10-5。

表10-5 风险投资介入的管理活动分布情况

活动类型	介入活动比例/%
后续融资	93.3
制定规划	95.1
营销	63.4
人事安排	73.2
供应商关系	9.8
日常经营	7.3

*资料来源：俞自由.风险投资理论与实践[M].上海：上海财经大学出版社，2001：80.

风险投资家本身一般是企业管理的专家或与专家有着广泛的联系，能够在财务、营销方面对风险企业提供强有力的支持；另外，与金融机构的密切关系也为风险企业追加融资提供了来源。通常来说，创业企业家对自己的产品和服务有比较全面的了解，但是缺乏必要的市场推广能力和企业的管理专长，而风险投资家在该领域积累了丰富的实践经验，他们的介入和管理能够有效地降低风险，帮助企业发展壮大。风险投资基金参与企业经营和管理的主要方式有：过程监控、业绩监控、逆境识别与诊断、危机处理和合同制约。

(1) 风险投资的过程监控是指风险投资家对创业企业生产经营的各个环节进行全过程的检测，例如参加董事会、查阅经营计划、查看设备资料、了解企业发展的经济环境和产业政策等。一般来说，首席风险投资者担任创业企业的董事长，影响、引导和控制董事会，发挥监督咨询的作用。

(2) 业绩监控是指利用风险投资基金财务管理方面的特长，对财务报表进行严格的审查，强调报表的准确性、有效性和及时性，并根据财务报表进行敏感性分析以预测未来的风险和收益，控制费用支出等。

(3) 逆境识别与诊断是指风险投资家用特定的评价指标判断企业的具体经营环节是

否发生逆境现象。风险投资家会根据已识别的各种逆境现象，实行成因分析、过程分析和发展趋势的预测，分析哪种因素是主要的、哪些是次要的。

(4) 危机处理是指风险企业家在企业管理层已无法控制局势的时候撤换管理人员，执行特别计划来介入企业的经营活动。

(5) 合同制约是指风险投资家除了日常的经营生产活动外，还在合同中设立一些限制条款，限制创业家从事可能的损害风险投资基金利益的行为。如果风险创业者违反合同，则可能遭受到处罚。

总之，风险投资并不是简单地对风险企业的资金投入，而是为其提供全方面的网络资源支持、后续融资支持、战略支持和管理支持，通过提供不同的资源影响企业创业导向的过程。风险投资基金将自己的网络关系提供给被投企业，拓展了企业原有的社会网络，便于其获得更丰富的战略资源及开展合作创新，从而促进企业创业导向。风险投资家凭借自己在金融界的人脉和资本运作技能，协助被投企业不断筹集后续资金，使其能够大胆地投入资金从事研发创新活动，敢于领先竞争者推出产品，并为促进创新的人力资源实践活动提供资金支持。此外，风险投资家通过参与企业的重大决策、协助企业进行战略规划，还可以发现创新机会和先动商机，提升高风险项目的评估准确性。风险投资还帮助企业优化激励约束机制和组织结构，向创业者提供管理经验来提高企业的管理效能，增强企业的创新实力和动力。

六、退出阶段

风险投资公司之所以敢冒高风险，目的在于追求高额资金回报。风险投资与普通资本市场投资的很大不同在于：普通资本市场的投资主要通过分红派息和估价变动来获得收益，风险投资则更侧重于股份增值作为回报手段。风险投资为了防止资金被锁定，一般在契约条款中意向性规定有资金的退出时间和方式。风险投资的退出方式主要包括：首次公开发行(IPO)、出售；对于不成功的投资项目，还可能通过破产清算回收部分资金。

(一) 首次公开发行

在美国，股票的首次公开发行(initial public offering，IPO)是风险资本最常用的退出方式之一，大约30%的风险投资的退出采用这一方式。它是风险投资安全退出、取得预期收益的理想方式。风险投资通过首次公开发行而退出获益有着令人骄傲的历史记录。例如，苹果公司首次发行获得235倍的收益。风险投资通过IPO的方式退出，得到的投资收益最高，往往是投资额的几倍甚至几十倍。对风险企业而言，IPO使企业获得大量的现金流入，增强了流动性；提高了自身的知名度和公司形象，便于进一步融资。公司的管理层也很欢迎首次公开发行股票，因为这种方式保持了公司的独立性，创业者的控制权一般不会发生转移，创业者的股权也可以在市场上得到套现。

不过，首次公开发行股票的退出方式也存在一些缺点：根据限制出售条款，为了保护中小股东利益和稳定股价，风险投资基金在创业企业上市时不能立即出售其所拥有的股份，在大多数情况下，首次公开发行后风险投资家(普通合伙人)仍要参加创业企业的管理，直至公司股票出售。尽管如此，在首次公开发行后继续持有公司股票并非无利可图，首次公开发行之后投资价值有时仍然是稳步上升的。此外，通过公开发行退出费用往往很高，必须满足公开发行的严格要求，因此限制了一些企业的IPO。

值得注意的是，在此阶段容易产生逆向选择的问题。由于外部投资者缺少必要的信息和相关的专业知识，在评价选择风险投资者所投资的风险企业时面临严重的信息不对称问题，风险投资者掌握更多有关风险企业的信息，可能利用信息上的不对称优势而采取损害外部投资者利益的行为，就有可能导致逆向选择问题。也因为这种信息的不对称性以及风险投资者能力的不确定性，产生了不同的讨论。一部分学者的研究认为，风险投资机构两阶段的投资能够在一定程度上克服逆向选择；还有一部分学者关注的重点则是风险投资合同订立及治理机制，他们认为不同风险投资者对风险企业的控制权及剩余索取权的关注程度不同，应动态地分析风险投资者的激励和监督来解决风险投资退出过程中的逆向选择问题。

（二）出售

考虑到风险投资者在股票首次公开发行后尚需一段时间才能完全从风险企业中退出，那些不愿意受到首次公开发行的种种约束的风险投资家们可以选择出售的方式退出。

出售包括一般并购、二级出售和股票回购。一般并购主要是指公司间的兼并与收购，即将创业企业出售给相关行业的企业。二级出售是指由风险投资基金单方面将所持有的企业股份卖给另一家风险投资基金。这里最重要的是所谓的一般并购。在退出方式中，出售要比首次公开发行使用得更多，但由于收购方太少，企业价值容易被低估，在收益率上仅大约是首次公开发行的四分之一或五分之一。对于风险投资家和有限合伙人来说，出售是有吸引力的，因为这种方式可以立即收回现金或可流通证券，也使得风险投资家可以立即从风险公司中完全退出。

但是公司管理层并不欢迎收购这种方式，因为风险公司一旦被一家大公司收购后就不能保持其独立性，可能失去企业的控制权，公司管理层的地位将受到影响。股票回购是指当创业企业进入稳定发展期时，创业企业希望由自己控制企业，会要求风险投资基金把股份卖给自己。对于大多数风险投资者来说，出售的获利虽然不如上市，但时间短、费用少、操作简便，可以一次性全部撤出，适合各种规模类型的公司，是一个经常被采用的退出方法。

（三）清算或破产

有很大一大部分的风险投资不很成功，风险投资的巨大风险反映在高比例的投资失败上。越是早期阶段的风险投资，失败的比例越高。因此，对于风险投资家来说，一旦确认风险企业失去了发展的可能或者成长太慢，不能给予预期的高回报，就要果断地撤出，将能收回的资金用于下一个投资循环。清算方式的退出是痛苦的，但是在很多情况下是必须断然采取的方案。风险投资基金要理性地承认失败，果断行动、立即退出，不可动作迟缓。风险投资基金投资于糟糕的项目并不可怕，可怕的是知道糟糕后仍然执迷不悟，越陷越深。投资失败的必然结果便是清算或破产，投资者承担很大程度的损失。值得注意的是，我国的《公司法》要求公司出现资不抵债的客观事实时才能清算，从而风险投资基金很可能错过撤资的最佳时机。

第四节　风险投资的风险分析

一、风险投资的风险类型

风险投资投资于新技术、新的商业模式，在获得丰厚回报的可能性的同时也伴随着巨大的风险。风险投资的风险贯穿于整个投资过程。通过详细分析风险投资中的各种风险，从而依靠适当的方法和技术规避、减轻和控制风险。

（一）信息不对称风险

风险投资基金和创业企业是风险投资的两个主体，双方存在严重的信息不对称，创业企业掌握更多、更真实的信息，具有信息优势，风险投资基金则无法掌握风险企业的全部信息，因此，就有可能产生信息不对称风险，主要有逆向选择和道德风险。

逆向选择风险是指由于信息不对称，风险投资基金掌握的信息不全面，只得根据项目的平均质量确定其选择的风险投资回报。但是高质量的创业企业会尽可能降低其融资的成本，结果使风险投资基金放弃风险投资。而对于低质量的风险企业，则存在申请风险投资的动机。最终，市场上只剩下低质量的风险企业，创业企业的平均质量下降，风险程度提高。

道德风险是指由于信息不对称的原因，创业企业可能会出于自身利益的考虑，将成本转嫁给风险投资基金，而将收益私自占有，使投资计划偏离原计划，产生道德风险。

（二）技术风险

技术风险是指创业企业的新技术不能达到原来设想的水平或者不能满足新产品生产的需要而导致项目失败的风险。技术风险主要有以下几类。

1. 开发风险

高新技术的成功开发会给投资者丰厚的回报，但在风险投资家选择项目时，高新技术一般都不是成熟的技术，技术开发过程中的不确定性，例如功能是否达到预期目标、是否有潜在的使用风险等都有可能导致开发的失败，从而形成开发创业企业的技术开发风险。

2. 转化应用风险

如何将高新技术转化为可以为市场接受的产品是风险企业的重要任务。创业企业在投入大量的资金和时间使其所选择的产品样品或技术成果商品化的过程中，在产品设计、生产加工、质量安全、市场营销、售后服务等诸多方面都存在很多潜在的不确定性，产品需要多次修改才能最终定型投放市场。

3. 技术寿命风险

高新技术产品往往生命周期短、更新换代快。风险投资家必须考虑投入风险资本的规模与技术成果转化需要的时间。如果产品研发成功，但是市场上已经出现新的技术产品，创业企业无疑会遭到重大的失败。

（三）市场风险

市场风险是导致新技术、新产品商业化、产业化过程中断甚至失败的主要风险之一。

市场风险主要体现在以下几个方面。

1. 新产品的市场容量

市场容量决定产品的市场价值，理想状态是新产品的设计生产能力与市场容量协调一致。如果一项高新技术产品的投资巨大，而产品的市场容量较小或者短期内不能为市场接受，那么风险投资就无法回收。

2. 市场接受的时间

社会的进步、生活的改善、科学文化知识水平的提高，使新产品被市场接受的周期越来越短。然而，从产品的推出到获得市场的认可有一段时间间隔，时间间隔越长，风险越大。过长的时间间隔将会影响企业资金的正常周转，降低资金的利用水平，甚至导致企业的生产经营难以为继。很多中小型的创业企业，由于缺乏雄厚的财力投入广告宣传，市场接受产品的时间会更长。

3. 市场竞争力

创业企业的产品的竞争力要在市场中才能检验。从手机以及 IT 业的激烈竞争中可以看出：高新技术产品面临着激烈的市场竞争，尤其对于创新产品来说，竞争的形势更是瞬息万变，故其能否经受住市场的考验直接影响到创业企业的生存。

（四）政策风险

新技术转化为产品并为市场接受的过程是一项复杂的过程，它除了涉及资金的支持、技术的开发、市场的开拓外，还涉及产品能否符合国家政策的问题。如果国家对风险投资市场有关的政策导向不明确，缺乏必要的法规或者是法规不健全将可能给风险投资主体造成损失。例如，国家的知识产权保护直接影响风险投资企业新产品的领先性和独创性，如果一国的知识产权保护法律法规存在漏洞，其他的企业就有可能在风险投资企业投入大量的资金和时间研发出一款新产品后，简单地复制其产品或者营销模式，导致创业企业遇到巨大的竞争和经营压力。

（五）企业管理风险

创业企业的成功与否与创业者的素质、决策直接相关。很多创业者往往只是拥有一项技术或者一种销售模式的念头，在企业的管理方面缺乏相应的经验。如果创业者的管理能力差，做出了错误的决策，或者企业无凝聚力，都足以使一个公司垮掉。这方面的不确定性最多，风险也最大。故风险投资基金一般都直接参与创业企业的管理，提供管理经验和营销方面的技术来帮助创业企业发展。企业管理风险是风险投资存在的核心风险之一。

二、风险投资风险的分析识别

风险投资的风险分析方法主要包括确定性风险分析方法和不确定性风险分析方法。

确定性风险分析方法主要有：盈亏平衡分析，通过考察企业的销售、费用、利润等数据，分析产量、成本和盈利之间的关系；敏感性分析，分析投资项目由于某一个或者多个主要因素发生变化时对创业企业的影响，以确定风险投资过程中需要重点考察的风险因素；概率分析，通过概率理论的方法，定量分析创业企业的投资价值。

阅读材料 10-3

敏感性分析

敏感性分析是在投资项目的经济评价中常用的一种研究不确定性的方法。它在确定性分析的基础上,进一步分析不确定性因素对投资项目的最终经济效果指标的影响及影响程度。敏感性因素一般可选择主要参数(如销售收入、经营成本、生产能力、初始投资、寿命期、建设期、达产期等)进行分析。若某参数的小幅度变化能导致经济效果指标的较大变化,则称此参数为敏感性因素,反之则称其为非敏感性因素。

不确定性风险分析方法主要有小中取大、最大可能原则、贝叶斯概率方法等。

三、风险投资的风险管理

根据上述风险分析的结果,风险投资基金应该设计一套风险控制机制,使风险投资者对投资的全过程都有严格的监督管理,从而避免或减少投资风险。

(一)分段投资

采用分段投资的方式,将创业企业所需要的资金根据企业发展的几个不同阶段分期投入,风险投资家保留中断投资的权力,即所谓的中断机制。这可以有效地减少创业企业家的道德风险行为,因为被一家风险投资基金放弃的创业企业将很难在金融市场上得到其他投资者的资金。

(二)参与创业企业的风险管理

风险投资家凭借其长期的投资经验,可以积极介入创业企业的经营管理,在减轻信息不对称的同时,还可以利用自身的管理经验、人力资源、财务管理和营销网络方面的优势帮助创业企业进行市场开拓和管理风险。

(三)设置额外控制权

风险投资家通过设置额外的控制权,使风险投资家的表决权超过其持股份额。实践中,风险投资家一般要求能够主导创业企业的董事会,拥有足够的控制权来更换创业企业的管理层,从而产生对创业企业管理层的压力,减少代理风险。

(四)给予创业者一定的期权

风险投资家一般将创业者的薪酬分为两个部分:较少的工资和一定数额的企业期权。其中期权表现为购买普通股的权利。创业家持有的普通股只有在创业企业发展壮大时才能产生回报。这将风险投资家和创业家的利益和目标统一起来,有利于减少代理风险。此外,风险投资家还会将所持有的优先股转换比率和创业企业的业绩联系在一起。如果创业企业发展良好,转股价格会相对提高,这对管理层的股权稀释作用会减小,对管理层有较好的激励作用。

第五节 风险投资中的投资银行

在风险投资过程中,投资银行起着举足轻重的作用。投资银行凭借其人力资本和信息优势参与到风险投资活动的各个层次。下面详细介绍投资银行在风险投资中的作用。

一、风险投资的融资中介

风险投资市场存在严重的信息不对称、信息流转慢的制度性缺陷,使得各种资本权益不敢轻易投资到这个市场。尽管各种风险投资机构的出现在一定程度上弥补了这些缺陷,但是随着市场容量的扩大,大规模的筹资活动远远超出了其自身的能力。投资者很难对市场上的各种投资机构做出准确的分析,而随着其筹资规模的扩大,风险投资机构过去那种与各种潜在的投资者直接接触的方式已成为极其不经济的行为。因此市场双方都急需一个第三方,以便提供必要的咨询服务,通过分工来降低交易费用,提高市场效率。而投资银行则自然地承担了这一融资顾问的角色。

投资银行作为风险投资公司的筹资代理人,凭借其广泛的客户关系,帮助风险投资基金筹集必要的风险资本。这些客户中有许多是风险资金的提供者,也愿意为风险投资机构提供资金,关键是寻找一个理想的风险投资机构。投资银行为确保筹资成功,必须很小心地发展和有关各方的关系,因此,投资银行需要谨慎地选择风险投资机构,并将其推荐给潜在投资者,投资银行一般会组织一个项目展示会,与潜在投资者直接会谈。

有时投资银行也向客户提供谈判服务。近几年,随着竞争的加剧,投资银行也被迫扩展其服务范围,新的服务包括对国际有限合伙公司出售的评估、对风险企业直接投资的评估和对有限合伙公司股份一次出售的评估。

二、风险投资的退出中介

风险投资是一种周期性投资方式,在所投企业成熟时,必须适时退出,以保证高额的投资收益率和连续投资的能力。为成功实现退出,风险投资在首次公开发行和出售过程中都需要有投资银行的参与,为其提供上市推荐、证券承销或企业并购服务。

投资银行是首次公开发行成功的关键,投资银行对分析企业的上市时机、确定股票的发行价格,以及发行后稳定股票的价格都起到了重要的作用。能否选择合适的上市时机不仅会影响风险企业的顺利上市及风险投资的成功退出,而且还会影响投资银行自身的业绩。除此之外,投资银行的另一项重要功能是稳定股票价格,这直接影响到风险投资退出时的收益。如果股票价格在首次公开发行后下跌,风险投资的收益就会减少。

在出售过程中,风险投资公司一般情况下都是自行操作,只有在涉及一些规模较大的案例时才聘用投资银行作为出售代理人,以投资银行的人力、信息优势和丰富经验实现最大的投资利益。投资银行主要负责寻找收购公司、准备出售书、代理谈判等,有时也运用自己的资金帮助并购活动顺利进行。

三、风险投资的投资者

投资银行一方面通过风险投资主体提供金融服务间接参与风险投资;另一方面,由于风险投资业的丰厚利润以及风险投资业务和投资银行其他业务的相关性，许多投资银行直接发起参与风险投资。虽然投资银行作为风险投资基金的直接发起者和管理者可以利用自身的独特优势，但是就目前来看，投资银行作为风险投资市场上金融中介的角色在不断加强，并且服务范围越来越广，而作为风险资本的供应者则日趋淡化，投资银行在直接风险投资方面与风险投资日趋分离。

形成这种情况的原因主要有：投资银行直接发起风险投资基金存在一定的缺陷。首先，这种依附于投资银行的风险投资活动受到投资银行其他业务的牵制，不具有专注性和稳定性。例如投资银行的资本供应能力在很大程度上取决于资本市场是否繁荣。在繁荣时期，投资银行的资本比较充裕，就会增加对风险投资公司的注资，一旦资本市场开始冷却，走向萧条，其风险资本的供应将会枯竭。这种资本供应的不稳定性严重限制了风险投资公司的生存与发展。此外，这种依附型风险投资公司的管理者往往是优秀的投资银行家但不是优秀的风险投资家，他们虽然可以出色地完成投资银行内部资源的调配，但是缺乏对某些风险投资行业的了解，不能有效地帮助创业企业发展。

其次，投资银行的其他业务部门与其所附属的风险投资公司存在内部交易的风险，双方的业务是上、下游关系，都服务于同一主体，为了获取总体利润的最大化，很可能出现内部交易，这种交易可能危及风险企业管理层的利益和投资者的利益。

总之，投资银行是风险投资领域中最为重要的中介服务机构，投资银行以其在资本市场中广泛的影响力推动着风险投资的发展。

案例分析 10-1

阿里巴巴的商业奇迹

1999 年年初，马云决定回到杭州创办一家能为全世界中小企业服务的电子商务站点。回到杭州后，马云和最初的创业团队开始谋划一次轰轰烈烈的创业。大家集资了 50 万元，在马云位于杭州湖畔花园的 100 多平方米的家里，阿里巴巴诞生了。这个创业团队里除了马云之外，还有他的妻子、他当老师时的同事、学生以及被他吸引来的精英。

由于网站的建立，来自美国的《商业周刊》还有英文版的《南华早报》最早主动报道了阿里巴巴，并且令这个名不见经传的小网站开始在海外有了一定的名气。但这时它却遭遇了发展的瓶颈：公司账上没钱了。后来由于财务官蔡崇信的关系他得到了一笔“天使基金”——500 万美元，让马云喘了一口气。更让他意料不到的是，更大的投资者也注意到了他和阿里巴巴。1999 年秋，日本软银总裁孙正义约见了马云，并给了他 2 000 万美元的软银投资，阿里巴巴管理团队绝对控股。

经过长达两年的熊市寒冬，2004 年 2 月 17 日，马云在北京宣布，阿里巴巴再获 8 200 万美元的巨额战略投资。2005 年 8 月，雅虎、软银再向阿里巴巴投资数亿美元。之后，阿里巴巴创办淘宝网，创办支付宝，收购雅虎中国，创办阿里软件，一直到阿里巴巴上市。

2007 年 11 月 6 日，全球最大的 B2B 公司阿里巴巴在中国香港联交所正式挂牌上市，正式登上全球资本市场舞台。并且以 280 亿美元的市值超过百度、腾讯，成为中国市值最大的互联网公司。

当然，风险投资家也在里面大赚了一番。作为阿里巴巴集团的两个大股东，雅虎和软银在阿里巴巴上市当天账面上获得了巨额的回报。阿里巴巴招股说明书显示，软银持有阿里巴巴集团29.3%股份，而在行使完超额配售权之后，阿里巴巴集团还拥有阿里巴巴公司72.8%的控股权。由此推算，软银间接持有阿里巴巴21.33%的股份。到收盘时，阿里巴巴股价达到39.5港元。市值飙升至1 980亿港元（约260亿美元），软银间接持有的阿里巴巴股权价值55.45亿美元。若再加上2005年雅虎入股时曾套现1.8亿美元，软银当初投资阿里巴巴集团的8 000万美元如今回报率已高达71倍。

软银不是阿里巴巴的第一个风险投资商，却是坚持到最后的那个。1999年10月，马云私募到手第一笔天使投资500万美元，由高盛公司牵头，联合美国、亚洲、欧洲一流的基金公司参与。在阿里巴巴的第二轮融资中，软银开始出现。从此，这个大玩家不断支持马云，才使得阿里巴巴能够玩到今天的规模。

2000年，马云为阿里巴巴引进第二笔融资，2 500万美元的投资来自软银、富达、汇亚资金、TDF、瑞典投资六家风险投资商，其中软银为2 000万美元，阿里巴巴管理团队仍绝对控股。

2004年2月，阿里巴巴第三次融资，再从软银等风险投资商手中募集到8 200万美元，其中软银出资6 000万美元。马云及其创业团队仍然是阿里巴巴的第一大股东，占47%的股份；第二大股东为软银，约占20%；富达约占18%；其他几家股东合计约15%。

软银不仅给阿里巴巴投入了资金，在后来的发展中还给了阿里巴巴足够的支持。尤其是2001年到2003年的互联网低谷时期，投资人伴随阿里巴巴整个团队一路挺过来了。

雅虎介入阿里巴巴不过两年，同样获益甚厚。作为阿里巴巴集团的大股东，雅虎间接持有阿里巴巴28.4%的股权，其市值高达73亿美元；此外，雅虎还以基础投资者身份，投资7.76亿港元购买了阿里巴巴新股，购入价格为13.5港元每股，占7.1%的股份，并且当天升值到22.7亿港币。

而一些风险投资商显然错过了最好的收获期。从阿里巴巴集团的第三轮融资开始，早期的一些风险投资商已经开始陆续套现。1999年阿里巴巴创办之初的天使投资高盛集团因战略调整，退出了中国风险投资市场，其所持股份被新加坡的寰慧投资接手。事实上，寰慧投资的创始人托马斯早在1999年就以个人身份投资了阿里巴巴。此后，包括富达等在内的风险投资商又陆续套现。到阿里巴巴上市之前，只有软银一家风险投资商还一直在阿里巴巴的股份中牢牢占据主要地位，其他风险投资商已经全部退出。正因如此，软银成了最大的风险投资的赢家。

案例分析10-2

当当网与风险投资的恩怨

一、短暂蜜月

1993年，李国庆联合北京大学、中国社会科学院、农业部等创办“北京科文经贸总公司”，任总经理、总裁。经过近10年在国内图书出版领域的摸爬滚打，他对图书行业的各个环节了如指掌。这期间，网络经济热得发烫，李国庆的妻子俞渝看到亚马逊在美国网络经济的热潮下成为“时势英雄”，而中国的网络经济也在兴起和发展，决定在网络行业创业。

虽然当时俞渝对网络并不了解，顶多就是收发电子邮件和看看新闻，但是俞渝的海归经历使她知道要想获得海外风投，至少要让他们了解自己的商业模式，而最好的方式莫过于直接拷贝已经在华尔街得到资本市场承认的模式。于是“亚马逊”的“中国版”——“当当网”诞生了。为了获取VC的认可，当当不仅在创意方面拷贝“亚马逊”，而且在其他方面也参照亚马逊，包括财务报表的侧重点、营销手段的模仿等。

1999年11月，由IDG、卢森堡剑桥集团、软银和北京科文经贸总公司共同投资，李国庆和俞渝任联合总裁的当当网正式投入运营。IDG、卢森堡剑桥、软银等向当当网投入800万美元风险投资，换取当当网59%的股份，俞渝、李国庆夫妇及其创业团队通过北京科文经贸总公司共持有当当网41%的股份。投资者不光给当当带来继续支撑下去的资金，还带来了更多的东西。像IDG就一直在推动着当当的发展，卢森堡剑桥更有一些著名的国外专家和丰富的研究报告等资源，也使当当受益匪浅。

二、控股权之争

（一）起因：不完善的约定

因为有了足够的资金，当当很快就发展成为全球最大的中文网上图书音像书店，占大陆图书市场图书品种的90%。2003年，当当在经历了几年的“烧钱”阶段后，开始“收钱进账”，销售规模一举突破8 000万元人民币，全国各地，甚至美国、巴西等国家和地区都有当当的读者。但也就在这一年，李国庆和股东之间的矛盾不可避免地出现了。

2003年6月，李国庆夫妇提出要股东奖励创业股份的要求，希望将增值部分分一半给管理团队作为奖励，遭到了股东的集体反对，理由是作为创业股份的奖励的比例太高，每次在这个问题上融资双方都谈论得不欢而散。

（二）转机：老虎基金的出现

双方僵持局面到2003年8月老虎基金的出现而打破。老虎基金在中国投资了卓越网、e龙网两家电子商务网站之后，把目光投向了当当网。俞渝凭着多年在华尔街练就的谈判技巧，加上IDG、卢森堡剑桥、软银急于套现，也运用各种关系推动谈判合作，当当很快就和老虎科技基金达成了投资意向。但当李国庆再次以老虎科技基金的6 500万美元估值证明当当已经有了数倍增值，提出要给夫妇两人18%的创业股份奖励时，遭到IDG和卢森堡剑桥的拒绝。

于是，李国庆打出辞职变现另起炉灶这张牌，老虎基金也在背后推波助澜，表示愿意将此次投给当当的全部1 100万美元转投给新成立的公司，并且投资金额可以继续追加。

当时，当当网第二轮私募之后的现金已经所剩不多，仅100万美元，而当当网仍然还处于跑马圈地、亏损经营的状态。李国庆、俞渝夫妇如果带领管理团队另立门户，IDG、软银、卢森堡剑桥相当于要在100万美元的基础上追加投资继续支撑当当网。同时，由于失去了一个稳定的管理团队，投资风险将会更大。

迫于无奈，三家投资方最后只得屈服，同意接受老虎基金的投资，并由老虎科技基金出面，向老股东买走了一些股份，再送给管理团队。此次，老股东获得部分变现，IDG套现350万美元，获利三倍以上，当当则被估值7 000万美元，老虎科技基金投资1 100万美元。经此一役,李、俞二人认识到了自己作为管理者的价值,进一步要求绝对控股权。

2003 年 12 月李国庆夫妻与老虎科技基金签订了融资 1 100 万美元的资金协议,但是老虎科技基金的资金却迟迟未到账。这期间,俞渝曾与老虎基金谈判代表几度争执,甚至威胁说“现在交割期限已过,当当有权找新的投资人了”。俞渝所说的“新的投资人”就是亚马逊。

亚马逊公司的出现,对老虎科技基金构成了相当大的压力。几经拖延,在激烈的利益交锋和一次次不欢而散的电话会谈之后,考虑到作为对冲基金,在投资了当当的竞争对手卓越之后,如果不投资当当,将有违对冲基金的初衷,2004 年 2 月 25 日,老虎科技基金终于兑现了两个月前的承诺,将约定的 1 100 万美元划到当当账户上,获得 17.5%的股份,而 IDG、卢森堡剑桥、软银等几家则减持为 23%,当当网管理层的股份变为 59.5%。引人注目的是,与在卓越董事会占有两席形成鲜明反差,老虎科技基金在董事会未占一席之地。

三、新融资备战上市

2006 年 6 月 26 日,当当网从 DCM、华登国际和 Alto Global 三家基金引入 2 700 万美元资金,出让 12%的股份。当当网方面表示,这轮融资是提高公司抗风险的资金准备,并为公司未来发展提供充分的财务支持。资金的用途确定针对地面图书市场发动超低折扣的价格战,以此来巩固其全球最大中文网上书店的地位。据悉,此轮融资完成后,当当上市已经紧锣密鼓开始进行。

四、案例解析

三轮融资,两轮较量。借老虎科技基金从老股东手中获取了绝对控股权,又借亚马逊让老虎科技基金不得不履行自己的承诺,俞渝夫妇终于如愿以偿。但是,并非每一个创业企业家都能像俞渝夫妇那样在和风险投资机构的较量中胜出。由于股权结构的变化、经营不善、外部经理人的引入等因素造成创业企业家失去对企业的控制权屡见不鲜,这是创业企业家所不愿意看见的,也是不得不面对的一个问题。实际上,对 VC 来说,本意是为了企业发展壮大,并不想剥夺创业家的控制权,若非如此,也是万不得已。

(一) 完备的协约很重要

如果当初当当和风险投资机构就创业者激励这个问题明确地写入协议,约定网站价值增值多少倍时可以获得多少管理层股权,也就没有创业者股份奖励比例之争,而风险投资机构在合约中限定创业者离开原来的创业公司后,一定时间内不得从事与原来创业公司竞争性业务,也就不会面临当当网创始人以创办新公司和当当竞争的相胁。矛盾会破坏创业企业家和风险投资机构之间合作的基础,危害到双方整体的利益,可谓是“两败俱伤”。所以,一份明确的协约对保证双方的利益很重要,也是双方长久合作的基础。尤其是对没有多少融资经验的创业企业家来说,要对融资相关的程序、法律法规有深入的研究和了解。如果条件许可,可以请融资顾问或者投资银行协助,免得日后节外生枝,后悔莫及。

(二) 克服非积极合作心态

当当和风险投资机构之间的博弈,利益争夺背后涉及的是风险企业的剩余控制权和剩余索取权这一问题。风险资本家与风险企业家之间的分配与转移是风险投资独特治理机制的核心内容之一。风险投资的重要特征之一就是风险资本家通过阶段性投资，可转换优先股合同以及管理监控等手段来减少信息不对称性和代理风险，这些手段从本质上讲都是控制权的分配，而控制权的分配往往是谈判的结果，能否达成有约束力的最优激励约束合约，取决于双方的谈判力量或地位。

站在创业融资的角度，李国庆采取“另立炉灶”，不惜和VC闹得不可开交的做法并不可取。风险投资的目的是通过投资和提供增值服务把被投资的企业做大，然后通过公开上市、兼并收购或其他方式退出，在产权流动中实现其投资的增值变现。在每一次企业家和风险投资家的博弈中，双方最终的目的是双赢，即创造价值、实现资本的增值。企业家应克服非积极合作的心态，遇到问题应该尽量同风险投资家进行充分的交流和沟通，以获得风险投资家的理解和支持。无论如何，双方的沟通都很重要。而对于合作过程中难免出现的各种分歧，双方也可以通过商业规则进行有效的解决，不必心存顾虑。

本章小结

1. 风险投资是一种具有高风险、高收益的投资，它由风险资本的供给者提供，经由风险投资家投入新兴的、具有巨大发展潜力的企业，并通过经营管理服务对所投资企业进行培育和辅导。风险投资的主要特点是：高风险性与高收益性并存、是一种长期性的股权投资、是一种积极参与管理的投资方式。

2. 风险投资有两种主要的组织形式：合伙制和公司制。不同的组织形式直接影响着风险投资的内在运行机制。

3. 风险投资从投入到退出，经历了风险资本的筹集、组建风险投资基金或公司、选择风险投资项目、对风险投资项目进行筛选评估、与风险企业谈判达成协议、投入风险资本、参与风险企业经营管理、风险资本退出、最终实现回报等过程。

4. 风险投资是高风险的投资活动，风险贯穿于整个投资过程。风险投资家需要详细分析识别风险投资中的各种风险：信息不对称风险、技术风险、市场风险、政策风险和管理风险，运用适当的方法和技术规避或减小风险。

5. 投资银行凭借其人力资本和信息优势参与到风险投资活动的各个层次。投资银行在风险投资活动中扮演着融资中介、退出中介和直接的投资者的角色，发挥着重要的作用。

思考题

1. 如何认识风险投资在经济发展中的作用？
2. 试述风险投资的含义及其特点。
3. 简述风险投资的运作流程。
4. 风险投资中应注意的风险有哪些？
5. 投资银行在风险投资中扮演的角色是什么？

参考文献

[1] 栾华.投资银行理论与实务[M].上海：立信会计出版社，2006.
[2] 何小锋，韩广智.新编投资银行学教程[M].北京：北京师范大学出版社，2007.
[3] 司春林，方曙红，田增瑞.创业投资[M].上海：上海财经大学出版社，2003.
[4] 俞自由，李松涛，赵荣信.风险投资理论与实践[M].上海：上海财经大学出版社，2001.
[5] 胡海峰，胡松明.风险投资学[M].北京：北京师范大学出版社，2011.

第十一章 资产管理业务

资产管理业务是投资银行不可或缺的业务之一。本章主要介绍资产管理业务的发展，剖析了各种资产管理工具的特点和运营机制，并分析了量化投资策略等。

第一节 概述

一、资产管理业务的发展

投资银行的资产管理业务，一般通过设立资产管理子公司或建立基金来操作。它是在传统型和创新型业务的基础上发展起来的引申业务，是通过向客户提供投资咨询服务、投资组合服务等实现客户资产增值，并收取一定费用或佣金的一项业务。要了解资产管理业务在投资银行中的内涵，必须厘清两个关系：一是资产管理业务与投资银行的关系，二是资产管理业务在国内外的差异。对于前者，资产管理是指金融中介机构接受客户的委托，在客户授权的范围内、在全球资本市场范围内对委托资产进行以保值、增值为目的的金融业务。从资产管理的工具及管理主体来看，广义的资产管理工具包括长期合约性储蓄工具、公众理财产品和个性化理财产品三大类，国外担当最终资产管理人的机构主要包括保险公司、银行、投资公司、投资顾问公司、综合性券商等，但是由于部分的资产管理机构更倾向于把资金交给其他资产管理人管理，而投资银行基于自身的信息、资源优势可以接受其他资产管理机构的委托管理，从而投资银行几乎涉及对所有资产管理工具的使用，因此，资产管理业务是投资银行的其中一个业务部门，同时投资银行又可以扮演其他资产管理公司的委托管理方。对于后者，根据2003年12月18日中国证监会令第17号《证券公司证券资产管理业务试行办法》(以下简称《试行办法》)规定，我国的资产管理业务是指证券公司作为资产管理人，依照有关法律法规及《试行办法》的规定与客户签订资产管理合同，根据资产管理合同约定的方式、条件、要求及限制，对客户资产进行经营运作，为客户提供证券及其他金融产品的投资管理服务的行为。从机构主体来看，国内涉及资产管理业务的机构主要有证券公司、银行、基金管理公司和信托公司，与国外相比，国内的资产管理行业基本以管理工具进行分类，同时由于国内金融法律框架、资产开放程度、金融环境等差异，造成国内外资产管理行业中的产品种类、服务类型、监管水平等存在较大的差异。总体来说，国内的资产管理业水平落后于国外。

资产管理起源于19世纪初，资产委托方主要是自然人、教堂和学校等，资产管理者则由律师和银行家组成。1975年6月美国证券交易委员会(SEC)废除股票交易固定佣金制度，美国各券商为争夺客户就佣金展开激烈的价格竞争，经纪佣金一降再降，佣金收入曾占券商总收入的60%左右，佣金竞争直接威胁到券商的生存，正是在这种背景下，资产管理作为以收费为基础的业务创新使得券商得以摆脱传统以交易为基础的经纪业务的限制，佣金收入的比重逐渐下降，而投资收益的比重逐渐上升。在经历了2008年的次贷危机后，世界范围内的资产管理业务出现了新的格局，根据波士顿咨询公司题为“危机后的资产管理行业新格局”的专题报告，报告显示相对于2003年至2007年的牛市格局，危机后的资产管理行业在投资者需求、产品设计、服务价格及新兴市场四方面表现出新的特征，近年来，美国投资银行资产管理业务收入呈稳定上升趋势，2011年的数据显示，该年在美国投资银行的收入构成中，佣金收入占比14.5%，资产管理业务收入占比27.6%。根据中国证券业协会公告显示，截至2013年6月30日，114家证券公司受托管理资金本金总额为3.42万亿元，受托客户资产管理业务净收入28.80亿元。

阅读材料 11-1

贝莱德集团与我国资产管理业务的发展

贝莱德集团(BlackRock Inc.)是全球规模最大的资产管理公司。贝莱德金融管理公司成立于1988年，总部位于纽约，于1992年更名为贝莱德集团，并于1999年在NYSE上市，至2011年度它所管理的资产大约为3.5万亿美元，近年该集团所管理的资产规模数据如图11-1所示。贝莱德集团对资产管理行业产生较大影响的有以下三件事：2000年建立的“贝莱德解决方案”(BlackRock Solutions)，它主要作为风险管理分析产品；2006年与美林证券投资管理业务、MLIM的合并，奠定了它在世界范围内的霸主地位；2009年收购巴克莱旗下的资产管理部门巴克莱全球投资者(Barclays Global Investors，BGI)。如今的贝莱德全球投资者，旗下产品将涵盖股票、固定收益、现金管理以及另类投资，客户也可以通过独立账户、共同信托基金、共同基金、指数型基金(ETF)、对冲基金以及封闭式基金等投资于全球市场。

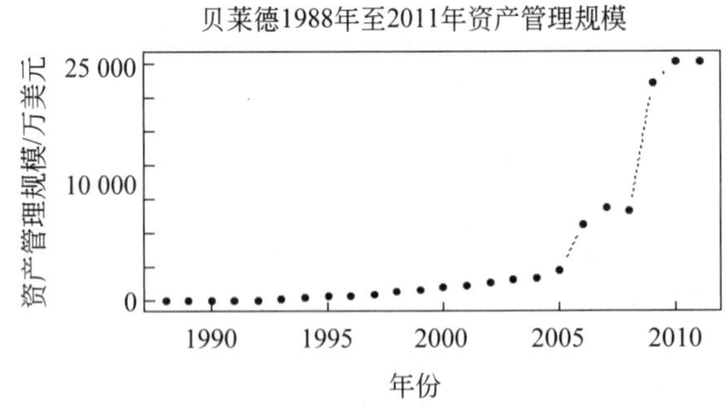

图 11-1 贝莱德资产管理规模

*资料来源：贝莱德集团公司主页。

我国资产管理业务始于1993年，根据我国2003年12月18日颁布的《证券公司证券资产管理业务试行办法》，证券公司可从事三类资产管理业务：第一种是为单一客户办理定向资产管理业务，第二种是为多个客户办理集合资产管理业务，第三种是为客户办理特定目的的专项资产管理业务。截至 2011 年 7 月 31 日国内券商资产管理产品规模如表 11-1 所示。

表 11-1　我国券商资产管理产品规模

类型	数量/只	占比/%	份额/亿份	占比/%	资产净值/亿元	占比/%
限定性	36	14.75	264.06	18.73	267.41	19.51
非限定性	208	85.25	1 146.1	81.27	1 103.17	80.49

* 数据来源：朱晓俊，等. 券商集合资产管理业务发展及监管对策探析[J]. 证券市场导报，2012(4).

国泰君安证券是我国最早开展资产管理业务的证券公司，2010 年 10 月，国泰君安资产管理成为国内首批券商资管公司。目前，国泰君安资产管理有三大投资部门：固定收益部、权益投资部和量化投资部。其中量化投资类包括：指数型投资、数量化主动型投资、套利通结构化信托产品、低风险套利通产品。权益投资类包括：主动型股票投资委托理财、股指单向增(减)持、股权综合管理、股权集合理财产品、投资顾问、权益类信托产品；固定收益类包括：股票保险、现金管理服务、货币增强集合理财产品、固定收益结构化信托产品。同时，产品线既有高风险、高收益的权益产品，风险可控、收益适中的量化投资产品，也有低风险的固定收益产品。

二、资产管理业务的基本特点

投资银行资产管理业务基本涵盖所有类型的资产管理工具和方式，虽然各种投资方式、投资工具都具有各自的特点，但从本质上来说都是一种资产管理行为，从投资银行角度出发，一般的资产管理业务都具有以下特点。

1. 委托代理关系

投资银行是通过与客户签订资产管理协议，在协议中规定双方的权利和义务，投资银行的投资范围、投资品种、投资期限、激励机制等投资权限被协议所限制，投资银行只能在授权范围内对受托资产进行管理，因此在资产管理业务中，投资银行是资产受托人，客户是资产委托人，它们之间是委托代理关系。针对委托代理关系带来的逆向选择和道德风险这两个最基本的缺陷，金融契约理论从不完全契约和完全契约两方面对委托代理风险控制问题进行了大量研究。

2. 风险稳定

站在投资银行的角度，资产管理业务所带来的风险是有限的。从极端风险来说，投资银行为防范参与主体之间的利益冲突，一般会建立内部控制机制，采用隔离经营的策略，证券发行与承销、经纪业务、自营业务、资产证券化等分开经营；另外基于资产管理业务的委托代理关系，委托人资产和受托人资产也是隔离的，这种双重隔离的机制使得资产管理业务所带来的风险可测且风险稳定。从收益风险来说，正是基于资产管理的委托代理关系，投资银行只需按照勤勉和谨慎原则在授权范围内管理委托人资产，无论资产增值或者损失，投资银行都可以根据协议规定提取资产管理费，这种资产管理费用一般是资产净额的固定比例，只有业绩提成是变化的，因此投资银行在资产管理业务中的收益风险较小。

3. 业务关联性

为规避内幕交易和利益冲突，投资银行对于各项业务实行内部分业经营，资产管理业务一般由资产管理部门或资产管理子公司负责，但资产管理的成功运营需要大量信息，在总体业务的大框架下，经营成本所造成的信息共享使得资产管理业务与其他业务存在较高的联系。证券承销可以为资产管理带来丰厚的利润，而资产管理所累积的客户群体可以成为证券承销战略投资人和专业投资人的潜在目标；经纪业务和资产管理业务都需要专业的研究能力和交易能力；自营业务和资产管理业务都是为了实现资产的增值，但它们在利益层面存在本质上的区别。这种错综复杂的关联网络使得评价资产管理业务时必须综合对投资银行所有业务的度量。

4. 量化投资

量化投资是实现资产管理业绩绩效的主要方法。资产管理业务的收费模式一般包括固定管理费和绩效费两部分，资产管理的职责、管理资产的类型及规模、资产管理部门的声誉等都能影响收取费用的比例。一般情况下，资产管理绩效费用较高，如在对冲基金中绩效费用一般达到收益的 20%，为实现这种超额收益，大多数的资产管理都采用量化投资，借助数量分析方法，对产品风险等因素进行世界范围内的综合度量，实现收益的长期增长，例如长期资本管理公司，利用复杂的模型技术对世界范围内的不同债券进行套利。

5. 客户定制

无论对于公募或私募的资产管理，它们都体现了对投资者或委托人的风险容忍度、收益偏好等因素的个性化设计，以满足资产委托人对资产收益、投资期限、安全性、流动性的不同要求。相对于公募产品，私募产品的个性化程度更高，甚至可以是单个客户的定制。

6. 审慎操作

风险管理创造收益，这是资产管理业务、自营业务中最重要的内容之一。国内外比较成功的诸如 JP 摩根公司、贝莱德集团等资产管理公司都拥有较强的风险管理能力，风险管理背后所蕴含的理念就是审慎操作，资产管理业务背后蕴含的风险较为综合，风险敏感性较强，根据凸性和有效久期理论可以获知，仅是利率风险的微小变化都会给资产价格带来较大幅度的波动，而资产管理业务的综合风险还包括信用风险、国家风险、政治风险和再投资风险等。

三、资产管理业务的参与主体

成熟的资产管理业务市场是一个规模巨大、结构复杂和专业分工的行业，按照参与者在资产管理行业链中所承担的角色和功能的不同可以分为六大类，根据位于产业链的位置由上至下分别是：资产管理人(asset manager)、产品设计者(product architect)、产品销售者(distributor)、市场看护者(gate keeper)、投资性购买者(investment buyer)和资产所有者(asset owner)。这种分类并不意味着某一法人机构只能固定承担其中的某一角色或只具有其中的单一功能，实际上，现实中许多机构往往扮演多种角色，例如一些机构既是资产管理人，又是产品设计者，同时还拥有自己的销售渠道；另外，产业链中也不一定要包含所有环节，如产品销售者也可以将产品直接销售给资产所有者，即产业链中缺乏投资性购买者;无论产业链中包含多少角色,它们在资产管理中扮演不同的职能,共同交织在资本市场中。

(1) 资产管理人。资产管理人位于产业链的最顶端,它所提供的服务必须通过产业链中的其他参与者才能传达给最终的客户,它的主要职能是在客户授权范围内对客户资产进行投资组合,并实施这些决策。资产管理人有多种形式,它们可以是独立的投资顾问公司,也可以是投资银行、基金管理公司、保险公司、证券公司或商业银行等机构中的一个部门。

(2) 产品设计者。产品设计者位于产业链的第二位,它的主要职责是根据投资目标、资产管理人的能力、客户的个性化需求等把金融服务打包成可投资的产品,诸如共同基金、信托,公募产品和私募产品对产品设计的要求在于客户的定制程度。

(3) 产品销售者。产品销售者位于产业链的第三位,它是连接作为消费者的资产所有者和作为生产者的资金管理人的重要环节,可以采用直接销售或间接销售两种基本方式,在不同的产品中,它们的比重一般是不同的。共同基金一般采用间接销售,私人银行服务一般采用直接销售。

(4) 市场看护者。市场看护者位于产业链的第四位,它代表资产所有者和投资性购买者的利益,对市场上的各种金融产品进行跟踪分析、调查和分类等,最主要的职责是把投资者较模糊的投资目标转化为具体的投资策略和投资指引,并对后备资产管理人进行资信调查,主要以金融顾问公司、养老基金顾问、信托管理人等形式存在。例如某一养老基金计划进行以低风险、保底收益的投资,市场看护者(投资顾问)通过把养老基金的投资目标具体化为各种指标,并对产品销售者所推荐的产品及资产管理人进行调查,在后期中对投资进行监管。目前在该领域处于主导地位的是惠悦咨询(Watson Wyatt)、富兰罗索(Frank Russell)和伟世咨询(William Mercer)三家跨国公司。

(5) 投资性购买者。投资性购买者位于产业链的第五位,它实际上是诸如保险计划、信托计划等机构投资者,机构投资者所购买的理财产品在本质上属于其投资组合中的组成成分,它必须遵循与最终客户签订的资产管理协议所授予的权限范围,在一定程度上,它需要市场看护者对复合的投资组合进行综合风险收益评估。

(6) 资产所有者。资产所有者位于产业链的最低端,它是资产管理计划中的实际出资人和资产管理产品的实际消费者,主要由个人和企业单位构成。在成熟市场中,企业是最大的资产所有者和投资性购买者,因此资产管理人一直以来都把它们作为主要的营销对象。

四、资产管理项目的运作

投资银行基于资源和信息优势可以担任资产管理行业中的除资产所有者之外的其他五个角色,当投资银行担任以资产管理人为核心的角色时,接受资产委托人的委托,对受托资产进行资产管理。一个由资产管理部内部组织分工协作所组成的完整的资产管理业务流程主要包括以下六个环节:明确投资目标、制定投资策略、进行投资分析、构建投资组合、调整投资组合和评估投资绩效。

(1) 明确投资目标。在与客户进行充分的接洽后,对于明确要进行资产管理的目标客户，在为客户进行个性化设计之前，必须以某种特定的形式，例如问卷调查，对资产委托人的资信、财务状况、资产规模、委托期限、收益预期、风险承受能力、年龄结构等其他方面进行详细的调查，以确定资产委托方对风险与收益的偏好。一般而言，委托人的风险收益偏好一般可以分为以下三个类型：高风险和高收益、低风险和高收益、低风险和低收益，不同类型的客户具有不同的投资目标。

（2）制定投资策略。投资银行在这个环节作为市场看护者，即投资顾问，将客户比较模糊的投资目标转化成具体的投资策略，为客户选择合适的投资工具和投资渠道。

（3）进行投资分析。投资银行在这一环节由市场看护者转变为产品设计者或产品销售者，根据客户具体化的投资策略，若是公众理财项目，投资银行作为产品销售者向客户推荐合适的资产管理工具；若是私募或私人银行业务，投资银行作为产品设计者为客户定制合适的资产管理工具。无论是哪种形式，投资银行都需从基本面或技术层面对这一揽子的投资工具进行价值分析。

（4）构建投资组合和调整投资组合。投资银行作为资产管理人，对经投资分析筛选出来的、符合客户要求的金融工具，在客户授权范围内对各金融工具进行比例投资，并向资金托管机构发出指令，通过购买完成投资组合的建立；对于市场环境的变化，市场看护者的跟踪调查报告会使资产委托方改变投资策略，或者资产管理人为实现委托人的投资目标，会调整投资组合中各类金融资产的投资比例。

（5）评估投资绩效。一般来说，资产管理部门须在一定的时期内对客户出示资产管理绩效报告，这种报告是非完全公开的，只需对与该资产管理业务相关的客户出示即可。绩效一般从风险和收益两个层面进行评估，并通过与市场中的同时期、同类型或相似的项目进行比较，以确定资产管理人的投资业绩水平。

第二节　资产管理工具

在资产管理业务发展比较成熟的国外市场，特别是美国市场，资产管理业务所使用的金融工具主要可以分为三大类：第一类是长期合约性储蓄工具，主要包括养老基金和投资型保险产品；第二类是对公众销售的理财产品，主要包括共同基金和信托；第三类是针对高净资产客户的个性化理财产品，主要包括私人银行业务、对冲基金和独立理财账户等。

一、长期合约性储蓄工具

（一）养老基金

养老基金来源于1994年世界银行在世界范围内所建立的三支柱养老保险体系(averting the old age crisis)，第一支柱为政府基本养老保险，第二支柱为私营养老保险或企业补充养老保险，第三支柱为个人储蓄性养老保险。这个体系促使各国养老体制在不同程度上向基金积累制转化与过渡。

1. 养老基金的运营架构

（1）由政府机构直接管理。这种模式被广泛应用于西方各国的第一支柱基本养老保险基金管理，即由政府成立专门机构直接负责养老基金的管理，如新加坡的养老金完全由政府的中央公积金局直接管理。其特点是便于统一政策、统一制度、统一管理，缺点在于难以获得较高的回报率和政府可能挪用而造成基金损失。

(2) 由专门的养老基金管理公司管理。大多数的拉美国家一般成立专门的养老基金管理公司来管理养老基金，实行“一人一账户”“一公司一基金”的体制，不允许商业银行、保险公司、共同基金参与管理。在这种模式下一般要求资产管理公司保证最低收益，基金运营成败取决于基金管理公司法律和监管架构的健全性，当基金持有者对业绩不满意时，可以“用脚投票”，把账户转移到其他管理公司。其优点是透明度较高、资产隔离，缺点是佣金成本偏高、缺乏竞争。

(3) 通过基金会等方式进行管理。这种方式被广泛应用于企业补充养老保险基金的管理，它们是一个独立的、非营利性机构，同时将投资运营委托给各种专业性投资机构进行。这种模式的优点在于鼓励养老基金管理的竞争，促使基金管理者的审慎管理，提高保险基金的效益，目前这种通过养老基金会方式举办的补充养老保险在美、英等发达国家非常普遍，这种模式也是投资银行的主要业务范畴。

2. 养老基金的投资模式

(1) 直接投资模式。这种模式下由养老基金的管理人直接负责养老基金的投资，因而要求管理人必须具有较强的投资决策能力，例如新加坡养老基金完全由政府直接管理和负责投资。这种模式的优点是管理人和托管人一体化，委托代理关系简单，有利于统一管理；缺点是管理人的职责过大，不利于分工，风险承受过高。

(2) 部分委托模式。在这种模式下，养老基金的管理人负责固定收益部分的投资，同时委托专业投资机构负责风险收益部分的投资，目前西方国家的基本养老基金大多采用这种形式。这种模式的优点是将部分风险转嫁给受托机构，管理人承担的风险降低，同时基金的投资效率和投资收益都得到提高；缺点是分工有限，提高效率有限。

(3) 全部委托模式。由养老基金管理人在监管机构确定资格的范围内，通过招标方式选择专业投资机构全权负责全部养老基金的投资，目前西方国家的第二支柱养老金大多采用这种方式。该模式的优点是管理人和投资机构职责分工明确，有利于提高基金运营效率，分散投资风险；管理人作为所有权代表可以对投资机构形成有效约束；增加竞争性，降低管理费用，有利于外部监督。但该模式的缺点是代理关系较为复杂，投资风险较大，监管难度也较高。

3. 养老基金的监管

养老基金的营运监管模式受多方面因素的影响，其中包括养老体制的历史演变、资本市场的发展状况及监管框架、整体经济发展水平以及法律环境、政治文化背景等。在众多因素中，基金市场规模、资本市场发达程度及法律的健全性三个因素构成了最基本的影响因素。总体而言，国际上对养老基金运营的监管模式以审慎性监管模式和严格的限量监管模式这两种基本模式为主。

(1) 审慎性监管模式。在这种模式下，监管机构根据审慎性原则对养老基金进行监管，基金的运营不受许可证管理，监管机构较少干预基金的日常活动，只有在有关当事人提出要求或基金出问题时才介入，监管目标是控制系统性风险和解决代理问题，因此在很大程度上需要依靠独立审计、精算师等中介机构对基金的运营进行监督，采用这种模式的国家主要有英国、美国、加拿大等发达国家。它有四个主要特点，一是强调基金管理者对基金持有人的诚信义务和基金管理的透明度，打击内幕交易等欺诈行为，保护持有人的收益；二是要求资产多样化，避免风险过于集中；三是防止利益冲突，限制基金管理者进行自营业务；四是鼓励竞争，防止基金管理者操控市场。

(2) 严格的限量监管模式。在这种模式下，监管机构独立性强、权力较大，不仅要求养老基金须达到最低的审慎性监管要求，还对基金的结构、运作和绩效等具体方面进行了严格的限量监管，一旦发现问题，马上采取行动。采用这种模式的国家主要有匈牙利、波兰、哈萨克斯坦等欧洲大陆国家，智利、秘鲁等拉美国家。这个模式具有以下四个主要的严格措施：一是所有的养老储蓄都集中到养老基金账户，由专门的养老基金管理公司管理，保险公司、共同基金等金融机构不得管理养老基金，同时监管机构根据严格的标准颁发基金管理许可证，控制基金管理公司的质量和数量；二是基金管理公司只能从事与养老金有关的业务，如收取缴费、投资管理、支付养老金等；三是限制基金的投资组合，严格控制基金投资股票和外国证券；四是要求基金的投资收益达到一定水平。

无论采用哪一种监管方式，每一类养老基金都须做到资产分离、信息披露、外部审计、投资限制、风险评级和收益担保六方面的基本要求。基金资产和基金发起人或管理人的资产分离，可以防止基金运营过程中的风险扩散；养老基金应当对资产估价原则、资产估价频率及其他财务数据进行披露，这种信息披露有利于将基金管理人置于基金持有人和监管机构的双重监督之下，防止资金管理人违规操作，损害基金持有人的利益；外部审计是对养老基金进行监管的主要手段之一，每个养老基金都须接受独立的外部审计，但不同国家间外部审计的内容和质量存在较大的差异；投资限制是监管的传统手段之一，规定基金的投资工具及投资限额，限制对一个企业或证券的投资比例，限制高风险投资，避免风险过于集中；独立私营风险评级机构对投资工具进行的风险等级评估是选择合适的金融工具的依据，也是审查基金投资是否合规的主要依据之一；大多数的第二支柱保险基金都有收益担保，或是采用相对值的形式，或是采用绝对额的形式。

国内外保险基金的基本情况

1. 我国养老保险计划

我国第一支柱养老保险计划的养老金由各级社会保障部门管理，第二、第三支柱养老金规模相对较小，自 2001 年 12 月 13 日《全国社会保障基金投资管理暂行办法》颁布以来，社保基金不断进入资本市场，从此养老基金入市也就成为下一个热点问题。银行存款是目前中国养老保险基金的主要投资渠道。目前第一支柱养老金主要用于购买国债和银行存款。

银行存款是目前中国养老保险基金的主要投资渠道。银行存款投资渠道的优势体现为较高的安全性，但投资收益率较低。在通货膨胀时期，将银行存款作为养老保险基金投资的主要渠道，其投资收益率更低，不能实现养老保险基金的保值和增值。

国债是目前中国养老保险基金另一主要的投资渠道。相对银行存款，国债的收益率相对较高。主要体现为两方面：一是利率高。上市国债其发行与上市时的收益率都要高于同期银行存款利率。二是在享受与活期存款同样的随时支取（卖出）方便性的同时，其收益率却比活期存款利率高很多。但是国债这一投资渠道的缺陷体现为品种较单一，可选择的投资种类受限；期限结构不尽合理，长期国债比例较高，资金流动性较差；投资回报率有所下降。

2. 加拿大养老金计划

进入21世纪以来，包括国家养老保障储备基金、职业年金基金、个人储蓄养老基金在内的全球养老基金资产规模急剧扩大，从2001年的15.73万亿美元增加到2007年的29.60万亿美元，6年间增加了88.18%，这主要得益于各国个人账户养老金的迅速积累。2008年受金融危机的影响，全球养老基金资产大幅缩水，几乎和2005年的水平相当，此后又开始呈上升趋势，2011年又达到30.9万亿美元的历史新高。

加拿大养老金计划（Canada Pension Plan，CPP）建立于1966年，计划强制要求所有年满18岁并工作的加拿大公民必须向全国管理的养老金计划账户缴纳一定比例的个人收入，由加拿大人力资源和社会发展部进行管理，采用基金会、全部委托、审慎监督的形式对养老基金进行管理。在这种模式下，政府不直接参与市场运作，主要负责研究资本市场，选择并委托业绩较好的投资机构，评估并监管委托机构的管理运营状况。受托管理机构负责养老基金的具体运营，并定期向政府管理机构提交报告。2000年，加拿大养老金计划的总资产规模为445亿美元，截至2012年3月底，该计划的总资产规模扩大到1 618亿美元，近年来加拿大养老基金资产配置及收益率如表11-2所示。

表11-2　加拿大养老金计划资产配置结构与总收益率　　　　单位：亿元

年份	股票	债券	货币市场	不动产	通胀挂钩债券	基础设施	总市值	总收益率/%
1999	—	392	55	—	—	—	447	—
2000	24	358	63	—	—	—	445	3.2
2001	71	353	63	—	—	—	487	7
2002	141	326	68	1	—	—	536	4
2003	171	310	72	3	—	—	556	—1.5
2004	319	302	77	7	—	—	705	17.6
2005	486	286	31	8	—	2	813	8.5
2006	617	272	6	42	40	3	980	15.5
2007	756	292	1	57	38	22	1 166	12.9
2008	771	302	—15	69	47	28	1 228	—0.3
2009	606	284	—8	69	41	46	1 056	—18.6
2010	712	368	3	70	44	58	1 277	14.9
2011	794	361	9	109	39	95	1 483	11.9
2012	815	416	1	171	32	95	1 618	6.6

*资料来源：韩立岩，王梅. 国际养老基金投资管理模式比较及对我国的启示[J]. 国际金融研究，2012(9).

（二）投资型保险产品

对于投资型保险产品，国内外还没有统一的定义，但它同时兼具保险功能和投资功能，而且保单中的保障因素和投资因素相互分离。保障因素以保险精算为基础，提供保险合同所约定的纯风险保障权益；投资因素则根据保户意愿，依据共同基金的原理由保险公司代为运作，由投保人承担投资风险。我国国内投资型保险主要有传统寿险产品、分红保险、万能保险和投资连结保险四大类，而其中最具代表性的是投资连结保险，它们之间的区别如表11-3所示。

表11-3　投资连结保险、传统寿险产品、分红保险、万能保险的区别

项目种类	传统寿险产品	分红保险	投资连结保险	万能保险
投资风险	预定利率固定，风险公司承担	预定利率较低，客户、公司共担风险	预定利率无保证，客户承担风险	较低的保证利率，客户、公司共担风险
投资收益	按精算预期假定计算，存在利益	按分配盈余分配红利，红利不固定	由专门投资账户收益决定，波动性大	有最低保证回报，高出部分客户和公司共享
资金运作	无专门账户，公司统一运作	专门账户，单独运行	专门账户，单独运作	专门账户，单独运作
现金价值	定价时确定	不固定，保底	随投资账户收益变化	受利率、死亡率、保费、收益影响
缴费方式	固定缴费	固定缴费	固定缴费	缴费灵活
死亡给付	保险金额	保险金额与红利之和	账户金额与保额较大者	账户金额与保险金额之和
业务管理	一般	红利计算复杂，精算、计算机、客户后援服务要求高	实物、精算、计算机、客户后援服务要求高	实物、精算、计算机、客户后援服务要求高
产品市场适应度	频繁利率影响客户购买，保费低	抑制通货膨胀，吸引客户购买	高风险、高收益，适于风险偏好者	有保证收益，高回报，对客户吸引力大

＊资料来源：许忠才，荆泽.投资连结保险相关问题分析[J].保险研究，2002(9).

1. 投资连结保险的基本特征

投资连结保险是指包含保险保障功能，并至少在一个投资账户中拥有一定资产价值的人身保险，即投资与人寿保险的结合，在提供基本人寿保险保障的同时，通过强制储蓄及稳定投资为未来需要提供资金支持。

投资连结保险的基本特征可以概括为有“分”有“合”，有“活”有“变”，有“高”有“弱”。一是保险的保障功能与投资功能高度统一。投保人在购买保险保障的同时，可以获得其保险基金的投资选择权，享受期望的高投资回报。二是投资风险的转移。由于投资风险由投保人来承担，保险人用同样的资本金可承担更大的保险风险，有利于扩大业务规模。三是产品对客户有更高的透明度。投保人在任何时候都可以通过电脑终端查询其保险单的保险成本、费用支出，以及独立账户的资产价值，使客户明明白白地消费，确保客户的利益。四是为客户提供了更大的方便。按国外的做法，客户可通过购买一张投资连结保险保单，便可获得其所需的所有保险保障。五是该产品弱化了精算技能的要求，而更强调计算机系统的支持，因而该产品的投保人可以随意选择或中途变更其单独账户。

2. 投资连结保险的运作原理

从我国实际情况出发,投资连结保险在我国有两个类型:一是固定保险费、固定保险金额性质的变额寿险;二是保险费缴纳和保险金额均可调整的万能变额寿险。这两种投资连结保险的一般运作流程如图 11-2 所示,在运作流程中,主要涉及三个关键环节:投保费用分账、投资账户管理和保险责任承担。

(1) 投保费用分账。投保人缴纳的投保费用,在扣除保险公司管理费等若干费用后,按照一定的比例分别进入普通账户和投资账户。普通账户内的资金按照传统寿险的运营方式运作,用于保证对被保险人的最低保险保障责任,即风险保险费,也是保险风险保额的保障成本。投资账户的保险费则由保险公司指定的投资顾问、资产管理机构进行资产管理,也有的由保险公司专门成立的投资业务部门进行管理,投资的收益和损失均由投保人自行承担。

(2) 投资账户管理。投资连结保险的投资方向一般是股票、国债、金融债券、部分中央企业债券、证券投资基金和银行存款等。对于投资账户内的资产,投保人享有可随时取回的权利,也可以部分取回。投保人还能以投资账户内的资金为担保向保险人贷款,并可以随时追加保费,扩大投资账户的资金规模。

(3) 保险责任承担。当被保险人在保险期间发生保险合同约定的保险事故时,保险人通常根据个人投资账户的价值总额和保险金额相比金额较大者承担保险责任,或者直接以个人投资账户的价值总额承担保险责任,或者以固定保额与保险事故发生时的投资账户价值之和为保险赔付金额等。

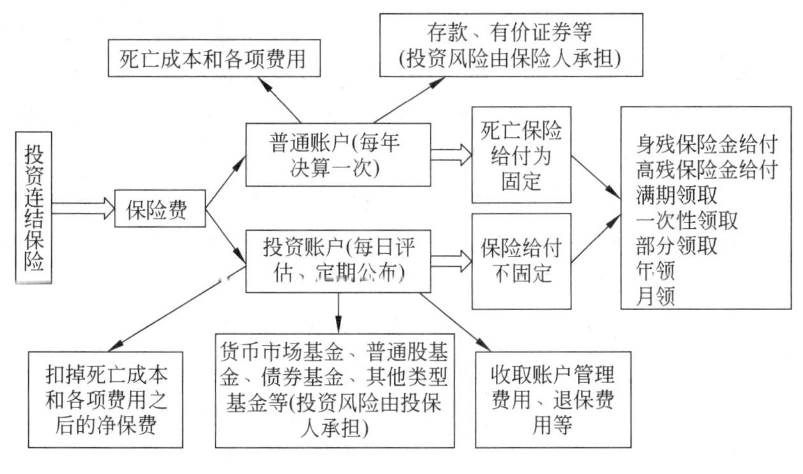

图 11-2 投资连结险的运作机制

* 资料来源:管人庆. 投资连结保险中投资利益保护问题研究[D]. 吉林大学博士论文,2010.

阅读材料 11-3

投资连结险的发展

投资连结保险于 20 世纪 50 年代产生于欧洲,1956 年荷兰率先开办 Fraction 保险,开投资连结保险之先河。而后流行于欧美国家,与传统寿险产品的根本区别是该产品将投资选择权和投资风险同时转移给了客户。20世纪60年代以后，欧美金融市场波动剧烈，对保险公司的稳定经营造成了极大的威胁。从20世纪90年代起，投资连结保险在美国的保费年增长率达30%以上，到1995年已占个人寿险市场份额的22%；目前，澳大利亚市场销售的寿险保单已全部是投资连结产品；在欧洲，英、法、荷兰投资连结保险的市场份额均超过40%。我国的投资连结保险产生于1999年10月23日在上海首先推出的"平安世纪理财投资连结保险"。这是国内保险市场开发的第一代投资连结保险产品，虽然其结构比较简单，但它标志着我国寿险业开始了产品结构的重大调整，对寿险市场产生了巨大的影响。

二、公众理财产品

（一）共同基金

1. 共同基金的概述

共同基金，也称证券投资基金、单位信托基金、集合投资计划、证券投资信托基金，它是通过公开发行基金单位或基金收益凭证募集投资基金，交由基金托管人托管，并委托基金管理人管理和运用资金，以资产组合方式进行投资活动，所获得的投资收益和资本增值按基金投资者的基金单位或基金受益凭证的份额进行分配，是一种利益共享、风险共担的集合投资方式。它是全球范围内规模最大的资产管理工具，与产业基金共同构成投资基金。

共同基金起源于英国，1968年第一个公众投资信托基金"海外和殖民地政府信托"投资于国外殖民地的公司债券，以获取高额回报和分散投资风险，这是现代共同基金的开端。20世纪20年代初开始，共同基金在美国得到迅猛发展，截至2011年年底，美国股票型基金的净资产为52 046亿美元，债券型基金的净资产为28 850亿美元，货币市场基金的净资产为26 914亿美元，有44.1%的美国家庭投资于共同基金。我国共同基金的发展始于80年代末，基本可以划分为三个阶段：1992年至1997年为老基金时代，这个时期缺乏基本的法律规范、无法可依、监督不力，投资方向主要以房地产及企业为主，形式上更似产业基金，而非共同基金；1998年至2002年为封闭式基金时代，1997年年末颁布的《证券投资基金管理暂行办法》为我国基金业的发展提供了规范的法律基础，这一阶段是我国基金业承上启下的过渡时期，在有法可依的基础上对老基金的整改清理，以南方基金管理公司和国泰基金管理公司成立的"基金开元""基金金泰"为始端，基金业得到快速发展；2002年至今是开放式基金时代，在封闭式资金试点成功的基础上，2000年颁布《开放式证券投资基金试点办法》标志我国开放式基金发展的开始，2006年6月《中华人民共和国证券投资基金法》的面世使得我国基金监管法律体系日益完善，目前我国大约有60多家基金公司，管理共同基金超过600只。

(1) 共同基金的基本特征

总的来说，共同基金一般具有以下五个特征：①集合投资，专业管理。共同基金对投资者的投资额要求不高，通过发行基金份额可以广泛吸收社会资金，形成大规模的投资资本，发挥规模优势，降低投资成本，提高收益水平；负责管理的资产管理人一般都具有专业的知识和研究团队。②组合投资,降低风险。共同基金一般基于分散化投资的思想,在授权范围内把资金投至股票、债券、货币市场等产品中,分散投资。③利益共享,风险共担。基金投资者才是基金的所有者,基金投资收益在扣除基金承担的费用后,盈余归基金投资者所有,并依据各投资者所持有的基金份额比例进行分配。④独立托管,保证安全。基金管理人仅负责基金的投资操作,并不参与基金财产的保管,因此基金财产的保管由独立于基金管理人的基金托管人负责,这种相互制约、相互监督的制衡机制为投资者的利益提供了重要保障。⑤信息透明,监督严格。为保护投资者的利益,各国或地区的基金监管机构都对基金业实行严格的监管,并要求基金管理人和托管人及时、充分、准确地披露相关信息,对信息滥用和不正当竞争等各种有损投资者利益的行为进行严厉打击。

在经历了2008年的金融危机之后,各国在信用体系重建的同时加强了对共同基金的管理。美国次贷危机显示出美国政府在金融监管方面的缺失,主要体现在以下方面:对贷款银行信贷监管不足;对投资银行产品创新监管不足;对评级机构的监管存在困难;政府与金融机构形成利益共同体,使政府缺乏监管动力。次贷危机后共同基金业具有两个明显的特征:加强监管和产品风控。美国SEC与美国财政部、美联储及美国其他立法机构紧密合作,采取了一系列行动,严厉打击市场欺诈和市场操纵行为,增强财务信息披露的透明度,快速应变以稳定金融市场,最大限度地保护全球投资人利益。在产品风控方面的措施因具体产品而异,例如部分基金通过增加非相关资产类以抵御风险,而对于ETF产品则强化了增强指数型ETFs和管理型ETFs的误差跟踪。

(2) 共同基金的分类

按照组织形态分类,共同基金可以分为公司型共同基金和契约型共同基金。契约型基金,又称为信托型投资基金,一般由基金管理公司(委托人、发起人)、基金保管机构(受托人)和投资者(受益人)三方签订信托投资契约,基金管理公司通过发行受益凭证募集资金,组成信托财产,依据信托契约进行投资;基金保管公司负责保管信托财产并办理有关代理业务;投资者持有受益凭证,分享投资收益。目前,英国、日本、新加坡、中国香港和中国台湾、中国等国家和地区的大多数基金都属于契约型基金。公司型基金是具有共同投资目标的投资者依据公司法组成以营利为目的、投资于特定对象(例如有价证券、货币)的股份制投资公司。这种基金的成立,须在工商管理部门和证券交易委员会注册,通过发行股份的方式筹集资金,是具有法人资格的经济实体;所募集的资金通常委托特定的资产管理人或者投资顾问机构,由它们对共同基金的资金进行投资管理;基金持有人凭借股份作为基金公司的股东,按比例分享投资收益;目前,美国、加拿大及拉美国家都属于公司型基金。但是,在投资基金的层面,还有一种有限合伙型基金的组织形态存在,它主要是私募股权基金的组织形式。契约型和公司型两者只有一般共同基金的性质,而在法律依据、法人资格、投资者地位、融资渠道、发行凭证和运营方式等方面存在差异,具体如表11-4所示。

按照运作方式可以把共同基金分为封闭式基金和开放式基金。封闭式基金,也称公开交易投资基金,是指基金份额在基金发行前确定,合同期限内固定不变,基金份额可以在依法设立的证券交易所交易,但基金份额持有人不得申请赎回的一种基金运作方式,投资者以基金分红和转让基金份额时的溢价等形式获得回报。开放式基金,又称追加型基

表 11-4 契约型基金与公司型基金的主要区别

内容	契约型基金	公司型基金
法律依据	依据基金契约组建，信托法是其设立依据	依据公司法组建
法人资格	不具有法人资格	具有法人资格的股份有限公司
投资者地位	作为信托契约中规定的受益人，对基金的重要投资决策通常不具有发言权	投资者作为公司的股东有权对公司的重大决策发表自己的意见
融资渠道	不具有法人资格，一般不能向银行贷款	具有法人资格，扩大公司规模时可向银行贷款
发行凭证	发行受益凭证募集资金，仅仅是信托关系	发行普通股票，是所有权凭证，又反映信托关系
运营方式	依据基金契约建立、运作，契约期满，基金运营随即终止	除非依据公司法破产、清算，否则公司一般都具有永久性，公司运营具有股份制公司的特征

金，即基金规模不固定，投资者可根据自身情况随时申购或赎回基金单位的投资基金，基金也可随时因市场供求情况变化而增加发行。开放式基金的净资产价值反映在基金单位的赎回或发行价格上并决定投资者的盈亏，投资者的收益包括基金分红和赎回基金份额时的溢价。开放式基金和封闭式基金的差异主要如表 11-5 所示。

表 11-5 开放式基金与封闭式基金的主要区别

内容	开放式基金	封闭式基金
基金份额	可变，可以随时接受申购和赎回	一般固定不变，扩大规模只能依靠设立新的基金
基金期限	无预定的存续期限，理论上可以无限期地存在下去	有固定的存续期间，期满后一般予以清盘
交易方式	向基金管理公司或销售机构申购或赎回；基金的投资者和经理人或代理人之间直接进行交易，投资者之间不发生交易行为	封闭式基金发起设立时，投资者可以向基金管理公司或销售机构认购；当封闭式基金上市交易时，投资者又可委托券商在证券交易所按市价买卖
交易价格	由基金单位资产净值决定，每个交易日公布单位资产净值	市场竞价决定，定期公布基金的单位资产净值
投资策略	流动性需求大；制定长期投资策略，同时必须考虑短期效果	流动性需求小；有利于制定长期的投资策略，取得长期经营绩效

除了上述两种典型的分类外，共同基金还可以依据募集资金方式分为公募基金和私募基金；按照投资方针可以分为成长型投资基金、收入型投资基金和平衡型投资基金；按照资金来源和使用地域的不同可以分为国际基金、离岸基金、国内基金和国家基金，在中国，典型的国际基金是 QDII，典型的国家基金是 QFII；按照投资策略可以分为股票型基金、债券型基金、混合型基金和货币型基金；还有基金中的基金、伞形基金、指数基金等分类。

2. 共同基金的运作

(1) 共同基金的参与主体

共同基金的主要参与主体包括基金发起人、基金受益人或基金持有人、基金管理人、基金托管人、其他基金服务机构及基金监管机构六大主体。

① 基金发起人负责基金的发起设立，在符合当地法律法规的条件下一般由一个或多个大型金融机构担任，它的主要职责有以下三方面：一是制定有关法律文件并向主管机构提出设立申请，代表基金持有人与基金管理人、基金托管人签订契约，确定发行方案，选定销售机构，并在获得批准后进行公告。二是在募集基金时认购一定数量的基金份额，并在基金存续期间保持一定的持有比例。三是在基金不能成立时，承担基金募集费用，并将已募集到的资金加利息在规定时间内退还给基金认购人。

② 基金受益人，也是基金持有人、基金的投资者，是共同基金投资的最后受益者和风险承担者。基金受益人可以是中小投资者和各种机构投资者，包括自然人和法人。基金受益人应当遵循当地法律法规所规定的权利义务。

③ 基金管理人，是适应共同基金的投资运作而产生的依法获得基金管理资格的特定机构，是基金的资产管理者和基金投资运作的决策者。基金管理人一般由资产管理公司担任，资产管理公司一般由投资银行、信托投资公司、混业经营的商业银行发起设立，为保护投资者的利益，各国或地区对基金管理公司的资格都有严格的规定。契约型基金必须聘请专业基金管理人管理基金，公司型基金可以不聘请基金管理人。

④ 基金托管人，是基金资产的名义持有人和保管人，贯彻经营和保管分开的原则，防止基金资产被挪用或从事与基金契约不相符的投资活动，一般会聘请具有一定资产规模和信誉良好的商业银行、投资银行和保险公司等金融机构担任托管人。它的主要职责是安全保护基金资产，执行基金管理人的划款和清算指令，监督基金管理人的投资运作，复核、审查基金管理人计算的基金资产净值及份额净值等。

⑤ 其他基金服务机构包括注册登记机构、律师事务所、会计师事务所、基金的销售机构、基金咨询公司、基金评级机构等。

⑥ 基金的监管机构，主要是相关的政府部门，负责对涉及基金的活动和相关机构或个人进行监督管理，对基金的运作进行审批和核准，是基金正常运行的重要保障。另外，基金的自律型组织在基金监管中也发挥着重要的作用。

投资银行在基金的发起设立、发行承销、受托资产管理、投资咨询等方面发挥着重要的作用。投资银行利用其强大的销售网络，可以作为基金的承销人。

在大多数的公募基金中，投资银行通常只是基金的发起人，并不参与基金管理，基金的管理则委托专门的基金管理公司进行，同时投资银行也会成为该基金管理公司的股东，获得基金投资收益的分配收入。投资银行作为发起人，主要负责确定发起人和主要发起人，并签订发起人协议；确定基金管理人、基金托管人、投资顾问等主要当事人，并制作各种申请设立文件；报送材料，向监管部门提出设立申请。

在大多数的私募基金中，投资银行既是基金的发起人，同时也是基金的管理人。作为主要发起人，投资银行承担对基金设立进行管理的责任，包括负责对基金发起设立文件的合法性、私募参与人资格和基金主要管理人员的资质等进行审查；私募发行完成后，委托另外的机构担任基金托管人，设立专门的基金管理部门负责基金资产的投资管理和经营，实行基金业务与投资银行自身的经纪、自营业务等分离制度，保障投资者的利益。作为基金管理人，投资银行负责对基金组织内部的监管，并接受投资者的外部监管，定期向投资者披露有关资金经营状况信息。在私募基金中，投资银行担任的是一个全能的机构角色，直接掌管基金的运作，是基金真正的决策者和管理者。

(2) 共同基金的运作

虽然契约型和公司型基金的法律基础不同，所造成的运作模式存在差别，但从共同基金的参与主体出发，共同基金的一般运作的主要结构都包括以下八个环节：设立，发行，认购、申购和赎回，交易，投资管理，信息披露，外部监督以及清算退出。

① 共同基金的设立是基金运作的起点。国际上，基金的设立有两种基本的管理模式，一是注册制，基金发起人只需向证券监督管理机构报送法律法规规定的有关材料，进行登记注册，即可发起设立共同基金，采用这种模式的国家需要有比较完善的法规和行业自律组织，如英国、美国等。二是审批制，证券监督当局按照有关法律法规的规定，对发起设立共同基金机构所提供的材料内容、程序和形式进行审查，并决定是否批准设立基金的制度，这是我国目前采用的模式。

② 共同基金的发行是经注册或核准后的基金采用私募或公募的方式募集资金的行为，包括首次发行和追加发行两种情况。一般情况下，当基金设立通过后，由基金管理人在募集期限内采用直销或承销的方式向投资者发行基金单位，所募集到的资金存入专门账户保管，在基金募集行为结束之前，任何人不得动用；在基金募集期届满后，若资金达到标准，则进行验资的程序，若资金未达到标准，基金发起人把资金退回给投资者。

③ 共同基金的认购、申购和赎回是从投资者角度出发的行为。所谓认购，是指具有投资意愿的投资者在基金募集期内购买基金份额、向基金公司或代理机构填写认购表格、缴纳投资款项的行为，这主要包括开户、认购和确认三个行为，投资者认购时一般需要支付一定的认购费用，收费模式有在认购时缴纳的前端收费和在赎回时缴纳的后端收费两种模式，多数的基金采用前端收费模式。申购和赎回都只是针对开放式基金的一种投资者行为，所谓申购，是指由于开放式基金销售完成后并不上市交易，投资者可以在开放式基金合同生效后向基金公司或代理机构申请购买基金份额。所谓赎回，是指基金份额持有人要求基金管理人购回所持有的开放式基金份额的行为。

④ 共同基金的交易是指在基金成立后，基金份额在投资者之间转让的行为，主要包括封闭式基金交易和开放式基金交易。开放式基金交易主要就是申购和赎回两个行为，申购和赎回的价格一般以开放式基金的单位资产净值决定，股票基金和债券基金的申购和赎回采用未知价格交易原则，即不能以即时价格进行基金买卖，而只能以申购和赎回日交易时间结束后基金管理人公布的基金份额净值为基准进行计算；封闭式基金的交易主要是在交易所的交易，交易价格为即时价格。

⑤ 共同基金的投资管理是资产管理公司的核心业务，也是基金运行的最重要环节。一般情况下，投资管理一般采用资产组合的方式，从收益和风险两方面出发，综合度量，选择风险和收益相匹配的投资策略(具体见第三节，资产管理投资策略)。

⑥ 共同基金的信息披露是基金管理人、基金托管人及其他基金信息披露人的义务，它是一种强制性义务，相关主体应在监管机构规定的时间内披露，并保证投资人能够按照基金合同约定的时间和方式查阅或复制公开披露的信息，信息披露是为了防止信息不对称所产生的各种风险，以提高基金操作的透明度和保护投资者利益，促进基金业的健康

发展。

⑦ 共同基金的外部监督是基金顺利运营过程中的外部保障，资产管理人、资产托管人、律师事务所、会计师事务所等相关主体构成了一个相互制约的系统，这种相互制衡的外部监督有利于保护投资者利益和规范基金行业的市场秩序。

⑧ 共同基金的清算退出是指基金期届后终止清算的行为，基金期届后应当把扣除相应费用后的资产按照基金份额退回给投资者。

总体而言，共同基金的运营机制综合了它的组织形式、基金类型、参与主体等因素，而且还涉及监管机构等外部主体，因此它是一个复杂的系统。世界主要国家对共同基金治理模式的主要内容如表 11-6 所示。

表 11-6　各国共同基金治理模式的对比

	美国	法国	日本和德国	英国
组织形式	公司型	公司型和契约型并重	德国只有契约型，日本以契约型为主	契约型出现最早，公司型发展更快
投资者权利	有较强的决策权和知情权	享有很高的知情权，但决策权较少	享有很强的知情权，但决策权很少	与美国相似，但公司型基金投资者一般不能选任董事
托管人责任	很少，只保管基金防止挪用	计算基金单位价值，拒绝基金管理人不合乎法律的指令权利	计算基金单位价值，拒绝基金管理人不合乎法律的指令权利	向监管机构报告基金管理人不合乎法律和契约规定行为的义务
董事会职责	很强，尤其独立董事被赋予维护投资者利益的职责，对基金的高管人员、报酬、管理费用等重大事项有决策权	董事会的权利流于形式，但最近法国也正鼓励实行独立董事制	在日本的公司型基金中董事的职责类似于公司的高管人员，另外设有比董事人员更多的监察人员负责对董事进行监督	在英国的 OEIC 中由一名董事担任 ACD 负责决策，其他的董事有权利监督和更换 ACD(需要得到政府监管机构的批准)
政府监督	较强，除制定规则外，还可以通过听证会等行政程序禁止特定人员成为基金的投资顾问	很强，除制定规则外，对基金设立、变更、合并、清算等重大事项进行检查和批准，还可随时对基金进行临时性检查，批准甚至指定基金的管理人、会计监察人等	较强，主要制定非常详细的基金契约指引，而且所有的基金契约及其变更都必须得到监管机构的批准，对契约的监督很严	在 1997 年以前，对基金的监督名义上属于英国财政部，但实际上被交给许多行业组织，1997 年之后由金融服务局 FSA 监督，但 FSA 并不是一个政府机构，英国政府并不对基金直接进行监督
行业自律组织	相对较弱	较强，ASFFI 设有对基金当事人进行处分的惩戒委员会，起着一定的外部监督作用	较强，负责制定一些商业之道规则，对行业自律组织成员违规行为进行处理	SIB 和 FSA 都不是英国政府的机构，但职能很强，拥有制定规则、审慎资格、实行检查等职能，但 FSA 要接受英国财政部和议会的监督

*资料来源：李操纲，潘镇. 共同基金治理结构模式的国际比较及其启示[J]. 当代财经，2003(3).

3. 共同基金的前沿

(1) 国家基金

国家基金是由一国(或地区)境外资金所组成的、投资于该国(或该地区)境内证券市场或企业的投资基金,即向一国国外(地区)的投资者销售基金证券,筹集资金后在该国国内投资。国家基金的最初形式,是第二次世界大战后在欧洲市场上出现的美国基金和日本基金;而国家基金的高速发展,是20世纪80年代以后在新兴工业化国家和经济高速发展的发展中国家,尤其是亚太地区的一些国家,国家基金成为这些国家利用外资的一条新的重要途径。一般来说,国家基金有三种运作模式:第一种模式是由一家或多家国内具有一定信誉的、知名度较高的信托投资机构发起并组织的国家基金;第二种模式是由国内与境外信托投资公司合资建立的基金管理公司发起并组织的国家基金;第三种模式是由境外信托投资公司发起并组建的国家基金。它们的运作机制如图11-3至图11-5所示。

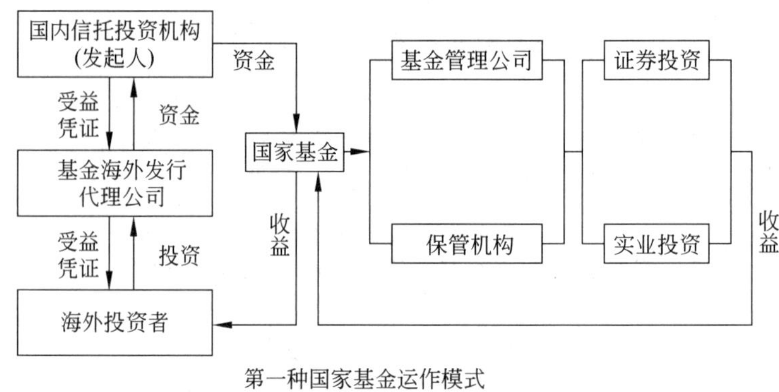

图11-3 国家基金模式一

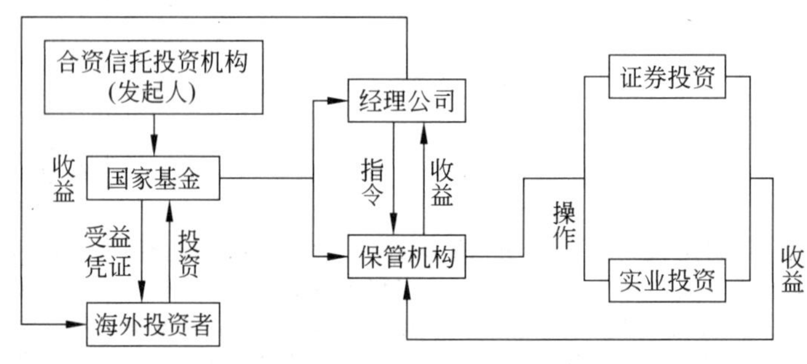

图11-4 国家基金模式二

在中国境外筹集资金专门投资于中国境内证券市场的投资基金就是一种国家基金,具体来说就是QFII和RQFII,它们是我国推进人民币国际化、促进我国资本市场与国际资本市场接轨的重要手段。

QFII是指合格的境外机构投资者。2002年11月中国证监会和中国人民银行颁布《合格境外机构投资者境内证券投资管理暂行办法》,标志着我国QFII的确立,第一个QFII账户由瑞士银行有限公司开立。QFII制度自开始实施以来,审批额度都比较严格,

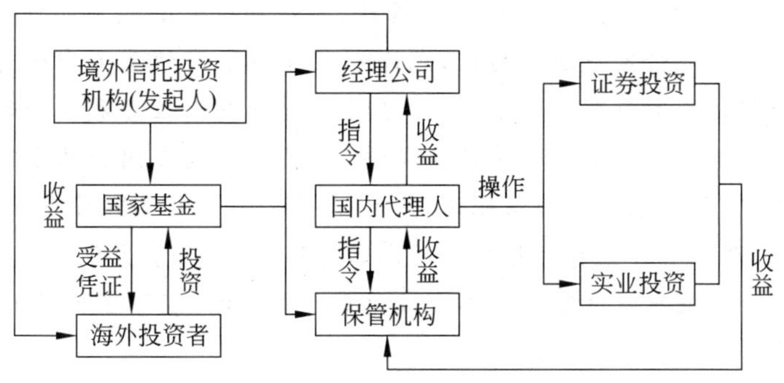

第三种国家基金运作模式

图 11-5　国家基金模式三

截至2013年7月,QFII的额度增加至1 500亿美元;RQFII是指人民币合格境外投资者,R代表人民币,RQFII境外机构投资人可将批准额度内的外汇结汇投资于境内的证券市场。目前RQFII仅在我国香港和台湾地区试点。

(2) 封闭式基金折价之谜

由于封闭式基金在交易所公开交易,因此就存在两个价值:交易所成交价格和基金净值。在世界范围内,包括我国都存在着这么一个现象,那就是封闭式基金发行上市一段时间后,交易成交价格低于净资产。

近年来国内外研究这一现象的人很多,但是还没有比较统一的说法。总的来说,目前的研究主要从两方面进行:一是立足有效市场理论,运用理性预期的观点解释;二是基于行为金融理论从噪声交易角度进行解释。到目前为止,对封闭式基金贴水现象的一般解释有:基金折价水平是对管理者业绩的一种预期、基金出现折价现象源于机构的费用(包括交易费、管理费)和税收等因素、基金的折价是由于基金所持有的某些资产的非流动性造成的、基金的折价水平受投资者情绪的影响。

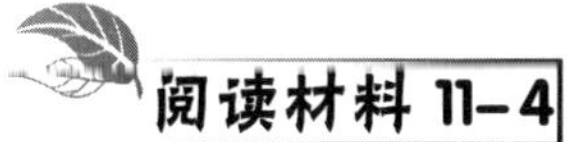

共同基金的违规操作

共同基金的违规行为主要有盘后交易和择时交易两种形式:盘后交易(也称延迟交易,Late Trading)是指在法定时间之后以已知价进行共同基金的申购、赎回或转换的行为。择时交易(Market Timing)本是一个投资术语,这里是指在短时间内频繁买卖共同基金的行为。择时交易会损害长期投资者的利益,故在招募说明书中一般都写明要监控并防止此类行为,许多基金管理公司设有"择时交易警察"以检查和阻止此类行为。

2003年9月纽约州总检察长埃利奥特·斯皮策(Eliot Spitzer)起诉金丝雀资本合伙公司(Canary Capital Partners, LLC)、金丝雀投资管理公司(Canary Investment Management, LLC)、金丝雀资本合伙有限责任公司(Canary Capital Partners, LTD)和爱德华·斯特恩(Edward J. Stern)。金丝雀投资管理公司从管理资产中收取1.5%的管理费,并在利润达到一定水平时享受25%的利润分成。金丝雀投资管理公司在2000年至2003年间与包括美洲银行、证券信托公司(STC)、第一银行、简纳斯(Janus)、斯特朗(Strong)等机构管理或服务的数十个基金家族达成协议,允许它在许多不同的基金中进行盘后与择时交易。这些基金通常是国际或股票基金,可以进行时差或流动性套利。择时后金丝雀投资管理公司将资金在这些不同的基金中尽快转移,不用时就放在同一基金家族的货币市场基金或类似基金中,并向基金管理人保证,它可以就这些资金收取管理费以及其他费用。作为补偿,基金管理人有时放弃短期持有的赎回费用,这就使基金少收了应用于补偿其他投资者的费用。金丝雀投资管理公司不断改进其交易策略,获取了大量不当利益。

(二)信托

1. 信托概述

现代信托业发源于英国,与银行业、保险业、证券业并称为现代金融业的四大支柱。根据《中华人民共和国信托法》(以下简称《信托法》),信托是指委托人基于对受托人的信任,将其财产委托给受托人,由受托人按委托人的意愿以自己的名义,为受益人的利益或特定目的进行管理或处分的行为。它的独特本质在于从一个物的所有权分化出来的双重性质,即信托财产的所有权与受益权分开,既承认受托人对信托财产享有普通法权利,也承认受益人享有衡平法权利。更加通俗地说,财产权利被区分为名义所有权与实际所有权,两者分别为受托人与受益人拥有,受托人拥有财产的名义所有权,因而可以对信托财产进行管理、运用和处分;受益人拥有实际所有权,因而可以享有财产所产生的经济利益。

根据目前的实践来看,信托在以下三个领域发挥着独特的作用。首先是在营业信托领域。这是信托在绝大多数国家发挥最大作用的领域,信托业已经成为现代金融业的一个重要组成部分,为各国的经济金融发展做出了不容忽视的贡献。从信托在各国商事领域的实践来看,营业信托业务主要包括投资信托、基金信托、资金信托、有价证券信托等。其次是在民事信托领域。由于历史的原因,英国的民事信托尤其发达,其以个人作为受托人的个人信托业务在其信托总业务量中占据主导地位,且主要集中于执行遗嘱和管理遗产两方面。最后是在社会贡献领域。这一部分主要集中于公益信托,即出于公共目的,为整个社会的利益而设立的信托。信托介入公益事业可以起到帮助公益基金保值增值从而使公益事业长久发展的作用,且能在较大程度上保证资金的安全。投资银行关注的重点就是信托在营业信托领域的运用。

信托和共同基金构成了资产管理业务的两大方式,它们同样以手续费、佣金等费用作为主要收入,但是它们所代表的关系截然不同。在信托中,委托人需将信托财产转移给受托人,受托人则以受托人的名义加以管理,即受托人拥有委托资产的所有权,受人所托,代人理财;在共同基金中,委托人无须将委托财产转移给受托人,受托人以委托人的名义从事管理活动,受托人与委托人之间仅存在委托代理关系。发展到目前,信托和基金的基本思想已经相互渗透、相互借鉴。信托中存在一种称为优先/劣后分层结构,这种结构就是利用信托受益权分配先后顺序不同的基本思想,规定一部分投资者(优先级受益人)拥有从信托利益中优先获得投资本金受益或其他约定信托利益的权利,而其他投资者(一般受益人)则在优先级受益人获得约定信托利益后获得剩余的信托财产,这种信托产品其实就是集合众多投资者的资金投资于同一标的物,再根据不同类型的风险收益偏好,在收益分配中采用分配顺位差别。利用这种思想创造的信托产品例如有结构型证券投资信托、住房抵押贷款的(准)资产证券化信托。而在共同基金中,借鉴这种信托分层的思想所创造出来的基金有分级基金等。

由于我国金融市场的突出矛盾是间接融资与直接融资的比例严重失调所造成的结构性失衡,对照发达国家和地区金融市场中庞大的直接融资规模,而信托基于制度优势和功能优势等,可以在实业投资领域和证券市场这两个直接融资渠道中大力创新发展。对比国内外信托在直接融资领域的实践,立足信托作为一个产品的概念,房地产投资信托基金(REITs)和私募股权信托是信托发展的重要方向。

2. 房地产投资信托基金

信托概念始于英国,而房地产投资信托基金则始于美国。1960 年 9 月 14 日,美国总统艾森豪威尔签署了《房地产投资信托法案》,并经美国国会正式决定创建房地产基金,标志着美国房地产投资信托基金的正式设立,让美国投资者可以通过汇集资金投资于较大的收益型商业房地产项目。截至 2008 年 6 月底,全球 REITs 市值高达 6 800 亿美元,美国占有全球一半左右的市值,是全球最为成熟的 REITs 市场,而且 REITs 产品被美国国会推荐为企业年金、社会保障基金、退休基金和保险基金的投资产品;澳大利亚是全球第二大市场,而欧洲和亚洲是 REITs 的新兴市场,日本和新加坡是亚洲的两大主要市场。

(1) REITs 的基本属性

所谓房地产投资信托,就是指集合投资者的资金,建立某种专门进行房地产投资管理的基金或机构,由专业机构管理,投资于能产生稳定现金流的房地产资产,并将所产生的现金收入以派息等方式及时进行分配,为投资者提供长期稳定的现金收益的信托型或者公司型基金。房地产投资信托是房地产和信托两者的结合,总的来说,它除了包含资产管理项目的集合投资、专业理财等基本特征外,还具有以下四个特征:一是相对于房地产更具流动性。目前绝大多数的 REITs 都在公开市场交易,其交易方式及程序与股票相同,投资者可以在交易时间内随时买卖,故流动性、变现性相当高。二是由特定的人受不特定的多数人委托,进行房地产投资资金的管理和运用。一般信托关系的建立,受托人特定,委托人也都基本特定,只有受益人才有不特定具体人。三是收益稳定,风险较少。根据 REITs 投资标的资产,基本是以房地产的租金、房贷利息等作为收益来源,产品特性介于股票和债券之间,且与其他资产相关性低、收益波动性低。四是税收优惠是 REITs 发展的基本保障和动力。由于信托不是法人机构,本身无须缴纳所得税,从而可以避免公司企业遭遇的股东和企业重复缴纳所得税的问题,这种利润传递机制使其能够享受税收优惠,避免双重征税。

从不同的视角,可以把 REITs 划分为不同的类型。以组织形式可以划分为公司型和契约型两大类;以交易方式可以划分为开放式和封闭式两大类;以投资资产类型可以划分为权益类、抵押贷款类和混合类三大类;以资金的募集形式来看,可以划分为公募和私募两类;从管理架构来看,可以划分为内部管理型和外部管理型。所谓权益类 REITs,是指投资并拥有房地产,主要收入来源于房地产的租金,同时必须将至少 90%的净收益作为股息发给投资者。所谓抵押贷款类 REITs,就是投资于房地产抵押贷款或房地产贷款支持证券,收益主要来源于房地产贷款的利息。所谓混合类,就是同时投资于房地产和房地产贷款类。所谓内部管理 REITs，是指 REITs 公司或受托人自己运营和管理所投资的资产。所谓外部管理 REITs，是指 REITs 公司或受托人雇佣独立第三人进行 REITs 持有资产的日常管理和运营，目前内部管理成为主要的发展方式。

(2) REITs 的运作模式

REITs 是由信托公司等金融机构作为受托人，通过签订信托契约发行收益凭证募集资金，利用募集的资金获取合格的物业资产及相关权利，通过聘请专业的物业管理机构、中介机构进行专业化管理服务，规范各当事人行为，为投资者获取最大的收益。REITs 涉及的主要参与主体包括 REITs 投资者(委托人)、受托人、资金保管人、物业管理人、中介机构等，其中更以受托人作为核心，它代表投资者掌控信托资金，负责信托资金的投资、资产运营和管理。从参与主体出发，REITs 的运作一般包括成立阶段、筹资阶段、经营阶段和利润分配四个阶段，以公司型、开放型、外部管理的 REITs 为例，其运营的基本结构如图 11-6 所示。

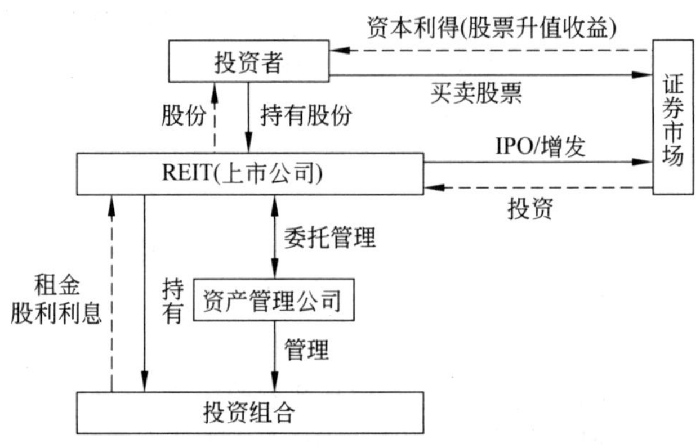

图 11-6 REITs 的运作机制

3. 私募股权信托

私募股权按照组织形式来看，可以划分为公司型、有限合伙型及信托型。当私募股权投资以信托的形式组织时，就称为私募股权信托。国内对私募股权信托的研究还比较少，部分学者根据上述的关系，对私募股权信托作出以下定义：李青云认为信托型私募股权基金是指依据《信托法》《信托公司集合资金信托管理办法》等相关法规设立的投资基金，通过信托契约明确委托人(投资人)、受托人(投资管理机构)和受益人三者的权利义务关系，实现资金与专业管理能力的协作。另外刘鹤扬认为私募股权信托是指发起人以非公开方式与投资人订立信托合同，投资人将自己的资金信托给发起人，由发起人将资金以组合方式投资于非上市企业，并将收益按照信托合同的约定交付给受益人的资产管理模式。对于这种新兴的形式，目前只达成了部分共识：一是私募股权信托与有限合伙、公司型两种形式不存在排斥，可以相容；二是以信托关系来约束投资人和发行人的关系，同时收益不封顶不保底，也可以加入优先/劣后的分配机制等；三是对于私募股权信托的发展十分乐观。

阅读材料 11-5

REITs在中国的实践——越秀 REIT

2005年12月21日，越秀房地产投资信托基金（简称越秀 REIT）在中国香港联交所挂牌上市，越秀 REIT 是首家以内地物业为组合赴港上市的房地产投资信托基金。它把旗下盈利最好和发展潜力最好的四处物业（白马大厦、财富广场、城建大厦和维多利广场）分拆后注入 REITs，取得越秀 REIT 约33亿港元的现金，并依然持有越秀 REIT30%左右的股权，上市完成后，越秀投资总共获得了约20亿港元的账面确认收益。

前期的五年准备阶段，可以分为资产整合和资产梳理两个阶段。2001年至2002年年底为集团间资产整合阶段，广州市政府将广州城建集团95%的股权注入越秀投资，为了便于越秀投资的收购，广州城建集团进行了内部重组，并成立了广州城建离岸公司（广州城建集团在英属维京群岛注册的离岸公司），最后由越秀投资收购广州城建离岸公司；同时将越秀集团持有的、重组后的、拟剥离上市资产出让给越秀投资，主要包括白马大厦的部分物业、财富广场的部分物业、城建大厦的部分物业以及维多利广场的部分物业。

2003年至2005年7月属于集团内资产梳理阶段，越秀投资通过广州城建离岸公司设立了四个离岸项目公司，并全资持有，每个项目公司持有一个拟上市的项目资产，使得该资产包的产权关系明晰化，为日后以 REITs 的形式上市开辟了道路。越秀 REIT 的财务业绩在上市后的五年内基本保持着平稳增长的态势，IPO 时给出的7.6%的回报率也基本上得以兑现。

三、个性化理财产品

（一）私人银行业务

1. 私人银行业务的发展

私人银行业务是向拥有高净资产的个人或家族提供高质量的、与金融相关的金融服务。私人银行起源于16世纪的瑞士日内瓦，由居住在瑞士的法国富裕贵族所创建，随后形成于18世纪工业革命后的英国，直至20世纪20年代，瑞士颁布银行法将私人银行与其他银行分开，具有承担无限责任的、无须遵从一般银行同业规定的专业私人银行在瑞士得以成立。到目前为止，私人银行业务发展已经有300多年的历史，以欧洲、北美、亚太为三大主要区域市场，以日内瓦、苏黎世、伦敦、纽约、新加坡和中国香港等作为私人银行业务中心城市。

随着金融自由化和经济全球化的发展，以瑞士 Pictet、英国 C. Hoare&CO. 等为代表的传统意义上的私人银行越来越少，许多金融机构都向私人银行业务领域进行扩展，借此实现金融机构各种业务的协同效应最大化。一般情况下，金融机构无非采用两种基本形式进入私人银行业务，即新建和收购。如汇丰集团在1999年收购私人银行 Republic National Bank of New York 和 Safra Republic Holdings，以改组后的 HSBC Republic Bank SA 作为汇丰集团全球私人银行业务的起步，随后又经过一系列的收购扩张，使得目前汇丰集团成为世界范围内最大的私人客户信托服务机构，汇丰私人银行曾被《欧洲货币》评选为“环球资产丰厚客户之最佳信托服务供应商”和“高资产人士/零售对冲基金最佳供应商”；另外UPS、花旗银行等其他金融机构也通过收购进入私人银行业务领域。在私人银行业的市场规模上，据财富管理咨询机构 Scorpio Partnership 发表的年度研究报告称，2007 年全球私人银行业大约有 17.4 万亿美元的资产，2008 年大约有 14.5 万亿美元的资产，近年的全球私人银行业以瑞士信贷、摩根大通私人银行、花旗集团私人银行等为主要力量。国外私人银行已形成经营管理品牌化、服务方案个性化、业务发展多元化、区域布局全球化等一整套成熟的发展模式。

私人银行业务在中国还处在发展的起步阶段，该业务的发展最初的动力还是由于中国加入 WTO，根据有关协议，中国应当在入世后的五年取消对外资银行的所有业务限制，因此中国私人银行业务就这样被敲开。2005 年 9 月，瑞士友邦银行在上海成立境外私人银行国内代表处，2006 年 3 月花旗银行上海分行私人银行部正式开业，自此，这种财富管理理念开始逐渐被我国所接纳。2007 年 3 月，中国银行推出第一家中资私人银行，中外资银行在私人银行业务领域的争夺战从此拉开序幕。相对于国外私人银行业务，我国的私人银行业务还需要一个漫长的发展过程。

2. 私人银行业务的特点

所谓的私人银行业务，根据美国有关法律的规定，就是向拥有高净资产的私人客户提供金融产品和服务，包括贷款、信托、遗嘱、财富管理等。也有学者认为，所谓私人银行业务，即以“财富管理”为核心目标，以商业银行所涉及的一切资源为保障，向目标客户及其家庭提供私密性的量身定做的“管家式”金融服务，业务领域包括投资、信托、保险、基金、外汇、贵金属等一切金融市场和金融工具、法律、税务、收藏、拍卖、遗产安排、子女教育及财务动态管理等专业顾问服务。

同样地，投资银行一般也是通过收购向私人银行业务领域拓展，同时借助其在证券经纪、资产管理等资本市场业务中的丰富经验，为具有高净资产的客户提供高质量的金融服务。根据 Barron 2005 年美国私人银行机构排名，高盛以 1 300 亿美元的管理资产名列第 9，JP Morgan 排名第 14。结合私人银行业务的传统意义、现代发展趋势及其与投资银行的联系，它主要表现为以下四个特点。

(1) 私人服务。这是私人银行业务最基本的经营理念，它强调的是与客户“一对一”的服务，强调与客户建立长期稳定的关系，强调向私人提供高质量的服务，尊重隐私。

(2) 高质量服务。为客户提供最高质量服务也是私人银行业务的基本经营理念的内容之一，因此私人银行在经营过程中注重客户细分，按照客户的要求设计服务、预测客户的需要、根据客户财富的性质和客户期望的服务水平去了解客户，最大程度地满足客户的投资目标。

(3) 无限承担责任。无限承担责任是传统私人银行业务的一个重要特征，它意味着必须采取谨慎的方法保护投资者利益，不能谋取短期的利益，而应为客户的长期利益而经营。

(4) 机构类型多样化。传统上，私人银行业务一般由私人银行主导，随着竞争的日益激烈，一般的大型全能银行也逐渐打破经营界限，通过收购向私人银行业务扩展；其他金融机构，如投资银行也通过各种方式进入私人银行业务领域，到目前为止，在世界范围内基本形成了以全能银行为主导的新形势。

3. 私人银行业务的营运模式

从全球范围来看，私人银行业务经营具有两种基本模式，一是手续费型模式，以佣金为主要收入来源，主要存在于北美；二是管理费型模式，以管理费作为主要收入来源，主要存在于西欧。

(1) 手续费模式

所谓手续费模式，就是以客户手续费(佣金)为收入来源，无论客户投资结果盈亏，都需要缴纳申购、赎回、转账佣金及债券托收佣金等手续费。这种模式由于以每次交易的资产金额为收费基础，因此会鼓励客户经理注重销售产品，着眼于销售业绩的提升，容易带来道德风险的提升，客户经理为追求更多的手续费而诱导客户频繁交易，但是证券交易实践表明，频繁的交易未必会带来财富的快速增长，反而会增加客户所需要承担的风险。美国私人银行对证券交易的收费情况如表 11-7 所示。

表 11-7 美国私人银行业务的证券交易手续费情况

交易额度	美国国内费用率	美国海外费用率
10 万美元以上的股票、期权和权证	1.1%	2%
100 万美元以上的股票、期权和权证	0.2%	0.2%＋海外佣金
10 万美元以上的中长期债券	0.9%	1.5%
100 万美元以上的中长期债券	0.2%	0.2%＋海外佣金

* 数据来源：Liang-Jie Zhang, Hong Cai. Services computing[J]. Springer, 2007.

(2) 管理费模式

所谓管理费模式，是以客户账户内的资产规模为基础，按照产品类型收取不同的管理费，不收取任何交易费用的形式。这种模式下私人银行业要实现盈利，必须不断提高客户在账户中的资产份额，因此必须注重客户资产整理的稳定性和保值、增值，注重对客户资产进行总体统筹，为客户长期利益着想。西欧私人银行对客户资产收取管理费的情况如表 11-8 所示。

表 11-8 西欧私人银行业管理费情况

资产额度	证券资产组合	动产和不动产
100 万～1 000 万美元	1.5%	1%
1 000 万～3 000 万美元	1%	0.8%
3 000 万美元以上	0.5%	0.4%
最低年费	2 万美元	1 万美元

* 数据来源：Liang-Jie Zhang, Hong Cai. Services computing[J]. Springer, 2007.

(3) 手续费模式和管理费模式的差异

手续费模式和管理费模式的差异主要体现在文化背景、客户特征、产品供给、收费方式、经营策略和经营效果上。

① 在文化背景上，手续费模式源于北美鲜明的淘金文化和冒险文化，普遍的财富增值需求使北美私人银行选择了侧重于投资交易的手续费型模式；而管理费模式根植于西欧浓厚的贵族文化传统之中，兼顾金融投资与生活管理的综合解决方案使管理费型模式成为最佳选择。

② 在客户特征上，手续费模式的客户大多属于“创富型”，委托私人银行助其财富升值是主要目标，适合资产规模较小的客户；管理费模式客户大多属于“继富型”，客户更关心财富的保值与稳定，适合资产规模在 1 000 万美元以上的客户。

③ 在产品供给上，手续费模式主要供给投资产品，围绕金融市场设计投资产品或提供相关服务，产品风险较大；而管理费模式主要提供优质服务，产品与服务范围非常广泛，客户收益随市场变化的波动较小。

④ 在收费方式上，手续费模式按交易次数逐次收取费用，属于“批次性”收费，频繁的人为交易，客户经理的服务品质不易保持，服务资源容易集中于 20%贡献度高的客户；而管理费模式以客户账户内的资产规模为收费基础，属于“累进式”收费。客户经理按计划检查客户的投资组合，使客户得到长期的高品质服务。

⑤ 在经营策略上，手续费模式属于产品导向，以投资管理为主要盈利来源，属于投资产品驱动型，销售业绩压力容易诱发客户经理的短期行为；而管理费模式属于客户导向，注重服务甚于投资，属于咨询服务驱动型，客户利益至上是企业的长期经营目标。

⑥ 在经营效果上，手续费模式无投资门槛，客户对产品有选择空间，客户资产价值波动较大，资产周转率和客户流失率较高，客户经理追求企业利润目标时易忽略客户利益；而管理费模式无论对客户还是客户经理都是稳定且长期的收入，转介客户较多；但对喜欢高度参与投资活动或追求高收益的客户来说，该模式吸引力较低。

4. 私人银行业务的离岸发展

近年来，世界范围内的财富增长支撑点由发达国家转向新兴经济体，截止到 2011 年，全球个人可投资的财富约为 122.8 亿美元，而拥有超过 100 亿美元的高净资产客户的总资产为 42 万亿美元，相对于 2010 年，仅金砖四国的私人财富就增长了 18.5%。由于新兴经济体中的私人银行业的发展还不够完善，这种增长的财富必然向国外寻求高质量的金融服务，其中离岸私人银行业务就是其中的一种。所谓的离岸私人银行服务，就是把私人银行业务通过离岸金融中心与离岸金融服务联系起来。根据国际货币基金组织对离岸金融服务的定义，它是银行及其他金融机构为非本司法管辖区居民提供的金融服务，包括银行承担金融中介职能为非居民客户提供的存贷款，以及包括银行在内的各金融机构为非居民提供的基金管理、保险、信托、资产保护、公司咨询理财及税收筹划等服务。而私人银行业务可以依托的离岸金融中心包括由国际金融中心形成的离岸市场，如伦敦、纽约、东京、中国香港等；还有那些借助宽松的税收环境和配套的金融服务形成的离岸中心，如开曼群岛、百慕大、英属维尔京群岛等。

一般来说，在离岸金融中心建立私人银行离岸服务具有一定的优势。一是离岸金融中心优越的保密和私密服务。离岸金融中心无须提供任何个人信息开立匿名账户；某些辖区具有严格的保密法制度；通过离岸金融中心的各种产品设计，基于离岸中心的信息披露政策，为投资者提供隐私保护。二是离岸金融中心一般具有税收优惠。最优的税收优惠主要来自于“避税港离岸金融中心”,这些司法管辖区通常实行全面优惠的税收制度,全面免征主要的直接税,只有少数市场所在地开征少量印花税。三是离岸金融中心具有宽松的监管环境。宽松的管制为金融业的持续创新提供了较好的环境,刺激了大量国际清算、风险防范创新工具的产生,如货币互换、远期利率协定、浮动利率债券等。

一般而言,离岸私人银行业务主要包括三大类:一是离岸银行服务,主要包括离岸账户开立、传统存贷款、杠杆融资、国际结算等;二是离岸投资服务,主要包括全权委托资产管理、证券市场投资、共同基金、对冲基金、衍生品投资等;三是离岸咨询及其他服务,主要包括设立离岸信托、离岸公司、遗产计划、非金融资产收购等。从投资银行的视角,投资银行主要从事后两类活动,即离岸投资服务和离岸咨询及其他金融服务。

虽然私人银行在整体经营策略上不断向在岸转移,但是在私人银行业务还没有具备全球化能力的情况下,加强私人银行离岸金融服务是加强金融服务布局的重要一步。总的来说,投资银行发挥离岸金融中心具有的保密、税收优惠、监管政策等方面的优势,通过灵活、专业、丰富、个性化的私人银行离岸金融服务,为拥有高净值资产的客户提供一揽子高质量的金融解决方案。

(二)对冲基金

1. 对冲基金的概述

对冲基金属于私募基金的一类,由于对冲基金的形式灵活、隐蔽性很强,在世界范围内还没有较为统一的定义。国际货币基金组织认为对冲基金是私人投资组合,常离岸设立,以充分利用税收和管制的好处;美国前美联储主席格林斯潘曾认为长期资本管理公司是一家对冲基金,或者说是一家通过将客户限定于少数十分老练而富裕个体的组织安排以避开管制,并追求大量金融工具投资和交易运用下的高回报率的共同基金;美国先锋对冲基金国际顾问公司认为对冲基金是采取私人合伙公司或有限责任公司的形式,主要投资于公开发行的证券或金融衍生品;而根据美国证券交易委员会在2008年的观点,对冲基金应该是那些没有依据《证券法》和《投资公司法》注册,不进行公开募集,在收取基本的管理费用外还收取一定比例的激励费用,多利用杠杆、做空和衍生品进行投资的投资方式;根据CFA的定义,对冲基金是运用多种投资策略管理证券组合及衍生品的空多头,它们可能运用空头或多头,并经常运用高杠杆,无论市场环境如何都追求正收益的私募投资机构。直观地看,对冲基金的最基本属性就是一种规避风险的资产组合方式。

对冲基金产生自美国,最早记录在案的对冲基金是由Alfred Winslow Jones在1949年创立的AR Jones基金,由Jones作为普通合伙人,在投资策略中坚持三个原则,一是总保持空头,二是坚持使用杠杆,三是只收取20%的激励费用,而没有收取任何管理费用。但是对冲基金在随后的发展中逐渐增加风险,以追求最大的报酬为目的,在20世纪90年代之前,对冲基金的发展都较为缓慢;90年代开始,得益于金融管制的放松、经济和金融全球化的加剧,对冲基金迎来了大发展时代,1990年美国拥有各种对冲基金约1 500家,资本总额约500亿美元,但至90年代末,美国已有4 000多家对冲基金,资产总额超过4 000亿美元;随后对冲基金在全球高速发展,在2000年至2007年的八年时间里,全球对冲基金数量从7 800个增加到19 000个,资本总额从2 300亿美元增加到21 400亿美元,即使在2008年遭受金融危机的重创,但其后快速的恢复性增长使得对冲基金趋于成熟。

截止到2008年,全球对冲基金投资的64%集中在北美,24%集中在欧洲,9%集中在亚洲,3%集中在拉丁美洲,对冲基金已经覆盖到全球范围;对冲基金的投资策略也日益丰富,各种机构投资者也增加它们在对冲基金中的投资份额,其中捐赠基金和家族基金是最早投资对冲基金的机构,对冲基金在它们的资产配置中占比大约是15%～25%。但是,从对冲基金与共同基金的总量来看,对冲基金的资产存量依然偏小,2007年对冲基金的总规模只有全球共同基金的7.1%。

从对冲基金的定义和发展来看,对冲基金具有以下七个基本特征:一是追求绝对收益。传统的共同基金由于无法做空,且持有现金有上限的限制,因此共同基金一般强调相对回报,以超越所选择的市场基准为目标;但是对冲基金强调的是绝对回报,追求在各种市场环境下的绝对收益,衡量对冲基金绩效也不再与市场指标做比较,而着重于基金本身的绝对回报、夏普比率等统计指标。二是资金募集的私募性。由于对冲基金的高风险性和复杂的投资机理,许多国家都禁止对冲基金公开发行,只可以向特定投资者募集资金。三是高杠杆。为实现利润的最大化,对冲基金一般都会利用银行信用或法规制度,在证券或衍生品市场创造杠杆,但是为达到风险控制的目的,不同的策略将会采用不同程度的杠杆操作。四是灵活的激励机制。对冲基金一般采取与业绩挂钩的薪酬激励机制,典型的模式是"2和20",即管理费用是2%,激励费用是20%。为了防止基金经理人过度暴露在风险之中,对冲基金一般会采用两种方式限制风险,设置"高水位线"和要求基金管理人也须投资基金总资产的1%。五是组织结构简明。对冲基金的组织形式一般采用合伙制。六是隐蔽性强。私募基金缺乏公开披露信息机制、为实现高收益的投资策略的复杂性和保密性、在避税港采用合伙组织机构规避法规的要求等使得对冲基金具有很强的隐蔽性,因此对冲基金不适合于一般的投资散户。七是投资门槛较高。合格的对冲基金投资者对资金有最低的门槛限制,根据美国1996年《全国证券市场改进法案》修订案规定,合格的个人投资者必须拥有500万美元以上的投资资金,机构投资者的净资产不得低于2 500万美元,后来为了降低门槛,一般投资者可以投资于FOF中。对冲基金和共同基金的简单比较见表11-9。

表11-9 对冲基金和共同基金的简单比较

	对冲基金	共同基金
绩效评价	绝对收益	相对收益
资金募集	仅私募	私募、公募
费用	基本管理费、激励费用	固定管理费
投资者人数	严格限制	无限制
投资范围	不限制,可采用卖空、衍生品投资等	限制
监管	不监管,监管难度高	严格监管
信息披露	一般不用披露财务及资产状况	按规定定期披露
流动性	申购和赎回有严格限制,流动性差	流动性相对较好
业绩	相对较优	相对逊色

2. 对冲基金的组织架构

国外对冲基金的参与主体一般只包括投资者、对冲基金公司和托管银行。而与这种参与主体对应的组织架构是投资者投资于对冲基金，托管银行作为资金托管方管理对冲基金，且对冲基金公司既是对冲基金管理人，也是对冲基金的主要运营操作人。而把投资者与对冲基金联系起来的制度就是合伙制，这种合伙制一方面可以规避本国法律的监管，也有利避税，但由于结构简单，许多事项都需外包给诸如投资银行等基金管理公司，例如由投资银行负责对冲基金的交易行为。在合伙制中，由发起设立对冲基金的个人或者机构作为普通合伙人，独立投入资金，负责对冲基金的日常管理和投资决策，对基金承担无限连带责任；投资者作为对冲基金的有限合伙人，不参与对冲基金的管理与经营，只享受投资收益和以投资额为限承担有限责任。而投资者作为对冲基金的有限合伙人，可以通过三种基本形式参与投资。第一种是直接投资在基金账户或管理账户，两者的主要区别是基金账户需要集中投资者的资金，而管理账户则是将投资者的资金放在一个独立的账户上；第二种方式是通过 FOF 进行投资；第三种方式是通过投资对冲基金指数。对冲基金结构示意图如图 11-7 所示。

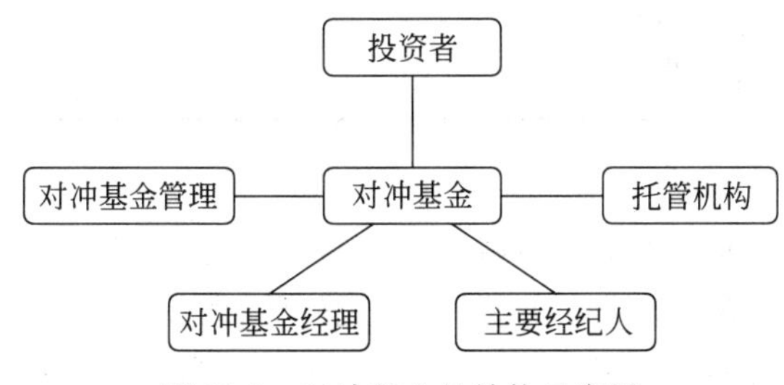

图 11-7 对冲基金的结构示意图

而在我国，对冲基金中国化的产品阳光私募中存在四个参与主体：投资者、信托公司、阳光私募管理人和托管银行。中国阳光私募基金的组织架构是以信托公司作为阳光私募发起者，投资者通过信托公司投资认购阳光私募证券信托产品，阳光私募管理人作为信托产品的管理人和投资顾问对阳光私募证券信托产品提供投资建议，信托公司负责运营操作，托管银行作为资金托管方管理信托资金。

3. 对冲基金的分类及策略

对冲基金通常以投资策略为分类标志，但是由于各机构所采用的策略有差别，所以不同机构的分类结果差别很大，甚至有一些以对冲基金所投资的标的资产作为分类标志；当新的策略产生时，即使是同一间机构，在时间前后的分类上也会存在差异。但是，如果为了能够更好地衡量对冲基金的总体表现，或者利用对冲基金去构造一个新的资产组合，又或者构造一个评价对冲基金业绩的基准水平，那么对冲基金的分类就是必要且重要的。基于各个机构的投资策略，对冲基金的分类主要有四种方法。

资产管理统计公司（MAR）把对冲基金分为八类，分别是宏观基金、全球基金、多头基金、卖空基金、市场中性基金、行业对冲基金、重大事件驱动基金和基金中的基金；美国先锋国际咨询公司（VHFA）将对冲基金分为 15 类，分别是可转换套利基金、不幸证券基金、新兴市场基金、权益对冲基金、权益市场中性基金、不对冲权益基金、重要事件驱动型基金、固定收入基金、宏观基金、市场时机基金、合并套利基金、相对价值套利基金、部门基金、空头基金和基金中的基金;Credit Suisse/Tremont Hedge Fund 将对冲基金分为三大类,即单策略型、多策略型和基金中的基金,其中单策略是最主要的类型,单策略又包括套利型(转换套利型、权益市场中和型、债券套利型)、方向型(多头空头型、全球宏观型、专事空头型、期货管理型)和事件驱动型(风险套利型、廉价证券型)三类。本文着重介绍由美国对冲基金研究公司(HFRI)运用四个广义投资策略作为分类标志的分类,这四个策略分别是事件驱动策略(event-eriven)、相对价值策略(relative value)、宏观策略(macro)、股权对冲策略(equity hedge),具体如表 11-10 所示。

表 11-10 以投资策略为分类标志的对冲基金分类(HFRI)

事件驱动型(event-driven)	相对价值型(relative value)	宏观型(macro)	股权对冲型(equity hedge)
Merger Arbitrage Distressed/Restructuring Activist Special Situations	Fixed Income Convertible Arbitrage Fixed Income Asset Backed Fixed Income General Volatility Multi-Strategy		Market Neutral Fundamental Growth Fundamental Value Quantitative Directional Short Bias Sector Specific

(1) 事件驱动策略

事件驱动策略通常从涉及潜在影响公司结构的短期事件中寻求收益,如公司并购、重组等,这类对冲基金可能在目标公司的普通股、优先股、债券或股权等金融工具上持有多头或空头。事件驱动策略主要包括 Merger Arbitrage、Distressed/Restructuring、Activist、Special Situations 四类。

Merger Arbitrage 策略基金通常预期收购方因收购费用过高而承担债务,因此在并购宣布时选择持续保持被收购公司股票的多头、保持收购公司股票的空头。这类策略的主要风险是当被宣布的并购并没有最后实现时,对冲基金只能适时对基金头寸进行平仓。

Distressed/Restructuring 策略基金通常着重关注那些已经破产的或者在可以预知的时间内将要破产的公司的证券。对冲基金从这些不良证券中获利具有很多方法:一是当预期公司未来的重组将发生时,以远远低于面值的价格买进公司固定收益类证券,未来再卖出实现获利;二是当预期公司各种证券的利差将扩大时,可以持有优先级债务多头和次级债务空头,或持有优先股多头和普通股空头,从而在未来实现获利;三是单一地卖空公司的股票,若公司的前景提升,这种方式将会面临重大的损失。

Activist 策略基金通常会购买足够份额的权益以达到影响公司的政策或经营方向的目的,不同于私募股权投资,Activist 策略是在公开市场中买进股票。

Special Situations 策略基金通常关注那些参与重组活动,而不是并购或破产的公司股权,这些重组活动包括证券发行或回购、资本分派、资本出售或资本分拆等。

(2) 相对价值型

相对价值策略遵从一价定律,对各种存在短暂不正常定价差异的相关证券进行买卖,从这种定价差异中实现获利。相对价值策略主要包括 Fixed Income Convertible Arbitrage、

Fixed Income Asset Backed、Fixed Income General、Volatility、Multi-Strategy 五类。

Fixed Income Convertible Arbitrage 策略是一种理论上具有零贝塔值的市场中性投资策略，它通常寻求发生在可转换债券和其组成部分(基础性债券及嵌入股票期权)的定价差异，一般情况下在买入债券的同时立即卖出公司的股票。

Fixed Income Asset Backed 策略通常注重不同种类资产支持证券(ABS)和贷款支持证券(MBS)的相对价值差异，并寻找机会去利用各种 ABS 之间的定价差异。

Fixed Income General 策略主要盯住固定收益市场内的相对价值变化。这种策略的交易可能涉及两个公司之间、公司和政府之间、同一公司的不同固定收益证券或同一类固定收益证券的收益曲线等。

Volatility 策略基金一般运用期权，实现对特定资产类或各种资产市场波动性的空头或多头头寸。

Multi-Strategy 策略基金一般同时在各种资产、工具之间交易相对价值。这种策略并不只注重对诸如可转换债券套利的某类交易、或如波动性的单一基础交易、或如固定收益类的固定类型资产交易等，而是在总的范围内以相对价值为基础寻求投资机会。

(3) 宏观策略

宏观策略是运用从上至下的方法分析世界范围内经济的趋势，对受这种趋势影响的市场中的固定收益证券、股权、货币、商品期货等运用多/空头寸实现潜在的获利。

(4) 股权对冲策略

股权对冲策略一般运用从下至上的分析方法，对公开股票市场的股票和股票衍生品运用多/空头寸实现潜在获利，这种股票市场的交易与事件驱动型、宏观策略型中的股票交易完全不同。股权对冲策略主要包括 Market Neutral、Fundamental Growth、Fundamental Value、Quantitative Directional、Short Bias、Sector Specific 六类。

Market Neutral 策略基金通常结合定量技术分析和基本面分析对公开交易的股票市场进行分析，寻找那些被低估或被高估的股票。对冲基金一般对那些被低估的股票持有多头，对那些被高估的股票持有空头，同时保持一个相对于市场风险来说的中性头寸，因此资产组合的贝塔值应当接近于 0。

Fundamental Growth 策略基金通常运用基本面分析去发掘那些具有高增长和资本升值的股票，对冲基金只对这些被识别的股票持有多头。

Fundamental Value 策略基金通常运用基本面分析去发掘那些被低估的股票，对冲基金对这些公司股票只持有多头。

Quantitative Directional 策略基金通常运用技术分析去发掘被低估的股票、被高估的股票，以及发掘股票间的关系。对冲基金一般对那些被低估的股票持有多头，对那些被高估的股票持有空头，但是对冲基金的净头寸主要取决于市场预期方向和市场周期。

Short Bias 策略基金通常结合技术分析和基本面分析发掘被高估的股票，对冲基金对这些被高估的股票持有空头，而空头寸的大小主要取决于对市场预期的判断，当预期市场下降时，将会是完全的空头寸。

Sector Specific 策略基金通常基于该行业的专门知识，运用技术分析和基本面分析在这个行业或部门中寻找投资机会。

(5) 基金中的基金(fund of fund)

由于对冲基金相对于其他基金表现得尤为突出,即使在其他基金亏损的情况下,对冲基金依然能够获利,对冲基金当中蕴含的分散化收益促使了 FOF 的诞生。

FOF 是由各种对冲基金组成的投资组合,它的分散化收益分布在各个对冲基金的投资策略、投资领域和投资管理风格中。相对于其他对冲基金,FOF 可以让普通投资者参与、可以做到一定程度的尽职调查、可以拥有更具有流动性的申购赎回条款等。由于对冲基金一般缺乏大量的历史数据,FOF 操作投资策略关键在于评价和挑选合适的对冲基金进行组合投资。

阅读材料 11-6

对冲基金的兴与衰

在对冲基金中,最为全球瞩目的是宏观对冲基金,典型的是索罗斯创立的量子基金,它在 1992 年欧洲汇率机制危机、1994 年墨西哥金融危机和 1997—1998 年亚洲金融危机中获取了巨额暴利。1992 年 9 月量子基金率先在欧洲市场大规模抛售英镑,迫使英格兰银行大力抛出马克购入英镑,提高利率,但仍不敌量子基金的攻击,最后英镑被迫退出欧洲货币汇率体系而自由浮动,量子基金获取近 20 亿美元。1994 年量子基金对墨西哥比索发起攻击,迫使其放弃与美元的挂钩,实行自由浮动,造成墨西哥外汇储备的告罄和国内经济的崩溃。1997 年量子基金大量卖空泰铢,同样使得泰铢放弃固定汇率而实行浮动汇率,引发了亚洲金融危机。

同样,对冲基金也会损失惨重,最典型的例子莫过于长期资本管理公司(LTCM)在 1998 年金融危机中的失败。LTCM 成立于 1994 年,由华尔街套利之父 John Meriweher 作为掌门人,主要从事固定收益类证券套利,当年与量子基金、老虎基金、欧米伽基金并称为国际四大对冲基金。LTCM 在投资中主要运用收敛策略和相对价值策略,这两种策略都需要在一种资产上建立多头头寸,并且在相近的替代资产上建立对冲的空头头寸,并投入相当大的资源建立、发展最先进的软件和金融建模技术;在风险管理中运用利润—损失的概率分布度量风险,风险管理原则和目标是:公司计划承担一定的风险,净资产的波动率为 20%。自开业后,LTCM 的业绩十分辉煌,1994 年至 1997 年扣费后的收益率分别是 19.9%、42.8%、40.8%和 17.1%,所管理的资产从 1994 年的 10 亿美元增长到 1997 年的 75 亿美元。

危机前夕,LTCM 的杠杆是 28,1998 年 5 月至 8 月的风险都还在 LTCM 可接受的范围内,但在 1998 年 8 月 21 日,基金的许多交易都往不利方向移动,美国国债的互换利差在一个上午扩大了 19 个基点,LTCM 的杠杆变成 42;1998 年 8 月 31 日,由于中国香港金管局停止支持股市,市场恐慌到达极点,杠杆上涨到 55;1998 年 9 月 21 日,LTCM 又损失了 5.5 亿美元。为了控制局势,纽约联邦储备银行组织紧急救援,至 2000 年,LTCM 倒闭清算。

从 LTCM 的失败过程来看,在策略层面,它有以下三个原因:一是对市场流动性风险和波动率认识不足;二是基金规模过大,在危机发生后,由于交易商争先离市,巨大的、流动性差的头寸就成为沉重的包袱；三是其模型假设的正态性。总的来说，对冲基金的风险并不是来源于它的组织形式，而是它所使用的金融衍生工具。

（三）独立理财账户

独立理财账户属于专户理财工具，并严格用于专户理财，主要面向高净资产客户，由券商、投资管理机构与账户持有人共同管理，根据客户的资产规模、收益风险偏好等因素制定个性化投资策略，以实现个性化的风险收益目标，同时允许在一个理财账户上集合多种金融功能。以 1977 年美林证券所推出的现金管理账户（CMA）为例，它与一家美国地方银行合作，将保证金账户、货币市场基金及银行借记卡功能结合起来，在保证客户资产既可以在保证金账户与货币市场基金之间实现快速转换的前提下，将独立理财账户的理念应用于财富管理上，投资者可以随时支取账户中的资金，同时针对账户余额通过设计个性化投资策略，配置客户资产，实现客户个性化的收益风险回报。

四、中国化工具

自 20 世纪 90 年代开始，资产管理业务伴随着我国证券市场的发展而出现，相对于国外市场的发展，我国无论是市场规模，还是产品丰富程度等都比较小。在这 30 多年的时间里，参考国外资产管理工具，实行本土化，推出了不少中国特色的工具。中国基金产品的创新主要包括基金品种、基金投资对象、基金产品设计、投资策略方法等方面的创新，近年中国基金行业的主要创新事件如表 11-11 所示。

表 11-11　我国基金行业产品创新类别

成立时间	产品名称	创新内容
1988 年 4 月	基金金泰、基金开元	首批封闭式股票基金
2001 年 9 月	华安创新基金	首只开放基金
2002 年 10 月	华夏债券基金	首只债券基金
2002 年 11 月	华安上证 180 增强型指数基金	首只指数增强型基金， 实现被动投资和主动投资相结合
2003 年 3 月	天同 180 指数基金	首只标准型指数基金
2003 年 3 月	招商安泰系列基金	首只伞型基金
2003 年 6 月	南方避险增值基金	首只保本基金
2004 年年初	华安现金富利基金 招商现金增值基金 博时现金收益基金	首批货币市场基金
2004 年 8 月	光大保德量化核心基金	量化投资方法
2004 年 10 月	南方积极配置基金	首只 LOF
2004 年 12 月	华夏上证 50 基金	首只 ETF
2005 年 8 月	博时稳定价值基金	首只中短期债券基金
2006 年 4 月	汇丰晋信 2016 生命周期基金	引入生命周期历年

续表

成立时间	产 品 名 称	创 新 内 容
2006 年 7 月	南方稳健二号基金	首只复制基金
2006 年 7 月	富国天益价值基金	首次基金拆分
2007 年 7 月	瑞福分级基金	引入结构化分级产品设计，利用杠杆机制
2007 年 8 月	大成优选基金	引入救生艇条款
2008 年 2 月	南方盛元红利股票型基金	管理费变动模式
2008 年 3 月	兴业社会责任股票型基金	引入社会责任投资理念
2008 年 12 月	富国天丰强化收益债券基金	首只封闭式债券型基金
2009 年 5 月	长盛同庆可分离交易分级基金	“份额分级”和“分离交易”结合
2009 年 8 月	国投瑞银沪深 300 指数基金	首只分级指数基金
2009 年 8 月	华安 180ETF 联接基金	降低 ETF 基金投资门槛
2009 年 12 月	富国沪深 300 增强	首只量化增强型指数型基金

＊资料来源：于建科.中国基金家族旗下基金非独立性研究［D］.天津：南开大学，2010.

而在这些创新中，上市型开放式交易基金（LOF）是我国资产管理工具本土化的最佳产物。所谓的 LOF，是指既可以在交易所上市交易，又可以在场外以基金净值进行申购、赎回的开放式证券投资基金。目前仅在我国深圳交易所交易，它的交易运作流程如图 11-8 所示。由于上市基金的份额采取分系统托管的原则，托管在证券登记系统中的基金份额只能在证券交易所集中交易，托管在中央结算注册登记系统的基金份额只能进行认购、申购、赎回，因此基金持有人交易方式的改变必须先进行基金份额的市场间转托管；而 LOF 的权益分派则由证券登记系统和中央结算注册登记系统各自分别进行，证券登记系统只存在现金红利分派方式，中央结算注册登记系统存在现金红利和红利再投资两种分派方式。

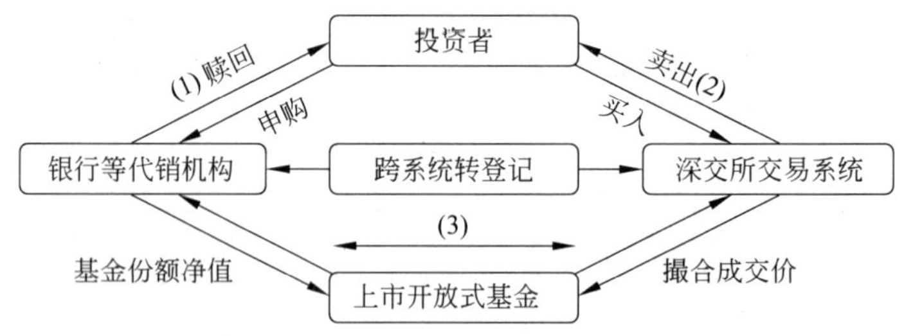

图示说明:
(1) 投资者通过银行等代销机构以当日收市的基金单位份额收购，赎回基金份额。
(2) 投资者通过深交所交易系统按撮合成交价买入、卖出基金份额。
(3) 投资者如需将在深交所交易系统买入的基金份额转入银行等代销机构赎回，或将在银行等代销机构申购的基金份额转入深交所交易系统卖出，需要办理跨系统转登记手续。

图 11-8　LOF 的运作机制

＊资料来源：杜书明，李田.上市开放式基金运作机理探讨［J］.证券市场导报，2004(11).

ETF 与 LOF 都是上市交易指数型基金，在一级市场上都可以进行申购和赎回，在二级市场上又可以交易。ETF 实质是一种新的交易品种金融创新，而 LOF 则是开放式基金交易方式的创新，总的来说，它们的差异如表 11-12 所示。

表 11-12　ETF 与 LOF 的异同

产品	ETF	LOF
相同点	同时具备场外和场内两种交易方式，两者都提供了套利的可能空间	
创新之处	ETF 是产品创新	LOF 是交易方式创新
投资策略	ETF 本质上是指数型的开放基金，是被动管理型基金	LOF 是在开放式基金的基础上增加交易所交易方式，它可以是指数型基金，也可以是主动管理型基金
交易	ETF 与投资者交换的是基金份额和一篮子股票	LOF 与投资者交换的是基金份额与现金
投资者	一级市场主要是较大型投资者	没有限定
套利机制	实时套利，日间折溢价率低	不可实时套利，日间折溢价率高
净值公布	每 15 秒提供一个 IOPV	每天提供一个基金净值报价

第三节　资产管理投资策略

一、绩效评价

资产管理绩效评估主要是针对资产管理实际运作成果的好坏进行评价，它代表资产管理的投资目标，选择不同的绩效评价方法，是制定投资策略的出发点。目前在我国共同基金绩效评估中较为常见的指标是“证券投资基金资产净值周报表”中的“基金净增长率”“基金单位净值”“基金累计单位净值”。这三个指标计算简单、含义明确、易于理解，但这些指标存在明显的缺点：

① 指标值与发行时间长短相关，发行时间不同的基金之间不存在可比性；

② 基金红利发放多少及发放时间对基金单位净值增长率都存在较大的影响；

③ 缺乏可以比较的基准，没有考虑证券市场走势对基金收益的影响；

④ 对风险水平未做任何考察，无法衡量投资人是否为所承担的风险获得收益补偿。

若以这些具有缺陷的指标作为投资标准，常常会做出错误的选择而遭受不应有的损失。首先，这些指标不能全面衡量基金的内在情况，提供不完全信息；其次，容易导致基金之间竞争扭曲，甚至影响其应有的分配政策；再次，为追求短暂的利益而使基金面临极大的风险；再再次，不利于基金遵从基金契约，盲目追逐热点；最后，错误引导基金经理的投资理念，影响基金的长期发展。

因此，比较可靠的绩效评价方法应当综合衡量基金的收益、风险、基金经理能力及基金的可持续性等因素，具体可以分为以下四类指标：第一类是传统评价指标，即收益和风险评价指标，衡量收益的指标采用单位净值、收益率、单位净资产费用率等，衡量风险的指标有标准差、半标准差、β 系数、VaR 等；第二类是风险调整收益评价指标，即将风险和收益加以综合考虑，适用于具有不同风险程度基金的比较，包括夏普指数、特雷诺指数和詹森指数等；第三类是基金经理能力评价指标，包括对基金经理证券选择能力、时机选择能力的评价等，评价方法主要包括 T-M 模型、H-M 模型、C-L 模型等；第四类是基金绩效持续性评价指标，主要包括列联表、盈亏双向表、一阶自回归分析等。

（一）传统评价指标

1. 单位净资产

单位净资产(NPV)是指每单位基金份额所代表的净资产，反映投资者在该投资资产中所占的实际权益。但是单位净资产存在较大的缺点，一是由于不同基金存续时间不同，不同基金间不具有可比性；二是没有体现风险。

$$单位净资产=\frac{基金净资产}{基金总份额}$$

2. 投资收益率

投资收益率是反映收益与投入的指标，反映投资基金单位净值的变动程度，第 t 期投资收益的计算公式如下式所示。虽然投资收益率对于不同期发行的基金具有可比性，但是依然没有体现风险及其他因素。

$$R_t=\frac{\mathrm{NAV}_t-\mathrm{NAV}_{t-1}+D_t}{\mathrm{NAV}_{t-1}}$$

其中 D 为利息或分红。

（二）风险调整收益评价指标

1. Sharpe 指数

Sharpe 指数代表单位总风险带来的超额收益，用风险资产的标准方差来调整风险。Sharpe 指数包含两个基本假设，一是投资者持有一种风险资产或共同基金；二是投资者为风险规避者，报酬率呈正态分布。另外，CAPM 不能有效创造收益，但可以提升 Sharpe 指数。

$$S_p=\frac{E[r_p]-r_f}{\sigma_p}$$

其中 $E[r_p]$为投资组合期望收益，r_f 为无风险收益率，σ_p 为投资组合收益率标准差。从几何图上来看，*Sharpe* 指数就是风险组合与无风险收益率连线的斜率，而资本市场线的斜率是 $S_m=\frac{E[r_m]-r_f}{\sigma_m}$，当 $S_p>S_m$ 时，说明投资组合优于市场组合；当 $S_p<S_m$ 时，投资组合就劣于市场组合。

2. Treynor 指数

Treynor 指数是以单位系统风险收益作为基金绩效评价指标，认为投资组合已经完全分散了非系统风险，反映基金经理的市场调整能力，Treynor 指数越大越好。

$$T_p=\frac{E[r_P]-r_f}{\beta_p}$$

其中 β_p 是投资组合的贝塔系数。

3. Jensen 指数

Jensen 指数也是认为投资组合已经没有非系统风险，它的基本思想是将基金实际收益率与具有相同系统风险的市场投资组合收益率进行比较，这种方法被称为差异回报率方法。

$$J_p = E[r_p] - [r_f + \beta_p(E(r_m) - r_f)]$$

当 $J_p>0$ 时，表示基金业绩优于市场中具有相同系统风险的各类投资的平均业绩；当 $J_p<0$ 时，表示基金的业绩不如市场中具有相同系统风险的各类投资的平均业绩。总的来说，J_p 越大越好。

经典绩效评价指标的对比见表 11-13。

表 11-13　经典绩效评价指标的对比

	Sharpe 指数	Treynor 指数	Jensen 指数
理论基础	资本市场曲线	CAPM 模型	CAPM 模型
收益率衡量	相对收益	相对收益	绝对收益
风险衡量	全部风险	系统风险	系统风险

4. 跟踪误差

跟踪误差(TE_i)是一种测量相对回报率的方法，它测量的是基金回报与具有相应风格的基准组合回报之间的差异，反映基金绩效低于基准的可能性，且不受 CAPM 模型的局限。

$$TE_i = \sqrt{\frac{\sum_{i=1}^{n}[(r_i - r_m) - (E(r_i) - E(r_m))]^2}{n-1}}$$

5. 信息比率

信息比率(IR_i)是衡量基金单位相对风险的相对收益补偿，当管理者获得且利用有价值的信息创造收益时，信息比率就越高，因此信息比率可以反映投资管理者获取信息的质量情况。

$$IR_i = \frac{E(r_i) - E(r_m)}{TE_i}$$

6. *M*-2

M-2 是对 Sharpe 指数的改进，它的基本思想是通过无风险利率借贷加入无风险证券，将待评价基金的标准差调整到与基准指数相同的水平，在风险一致的基础上比较它们收益率的差异。

$$M^2 = E(r_i^*) - r_m = s_i\sigma_m + r_f - E(r_m) = \frac{\sigma_m}{\sigma_i}(E(r_i) - r_f) - E(r_m) + r_f$$

其中 $E(r_i^*)$、$E(r_i)$表示基金 i 在 σ_m、σ_i 下的平均回报率。

7. *M*-3

M-3 指数着重解决 Sharpe 指数、信息比率和 *M*-2 无法有效进行资产组合构建和基金绩效排序的问题，通过考虑相关性差异及投资者相应的风险目标，引入跟踪误差。一般 *M*-2 与 *M*-3 排序差异并不大，但后者的收益更好。*M*-3 类似于三基金分离定理，a、b、$1-a-b$ 分别表示组合或基金、市场组合或基准组合、无风险收益率三者的权重。

$$M-3=r_{p*}-r_m$$
$$r_{p*}=ar+(1-a-b)r_f+br_m$$
$$a=\sqrt{\frac{\sigma_m^2(1-\rho_{Tm}^2)}{\sigma_p^2(1-\rho_{pm}^2)}}\quad b=\rho_{T,m}-(a)\frac{\sigma_p}{\sigma_m}\rho_{p,m}$$

8. 衰减度

衰减度着重解决 Sharpe 指数对收益呈非 IID 正态分布不适用的情况，它是在损失厌恶理论基础上提出的。它最大的特点在于允许收益率收敛于各种分布。当收益率收敛于非正态分布时，衰减度对偏度和峰度很敏感，正偏度的基金风险趋小；高峰度的基金风险趋大。在收益率非正态分布时，衰减度将根据偏度和峰度修正绩效评价指数，因此其优于 Sharpe 指数。

9. 多因素基金绩效指标

在实际情况中，影响收益和风险的因素是多方面的，而上述多个指标只考虑到市场这一个因素，因而研究者又用多因素模型来代替单因素进行绩效评估。

(1) 三因子模型

Fama 和 French(1989)认为投资基金的业绩与市场因子、规模因子和账面-市场价值因子三个因子有关，提出如下的三因子模型，其中，$R_{mt}-R_{ft}$ 表示市场因子，SMB_t 表示规模因子，HML_t 表示账面-市场价值因子。

$$R_{it}-R_{ft}=a_i+b_i(R_{mt}-R_{ft})+b_{it}\mathrm{SMB}_t-b_{is}\mathrm{HML}_t+e_{it}$$

(2) 四因子模型

Carhart(1997)在三因子模型的基础上，提出四因子模型。他认为，基金收益还应该与基金经理实施一年期动量策略有关。

$$R_{it}=a_i+b_i\mathrm{RMRF}_t+s_i\mathrm{SMB}_t-h_i\mathrm{HML}_t+p_i\mathrm{PR1YR}_t+e_i$$

10. VaR-RAROC 测度

VaR-RAROC 测度，即风险调整后的资本收益，反映损失单位资本所带来的收益，度量获取收益的风险效率。一般而言，VaR-RAROC 测度越大越好。

$$\mathrm{RAROC}=\frac{\mathrm{ROC}}{V\mathrm{aR}}$$

VaR-RAROC 测度不仅可以用于绩效评价，防止过度投机；可以应用于风险资本的分配和调整；还可应用于投资决策，选择 VaR-RAROC 测度最大的投资。VaR，即在险值，是由 JP Morgan 提出的，它能全面衡量资产组合中包含的市场风险，能通过历史模拟法、Monte Carlo 法、Risk Metrics 法、GARCH 法、半参法、极值法等方法估计资产组合的 VaR。

(三) 基金经理能力评价指标

基金经理可以通过高超的证券选择能力，也可以通过正确地预测股市周期的变化，调整基金投资组合中股票、债券和现金的比重或调整各行业股票的比重所体现的择时能力，为投资者带来高额收益。基金经理能力评价指标方法主要有以下三类：特瑞纳和玛泽的 T-M 模型、亨里克森和莫顿的 H-M、查恩和莱维伦的 C-L 模型。

1. T-M 模型

T-M 模型是由特瑞纳和玛泽在 1996 年提出的，他们认为如果基金经理具备基金择时能力，则可能产生两种情形的特征线，如图 11-9 所示。在折线情形下，基金经理能准确预测市场走势的转折点，并进行相应的调整，这是最理想状况；在弧线的情形下，基金经理根据市场形势只能逐渐调整其证券组合，这才是比较现实的状况。

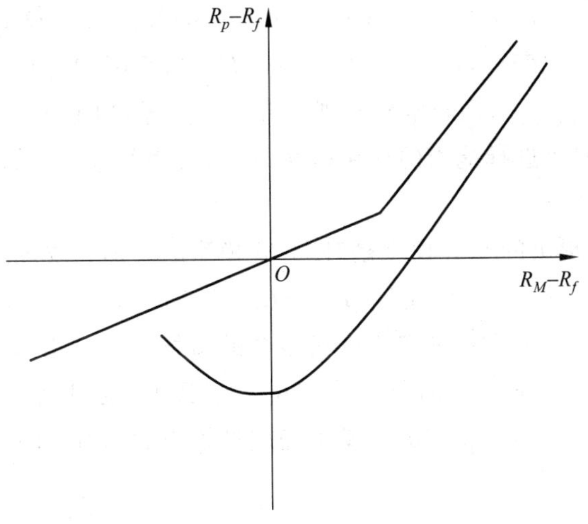

图 11-9 T-M 模型特征线

基于上述思想，特瑞纳和玛泽提出如下的回归模型以反映基金经理的选股和择时能力：

$$R_p - R_f = \alpha + \beta_1 (R_m - R_f) + \beta_2 (R_m - R_f)^2 + \varepsilon_p$$

其中，α 为选股能力指标，β_2 为择时能力，β_1 为基金组合所承担的系统风险，R_p 为基金在各时期的实际收益率，R_m 为市场组合在各时期的实际收益率，ε_p 是随机误差项。Treynor 和 MaZuy 认为如果 β_2 大于零，则表示基金经理具有择时能力；如果 α 大于零，则表明基金经理具备选股能力，值越大，表明基金经理的选股能力越强。

2. H-M 模型

相对于 T-M 模型，亨里克森和莫顿的思路更为简单，他们认为，如果基金经理具备基金择时能力，则会产生如图 11-10 所示的特征线。即在市场上升时期，β 取值较大；在市

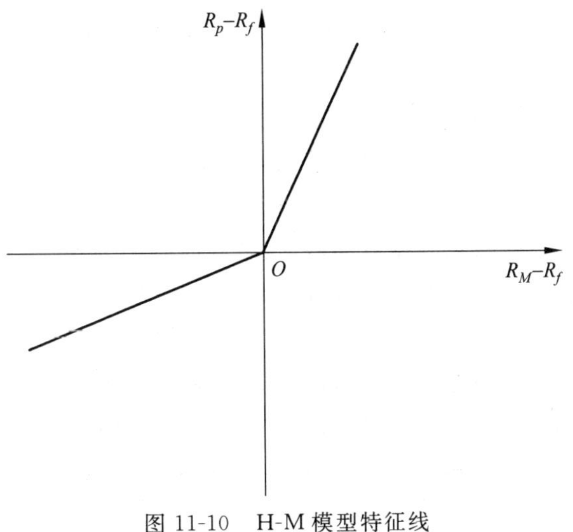

图 11-10 H-M 模型特征线

场下降时期，β 取值较小。H-M 模型将择时能力定义为基金经理根据预测市场收益与无风险收益之间的差异预先调整资金配置的能力，即调整 β 值的能力。

H-M 模型的一般表达式为

$$(R_p - R_f) = \alpha + \beta_1(R_m - R_f) + \beta_2(R_m - R_f)D + \varepsilon_p$$

其中，D 是一个虚拟变量，当 $R_m - R_f > 0$ 时，$D=1$，否则 $D=0$。因此投资组合的 β 在当市场呈现多头时为 $\beta_1 + \beta_2$，而在空头时则只有 β_1。同样，如果回归得到显著的且正的 β_2 值，则说明基金经理时机选择能力的存在；α 值越大，表明基金经理的选股能力越强。

3. C-L 模型

查恩和莱维伦所提出的 C-L 模型是对 H-M 模型的变形和改进。其一般形式为

$$(R_p - R_f) = \alpha + \beta_1 D_1(R_m - R_f) + \beta_2 D_2(R_m - R_f) + \varepsilon_p$$

其中 β_1 和 β_2 分别代表空头和多头市场组合的市场风险。当 $R_m - R_f < 0$ 时，虚拟变量 $D_1 = 1, D_2 = 0$；当 $R_m - R_f > 0$ 时，$D_1 = 0, D_2 = 1$。因此，通过 $\beta_1 - \beta_2$ 的验定，可以判断基金经理的择时能力：若 $\beta_1 - \beta_2 < 0$，则基金经理具备择时能力。同样，α 代表基金经理的选股能力。

（四）基金绩效持续性评价指标

基金绩效持续性评价是发掘基金现期业绩水平在未来持续发展的可能性，属于基金绩效在时间范畴的评价。如果可以证实基金业绩存在持续性，就可以根据基金以往的业绩水平合理推测它们的未来营利能力。主要方法有列联表法、盈亏双向表法、回归法等。

1. 列联表法

列联表法是研究基金绩效持续性的主要方法之一。它的基本思想是将基金评估期与持有期的业绩进行整合，并建立关于基金业绩持续的列联表，使用交叉积率(CPR)或卡方检验对列联表进行检验。当使用交叉积检验时，若 CPR 等于 1，则说明评估期内的业绩与持有期内的业绩不相关；若 CPR 大于 1，表示基金业绩具有持续性；若 CPR 小于 1，则表示业绩存在反转。当使用卡方检验时，判断统计量在 5%置信水平下与临界值 3.84 之间的大小关系，若大于 3.84，则说明存在持续性，反之则不存在。

2. 盈亏双向表法

盈亏双向表实际上是一张概率分布表，属于非参数检验法之一。它的基本思想是，在所有样本基金的两个连续时期内，选取基准收益率，高于基准收益率的为赢家基金，低于基准收益率的为输家基金；再利用双向表反映上一期的赢家成为下一期赢家或输家的概率，上一期输家成为下一期赢家或输家的概率；若双向表中的“赢—赢”“输—输”概率大于“赢—输”“输—赢”概率，则基金业绩具有可持续性，反之则不具有可持续性。

3. 回归法

回归法的基本思想是，如果基金业绩具有可持续性，那么就可以根据上一期的绩效评估下一期。回归法中最基本的方向就是最小二乘回归法，若回归结果系数 β 显著且为正，则基金绩效存在持续性，反之则不存在持续性。一般表达式如下所示：

$$P_t = \alpha + \beta P_{t-1} + \varepsilon$$

二、量化投资策略

（一）量化投资概述

资产管理投资策略，从数据来源可分为技术型和基本面型，从判断过程可分为判断型和量化型。在全球范围内，无论是共同基金、信托、对冲基金还是套利等产品及行为的投资都越来越依赖量化投资，量化投资是未来资产管理投资策略发展的一种必然趋势。

所谓的量化投资，就是量化交易者（俗称“宽客”）运用现代统计、数学、计算机等方法，将资产管理人的投资思想、经验等所反映的复杂投资策略交付给计算机中的自动化量化交易模型去执行，以获取超额收益。与量化交易策略相对的是判断型交易策略，它们之间的主要区别是如何生成策略及如何实施策略。量化投资策略起源于 20 世纪 70 年代，当时一些数学家、物理学家、计算机学者等投身于华尔街，1971 年美国巴克莱投资管理公司发行世界上第一只指数基金标志着量化投资的诞生，同样地，世界上第一只主动量化基金也是由美国巴克莱投资管理公司于 1977 年发行的；经过 40 多年的发展，特别是 21 世纪后，随着计算机的发展，量化投资已经成为美国资本市场中一种重要的投资方法，截至 2009 年，已经有 20%～30%的主动投资产品使用量化投资技术。

量化投资一般是通过量化交易系统完成，由于量化交易系统的复杂和神秘，它也被称为“黑箱”。最基本的量化交易系统由数据、研究、阿尔法模型/贝塔模型、风险控制模型、交易成本模型、投资组合构建模型和执行模型组成，不同的部分执行不同的功能，它们相互作用，构建成一个完整的整体，具体如图 11-11 所示。

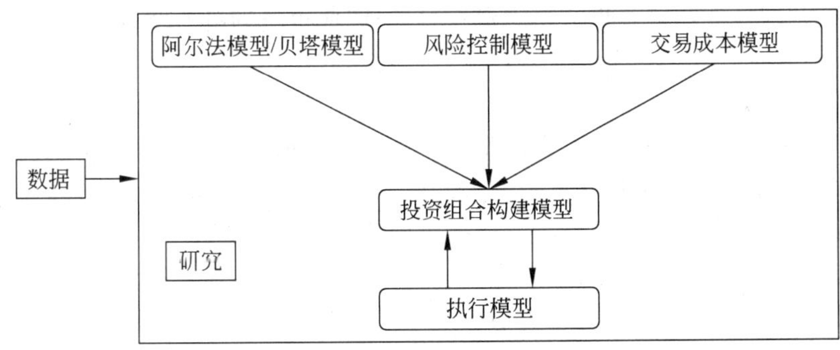

图 11-11　量化投资系统的一般架构

数据是量化投资者进行量化投资的基础，它决定量化交易系统的其他方面，数据不仅包括市场数据，还包括交易者自己的历史交易数据等。研究是形成有效量化投资策略的磐石，在研究阶段，量化投资者进行各种数据处理、模型测试、检验和仿真等。阿尔法模型/贝塔模型是用来预测待交易产品的未来走势，其中阿尔法模型是通过择时和调整投资组合中不同头寸的大小来获得回报，而贝塔策略则是通过复制指数或略微超出指数表现；风险控制模型是用来限制量化投资者的风险敞口规模；交易成本模型是用来辅助决定为了构建投资组合而产生交易后所发生的成本。阿尔法模型/贝塔模型、风险控制模型和交易成本模型是投资组合构建模型的输入，由投资组合构建模型在追逐利润、限制风险和控制成本之间做出平衡，选择最优的投资组合；最后通过执行模型完成任务，将现有的投资组合和新建的投资组合进行对比，两者间的差异就需要通过交易来消除。

在实践中，一个具体的量化交易系统不一定完整具备上述所有构件，数据是基础，研究是核心，阿尔法模型/贝塔模型、风险控制模型和交易成本模型、投资组合构建模型和执行模型可以相互融合，也可以缺乏某部分，只需保证最后所确定系统的功能完善即可。

（二）量化交易系统

1. 研究先行

精心设计的、缜密的研究是量化交易的核心，研究的目的是检验由“宽客”自身交易思想所形成的投资策略，它有基于思想的策略产生及策略检验两个基本组成成分。

（1）交易思想

量化交易者运用各领域的科学交易思想，挖掘出待交易产品趋势的合理解释或合理的数据挖掘方法。交易思想有四种常见的来源：市场观察、学术文献、知识外溢及历史经验。量化交易者与众不同的一点就是能够糅合四种不同的交易思想，创造性地挖掘潜在投资组合的长期趋势、短期套利机会等交易策略雏形。

（2）策略检验

由交易思想所形成的交易策略毕竟还处于模糊的阶段，在实际交易运行中的效果还是未知，因此在策略投放之前，须经过检验。通常交易策略基本是由算法模型和数据模型构成，它们或是基于各种金融理论模型，或是在大数据中寻找规律；一个切实可行的策略应当经过训练、测试、情景分析、敏感性分析、压力测试等检验标准，并通过与实际情况相接近的模拟调整策略模型。在形成有效策略的过程中，时间是一个重要的因素，若策略训练需要过长的时间，那么就有可能错失投资机会，因此策略训练时间应该是在保证效果的前提下越短越好。

2. 数据输入

数据是量化交易系统的基础，无论是研究还是各种模型构建都依赖于数据。可以说，数据真实性和完整性是策略构建成败的关键所在，为了加快策略构建的时间，一般将数据存储在数据库中，并通过数据清洗等工作得到理想的输入数据。

量化交易所需的数据一般可以分为价格相关数据和基本面数据。价格相关数据包括以金融产品价格为核心的并伴随着交易所发生的各种数据，如交易量、成交额等；基本面数据反映金融产品价格背后的因素，包括财务状况、行业经济、宏观经济等。而数据来源则包括交易所、政府机构、监督机构、第三方数据供应商等。

3. 阿尔法模型/贝塔模型

阿尔法模型/贝塔模型是量化交易进行资产配置的起点，无论是阿尔法模型还是贝塔模型，在建模的过程中都须考虑以下六方面的因素：预测目标、投资期限、投注结构、投资范围、模型设置和运行频率。预测目标就是模型要进行预测的内容，包括金融产品的方向、变动幅度、趋势持续时间及相应的置信度等，最后模型输出一个信号强度信号；投资期限描述的是模型对市场及金融产品作出趋势判断的时间长度，实际的交易中存在一年以上的长期交易，半年、季度、月度甚至是分钟计算的高频交易，因此模型应该与投资策略中所蕴含的投资期限相吻合；投注结构依赖于如何生成预测，它的精度与金融产品的分组相关；投资范围就是策略所使用的资产池，由量化交易者综合考虑地域、资产类别、种类、流动性等因素后所圈定；模型设置是各量化投资者表现差异化的重要方面，即使是采用同样的模型，因模型参数取值不同，结果就会相差很多；运行频率是指两次策略使用的时间间隔，频率过低则会丧失投资机会，频率过高也会带来巨大的交易成本。

4. 风险控制模型

风险管理创造收益。风险控制并不能直接带来收益，但它能降低收益变化的波动程度，从而间接地创造收益，进而提高收益的质量和可持续性。风险控制模型主要考虑三方面：一是如何衡量包括市场风险、利率风险等在内的风险；二是通过严格约束或惩罚限制投资头寸；三是风险控制模型对产品、市场等的适用性。量化交易中常见的风险包括模型风险、市场逻辑变更风险、外部冲击风险和扩散风险。模型风险是量化交易最基本的风险，包括由于选择错误的模型或过分相信某种方法而造成的设定误差风险、模型转化成计算机语言时算法错误带来的执行错误风险；市场逻辑变更风险是由于模型的估计是以历史数据为基础，而无法反映未来所发生的新情况所带来的极端损失风险；外部冲击风险是由于一些不属于市场范畴的因素，如战争、恐怖袭击等所带来的风险；扩散风险是由于过多的投资者使用同一策略所产生的自动提款机效应，使得另一个完全无关的策略发生清算的风险。

5. 交易成本模型

交易成本模型的作用是合理估计为完成投资组合所需发生的交易成本。交易成本模型并不是最小化交易成本，最小化交易成本处理是执行模型的任务。合理估计交易成本是择时交易的一个重要方面，若成本估计过高，则更愿意更长时间持有；若成本估计过低，则更愿意频繁交易。一般采用常数交易成本模型、线性成本交易模型、分段线性交易成本模型和二次型交易成本模型去衡量由佣金费用、滑点和市场冲击构成的总成本，其中分段线性交易成本模型最为常用。

6. 投资组合构建模型

投资组合构建模型是在综合考虑阿尔法模型/贝塔模型、风险控制模型、交易成本模型的输出后，根据一定的方法生成目标投资组合并输出投资组合中每个产品的头寸及投资规模。这种方法主要有两种形式：一是基于规则，常用的规则包括相等头寸权重、相等风险权重、决策树权重等；二是基于最优化工具，常用的最优化工具包括无约束最优化、有约束最优化、布莱克-莱特曼最优化、格里诺德-卡恩方法等。

7. 执行模型

执行模型的作用就是执行由投资组合构建模型所决定的投资方案，并最小化交易成本。执行交易可以采用电子化交易或输出结果由量化投资者通过人工中介交易，但在高频交易中，更多地使用电子化交易；在执行模型中，量化投资者需决定订单执行的速度、方式、规模、市场等，并在各种可行的操作中，实现交易成本最小化。

阅读材料 11-7

最成功的量化投资者

James Simons 是近 20 年来最赚钱的对冲基金经理，他所创立的大奖章对冲基金从 1988 年成立至今创下了年均 35%的回报率，2005 年他被《机构投资者》评为年度最赚钱的基金经理。

James Simons 出生于1938年，他是天生的数学奇才，1961年即获得加州大学伯克利分校的博士学位，1974年他与华裔数学家陈省身联合发表《典型群和几何不变式》，创立Chen-Simons理论，并于1978年投身于投资基金行业。

1982年James Simons创立文艺复兴科技公司，并于1988年创立大奖章对冲基金。该基金最初主要进行期货交易，1988年的盈利为8.8%，由于第二年开始亏损，James Simons随即停止交易，开始与普林斯顿大学数学家勒费尔重新制定交易策略，从基本面进行专向量化分析，2009年James Simons正式从文艺复兴科技公司退休。大奖章对冲基金在使用量化投资策略时期，年平均回报率高达35%，最高资产规模达到250亿美元；特别在2002年至2005年期间，James Simons为规模仅为50亿美元的基金带来扣费后60多亿美元的收益；在众多对冲基金经营惨淡的2008年，大奖章基金仍赚25亿美元，远超过索罗斯的11亿美元。

本章小结

1. 很多金融机构都可以开展资产管理业务，但投资银行的资产管理业务存在特殊的一面。投资银行不仅可以独立承担、开展资产管理业务，也可以作为特殊受托人，承接其他资产管理机构的委托管理。

2. 资产管理业务具有以下基本特点：委托代理关系、风险稳定性、业务关联性、量化投资、客户定制和审慎操作等；它同时涉及六大主体：资产管理人、产品设计者、产品销售者、市场看护者、投资型购买者和资产所有者；一个资产管理项目的运作包括六个环节：明确投资目标、制定投资策略、进行投资分析、投建投资组合、调整投资组合及评估投资绩效。

3. 资产管理工具主要包括长期合约性储蓄工具、公众理财产品及个性化理财产品三大类。每类资产管理工具适合不同类型的投资者或投资目的，不同的工具具有不同的运作机制、收益水平及风险敞口。

4. 长期合约行储蓄工具主要包括养老基金和投资型保险。养老基金的资金来源主要是三大支柱养老保险体系所拥有的养老金，养老基金主要在国外比较成熟，我国国内对养老基金入市还没有完全开放；投资型保险是那些综合了保险功能和投资功能的保险产品，它的特殊之处在于保障因素和投资因素相分离，实行双账户管理。

5. 公众理财产品主要包括共同基金和信托。共同基金，也就是我国的证券投资基金，是世界范围内规模最大的理财工具，开放式共同基金是目前的主流，而且QFII和RQFII对我国未来人民币国际化具有重要的作用；资产管理业务中的信托多指营业信托，依托信托中的权利分割思想进行理财产品创新，主要包括房地产投资信托(REITs)和私募股权信托。

6. 私人理财产品主要包括私人银行业务、对冲基金和独立理财账户。私人银行业务主要向拥有高净资产的个人或家庭提供高质量的金融服务，主要有手续费模式和管理费模式，私人银行业务的离岸化发展是未来的方向，而我国的私人银行业务还处在发展起步阶段;对冲基金是一种隐蔽性很强的管理工具,一般不会向公众公布投资方法或投资理念,属于暗箱操作,它具有高杠杆、高门槛等特征;独立理财账户是由券商、投资管理机构与账户持有人共同管理的高净资产客户的理财工具。

7. 资产管理绩效的衡量指标包括 NPV、投资收益、夏普指数、特雷诺指数、詹森指数、跟踪误差、信息比率、衰减度等单因素指标,还包括三因子模型、四因子模型等多因素指标,还有衡量基金经理选股能力和择时能力的 T-M 模型、H-M 模型和 C-L 模型等。在进行绩效衡量时,应基于风险和收益的角度使用多种方法对资产管理工具进行综合评价。

8. 量化投资是资产管理投资策略的核心,是结合现代统计、数学、经济、计算机等方法的新型投资方法,一个完整的量化投资系统是以数据为基础,以研究为起点,包括阿尔法模型/贝塔模型、风险控制模型、交易成本模型、投资组合构建模型和执行模型五部分。

思考题

1. 试比较国内外资产管理业务的异同。

2. 我国养老基金应采用什么形式进入资本市场?对未来资本市场的发展有什么影响?

3. 投资连结险的发展对我国保险市场和资本市场的融合有什么意义?

4. 试比较私募基金和公募基金的异同。

5. 请详细叙述国家基金的三种基本运作模式。

6. 房地产投资信托与房地产基金、房地产信托、房地产证券化的差异。

7. 如何看待私人银行业务的在岸发展和离岸发展?

8. 如何看待 QFII 和 RQFII 对人民币国际化的作用?

9. 如何理解"风险管理创造收益"?

10. 阅读以下材料,计算以下可转换债券套利对冲基金的收益情况。

材料:领导美国亚历山大全球投资基金实行一种可转换证券的套利策略,它的基本思想是在持有可转换债券多头的同时,以一定的价格卖空一定数量的可转换债券所对应的基本股票,这样使得对冲者在股票价格上升或者下降的同时都能得到利润。

对冲基金在某次可转换证券套利中持有 1 000 张一年期面值为 1 000 美元且票面利率是 5%的可转换债券,到期后可以转成 100 股不考虑利息因素的普通股票,股票的转换价格是 10 美元,且到期赎回条款赋予投资者到期能以 920 美元的价格赎回本金;同时在持有者可转债券的同时,对冲基金在股票为 10 美元时卖空 50 000 股股票,股票佣金费用是 0.25%,无风险利率是 5%,持有期限为 1 年。

请计算当股票价格分别上涨 25%、下降 25%、保持不变时的回报率各是多少?

参考文献

[1] 罗秋菊,等.美国券商资产管理业务研究及对我国的启示[J].江西财经大学学报,2002(2).

[2] 曾美鸥,赵海强.中美券商资产管理业务比较研究[J].华北金融,2011(6).

[3] 吴琴伟,冯玉明.中外资产管理业务的比较与启示[J].证券市场导报,2004(8).
[4] 卢柏良.中国券商资产管理业务浅探[J].证券市场导报,1998(7).
[5] 王信.养老基金营运监管的国际经验及启示[J].经济社会体制比较,2000(2).
[6] 唐旭,Baljit Vohra,杨辉生.中国养老基金的投资选择[J].金融研究,2001(11).
[7] 黄顺祥.养老基金投资的国际经验[J].经济导刊,2002(6).
[8] 管人庆.投资连结保险中投资利益保护问题研究[D].吉林:吉林大学博士论文,2010.
[9] 许忠才,荆泽.投资连结保险相关问题分析[J].保险研究,2002(9).
[10] 俞姗.投资银行学业务[M].北京:北京大学出版社,2013.
[11] 汪争平.《国际投资》课程讲义[Z].深圳:深圳大学,2009.
[12] 杨记军,李昆.行为金融和共同基金研究的若干前沿性问题[J].经济研究,2005(10).
[13] 叶俊英.从美国共同基金丑闻看基金治理安排[J].证券市场导报,2004(10).
[14] 王怀书,丁加华.信托中的权利分割思想及其应用[J].金融研究,2011(12).
[15] 张寒燕.房地产投资信托 REITs 研究[D].北京:中国社会科学院研究生院,2005.
[16] 陈赤.中国信托创新研究——基于信托功能视角的分析[D].成都:西南财经大学,2008.
[17] 陈琼,杨胜刚. REITs 发展的国际经验与中国的路径选择[J].金融研究,2009(9).
[18] 王莉.私募股权信托基金研究述评[J].中国农业银行武汉培训学院学报,2008(1).
[19] 李兴智,王延明.私人银行的盈利模式研究:手续费型与管理费型[J].国际金融研究,2012(4).
[20] 张剑宇.私人银行离岸金融服务国际发展趋势及对国内的借鉴分析[J].中央财经大学学报,2012(10).
[21] 李晓昌.对冲基金发展与监督问题研究[M].武汉:湖北人民出版社,2011.
[22] 易纲,赵晓,江慧琴.对冲基金·金融风险·金融监督[J].国际经济评论,1999(1).
[23] CFA Institute. Derivatives and Alternative Investments [M]. 2013.
[24] 于建科.中国基金家族旗下基金非独立性研究[D].天津:南开大学,2010.
[25] 顾娟. 中国封闭式基金贴水问题研究[J].金融研究,2001(11).
[26] 王守法.我国证券投资基金绩效的研究与评价[J].经济研究,2005(3).
[27] 汪倩,谢胜强.基金绩效持续性研究文献综述[J].经济评论,2012(3).
[28] Rishi K Narang.打开量化投资的黑箱[M]. 北京:机械工业出版社,2012.
[29] 丁鹏.量化投资:策略与技术[M].北京:电子工业出版社,2012.
[30] 韩立岩,王梅.国际养老基金投资管理模式比较及对我国的启示[J].国际金融研究,2012(9).
[31] 李操纲,潘镇.共同基金治理结构模式的国际比较及其启示[J].当代财经,2003(3).

第十二章 投资银行的风险管理

风险管理创造价值。本章将介绍与投资银行风险管理相关的主要内容，主要包括风险的内涵、风险管理架构、风险识别、风险分析、风险评价及风险管理技术等。

第一节 概 述

一、风险与风险管理

（一）投资银行风险

风险是人类预谋行为结果的不确定性，它不等同于损失，也不代表结果的确定性，它仅代表一种可能性。根据国际标准组织（International Organization for Standardization，ISO）风险管理技术委员会于2009年公布的国际标准《ISO 31000：风险管理原则与实施指南》，风险是不确定性对目标主体的影响。广义的风险包括由不可抗力因素及可控因素所造成的各种特定风险，但它们都是由不确定性引起，不确定性又由信息缺陷造成，信息缺陷源于私人信息的产生，私人信息的形成则是由分工导致；同时，金融业是现代经济的核心组成成分，金融风险则是风险的现代形式，金融风险也是投资银行所面临的主要风险。因此，要透彻理解风险，需要以分工这个风险源作为风险分析的起点；全面把握金融风险，也需要以金融行业分工作为风险分析起点；若是针对行业相互交叉所带来的风险，如供应链中的金融风险，则需要以行业间的分工、联系程度作为风险分析的起点。

分工问题一直是古典经济学的一个重要研究领域。亚当·斯密在《国富论》中对分工所带来的三大好处及市场大小对分工的意义进行了阐述，随后李嘉图、马克思、马歇尔、杨格、何塔克等著名经济学家对分工这一问题也进行了深入探讨。其中，杨小凯和博兰描述了一个大致的分工演进过程：在初始阶段，生产率低，付不起交易费用，因而采取自给自足的生产方式；在自给自足的生产过程中，每个人慢慢积累一定经验，使得生产率得以缓慢提高，于是分工逐渐展开；分工的展开加速经验的积累和技能的改进，生产力进一步上升，交易费用承担能力随之提高，这又反过来增强专业化趋势，分工进一步细化，正反馈过程形成，分工的自发演进得以实现。从分工的过程来看，由于专业化所造成的信息不对称必然带来与信息不对称相关的交易费用，内生交易费用产生于私人信息积累形成的信息不对称，外生交易费用则产生于旨在消除或减弱信息不对称而引入的信息替换机制和费用分摊机制；而内生交易费和外生交易费分别与内生、外生风险联系密切。因此，交易费用和风险是同一问题的不同表现形式，风险管理则是化解由于信息不对称而造成的不确定性。

金融是现代经济的核心，现代经济的交易关系主要通过金融契约连接和深化，金融风险是经济风险的集中体现。金融是资金融通及其代表社会关系的总称，主要包括货币和信用两个范畴，货币使得价值形式表现独立，为知识的积累和分工的全面展开提供了广阔空间；信用则是将不同时间和地点的价值凝聚，使大规模的社会生产成为可能。随着信用的不断发展，金融机构多样化、委托—代理关系链等日益复杂，使得当中蕴含的金融风险成为一种现代宏观性风险。具体来说，金融风险是在金融活动中，因经济和金融变量发生了不确定性的变化而导致经济主体蒙受损失的可能性。

投资银行风险属于金融风险。相对于金融风险而言，投资银行风险更加具体化。投资银行在进行经营管理和谋求自身发展的过程中，某些事件的发生可能对其预期收益产生不利影响，这种产生不利影响的可能性就是投资银行的风险。具体来说，投资银行在其业务流程中，包括证券承销、证券交易、企业并购、企业重组、资产管理和资产证券化等各项主营业务，以及创新业务过程，由于所涉及与证券市场密切相关的各种变量存在的各种不确定性，从而导致投资银行利益损失的可能性。

（二）风险管理模式的发展

1. 风险管理的早期实践

人类最初的风险管理意识可以追溯到几千年前，这种风险管理意识包括风险预防、损失避免、风险分散、风险汇集和风险转移等意识。对于风险分散的意识和实践，早在公元前3000年左右，古埃及穿越沙漠的商队就对走失的骆驼实行互助共济；在公元前2800年左右，古埃及就盛行互助基金组织；在公元前1700年，我国长江上皮筏商人就使用损失分担原则；在公元前916年，西方国家就确立了共同海损原则。对于风险汇集与转移的意识和实践，最显而易见的例子莫过于中国历史上曾经盛行的镖局。而风险管理的思想最早可以追溯到亚里士多德时代。

2. 传统风险管理阶段

19世纪的工业革命使得现代工业得到迅速的发展，社会财富、社会意识、社会制度等都相应发生巨大的转变，但工业在迅速发展的同时也带来了许多灾难性的安全事故，这对企业经营的可持续性造成了极大的影响，安全生产与安全管理理念被引入企业日常管理议程中。践行这种生产风险管理理念的包括企业、政府等，如美国钢铁公司在1906年使用“安全第一”取代“质量第一”、美国芝加哥于1912年创立“全美安全协会”等。

第一次世界大战的爆发加速了风险管理思想在世界范围的蔓延。第一次世界大战后的德国和美国出现了不同的经济问题，德国出现了严重的通货膨胀，企业经营面临巨大的不确定性，于是德国学者广泛开展对风险管理技术的研究，主要强调风险控制、风险分散、风险补偿、风险转移和风险抵消等风险管理手段；而美国主要出现了通货紧缩，费用管理成为企业经营的重要内容，如何控制保险费用支出、获得合理经济补偿成为费用管理的主要内容，最后美国企业成立专门的保险部门，研究风险事物发生的可能性及后果，并开始充分利用保险这一风险转移工具来保护资本。

而在金融风险管理领域，这时的风险管理主要是针对信用风险和财务风险，且测量方法已较为成熟。但是这阶段的风险管理还仅局限在某些单一、局部或分离性的层面上，没有涉及众多层面的风险管理问题；风险管理方法缺乏系统性和全局性。在实践中，传统风险管理方法可以把公司的所有风险找出来并加以描绘，但不能把公司面临的风险与公司的商业战略联系起来。

3. 现代风险管理阶段

20世纪80年代末90年代初，随着国际金融和工商业的不断发展，企业面临的风险更加多样化和复杂化，随即在世界范围内爆发了一系列的企业危机，如墨西哥金融危机、亚洲金融危机、巴林银行和长期资本基金管理公司倒闭等。这些危机促使企业必须以风险组合的观点管理风险，对风险管理提出进一步深化。

现代风险管理阶段诞生的标志是1993年CRO(首席风险总监)头衔被使用。在这个阶段，澳大利亚和新西兰标准委员会于1995年制定了第一个企业风险管理标准——澳大利亚/新西兰风险管理标准；全球风险管理协会(Global Association of Risk Professionals, GARP)于1996年成立，推动FRM(金融风险师)认证资格考试制度的制定和完善；全面风险管理思想得到萌芽和发展。

4. 全面风险管理阶段

全面风险管理阶段是以1999年《巴塞尔新资本协议》的形成为标志，它将市场风险和操作风险纳入资本约束范围，提出资本充足率、监管部门监督检查和市场纪律三大监管支柱，蕴含了全面风险管理的理念；随后COSO委员会提出的ERM框架和国际标准组织(ISO)风险管理技术委员会于2009年公布的《ISO 31000：风险管理原则与实施指南》标志着全面风险管理实践的成熟。

风险管理大事件见表12-1。

表12-1 风险管理大事件

年份	事　　件	阶　　段
1700年前	风险管理的“史前年代”	史前年代
1705年	伯努利建立大数定律	传统风险管理阶段
1720年	世界上第一家保险公司在英国成立	
1921年	Kinght《风险、不确定性和利润》一书出版	
1952年	Marlowitz发表“组合选择”理论	
1953年	美国大公司发生众多损失	
1953年	“博弈论”发表	
1956年	Snider提出“风险管理概念”	
1962年	第一本关于风险管理的专著	
1973年	风险管理、保险与经济相结合，日内瓦协会的成立	传统风险管理阶段
1979年	国际风险管理协会成立(IRM)	
1980年	风险分析组织成立(SRA)	
1986年	世界上第一次金融衍生物交易	
1987年	美国股票市场遭遇“黑色星期五”	

续表

年份	事　　件	阶　　段
1993 年	"首席风险总监"的头衔第一次被使用(CRO)	现代风险管理阶段
1995 年	全球第一企业风险管理标准出台	
1996 年	第一个全球性的风险管理专家协会成立(GARP)	
1998 年	LTCM 长期资本管理公司在金融衍生品交易中损失 40 亿美元	
1999 年	新资本协议修订(Basel Ⅱ)	
2000 年	"全面风险管理"概念获得广泛认同	全面风险管理阶段
2001 年	9·11 恐怖主义袭击事件	
2002 年	安然公司倒闭	
2004 年	COSO 推出《企业风险管理——整合框架》	
2006 年	中国国资委出台《中央企业全面风险管理指引》	
2008 年	次贷危机、雷曼兄弟破产	
2008 年	冰岛危机	
2009 年	ISO 31000《风险管理——原则和指引》	
2009 年	欧债危机	
2010 年	巴塞尔协议Ⅲ	

* 资料来源：严复海，党星，颜文虎. 风险管理发展历程和趋势综述[J]. 管理现代化，2007(2).

二、投资银行风险管理理论的发展

（一）投资银行风险管理的早期理论

1. 马柯维茨的均值—方差理论

美国经济学家马柯维茨(Markowitz)于 1952 年首次将统计学中期望与方差概念引入资产组合中，提出以资产收益期望值来度量预期收益、用资产收益标准差来衡量风险，用指标将风险定量化，为金融风险的研究开辟了一个新的方向。在此基础上，马柯维茨开始研究证券资产投资组合问题，研究出在预期收益率给定的前提下，如何获取风险最小化的投资组合的计算方法，并进一步延伸出系统风险和非系统风险的概念。资产投资组合理论的基本思想是投资组合分散风险，投资组合方差是衡量风险的指标，方差大小直接决定风险的高低。虽然马柯维茨资产组合理论的技术可行性依赖于十分严格的假设，但这个方法的提出颠覆了传统定性衡量投资风险的理念，它被喻为"引发了华尔街的第一次革命"。

2. Downside-Risk 方法与哈洛资产配置理论

马柯维茨的方差理论假设投资收益呈正态分布，但这一假设不断被学者推翻；同时风险心理学的研究结果进一步表明，损失和盈利对风险主体的效用贡献度存在差异。为弥补方差度量方法的缺陷，学者进行了大量的研究和尝试，希望能找到一种继承方差法便利性的新风险度量方法，它能准确度量风险对风险主体的心理满意度，并能克服均值-方差理论的不足。这类型的方法统称为 Downside-Risk 度量法，它引入收益参照水平，同时重点关注低于该参照水平的损失，即强调所谓的“锚定效应”。而其中发展比较成熟的理论体系是哈洛 LPM 资产配置模型，LPM 模型注重对收益分布左尾部分进行风险度量。总的来说，Downside-Risk 方法只是在寻找最优资产组合的道路上，是对马柯维茨均值-方差理论的修正，但它仍为解决问题提供了工具和解决思路。

3. 资本资产定价模型（CAPM）

威廉·夏普、林特和摩根分别在 1964 年、1965 年和 1966 年在马柯维茨投资组合理论的基础上推导出资本资产定价模型 CAPM(capital asset pricing model)，开创了现代资产定价理论的先河，它的基本思想是风险由系统风险和非系统风险组成，非系统风险可以通过资产组合分散，并获得多样化收益，投资者通过承受系统风险而获得收益，不会因为承受额外的非系统风险获益。CAPM 模型解释了资本市场的运动规律，迄今为止，CAPM 模型仍大量运用在财务决策和风险管理等方面，但 CAPM 模型仍然有很明显的局限性，它依赖于市场资产组合，并依赖于大量严格的假设，这使得该模型缺乏一定的现实性并难以验证。随后许多学者试图从各方面对 CAPM 模型进行改进，如 1975 年莫顿在市场因素的基础上引入了其他市场外因素，对传统的 CAPM 模型修正为多因素 CAPM 模型；罗斯和罗尔针对 CAPM 模型的局限性，提出了资产市场均衡定价模型，即套利定价理论 APT(arbitrage pricing theory)。

4. 期权定价理论

期权定价理论是金融衍生产品的风险管理理论，是现代金融理论最为重要的成果之一。最早的期权定价模型是由法国的巴舍利耶在其博士论文“投机理论”中运用布朗运动计算看涨期权的预期价格；随后 Sprekle(1961)、Boness(1964)、Samuelson(1965)、Kassouf(1969)从不同方面发展了看涨期权价格公式；而 Black-Seholes 期权定价方法的诞生无可置疑地成为现代期权定价理论的创举，为西方国家金融创新提供了更有力的指导；而现代期权定价理论最近又产生了二叉树方法、蒙特卡罗模拟法、有限差分法、确定性套利法、区间定价法等经典的期权定价理论，为金融衍生品的风险管理提供了新的方向。

（二）投资银行风险管理理论的新发展

早期的风险管理理论更多的是对各种产品单独的风险刻画和度量，而不是对整个金融系统的风险管理理论。20 世纪 80 年代以来的金融危机或金融市场丑闻使得世界范围内的金融机构越来越重视对金融风险的管理，针对不同类型的风险，逐步出现了不同的理论或风险监管制度，主要包括《关于统一国际银行的资本计算和资本标准的报告》《巴塞尔协议》、市场风险管理理论、信用风险管理理论和全面风险管理理论等。

1. 监管制度的发展

1974 年联邦德国 Herstatt 银行和美国富兰克林国民银行的倒闭使得银行业普遍开始注重对信用风险的防范与管理，并于 1975 年和 1983 年分别出台《巴塞尔协议》，但这两份协议比较空洞，可操作性不强。随后于 1988 年出台的《关于统一国际银行的资本计算和资本标准的报告》对各类资本按照各自不同的特点进行了明确分类，并确立了风险资本风险权重的计算标准，推动金融管理从资产负债管理时代迈向风险管理时代。2010 年出台的《巴塞尔协议Ⅲ》进一步加强了对风险的管理，资本充足率上调到6%，采取计提2.5%的防护缓冲资本和不高于2.5%的反周期准备资本等措施；同时美国SEC加强了对投资银行、资产管理公司等的监管。

2. 市场风险管理理论

市场风险是由于市场因子(如利率、汇率、股指、商品价格等)的变化而导致金融资产收益的不确定性。衍生工具的急剧膨胀和资产证券化趋势的发展，使得市场风险成为金融机构面临的最重要风险之一，常用于管理市场风险的理论有β系数、VaR模型、敏感性分析、压力测试、情景分析等。β系数主要用于计算股票投资组合的相对市场风险，取决于股票市场成分股的构成；敏感性分析用于测量证券和证券组合对风险因子的敏感性；压力测试主要用于分析风险因子发生极端不利变化，它同时也是VaR的一个重要补充；情景分析则用于分析金融在假设情景中所产生的可能变化；而最著名的就是由JP摩根银行于1994年在其公布的Riskmetric标准风险管理系统中使用的VaR。

3. 信用风险管理理论

信用风险是指由于交易对手不能正常履行合约所规定的义务而造成损失的可能性，包括贷款、掉期、期权以及在结算过程中经济主体违约，因而信用风险也被称为违约风险。在国际上较为流行的信用风险度量模型有Credit Metrics™模型、Credit Monitor™模型、Credit Risk+模型、Credit Portfolio View™模型、Loan Analysis System模型、I^2模型等。其中Credit Metrics™模型是基于VaR的信用风险度量模型，以历史数据为依据确定信用等极矩阵和违约时的资产回收率，并以此为基础预测该信用资产组合的未来价值；Credit Risk+模型是基于贷款违约率和违约率波动性的模型，该模型采用保险精算学的框架推导出损失分布，只考虑违约而不关注降级风险；KMV模型是用来估计违约概率的方法，模型认为信用风险是在给定负债的情况下由债务人的资产市场价值决定的。

4. 全面风险管理理论

全面风险管理最早由内部控制专门委员会发起机构委员会(COSO委员会)于2003年提出，根据机构委员会的定义，全面风险管理是一个过程，这个过程受董事会、管理层和其他人员的影响，从企业战略制定一直贯穿到企业的各项活动中，用于识别那些可能影响企业的潜在事件并管理风险，使之在企业的风险偏好之内，从而合理确保企业达到既定的目标。因此，不同于之前的风险管理理论仅采用模型对风险进行度量，全面风险管理更需要将风险管理与公司活动各流程、发展战略相融合。全面风险管理的提出，意味着风险管理架构各方面并非独立存在，而是相互联系，并体现出以风险管理组织架构为载体的表现形式。就管理理论的发展来说，全面风险管理理论开启了一个新的风险管理时代。

国内外具有影响力的全面风险管理框架主要有以下三类：第一类是由美国COSO委员会(The Committee of Sponsoring Organizations of the Treadway Commission)于2004年颁布的《企业风险管理——整合框架》(Enterprise Risk Management，ERM框架)，ERM框架是在COSO1992年《内部控制——整合框架》的基础上诞生的，由于2001年以来美国爆发的安然、世通等公司财务丑闻严重重创美国资本市场，暴露了美国公司在内部控制上存在的问题，导致《萨班斯—奥克斯利法案》的出台，这两者最后促使COSO委员会于2004年年底废除沿用已久的《内部控制——整合框架》，提出具有突破性意义的

ERM 框架，它认为一个完善的风险管理架构应当包括以下六方面：一是企业风险管理战略和策略；二是健全的现代风险管理组织体系和规范的风险管理流程；三是完整的风险管理手册；四是有效的风险预警系统；五是有效的防范机制；六是高效的风险管理信息系统。第二类是中国国资委在总结国有企业经验、损失、教训的基础上，参考国际经验、国际做法提出的与中国实际情况相符的全面风险管理框架——《中央企业全面风险管理指引》，它主要涉及央企开展全面风险管理工作的总体原则、基本流程、组织体系、风险评估、风险管理策略、风险管理解决方案、监督与改进、风险管理文化、风险管理信息系统等方面。第三类是由国际标准委员会基于澳大利亚和新西兰风险管理标准《AS/NZS 4360：2004》在2009 年颁布可以用于任何企业、组织、协会、团体或个体等对象的《ISO/FDIS 31000 风险管理——原则和指引》，它提供了一个贯穿各个层级的基础和组织安排，以“创建背景”作为风险管理程序的开始，使得 ISO 31000 标准满足了风险管理多样性的需要；采用 ISO 31000 标准能够使得企业达到以下目的：鼓励采用预防性而非被动性的管理、认识到在整个企业辨识和处置风险的必要性、提高辨识各种隐患的水平、符合相关法律法规和国际标准的要求、提高经济效益、改善企业管理、建立决策和计划的可靠基础、改进事故管理和预防、减少损失等。

三种全面风险管理框架的对比分析见表 12-2。

表 12-2　三种全面风险管理框架的对比分析

	ISO 31000 标准	ERM 框架	中央企业全面风险管理指引
风险的内涵	兼顾风险的全面性和两面性	强调风险的负面性	强调企业的业务风险
风险管理流程	强调沟通、协商和环境的建立	强调内部环境和目标设定	强调信息收集，在整个风险管理流程中贯穿信息与沟通的内容
风险管理架构	风险管理框架被植入组织的整个战略和运营政策的制定和实践活动中	没有与企业战略和运营相结合	

*资料来源：商迎秋. 企业全面风险管理框架比较研究[J]. 审计月刊，2011(1).

从各个全面风险管理框架的目标和覆盖范围来看，并结合企业的发展阶段，可以将全面风险管理划分为三个阶段，即初级阶段、中级阶段和高级阶段。全面风险管理的初级阶段主要与企业发展初期联系，这一阶段企业主要关注经营业绩，企业的经营理念处在形成阶段，为达到经营目的，企业应该逐步引入被企业内部所接受和各部门统一的全面风险管理理念、方法和风险管理工具，这一阶段的风险管理处于探索和价值逐步接受过程中；全面风险管理的中级阶段是在初级的基础上将风险管理提升到战略层面，将其与企业经营战略的制定结合起来，发挥风险管理的价值创造和价值保持作用；在全面风险管理的高级阶段，风险管理不仅与企业经营战略整合，还与企业的内外环境、组织、文化相融合，将风险管理应用于决策过程，为决策提供信息基础，成为企业竞争力的重要来源。将全面风险管理的三个阶段与 ERM 框架、ISO 31000 标准、《中央企业全面风险管理指引》联系起来，那么国资委所提出的《中央企业全面风险管理指引》适用于全面风险管理的初级阶段，COSO 委员会提出的 ERM 框架适用于中级阶段，国际标准委员会提出的 ISO 31000 适用于高级阶段。

投资银行作为大型金融机构，它的业务复杂性、经营部门密切关联性、风险脆弱性等特征显示了投资银行风险管理的全面管理要求，而与投资银行风险管理要求最为匹配的是 ISO 31000 标准，ISO 31000 标准提供了一种实用、规范的原则、框架和程序，涵盖了各种领域的风险管理的理念，同时相对于 ERM 框架和《中央企业全面风险管理指引》而言，它具有完善的风险管理理念、风险管理范围和风险管理体系。而《中央企业全面风险管理指引》是基于中国企业风险管理实践而制定的，我国企业发展相对于国外企业还处在初级阶段，且我国资本市场还没有完全开放，相对于 ERM 框架和 ISO 31000 标准，它在考虑的风险因素等方面都较为欠缺；ERM 框架并没有提出风险管理体系。

第二节 风险管理系统

一、风险管理系统概述

有效的风险管理系统是投资银行风险管理工作顺利进行的前提。依据 ISO 31000 风险管理标准，一般性的风险管理系统应该包括风险管理原则、风险管理架构和风险管理流程。它们三者密不可分，缺一不可。风险管理原则为风险管理架构的建立提供指导意见和构建理念，这些原则包括风险管理创造价值、风险管理是整个组织流程不可分割的组成部分等 11 条，这些原则或强调风险管理的重要性，或强调风险管理的必要构件，或强调风险管理与投资银行其他业务的关系；风险管理架构与风险管理流程是一个相互联系的系统，风险管理架构中的管理政策、程序和活动，系统地应用到风险管理流程中，同时风险管理流程应在风险管理架构中通过风险管理计划，成为组织各层面和活动的组成部分，并得到实施；它们三者之间的关系如图 12-1 所示。

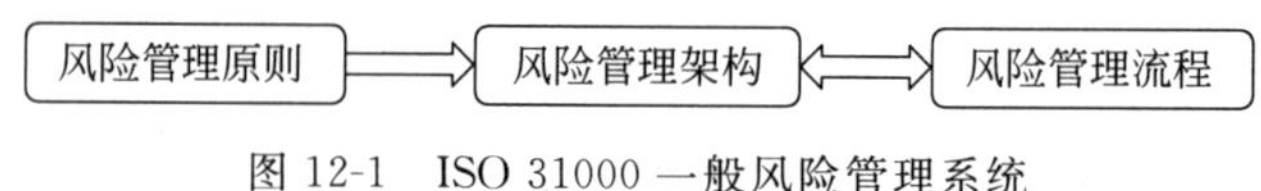

图 12-1 ISO 31000 一般风险管理系统

二、风险管理原则

风险管理原则是风险管理工作的指导性思想。ISO 31000 标准是一种普遍性的风险管理概念，它不局限于任何行业，因此它同样适用于投资银行的风险管理。ISO 31000 标准所提供的 11 项全面风险管理原则为投资银行风险管理架构的建设提供了指导方针，投资银行应当贯彻 11 项原则的理念，构建全面风险管理系统，并严格遵守风险管理原则。

（1）风险管理创造价值。风险管理有助于投资银行经营目标的实现和改进，提高投资银行在法律和法规、公众认同、财务、产品质量、业务效率、投资策略、公司治理和声誉等方面的精确操作，实现经营效益的最大化。

（2）风险管理是整个组织流程不可分割的组成部分。风险管理是企业管理层管理职责之一，也是企业管理程序的组成部分，蕴含在投资银行各个项目进程中，项目的实施过程与风险管理过程密不可分，即风险管理不是与投资银行主要活动和组织进行分离的独立活动。

(3) 风险管理是组织决策程序的组成部分。风险管理有助于决策者做出更为全面、理智的选择，风险管理有助于决策者在应对意外情况时确定优选解决方案以及对各备选方案进行判断，也有助于项目决策者判断风险水平是否可接受及风险处理方法是否合理与有效。要满足这一原则，项目实施者应当在构建组织决策流程时便把风险管理考虑进去。

(4) 风险管理能够明确地处理不确定性。风险管理可以将投资决策或企业运营过程中所蕴含的风险因素所带来的不确定性衡量出来，不同的风险通常使用不同的衡量方法，如市场风险多用 VaR 等，风险管理系统根据衡量的结果向决策者提供相应的解决方案。

(5) 风险管理具有系统性、组织性和及时性。系统性、组织性和及时性的风险管理方法有助于提高效率和项目投资、企业经营的可持续性，从而增加投资结果和经营目标的可靠性和可比性。

(6) 风险管理以有效的信息为基石。有效的风险管理程序一般以经验、反馈、观察、预测和专家鉴定等信息资源为基础，但是决策者不能盲目信赖这些信息，应当兼顾考虑这些信息、模型的局限性以及专家之间存在分歧的可能性。

(7) 风险管理具有适应性。投资银行所设立的风险管理方法应当能够根据企业或项目外部、内部背景或风险概况作出相应的调整，即风险管理方法应当是能够把握风险的动态变化，对风险实行动态跟踪。

(8) 风险管理考虑人文因素。风险管理应当具有辨识企业或项目内外相关人员技能、意图、观点和倾向的能力，这种复杂的人文因素存在着促进或阻碍企业或项目目标实现的可能性，这实际上说明了风险管理也是由人进行操作，决策者是风险管理的主体。

(9) 风险管理具有透明性和包容性。风险管理应当保证利益相关者，尤其是企业或项目各级决策者的适当参与，允许利益相关者对风险管理提出自己的观点，并在制定风险标准时考虑此观点，以确保风险管理系统的及时更新。

(10) 风险管理是动态的、迭代的和迅速适应环境变迁的。由于企业或项目内外部事件的不断发生、背景和知识的不断改变、监控和审查的出现、新风险的诞生等不同动态发展情况，企业应当完善风险管理系统的各方面，以确保风险管理对这种环境变化能够及时作出响应并继续发挥作用。

(11) 风险管理有利于企业或项目的持续改进和提高。从这个角度考虑，企业应当制定和实施提高风险管理成熟度的战略，且该战略应当与企业其他发展战略放在同一层面上实施。为了达到这一效果，风险管理工作应该贯穿企业经营、项目实施的全过程，包括初始时期、发展时期、稳定时期等。

三、风险管理架构

(一) 投资银行风险管理架构的发展

投资银行风险管理就是通过发现和分析投资银行面临的各种风险，并采取相应的措施处置风险以实现公司的经营目标，降低影响公司业绩不确定性的过程。从世界范围内和历史发展阶段来看，美国投资银行的风险管理架构是相对完善的，在金融时代不断发展的过程中，市场环境、组织规模、内部管理等因素都不断趋于复杂，美国投资银行的风险管理架构也经历了从原始管理到全面管理的四个阶段(见表 12-3)。

表 12-3 美国投资银行风险管理架构的发展历程

分　类	原始管理模式	分散管理模式	集中管理模式	全面管理模式
市场环境	市场形态比较简单	市场环境比较复杂,同时面对多个不同市场	市场多样化,通常面对多个国家或地区	面对全球市场,情况复杂多变
发展历程和组织规模	业务规模较小	业务规模扩展并呈现一定的复杂度	业务组织较为庞大、业务复杂度较高	业务组织规模庞大、业务复杂度较高
风险管理方式	缺少风险管理专职部门与人员	风险管理职能由各部门分别负责,无专设部门	成立专设风险管理部门集中管理风险	设立风控部门并由各部门参与监控自身风险
风险度量	无风险度量	以业务为单位进行简单主观估测	结合系统风险进行风险因素的整体估测	强化风险的综合、精确度量
决策和操作关系	不分离	分离,但不彻底	分离	分离
风险管理独立性	不独立	不独立	独立	独立
业务效率	无质量保证的高效率	相对较高	对业务运作效率有一定的影响	以质量为基础的高效率

* 资料来源:尹蘅,孔维成.美国投资银行风险管理架构对我国的启示[J].海南金融,2007(5).

阅读材料 12-1

次贷危机与投资银行风险管理

雷曼兄弟控股公司成立于 1850 年,曾作为全美四大投资银行之一。在 2008 年,由于受到次级房贷风暴连锁效应波及,在财务方面受到重大打击而亏损,致使股价下跌到低于 1 美元,甚至在 2008 年 9 月 17 日低于 0.1 美元;最后于 2008 年 9 月 15 日,在美国财政部、美国银行及英国巴克莱银行相继放弃收购谈判后,雷曼兄弟公司宣布申请破产保护,负债达 6 130 亿美元,这个有着 158 年历史的美国金融巨头黯然退出华尔街。

纵观雷曼兄弟破产的原因,次贷危机只是导火索,深层次的原因是其风险管理架构的脆弱,对于不熟悉的领域盲目投资、杠杆比率使用过高、不良资产过多、缺乏科学合理的估计模型等。

(二)投资银行风险管理架构设计

根据 ISO 31000 标准,风险管理架构应当包括任务和承诺、风险管理架构设计、执行风险管理、风险管理架构的检测和评估及风险管理架构的持续改进五方面,风险管理应当在由这五方面构成的风险管理框架中进行,它们之间的关系如图 12-2 所示。这种风险管理架构可以帮助投资银行在各层面和特定背景下通过应用风险管理程序有效管理风险,确保风险管理信息被适用于报告并应用于决策程序,因此,ISO 31000 风险管理架构的设计有利于投资银行在整个管理系统内将风险管理一体化,而不同的部门又可以根据部门特殊情况改编风险管理架构以满足投资银行不同部门业务的特殊需求,使得风险管理框架与投资银行整个战略和运营政策的制定和操作紧密相连、相融其中，例如投资银行资产管理部主要面对投资决策风险，而投资银行部则主要面对合规风险等。

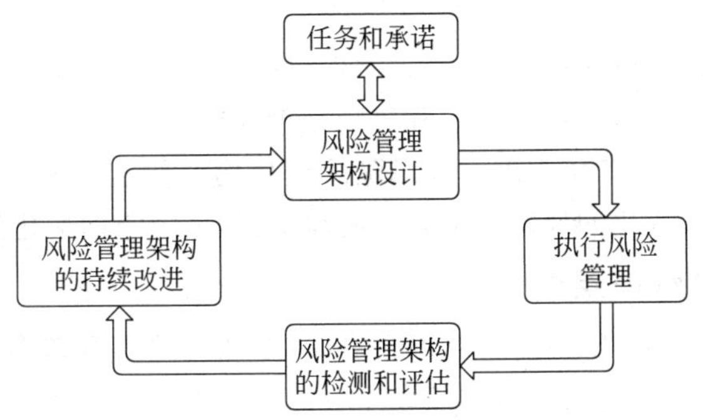

图 12-2　ISO 31000 风险管理架构

（1）任务和承诺。任务和承诺就是制定投资银行的风险管理政策，包括投资银行管理层关于风险管理的战略规划、关于风险管理的承诺，并确保投资银行各部门管理成员对这些规划和承诺都认知与认可，以保证风险管理能够持续发挥作用。

（2）风险管理架构设计。风险管理架构设计是风险管理工作的核心，主要包括以下七方面内容。

① 明确投资银行面临的内部环境和外部环境。内部环境主要包括投资银行的结构、治理方式、政策、目标、战略、资源禀赋、内部利益相关者关系等；外部环境主要包括国际、国内和地区的文化、社会、政治、法律、监管、财政金融、技术进步、宏观经济、外部利益相关者等因素。

② 设立风险管理政策。这是对投资银行风险管理的任务、目的和承诺的进一步阐述，主要包括投资银行风险管理的基本原理、投资银行经营目标和发展政策与风险管理政策的联系、风险管理的职责和义务、利益冲突的处理方法、资源承诺、风险管理绩效测量和报告的形式、承诺定期检讨和改善风险管理政策和框架、确保风险管理政策适当传达给投资银行各级人员。

③ 将风险管理与投资银行业务程序整合，实现风险管理与投资银行其他程序保持相关性、有效性和效率性。

④ 责任。投资银行应当确保其有责任和职权进行管理风险，包括实施和保持风险管理程序，保证任何风险控制的适当性和有效性，并识别投资银行中各级风险主体，将风险管理职责分配给他们。

⑤ 资源配置。投资银行应当采取实际的手段为风险管理分配适当的资源，如人力、信息和知识管理系统等。

⑥ 建立内部沟通和报告机制。以确保风险管理架构的重要组成部分及其后续修订内容得到适当沟通。

⑦ 建立外部沟通和报告机制。投资银行应当制定和实施如何与外部利益相关者进行沟通的机制，如雇佣适当的外部利益相关者，以确保信息的有效交流。

（3）执行风险管理。风险管理的执行包括风险管理架构的实施和风险管理程序的实施两方面。投资银行应当明确实施风险管理架构的时间和风险管理战略，并与其他管理程序相结合；将风险管理程序应用到投资银行所有相关部门和职能机构中，使它成为企业管理程序的一部分。

（4）风险管理架构的检测和评估。为确保风险管理的持续有效性，投资银行应当制定措施并定期评估风险管理架构、政策和计划是否与投资银行内外环境相适应等。

（5）风险管理架构的持续改进。以风险管理架构评估结果为基础，对风险管理架构进行改进，以反映不断变化的风险环境，推动投资银行风险管理文化的深化。

（三）经典风险管理架构

依据COSO委员会的ERM框架、ISO 31000标准等全面风险管理框架，投资银行风险管理架构都基本通过设置直接隶属于董事会的风险管理委员会，成员一般有财务总监、执行总裁、全球股票部主任、全球固定收益部主任、各地区高级经理、信贷部主任、全球风险经理以及一些风险管理专家，除此之外，还有其他的相关部门与其相互联系影响。一般的基础组织架构如图12-3所示，不同投资银行间、同一投资银行不同业务部门间，在具体风险管理架构上多存在差异，尤其是各大著名的投资银行都依据自身经营业务的特点并在此基础框架上进行符合自身特色的改进。

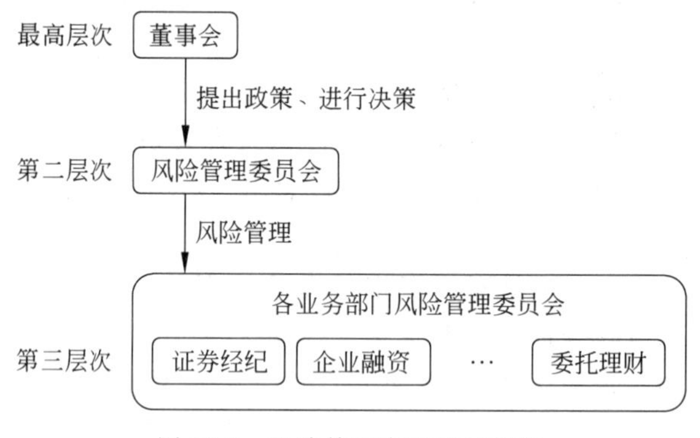

图12-3　风险管理实际应用架构

1. 美林集团

美林集团在总结历史经验教训的基础上规定了风险管理的八项原则，并总结出如下的管理理念：管理风险比计量风险更有意义，数学模型无法准确将未来风险进行量化，相关模型只能作为辅助工具配合其他管理措施，风险管理需要全员参与、全程展开，并进行及时、充分的沟通，它应该是一种积极的风险管理，而非被动计量。基于这些原则和理念，美林集团提出了如图12-4所示的风险管理组织结构。

美林集团的风险管理架构是在董事会下设风险控制委员会和储备委员会。风险控制委员会是风险管理的最高管理机构，负责设计和修正风险控制的政策和程序，规划各部门的风险限额评估和监控各种业务风险；储备委员会负责检测与资产、负债相关的价值和风险，监控可能导致现有资产损失或增加新负债的事件，确定资产和负债保持平衡的储备水平。

风险管理部作为风险控制委员会的常设机构，在设定最高风险程度以及交易头寸限

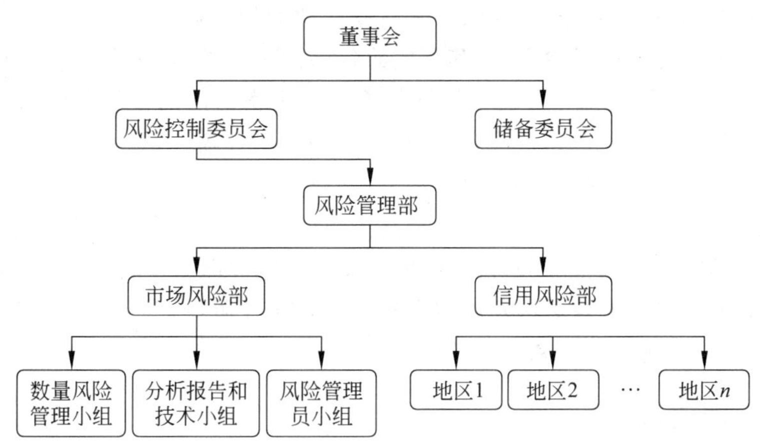

图 12-4 美林集团的风险管理架构

额方面拥有决定权和否决权，并在交易决策中拥有否决权，风险管理部包括市场风险部和信用风险部。市场风险部的数量风险管理小组负责对公司范围内的各项风险水平进行量化并建立数量模型；分析报告和技术小组负责对风险数量评估、设定交易权限，负责各类报告的风险处理和分析技术；风险管理员小组负责按照地理分布和产品类别对各个交易单位进行单独的风险数量评价和最高限额设定。信用风险部则主要按照地区对不同地区、不同市场的市场风险进行监控，对持仓情况进行计量、跟踪、控制、调查，计算不同交易的盈亏情况。

2. 高盛集团

高盛集团在风险管理架构的设立上更注重安全性，历来注重把风险与业绩挂钩，风险预防意识贯穿于整个企业，而业务部门就是风险控制的第一道防线。高盛集团建立了如图 12-5 所示的风险管理组织结构。

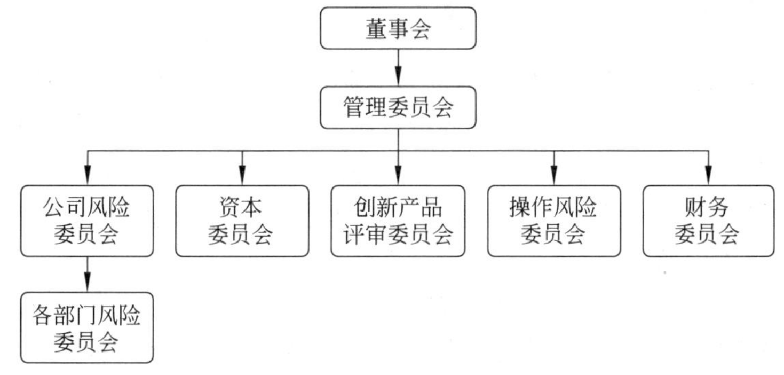

图 12-5 高盛集团的风险管理组织架构

高盛集团在董事会下设管理委员会作为风险管理架构中的最高执行机构，所有与风险控制有关的信息都会报送至管理委员会，每份风险控制报告均需经过委员会授权或者委托授权，除此之外，委员会还审批所有经营活动、风险政策等。管理委员会下设公司风险委员会、资本委员会、创新产品评审委员会、操作风险委员会和财务委员会五个部门。

公司风险委员会负责评估公司现存的所有商业活动的创新业务和创新产品，评估和审批公司整体及各业务部门的风险限额，其下属的各部门风险委员会在公司总风险限额的情况下，运用 VaR、情景分析、库存证券杠杆等方法制定本部门的市场风险限额；资本委员会负责评估和审批一些与公司资本有关的商业交易，例如债券承销、股票大宗交易等，确保公司业务及信誉始终保持在全球一流水平；创新产品评估委员会负责审批公司各项创新产品，评估创新业务、产品蕴含的风险及其控制程序；操作风险委员会主要负责与研发、操作等相关的风险管理政策和分析模型，监督操作风险管理流程的有效性；财务委员会负责制定公司资产流动性的政策以及确定合理的库存头寸限额，并评估公司的资金头寸和资本化率，评估公司现金流量和风险敞口。

四、风险管理流程

风险管理流程是将风险管理的政策、程序、方法系统地应用于具体风险管理活动而做出的一系列行动的程序性安排，它最显著的特征在于其是根据投资银行具体的业务流程定制的。一个完整的风险管理流程由沟通与协商、建立环境、风险评估、风险处置、检测和评估五部分组成，它们之间的关系如图 12-6 所示。沟通与协商是整个风险管理流程的首要因素，旨在采用一种团队的工作方法，为风险管理建立一个适合的环境；建立环境是风险管理流程的一个重要步骤，建立环境包括内外部环境建立、风险管理流程环境的建立以及风险评估标准的建立；风险评估是风险管理流程的核心；风险处置是风险管理流程的结果；检测和评估是确保风险管理流程对不断变化的风险环境具有适应性的重要保证。

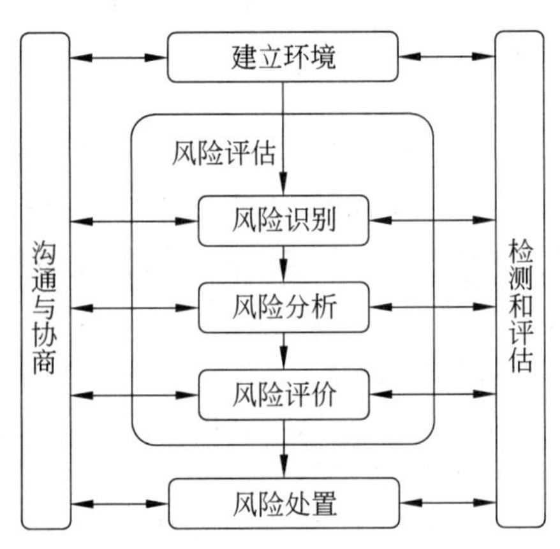

图 12-6　ISO 31000 风险管理流程

(1) 沟通与协商。在风险管理流程的每一阶段，与内部和外部利益相关者进行沟通与协商是十分必要的，有效的沟通与协商可以明确地解释实施的风险管理程序，使利益相关者了解做出相关决定的依据、采取的特殊措施的原因。在早期阶段，应该制定一个风险主体能够与内外部利益相关者进行沟通和协商的机制，从而处理与风险源、风险后果和风险处置措施相关的问题。

(2) 建立环境。建立环境的目的是确保投资银行在管理风险、制定风险范围和标准时，能够充分考虑内部和外部的影响因素，它主要包括建立风险管理程序环境和制定风险标准两方面。建立风险管理程序环境，主要涉及风险管理程序的责任，风险管理活动的范围、深度、宽度，明确风险评估方法，制定评估重要性的风险标准并不断修订等。

(3) 风险评估。所谓风险评估，就是量化测评某一事件或事物给投资银行带来的影响或损失的可能程度，包括风险识别、风险分析和风险评价三个环节。所谓风险识别，是指发现、认出及描述风险的过程，包括风险源识别、风险事件及其原因识别、风险后果识别，风险识别的目的就是要找出未来具有不确定性的并与利益密切相关的数量指标，并找出导致不确定性的风险事件及原因、对应的风险源；所谓风险分析，是指充分理解风险性质、确定风险等级的过程，它主要目的是找出风险指标的原始风险状态，即各类事件发生的可能性；所谓风险评价，是指将风险分析的结果与风险标准进行对比，以决定风险主体能否接受或容忍当前的风险状态过程，对于不能接受或容忍的风险状态，风险主体将应用风险管理技术处理风险。

(4) 风险处置。对于不能接受或容忍的风险状态，运用风险管理技术处置，它是一个循环的过程，对由某风险管理技术处置的结果进行重新评估，决定所剩余的风险是否可容忍，若不能容忍，则采取新的风险管理技术继续处置，直至达到风险标准要求。

(5) 检测和评估。它是风险管理流程中不可或缺的部分，可以采用日常检查或监督等方法判断目前的风险管理流程是否满足变化的风险环境。

第三节　风 险 评 估

一、风险识别

风险识别是风险管理工作的起点，特别是关键风险因子的发掘是风险管理的基础，风险识别为风险分析、风险评价提供对象，是风险评估工作的起点。风险识别的主要工作就是寻找投资银行哪些业务、哪些经济指标具有不确定性，并挖掘隐藏在这种不确定性背后的表面原因及深层次原因，即风险识别主要包括对风险要素、风险事件和风险后果的识别。

风险要素，即风险因子，是引起投资银行风险的最深层次原因，它导致风险事件的发生，并以风险后果表现，如 2008 年的次贷危机，就是金融衍生品的信用链断裂导致金融危机发生，从而造成华尔街金融机构的动荡，在此信用链断裂就是风险要素，金融危机就是风险事件，而金融机构动荡就是风险后果。风险识别工作是对三者的识别，缺一不可，尤其对风险要素的识别成败是风险管理工作的关键所在，而风险分类是帮助投资银行梳理风险、提高风险识别工作效率的利器。

（一）风险分类

投资银行风险按照不同的标准可以划分为不同的类型。根据马柯维茨和夏普的现代投资理论可以分为系统风险和非系统风险。系统风险主要是由于全局性因素变动所带来收益的不确定性，系统风险不能简单通过组合投资相互抵消或消除，只能通过金融衍生品进行管理，它主要包括政策风险、利率风险、市场风险、法律风险、经济周期风险等；非系统风险又称为非市场风险或可分散风险，它是由投资银行内部因素的影响所引起的，投资银行可以通过设立合理的规则、分散投资来降低非系统风险，它主要包括操作风险、信用风险、流动性风险、资本充足率风险、经营风险、投资风险、技术风险、道德风险等。而在实践中，为更好地管理投资银行所面临的风险，一般根据风险的级别，将投资银行风险划分为三个层次，每个层次的风险对投资银行的影响程度不一。

1. 第一层次风险

通常将最直接导致投资银行产生风险的因素归为第一层次风险，主要包括投资银行的流动性风险、资本风险和制度风险。

（1）流动性风险

流动性风险，又称变现能力风险，是指投资银行的流动比率过低，且由于金融资产流动性的不确定性变动无法偿还债务或维持经营周转而遭受经济损失的可能性。流动性是描述投资银行对金融资产迅速变现及获得资金的能力，投资银行变现和筹资能力越强，且成本越低，则流动性越好，与流动性密切相关的就是资金数量、变现成本、变现时间。投资银行一般高负债经营，资产结构要求具有高流动性，且不宜过多持有如长期投资等流动性较差的资产，以免陷入兑付危机。在实际的操作过程中，通常使用相关的财务指标如流动比率、包销金额与资本金的比例、自营投资额与总资产的比例和负债资产比等进行监督和控制。

（2）资本风险

资本风险是指投资银行的资本充足率风险，若资本充足率不足，则导致经济损失；若资本充足率过高，则投资理念保守，容易丧失投资机会，经营难以获利。资本是否充足，对投资银行的正常经营有着非常重要的影响，它是投资银行存在的基础，资本充足不仅可以增强承担经营风险的能力、补偿发生的损失，同时有利于投资银行筹集扩展业务所需要的资金，提高同业中的竞争实力。

（3）制度风险

制度风险是由于投资银行治理结构与组织结构等制度性因素的不合理所导致的风险，也是破坏性最强大的风险。投资银行在公司治理与组织结构等制度层面的缺陷是其他风险爆发的主要诱因，它导致投资银行对其他风险管理效率的降低，造成投资银行蒙受重大损失，因此，投资银行应当持续改善其经营组织结构、治理结构和风险管理架构。

阅读材料 12-2

香港百富勤集团因流动性不足而倒闭

香港百富勤投资集团诞生于1988年9月，由杜辉廉和梁伯韬创办。它的发展可以说是一飞冲天，经过10年的发展，百富勤集团从一间小公司发展成为分支机构遍布28个国家和地区、拥有240亿港元总资产的香港地区最大证券集团。

但在1997年金融危机中，由于百富勤集团大量投资于东南亚债券市场，并拥有大量的非流动性资产，随着东南亚国家货币的大幅度贬值，危机直接给百富勤集团带来巨大的冲击，从而使其陷入财务困境。为解决财务问题，百富勤集团曾出售21亿美元的资产，以解决流动性问题；随后于1997年11月16日，百富勤集团引进苏黎世中心集团作为策略性股东，融资15.5亿港元；1997年12月16日，向美国芝加哥银行融资2 500万美元。但随着亚洲金融危机的进一步恶化，苏黎世中心集团和美国第一芝加哥银行于1998年1月9日分别宣布退出融资计划，随后百富勤集团被迫清盘。

2. 第二层次风险

第二层次风险包含的不是最直接导致投资银行产生风险的因素，但是它对第一层次风险产生影响，它主要以经营业务风险为主。经营业务风险广义上包括非法业务经营风险和合法业务经营风险。非法业务经营风险是指非法建立的投资银行或者合法建立的投资银行经营非法的业务所产生的风险，合法业务经营风险是指合法投资银行在法律规定的范围内经营业务所存在的风险。合法业务经营风险是投资银行面临的主要经营业务风险，投资银行合法经营业务主要包括证券承销、证券交易、企业并购和资产管理等本源业务，以及由此派生出来的如基金管理、项目融资、资产证券化、风险投资、财务顾问和金融衍生品等新型业务，因此投资银行合法业务经营风险主要有证券承销风险、证券经纪风险、证券自营风险、资产管理风险、兼并收购风险、资产证券化风险和风险投资业务风险等。

(1) 证券承销风险是指投资银行在承销业务中蒙受损失的不确定性，具体来说就是无法按时、按规定完成承销任务而造成损失的可能性，主要包括发行方式风险、市场判断风险和合规风险。发行方式风险是指投资银行在选择发行方式时可能承担的风险，通常投资银行在承销方式上有代销、余额包销和全额包销三种方式，这三种方式在风险上依次增加；市场判断风险是指投资银行对市场未来趋势判断错误而导致损失的不确定性；合规风险是投资银行在承销业务活动中可能违反法律或相关法规或上市公司违反规定披露信息不实而导致损失的不确定性。

(2) 证券经纪风险是指投资银行在开展证券经纪业务过程中，因各种原因而导致其自身利益遭受损失的可能性，按风险起因可以划分为合规风险、管理风险和技术风险。合规风险是指投资银行在经纪业务活动中违反法律或相关规定而受到法律制裁、被采取监管措施、遭受财产损失或名誉损失的风险；管理风险是指在经纪业务经营中由于管理制度不健全、内部监控不严而受到监管处罚、或承担赔偿责任、或声誉损失的风险；技术风险是指由于投资银行所需的信息系统、网络系统、操作平台等技术保障系统或技术支持系统出现异常而遭受损失的可能性。

(3) 证券自营风险是指投资银行在自营业务中因各种变动而遭受损失的可能性，它包括三种基本形式，即市场风险、经营管理风险和合规风险。证券自营业务的市场风险是指由于市场上诸如利率、汇率、政策法规、上市公司基本面等因素的变化造成金融工具价格变动而导致自营业务蒙受损失的可能性；经营管理风险是指在金融工具买卖过程中，因管理不善所带来的风险；合规风险是指投资银行在进行自营业务的过程中由于违反有关法律法规而遭受损失的可能性。

(4) 资产管理风险是指投资银行在进行资产管理活动中面临的风险，它主要包括两种形式，即市场风险和内控风险。

(5) 兼并收购风险是指投资银行在兼并收购过程中发生损失的可能性，它主要包括融资债务风险、信息风险、操作风险和法律风险。兼并收购行为需要巨大的资金支持，一般通过多种手段进行融资，融资风险就是渠道融资所蕴含的风险；信息风险是指投资银行在兼并收购过程中，因调查不充分、信息不准确而引起对目标公司评估、收购公司发展战略定位错误而导致损失的可能性；操作风险，也称反收购风险，被收购公司对收购行为采取不合作的态度，采用黄金降落伞等反收购策略，使得收购公司增加收购成本的风险；法律风险通常包括两方面，一方面是所制订的并购方案与相关法律规定背道而驰而造成损失，另一方面则是在并购过程中因操作不当而违反相关法律而造成损失。

(6) 资产证券化风险是以证券化资产质量为核心的风险，主要包括交易结构风险、信用风险、提前偿还风险和利率风险。交易结构风险是指由于资产证券化的结构融资方式所可能造成的风险，一般来说，只要各参与方遵守合约，资产证券化就是一种完善的风险分担融资，但相关法律和会计规定在各个国家有所差异，使得资产证券化在国际市场中具有结构风险；信用风险，即所谓的违约风险，是指资产证券化过程中的参与经济主体对其确认的合约违约造成损失的可能性；提前偿还风险是指由于经济主体提前赎回而造成损失的可能性；利率风险是指在资本市场的利率波动引起证券价格发生不可意料变动时而造成损失的可能性。

(7) 风险投资业务风险主要包括产业风险、信用风险和决策风险。产业风险是指投资银行的风险投资业务往往关注于新兴行业，而由于新兴产业发展前景的未知而使投资银行蒙受巨大损失的可能性；信用风险是指由于信用丧失而造成损失的可能性；决策风险是指风险投资者对市场判断失误而造成损失的可能性。

3. 第三层次风险

第三层次风险是投资银行各种经营业务风险的直接反映，即利润风险。利润风险是各种风险发生的集中作用结果，盈利说明风险控制较佳，利润可以抵御预期的风险损失；亏损说明风险控制欠佳，损失由公司自有资本承担。利润风险是多种风险共同作用的结果，但也可影响其他风险的发展。

（二）风险识别的方法

对于投资银行所面临的三层次风险，主要的风险识别方法有专家调查法、核对表法、情景分析法、环境扫描法、综合分析法、计量模型法和数据挖掘法等。

(1) 专家调查法。专家调查法包括座谈会法和德尔菲法。座谈会法通常聘请风险分析专家、风险管理专家等学者组成专家小组，通过举行座谈会的形式，讨论投资银行未来可能遭遇的风险、风险危害程度及预防应对措施等；德尔菲法是分别对不同的专家进行风险管理咨询，但专家之间不能相互沟通，以得到专家对风险管理的个人见解。

(2) 核对表法。投资银行通过把曾经所遭遇过的风险事件及其对应的风险因素、风险后果、风险状态在核对表中罗列出来，在使用核对表分析目前风险状态时，将所面临的风险环境、条件等与核对表中相似事情进行对比，以识别出事件的潜在损失，这其实就是在贯彻历史会重演的理念。

(3) 情景分析法。它是一种能在分析中帮助辨识关键风险因素及其影响程度的方法。一般而言，情景分析法需要依赖于计算机，通过在计算机上实现各种状态变化条件下的模拟分析，从模拟结果可以获知风险因素识别。

(4) 环境扫描法。它主要是对投资银行所面临的内外部环境的相互关系、稳定程度等进行系统分析，推断这些环境可能对投资银行金融产品产生的风险，从而实现风险识别。

(5) 综合分析法。综合分析法的基本思路是，先组织该领域的专家对风险现象进行分析，根据具体环境确定风险因子集合；对风险因子进行整体检验和单体检验；选择综合评价方法，利用主因素分析等方法对风险因子的重要程度进行判断，剔除不显著因子，构造各因子的影响权数；最后建立风险识别模型，计算风险综合评价指数。

（6）计量模型法。计量模型法的基本思路是，通过组织专家确定基础风险因子集合；对风险因子集建立风险函数模型；利用历史数据，对风险函数模型的参数进行估计；利用自变量显著性检验和相关系数等识别风险因子，利用残差判断未识别因子的影响；最后确定有效的风险因子集合。

（7）数据挖掘法。数据挖掘法的基本思路是，利用聚类等算法对反映风险的指标进行分类，以实现对风险的分类；运用高维数据降维的方法建立合适的风险因子集；对分类后的风险，运用随机森林、决策树、SVM 等算法对风险因子集合进行关键风险识别。这种方法不局限风险指标与风险因子集之间的模型关系，更具有适应性。

二、风险分析

风险分析就是对关键风险因子进行理解、确定风险等级的过程，量化该风险因子的风险状态，即风险事件发生的可能性及其后果。在投资银行的三层次风险中，以制度风险、市场风险、信用风险和操作风险最为突出，制度风险主要涉及投资银行业务管理架构、风险管理架构等治理结构的安排，制度风险的控制主要取决于业务治理结构之间、业务治理结构与风险管理结构之间的相融合，因此制度风险的管理更多是在资源配置、制度完善的调整方面；而市场风险、信用风险和操作风险则更依赖于量化分析。

（一）市场风险

1. 敏感性分析

敏感性分析用于测量市场风险因子变化 1%时投资组合价值的变化程度，这些市场风险因子就是与市场风险密切相关的市场变量。资产组合对单一市场风险因子的敏感性 D_i 为

$$D_i = \frac{V_P}{\Delta \mathrm{RF}_i}$$

其中 V_P 为资产组合的价值，$\Delta \mathrm{RF}_i$ 为某个市场风险因子的变化。所有风险因子对资产组合的价值影响总和为

$$\Delta P = \sum_{i=1}^{n} D_i \Delta F_i$$

2. VaR 方法

VaR 模型最早在 1993 年的《衍生产品的实践和规则》中提出，并由 JP 摩根在 1994 年进一步发展，至今，VaR 模型已成为金融界对市场风险进行综合度量的主要工具。所谓的 VaR 模型，是指在一定概率水平下（置信度），某一金融资产或证券组合在未来特定一段时间内的最大可能损失，而 VaR 值是代表“正常”情况下资产组合的预期收益与在一定置信区间下的最低价值之差。其数学表达式为

$$\Pr(\Delta V_{\Delta t} > \mathrm{VaR}) = 1 - \alpha$$

其中，$\Delta V_{\Delta t}$ 为投资组合在持有期 Δt 内的损失，VaR 为在置信水平 α 下的最大损失。

从统计角度来说，VaR 实际上是投资组合期望回报分位数的含义，即 VaR 是投资组合在 $1-\alpha$ 分位数上的期望收益。当然，VaR 模型也具有两个最基本的假设条件，一是市

场有效性假说，二是市场的波动是随机的，不存在自相关。虽然现实市场并不能完全满足强有效性和市场波动随机性等要求，但相对于其他传统的市场风险测量方法，VaR 模型具有以下四个鲜明的特点。一是全面性。作为一种科学的风险测量方法，VaR 通过采用统计学的原理，能够全面把握复杂的金融风险，并通过简单直观的数字将其量化。通过采用 VaR 方法，各种不同部门的风险也可以有效地结合起来，综合考量，使得管理者在做决策时有更保险和充分的依据可以参考。二是直观性。与传统的风险测量方式不同，VaR 给出的风险值是一个可以计量并且有实际意义的数值，并且在计算过程中的各个参数也能准确地衡量。同时通过置信水平和持有期的选取，还可以根据使用者的需要来对结果进行调整。三是预期性。VaR 提供的结果只是一个预测值，这个值可能是在考察历史数据的基础上用一定的数学方法计算而来的，含有预期的性质。通过预期损失可能发生的规模促使管理者对风险头寸进行相应的保值或控制，以达到预期的投资目标。四是多样性。VaR 方法可以在广泛的领域中进行运用，且 VaR 的计算方法多样，可以依据对预测对象和预测结果的不同要求相应采取适当的方法。

在 VaR 的计算方面，由于 VaR 值会受到持有期和置信水平等因素的影响，因此 VaR 模型要解决模型中的三个关键系数和一个关键问题：资产持有期、数据窗口、置信水平和投资回报率的分布。

（1）资产持有期，就是计算损失的时间，用于衡量回报波动性和关联性的时间区间。在选择目标期限长度时，一般从以下三方面考虑：首先是金融市场的流动性情况，流动性越高，持有期越短，流动性越差，持有期越长；其次考虑样本规模，金融经济学的实证研究表明，目标期限越短的投资组合，样本产生的数据也就越多，实际回报率的分布越接近正态，越有利于提高 VaR 近似的精度和有效性；最后是头寸调整速度，交易频繁的头寸调整速度较快，设定的目标期限应较短，反之亦然。

（2）观察期，也称数据窗口，是 VaR 估计所需样本数据的选取时间范围。越长的考察期越有利于克服周期性变化的影响，但是时间越长，市场结构发生变化的可能性也就越大，历史数据就难以反映出现实和未来的情况。

（3）置信水平是测量的可信度。置信水平过低，损失超过 VaR 值的可能性就越高，VaR 就失去了实际的意义；置信水平过高，损失超过 VaR 值的事件发生的概率就被降低，样本中能够反映这样事件的数据也相应减少，这在一定程度上降低了 VaR 值估计的准确性。一般说来，置信水平的选择反映了金融机构对风险的不同偏好。越大的置信区间意味着对风险越厌恶，对预测结果的把握程度要求也越高。因而风险的喜恶程度不同决定了置信水平的差异。例如，摩根士丹利银行和美洲银行选择的置信度为 95%，花旗银行为 95.4%，大通曼哈顿选择的是 97.5%，而美国信孚银行选择的是 99%。

（4）投资回报率的分布，就是收益的概率密度函数。投资回报率的分布是精确计算 VaR 值的关键问题，不同的分布能够得到不同的估计值，目前关于 VaR 值的计算方法主要是围绕对投资回报率分布特征的估计上。

VaR 值的估计方法，主要有历史模拟法（historical simulation）、蒙特卡罗模拟法（Monte Carlo 法）、Risk Metrics 法、GARCH 法、半参数法、极值法、随机森林法等。

历史模拟法是非参数估计方法，它们都假设历史是会重演的，主要包括一般历史模拟法、加权历史模拟法和拔靴法。

1）一般历史模拟法

一般历史模拟法是一种简单的完全估值法，用历史观测期间所观测到的风险因子的频率分布来预测风险因子的未来变化，再根据由此得来的风险因子的未来预期价格对现头寸进行重新估值，计算出现有头寸的预期价值变化，最后将现头寸的预期损益从小到大排序，得到预期损益的频度分布，并通过给定置信水平下的相应分位数求出 VaR 值。

一般历史模拟法的优点在于避开了估计方差-协方差矩阵，允许非线性和非正态分布，并考虑厚尾问题，对风险因子的分布几乎不做任何假定，计算简洁。但一般历史模拟法也存在一定的缺陷，如所隐含的概率密度函数不随时间变化的假设可能与实际金融市场情况不一致、不能预测和反映未来的突然变化和极端事件、不能对近期市场变化做出快速反应、过度依赖于样本区间的选择并要求有足够的历史数据、对市场机构变化调节较慢，对每个历史情景都赋予相同的权重。一般历史模拟法的主要计算步骤如下。.

首先，假设当前时点为 T 时点，历史观测期间为 $0,1,2,\cdots,T$ 时点。首先确定金融资产组合的风险因子，例如有 K 个风险因子。把观测期间内 K 个风险因子的历史价格 $P_{i,t}$ 的变化率作为风险因子的预期变化率，从而计算出风险因子的预期价格 $S_{i,t}$。

$$S_{i,t}=(1+r_{i,t})\times P_{i,T}=\frac{P_{i,t}}{P_{i,t-1}}\times P_{i,T}$$

其中，$i=1,2,\cdots,K;t=1,2,\cdots,T$。

其次，由风险因子的预期价格可以得到金融资产组合的 T 个预期现在价值：

$$\mathrm{PV}_i=\mathrm{PV}(S_{i,t},W_{i,T})$$

其中，$i=1,2,\cdots,K;t=1,2,\cdots,T$，$W_{i,T}$是风险因子 i 对应资产在当前 T 时点的头寸。

随后，将金融资产组合的 T 个预期现在价值减去当前 T 时点的价值，可得到预期损益序列：

$$\Delta\mathrm{PV}_t=\mathrm{PV}_t-\mathrm{PV}_0$$

其中，$t=1,2,\cdots,T;\mathrm{PV}_0=\mathrm{PV}(P_{i,T},W_{i,T})$。

最后，将以上得到的预期损益序列，按不利到有利的顺序排序，根据置信水平的相应分位数确定 VaR 值。

2）加权历史模拟法

加权历史模拟法和拔靴法都是对一般历史模拟法的修补，加权历史模拟法的实质是将历史模拟法和风险度量法结合在一起，按照从新到旧的顺序对历史数据赋予指数递减的权重，用与一般历史模拟法相同的方法计算并排列预期损益序列，然后将累计权重与显著性水平相比较而得到 VaR 值。相对于一般历史模拟法赋予每一个历史数据相同的权重，加权历史模拟法对近期的数据赋予较大的权重，对越久远的数据赋予越小的权重。因此，如果波动最大的几个数据是近期的数据，那么近期的累积权重会较大、百分位数会靠前，这样得到的 VaR 值就较大；如果波动最大的几个数据是比较久远的数据，由于这些数据对应的权重较小，那么百分位数就会后移，这样得到的 VaR 值就较小。加权历史模拟法的计算步骤如下。

首先，R_t 为时点 $t-1$ 到时点 t 的变化率。对 T 个历史变化率 $R_T,R_{T-1},\cdots,R_1$ 分别

赋予权重$\frac{1-\lambda}{1-\lambda^k}$，$\frac{1-\lambda}{1-\lambda^k}\lambda$，…，$\frac{1-\lambda}{1-\lambda^k}\lambda^{k-1}$。显然，所赋予的权重和为1。

接着，重复与一般历史模拟法相同的步骤，得到预期损益序列及其对应的权重，并将预期损益序列从小到大排序。

最后，设定置信水平，针对已经排序的预期损益序列，从最大损失开始累积权重直到累积权重超过所设定的显著性水平，使用插值法即可求得该置信水平下的VaR。

3）拔靴法

Efron(1979)对拔靴法定义为：样本集$\{X_1,X_2,\cdots,X_n\}$来自一个未知概率模型F，关注统计量$T(X_1,X_2,\cdots,X_n;F)$，定义样本集上的经验分布函数为

$$\hat{F}_n(x)=\frac{1}{n}\sum_{i=1}^{n}I(X_i\leqslant x)$$

其中，每个样本的概率均为$\frac{1}{n}$。

从$\hat{F}_n$上m次随机采样得到自助样本集为$\{X_1^*,X_2^*,\cdots,X_m^*\}$，目的是用自助样本集上的统计量$T(X_1^*,X_2^*,\cdots,X_m^*;\hat{F})$的分布去逼近原样本集上统计量$T(X_1,X_2,\cdots,X_n;F)$的分布。其中$m$表示原始样本的个数，产生过程如下。

$$F\xrightarrow{iid}\{X_1,X_2,\cdots,X_n\}\rightarrow T(X_1,X_2,\cdots,X_n;F)$$

$$F\xrightarrow{ijd}\{X_1^*,X_2^*,\cdots,X_m^*\}\rightarrow T(X_1^*,X_2^*,\cdots,X_m^*;\hat{F}_n)$$

利用拔靴法对VaR的一般计算步骤如下。

首先，确定K个风险因子、观测期间T、自助样本数目M。

接着，运用bootstrap抽取M个自助样本数据，用一般历史模拟法计算VaR值。

最后，重复上述的计算，得到VaR值的分布，并得到VaR值的估计值。

4）蒙特卡罗模拟法

蒙特卡罗模拟法与历史模拟法十分类似，但蒙特卡罗模拟法不是直接利用资产收益的历史数据估计VaR值，而是利用历史数据估计收益率的分布，然后利用相应的"随机数产生器"产生大量的符合历史分布的可能数据，从而构造出组合的可能损益，再按照给定的置信水平得到风险值的估计。蒙特卡罗模拟法能较好地处理非线性问题，且估算精度好。但存在两个重要缺陷：一是计算量大，二是静态性。传统的蒙特卡罗模拟法是采用抽样方法产生随机序列，均值和协方差不变，而经济问题中的变量都有时变性，因此用静态方法处理时变性变量必然会产生一定的偏差，实际上蒙特卡罗模拟法技术也采用了正态分布假定。

5）Risk Metrics方法

假定收益率$r\sim N(u,\sigma^2)$，其概率密度函数为$f(r)$，在给定置信水平α下有

$$1-\alpha=\int_{-\infty}^{r'}f(r)\mathrm{d}r$$

对上式进行标准正态转换，得到

$$1-\alpha=\int_{-\infty}^{r'}f(r)\mathrm{d}r=\int_{-\infty}^{-\varepsilon}\varphi(\varepsilon)\mathrm{d}\varepsilon$$

其中，$\varphi(\varepsilon)$为标准正态分布概率密度函数。

在给定的置信水平下，通过查询标准正态分布表，即可得到 VaR 值。

这种方法可以推广到其他累积概率函数，VaR 值的所有不确定性都体现在 σ 上，不同分布会得到不同的 σ 值。此法计算简便，但这种方法要基于两个假定：线性假定和正态分布假定，而实际金融数据往往是尖峰厚尾，因此该方法往往会低估 VaR 值。

6）GARCH 法

由于收益率序列往往具有尖峰厚尾等特征，因此不能简单地使用正态分布来模拟收益率的变化。为解决收益率的厚尾问题，Engle 于 1982 年提出自回归条件异方差(ARCH)模型，ARCH(q)的一般表述如下。

$$y_t = \beta x_t + \varepsilon_t$$

$$\varepsilon_t / M_{t-1} \sim N(0, \sigma_t^{\ 2})$$

$$\varepsilon_t = z_t \sigma_t, z_t \sim \text{IID}, E(z_t) = 0, \quad \text{var}(z_t) = 1$$

其中 ε_t 序列无关，M_{t-1} 为 $t-1$ 期获得的信息集，再设 $\sigma_t^{\ 2}$ 具有如下形式：

$$\sigma_t^{\ 2} = \alpha_0 + \sum_{i=1}^{q} \alpha_i \varepsilon_{t-i}^{\ 2}, \quad \alpha > 0, (i = 0, 1, \cdots, q)$$

由于在实际应用中，常常需要更大的阶数才能获得更好的拟合效果，于是 Bollerslec 在 ARCH 的基础上提出 GARCH(p,q)模型，解决因增加参数而发生的估计效率降低问题。

$$\sigma_t^{\ 2} = \alpha_0 + \sum_{i=1}^{q} \alpha_i \varepsilon_{t-i}^{\ 2} + \sum_{j=1}^{p} \beta_j \sigma_{t-j}^{\ 2}, \quad \alpha_i > 0, \quad \beta_j > 0, \quad p \geqslant 0, \quad q \geqslant 0$$

其中，$i=0,1,\cdots,q,j=1,2,\cdots,p$。

GARCH(p,q)模型在 q 趋于无穷时，等价于 ARCH(q)模型，但待估参数明显减少。利用 GARCH(p,q)模型估计资产组合的 VaR 值，既可以保留收益率正态分布的特征，又能对收益率进行更好的模拟。

$$\text{VaR}_t = P_{t-1} z_\alpha \sqrt{h_t}$$

其中 P_{t-1} 是前一期资产价格，α 是置信水平，z_α 为标准正态分布的临界值，h_t 是收益率序列的条件方差。

7）半参数法

VaR 值的半参数估计法，也是为解决收益率不服从正态分布、呈尖峰厚尾特征等问题而提出的。若收益率 r 为随机变量，其均值、方差、峰度、偏度分别为

$$u = E(r) \quad \sigma^2 = \text{Var}(r)$$

$$r_1 = \frac{E\,(r-u)^3}{\sigma^2}$$

$$r_2 = \frac{E\,(r-u)^4}{\sigma^4} - 3$$

则 VaR 值的置信上限 VaR_u 和置信下限 VaR_d 为

$$\text{VaR}_d = u + \frac{\frac{r_2+2}{r_1} - \sqrt{\left(\frac{r_2+2}{r_1}\right)^2 + 4\left[\frac{z_\alpha \sqrt{(r_2+2)(r_2+2-r_1^{\ 2})}}{|r_1|} + 1\right]}}{2}\sigma$$

$$\mathrm{VaR_u} = u + \frac{\frac{r_2+2}{r_1} + \sqrt{(\frac{r_2+2}{r_1})^2 + 4[\frac{z_\alpha\sqrt{(r_2+2)(r_2+2-r_1{}^2)}}{|r_1|}+1]}}{2}\sigma$$

其中 r_1 不为零,z_α 为显著性水平。

8）极值法

VaR 值的极值估计法有 BMM(Bloch Maxima Model)和 POT(Peaks Over Throshold)两种方法,其中最常用的是 POT 法,该方法所使用的分布不是正态分布,而是 CPD 分布,此分布不对称、右偏,且尾部比正态厚,因此 CPD 分布更符合经验分布,其分布函数为

$$G_{\xi,\beta} = \begin{cases} 1-\left(1+\frac{\xi x}{\beta}\right)^{-1/\xi}, & \xi \neq 0, \beta \geqslant 0 \\ 1-\exp(-x/\beta), & \xi \neq 0, \beta \geqslant 0 \end{cases}$$

其中当 $\xi \geqslant 0$ 时,$x \leqslant 0$;当 $\xi < 0$ 时,$0 \leqslant x \leqslant -\beta/x$,$\xi$ 是决定分布形状的参数,β 是尺度参数。对于一定的阈值 u,收益率的超值分布可用 *CPD* 分布来表示,从而求出分布的尾部估计值:

$$\hat{F}(x) = 1 - \frac{N_u}{n}\left(1+\hat{\xi}\frac{x-u}{\hat{\beta}}\right)^{-1/\xi}$$

在给定的置信水平 α 下,从上式反解可以推导出 *VaR* 值为

$$\mathrm{VaR} = u + \frac{\hat{\xi}}{\hat{\beta}}\left[\left(\frac{N_u}{n}(1-c)\right)^{-\xi} - 1\right]$$

其中 N_u 为样本中超过阈值 u 的个数,因此 VaR 值的计算归结为对参数 $\hat{\xi}$ 和 $\hat{\beta}$ 的估计,然而 CPD 的数学形式是超越性的,为了估计简便,往往采用多项式近似,因此不可避免地会产生误差。

9）随机森林法

随机森林法主要是将随机森林、分位数回归及 VaR 的基本原理等三者结合起来,因此也可称为随机分位数回归森林法。分位数回归方法充分考虑了收益率分布函数的各种局部信息,在大样本下估计具有稳健性和渐近优良性等;而随机森林与分位数回归理论的结合,能够提升对噪声变量的稳健性和条件分位数对高维数据的估计精确性等。

对于具有几个样本观测值,合计建立 k 棵回归树的随机分位数回归森林方程为

$$\hat{Q}_\alpha(x) = \inf\{y: \hat{F}(y|X=x) \geqslant \alpha\}$$

其中,

$$\hat{F}(y|X=x) = \sum_{i=1}^{n} w_i(x) I_{(Y \leqslant y)}$$

$$w_i(x) = k^{-1}\sum_{t=1}^{k} w_i(x,\theta_t) y$$

$w_i(x,\theta) = \dfrac{I\{X_i \in R_l(x,\theta)\}}{\sum_{i=1}^{n} I_j\{j: X_j \in R_l(x,\theta)\}}$,$R_l(x,\theta)$ 为决策树任一节点 l 的矩形空间

$$\sum_{i=1}^{k} w_i(x,\theta) = 1$$

当 $0<\alpha<1$ 时，令损失函数 L_α 为

$$L_\alpha = \begin{cases} \alpha \mid y-\varepsilon \mid & y>\varepsilon \\ (1-\alpha) \mid y-\varepsilon \mid & y\leqslant\varepsilon \end{cases}$$

从而，最小化期望损失 $Q_\alpha(x)$ 为

$$Q_\alpha(x) = \arg\min_{\varepsilon} E\{L_\alpha(Y,\varepsilon) \mid X = x\}$$

从而可推断：

$$\mathrm{VaR}(\alpha \mid X = x) = \hat{Q}_\alpha(x)$$

综上所述，无论采用哪种方法对 VaR 值进行估计，最后都得对 VaR 值的有效性进行检验，有效性的检验主要以返回检验为主。对所估计的 VaR 值做返回检验就是检验确定 VaR 值时所给定的置信水平与实际情况是否相符。当损失超过 VaR 值的频数过多时，说明该估计方法低估了实际的风险水平；当损失超过 VaR 值的频数过低时，说明该估计方法过于保守而高估了实际的风险水平。

Kupiec(1995)提出一种检验法，他认为收益率超过所估计 VaR 值的数量可看作是一个二项分布。假定 VaR 的置信水平为 α，待评价样本集的样本量为 T，其中样本中的失效天数为 N，则失效频率为

$$f = \frac{N}{T}$$

则失效率的期望值为 α。

另外，Kupiec 提出的似然比率 LR 检验统计量，设原假设 $\alpha=f$，这样对 VaR 估计方法准确性的评估就转化为检验失效率是否显著等于 α。

$$LR = -2\ln[(1-\alpha)^{T-N}(\alpha)^N] + 2\ln[(1-f)^{T-N}(f)^N]$$

在原假设条件下，统计量 LR 服从自由度为 1 的卡方分布，如果 LR 小于临界值，则接受原假设，即所使用的估计方法是充分的、有效的。

阅读材料 12-3

VaR 的风险管理

VaR 能够简明地表示单个资产、资产组合的市场风险，它没有任何技术色彩，任何没有专业背景的投资和管理者都可以通过 VaR 对金融市场风险进行判断，凡是拥有存在市场风险的金融资产的金融机构都可以使用 VaR 进行风险管理，例如银行、储蓄机构、投资基金等。在 1993 年，30 国集团都将 VaR 看作是控制金融衍生工具市场风险的最佳方法，至 1999 年，已经有超过 1 000 家金融机构采用 VaR 进行风险管理。

在利用 VaR 进行风险控制时，一方面可以使每个交易员或交易单位都能准确了解他们在进行多大风险的金融交易；另一方面可以为每个交易员或交易单位设计 VaR 限额，以防止过度投机行为。见图 12-7。

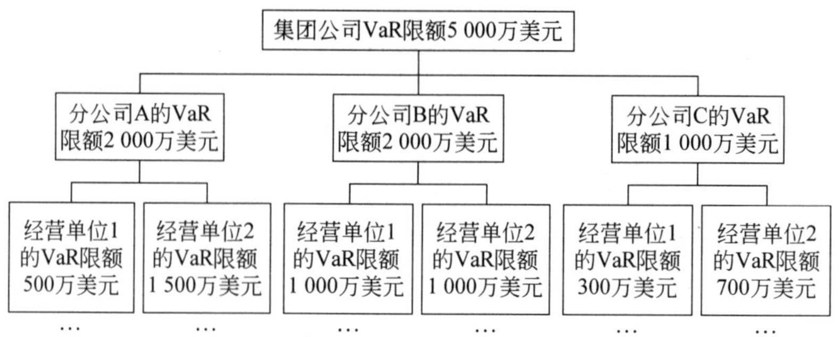

图 12-7　VaR 限额

3. 压力测试

VaR 模型提供了一种较为准确地测量由不同风险因子及其相互作用而产生的潜在风险程度的方法，但它不能度量不可预测事件带来的极端损失，而压力测试正好可以补充这一缺陷。所谓压力测试，就是指利用情景分析假设资产组合在极端不利的、几乎不会发生的市场条件下，评价投资银行的收益或损失；国际清算银行巴塞尔银行全球金融系统委员会将压力测试定义为金融机构衡量潜在但可能发生异常损失的模型；而国际证券监管机构组织在 1999 年指出压力测试就是将资产组合所面临的极端但可能发生的风险加以认定并量化之。压力测试的主要目的是用来识别潜在的、很可能隐藏在衍生品工具中的风险暴露，如果风险暴露是明显的或不可能存在，则不需要压力测试。

压力测试是测量投资银行对于极端市场情况下的承受能力，它不仅可以用于市场风险管理、VaR 修正，还可以用于信用风险管理、操作风险管理等风险管理中。根据目的不同，可以将压力测试划分为以下三种类型：一是敏感性分析，用于识别资产组合如何对经济变量，如利率、汇率等作出反应；二是情景分析，用于评价金融机构和金融体系对异常且可信情景的适应能力，压力测试中的情景分析一般采用最坏情景法；三是传染分析，用于分析冲击如何从个别金融机构、个别金融部门、个别金融产品的风险暴露传播到整个金融体系、整个金融部门、整个金融产品链中。根据对象的不同，可以将压力测试划分为 VaR 压力测试和系统压力测试。VaR 压力测试主要是运用压力测试的基本思想对 VaR 估计中的关键参数进行调整，如波动率的压力测试和相关系数的压力测试等；系统压力测试包括市场风险的压力测试、信用风险的压力测试和操作风险的压力测试等。

一个完整的压力测试包括确定压力测试主体、识别脆弱风险因子、设计和校准宏观压力情景、压力测试执行、评估风险和回馈效应六方面，它们之间的运作机制如图 12-8 所示。对市场风险进行压力测试，一般还需在框架中包括以下因素：非线性价格函数、不对称性、相关性分析、对不同的资产类型组合进行共同的或是单独的压力测试、适当幅度的波动等。

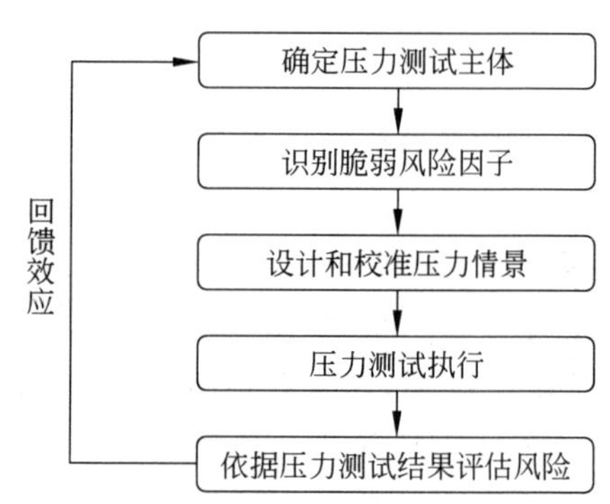

图 12-8　压力测试的一般流程

（二）信用风险

1. Credit Metrics^{TM}模型

Credit Metrics^{TM}模型是由 JP 摩根在 1997 年提出，该模型的基本思想是由给定的信用资产组合(即已知组合中的资产类型以及资产之间的组成比例)，根据信用评级机构提供的违约率和信用等级转移矩阵，得出一定期限后(通常为一年)资产组合价值的远期分布曲线，然后利用该分布曲线计算投资组合的 VaR 值，最后根据信用 VaR 值判断待评价资产组合的信用风险。

阅读材料 12-4

Credit Metrics^{TM}模型的基本思想

(1) 模型认为信用风险由债务人的信用状况决定，而债务人的信用状况取决于被评定的信用等级。Credit Metrics^{TM}模型假定信用风险的直接来源是债务人信用等级的变化，且信用评定系统是有效的，也就是说，还款能力的变化能够在评定的信用等级变化中被真实地反映出来。

(2) 模型假定信用工具的市场价值由债务发行单位的信用等级决定。这样的假定有利于进行计算，只要得到信用等级变化的概率分布，就能计算出该信用工具在各个等级上的市场价值，进而得到其市场价值的概率分布。这个假定可以实现以下两方面的内容：一是实现使用传统的期望和标准差来衡量单一资产信用风险的目的；二是可以在一定的置信水平下，确定该信用工具的市场价值，使用 VaR 法进行风险价值计算。

(3) 该模型的基本特点是从资产组合的角度，而不是单一资产的角度看待信用风险。由于经济体系中存在共同因素的作用，信用工具间的信用状况存在相互联系，这种关系可以用其市场价值变化的相关系数表示，这种相关系数矩阵通常都会有专门的信用评级机构提供。

(4) 该模型通常都不会孤立地衡量某一个信用工具自身的风险，而是将单一的信用工具置入资产组合中衡量其在整个组合风险状况中的作用。Credit Metrics^{TM}模型使用信用工具的边际贡献率来衡量这种单一信用工具对整个组合风险状况的作用，所谓的边际风险贡献，是指在组合中因增加某一信用工具的一定持有量而增加的整个组合的风险(以组合的标准差表示)。通过比较组合中每个信用工具的边际风险贡献，就可以看出各个信用工具在整个组合的信用风险的作用，为最终决策提供一种量化的依据。

(1) Credit Metrics^{TM}模型的基本假设

Credit Metrics^{TM}模型本质上是把信用风险与债务人的信用等级联系起来，在实践中它是有效的，但它依赖于以下六个基本假设。

① 市场风险与信用风险无关。Credit Metrics^{TM}模型认为资产未来价值和风险由远期分布曲线决定，因而忽略市场风险对资产未来价值的影响。

② 模型属于离散类型。由于 Credit Metrics^{TM}模型以信用评级公司对债务人的历史平均信用评级转移矩阵为数据基础，且同一级别中的债务人具有完全相同的转移矩阵和

违约概率，而这种离散化的假设在大多数情况下并不成立或不完全成立。

③ 风险期限固定，一般为一年。由于一般信用评级公司基本是每年做出评级，造成信用转移矩阵的期限为一年。

④ 债务人间的相关性难以计量。Credit Metrics™模型是利用资产回报的联合分布来估计，资产回报又是利用所有者权益价值的分布来替代，在计算过程中对各债务人的资产结构和资本回报的产生过程作出大量简化。

⑤ 每个信用评级对应一条零息票收益曲线，且一般在违约事件中设置恢复率，以保证在违约事件发生时，资产不会全部损失。

⑥ 违约事件仅发生在债务到期时。

(2) Credit Metrics™模型的优缺点

Credit Metrics™模型的优点在于其第一次将信用等级转移、违约率、违约恢复率、违约相关性纳入统一的框架中分析信用风险，适用于对商业信用、债券、贷款、信用证、互换、远期等金融产品进行信用风险计量。

Credit Metrics™模型的缺点是假定处于同一级别的公司具有相同的违约及等级转移概率，假设无风险利率事先给定，模型通过股权回报关系来估计资产回报；上述三者都与实际不相符合。

(3) Credit Metrics™模型的基本步骤

无论对于单资产、两资产还是多资产，Credit Metrics™模型主要包括获取信用等级转换矩阵、估计价值远期分布和估计信用 VaR 值三个步骤，它们之间的关系如图 12-9 所示。通常，Credit Metrics™模型在单一资产和组合资产的应用中存在一定差异。

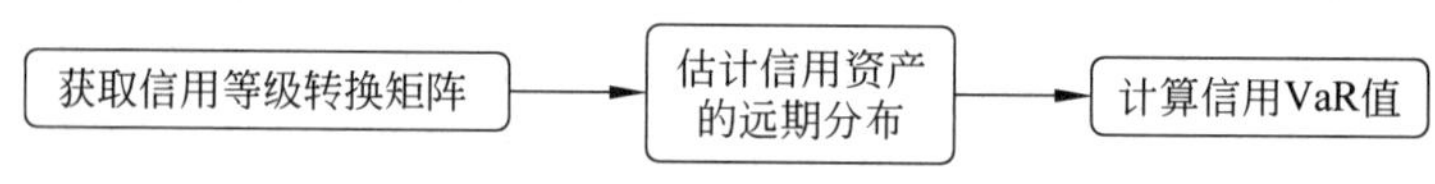

图 12-9 Credit Metrics™模型的基本步骤

阅读材料 12-5

Credit Metrics™模型单一信用资产计算

第一步，确定信用等级转移矩阵。假定该信用资产的最初信用等级已知，一年以后有八种可能的信用等级，不同初始信用等级向下一期所有可能信用等级的转移概率构成了一个 8×8 的转移概率矩阵，这一般是利用历史数据求得的。

第二步，确定信用工具的远期价值。一般而言信用等级下降，信用工具剩余的现金流的信用风险价差就会上升，信用工具的价值就会下降；若信用等级上升，则相应的风险价差就会下降，信用工具的价值就会上升。利用零息票收益率曲线和信用等级转移矩阵得到信用工具的远期价值分布。

第三步，计算该信用工具的信用 VaR 值，它等于在一定的置信水平上期末的信用工具价值与预期价值的差距，其计算公式如下：

$$\text{VaR} = E(\gamma) - \gamma(n)$$

其中，$E(\gamma)$表示资产价值的期望值；$\gamma(n)$表示 $n\%$概率下的资产价值。

对于由两种信用资产组成的资产组合，Credit Metrics™模型套用 Merton(1974)期权定价模型中的股价波动模型，对于所有同一利率水平的债务人，其违约的概率为

$$P_{\mathrm{Def}} = P_r(V_t \leqslant V_{\mathrm{def}})$$

其中 V_t 表示公司资产，服从标准的几何布朗运动：

$$V_T = V_0 \exp\left\{\left[\mu - \frac{\sigma^2}{2}\right]T + \sigma\sqrt{T}Z_T\right\}$$

其中，Z_T 为信用资产的回报下限点，服从标准正态分布，可以通过信用转移矩阵和集合布朗运动计算；μ 与 σ^2 为公司资产收益率的均值和方差。

在 T 时刻时，V_T 的期望值为

$$E(V_T) = V_0 \exp(\mu_t)$$

则违约发生在 Z_T 的概率满足：

$$\begin{aligned} P_{\mathrm{Def}} &= \Pr(V_t \leqslant V_{\mathrm{Def}}) \\ &= \Pr\left[\frac{\ln(V_{\mathrm{Def}}/V_0) - [\mu - \sigma^2/2]t}{\sigma\sqrt{t}} \geqslant Z_t\right] \\ &= N(-d_2) \end{aligned}$$

其中，违约距离 d_2 满足：

$$d_2 = -\frac{\ln(V_{\mathrm{Def}}/V_0) - (\mu - \sigma^2/2)t}{\sigma\sqrt{t}}$$

具体应用时，对于大量债务金融产品的组合，先计算每个级别的信用资产回报下限点、每对债务人资产回报的相关系数，然后利用蒙特卡罗法产生资产组合的远期价值分布。

2. Credit Monitor™模型

Credit Monitor™模型(信用监控模型)，俗称 KMV 模型，由风险管理 KMV 公司于 1997 年所开发。它是借鉴了现代期权理论的思想，把风险贷款看作期权，认为企业发生违约是由于企业资产价值与企业负债之间出现非对称运动造成的，只要未来某时刻企业资产的价值小于其负债，企业将立即发生违约。例如，某银行向企业发放一笔 1 年期的贷款，如果 1 年后借款企业的资产市值超过企业债务本息，借款企业将归还借款；反之则违约。在实际中，由于 Credit Monitor™模型能在企业违约前通过违约概率的迅速变化显示出企业信用状况的变化，因而受到业界的广泛重视。

(1) Credit Monitor™模型的基本思想

在信用风险管理上，主要通过 Credit Monitor™模型计算信用资产在一定置信度的损失值，从而判断信用风险的大小。它的基本思想如下。

① 该模型的核心分析工具是预期违约率(Expected Default Frequency，EDP)。所谓的预期违约率，是指受信企业在正常的市场条件下，在计划期内违约的概率。这是 Credit Monitor™模型的关键步骤。

② 该模型将违约定义为受信企业不能正常支付到期的本金和利息，而且认为在企业的市场价值等于企业负债水平时就会发生违约，此时企业将全部资产出售都无法偿还债

务。这里需要注意一个概念,即企业市场价值的违约触发点(default point),它通常是指与负债水平相等的企业资产价值水平。EDP 就是依据资产价值波动性(通过该企业股票在市场上的波动性测算)来衡量企业目前市场价值降低至违约触发点或以下水平的概率,即违约率。

③ 该模型是一个动态模型,采用的主要是股票市场的数据。通过分析公司的股票价格水平及其变动,就可以得到 EDP,同时信用风险信息还会随着股票交易价格的变动而得到及时更新,因此 Credit Monitor™模型更具有前瞻性,其预测能力会更强、更准确。

④ 资产价值的波动性等于股票市场的波动性。由于公司资产价值等于公司账面债务加上股东权益,由于账面价值的波动性为零,因而可以通过观察股票市价的波动性得到资产市价的波动性。

⑤ 该模型对贷款的股价采用风险中性估值原理,利用 Merton(1974)期权定价和风险中性思想,将债券现值分成无风险部分和有风险部分,之后再进行计算。

(2) Credit Monitor™模型的优缺点

Credit Monitor™模型的优点在于它将违约与公司特征,而非公司的初始信用等级联系,使其对债务人质量的变化更加敏感;通过股票市场测算违约概率,使得模型预测能力具有前瞻性,同时预测能力较强,是一种向前看的盯市模型。

Credit Monitor™模型的缺点在于假定公司资本结构静态不变化;在世界范围内是否具有普遍适用性有待商榷;如果现实不满足资产组合高度分散化的假设,那么模型就会估计错误;假定利率是固定的,不适用于敏感性产品,不能体现利率风险。

(3) Credit Monitor™模型的一般步骤

Credit Monitor™模型主要是得到 EDP 曲线,即违约距离 DD(distance to default)和预期违约率的曲线,EDP 曲线中违约率 EDP 与违约距离 DD 是负相关的。而如何计算 EDP 是其中关键的一步,为合理计算 EDP,一般需要经历以下三个步骤:首先估计公司资产价值和公司资产波动率;其次计算违约距离 DD;最后使用 KMV 的违约数据库将违约距离转化为 EDP;获得 EDP 后,计算信用资产在一定期限内的损失分布。具体计算过程如下。

第一步,计算企业资产价值和资产波动率。在研究中,一般采用 Black-Scholes-Merton 股价公式对企业资产价值进行估价。

$$E = V \cdot N(d_1) - \mathrm{e}^{-rt} \cdot D \cdot N(d_2) \tag{12-1}$$

$$d_1 = \ln\left(\frac{V}{D}\right) + \left(r + \frac{1}{2}\sigma_A^2\right)^t / \sigma_A \sqrt{t} d_2 = d_1 - \sigma_A \sqrt{t}$$

其中,E 为股权的市场价值,D 为债务的账面价值,V 为公司的资产市场价值,t 为信用期限,r 表示无风险利率,σ_A 为资产波动率,$N(\cdot)$是标准正态分布累计概率函数。

同时,由伊藤引理可得到股票波动性与资产波动性存在的关系。

$$\sigma_E = \frac{V}{E} \cdot N(d_1) \cdot \sigma_A \tag{12-2}$$

通过联合求解式(12-1)和式(12-2),则可得到企业资产价值和资产波动率。

第二步,计算违约距离。Credit Monitor™模型中定义企业资产价值的未来变化服从

正态分布，从而定义违约距离 DD 为

$$DD = \frac{E(V) - DP}{E(V)\sigma_A}$$

其中，E(V)为企业资产期望价值，DP 为违约触发点，它一般为短期负债违约触发点和长期负债违约触发点区间中的一个水平，通常用其均值代替。

第三步，计算预测违约概率 EDP。一般情况下，使用 Credit Monitor™ 模型的公司，都会根据历史数据构建违约数据库，并根据违约数据库计算经验预期违约率，并建立 DD-EDP 曲线，在应用时，根据所求得的借款企业违约距离，读取该企业的预期违约率。

在这里我们给出理论的计算公式，在假定资产价值服从正态分布的情况下，其计算公式为

$$EDP = N\left[\frac{DP - E(V)}{E(V) \times \sigma_A}\right] = N(-DD)$$

第四步，计算信用风险资产的预期损失值。利用 Merton(1974)期权定价模型和风险中性的思想，将信用风险资产现值划分为无风险部分和风险部分。

$$PV = (1 - LGD)\sum_{i=1}^{n} C_i e^{-r_i t_i} + LGD\sum_{i=1}^{n}(1 - Q_i)C_i e^{-r_i t_i}$$

其中，LGD 为恢复率，Q 为风险中性的违约概率，在时刻 T 时的表达式如下：

$$Q_T = Pr(V_T^* \leqslant DP_T)$$

信用风险资产的预期损失值等于无违约风险下资产组合价值和违约风险情况下价值之差，且该模型认为资产组合的损失分布近似为高度倾斜和尖峰的反正态分布，在 H 时刻的预期损失值的具体表达如下：

$$L = V_{H/ND} - V_H$$

阅读材料 12-6

Credit Monitor™模型与 Credit Metrics™模型的比较

第一，Credit Monitor™ 模型是由 KMV 开发，而 Credit Metrics™ 模型是由 JP 摩根公司开发，它们都是常用的信用计量模型。

第二，Credit Monitor™ 模型主要测量违约概率 EDP，来源于对公司股票市场价格变化有关数据的分析，而 Credit Metrics™ 测量信用资产的 VaR 值，来源于对公司信用评级变化及其概率的历史数据分析。

第三，Credit Monitor™ 模型是动态的，而 Credit Metrics™ 模型是短时间内静态的。

第四，Credit Monitor™ 模型所提供的 EDP 指标在本质上是对风险的基数衡量，而 Credit Metrics™ 模型是对风险的序数衡量。

第五，它们两者都是基于莫顿的资产管理模型，假设贷款人违约的概率服从正态分布。

第六，对于 Credit Metrics™ 中所使用的评级机构转移矩阵，KMV 认为它存在必然的缺陷：评级机构评级缓慢，导致历史平均的原级滞留概率要比实际大，历史平均违约概

率大于信用级别中典型的真实违约概率，从而导致其他转移概率变小。

第七，两者都简化了对公司资本结构的假设，只包括所有者权利、短期债务和长期债务。

3. Credit Risk＋模型

Credit Risk＋模型由瑞士信贷(CSFB)于1996年发表，它借鉴了保险精算的思想来计算信用资产的损失分布。该模型是一种违约模型，假定违约行为服从泊松分布，并使用一个连续随机变量来描述某一信用等级客户的违约风险，使用违约率的波动性来描述违约相关性，进而推导出信用资产组合的损失分布；在期末，该模型以风险价值法来估计信用资产组合损失以及所需的经济资本。在对信用风险管理上，一般运用Credit Risk＋模型估计信用资产组合的损失度。

(1) Credit Risk＋模型的基本思想

① Credit Risk＋模型只考虑违约风险，并不涉及降级风险，且与公司资本结构无关，在模型中没有关于违约原因的假设。它有三条基本的假设：一是在相同长度的时间段内违约概率相同；二是对于大量的债务人群体，在各个不重叠的时间段内违约个数相互独立；三是在某一时间点最多发生一件违约事件。这三个假设条件就是将违约限定为泊松分布，它等价于在固定违约情形下每笔贷款违约概率相同，各债务人违约概率很小且相互独立。

② Credit Risk＋模型主要依赖于规范的数学方法，将违约描述为具有一定概率分布的连续变量，采用精算学的框架对信用资产的损失分布进行推导，并不像Credit Monitor™模型以股权理论为基础，也不像Credit Metrics™模型以统计分析为基础。

(2) Credit Risk＋模型的优缺点

Credit Risk＋模型最大的优点就是简单易用。泊松过程的应用使得计算非常有效，债务人的边际风险分布可以轻而易举求得；模型集中分析违约风险，使得待估计变量减少，对于每个组合只需知道违约概率和头寸。

Credit Risk＋模型同样也存在一些不足。它没有考虑市场风险，不能处理非线性金融产品，如期权和外汇掉期等；忽略信用级别的变动，造成风险头寸对每个债务人都是固定不变的，只依赖于远期利率的变动；对单项债务人的违约没有详细阐述。

(3) Credit Risk＋模型的一般步骤

第一步，计算信用资产分组。对于不同的信用资产，每一次违约的损失额一般不同，如果没有对资产组合进行分组，那么整个资产组合的损失将不遵循泊松分布，因此须先将资产组合中每笔贷款风险头寸按大小分组，使得每组内部的风险头寸近似相同，组数M一般等于风险头寸与单位发生额L(根据实际情况自定义)的比率；分组后，每组的损失分布服从泊松分布，然后将各组的损失汇总，就得到整个资产组合的损失分布。

第二步，计算每组的概率生成函数。每组中的违约次数都服从泊松分布，则设第j组的期望违约次数为μ_j，该组中有n个人违约的概率为

$$P(n)=\frac{\mu_j^n \mathrm{e}^{-\mu}}{n!},\quad n=0,1,2,\cdots,n_j$$

定义v_j为风险头寸大小，则该组的概率生成函数为

$$G_j(z)=\sum_{n=0}^{n_j}P(\text{loss}=nL)_j z^n=\sum_{n=0}^{n_j}\frac{e^{-u_j}u_j^n}{n!}znv_j=\exp(-u_j+u_j z^{v_j})$$

第三步，计算整个资产组合的概率生成函数。由于每一档的组合不受其他档组合的影响，所有档概率计算方程求积便计算出整个资产组合的概率生成函数。

$$G_j(z)=\prod_{j=0}^{m}\exp(-u_j+u_j z^{v_j})=\exp\left(-\sum_{j=1}^{m}u_j+\sum_{j=1}^{m}u_j z^{v_j}\right)$$

其中，$u=\sum_{j=1}^{m}u_j$。

第四步，计算整个资产组合的损失分布。

$$P(\text{loss}=nL)=\frac{1}{n!}\frac{d^nG(x)}{dz^n}\mid z=0$$

其中，$n=0,1,2,\cdots$

4. Credit Portfolio View™模型

Credit Portfolio View™模型是由 Wilson(1987,1997)发展的一个风险模型，它受到 McKinsey 咨询公司的极力推荐。它本质上是一个多因素模型，通过以宏观经济为基础的多因素滞后线性回归分析得到转移概率和违约分布，当经济条件恶化时，降级和违约增加，当经济条件好转时则相反。

(1) Credit Portfolio View™模型的优缺点

Credit Portfolio View™模型由于通过蒙特卡罗模拟生成未来多期的随机冲击，计算未来时期的违约概率，从而获得转移矩阵，因此它的违约概率和变动概率是随时间变动的，克服了 Credit Metrics™模型假定信用等级转移概率是静态和固定的缺陷；该模型将各种影响违约概率和信用等级变化的宏观因素纳入体系中，并且给出具体的损失分布，能够刻画回收率的不确定性和因国家风险带来的损失；模型适用于不同国家、不同行业和不同群体。

但是 Credit Portfolio View™模型也具有局限性，模型的系数依赖于每个国家甚至国家内部每个行业的违约数据；并未考虑微观因素；模型对债务人的信用等级进行调整，导致客观性下降。

(2) Credit Portfolio View™模型的一般步骤

第一步，对宏观经济变量调整。一般情况下，Credit Portfolio View™模型假设各个宏观经济变量服从 AR(2)模型：

$$X_{j,i,t}=\gamma_{j,i,0}+\gamma_{j,i,1}X_{j,i,t-1}+\gamma_{j,i,0}X_{j,i,t-2}+e_{j,i,t}$$

其中，$X_{j,t}=(X_{j,1,t},X_{j,2,t},\cdots,X_{j,n,t})$为 j 个国家、地区或行业在第 t 时期的各宏观指标。

第二步，计算宏观经济指数。经过上述调整后的宏观经济变量，运用以下多因素模型计算某国家或某地区或某行业的宏观经济指数：

$$Y_{j,t}=\beta_{j,0}+\beta_{j,1}X_{j,1,t}+\cdots+\beta_{j,n}X_{j,n,t}+v_{j,t}$$

第三步，计算违约概率。对某一国家或地区或行业第 h 个信用人在第 j 时期的违约率为

$$P_{j,t}=\frac{1}{1+e^{-Y_{j,t}}}$$

同时,Credit Portfolio View™模型对信用评级机构的转移矩阵进行调整:在经济衰退时,债务人的违约概率提升,高于均值水平,降级变动增加,升级变动减少,在经济繁荣时则相反。用式子表达如下所示:

经济衰退时,$\frac{SDP_t}{\theta SDP}>1$;经济繁荣时,$\frac{SDP_t}{\theta SDP}<1$

其中 SDP_t 为每个债务人的主动违约概率,θSDP 为无条件违约概率;利用转换后的新转换矩阵 M_T 通过蒙特卡罗法可以产生任何信用级别的债务人在任何时期的转移概率分布。

$$M_T = \prod_{t=1,2,\cdots,T} M(P_{ji}/\theta SDP)$$

阅读材料 12-7

四个模型的比较分析

(1) 应用不同的方法来测算信用损失程度。Credit Metrics™模型通过资产价值、资产价值波动率、资产回报关系和资产相关性来构建资产价值分布函数;Credit Monitor™模型通过预期违约率、资产价值和资产回报关系生成信用损失分析函数;Credit Risk+模型通过资产风险估计、资产组合和组合损失得出信用损失分布函数;Credit Portfolio View™模型则根据宏观经济状况和风险期的组合损失分布来构建信用分布函数。

(2) 对违约率、违约暴露、违约损失和风险集中度的处理方法存在差异,见表 12-7。

表 12-7 四个模型的测度方法对比

	Credit Metrics™	Credit Monitor™	Credit Risk+	Credit Portfolio View™
违约率估计	企业信用评级法	风险中性概率法	泊松分布	蒙特卡罗模拟
违约风险暴露估计	以金融产品为基础	以债务人特征为基础		
违约损失率	通过违约回收率估计违约损失率	直接估计	通过违约回收率估计违约损失率	
风险集中度	通过资产收益率关系度量		使用违约概率标准度量	通过组合分散化度量

* 资料来源:吴军,张继宝.信用风险量化模型比较分析[J].国际金融研究,2004(8).

(3) 在数据要求、数据的可得性和计算复杂程度等方面也存在着不同。①Credit Metrics™模型要求最高,它需要长期的跨行业数据,并严格依赖于评级公司提供的信用评级、国家和特殊行业指数以及股票交易指数;②Credit Monitor™模型强调需要债务人自身的历史数据;③Credit Risk+模型只要求风险头寸水平和债务人违约概率等数据即可;④Credit Portfolio View™模型需要的数据较为综合。

5. Loan Analysis System 模型

Loan Analysis System(贷款分析系统,LASTM)是由 KPMG 公司所构建的一种风险中性的信贷风险评估系统,所建立的估值框架和无套利下的风险中性模型一致。LASTM 系统中提供了两种方法对信用资产进行估值:一是预期净现值法,二是风险调整的资本收益法(RAROC)。一般来说,风险中性测度低估自然测度下的信用资产价值,它们之间的差额就是LASTM系统中的风险溢价;对于风险溢价的估计,LASTM系统提供了三种处理方法:一是使用竞争市场中债券价格或二级贷款市场的价格计算;二是用Merton(1974)期权定价理论计算;三是自己选择不同宽窄程度的利率期限结构。

阅读材料12-8

信用风险管理模型的分类

从不同的角度考察信用风险管理模型,就会对模型产生不同的分类,通常存在以下几种分类。

一、基于对资产价值和信用损失估计方式的不同,分为违约式模型与市场式模型。

违约式模型(default model,DM)和市场式模型(mark to market,MTM)是普遍使用的两大类信用风险管理模型,DM模型只考虑违约与不违约两种信用状态,而MTM模型除了考虑违约与否外,还考虑信用质量的变化,例如信用等级的提升或下降等。

二、基于对违约相关或信用等级转移相关性确定的方法,分为结构化模型和简化式模型。

结构模型试图通过假定金融产品或经济单位的微观经济特征来解释单个客户的违约或信用质量的变化,并试图估计和确定那些影响客户风险等级变化的等级转移风险因素之间的相关性;而简化模型并不试图解释违约或等级转移,而是选择一种统计方法并建立适当的因素模型来刻画违约或信用等级的转移现象。

三、基于对金融工具信用质量变化方式的刻画,分为离散估值模型和连续估值模型。

由于金融产品的价值受到信用质量的影响,而对信用质量描述的变量有连续与离散之分,因此对金融工具在给定期限末的价值或损失就有两种方法:一是信用质量按离散的信用等级变化,使用离散估值模型;二是信用质量通过违约概率或违约概率密度函数连续刻画,使用连续估值模型。

四、基于模型是否依赖于宏观经济状况,可以分为条件模型与无条件模型。

按照巴塞尔委员会的定义,无条件模型反映相对有限的特定的债务人或特定的信用项目信息,而条件模型除此之外还能综合考虑一国或地区的总体经济环境。

五、基于对违约概率、等级转移矩阵和信用质量相关性的计算,分为基于经济计量方法、基于精算方法和基于股权方法。

基于经济计量方法模型,它对违约率的计算依据是,违约概率与当前的宏观经济状况、行业和公司所处的地理位置等相关,经济计量方法适用于简化式模型。

基于精算方法可以用于结构化模型和简化式模型中,来估计预期的违约概率、等级转移矩阵和相关性,它的基本方法是只考虑违约率的有关计算,假定违约遵从泊松过程,应用客户的历史违约率数据预测具有类似特征的客户的预期违约率(EDP),在此基础上再估计其他参数。

基于股权方法仅适用于结构模型,专门用于估计大中型商业客户的预期违约率EDP、转移矩阵和相关性,它是基于Merton的公司权益价值期权模型,把公司违约或信用质量的变化与公司资产价值、股权、债务联系起来考虑。该方法利用可获得历史数据估计公司资产经济价值大小、变化率和波动率，进而通过期权模型确定公司的预期违约率和违约相关性。

6. I^2 模型

I^2 模型是由 Duffie、Lando 和 Gieseckerw(2001,2004)提出的一种基于不完全信息假设条件的信用风险预测模型。所谓的完全信息假设，是指投资者能够获取任意信息，用来计算和应用模型的信息是被获知的，模型的输入变量和参数也是能获知的，那么投资者就可以完全预见违约距离、违约时间等。而所谓的不完全信息假设，是指投资者并不能得到与违约相关的完全信息。

相对于不完全信息假设，基于完全信息假设建立的传统信用风险管理模型存在一些明显的缺陷，如对风险溢价的估计偏低；传统方法预测出来的债券价格连续地集中于它们的补偿价值，这与在违约时观察到的价格突变现象不符合。而现实的状况是，决策者无法对公司资产价值等变量得到完全的信息；而违约常常是在没有任何征兆的情况下发生的。

由于在不完全信息假设下，投资者对公司的违约距离是不能确定的，违约不能被准确预期。为了对这种不确定性进行量化处理，Duffie 和 Lando(2001)建立了一种基于公司价值不完全信息的函数：密度函数。通过密度函数描述投资者对公司资产价值和违约界限的不可知性，随后就可以直接描述随机违约概率，并计算信用敏感性资产价格和短期信用风险溢价。

相对于基于完全信息的模型，不完全信息模型的优点在于基于公司的历史价值信息，而不是只基于公司的现在价值信息，因此反应速度比完全信息模型更快，可以更早地发掘公司信用质量恶化；风险溢价的结构会随着宏观信息的出现而变化；I^2 模型提供了不完全信息模型的分析框架，将关于违约的因果关系与关于违约事件的短期不确定性联系起来。

（三）操作风险

所谓操作风险，根据《新巴塞尔协议》中的定义，是指由于内部程序、人员、系统的不完善或失误，或外部事件造成直接或间接损失的风险。从定义可以看出，在进行操作风险管理时应当关注以下五个方面：一是关注内部操作，内部操作常常是投资银行及其员工的作为或不作为；二是重视概念中的过程导向；三是人员和人员失误起着决定性作用，但人员失误不包括出于个人利益和知识不足的失误；四是外部事件，主要包括自然、政治或军事事件，技术设施缺陷，以及法律、税收和监管方面的变化；五是内部控制。

1. 操作风险的类型

常见的操作风险分类方法将其划分为以下七种事件类型：①内部欺诈。它主要包括内部人员故意欺骗、盗用财产或违反规则、法律、公司政策等行为。②外部欺诈。主要包括第三方故意欺骗、盗用财产或违反法律等行为。③雇员活动和工作场所安全所带来的风险。由于不履行合同，或歧视事件等引起违反雇员、健康或安全相关法律或协议造成损失。④客户、产品和业务活动。主要包括无意或由于疏忽没能履行对特定客户的专业职责，或者由于产品的性质或设计问题而造成的失误。⑤实物资产的损坏。主要包括自然灾害或其他事件造成的实物资产损失或损坏。⑥业务中断和系统错误所带来的风险。业务的意外中断或系统出现错误所带来的意外损失。⑦涉及行政、交付和过程管理的风险。主要包括交易失败、过程管理出错、与合作伙伴或卖方的合作关系失败而带来的风险。

2. 操作风险的度量模型

(1) 由上至下法

由上至下法的着眼点在于总体目标(例如净收入、净资产),再考虑风险因素和损失事件对其造成的影响。由上至下法包括证券因素模型、收入模型、开支模型、操作杠杆模型、情景分析和风险概括模型等,无论采用哪种模型,它一般的步骤如下。

第一,确定目标变量。

第二,确定可以影响目标变量的因素和事件。

第三,建立模型,反映目标变量和因素、事件的关系。

第四,计算变量的方差,将其中不能被外部因素解释的部分或者能被风险因素解释的部分作为操作风险。

(2) 由下至上法

由下至上法将总体目标分解成若干子目标,然后分别考虑风险因素和损失事件(例如资产、负债、重要的经营过程、重要的资源等)对目标变量(以市场方式标价的资产价值、净收入等)的影响。由下至上法常用的模型包括资产负债管理、市场因素模型、精算损失模型、随机模型、操作方差、压力测试和操作清单等,建立一个由下至上模型的步骤包括以下几个。

第一,确定目标变量,一般为损益值、成本、净资产价值。

第二,确定一些重要过程和资源,或者一些重要资产和负债。在此过程中,往往大部分的风险蕴含在很少的几个重要过程和资源中。

第三,将这些过程和资源映射到一系列我们已经掌握历史数据的风险因素和损失事件。

第四,模拟一定时间范围内风险因素和损失事件的可能变化,同时也考虑这些因素和事件之间的依赖关系。对于它们的统计分布,可以使用参数估计,也可以使用蒙特卡罗模拟。

第五,使用模拟得出的分布和前面使用的映射关系,给出对目标变量的可能影响。

阅读材料 12-9

操作风险的损失事件典型案例

一、1992 年 6 月 3 日,中国经济开发信托投资公司上海证券业务部在卖出“二纺机”股票 2 000 股时,由于操作人员失误,将每股 222 元的卖出单价误输入为每股 22 元卖出。相关的投资者要求索赔近 5 万元。

二、1993 年 8 月 17 日,上海证券交易所在交易过程中因控制卫星发射系统的电脑主机板烧坏,行情信息中断近一个小时,致使北京及全国部分地区证券公司的交易受到影响,损失无法估计。

三、1998 年 9 月 22 日，江苏扬州市的郝氏两兄弟利用自制装置侵入工商银行扬州分行电脑系统，将 72 万元转入其以假名开设的银行活期存折中，并在工商银行扬州分行下设的储蓄所取款 26 万元。

四、1997 年 6 月，福州市商业银行(原福州城市合作银行)马江支行原行长贺冬玉向合作银行请求拆借到 7 000 万元人民币后，擅自决定将其中的 3 690 万元拆借资金挪用给四家私有公司使用及马江支行自购股票。

五、1998 年 5 月，原中国银行南海支行丹灶办事处信贷员谢炳峰、储蓄员麦容辉共同贪污公款人民币 5 250 万元后潜逃。案发后，警方追回赃款人民币 3 311 万余元，检察机关扣押并追回人民币 588 万元，但尚有人民币 972 万元未能追回。

六、2002 年 1 月 6 日，中国银行巴黎第九区分行总值四十多万欧元的欧元现钞和法郎现金被盗。盗贼还破坏了分行的相关通信线路，导致中国银行巴黎第九区分行和十三区支行的互联网中断，以致两处分支机构无法正常营业。

三、风险评价

风险评价就是将风险分析的结果与投资银行所确定的风险标准进行对比，以决定投资银行是否能接受或者容忍当前的风险状态，对于不能接受或容忍的风险状态，投资银行将应用风险管理技术对风险进行处理。

（一）风险标准的性质

风险标准是风险评价的核心。投资银行的风险标准主要以其经营目标、内外环境为基础，根据相关法律、政策及各类金融评价标准而详细制定。

风险标准一般具有完备性、传递性。所谓完备性(completeness)，是指对于任何两个风险状态，风险标准都应该能给出优劣判断。所谓传递性(transitivity)，是指不同的风险状态能通过共同对比方进行对比。

（二）常见的风险标准

风险标准大致可以划分为两类：客观标准和非客观标准。客观标准与非客观标准最不同的地方在于是否考虑人的主观感觉，如效用、行为金融学等。上述的风险分析法中多数模型都已包括风险评价功能，除此之外，常见的客观标准还有均值—方差标准、随机占优标准等，而主观标准有效用标准、行为金融学理论等。

1. 随机占优标准

随机占优标准最初是由 Quirk 和 Saposnik 在 1962 年提出的，随机占优关系主要有一阶随机占优(FSD)、二阶随机占优(SSD)和三阶随机占优(TSD)三种。两种风险决策所造成的累积分布函数(CDF)，当两个 CDF 完全不交叉，且一个 CDF 完全位于另一个 CDF 的右边时，前者对应的风险决策就称为一阶随机占优；当两个 CDF 发生交叉时，就应该使用二阶占优，二阶随机占优假设决策者为风险厌恶者，通过比较 CDF 下的面积，面积较小者的决策为二阶占优；而三阶随机占优更为严格。它们三者都具有不同的要求：一阶随机占优要求投资者的目标是效用最大化，而且永远不会满足；二阶随机占优要求投资者不但是不会满足的，而且是风险厌恶的；三阶随机占优要求投资者不但是不会满足和风险厌恶的，而且绝对风险厌恶系数是递减的。它们之间的假设条件、严格程度、判断结果关系如下：

$$\text{FSD} \subseteq \text{SSD} \subseteq \text{TSD}$$

2. 前景理论

前景理论(prospect theory)最初是由 Kahneman 和 Tversky(1979)提出的，他们发现人类在进行风险决策时存在确定性效应(certainty effect)、孤立效应(isolation effect)和反射效应(reflection effect)，前景理论研究正是为了修补效用理论在这方面的不足。以 Kahneman 和 Tversky 的前景理论为基础，随后出现了 RUD 理论、累计前景理论等，但它们都注重对价值函数、权重函数及两者的结合规则的研究。

第四节　风险管理技术

对于不能接受或不能容忍的风险，投资银行将采用风险管理技术进行风险处置，风险处置的本质是，力图在风险爆发之前改变风险状态，将其改变到可以接受或容忍的范围内。风险管理技术大致可以划分为控制型风险管理技术和财务型风险管理技术两类。

一、控制型风险管理技术

所谓控制型风险管理技术，是指作用于原始风险状态的形成过程的风险管理技术，主要包括风险回避、损失控制、控制型风险转移和风险分散等。

1. 风险回避

风险回避是指投资银行在风险事故存在或发生的可能性较大时，主动放弃、改变或中止某项可能引起风险损失的活动，以避免可能产生风险损失的一种控制方法。风险回避是一种事前控制的、彻底的风险控制技术，它能够在风险事件发生前完全消除某一特定风险，但它是一种消极的风险处置方法。

风险回避是否成功，取决于风险识别、风险分析的效果。如果错误地高估风险，则有可能丧失具有高收益的项目；如果低估风险，没有采用风险回避策略，则有可能面临极大的损失；同时，某些风险是无法回避的，例如世界性经济危机、自然灾害等。

2. 损失控制

损失控制是指采取措施减少致损事故发生的概率，或者采取措施在损失发生后减轻损失程度。损失控制只对可控的风险因素和风险类型适用，如技术风险、决策风险等，对于不可控风险，如市场风险、政策风险、法律风险等只能采用风险回避、风险转移、风险分散等方式进行控制。

损失控制是风险控制中最积极、合理、有效的风险管理技术。损失控制根据实际应用的情景不同，具有不同的名字，例如应用于减少风险事件发生的频率时称为损失预防，用于减少损失程度时称为损失减轻。

3. 控制型风险转移

风险转移是指风险主体通过合同协议将可能产生风险事故的活动、资产或将原始风险状态转移给其他风险主体的风险管理技术。而根据风险转移是否通过风险市场，可以将其分为控制型风险转移和财务型风险转移。

控制型风险转移基本不改变形成原始风险状态的各环节活动内容或状态，但各环节所涉人、物的归属会有变化，从而由人、物产生的意外后果的责任承担方也会发生变化。控制型风险转移技术包括出售、委托等形式，它主要涉及所有权的转移。

4. 风险分散

风险分散是指投资银行应当在经营业务、运营项目中通过多样化投资以降低组合风险，并获取多样化收益的风险管理技术。在践行风险分散理念时，要注意业务间、项目间、资产间的相关性，一般采用相关性较低的项目或资产进行风险分散，但是业务、项目和资产间相关性并不是一成不变的，在宏观经济衰退时，所有资产间的相关性都会增强。典型的风险分散就是资产组合理论、基金中的基金等投资策略。

二、财务型风险管理技术

所谓财务型风险管理技术，是指作用于原始风险状态而非其形成过程的风险管理技术，主要包括风险汇集、风险自担和财务型风险转移等。

1. 风险汇集

所谓风险汇集，就是将分属于不同风险主体的风险，通过建立某种结果分摊的方式，达到增加全体风险主体的福利或优化各风险主体的风险状态的目的。风险汇集的主要方式有合并风险主体和构建风险共同体等。

2. 风险自担

风险自担，也称残余风险技术，一般是在采用了其他可行的风险管理技术后，对残余风险通过风险主体内部的财务安排来承担的风险管理技术。风险自担一般针对那些认识不到、或控制不了、或转移不了的风险，风险自担是一把双刃剑。一方面，它成本较低，可将风险准备金进行再投资，有利于控制理赔进程；但另一方面，它也有给投资银行带来巨损的可能。

从实践来看，由于风险自担有许多好处，有些投资银行通过前台公司安排和设立专业自保公司实行风险自担。所谓前台公司安排，即假保险，投保人向保险公司名义投保，保险公司签发所有投保人所需文件以满足法律要求，但不收保险费，同时投保人作出书面承诺，保险公司将来发生的所有向投保人赔付的保险赔偿，投保人将足额转付，保险公司收取前台公司报酬。所谓专业自保公司，就是投资银行设立专门从事自我保险的分支机构来自担风险，它由母公司设立并受其控制。

3. 财务型风险转移

财务型风险转移是指投资银行以风险状态更优为目的，通过金融风险市场将较劣的风险状态交换为较优的风险状态的风险管理技术。它的本质特征就是不涉及所有权的转移，主要包括风险共担、参与保险、非保险财务型转移等。

从投资银行角度，风险共担多是在风险投资中引进多方投资主体，以联合投资、增发新股、发行债券等方式，多方主体参与风险损失和风险收益分摊。参与保险是投资银行通过市场化保险合同或政府强制保险合同将原始风险状态转换为另一种风险状态。非保险财务型转移是通过非保险金融市场或政府非保险类安排，将原始风险状态转换为另一种风险状态。

阅读材料 12-10

山一证券倒闭案分析

1997年11月24日，日本山一证券正式宣告破产，这是第二次世界大战后日本金融机构最大的破产案，也是全球最大的企业破产案。消息传出，美国道琼斯指数下跌113.15点，中国香港恒生指数狂跌160点，韩国、伦敦、巴黎等股市都应声而跌，市场一片恐慌。为避免山一事件恶化，触发华尔街金融危机，进而造成全球动荡，日本政府表示将采取一切措施处理善后事宜，局势方有所缓和。

山一证券的破产，与日本的泡沫经济有着直接的联系。在泡沫经济时期，日本金融业过分膨胀，贷款规模的增长远高于经济的增长。同时，由于金融系统不能按照市场规模运作和配置资源，导致不良贷款激增。日本政府为泡沫经济付出了惨重的代价，日本金融体系陷入了前所未有的危机。

虽然有日本泡沫经济这一外部因素的影响，但山一证券破产也有其自身的内在原因，放松了风险管理，以至于过度投资，违规经营，对金融风险处理不力，形成巨额负债和亏损，以致最终宣告破产。具体的原因有以下几个方面。

第一，忽视风险控制、过度负债投资是山一证券破产的主要原因。由于经济持续低迷，山一证券从股权中得到的收益逐渐减少，远不能弥补资产方面的损失，由此造成了资产负债的严重失衡，最终因巨额负债而宣告破产。

第二，受黑社会操纵进行违规交易，形成大量亏损。由于违规经营不断被媒体曝光，公众对山一证券失去了信任，许多大型客户和地方自治体相继停止与山一证券开展业务，山一证券营业收入进一步下挫，并在金融市场筹资上发生严重困难。

第三，泡沫经济破灭，股市长期萧条，致使交易委托费收入锐减，使主要靠手续费收入生存的山一证券亏损累累。

第四，公司自身参与市场交易，形成大量呆账坏账。除前述原因形成大量亏损外，山一证券在自营业务上也损失惨重。

第五，主营业务收入单一，不能有效分散风险，属于业务策略上的重大失误。

本章小结

1. 从经济意义上看，风险诞生的根源是行业分工，分工导致私人信息的形成和信息缺陷的存在，从而给投资主体带来不确定性。而投资银行所面临的风险主要是以现代货币和信用为基础的金融风险，包括证券承销风险、企业并购风险、企业重组风险等。

2. 金融风险管理经历了从简单到复杂、从片面到全面的发展。早期的金融风险管理只注重对单项业务风险的管理，且未将其与业务经营本身融合；现代主要的金融风险管理思想是全面风险管理，《中央企业全面风险管理指引》、ERM 框架和 ISO 31000 标准分别代表三种水平的全面风险管理思想，其中ISO 31000标准最全面。

3. 投资银行在构建风险管理架构时，应当吸取ISO 31000标准的思想，把握好风险管理原则、风险管理架构和风险管理流程之间的关系。风险管理原则提供指导思想和评价标准，风险管理架构是否完善是风险管理的保障，风险管理流程是风险管理的具体操作。

4. 一个完善的风险管理架构包括任务和承诺、风险架构设计、执行风险管理、风险管理架构的检测和评估以及风险管理架构的持续改进。以任务和承诺作为出发点，它们五者之间是一个稳态的系统，各部分间的联系对构建架构十分重要。

5. 一个完善的风险管理流程包括建立环境、风险评估（风险识别、风险分析、风险评价）、风险处置、检测和评估、沟通与协商等。

6. 风险识别是风险管理工作的起点。投资银行面临的风险主要有三个层次：第一层次风险主要是那些能够直接导致投资银行产生风险的因素；第二层次风险主要是经营业务风险；第三层次风险是利润风险，是第二层次风险的反映。风险识别的方法主要有专家调查法、核对表法、情景分析法、环境扫描法、综合评价法、计量模型法以及数据挖掘法等。

7. 风险分析是风险评估的核心，主要对风险进行量化。对于市场风险，可以采用敏感性分析、VaR、压力测试等方法；对于信用风险，可以采用Credit Metrics™模型、Credit Monitor™模型、Credit Risk+模型、Credit Portfolio View™模型、Loan Analysis System模型、I^2模型等；对于操作风险，可以采用由下而上法和由上而下法等。

8. 风险评价就是将风险分析的结果与投资银行所确定的风险标准进行比较，从而决定是否要对风险进行处置。常见的风险标准有客观标准和非客观标准两类。

9. 风险处置就是利用风险管理技术对风险进行管理，使得风险状态改进到投资银行可以容忍或接受的范围内。风险管理技术主要有控制型和财务型两大类，其中控制型方法包括风险回避、损失控制、风险分散和控制型风险转移等，财务型方法包括风险汇集、风险自担和财务型风险转移等。

思 考 题

1. 投资银行为什么要进行风险管理？

2. 试讨论风险管理与管理风险的差异。

3. 如何评价COSO委员会的ERM框架、中国的《中央企业全面风险管理指引》和国际标准组织的ISO 31000标准三种全面风险管理框架？

4. 如何看待投资银行风险管理与经营业务战略、治理结构的关系？

5. 试讨论投资银行三个层次风险之间的关系。

6. 试讨论各种风险识别办法的适用性。

7. 试讨论VaR在风险管理中的作用，以及不同估计方法的优劣。

8. 试讨论压力测试在风险管理中的作用。

9. 完全信息假设与不完全信息假设对信用风险管理分别产生了什么影响？

10．试讨论投资银行应当如何确定风险评价标准。

11. 投资银行在风险管理的实践中，如何使用各种风险管理技术？

12. 判断以下信用管理模型的分类是否正确，并说明理由。

	Credit Metrics™	Credit Monitor™	Credit Risk+	Credit Portfolio View™	LAS™
DM 模型			√	√	√
MTM 模型	√	√		√	
条件模型		√		√	
无条件模型	√		√		√
结构化模型	√	√			√
简化式模型			√	√	
离散模型	√		√	√	√
连续模型		√		√	
莫顿模型	√	√			√
精算模型			√		
经济计量模型				√	

参考文献

[1] 张亦春，许文彬. 风险与金融风险的经济学再考察[J]. 金融研究，2002(3).

[2] 李国华.《风险管理原理》课程讲义[Z]. 深圳：深圳大学，2009.

[3] 吉姆·怀廷，王光远，宁丙文. 安全风险管理标准 ISO 31000[J]. 劳动保护，2009(2).

[4] 商迎秋. 企业全面风险管理框架比较研究[J]. 审计月刊，2011(1).

[5] 尹蘅，孔维成. 美国投资银行风险管理架构对我国的启示[J]. 海南金融，2007(5).

[6] 严复海，党星，颜文虎. 风险管理发展历程和趋势综述[J]. 管理现代化，2007(2).

[7] 熊鹏，方先明，王飞. 美国投资银行制度风险管理的经验与启示[J]. 国际金融研究，2006(2).

[8] 刘向丽，成思危，汪寿阳，等. 参数法、半参数法和非参数法计算我国铜期货市场 VaR 之比较[J]. 管理评论，2008(6).

[9] 黄剑. 历史模拟法诸模型的比较研究[J]. 金融研究，2010(11).

[10] 陈忠阳. 信用风险量化管理模型发展探析[J]. 国际金融研究，2000(10).

[11] 梁世栋，郭仌，李勇，等. 信用风险模型比较分析[J]. 中国管理科学，2002(1).

[12] 吴军，张继宝. 信用风险量化模型比较分析[J]. 国际金融研究，2004(8).

[13] 沈沛龙，任若恩. 现代信用风险管理模型和方法的比较研究[J]. 经济科学，2002(3).

[14] 杨星，郭璐. 信用风险管理理论的新发展——I^2 模型[J]. 南方金融，2007(1).

[15] 王春峰，万海晖，张维. 金融市场风险测量的总体框架[J]. 国际金融研究，1998(9).

[16] 孙连友. 金融体系压力测试：概念和方法[J]. 济南金融，2006(2).

[17] 杨鹏. 压力测试及其在金融监管中的应用[J]. 上海金融，2005(1).

[18] 李金昌，黄劲松. 风险理论发展的比较分析[J]. 经济学人，2006(2).

[19] 鲁昌荣，何建敏，丁德臣. 金融公司全面风险识别研究[J]. 西安电子科技大学学报(社会科学版)，2009(1).

[20] 钟伟，王元. 略论新巴塞尔协议的操作风险管理框架[J]. 国际金融研究，2004(4).

[21] 樊欣，杨晓光．操作风险管理的方法与现状[J]．证券市场导报，2003(6)．
[22] 万广华．不平等的度量与分解[J]．经济学(季刊)，2009(1)．
[23] 王平，徐选华．前景理论研究综述[J]．企业技术开发，2005(12)．
[24] 杨艳萍．风险投资的风险识别、评估和控制分析[J]．经济师，2003(7)．
[25] 刘银松．投资银行风险管理现状与对策研究[D]．湖南：湖南大学，2001．
[26] 郑文通．金融风险管理的 VaR 方法及其应用[J]．国际金融研究，1997(9)．

第十三章

投资银行业的监管

本章概要

本章首先介绍了投资银行监管的目标、原则和手段,分析了投资银行三种监管体制以及我国投资银行监管的体制,接着介绍了投资银行的两种监管模式,包括分离模式和混合模式,及其各自的宏、微观环境和影响因素,然后介绍了投资银行的监管内容,具体包括市场准入监管、经营业务监管、日常经营活动监管、从业人员监管和保护投资者性监管。

第一节　投资银行业监管概论

一、监管的目标

投资银行作为一个特殊的行业,一方面,它具有很高的杠杆性,这决定了它的高风险性,使得投资银行在其日常业务经营活动中会面对更多的市场风险、流动性风险、操作性风险和信用风险等。另一方面,由于其业务所涉及的金融工具同时具有虚拟性和预期性,与资本市场的信心密切相关,所以投资银行体系不可避免地具有一定的内在脆弱性。在经历了几次金融危机后,各国都加强了对投资银行的监管。国际证监会组织在1998年9月提出了一个证券市场国际监管标准,虽然证券监管目标不是直接适用于投资银行监管,但由于大部分条款涉及投资银行的监督,且投资银行的主要业务领域是证券市场,两者的监管具有一些共同之处。

投资银行监管的目标,具体来说可以归纳为以下三点。

(一)保护投资者的合法权益

投资者是资本市场的参与者,是投资银行的服务对象,其信心和信任是资本市场和投资银行发展的前提与基础。为了维持和巩固投资者的信心,投资银行的监督活动应致力于建立一个透明、公平竞争的市场;保证交易信息(包括交易前与交易后的信息)的及时公布,尤其是对投资决策有重大意义的信息;禁止内幕交易、插队交易等;防止投资者被误导、操纵或欺骗,以保护投资者的合法权益,避免公众利益受到损害而引起社会不安,同时优化资源配置,促进资本市场的健康发展。

近年来,随着金融市场的快速发展和理财观念的深入,投资者队伍不断扩大,但其中有很大比例是缺乏风险意识和风险承受能力的投资者。他们的利益极易被侵犯,但采取行动的能力又有限,因此监管者需要通过各种措施,如实施投资保险制度和最后贷款人制度等来加强对投资者的保护,同时当有违法事件发生时,必须严格执行有关证券法律法规对投资者的损失进行补偿。

（二）保证投资银行业的公平竞争和高效运行

市场经济的基本运行法则就是平等竞争，有竞争才有企业和产品的优胜劣汰，有竞争企业才能不断提升，找到适合自己的生存空间。市场公平与保护投资者的合法利益也紧密相关。监管不是压制，相反，它能为投资者和投资银行带来公平的市场环境。通过对市场的监管，可以确保公平地利用市场设施和市场信息，促进公平的指令处理和可靠价格的形成；通过对投资银行的监管，可以有效地防止和打破垄断，发现、组织并处罚市场操纵或其他不公平交易行为，确保投资银行的机会均等和平等竞争的地位，也只有这样，才能促使投资银行不断提高服务质量和服务效率，提高市场效率，从而维护金融体系正常的运行秩序。

（三）降低系统风险，维护金融体系的安全与稳定

投资银行属于高风险行业，其面临的各种系统和非系统风险相比其他行业要高出许多。投资银行是金融市场的重要组成部分，是金融交易的纽带，一旦投资银行出现危机，必然会出现“多米诺”骨牌效应，危及整个金融体系的安全与稳定。监管者必须对投资银行进行监管，确保其在合法的经营范围内合规经营。同时加强对投资银行的资格确定、业务范围、资产流动性、资本充足率和风险控制等方面的监管，有效降低和防范风险，从而保障投资银行乃至整个金融体系的安全与稳定。

监管活动不可能阻止投资银行的破产，不能将系统风险降为零，适度的风险对于一个活跃的市场来说也是必不可少的。所以监管活动应致力于减少风险，一旦破产真的发生，监管活动就要致力于降低它的影响，并努力隔离这种风险。

投资银行监管的三个主要目标是紧密相连、相辅相成的，它们在某些方面甚至是相互重叠的。例如许多有助于确保市场公平、高效的要求也起到了保护投资者、降低系统风险的作用。同样，许多降低系统风险的措施和规定也有利于保护投资者。

二、监管的原则

（一）依法监管原则

依法监管是投资银行业监管的前提。它要求对投资银行业的监管要合法、合规，决不能无法可依、执法不严或以人治代替法治。监管机构的监管权力和职权范围都应符合相关的法律规定。监管机构在行使监管权力时应严格遵守相关法律，否则其监管行为不具有法律效力。根据我国《证券法》的规定，在中国境内，股票、公司债券和国务院认定的其他证券的发行和交易，试用《证券法》的规定。《证券法》未规定的，适用《公司法》和其他法律、行政法规的规定。

（二）“三公”原则

各国的监管原则由于时代背景和国情的不同而呈现出复杂性和多样性，然而考察各国和地区的投资银行监管，不难发现“三公”原则（公开、公平、公正）是其最基本、最核心的原则。

1. 公开原则

公开是公平和公正的前提。公开是一个双向的原则，它一方面要求投资银行信息公

开化、透明化、完全化，不仅内容上要公开透明，在形式上也要公开，信息要采取社会公告的形式，在指定媒体上公开发表或置于公开场所，以供查阅。同时公开的信息还应当及时、完整、准确、真实，禁止利用内幕消息进行交易甚至操纵市场。另一方面，它要求监管机构的监管政策和规则公开，克服监管当局和被监管者之间的信息不对称，避免“暗箱操作”。

2. 公平原则

公平原则的核心是市场各交易主体一律平等。所受的待遇和监管不得因为其市场地位、职能差异和实力大小而有所不同，监管机构不得采取歧视政策。各投资银行要按照统一的市场规则进行活动，机会均等。

3. 公正原则

公正原则要求监管机构对一切被监管的投资银行给予公正待遇，在立法、审查和处理投资银行违规行为和纠纷仲裁等活动中，要以客观事实为基础公正进行。不得越权监管，不得干预正常的市场行为，不得徇私枉法。

（三）协调一致原则

协调一致体现在两个方面：

① 在政策方面，证券市场的相关法规的基本原则应相一致，避免矛盾和冲突；投资银行业的监管政策必须与国家的经济产业政策相一致，且政策应保持连贯性，不能朝令夕改。

② 在监管范围方面，不同监管主体之间、同一监管主体的不同职能部门之间要统一监管标准和口径，合理划分职责范围，相互协调，避免出现监管重复或监管真空的情况。

（四）效率原则

由于市场失灵，政府对投资银行的运作进行监管和干预是有成本的。一方面表现为不合理的监管行为（监管不足或监管过度或滥用监管权）会对证券市场与投资银行的规范发展造成重大的损害；另一方面政府监管本身要耗费大量的人力、物力和财力。这两方面的成本就构成了监管机制的运行成本。对投资行业的监管必须权衡收益与成本，追求成本最小化或效益最大化，合理地设计监管体系，制定行之有效的监管制度，充分发挥和提高监管机构的功能和效率。同时，通过监管规范竞争、创造合适的外部环境，从而促进金融体系整体效率的提高。

（五）政府监管与行业自律相结合

在对投资银行的监管中，除了要发挥政府监管的作用外，还要积极鼓励投资银行业的自律性监管，加强从业者的自我约束、自我教育和自我管理。在我国，以证券交易所、证券业协会为主要力量的自律监管已成为政府监管的必要和有益补充，是整个投资银行监管框架中不可或缺的组成部分。

三、监管的手段

（一）法律手段

这是投资银行监管最主要、最常用的手段，其优点在于约束力强，同时又不失灵活性，容易为投资银行和社会公众所接受。形成一个以公司法、证券法为核心，行政法规与部门规章相补充，其他相关法律相配套的投资银行法律体系，是运用法律手段进行投资银行监管的基础和前提。

（二）经济手段

这是一种间接调控手段，虽然相对比较灵活，但调节过程可能比较慢，存在时滞效应。常见的有两类：一类是金融手段；另一类是税收政策手段，通过调整所得税、佣金的比率或结构，影响投资银行的经营成本。

（三）行政手段

这种方式比较直接，但缺乏灵活性，运用不当可能违背市场规律，遭到市场无情的惩罚。常见的做法有：实行证券中介服务机构市场准入制，或者在非常时刻政府通过其宣传机构向投资银行发出“道义劝告”等。行政调控存在于任何一个国家的投资银行监管史中，只不过是在投资银行发育初期（法制不健全、投资银行管理机制尚未理顺）或突发性事件较频繁时使用得多一些，而在投资银行业进入成熟稳定的发展阶段之后使用得少一些。全盘否定行政干预存在的合理性和积极作用，是不符合历史事实的。

第二节 投资银行业的监管体制和模式

一、投资银行业的监管体制

（一）监管体制的主要类型

由于世界各国的历史文化传统、经济体制、政治体制和市场发育程度不同，各国对投资银行的监管体制也不尽相同。随着社会和经济的发展，各国也在积极调整自己的监管体制，以适应投资银行的最新发展。总体而言，世界各国的监管体制主要有以下三种类型。

1．集中型监管体制

集中型监管体制是一种以政府为主导的监管体制，它是指政府通过制定专门的法律，并设定隶属于政府或直接隶属于立法机关的全国性证券监督管理机构对投资银行业进行集中统一的管理，而各种自律性组织只起协助性作用。采取这一模式的国家有美国、日本、韩国等。

集中管理体制有两个显著特点：

① 具备一套系统的、完整的对投资银行业进行监管的专门性法律，市场规则法制化，对市场违规行为依照有关法律进行处罚。例如美国对证券市场的管理分三层次：联邦、州和地方，以及各种自律性组织。每一层都有自己专门的监管法律或法规，联邦立法有《1933年证券法》《1934年证券交易法》《1970年证券投资者保护法》等，州立法有《蓝天法》，各自律组织也制定了一系列行业规章制度等。

② 有专门的政府证券主管机关，政府对证券市场实行全面监管。这类机关由于政府充分授权，通常具有足够的权威维护证券市场与投资银行的正常运行。例如美国证券市

场的专门管理机构是证券交易委员会(SEC),它直接隶属于国会,独立于政府,这种独立性使得 SEC 不受其他因素干扰,可以坚持自己的监管理念;与此同时,联邦交易所和全国证券交易协会分别对证券交易所和场外证券业进行管理,从而形成了以集中统一管理为主,辅以市场自律的较为完整的证券管理模式。我国的投资银行证券市场是在政府的推动下产生并发展起来的,从它产生那天起,投资银行就受到政府有关机构的监管。在我国,对投资银行的监管是借鉴美国的体制,朝着集中统一的方向发展。到目前,我国对投资银行的监管负直接责任的机构为中国证券监督管理委员会。

集中型监管模式的优势体现在:

① 具有专门的证券市场与投资银行监管的法规,统一监管口径,使市场行为有法可依,提高了监管的权威性、严肃性和公正性。

② 有一个地位超脱于市场参与者的统一监管机构,不仅可以保证政府监管得到公正、严格的贯彻,市场得以正常运行,还可以保护投资者的权益。

集中型监管模式的劣势体现在:

① 投资银行业监管涉及面广、技术性强、监管内容复杂多样,仅仅依靠全国性专门监管机构很难同时实现有效监管和避免过度监管。

② 由于监管机构的超脱地位,远离市场必然导致监管成本高,监管效率低。

③ 由于监管机构较高的地位,“政府失灵”现象时常出现,降低了投资银行监管的效率。

2. 自律型监管体制

自律型监管体制是指政府除了某些必要的国家立法外,较少干预证券市场及投资银行。对证券市场及投资银行的监管主要由证券交易所及证券商协会等组织进行自律监管,强调自我约束和自我管理作用。自律型监管体制的代表是英国,其他原英联邦国家和地区也多采用这一监管体制,如新加坡和我国香港等。

自律型监管模式有两个显著的特点:

① 政府很少干预证券市场,对证券市场及投资银行的监管主要依靠证券市场的参与者,如证券交易所、证券商协会等自律组织进行自我管理。例如在英国,没有一个专门负责管理证券市场及投资银行的机构,对证券市场及投资银行的监管体系主要由独立于政府机构的“证券交易所协会”“股权转让与合并专业小组”和“证券业理事会”组成,其中“证券交易所协会”是最高管理机构。

② 通常没有专门规范投资银行业务和证券市场管理的法律法规,而是通过一些简洁的法律法规来调整和制约证券市场的各项活动和投资银行业的业务行为。以英国为例,英国没有专门的《证券法》和《证券交易法》,但是 1958 年的《反欺诈(投资)法》、1948 年和 1967 年的《公司法》、1986 年的《金融服务法》等都对证券交易行为、股份公司行为、内幕行为等方面做了规定,是一些间接的、分散的法律法规。

自律型监管模式的优势体现在:

① 置身于市场之中的自律机构,具有丰富的专业知识和市场管理经验,在操作上具有灵活性,对市场的变化和突发事件具有高度敏感性,能够迅速而有效地反应,更能适合复杂多变的证券市场,符合证券业发展的需要。

② 市场参与者可以凭借其在信息资源方面的优势,直接制定管理法规,这样的法规

更切合实际，更有灵活性。

③ 在保护投资者利益的同时，能发挥市场的创新和竞争意识，有利于活跃市场。

自律型监管模式的劣势体现在：

① 没有统一的监管机构和完备的证券立法，影响监管的权威性，缺乏强硬的法律后盾，监管手段较弱、监管力度不够，也难以实现全国证券市场的协调发展，且由于监管者本身也是市场的参与者，难以保证监管的公正性。

② 自律型监管的重点通常放在保证市场的有效运转和保护自律性组织成员的利益上，对投资者利益的保护不够。

3. 综合型监管体制

综合型监管体制是介于集中型监管和自律型监管之间的一种监管体制，在实行综合型监管体制的国家，既有专门性立法机构和政府监管机构，又设有行业自律型组织。综合型监管体制是集中型监管体制和自律型监管体制相互协调、相互渗透的产物。这种监管体制又称为分级监管体制，包括二级管理和三级管理两种模式。二级管理指的是政府监管机构与自律性组织互相结合的管理；三级管理指的是中央政府、地方政府和自律性组织三者相结合的管理。这种监管体制的特点在于集中统一型监管体制与自律型监管体制的联系与区别，结合集中和自律两种方式的优缺点来弥补各自的不足。

它的优点在于分级的管理体制，在市场方面可以充分利用自律组织对市场信息的快速反应来采取相应的政策调整，在控制方面由法律和中央政府独立地进行宏观调控以及建立权威性。这样一来，既可以规避对于信息反应慢的问题，也避免了因为缺少强制力而有损权威的问题。但同样它也存在缺点，例如，如果信息的反应有问题或者级别的沟通出现状况，这样不仅避免不了市场失灵的问题，而且还有可能会使人们对于政府的权威失去信心受到打击。

综合型监管体制的典型代表是德国。在德国，与证券市场监管有关的法律法规由联邦政府制定和颁布，虽然对证券市场和投资银行监管的法律很多，但却没有统一的证券法。同时，除了由联邦政府制定法律，各州政府负责实施监督外，德国也非常重视证券业的自律管理，通过交易所委员会、证券审批委员会等自律组织进行自我监管。

（二）我国投资银行业的监管体制

1. 我国投资银行业的监管体制演变

我国的投资银行业监管体制，随着我国投资银行业的发展，经历了由分散、多头监管到集中统一的监管过程，大致可以分为三个阶段。

第一阶段(1992 年 5 月以前)：分头监管

第一阶段，在国务院的部署下，主要是由上海、深圳两地地方政府管理阶段。这一阶段的证券市场只是一个区域性市场，证券发行与交易限于上海和深圳两市试点，对投资银行的监管没有形成集中统一的管理，是一种多头、分散的管理方式。在中国人民银行和国家经济体制改革委员会等部门决策下，主要由上海、深圳两地地方政府管理。上海、深圳两地人民银行分行相继出台了一些有关规章，对证券发行与交易行为进行规范。

针对各地出现的证券发行、交易的不规范行为，各地方政府部门陆续颁布了一些地方性法规，开始对当地的证券市场进行一定程度的管理。如北京市 1986 年 10 月 13 日的

《北京市企业股票管理、债权管理暂行办法》、上海市 1987 年 5 月的《上海市股票管理暂行办法》以及深圳市 1986 年的《深圳市有关股票管理的一些规定》等。

第二阶段(1992 年 5 月—1997 年年底):过渡阶段

第二阶段是由中央与地方、中央各部门共同参与管理向集中统一管理的过渡阶段。

1992 年 5 月,中国人民银行成立证券管理办公室,同年 7 月,国务院建立国务院证券管理办公会议制度,代表国务院行使对证券业的日常管理职能。1992 年 10 月,国务院决定成立国务院证券委员会及其执行机构——中国证券监督管理委员会(以下简称中国证监会)为专门的国家证券监管机构,同时将发行股票的试点由上海、深圳等少数地区推广到全国。

同时,国务院赋予中央有关部门部分证券监管的职责,形成了多部门共管的局面。如国家计委根据证券委的计划建议编制证券发行计划;中国人民银行负责审批和归口管理证券机构、报证券委备案等。

另外,地方政府仍在证券监管中发挥重要作用。上海、深圳证券交易所由当地政府归口管理,由证监会实施监督;地方企业的股份制试点,由省级或计划单列市人民政府授权的部门会同企业主管部门审批。

第三阶段(1997 年年底至今):集中统一监管

第三阶段初步建立了全国集中统一的证券监管体系。1997 年 8 月 15 日,国务院正式做出决定,沪、深证券交易所划归中国证监会直接管理。1997 年 1 月中共中央召开了全国金融工作会议,决定对银行业、托管业、证券业和保险业实行分业经营和管理,并由“中国证券监管委员会统一负责对全国证券、期货业的监管”,“建立全国统一的证券期货监管体系,理顺中央和地方监管部门的关系”。根据中央金融工作会议决定,撤销国务院证券委,其监管职能移交中国证监会。

1998 年 4 月,中国人民银行行使的对证券市场的监管职能(主要是对证券公司的监管)也移交中国证监会。同时,对地方证券监管体制进行改革,将以前由中国证监会授权、在行政上隶属各省市政府的地方证券监管机构收归中国证监会领导,同时扩大了中国证监会向地方证券监管机构的授权,增加了对证券经营机构的设立、变更、分立、合并、增资扩股、撤销、停业、年检及对证券公司高级管理人员的任职资格进行初审并出具初审意见及进行日常监管等内容。证券交易所也由地方政府管理转为中国证监会管理。

1999 年 7 月 1 日,《证券法》开始实施,与此同时,中国证监会派出机构正式挂牌。这标志着我国集中统一的投资银行监管体制正式形成。

2. 我国投资银行业监管体制存在的缺陷

从监管体制看,我国投资银行业的监管体制主要是参照美国的模式,属于集中统一型监管体制。但是还存在很多缺陷,主要表现为以下几点。

(1) 监管部门不具有独立性。纵观我国投资银行业的监管,从分散到多头监管,再到集中统一监管,虽然监管的职能已经相对集中,然而证券市场违法犯罪现象仍频繁发生。从震惊全国的“327”国债事件,到“琼民源”“红光”事件以及后来发生的“亿安科技”“中科创业”“银广夏”等事件,说明我国投资银行业的监管仍然存在很多漏洞,监管的力度和深度还不够。作为投资银行业的最高监管机构中国证监会,其权限往往受到地方政府的干预,独立性受到了很大制约。另外,证监会的派出机构与地方政府有密切的关系,受地方政府干预的可能性更大。

(2) 监管缺乏长期的制度性建设。与发达国家相比,我国投资银行业的监管力量和监管手段大大落后于证券市场的发展速度。监管部门疲于应付证券市场中不断出现的经常性问题,缺乏对中长期的证券市场发展战略规划研究。当市场上出现一些紧急问题时,往往会采取不顾长远利益的急救方法,用行政命令来干预市场,虽然可能暂时可以解决问题,却为未来的监管工作埋下了隐患。例如,1994 年的"八月救市"、1995 年的"327 国债期货事件"等。

(3) 自律性组织的自律性较弱,带有很浓的行政色彩。我国虽于 1991 年 8 月 28 日就成立了证券业协会,但自其成立以来,一直只是起着辅助政府监管的作用,完全受制于中国证券监督管理委员会的管理,自律功能并未得到完全充分的发挥。从我国证券业监管的情况看,自律性的监管主要是通过上海和深证两个交易所来进行,然而,各交易所之间为了自身利益竞争激烈,无法达到统一、协调、强化的自律管理效果。

3. 我国投资银行业监管体制的改革方向

针对我国监管体制上出现的问题,借鉴世界其他各国监管体制的经验,我国的监管体制应从以下三个方面进行改革完善。

(1) 加强监管的独立性,强调政府的集中立法管理。美国证券市场的巨大发展和监管方面的成功经验充分说明了统一立法和集中管理在总体上可以保证证券市场的公平与效率。其证券监管者的超脱地位和内部权力制衡机制保证了监管的有效性,有利于保护投资者尤其是中小投资者的利益。因此,我国投资银行业的监管应保证监管机构的独立性和权威性,加强监管的力度和强度,使其制定的政策更有利于保护投资者的利益,较少受到"噪声"的干扰。

(2) 加强证券业协会和证券交易所的自律管理。把证券业协会逐步办成非官方的民间机构,协会的领导成员由其会员大会通过民主选举在会员中产生,使证券业协会成为真正意义上的自律性组织,而不是政府行政部门的附属物;同时不断改进和完善交易所的组织结构,逐步形成会员大会、理事会和高级管理人员的合理分工,建立规范化的决策和监管程序。

(3) 将政府监管与自律监管有机结合起来,寻找到两者的最佳结合点。鉴于我国的证券市场还是一个尚未成熟的市场,我国应该坚持以政府集中监管为主、自律性组织的自律管理为辅的监管体制。

(三) 我国投资银行业的监管体系

我国投资银行业的监管体系如图 13-1 所示。

1. 国务院

2. 中国证券监督管理委员会

中国证券监督管理委员会简称证监会,是依照法律法规对证券期货市场的具体活动进行监督的国务院直属单位。证监会设有很多不同的部门,分别具体行使证监会的各种职责权限。证监会还下设相对独立的发行审核委员会,聘任社会上的相关专家和证监会有关人员,负责对申请公开发行股票企业的申报材料进行复审。

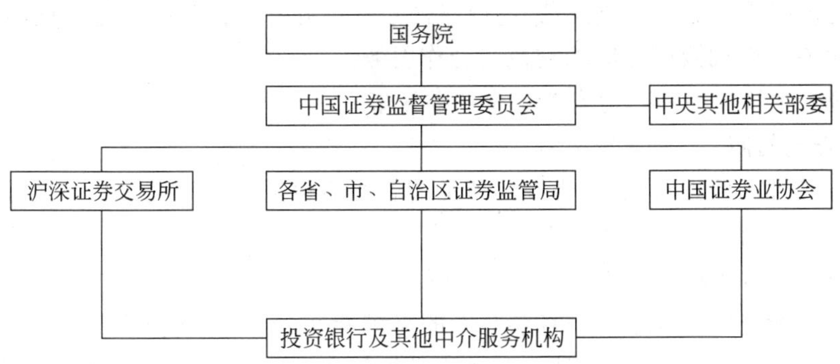

图 13-1　我国投资银行业的监管体系

证监会的主要职责如下。

(1) 起草证券、期货法规,制定管理规则和实施细则。

(2) 对有价证券的发行、上市、交易及相关业务进行监管。

(3) 审批和监管证券期货经营机构、证券登记机构和清算机构。

(4) 会同有关部门制定市场中介组织及其从业人员从事证券、期货业务的资格标准、业务规则和行为准则,并对其业务活动从业行为进行监管。

(5) 依法对证券交易所、证券业协会的业务活动进行监管。

(6) 对期货交易所、期货经纪公司的设立进行审核,对其活动进行监管。

(7) 依法对上市公司进行监管。

(8) 依法对境内企业直接或间接向境外发行具有股票性质、功能的证券及在境外上市活动进行监督。

(9) 依法(规)对证券期货违法违规行为进行调查和处罚。

(10) 审批和监督投资基金。

(11) 会同有关部门管理证券、期货市场信息,对有关信息咨询进行监管。

(12) 办理国务院交办的其他事宜。

3. 中国证券业协会

中国证券业协会正式成立于 1991 年 8 月 28 日,是依法进行注册的具有独立法人地位、由经营证券业务的金融机构自愿组成的行业性自律组织。它的设立是为了加强证券业之间的联系、协调、合作和自我控制,以利于证券市场的健康发展。

中国证券业协会采取会员制的组织形式,凡依法设立并经批准可以从事证券业务经营和中介服务的金融机构,承认协会章程,遵守协会的各项规则,均可申请加入协会,成为协会会员。我国的所有证券公司都是证券业协会的会员。

中国证券业协会的职能如下。

(1) 根据国家有关政策、规划,拟定自律性管理规则。

(2) 统一会员的交易行为,维护市场秩序,斡旋、调解会员间的纠纷,监督、审查会员的营业及财务状况,并对会员进行奖励和处罚。

(3) 组织业务培训,提高从业人员的业务技能和管理水平。

(4) 开展证券市场研究。

(5) 提供国内外证券行业信息，进行综合分析并组织出版专业研究刊物，向会员和社会公众提供有关咨询及国际间的交流与合作服务。

(6) 接受主管机关和其他有关单位的委托事宜。

4. 证券交易所

作为自律性的监管机构，证券交易所的监管职能包括对证券交易活动进行监管、对会员进行监管以及对上市公司进行监管。

(1) 证券交易所对证券交易活动的监管

证券交易所应当保证不同市场参与者的需求能在公正、公平和公开的原则下得到适当的平衡，从而确保交易的公正性。交易所必须就交易证券的种类和期限，证券交易方式和操作程序，证券交易中的禁止行为，清算交割、交易纠纷的解决，上市证券的暂停、恢复与取消交易，开市、收市、休市及异常情况的处理，交易手续费及其他有关费用的收取方式和标准，对违反交易规则行为的处理等做出规定。证券交易所应对证券信息的提供和管理等事项制定具体的交易规则，在业务规则中，交易所应对证券交易合同的生效和废止条件做出详细的规定，维护在证券交易所达成的证券交易合同的有效性。证券交易所应当保证其业务规则得到切实执行，对违反业务规则的行为要及时处理。对国家有关法律、法规、规章、政策中规定的有关证券交易的违法、违规行为，证券交易所负有发现、制止和上报的责任，并有权在职责范围内予以查处。

证券交易所有责任促进交易的透明度。它必须以适当方式及时公布证券行情，按日制作证券行情表，并就其市场内的成交情况编制日报表、周报表、月报表和年报表，及时向社会公布。证券交易所应保证投资者有平等机会获取证券市场的交易情况和其他公开披露的信息，并有平等的交易机会。证券交易所及其会员应当妥善保存证券交易中产生的委托资料、交易记录、清算文件等，并制定相应的查询和保密管理措施。

对于上市的证券，证券交易所有权依照有关规定，暂停或者恢复其交易。证监会也有权要求证券交易所暂停或者恢复上市证券的交易。证券交易所建立市场准入制度，并根据证券法规的规定或者证券会的要求，限制或者禁止特定证券投资者的证券交易行为。除此之外，证券交易所不得限制或者禁止证券投资者的证券买卖行为。

证券交易所必须建立符合证券市场监管实时监控要求的计算机系统，并设立负责证券市场监管工作的专门机构。证监会可以要求证券交易所之间建立以市场监管为目的的信息交换制度和联合监管制度，共同监管跨市场的不正当交易行为，从而控制市场风险。

(2) 证券交易所对会员的监管

证券交易所有权对取得会员资格的条件和程序，席位管理办法，与证券交易和清算业务有关的会员内部监管、风险控制、电脑系统的标准及维护等方面要求，会员的业务报告制度，会员所派出市代表在交易场所内的行为规范，会员及其出市代表违法、违规行为的处罚等事项制定具体的会员管理规则。

证券交易所接纳的会员应当是经批准设立并具有法人地位的证券经营机构。证券交易所决定接纳或开除会员及正式会员以外的其他会员应当在规定时间内报证监会备案。证券交易所必须规定交易席位数量，设立普通席位以外的席位应当报证监会批准，调整普通席位和普通席位以外的其他席位的数量，应当事先报证监会批准。证券交易所必须对会员取得的交易席位实施严格管理，会员转让席位必须按照证券交易所的有关管理规定由交易所审批，严禁会员将席位全部或者部分以出租或者承包等形式交由其他机构和个人使用。

证券交易所有责任根据国家关于证券经营机构自营业务管理的规定和证券交易业务规则，对会员的证券自营业务进行监管。对会员代理客户买卖证券业务应在业务规则中作出详细规定并实施监管。证券交易所每年应当对会员的财务状况、内部风险控制制度以及遵守国家有关法规和证券交易所业务规则等情况进行抽查或全面检查，并将检查结果上报证监会。证券交易所有权要求会员提供有关业务的报表、账册、交易记录及其他文件、资料，同时可根据证券交易所章程和业务规则对会员的违规行为进行制裁。

二、投资银行业的监管模式

（一）监管模式的类型

投资银行的监管模式分为分离模式和混合模式两种。我国以及 20 世纪 90 年代以前的美国和日本是分离模式的代表，而德国以及 20 世纪 90 年代以后的美国和日本是混合模式的代表。

1. 分离模式

分离模式就是严格限制投资银行、商业银行的业务，投资银行不能吸收存款，而商业银行也不能从事有价证券的买卖、中介、承销等业务，两者之间存在着严格的业务界限。其优点主要体现在三个方面：①能够有效地降低整个金融体系的运行风险；②非常有利于保障证券市场的公正与合理；③促进了金融行业内的专业化分工。

当然，分离模式也有它的缺点，分离模式严格限制了投资银行和商业银行的业务活动，同时也制约了各家银行的发展壮大，削弱了本国金融机构在国际金融市场上的竞争力。尤其当面对综合型投资银行体制下的全能银行的竞争时，这种劣势将体现得更加明显。

2. 混合模式

混合模式对投资银行和商业银行的业务没有任何限制，一个金融机构可以同时经营银行业务和证券业务，各金融机构可以根据自身的优势、发展目标等来决定经营什么业务。混合模式的优势主要体现在：

① 能够充分整合有限的资源，实现金融行业的规模效益和范围经济，从而降低经营成本，提高利润；

② 加强了银行业的竞争，有利于促进银行的优胜劣汰，提高整个银行业的经营效益；

③ 扩大了信息收集的渠道，避免重复收集信息，降低了获得信息的成本，尤其是避免了在从事贷款业务和承销业务时，由于信息不对称所带来的负面影响。

同样，混合模式也不是完美的，它的劣势表现为：实行这种混合模式需要建立非常严格的监管和风险控制制度，否则该模式会给整个金融体系的运行带来相当大的风险。

（二）两种监管模式的宏、微观环境

1. 分离模式

一般而言，分离模式较适合于一国金融业的发展阶段，这一阶段的典型特征如下。

(1) 外部监管的有效性差。中央银行的独立性不强，对金融体系的调节、干预、监管的力度不够，各项金融法规不健全，且执行效果不佳，从而不能通过强有效的外部监管使银行风险控制在安全的范围以内。

(2) 金融机构的自律性差，发展不平衡。

(3) 金融市场不发达。尤其是证券市场在短期投资过多，长期投资过少（投机性强），公开、公正、公平的原则尚未形成之时，证券市场的脆弱难以承受商业银行资金的大量涌入所带来的冲击，势必引发证券市场乃至整个金融体系的动荡不安。

(4) 市场体系不健全，竞争不充分，微观经济基础薄弱，社会资本平均利润尚未形成。

分业银行制度有利于整个金融体系的稳定、均衡、健康发展，风险较小而易于控制，更有利于规范金融主体的行为，提高监管效果，有利于宏观政策的实施。

2. 混合模式

综合经营与管理则适用于一国金融业的发达（成熟）阶段，这一阶段的基本特征是上述几方面得到了比较充分的发展，成熟而完善。综合银行制度有利于单个金融机构在竞争中获得优势，提高效率，但风险较大且难以控制，需要更有力而严密的监管、更高的业务经营水平及大量的专门技术人才，不利于政府的宏观调控。

从国际金融业的发展历程考察，金融业经营体制的变迁经历了“混业—分业—混业”的复归。1999 年美国《金融服务现代化法案》的通过，更标志着金融业混业经营体制时代的真正到来，其他西方发达国家也在 20 世纪八九十年代开始了金融业改革，重新投向金融业混业经营体制的怀抱，国际金融业混业经营体制已是大势所趋。而金融机构的综合经营产生了对金融业统一监管体制的需求，从全球 73 个国家的金融监管体制来看，至少有 39 个国家采取不同形式的统一监管，采用混合模式监管的国家占比为 53.4%[①]，这反映了金融监管体制必须适合金融业务发展的需要，混业监管体制与混业经营体制在全球的蔓延无可逆转。

（三）影响监管模式选择的因素

由上面的分析，我们得出的启示是：一国监管模式的选择和确立需考虑以下因素。

一是政府的宏观金融政策。如果政府宏观政策的出发点是稳定、均衡发展，则要选择分业经营管理的银行制度。相反，若宏观政策偏重于提高效率、鼓励竞争，则需要选择综合经营管理的银行制度。

二是银行风险的大小与控制能力。如果银行风险较大，通过内部约束和外部监管所能得到的控制力又较弱，则要选择分业经营管理的银行制度。相反，若银行风险较小，而内部约束和外部监管的力度强到足以使风险控制在较安全的范围以内，则可选择综合经营管理的银行制度。

三是非银行金融机构的发展程度。如果证券公司、信托公司等非银行金融机构的规范、数量发展到了可与商业银行展开平等竞争，不致因激烈竞争而纷纷倒闭的程度，则可选择综合经营管理的银行制度。相反，若非银行金融机构相对弱小，为保护其发展并维护

---

① 钱小安. 金融开放条件下货币研究与金融监管的分工与协作[J]. 金融研究，2002(1).

整个金融体系的稳定，则应选择分业经营管理的银行制度。

（四）我国的投资银行业监管模式的选择

宏观管理模式的选择，一方面必须借鉴西方发达国家的先进经验；另一方面要看哪种模式更适合中国的国情。目前我国主要实行分离模式，主要是基于以下三个方面。

首先，从我国银行的角度看，四大国有商业银行以及新兴的中小商业银行都需要建立和完善分线控制机制。在这些商业银行自身控制风险意识薄弱的情况下，如果允许它们涉足波动相当剧烈的证券市场，则很可能会遭受巨大损失。加之我国银行业的垄断已经非常严重。四大国有商业银行占据绝大多数市场份额，且营业网点遍布全国各地，如果允许它们经营证券业务，势必会造成证券市场的垄断。

其次，从我国证券业的角度看，我国证券仍处于发展初期，市场容量仍然很小，承受能力依然有限，并且各种有利于规避和控制风险的衍生工具还没有发展起来，在这种情况下，如果允许商业银行进入证券市场，必然会造成有价证券价格的剧烈波动，非常不利于证券业的稳健发展。

最后，从我国金融监管的角度看，我国当前的金融监管体系缺少针对商业银行的有效监管机制，中国人民银行的资产运用缺乏科学的掌握和控制，也难以采取有效措施；同时，我国对证券投资的监督管理仍不够科学，还存在着“监管重复”和“监管真空”的问题，致使不能有效地发挥监管的作用。

各种模式都有自己适用的条件，就我国来说，随着我国金融市场的发展，应该从目前实行的投资银行与商业银行的分业经营、分离模式，逐步走向混合模式。这是因为我国的金融形势已经发生了很大的变化，主要表现在以下几个方面。

首先，现阶段我国实行的分业经营、分离模式仅限于商业银行的境内业务，而并没有对我国商业银行在境外从事投资银行业务、保险业务，以及向非银行金融机构和企业投资加以限制，因此，我国商业银行完全可以在境外发展全能银行业务。其次，我国现行商业银行法直接允许商业银行从事部分投资银行业务和部分保险业务，如发行金融债券，代理发行、兑付、承销政府债券，买卖政府债券，代理保险业务等。其实，这些业务商业银行已在开展。换句话说，我国的投资银行业务已经开始逐渐渗透到商业银行和保险业中，混业经营的缺口已经打开。再次，我国现行商业银行法不允许商业银行从事股票业务，但并没有限制商业银行从事与资本市场有关的中间业务，特别是在当前传统的商业银行业务领域发展空间有限的情况下，积极推进金融创新，注重发展与资本市场有关的中间业务大有可为。一是有关企业并购的业务，如帮助企业选择目标企业、企业诊断和评级、制定兼并战略、设计企业产权结构、制定并购价格、筹集并购资金、分销企业债券等；二是有关客户理财的业务，如涉及个人理财和公司理财的咨询服务；三是有关项目融资的业务，如项目的评估以及资金安排等；四是有关资金结算与清算的业务，如为券商资金往来提供清算、代理股票发行市场申购款的收缴与结算等；五是有关基金资产管理业务，如基金托管业务、基金资产的投资管理业务等。

此外，我国发展金融控股集团的思路已经开始实施，金融混业经营的趋势逐渐明显。从光大集团、中信公司的发展中我们都可以看到混业经营的影子。管理层正在积极引导和创造条件，加强对这种新型公司体制的研究。

随着我国金融业的发展和改革开放的深入，我国金融业必将顺应世界混业经营的潮流，呈现出混业经营的趋势，因而其监管模式也将随着监管对象的改变而改变，最终实行混合模式。

第三节 投资银行业的监管内容

一、市场准入监管

所谓市场准入监管，也就是对投资银行资格的监管。投资银行业是一个具有高风险、高杠杆性的行业，并且投资银行业在金融系统中处于重要地位，因此为了保证投资银行乃至整个金融系统的健康稳定发展，各国都对投资银行设立了最低资格要求，投资银行只有在达到最低标准后才能开展业务，同时，各国的监管机构都会对投资银行的市场准入进行严格的审批。世界各国对投资银行的准入主要采用的监管制度可以分为两类：一种是以美国为代表的注册制，另一种是以日本为代表的特许制。

1. 注册制

在注册制条件下，投资银行只要符合法律规定的设立条件和有关资格规定，并在相应的证券监管部门及证券交易部门提供全面、真实、可靠的资料，便可以设立并经营投资银行业务。在此种制度下，监管部门的权力仅限于保证投资银行提供的资料无任何虚假。美国是注册制的典型代表，在美国，根据《证券交易法》(1934)的规定，投资银行取得证券交易委员会的注册批准，并成为证券交易所或证券业协会的会员，就可以开展经营活动。

注册制更多地强调市场机制的作用，通过市场机制和交易所席位的限额来控制投资银行的数量。其理论依据是“太阳是最有效的防腐剂，灯光是最有效的警察”。如果市场机制不完善，或交易所限额失控，将会使进入金融市场的投资银行数量失控，进而造成金融体系的混乱。因此，实行注册制的前提是要有一个成熟、有效和完善的证券市场乃至金融市场。

2. 特许制

在特许制条件下，对投资银行的设立往往会规定最低资格要求和各种具体的要求，如是否有比较完备、良好的硬件设施和足够的、来源可靠的资本金，管理人员是否具有良好的信誉、素质和证券业务水平，业务人员是否接受过良好教育且具有经营证券业务的相关知识和经验等。在特许制下，投资银行的审批权掌握在监管机构手中，投资银行在设立之前必须向有关监管机构提出申请，经监管机构核准后才能设立。同时，投资银行所能从事的业务也是监管机构在综合考虑市场竞争状况、证券业发展目标和投资银行的实力决定的。

与注册制相比，特许制对投资银行的市场准入有更高的要求，行政色彩较为浓厚。在这种制度下，政府起主导作用，投资银行的设立不仅自身要具备一定的经营实力，而且还要考虑到整个证券市场的情况。具体来说，监管机构在审批投资银行设立时，主要考虑以下因素：一是投资银行未来的盈利前景，这主要是通过申请者提供的运营计划来判断；二是投资银行未来的管理质量，主要考核投资银行管理层的资格、素质、能力和道德记录等；

三是资本充足性，考察申请者是否拥有法定最低限额资本；四是审查投资银行所有权结构、内部控制和组织架构。

日本是特许制的典型代表，投资银行设立依据的主要法律是《证券交易法》(1965)。我国对证券公司的设立也是采取特许制。法律依据是《证券法》，审批机构是国务院证券监督管理机构。未经国务院证券监督管理机构批准，任何单位和个人不得经营证券业务。

阅读材料 13-1

证券公司设立条件

《证券法》第 124 条：设立证券公司，应当具备下列条件：

(1) 有符合法律、行政法规规定的公司章程；

(2) 主要股东具有持续盈利能力，行为良好，最近三年无重大违法违规记录，净资产不低于人民币 2 亿元；

(3) 有符合《证券法》规定的注册资本；

(4) 董事、监事、高级管理人员具备任职资格，从业人员具有证券从业资格；

(5) 有完善的风险管理与内部控制制度；

(6) 有合格的经营场所和业务设施；

(7) 法律、行政法规规定和经国务院批准的国务院证券监督管理机构规定的其他条件。

二、投资银行经营业务监管

投资银行业是一个不断发展的行业。在金融领域内，投资银行业这一术语的含义十分宽泛。从广义的角度来看，包括了范围宽泛的金融业务；而从狭义的角度来看，包括的业务范围则较为传统。狭义的投资银行业务只限于某些资本市场，着重指一级市场上的承销、并购和融资业务的财务顾问。广义的投资银行业务包括众多的资本市场活动，即包括公司融资、兼并收购顾问、股票的销售和交易、资产管理、投资研究和风险投资业务。

(一) 对证券承销业务的监管

证券承销是投资银行最本源、最基础的业务活动。投资银行承销的职权范围很广，包括本国中央政府、地方政府、政府机构发行的债券、企业发行的股票和债券、外国政府和公司在本国和世界发行的证券、国际金融机构发行的证券等。由于投资银行在经营证券承销业务时，很容易通过掌握大量的有价证券而控制二级市场的价格，从而获得不正当利润，所以各个国家都不约而同地将投资银行业务监管的重点放在其利用承销业务操纵市场而获得不正当收益方面。

具体来说，对投资银行承销业务方面的监管有以下几个方面。

(1) 禁止投资银行以任何形式欺诈、舞弊、操纵市场和任何形式的内幕交易。即严禁投资银行和证券的发行者制造、散布虚假或使人迷惑的消息，严禁通过合资或者集中资金来影响证券的发行及发行价格，严禁内部人员利用内幕消息买卖证券或者根据内幕信息建议他人买卖证券。

(2) 投资银行要承担诚信义务。信息的首次披露应完全披露企业与发行证券相关的所有情况，而信息的持续披露则应该定期对企业的财务状况和经营情况提出报告。禁止投资银行参与(或不制止)证券发行企业在发行公告中从事弄虚作假、欺骗公众行为。如果投资银行和发行企业之间存在着某种特殊关系，必须在公告书中加以说明，以便投资者有充分的心理准备和正确的认识。

(3) 禁止投资银行承销超过自己所能承受范围的证券，避免其过度投机。禁止投资银行对发行企业征收过高的费用，从而造成企业的筹资成本过高，侵害发行企业的利益。

(4) 在企业股票发行承销业务中，既要合理规范地帮助企业进行股份制改革，科学、合理、合法地充当企业财务顾问，协助其进行资产重组、调整资本结构，使企业符合股票发行和上市条件，确保企业股票发行和筹资的成功；同时又要严格遵守国家的有关法律和政策，在企业股票发行承销业务中，不弄虚作假，不搞伪装，以科学的态度进行合理的上市包装，不侵害投资者的利益。

(5) 建立证券评级制度。证券评级制度是对资产质量进行评价的一种制度。对证券发行者来说，只有经过评级，所发行的证券才容易被公众所接受，才能顺利地销售出去。而投资者也需要它来比较各种证券的级别及其变动，以保证投资和交易质量，争取最大的收益。从而质量差的证券将被驱逐出市场。证券评级制度决定着证券的市场价格和销路，也决定着证券发行者的筹资成本和能否筹集到足够的资金，以此作为一种外部约束来督促证券发行者提高发行质量。

（二）对证券经纪业务的监管

投资银行作为证券买卖双方的经纪人，按照客户投资者的委托指令在证券交易所买入或卖出证券，其最大的特点就在于投资银行无须运用自己的资金，不承担任何投资风险，而只需按投资者的指令行事，并按交易金额的一定比例收取手续费。因此，为了维护投资者的利益，有必要加强这方面的监管。

监管的具体内容如下。

(1) 投资银行在经营证券经纪业务时，必须坚持诚信的原则，禁止任何欺诈、违法和私自牟利的行为。在提供给投资者的相关信息中，必须保证所提供的信息的真实性和合法性，同时保证语义清楚，不得含有易使投资者混淆的内容。

(2) 资金方面的约束。投资银行向客户提供的贷款不得超过证券市场的一定百分比，而且还得满足初始保证金和维持保证金的要求。初始保证金是投资者必须用现金支付的证券市价比率，而维持保证金则规定了在投资者的保证金账户中权益数额占证券总市价的最低比率。投资银行应严格规定客户满足这些要求，防止因客户无法偿还贷款所导致的金融风险。

(3) 在接受客户委托方面，有些国家禁止投资银行全权接受客户委托，替客户选择证券种类、买卖数量、买卖价格和时机等，以防止投资银行做出伤害客户利益的事情。另一些国家虽然允许设立“全权委托账户”，但也做了一些规定，禁止投资银行做出不必要的买进卖出，以多谋取佣金。未经委托，投资银行不得自主替客户买卖证券；接受委托，从事证券买卖后，必须将交易记录交付委托人。我国《证券法》第 143 条规定，证券公司办理经纪业务，不得接受客户的全权委托而决定证券买卖、选择证券种类、决定买卖数量或者买卖价格。

(4) 在从事经济业务中，要遵守一些道德约束。不得向客户提供证券价格即将上涨或下跌的肯定性意见；不得劝诱客户参与买卖证券；不得利用其作为经纪商的优势地位，违规限制某一客户的交易行为；不得从事可能对投资者利益和公平交易有害的活动；也不得从事有损于这个行业信誉的活动。我国《证券法》第 144 条规定，证券公司不得以任何形式对客户证券买卖的收益或者赔偿买卖的损失做出承诺。

(5) 应严格按规定收取佣金，不得私自决定收费标准和佣金比例。

(6) 除了接受金融监管机构和国家执法机关等行政机关的调查外，投资银行负有对客户证券信息等资料保密的义务，不得以任何方式向第三人公开和泄露。

（三）对证券自营业务的监管

各国的监管机构都在以下几个方面对投资银行的证券自营业务进行了严格监管。

(1) 禁止投资银行操纵证券价格。在这方面一般规定某一投资银行所能够买的证券数量，不得超过该证券发行企业所发行证券总量的一定百分比，或者不得超过该发行企业资产总额的一定百分比。

(2) 限制投资银行所承担的风险。要求投资银行在进行证券交易时按一定比例提取准备金；严格限制投资银行对外负债的总额不超过其资本净值的倍数以及流动性负债的规模不超过流动资产的一定比例，限制其通过借款来购买证券；限制投资银行大量购买“有问题”证券(包括财务严重困难，或遭遇重大自然灾害的企业股票，连续暴涨暴跌的股票等)。

(3) 要求投资银行开展证券自营业务时遵守公平、公开交易的原则。投资银行不得利用其在资金、信息和技术等方面的优势从事不公平交易，必须遵守证券市场规则，公平参与竞争。必须表明其自营业务的内容，坚持交易程序、交易价格、交易数量公开，不搞内幕交易和暗箱操作。

(4) 投资银行的自营业务和经纪业务必须严格分开，防止投资银行通过兼营自营业务和经纪业务侵犯客户的利益。规定实行委托优先和客户优先的原则，即当客户和自营业务部门同时递交相同的委托时，即使投资银行叫价在先，也要按客户的委托优先成交；在同一交易时间，不得同时对一种证券接受委托买卖又自行买卖。

(5) 规定投资银行必须实名经营。投资银行的证券自营业务必须以自己的名义进行，不得假借他人名义或以个人名义进行；证券自营业务必须使用自有资金和依法筹集的资金；不得将自营账户借给他人使用。

(6) 在经营自营业务时，应该尽力维持市场稳定、维护市场秩序。投资银行是依托资本市场而生存的，维护市场秩序是投资银行的天职；同时，投资银行是拥有巨资的机构投资者，也有能力来维护市场的交易秩序和安全。不得出现侵犯客户利益和过度投机的行为。

（四）对基金管理业务的监管

对投资银行基金管理业务的监管内容主要有以下几个方面。

（1）基金资格的监管。基金的设立有两种方式，即注册制和核准制。在注册制下，只要符合规定的条件即可获准成立，属于一种形式管理，大多数国家和地区都采取这一方式。核准制属于一种实质管理，我国就采取这一方式。

（2）基金信息披露的监管。监管是建立在信息充分披露的基础上的，要求披露的主要内容有注册登记表、招募说明书、中期报告、年度报告、股东大会报告及股东账户与记录等。投资银行要充分、公正地对投资者披露信息，以便让投资者而不是政府去判断每个基金投资的优劣。投资者的利益也就是基金的利益，因此基金必须将投资者的利益放在首位，要为他们提供优质的服务。

（3）对基金运作的监管。基金操作需要规范化，各国法律都对投资基金运作的有关方面做了明确的规定，如发行与认购、投资策略和范围、收益的分配及信息的公开等。监管通过定期检查和临时检查来确保这些规定得到严格遵守。监管机构对基金分散组合投资做出规定，以便降低基金的投资风险，并使基金获得享受税收优惠的价格。

（4）对行业组织与基金组织本身进行监管。对行业组织的监管，包括检查这些行业组织的监管系统、调查工作的手法和程序以及违法行为的处分惩罚制度是否得到有效施行。对投资基金本身进行监管包括监管部门应对投资企业和投资顾问的有关文件进行选择性的审查，并对其中规模和社会影响较大的基金公司的文件和报告做详细检查。

（五）对企业并购业务的监管

具体监管内容如下。

（1）主要信息披露制度。上市公司重大的购买或出售资产行为、董事会决议、中介机构报告、证监会意见、是否产生关联交易和同业竞争等问题，均需及时披露。持续时间较长的并购必须定期连续报告。

（2）股东持股披露义务。股东获得某一企业有投票权的股份达到一定数量时，必须公开一定的信息，以此防止大股东暗中操纵市场。大股东持股信息披露的关键内容是披露持股的比例要求、披露的期限与股份变动数额。要求开始披露的持股比例越低，越有利于保护中小股东的利益。

（3）禁止内幕交易。内幕交易主要包括利用内幕信息买卖证券或者根据内幕信息建议他人买卖证券的行为，向他人泄露内幕信息，使他人利用该信息获利的行为。投资银行的部分职员由于帮助公司实施并购方案，能比公众多掌握一些内部信息，出于保护公平交易的考虑，应该禁止他们从事内幕交易。

（六）对金融衍生产品业务的监管

具体监管内容如下。

（1）增加市场透明度。要求交易机构（投资银行）制定出一套完善的风险管理、咨询收集制度，密切注意资本市场的变化，定期地向监管机构和投资者公布信息。同时投资银行公开的资料会计口径必须标准化，以便于评估市场风险。

（2）加强协调合作。这一方面指的是大户投资者或机构投资者必须与投资银行合作，遵守相关的交易法令；另一方面指的是投资银行之间要加强协调与合作，共同抵御风险，以维护金融体系的安全。

(3) 重视对电子信息系统的安全性管理，要在技术上加强安全，以避免重大损失。

（七）对财务顾问业务的监管

就我国来说，具体的监管内容如下。

(1) 实行业务许可制。投资银行从事证券、期货咨询业务必须取得中国证监会的许可，否则，不得从事各种形式的证券、期货投资咨询业务。

(2) 对咨询机构和咨询人员应有相应的条件和资格要求。申请从事证券、期货投资咨询业务的机构，必须在资本、设施及从业人员等方面符合法定条件，由地方证管局初审后报中国证监会批准，方可从业。证券、期货投资咨询人员必须参加某个证券、期货投资咨询机构方可执业，且不得同时在两个以上的证券、期货投资咨询机构执业。

(3) 在业务管理上，投资银行从事咨询业务时，不得代理从事证券、期货的买卖，不得向投资人承诺投资收益，不得与他人合谋操纵市场或进行内幕交易。

(4) 向投资人提供的分析、预测和建议所应用的有关信息资料，应当是真实、合法的，且完整、客观和准确。

(5) 向投资人就同一问题提供的投资分析、预测和建议应当一致，不得对客户区别对待。

（八）对金融创新的监管

对投资银行金融创新监管的主要内容包括以下几方面。

(1) 调整监管。当投资银行创新的许多工具和做法越来越多时，金融监管机构需要进行金融监管的调整来面对这些创新，可以是放松某些管制，也可以是加强立法和监督，以杜绝某些有危害的创新。

(2) 扩大监管范围。不仅对投资银行的基本业务进行监管，而且对其衍生业务(包括各种创新业务)也应纳入监管范围。

(3) 采用新的会计制度。用代表市场价值的会计核算制度来代替原有的只反映资产账面价值的核算方式，对投资银行的财务报告进行更准确的评估。

(4) 加强电了信息系统的安全管制。由于金融市场的国际化和电子化，交易的规模和成交速度发生了根本的变化，要从技术上采取安全措施，防止出现危害甚大的“机器故障”。

(5) 加强监管的国际合作。由于现在的投资银行业务呈现出国际化的趋势，因而有必要在全球范围内加强证券监管部门的合作，以确保金融交易的高效安全以及投资银行的规范运作。

三、投资银行日常经营活动监管

（一）经营报告制度

投资银行必须定期将其经营活动按统一的格式和内容向证券监管机构报告。一般经营报告分为年报、季报和月报三种，不同的国家对不同的投资银行的经营报告有不同的规定。我国《证券公司监督管理条例》规定，证券公司应当自每一会计年度结束之日起 4 个月内，向国务院证券监督管理机构报送年度报告，自每月结束之日起 7 个工作日内报送月度报告。经营报告可以使金融监管机构随时了解投资银行的经营管理状况,以便更好地实施监督和管理,同时报告的内容也是对经营不好的投资银行采取相应措施的重要依据。

(二) 经营管理制度

证券监管机构应该建立严格的经营管理制度,制定"反垄断条款""反欺诈、假冒条款"和"反内部沟通条款"等。投资银行应在遵守相关法律法规的前提下,开展合理的证券投资活动。同时严禁投资银行通过操纵市场来影响证券的发行或证券的价格,投资银行必须遵守证券市场规则,公平参与竞争,不得利用其在资金、信息和技术等多方面的优势从事不公平交易。

(三) 缴纳管理费制度

投资银行必须按经营额的一定比例向证券监管机构的证券交易所缴纳管理费,作为对投资银行经营活动进行检查、监督等方面的资金支持。我国自 2003 年 1 月 1 日起,对在我国境内登记注册的证券公司、基金管理公司、期货经纪公司均收取机构监管费,并对不同的公司制定不同的收费比例。

(四) 收费限制

为防止投资银行收费过高、人为抬高社会筹资成本,监管机构对投资银行在经营活动中的收费标准实行比例限制。例如美国规定,投资银行经纪业务的佣金额不得超过交易额的 5%,其他业务的佣金比例不得高于 10%。

(五) 净资本比例限制

投资银行的净资本是由现金和可以随时变现的自有资本组成。为保证投资银行将经营分析控制在一定的范围内,防止过度风险投资,监管机构规定了投资银行持有净资本的最低限度。我国 2002 年 1 月 1 日开始实施的《证券公司监管办法》规定,证券公司净资本不得低于其对外负债的 8%,证券公司流动资产余额不得低于流动负债余额,综合类证券公司的对外负债不得超过资产额的九倍,经纪类证券公司的对外负债不得超过资产额的三倍。

四、投资银行从业人员监管

(一) 从业人员资格管理与考试

投资银行从业人员,是指证券公司中从事自营、经纪、承销、投资咨询、委托投资管理等业务的专业人员,包括相关业务部门的管理人员。投资银行从业人员应当按照有关规定,通过考试取得从业资格和执业证书。按照 2003 年 2 月 1 日起颁布的《证券从业人员资格管理办法》规定,由中国证券业协会负责组织从业人员从业资格考试、执业证书发放以及执业注册登记工作。具体规定如下。

1. 从业考试、从业资格和执业证书

第一,参加资格考试的人员,应当年满 18 岁,具有高中以上文化程度和完全民事行为能力。第二,资格考试由中国证券业协会统一组织。参加考试的人员考试合格的,取得从业资格。第三,从业资格不实行专业分类考试,资格考试内容包括一门基础性科目和一门专业性科目。根据市场发展的需要，协会可以在资格考试之外另外组织各项专业的水平考试，但不作为法定考试内容，由从业人员自行选择，供机构用人时参考。第四，取得从业资格的人员，符合以下条件的，可以通过机构申请执业证：①已被机构聘用；②最近三年未受过刑事处罚；③不属于因违法行为或者违纪行为被开除的证券交易所、证券登记结算机构、证券公司的从业人员和被开除的国家机关工作人员；④未被中国证监会认定为证券市场禁入者，或者已经过禁入期的；⑤品行端正，具有良好职业道德。申请执业证券投资咨询以及证券资信评估业务的，申请人还应同时符合《证券法》相关规定："专业的证券投资咨询机构、资信评估机构的业务人员，必须具备证券专业知识和从事证券业务两年以上经验。"

申请人符合上述规定条件的，协会应当自收到申请之日起 30 日内，向中国证监会备案，颁发执业证书；不符合办法规定条件的，不予颁发执业证书，并应当自收到申请 30 日内书面通知申请人或者机构，并书面说明理由。执业证书不实行分类。取得执业证书的人员，经机构委派，可以代表聘用机构对外开展本机构的证券业务。

2. 日常监督管理

(1) 取得执业证书的人员，连续三年不在机构从业的，由协会注销其执业证书；重新执业的，应当参加协会组织的执业培训，并重新申请执业证书。

(2) 从业人员取得执业证书后，辞职或者不为原聘用机构所聘用的，或者由于其他原因与原聘用机构解除劳动合同的，原聘用机构应当在上述情形发生后 10 日内向协会报告，由协会变更该人员执业注册登记。取得执业证书的从业人员变更聘用机构的，新聘用机构应当在上述情形发生后 10 日内向协会报告，由协会变更该人员执业注册登记。

(3) 机构不得聘用未取得执业证书的人员对外开展证券业务。

(4) 从业人员在执业过程中违反有关证券法律、行政法规以及中国证监会有关规定，受到聘用机构处分的，该机构应当在处分后 10 日内向协会报告。

(5) 协会和证券公司都应当分别定期组织取得执业证书的人员进行后续职业培训，以提高从业人员的职业道德和专业素质。

(6) 协会的从业资格考试办法、考试大纲、执业证书管理办法以及执业行为准则等，应当报中国证监会核准。协会应当建立从业人员资格管理数据库，进行资格和执业注册登记管理。

(7) 取得从业资格的人员提供虚假材料，申请执业证书的，不予颁发执业证书；已颁发执业证书的，由协会注销其执业证书。机构办理执业证书申请过程中，弄虚作假、徇私舞弊、故意刁难有关当事人的，或者不按规定履行报告任务的，由协会责令整改；拒不改正的，由协会对机构及其直接负责人员给予纪律处分；情节严重的，由中国证监会单处或者并处警告、3 万元以下罚款。

(8) 机构聘用未取得执业证书的人员对外开展证券业务的，由协会责令改正，拒不改正的，给予纪律处分；情节严重的，由中共证监会单处或者并处警告、3 万元以下罚款。

(9) 从业人员拒绝协会调查或检查的，或者所聘用机构拒绝配合调查的，由协会责令其改正，拒不改正的，给予纪律处分；情节严重的，由中国证监会给予从业人员暂停执业 3～12 个月，或者吊销其执业证书的处罚；对机构单处或者并处警告、3 万元以下罚款。

(10) 被中国证监会依法吊销执业证书或者因为违反本办法被协会注销执业证书的人员,协会可在三年内不受理其执业证书的申请。

(二) 高级管理人员任职资格管理

证券机构高级管理人员专指证券经营机构的董事长、副董事长、总经理和副总经理。中国证监会 1998 年颁布了《证券经营机构高级管理人员任职资格管理暂行办法》,2000 年又颁布了《证券经营机构高级管理人员任职资格管理暂行办法》的补充通知。具体管理办法如下。

1. 任职资格

证券经营机构高级管理人员任职须具备以下条件(经中国证监会认定的特殊情况除外):①具有中华人民共和国国籍。②按照中国证监会有关规定,取得两种《证券从业人员资格证书》,并从事证券工作 3 年以上;未取得《证券从业人员资格证书》的,应具有硕士以上学历,从事证券工作 5 年或金融工作 8 年以上;或具有大学本科学历,从事证券工作 6 年或金融工作 10 年以上;其他学历人员,需从事证券工作 10 年,或金融工作 15 年以上,或经济工作 20 年以上。③身体状况良好。④具有良好的职业道德。⑤具有履行高级管理人员职责所必需的经济、金融、证券知识和组织协调能力。⑥中国证券会要求的其他条件。

2. 禁入条款

有下列情形之一的,不得担任证券公司高级管理人员:①《公司法》、《证券法》以及《证券经营机构高级管理人员任职资格管理暂行办法》所列不适宜担任证券公司高级管理人员行为的;②近三年受到其他金融监管部门及其他主管部门处罚,不适宜担任证券公司高级管理人员的;③因个人管理能力造成公司经营严重亏损或业务活动出现重大问题的;④近五年内受过有关党纪政纪处分的;⑤有欺诈或不诚实行为的;⑥因涉嫌重大投诉或违法行为处于调查之中且没有定论的;⑦近三年受过中国证券业协会经济处分的;⑧有赌博、吸毒、嫖娼等违反社会道德行为,造成不良影响的;⑨利用职务便利为自己直接或间接谋取不正当利益的;⑩个人负有数额较大负债且到期未清偿的。

3. 任职资格申请与审查

证券公司拟聘任高级管理人员时,应事先报中国证监会进行任职资格审查;证券公司拟聘任的高级管理人员申请任职资格,要有两名具备任职资格的证券公司高级管理人员的推荐。推荐人应当如实陈述被推荐人的情况,并对被推荐人的业务水准、职业道德及遵规守法情况出具意见。推荐意见中有虚假陈述的,将记入推荐人的档案。未经中国证监会进行任职资格审查或审查不合格的人员,证券公司不得为其办理任职手续。

4. 后续管理

第一,证券公司高级管理人员不得在各级党政机关任职,不得兼任其他企事业单位的高级管理人员。证券公司高级管理人员不得从事除本职工作以外的其他任何以营利为目的的经营活动。

第二,证券公司高级管理人员应当于每年 3 月底前,将上年度述职报告和公司董事会意见报中国证监会备案。中国证监会对证券公司的年检包括对证券公司高级管理人员任职资格的考核。中国证监会对举报或反映证券公司高级管理人员违法违规的情况可以进行调查，并根据调查结果对其任职资格重新进行审查。

第三，证券公司董事长或总经理离任时，所在机构董事会或股东大会应当委托具有从事证券相关业务资格的会计事务所根据有关法律、法规对其进行离任审计，并将审计结果报中国证监会。中国证监会负责建立证券经营机构高级管理人员任职档案。

五、保护投资者性监管

（一）信息披露制度

为了保护投资者的利益，消除信息不平衡，投资银行必须建立和健全信息披露制度，让客户充分了解自身的经营能力、目前的经营状况、相关业务所承担的风险，语意清楚，不得含有易使人混淆的内容。为保证信息披露真实、准确、及时，所有国家或地区都不约而同地在法律中严格规定投资银行必须以特定的形式保存和公开特定的信息。“特定的形式保存信息”是指投资银行有义务按照适用的会计准则和财务通则，以及监管机构专门设计的表格或指标的要求保存有关信息；“公开特定的信息”是指并非所有的信息都必须披露，例如客户的有关资料就属于严格的保密范畴，而凡是应公开的信息都必须按照要求进行披露。

（二）不正当交易行为的监管

1. 内幕交易行为

内幕交易是指内幕人员以获取利益或减少损失为目的，通过不正当手段获取内幕信息并且违反法律、法规的规定，泄露内幕信息，根据内幕信息买卖证券或者向他人提出买卖证券建议的行为。其中“内幕信息”是指为内幕人员所熟悉，尚未公开的可能影响证券市场价格的信息。

内幕交易行为客观上表现为：内幕人员利用内幕信息买卖证券；内幕人员向他人泄露内幕信息，使他人利用该信息买卖证券；内幕人员获得内幕信息后，根据该信息建议他人买卖证券；非内幕人员通过不正当手段或其他途径获得内幕信息，并根据该信息买卖证券；非内幕人员通过不正当手段或其他途径获得内幕信息，并根据该信息建议他人买卖证券。

在我国进行内幕交易者会受到严厉惩罚，除责令依法处理非法所得证券、没收非法所得外，还要处以违法所得 1 倍以上 5 倍以下或者非法买卖证券等值以上的罚款，构成犯罪的，依法追究刑事责任。如果监管机构工作人员从事内幕交易，则从重处罚。

阅读材料 13-2

内幕信息

所谓内幕信息，是指在证券交易活动中，涉及公司的经营、财务或者对该公司证券的市场价格有重大影响的尚未公开的信息。主要是指以下几个方面。

(1) 证券发行人订立重要合同，该合同可能对公司的资产、负债、权益和经营成果产生显著影响。公司资产、负债、权益和经营成果的变化，都可能引起股价的变动。

(2) 发行人经营政策或者经营范围发生重大变化。

(3) 发行人发生重大的投资行为和重大购置财产的决定。

(4) 发行人发生重大债务。发生重大债务可能减少资产净发行人未能归还到期重大债务的违约情况。到期债务不能履约,反映出发行人经营状况不佳。

(5) 发行人发生重大亏损或者遭受超过净资产10%以上的重大亏损。

(6) 发行人生产经营的外部环境发生重大变化。例如,原材料供应及价格变化将会影响经营成本的上升或下降。

(7) 发行人的董事长、1/3以上的董事或者经理发生变动。

(8) 主要经营者的更换会改变公司的经营方针、管理水平,从而影响公司盈利水平。

(9) 持有发行人5%以上股份的股东,其持有股份情况发生较大变化。这种股权结构的变化,将影响股东大会和董事会,进而影响经营政策和经营范围,最终波及股价。

(10) 发行人的分配股利和增资计划、派息政策和增资扩股计划对股价有直接影响。

(11) 涉及发行人的重大诉讼,法院依法撤销股东大会董事会决议。

(12) 公司股权结构发生重大变化。

(13) 发行人债务担保的重大变更。这可能引起投资者对发行人偿债能力和信用的猜测,使之改变对发行人的信任程度。

(14) 发行人营业用主要资产的抵押、出售或者报废,一次超过该资产的30%。这不仅影响发行人的正常业务经营,而且会使资产净值减少。

(15)发行人的董事、监事、经理、副经理或者高级管理人员的行为可能依法承担重大损害赔偿责任。

(16) 上市公司收购的有关方案。

(17) 发行人减资、合并、分立、解散及申请破产的决定。

(18) 国务院证券监督管理机构认定的对证券交易价格有显著影响的其他重要信息。

2. 关联交易行为

关联交易行为是指某一公司或其附属公司与在该公司直接或间接拥有权益、存在利益关系的关联方之间所进行的交易。关联交易是在跨国公司、母子公司等制度广泛运用时出现的,就其本身的性质而言,关联交易是中性的,但是在我国关联方关系比较复杂、特殊的情况下,许多关联关系是有失公允的。因此,为了确保全体股东的正当利益不受侵害,维护股东等投资者对投资银行和证券市场的信心,必须规范关联交易,建立资本市场的诚信机制。

具体形式包括:公司与关联方进行不公平的资产买卖;在控股股东的支配下,公司违背其自身的真实意愿为其关联方提供担保,这种担保不是以相互间互惠互利条件为前提,而是出于控股地位的多数股东利用其表决权优势而取得的,它不仅使公司徒增经营风险,也使少数股东的权益存在受损之虑;多数股东挪用上市公司配股得来的资金,或无偿拖欠公司的货款;多数股东利用不公平关联交易掠夺公司利润。

3. 市场操纵行为

市场操纵行为是指某人或某一组织以获取不正当利益或转嫁风险为目的,利用其资金、信息等优势滥用职权影响证券交易价格,诱使他人买卖证券,扰乱证券交易秩序的行为。

操纵市场最常用的手段主要有四种：①虚买虚卖，又称洗售、虚售，是指以影响证券市场行情为目的，人为地制造市场虚假繁荣，从事所有权非真实转移的交易行为。②相对委托，又称合谋，是指行为人为了影响市场行情，与他人同谋，由一方做出交易委托，另一方依知悉的对方委托内容，在相似时间，以相似价格、数量委托，并达成交易。③连续交易，是指为引诱他人购买或出售某种证券，对该证券做一连续的买卖，制造繁荣交易假象，以抬高或压低证券市场价格。④散布谣言、提供不真实材料，是指行为人借助于散布谣言或不实材料，故意使公众投资者对证券价格趋势产生错误判断，自己趁机获取利益或避免损失。

我国《证券法》规定，操纵市场价格，或者制造证券交易的虚假价格或证券交易量，获取不正当利益或转嫁风险的，没收违法所得，并处以违法所得1倍以上5倍以下的罚款。构成犯罪的，依法追究刑事责任。

案例 13-1

证券市场违法违规案例

案件一：广发证券从业人员涉嫌内幕交易

涉案人员：广发证券公司总裁董正青。

处罚结果：董正青等犯罪人员被公安机关执行逮捕。

事件原由：广发证券自2006年年初开始筹划借壳上市。当年6月5日，S延边路发布公告称，其与广发证券正就借壳进行接触。然而早自当年3月起，延边公路股价即已出现异动，在此公告发布前，已出现了11个涨停板。之后借壳上市方案公布，10月11日复牌后又连拉三个涨停，在2006年5月中旬，董正青告知其弟董德伟，广发证券有可能借壳延边公路上市的内幕信息，要求董德伟继续买入延边公路股票，并提醒董德伟操作时“要注意，不要引起股价波动和证监会注意”。由此，董正青等人被疑涉嫌内幕交易和泄露内幕信息。2009年1月9日，广州市天河区人民法院作出一审判决，董正青犯泄露内幕信息罪，判处有期徒刑4年，并处罚金300万元。该案另两名被告中，董德伟犯内幕交易罪，判处有期徒刑4年，并处罚金2 500万元；赵书亚犯内幕交易罪，判处有期徒刑1年9个月，并处罚金100万元。追缴董德伟利用内幕交易违法所得2 284万余元以及赵书亚违法所得100万元。3月27日下午3点半，董正青、董德伟、赵书亚内幕交易案二审在广州市中级人民法院开庭审理，法院驳回了董正青等人的上诉，维持原判。

案件二：北京首放投资顾问有限公司法人代表汪建中涉嫌操纵市场

涉案人员：北京首放投资顾问有限公司法人代表汪建中。

处罚结果：由于涉嫌通过公开荐股操纵市场，被中国证监会罚款1.25亿元，并没收非法所得1.25亿元。这是迄今为止证监会对个人开出的最大金额的单笔处罚。

事件原由：根据证监会对汪建中、北京首放涉嫌操纵市场行为立案调查。调查显示，在2007年1月至2008年5月期间，汪建中利用北京首放及其个人在投资咨询业的影响，借向社会公众推荐股票之际，通过“先行买入证券、后向公众推荐、再卖出证券”的手法操纵市场55次，买卖38只股票或权证，累计获利超过1.25亿元。北京首放的操作手法是每周二或周三选好目标股建仓，周四向公司高级会员推荐买入，周五向初级会员推荐买入，同时到周末发表荐股文章。

案件三：世纪证券风险控制指标违规

涉案人员：世纪证券。

处罚结果：撤销世纪证券自营业务许可、证券资产管理业务许可，同时暂停其承销业务，暂停受理、批准其新业务，暂停批准其营业性分支机构的迁移；并责令该公司于2007年7月31日前净资本等完成重组整改工作、风险控制指标"达标"。

事件原由：世纪证券净资本等风险控制指标不符合有关规定，并未能按照法律法规的规定和证监会的监管要求按期完成全部整改工作，且上述行为严重危及世纪证券的稳健运行。

案件四：光大证券"816"内幕交易事件

涉案人员：光大证券。

处罚结果：没收光大证券违法所得8 721万元，并处以5倍罚款，罚没款金额总计5.23亿元。对主要责任人分别给予警告、罚款并采取终身的证券市场禁入措施。对董秘梅键责令改正并处以罚款20万元。停止光大证券从事证券自营业务（固定收益证券除外），暂停审批光大证券新业务。

事件原由：2013年8月16日上午，光大证券的乌龙操作导致A股26秒地震，光大72亿元自营业务在使用其独立的套利系统时出现问题，导致沪指暴涨5%，权重股集体拉涨停。14时22分公告前，光大证券知悉市场异动的真正原因，公众投资者并不知情，在内幕信息依法披露前即着手反向交易，降低交易结算风险的因素，直接影响了证券市场的正常秩序和造成股票价格的大幅波动，影响了投资者对权重股票、FTF和股指期货的投资决策，明显违反了公平交易的原则。

本章小结

1. 投资银行监管的目标有三个：保护投资者的合法权益，保证投资银行业的公平竞争和高效运行、降低系统风险，维护金融体系的安全与稳定。投资银行监管遵循依法监管原则、"三公"原则、协调一致原则、效率原则、政府监管与行业自律相结合的原则。投资银行监管的手段主要有法律手段、经济手段和行政手段三种。

2. 各国对投资银行的监管体制不尽相同，主要有三种类型：集中型、自律型和综合型。目前，世界上大多数实行集中型或自律型管理体制的国家都逐渐向综合型监管体制过渡。一国投资银行业监管体制的形式取决于该国的政治与经济体制，并受制于该国投资银行及证券市场的发育成熟程度等因素。

3. 我国投资银行的监管体制，随着我国投资银行业的发展，经历了由分散、多头监管到集中统一的监管过程。从监管体制看，我国投资银行业的监管体制主要是参照美国的模式，属于集中统一型监管体制，但还存在很多缺陷，我国投资银行业监管的基本模式应是“以集中立法型监管体制为主,以自律型为辅”。我国的监管体制应借鉴世界其他各国监管体制的经验,明确改革方向。

4. 投资银行的监管模式分为分离模式和混合模式两种。一国监管模式的选择与确立需考虑宏、微观影响因素。我国以及20世纪90年代以前的美国和日本是分离模式的代表,而德国以及20世纪90年代以后的美国和日本是混合模式的代表。

5. 投资银行的监管内容,包括对投资银行的市场准入、经营业务、日常经营活动、从业人员和保护投资者性监管五个方面。

思考题

1. 简述投资银行监管的目标和原则。
2. 分别论述投资银行监管体制的主要类型及其各自的特点。
3. 阐述我国投资银行监管模式及其选择依据。
4. 论述我国投资银行业监管体制存在的缺陷及其改革方向。

参考文献

[1] 钱小安. 金融开放条件下货币研究与金融监管的分工与协作[J]. 金融研究, 2002(1).
[2] 王德全. 投资银行学[M]. 北京: 北京邮电大学出版社, 2008.
[3] 胡海峰. 现代投资银行学[M]. 北京: 首都经济贸易大学出版社, 2010.
[4] 李勇. 现代投资银行的投资银行业务[M]. 北京: 中国金融出版社, 2008.

教学支持说明

▶▶ 课件申请

尊敬的老师：

您好！感谢您选用清华大学出版社的教材！为更好地服务教学，我们为采用本书作为教材的老师提供教学辅助资源。鉴于部分资源仅提供给授课教师使用，请您直接手机扫描下方二维码实时申请教学资源。

任课教师扫描二维码
可获取教学辅助资源

▶▶ 样书申请

为方便教师选用教材，我们为您提供免费赠送样书服务。授课教师扫描下方二维码即可获取清华大学出版社教材电子书目。在线填写个人信息，经审核认证后即可获取所选教材。我们会第一时间为您寄送样书。

任课教师扫描二维码
可获取教材电子书目

清华大学出版社

E-mail: tupfuwu@163.com
网址：http://www.tup.com.cn/
电话：8610-62770175-4506/4340
传真：8610-62775511
地址：北京市海淀区双清路学研大厦B座509室
邮编：100084